Z

LES
GRANDS ÉCRIVAINS
DE LA FRANCE

NOUVELLES ÉDITIONS

PUBLIÉES SOUS LA DIRECTION

DE M. AD. REGNIER

Membre de l'Institut

ŒUVRES
DE
LA ROCHEFOUCAULD

TOME II

PARIS. — IMPRIMERIE LAHURE
Rue de Fleurus, 9

ŒUVRES

DE

LA ROCHEFOUCAULD

NOUVELLE ÉDITION

REVUE SUR LES PLUS ANCIENNES IMPRESSIONS
ET LES AUTOGRAPHES

ET AUGMENTÉE

de morceaux inédits, des variantes, de notices, de notes, de tables particulières
pour les *Maximes* et pour les *Mémoires*, d'un lexique des mots
et locutions remarquables, d'un portrait, d'un fac-simile, etc.

PAR

MM. D. L. GILBERT ET J. GOURDAULT

TOME SECOND

PAR M. J. GOURDAULT

PARIS

LIBRAIRIE HACHETTE ET Cie

BOULEVARD SAINT-GERMAIN, N° 79

1874

AVERTISSEMENT
SUR LE TOME II.

Le lecteur trouvera, dans les notices partielles sur le reste des œuvres de la Rochefoucauld, les éclaircissements qu'il attend de moi sur la manière dont j'ai compris et accompli, pour chacune d'elles, mon devoir d'éditeur. Je ne veux ici que rendre un juste et sincère hommage d'estime et de regret à l'homme de goût et de talent à qui je succède, à l'habile et consciencieux éditeur du tome I, que son fin savoir, son esprit à la fois délicat et solide rendaient si propre à poursuivre, au gré des plus difficiles, la tâche dont il s'était chargé. On sait que M. Gilbert a succombé, le 15 du mois d'octobre 1870, à la maladie dont il souffrait depuis quelque temps. Présumant des forces de son corps d'après celles de son âme, il s'était refusé, malgré l'inquiète insistance des siens, à quitter Paris au moment du siége. Sa mort laissait interrompue l'édition si bien commencée par lui. Il avait, sans aucun doute, fait son plan pour toute la suite, arrêté les bases de son travail; mais rien n'était prêt pour l'impression. Pour ne parler que des *Mémoires*, qui remplissent presque entièrement ce tome II, il était décidé à suivre fidèlement le texte du manuscrit D de la Roche-Guyon[1]; il avait même fait de ce manuscrit une première et rapide col-

---

[1] Voyez ci-après la *Notice* des *Mémoires*, p. XLII et suivantes.

lation; mais il se réservait d'en faire une nouvelle avant l'impression. Quant aux éléments du commentaire, ils n'étaient encore ni réunis ni disposés pour la mise en œuvre.

Mme Gilbert, en souvenir de l'amitié bienveillante dont m'honorait son mari, de la confiance avec laquelle il m'associait à ses travaux, a bien voulu me remettre les notes, les éditions, les manuscrits que M. Gilbert avait rassemblés. Il m'a paru que ce précieux dépôt m'autorisait à m'offrir pour continuer la tâche inachevée, et j'ai eu l'honneur d'être agréé par les éditeurs et le directeur de cette collection. Ce que M. Regnier avait été pour M. Gilbert, il l'a été pour moi : non pas seulement un guide très-attentif, mais encore un infatigable collaborateur, et je m'associe cordialement, pour mon compte, au témoignage de gratitude que lui a rendu mon prédécesseur dans l'*Avertissement* du tome I.

M. Coster m'a prêté un obligeant concours, dont je le remercie sincèrement : il s'est chargé du minutieux et pénible labeur de la collation des textes imprimés et de plusieurs anciennes copies.

J. GOURDAULT.

L'impression de ce volume était à la veille d'être achevée quand Mme Coppinger, veuve d'un « bibliophile américain très-instruit » (c'est le jugement qu'a porté de lui Victor Cousin[1]), a bien voulu, à la demande d'un intermédiaire fort obligeant, nous envoyer de Dinard, où elle habite, et mettre à notre disposition, avec

---

1. *Madame de Sablé*, édition de 1854, p. 206, note 2.

une libérale bonne grâce dont nous lui sommes on ne peut plus reconnaissants, deux précieux manuscrits des *Mémoires de la Rochefoucauld*[1]. Nous les avons examinés avec l'attention qu'ils méritent, et nous donnons à la fin de notre *Appendice* le résultat de notre examen.

1. Voyez ci-après, p. xxvii, et note 2, et p. xli et xlii.

MÉMOIRES

LISTE DES ÉDITIONS D'APRÈS LESQUELLES SONT CITÉS LES OUVRAGES
AUXQUELS ON RENVOIE LE PLUS SOUVENT DANS LES NOTES DE CE VOLUME.

Mémoires de Mme de Motteville, édition de M. F. Riaux, 4 vol. in-18, Paris, 1869.

Mémoires de Mademoiselle, duchesse de Montpensier, édition de M. Chéruel, 4 vol. in-18, Paris, 1859.

Mémoires de Mathieu Molé, édition Champollion-Figeac, 4 vol. in-8º, Paris, 1855.

Mémoires du maréchal de la Force, publiés par M. le marquis de la Grange, 4 vol. in-8º, Paris, 1843.

Mémoires de Bussy-Rabutin, édition de M. Ludovic Lalanne, 2 vol. in-18, Paris, 1857.

Mémoires du P. Rapin, édition de M. Léon Aubineau, 4 vol. in-8º, Paris, 1865.

Mémoires de Guy Joli et de la duchesse de Nemours, 3 vol. in-18, Genève, 1751.

Historiettes de Tallemant des Réaux, édition de MM. Monmerqué et Paulin Paris, 9 vol. in-8º, Paris, 1854-1860.

Variétés historiques et littéraires, par M. Éd. Fournier, 10 vol. in-12, Paris, 1855-1859.

Muze historique de Loret, édition de MM. L. Ravenel et Éd. V. de la Pelouze, in-4º, 1857.

Les autres Mémoires, sauf mention expresse dans les notes, sont cités d'après la collection Petitot et Monmerqué, 78 volumes in-8º, Paris, 1820-1829. Il y a une exception pour les *Mémoires de Retz*, qui sont cités d'après l'édition publiée dans notre collection par M. Alph. Feillet, puis, à partir de janvier 1650, d'après celle de M. Aimé Champollion-Figeac, 1866, 4 volumes in-18. Les *Lettres de Mme de Sévigné* et les *OEuvres de Malherbe* sont également citées d'après la *Collection des Grands Écrivains*. Quant aux citations tirées des ouvrages de V. Cousin, à moins d'une indication différente, elles se rapportent toujours aux plus récentes éditions.

NOTICE.

Les deux personnages les plus remuants de la Fronde en sont aussi les deux principaux historiens, Retz et la Rochefoucauld. En vain toutes sortes de rivalités ont divisé ces deux hommes; les événements qui, dans leur vie, les ont autrefois séparés comme acteurs les rapprochent comme narrateurs aux yeux de la postérité. Tous deux, après avoir, sans profit, épuisé l'intrigue et l'ambition, ont enfin rencontré la gloire là où ni l'un ni l'autre, au début, ne l'avaient cherchée; tous deux, hommes d'État fourvoyés, sont demeurés des écrivains accomplis. Il n'est pas jusqu'à la fortune de leurs *Mémoires* si divers qui ne prête à des rapprochements. Imprimés d'abord sur des copies inexactes ou clandestines, le livre de Retz et celui de la Rochefoucauld eurent le privilége d'exciter chacun au plus haut degré, bien que pour des causes différentes, la curiosité du public. Les *Mémoires* du Coadjuteur, qui paraissent en 1717, au lendemain des obsèques irrévérentes faites au grand Roi, trouvent la nation fatiguée d'obéissance et prête à reprendre goût, dans le présent comme dans les souvenirs du passé, aux intrigues séditieuses et à la rébellion. Les *Mémoires* de la Rochefoucauld, au contraire, publiés en 1662, dix ans seulement après la Fronde, trouvent tous les cœurs inclinés par la lassitude des discordes civiles vers le repos et la soumission, sous un règne nouveau. Les premiers, écrits à l'insu du monde et dans le mystère, éclatent pour ainsi dire à l'improviste, trente-huit ans après la mort de l'auteur, et réveillent soudainement toutes les passions. Les seconds, saisis, à demi éclos et avec toute sorte de mélange, sous la plume même du noble frondeur, sont publiés tels quels sous son nom; ils n'en affriandent que davantage les contemporains par cette saveur particulière au fruit dérobé et par l'attrait d'une confession en quelque sorte surprise. A l'apparition du livre de Retz, l'autorité s'émeut, comme en présence d'un crime d'Etat ; celui de la Rochefoucauld, en se débitant presque sous le manteau, comme une gazette à la main, allume également de vives colères, à commencer par celle du duc lui-même. L'un et l'autre ouvrage enfin se voit dénoncé et poursuivi comme objet de contrebande.

Ce n'est, on le sait, que très-tardivement qu'on a rétabli le texte authentique des *Mémoires de Retz*; une restitution n'était pas moins nécessaire pour l'intégrité de l'œuvre de la Rochefoucauld : la gloire littéraire de l'auteur des *Maximes* y était, comme nous allons le montrer, intéressée au plus haut degré.

I

Les *Mémoires* de la Rochefoucauld, lui-même nous l'apprend[1], ont été composés en deux fois ; toute la partie relative aux troubles de la Régence (1643-1652) date de la retraite du duc à Verteuil, entre 1654 et 1659 ; la relation des dernières années du ministère de Richelieu (1624-1643) n'a été écrite que postérieurement, c'est-à-dire après le retour de l'illustre factieux à Paris. Pour ce travail, comme pour celui des *Maximes*, dont il s'occupa toute sa vie, la Rochefoucauld prenait volontiers conseil de ses amis. Nous savons, en effet, par Segrais[2] qu'il avait envoyé une copie de ses *Mémoires* à Arnauld d'Andilly[3], afin que ce dernier « y fît des corrections, particulièrement sur la pureté de la langue. » Le comte de Brienne, ayant obtenu la permission de les lire chez Arnauld d'Andilly, en fit, à l'insu de celui-ci, une copie, qu'il porta lui-même à Rouen chez l'imprimeur Barthelin. Barthelin mourut avant que l'édition fût achevée, et sa veuve ne put la mettre en vente. Le duc de la Rochefoucauld, qui avait appris,

---

1. Voyez ci-après, les *Mémoires*, p. 2 et note 3.
2. *Segraisiana*, édition de 1721, p. 156 et suivantes.
3. Robert Arnauld d'Andilly, frère du fameux janséniste Antoine Arnauld, né en 1588, mort en 1674 à Port-Royal-des-Champs, où il s'était retiré dès 1642. Il a laissé des *Mémoires*.

dans cet intervalle, l'impression de ses *Mémoires*, « auxquels, dit Segrais, il avoit fait plusieurs changements depuis qu'il les avoit prêtés à M. d'Andilly, » chargea M. Pelot, qui allait précisément se faire recevoir premier président à Rouen, de faire saisir l'édition, ce qui eut lieu, moyennant une indemnité de vingt-cinq pistoles (on n'en avait demandé que vingt), accordée par l'auteur à la veuve Barthelin, et l'ouvrage fut relégué dans un grenier de l'hôtel de Liancourt, à Paris[1].

« Sans parler, ajoute Segrais (p. 158-160), des changements que M. de la Rochefoucauld avoit faits à ses *Mémoires*, comme je l'ai dit, il y avoit un grand défaut en cette édition, en ce que l'on avoit mis à la fin ce qui devoit être au commencement, de sorte qu'il n'y avoit pas moyen de la faire paroître en l'état où elle étoit. Cependant, après ce qui venoit d'arriver, M. Ménage, en disant à M. de la Rochefoucauld : « Si vous ne mariez pas votre fille vous-même, on la mariera, » lui conseilloit de les faire imprimer. Au contraire, M. de Gourville, à qui il les avoit communiqués, l'en détourna en lui représentant qu'il n'étoit pas sûr, quoiqu'il n'y eût rien que de vrai, que le Roi trouvât bon que toutes ces vérités fussent rendues publiques, et, de plus, qu'il étoit impossible que plusieurs particuliers, qui vivoient encore, dussent être contents d'y être nommés; et cela obligea M. de la Rochefoucauld à ne pas passer outre. Depuis ce temps-là, il est mort, et ses enfants n'ont pas cru devoir aussi les faire imprimer : ainsi il y a grande apparence qu'ils ne le seront pas. J'ai un exemplaire de l'édition telle qu'elle est, qui m'a été donné par M. de la Rochefoucauld. Outre qu'il y a des transpositions considérables, il y a aussi des mots les uns pour les autres : ce qui m'a obligé de la faire brocher avec du papier blanc entre chaque page, où j'ai fait des corrections nécessaires en plusieurs endroits, suivant l'intention de M. de la Rochefoucauld. Ces *Mémoires* sont intitulés : *Relation des guerres civiles de France, depuis le mois d'août de l'année* 1649 *jusqu'à la fin de* 1652. »

---

1. Il n'est resté dans les archives départementales de Rouen, où nous avons consulté les registres de la corporation des libraires, aucune trace de cette affaire, arrangée d'ailleurs à l'amiable.

Dans ce témoignage de Segrais il y a trois points à relever : le premier, c'est que, dans le temps que l'on poussait à Rouen l'impression furtive des *Mémoires*, le duc y faisait des changements; le second point, c'est que l'édition de Barthelin contenait de telles fautes de texte et des transpositions si considérables, « qu'il n'y avoit pas moyen de la faire paroître en l'état où elle étoit; » le troisième point enfin ne mérite pas moins qu'on s'y arrête : « Ces *Mémoires*, dit Segrais, sont intitulés : *Relation des guerres civiles de France* » d'août 1649 à la fin de 1652. Nous mettrons à profit cette triple remarque.

La Rochefoucauld avait pu sauver, une première fois, ses *Mémoires* de la publicité prématurée que leur destinaient les presses rouennaises; il ne les put soustraire à ces terribles presses de Hollande qui ont fait le désespoir de tant de gens haut placés dans le monde des lettres. En 1662, une première édition de son ouvrage paraît à Amsterdam, sous la fausse rubrique de Van Dyck, à Cologne, petit format elzévirien, avec ce titre : *Mémoires de M. D. L. R. sur les brigues à la mort de Louis XIII, les guerres de Paris et de Guyenne et la prison des Princes*[1]. Un Avis du libraire au lecteur dé-

---

[1]. Une intéressante communication que nous devons à l'obligeance de M. Régis de Chantelauze ne laisse aucun doute sur le lieu de l'impression. Un nommé M. de Wicquefort, agent secret de Mazarin, puis de Lionne, avait été chargé par eux de surveiller les presses étrangères, de découvrir les pamphlets et libelles qui sortaient de ces presses, de les supprimer, autant qu'il serait possible, lorsqu'ils étaient défavorables à la France et à son gouvernement, et de ne rien négliger pour connaître le nom de leurs auteurs. Voici ce qu'écrivait cet agent à l'un de ses chefs, le 3 août 1662 : « L'on m'avoit assuré que les *Mémoires de la Rochefoucauld et de la Châtre* avoient été imprimés à Bruxelles, mais j'ai su depuis qu'ils ont été imprimés à Amsterdam, et, de peur qu'on les découvrit, on les a fait vendre à meilleur marché à Bruxelles qu'à Amsterdam. Le libraire qui les a imprimés les a apportés cet hiver de Paris et l'on pourroit savoir de qui il les a eus. J'en parle, tant parce qu'il importe que ce livre soit supprimé, que parce qu'on m'a accusé autrefois de les avoir donnés à un libraire; mais je ne crains point que l'on m'en puisse seulement soupçonner. » Et, le 5 octobre de la même année, il écrivait à la même personne : « J'ajouterai à la même lettre que le même Elzevier d'Amsterdam, qui

butait par cet aveu, qui n'était rien moins que superflu :
« L'impatience que tout le monde a témoignée de voir ces
Mémoires m'a obligé d'en précipiter l'impression, et de me
servir pour cela d'une copie fort mal écrite, qu'un de mes
amis m'avoit envoyée de France et qu'il avoit faite pour lui
seul : aussi ne l'aurois-je pu tirer de ses mains, s'il avoit
pu me refuser cette prière, que je ne lui faisois que pour satisfaire la juste curiosité de tous les honnêtes gens de l'Europe. C'est ce qui m'a fait passer par-dessus beaucoup de considérations qui m'auroient pu retenir, et qui m'a obligé de vous
donner cette première édition, quoique j'eusse bien prévu qu'il
étoit impossible qu'elle ne fût accompagnée de beaucoup de
fautes. »

Ici se posent naturellement deux questions :

1° Cette copie subreptice et hâtive livrée sous main à l'éditeur hollandais était-elle exactement conforme à la copie
remise auparavant par Brienne à Barthelin? Évidemment
non : nous savons déjà par Segrais que cette dernière
avait pour titre : *Relation des guerres civiles de France
depuis le mois d'août de l'année 1649 jusqu'à la fin de 1652*,
ce qui prouve qu'elle ne renfermait qu'une seconde partie,
telle quelle, des *Mémoires de la Rochefoucauld*. L'édition
d'Amsterdam contient, en outre, un récit, en deux fragments
distincts, des premières années du ministère de Mazarin.

2° Peut-on supposer que le duc lui-même fut complice du
larcin et se prêta complaisamment à cette comédie, pour tâter,
sans se trahir, l'effet de son œuvre sur le public? Cette hypo-

a imprimé les *Mémoires de la Rochefoucauld* et *de la Châtre*, imprime encore quelques autres pièces, touchant les affaires de
France, et que je ne vois point d'autre remède d'empêcher ce
désordre qu'en lui faisant dire par M. d'Estrades, ou par quelque
autre, que l'on confisquera tous les livres de son impression, de
quelque nature qu'ils puissent être, et que l'on en défendra la vente
en France. Il s'en voudra peut-être défendre; mais il est certain
que c'est lui qui a imprimé les *Mémoires*, et qu'il imprime aussi le
reste. » — La même année 1662, il parut une autre édition, d'un
format un peu plus grand, et d'un caractère plus fin, portant le
même titre et les mêmes noms de lieu et de libraire. Voyez la *Notice bibliographique*, au tome I.

thèse ne semble pas admissible. Outre qu'à cette date de 1662 les *Mémoires* n'étaient assurément pas terminés et que l'amour-propre de l'auteur ne se serait point accommodé d'un à-peu-près, l'amant refroidi de Mme de Longueville, l'ancien criminel de lèse-majesté, devenu sage à ses dépens, et qui ne visait qu'à pousser son fils à la cour[1], ne pouvait pas même avoir la pensée de risquer cette imprudente épreuve. Bien des raisons, toutes plus graves les unes que les autres, le lui défendaient. Victor Cousin, qui, préoccupé de sa thèse brillante, justifie ou du moins excuse volontiers Mme de Longueville aux dépens de la Rochefoucauld, pouvait reprocher à ce dernier ses insinuations contre la duchesse[2]; mais l'amour de son sujet n'entraîne-t-il pas l'illustre écrivain au delà de la justice et de la vérité quand il déclare que la Rochefoucauld s'est fait un plaisir de livrer outrageusement, de son vivant, à la malignité publique celle qui s'était donnée à lui sans réserve[3] ? Sans doute, le duc a maltraité Mme de Longueville dans ses *Mémoires*, je parle des plus authentiques; sans doute, il a, un peu trop volontiers, laissé courir des fragments de ses manuscrits; mais ne faut-il pas tenir compte de la distance qui sépare une confidence faite au papier, ou même à l'amitié, de la vraie publicité, immédiate et universelle? Si certains passages des *Mémoires* attestent que la belle duchesse n'a jamais obtenu un entier pardon de la Rochefoucauld, en revanche, toute la conduite du duc le démontre, il s'efforça de persuader aux contemporains qu'il avait fait à Mme de Longueville une pleine remise du passé[4].

1. Voyez la *Notice biographique*, en tête du tome I.
2. Voyez ci-après, les *Mémoires*, p. 350-354.
3. Voyez *la Jeunesse de Madame de Longueville*, p. 30 et suivantes, et *Madame de Sablé*, 1854, p. 203-209. V. Cousin (p. 203 de ce dernier ouvrage) atténue cependant la vivacité de ses reproches, quand, après avoir dit : « C'était la première fois qu'on osait ainsi prévenir la postérité et mettre à nu ses contemporains à leurs propres yeux, » il ajoute : « Il est même à croire que la Rochefoucauld ne forma pas véritablement ce dessein, et qu'on imprima ses *Mémoires* malgré lui ou à son insu.... »
4. Voyez, au tome III, une *lettre* de la Rochefoucauld à Mme de Sablé, en date du 21 juin [1662].

NOTICE.

En tout cas, l'apparition des *Mémoires* en 1662 souleva une véritable tempête. Le duc de Saint-Simon, père de l'auteur des *Mémoires*, donna un libre cours à sa colère; il courut chez le libraire, « qu'il découvrit, parce que cet ouvrage ne se débitoit pas publiquement dans cette première nouveauté, » et, s'étant fait montrer les exemplaires, il les orna tous, au passage qui le concernait[1], de cette glose brutale : « L'auteur en a menti[2]. » Le prince de Condé menaça; Mme de Longueville, alors retirée du monde, ne fit point d'éclat, se bornant à épancher son chagrin dans le cœur de quelques amis; mais « les honnêtes gens » prirent chaleureusement fait et cause pour la belle pénitente contre l'écrivain discourtois. La Rochefoucauld répondit à ce déchaînement de colères en reniant purement et simplement le livre imprimé sous son nom. Voici, d'après une copie authentique[3], la teneur exacte de ce désaveu, dont tous les termes appellent l'attention, et qui fut déposé par l'auteur entre les mains de Mme de Sablé :

« Les deux tiers de l'écrit qu'on m'a montré et que l'on dit qui court sous mon nom ne sont point de moi, et je n'y ai nulle part; l'autre tiers, qui est vers la fin, est tellement changé et falsifié dans toutes ses parties et dans le sens, l'ordre et les termes, qu'il n'y a presque rien qui soit conforme à ce que j'ai écrit sur ce sujet-là. C'est pourquoi je le désavoue, comme une chose qui a été supposée par mes ennemis ou par la friponnerie de ceux qui vendent toute sorte de manuscrits sous quelque nom que ce puisse être.

« Mme la marquise de Sablé, M. de Liancourt et M. Esprit ont vu ce que j'ai écrit pour moi seul ; ils savent qu'il est entièrement différent de celui qui a couru, et qu'il n'y a rien

---

1. Voyez ci-après, p. 174 et p. 177-183.
2. Voyez, à ce sujet, les *Mémoires de Saint-Simon*, tome I, p. 78 et 79, édition de MM. Chéruel et Ad. Regnier fils, 1873.
3. Elle se trouve dans les *Portefeuilles de Valant*, tome II, folio 120ᵃ, Bibliothèque nationale, *Fonds français*, n° 17046. Le désaveu est copié de la main de Valant.

a V. Cousin, qui en a transcrit quelques passages dans *Madame de Sablé* (1854, p. 204 et 205), indique le folio 168; mais depuis la pagination a été changée.

dedans qui ne soit comme il doit être dans ce qui regarde Monsieur le Prince ; M. de Liancourt le lui a témoigné, et il en a paru persuadé : ainsi il n'est pas nécessaire d'entrer davantage en matière, et je suis d'avis non-seulement qu'on ne dise plus rien là-dessus, mais qu'on ne réponde même autre chose que ce que je viens de dire, à quelque objection que l'on puisse faire.

« Il faut aussi dire la même chose pour ce qui regarde Mme de Longueville.

« Pour ce qui est de l'article qui parle de l'affaire de l'Hôtel de Ville, il ne paroît pas qu'il y ait rien dans ce que j'ai vu qui puisse déplaire à Monsieur le Prince, puisqu'après avoir dit l'impression que cette affaire-là fit dans le monde, on me fait dire ensuite que je crois que M. le duc d'Orléans et lui n'y eurent aucune part. C'est, en effet, tout ce que je puis dire de cette action, dont je n'ai jamais eu de connoissance bien particulière, étant arrivée deux jours après celle de Saint-Antoine, qui est un temps où je n'étois pas en état d'entendre parler d'aucune affaire[1]. »

Ce désaveu n'empêcha pas les éditions apocryphes des *Mémoires* de se suivre, avec peu de différences, de 1662 à 1677[2].

De quoi se composait donc l'imprimé hollandais, et quelle était la portée précise de la protestation de la Rochefoucauld ? L'édition subreptice contenait :

1° Un premier fragment de récit intitulé : « Les Brigues pour le gouvernement à la mort de Louis XIII[3]. » On verra plus loin (p. L-LII) ce qu'il faut penser de ce morceau, et quelle place il convient de lui assigner dans une édition bien ordonnée des *Mémoires*.

2° Une seconde relation, plus étendue, sous ce titre : « La Guerre de Paris[4]. » C'est une des parties qui excitèrent le plus

---

1. A cause de sa blessure : voyez ci-après, p. 409 et 410.
2. Voyez la *Notice bibliographique*.
3. Voyez p. 1-20 de l'édition de 1662 A, et l'*appendice* I de notre édition, p. 471-481.
4. Voyez p. 21-99 de l'édition de 1662 A, et l'*appendice* III de notre édition, p. 500-551.

NOTICE.

d'émotion : il est établi ci-après (p. xlv et suivantes) que pas un mot de ce récit n'est de la Rochefoucauld.

3° Une pièce satirique intitulée : « Retraite de M. de Longueville en son gouvernement de Normandie, pendant la guerre de Paris, 1649[1]. » L'auteur de cette composition est bien un moraliste ; mais ce moraliste s'appelle Saint-Évremond.

4° Un morceau ayant pour titre : « Récapitulation de ce que dessus, avec la prison des Princes[2]. » En tête est un certain nombre de paragraphes numérotés, qui sont comme une série de notes explicatives touchant différents points des *Mémoires*. On dirait des observations faites à l'auteur par quelqu'un de ceux à qui il les avait communiqués, comme il fit à Arnauld d'Andilly, à Gourville, à Vineuil peut-être[3]. A la suite de ces notes, après les quatre ou cinq premières phrases du n° ix, vient un récit suivi, une rédaction primitive d'une portion des *Mémoires* qui reprend à la page 170 de notre édition. Ce n'est pas qu'à partir de cet endroit l'accord absolu se fasse entre l'une et l'autre version ; mais l'imprimé hollandais traite le même sujet que le texte authentique ; il s'en rapproche, puis s'en écarte ; il omet, abrége, allonge ou transpose, et toute la fin du morceau n'est qu'un résumé tel quel, où s'entremêlent des lambeaux des véritables *Mémoires*.

5° « Ce qui se passa depuis la prison des Princes jusqu'à la guerre de Guyenne[4]. » Ce morceau correspond, inexactement et par tronçons, à la section iv de notre texte (février-août 1651), qui va de la page 237 à la page 290.

6° « Guerre de Guyenne et la dernière de Paris[5]. » Cette section de l'imprimé primitif présentait, au commencement,

---

1. Voyez p. 100-114 de l'édition de 1662 a, et p. 3-21 du tome II des *OEuvres mêlées de Saint-Évremond*, édition de M. Ch. Giraud.

2. Voyez p. 115-149 de l'édition de 1662 a, et l'*appendice* ii de notre édition, p. 482-499.

3. Voyez ce qui est dit à l'*Appendice* du tome II de Retz, p. 645 et 646, de notes du même genre, d'observations analogues d'un réviseur, qui se trouvent intercalées dans le manuscrit Caffarelli des *Mémoires* du Coadjuteur.

4. Voyez p. 149-189 de l'édition de 1662 a.

5. *Ibidem*, p. 189-256.

une lacune de cinquante pages environ, correspondant à notre section v (p. 291-340); cette lacune ne fut comblée que dans une édition très-postérieure, celle de 1689 (voyez ci-après, p. xxi et suivantes, et la note 1 de la page 291). La seconde partie correspond, avec des différences considérables dans l'ordre des choses et dans le style, à la sixième et dernière section de notre texte (p. 341-431).

A ces parties fondamentales étaient jointes dans l'édition de 1662 les parties supplémentaires qui suivent :

1° « Apologie ou défense de M. le duc de Beaufort contre la cour, la noblesse et le peuple[1]. » On verra (ci-après, p. xx et note 1) ce que c'était que ce morceau.

2° « Mémoires de M. de la Châtre, sur ce qui s'est passé à la fin de la vie de Louis XIII et au commencement de la Régence[2]. »

3° « Lettre écrite (par *M. de la Châtre*) à M. de Brienne, dont il est parlé dans la Relation[3]. »

4° « Articles et conditions dont S. A. R. (*le duc d'Orléans*) et Monsieur le Prince sont convenus pour l'expulsion du cardinal Mazarin, en conséquence des déclarations du Roi et des arrêts des parlements de France[4]. » Cette pièce, datée du 24 janvier 1652, est inscrite dans la *Bibliographie des Mazarinades*, de M. C. Moreau (tome I, p. 134), sous le n° 424.

5° « Lettre de M. le cardinal Mazarin à M. de Brienne[5]. »

Le désaveu de la Rochefoucauld était un désaveu fondé, s'il en fut. Sur 256 pages dont se composait, en dehors des pièces annexées, l'imprimé de 1662, plus de la moitié n'était pas de lui, et le reste était à ce point défiguré que l'auteur pouvait, de plein droit, prononcer le mot de falsification. Toutefois, si le désaveu était fondé, il n'était pas sincère dans le sens absolu du mot. La Rochefoucauld, en cette circonstance délicate, semble avoir mérité accidentellement ce surnom iro-

---

1. Voyez p. 257-276 de l'édition de 1662 A.
2. *Ibidem*, p. 277-384. — Sur la Châtre, voyez ci-après, p. 87 et note 3.
3. *Ibidem*, p. 385 et 386. — 4. *Ibidem*, p. 387-393.
5. *Ibidem*, p. 394-400.

nique de *la Franchise*[1], que la malveillance de ses adversaires politiques lui avait donné dans la Fronde. En effet, quand il déclare, en se référant au témoignage de quelques amis, que ses *Mémoires*, écrits par lui, « pour *lui* seul, » diffèrent essentiellement de ceux que l'on fait courir sous son nom, il dit l'exacte vérité ; quand il ajoute qu'en ce qui regarde Monsieur le Prince, « il n'y a rien.... qui ne soit comme il doit être, » sa conscience d'homme et d'auteur n'a encore nul reproche à lui faire. Où paraît la subtilité, c'est dans la petite phrase détachée qui concerne Mme de Longueville. Rien qu'à voir la place et les termes de cette rapide et unique phrase, qui semble vouloir se dérober entre les deux paragraphes où est contenue toute la substance du désaveu, on sent avec quel soin la Rochefoucauld a dû peser et disposer les termes de cette protestation, qu'il affecte néanmoins d'avoir jetée là au courant de la plume. Lorsqu'il se défend, une première fois, d'avoir mal parlé du prince de Condé, il fait manifestement allusion au récit de la *Guerre de Paris*, qui n'est pas de lui, en effet, et où Mme de Longueville n'est pas mieux traitée que son frère. Or voyez l'artifice. Après une phrase de transition, où se montre le ton cavalier du grand seigneur qui décline d'avance toute réplique, la Rochefoucauld se hâte de comprendre vaguement la duchesse sous le couvert de ce premier démenti relatif à Condé. Touchant la seconde partie des *Mémoires*, au contraire, celle qui n'était que défigurée, et où la réputation de Mme de Longueville, justement dans la partie le moins altérée, recevait la plus grave atteinte, il se garde bien de rien dire qui concerne particulièrement la duchesse : il se borne à une courte explication sur la part attribuée à Monsieur le Prince dans le massacre et l'incendie de l'Hôtel de Ville, et là, si l'on veut bien remarquer les termes dont il se sert, la Rochefoucauld ne conteste plus la conformité de sa pensée avec les expressions qu'on lui a prêtées : il s'applique seulement à en commenter le sens[2].

Ainsi le désaveu, très-vrai matériellement, n'avait aucune

---

1. Voyez ci-après, p. 288, note 8.
2. Voyez p. 248 et 249 de l'édition de 1662A ; p. 416-418 de notre édition.

sincérité morale en ce qui regardait Mme de Longueville. D'autres ont discuté ou discuteront sur le plus ou moins de blâme que mérite ici notre auteur : il nous a suffi d'établir que, si la protestation remise par lui à Mme de Sablé offrait un certain côté perfidement subtil, elle n'était pas, quant à l'authenticité du fond des *Mémoires*, uniquement pour la forme. Nous verrons plus loin si, au point de vue littéraire, le désaveu n'avait pas toute sa valeur de la part de l'écrivain à qui nous devons les *Maximes*.

Il est aisé de suivre, à travers les éditions des *Mémoires* qui se sont succédé jusqu'à ce jour, la fortune des diverses parties qui entraient dans l'imprimé d'Amsterdam, et de voir comment la constitution du texte s'est améliorée peu à peu, sans qu'il soit parvenu toutefois ni à s'agencer logiquement, ni à se débarrasser de tous les morceaux parasites qui s'y étaient primitivement ajoutés.

En 1688 paraît, sous la rubrique de « Villefranche, chez Jean de Paul, » cachant, dit Barbier[1], le nom du libraire Westein (Wetstein?), à Amsterdam, une nouvelle édition en un volume, avec ce titre : *Mémoires de la minorité de Louis XIV*, et avec ce sous-titre : « Sur ce qui s'est passé à la fin de la vie de Louis XIII et pendant la régence d'Anne d'Autriche, mère de Louis XIV. » Les matières y sont présentées dans un autre ordre que dans les imprimés hollandais. Le volume, grossi de citations latines prises de Tacite et d'un petit nombre de notes françaises, débute par les *Mémoires de la Châtre*, suivis de la *Lettre* de celui-ci *à M. de Brienne*. Puis viennent : *Mémoires de la régence d'Anne d'Autriche*, c'est-à-dire le premier morceau de l'édition de 1662 ; — *Guerre de Paris*; — *Retraite de M. le duc de Longueville en son gouvernement de Normandie*; — *Récapitulation de ce que dessus, avec la prison des Princes*; — *Relation de ce qui se passa depuis la prison des Princes jusqu'à la guerre de Guienne*; — *Guerre de Guienne et la dernière de Paris*; — *Apologie de M. le duc de Beaufort*; — *Lettre de M. le cardinal Mazarin à M. de Brienne*; — *Articles et conditions.... pour l'expulsion du cardinal Mazarin*.

Cette modification dans l'ordonnance des diverses parties et

---

1. *Dictionnaire des ouvrages anonymes*, etc., tome II, p. 392.

l'addition de la *Lettre de Mazarin* étaient, quant au texte (nous ne parlons pas de quelques corrections de style qui ont passé dans les éditions suivantes), la seule innovation sérieuse que présentât l'imprimé de 1688, dont Amelot de la Houssaie[1] passe pour avoir été l'éditeur. Il est précédé d'un *Avertissement*, historique et critique, dont nous extrayons ce passage :

« On a attribué les *Mémoires* qui suivent ceux de M. de la Châtre à M. le duc de la Rochefoucauld ; mais, comme les héritiers de cette maison les désavouent, on n'a pas voulu y mettre son nom. Quoi qu'il en soit, il est toujours constant que l'auteur avoit tant de justesse d'esprit et un jugement si exquis, qu'un savant politique[2] n'a pas fait difficulté de considé-

[1]. Abraham-Nicolas Amelot de la Houssaie, né en 1634, mort en 1706, avait été secrétaire d'ambassade à Venise. Il a laissé, entre autres ouvrages, une traduction du livre du *Prince* de Machiavel, celle des neuf premiers livres des *Annales* de Tacite, une *Histoire de Venise* en 3 volumes et des *Mémoires historiques, politiques*, etc.

[2]. Ce savant politique, c'est sans doute Amelot de la Houssaie lui-même, qui était à la fois, nous l'avons dit, historien et diplomate. Une note, ajoutée ici en marge à l'*Avertissement*, indique que les mots soulignés qui suivent sont extraits de la *Préface* d'un de ses ouvrages, *la Morale de Tacite* (1 volume in-12, 1686). On y trouve en effet, après l'*Épître* dédicatoire au chancelier Boucherat, un discours intitulé : « Critique de divers auteurs modernes qui ont traduit ou commenté les œuvres de Tacite. » Parmi ces auteurs figure *M. le duc de la Rochefoucauld* : « D'abord on sera surpris, écrit Amelot de la Houssaie, de voir nommer ici ce duc ; mais ceux qui auront lu ses *Mémoires* et les œuvres de Tacite avec quelque attention devineront sans peine pourquoi je le mets dans ce catalogue ; car, bien que sa relation des *Brigues faites pour le gouvernement à la mort de Louis XIII* et de la *Guerre de Paris* ne soit rien moins, en apparence, qu'un commentaire de Tacite, néanmoins c'en est un véritable, où il a eu l'adresse de faire une application juste des plus beaux traits de Tacite aux affaires de la Régence et aux ministres qui les ont maniées. » Après cette observation, où se trouvent confondues ensemble deux relations, dont la première seule est de la Rochefoucauld, Amelot de la Houssaie fait quelques citations à l'appui de cette thèse ; puis il ajoute cette phrase, fort importante à recueillir au point de vue bibliographique : « Tout cela se trouve en trois pages de suite, par où il faut juger du reste qui est à peu près de même, *comme il se verroit par la conférence*

rer ces *Mémoires* comme *un véritable commentaire sur Tacite*, où l'auteur avoit eu l'adresse de faire une application juste des plus beaux traits de cet historien aux affaires de la Régence et aux ministres qui les ont maniées. C'est pour en donner quelques preuves qu'on a eu soin de mettre au bas de chaque page des extraits du texte latin de Tacite, et pour faire voir la conformité de ses maximes avec celles de notre auteur.

« Ces *Mémoires* contiennent l'histoire de la guerre de Paris et de celles de Normandie (?) et de Guienne, qui en ont été les suites.... Il y a encore dans ce recueil deux satires fort ingénieuses : l'une est la retraite du duc de Longueville en son gouvernement de Normandie, où l'on tourne fort plaisamment en ridicule les vains projets des révoltés de cette province ; l'autre est une apologie de M. de Beaufort, que l'on déchire cruellement, en faisant semblant de le défendre contre la cour, la noblesse et le peuple. On attribue cette dernière pièce à M. de Saint-Évremond[1].

des passages, que j'ai mis à la marge de mon exemplaire, si quelque jour on venoit à l'imprimer. Au reste, c'est dommage du peu, car ce petit ouvrage est inimitable et sans pair en ce genre ; et je dirai, sans hésiter, qu'il ne s'est jamais rien écrit en notre langue qui approche tant du caractère de Tacite. »

1. On a vu (p. xv) que la *Retraite du duc de Longueville*, etc., est en effet de ce moraliste ; quant à l'*Apologie du duc de Beaufort*, il n'a fait qu'y collaborer. Le rédacteur ou plutôt le greffier fut ici Guillaume Girard, archidiacre d'Angoulême, mort en 1663, et qui fut secrétaire du duc d'Épernon, dont il a écrit la *Vie* (1665, in-folio). Le P. le Long rapporte, au sujet de ce morceau, l'anecdote suivante (*Bibliothèque historique*, 1769, tome II, p. 561) : « Voici ce qu'en dit M. des Maiseaux[a] dans la *Vie de M. de Saint-Évremond*[b] : Le duc de Beaufort « se.... réconcilia avec la cour ; mais les
« courtisans ne laissoient pas de le tourner en ridicule. Un jour
« que le duc de Candale, le comte de Palluau, le comte de Moret,
« M. de Saint-Évremond et cinq ou six autres avoient soupé en-
« semble, et se trouvoient de bonne humeur, ils firent le plan d'une
« satire contre ce duc, qu'ils appelèrent l'*Apologie de M. le duc de*

[a] Pierre des Maiseaux, né en Auvergne en 1666, mort à Londres en 1743. Il vécut dans l'intimité de Saint-Évremond et de Bayle.

[b] La Haye, 1711, in-12, p. 38 et 39. — Nous suivons le texte de des Maiseaux, que le P. le Long a légèrement modifié.

NOTICE.

« Les lettres et les traités qu'on a ajoutés à la fin de ces *Mémoires* leur donnent beaucoup de jour, et les notes qu'on a mises à la marge ne sont pas de moindre utilité pour l'intelligence de cet ouvrage, parce qu'on y explique quelquefois les qualités des personnes dont il y est parlé.

« Au reste, ceux qui ont vu autrefois ces *Mémoires*[1] les trouveront ici fort changés; car, outre qu'on les a mis dans leur ordre naturel, et suivant le temps que les affaires dont ils traitent se sont passées, on y a aussi corrigé diverses fautes de style, qui faisoient perdre le sens, et qui apparemment s'y étoient glissées par la négligence des copistes. »

Ici finit l'historique de la « première série » des éditions (voyez ci-après, la note 1 de la page 237), série à laquelle se rattache, comme nous le disons plus loin, un imprimé de 1717, attardé parmi les éditions, considérablement améliorées, mais fort défectueuses encore, de la « seconde série ».

II

En 1689 parut, en deux volumes in-12, toujours sous la rubrique de « Villefranche, chez Jean de Paul », une nouvelle impression des *Mémoires*, portant cette mention, ajoutée au titre de 1688 : *Seconde édition augmentée de près d'un tiers*[2].

« *Beaufort contre la cour, la noblesse et le peuple*. Chacun fournit ce
« qu'il croyoit le plus capable de le rendre ridicule, et on chargea
« M. Girard, qui nous a donné la *Vie du duc d'Épernon*, de rédiger
« par écrit ce qu'ils avoient dit. » Ce morceau satirique se trouve dans les *OEuvres mêlées de Saint-Évremond*, édition de M. Ch. Giraud, 1866, tome II, p. 238 et suivantes.

1. Dans les éditions antérieures, à partir de 1662.
2. Barbier, dans son *Dictionnaire* déjà cité (tome II, p. 373), donne, sous le n° 11440, le titre suivant : *Mémoires de la minorité de Louis XIV, sur ce qui s'est passé à la fin du règne de Louis XIII et pendant la régence de la Reine mère, par M. de Varillas. Villefranche, de Paul,* 1689, 2 *vol. in*-12; et il ajoute : « C'est une contrefaçon des Mémoires du duc de la Rochefoucauld. » — Nous n'avons trouvé aucun exemplaire ayant ce titre, lequel ne diffère de celui de l'édition de 1689 dont nous parlons que par l'attribution à Va-

Cette publication de 1689 marquait le point de départ d'une nouvelle série d'éditions, fort différentes des premiers imprimés hollandais. Le tome I offrait seulement, disposés dans le même ordre, les cinq premiers morceaux de 1688, savoir : *Mémoires de la Châtre*; *Lettre* (de la Châtre) *à Brienne*; *Mémoires de la régence d'Anne d'Autriche*; *Guerre de Paris*; *Retraite du duc de Longueville*; mais le contenu du tome II venait d'une copie notablement plus complète qu'aucun des manuscrits qui avaient servi aux éditions antérieures. D'abord, au lieu du morceau tronqué et commençant par des remarques chiffrées, qui avait été donné jusqu'alors sous ce titre singulier : *Récapitulation de ce que dessus, avec la prison des Princes*, on trouvait, sous ce titre plus court : *La prison des Princes*, un récit complet et suivi des événements accomplis de mars 1649 à février 1651, c'est-à-dire la section III de notre édition (p. 130-236)[1]. Après ce récit venait, comme dans les imprimés de la première série (1662-1688), la partie corrélative à notre § IV (p. 237-290), et intitulée : *Relation de ce qui se passa depuis la prison des Princes jusqu'à la guerre de Guienne*; en troisième lieu, sous ce titre : *Guerre de Guienne*, un récit entièrement nouveau, correspondant à la section V de notre édition (août 1651-mars 1652, p. 291-340), c'est-à-dire comblant la lacune dont nous avons parlé ci-dessus (p. XVI). Partant, le quatrième morceau du tome II avait pour titre, non plus : *Guerre de Guienne et la dernière de Paris*, mais bien : *Suite de la guerre de Guienne, et la dernière de Paris*; partant aussi, les fragments en forme de remarques numérotées, qui jusque-là avaient usurpé le rang de partie essentielle du texte, se trouvaient insérés, en manière d'appendice, sous ce titre : *Supplément aux relations des guerres de Paris et de Guienne*, entre l'ensemble des *Mémoires* et les pièces-annexes de la fin; celles-ci comptaient, dans la nouvelle édition, un morceau de plus qu'en 1688, savoir : le *Manifeste de Monsieur le prince de Condé, contenant les véritables raisons de sa sortie de Paris*,

rillas et par la substitution des mots : « de la Reine mère », à ceux-ci : « d'Anne d'Autriche, mère de Louis XIV ».

1. Le point de suture entre l'édition de 1688 et celle de 1689 se trouve, pour la première, à la page 200 du tome unique; pour la seconde, à la page 37 du tome II.

le 6 juillet 1651[1]; ce morceau y était placé avant les trois autres.

« Ces *Mémoires* ayant déjà paru cinq ou six fois, disait la *Préface* de 1689, il n'est pas besoin de faire ici leur éloge pour donner envie de les lire. L'estime qu'en font tous ceux qui les ont lus est une puissante recommandation auprès de ceux qui les liront. MM. de la Châtre et de la Rochefoucauld, qui en ont composé les deux premières parties, sont illustres et par leur naissance et par la figure qu'ils ont faite à la cour de France. Ce sont deux autres *Commines*, qui racontent non-seulement ce qu'ils y ont vu, mais encore ce qu'ils y ont fait et négocié eux-mêmes, et, qui plus est, dans un temps orageux, et fertile en événements singuliers....

« La dernière et la principale scène de ces *Mémoires*, ajoute l'éditeur, est celle de *la Fronde*, dont M. de la Rochefoucauld nous fait une peinture tout à fait naturelle, depuis la page [196] jusqu'à la page [310[2]]; car, à mon avis, toutes les pièces qui suivent[3] sont de différentes mains ; et cela se peut remarquer à l'inégalité du style, qui n'est pas si nerveux, si sentencieux, ni même si ressemblant à celui de Tacite, dont ce duc était

---

1. C'est la *Mazarinade* inscrite par M. C. Moreau, au tome II, p. 241, de sa *Bibliographie*, sous le n° 2372 et sous ce titre plus développé : *Le Manifeste de Monseigneur le prince de Condé, touchant les véritables raisons de sa sortie hors de Paris, faite le 6 juillet 1651, avec une protestation qu'il fait à la France, qu'il n'en veut qu'à l'ennemi commun, c'est-à-dire au cardinal Mazarin.* — La pièce est, dit M. Moreau, du pamphlétaire Matthieu Dubos.

2. Les chiffres de pages sont remplacés par des points dans l'édition de 1689; dans celle de 1690, il y a : p. 114 et 179, chiffres qui correspondent à 196 et 310 dans le tome I de 1689. — L'éditeur attribue ici à la Rochefoucauld la *Guerre de Paris*, c'est-à-dire les *Mémoires de Vineuil*, qui forment notre *appendice* III. Son renvoi s'étend depuis l'exposé des différents partis dont se composait le Parlement (p. 505 de notre édition) jusqu'à la fin du morceau.

3. La *Retraite du duc de Longueville*, la *Prison des Princes*, et tout le contenu du second volume, c'est-à-dire, si l'on en excepte la *Retraite du duc de Longueville* et les annexes de la fin du tome II, des parties de l'ouvrage qui sont incontestablement de la main de la Rochefoucauld.

grand imitateur[1]. Ce n'est pas à dire néanmoins que ces relations ne soient bien écrites, et ne contiennent aussi des faits historiques très-curieux....

« Au reste, je ne doute presque point que les *Mémoires de la Régence* qui commencent à la page 160[2], ne soient de ce duc, quoique l'auteur de la *Lettre* qui est au devant des *Réflexions ou Maximes morales*[3] die qu'il se défie *presque toujours de l'opinion publique, et que c'est assez qu'elle fasse présent d'un livre à quelqu'un, pour avoir une juste raison de n'en rien croire;... que la réputation du duc est établie dans le monde par tant de meilleurs titres, qu'il n'auroit pas moins de chagrin de savoir que ces* Réflexions *sont devenues publiques, qu'il en eut lorsque les* Mémoires, *qu'on lui attribue, furent imprimés*[4]. Car on peut répondre à cela que M. de la Rochefoucauld ne fut fâché de l'impression de ces *Mémoires* que parce qu'il savoit qu'il en étoit le véritable auteur, et que les vérités odieuses qu'il y dit lui attireroient la haine des grands qui y sont intéressés, et particulièrement de Monsieur le Prince et de Mme la duchesse de Longueville[5], dont il fait des portraits qui leur ressembloient trop pour leur être agréables. Celui de la duchesse est inimitable, et je ne crois pas qu'on puisse rien dire en douze lignes qui signifie ni qui instruise davantage : *Plus intelligitur quam pingitur*[6]. »

Cet imprimé de 1689, qui attira fort l'attention, devint le type d'une seconde série d'éditions, dont l'autorité dura plus d'un siècle (1689-1804). Citons : 1° celle de 1690, un volume in-12, également sous la rubrique de « Villefranche,

1. Rapprochez de l'*Avertissement* de l'édition de 1688. — Celle de 1689 contient quelques notes de plus que sa devancière.

2. Et qui finissent à la page 185 de l'édition de 1689.

3. C'est la *Lettre*, ou le *Discours*, qui avait paru en tête de la première édition des *Maximes* (1665), et qui se trouve, précédé d'une *Notice*, à l'*Appendice* de notre tome I, p. 351-370.

4. Voyez notre tome I, p. 355 et 356.

5. Page 244 du tome I de l'édition de 1689; page 525 de la nôtre. C'est encore un renvoi à Vineuil.

6. *In omnibus ejus operibus*, dit Pline l'ancien en parlant du peintre Timanthe (livre XXXV, chapitre XXXVI, 12), *intelligitur plus semper quam pingitur*.

chez Jean de Paul », avec ce titre un peu différent : « Mémoires de la minorité de Louis XIV, corrigés sur trois copies différentes et augmentés de plusieurs choses fort considérables, qui manquent dans les autres éditions ; avec une préface nouvelle, qui sert d'indice et de sommaire ; » 2° celle de 1700, un volume in-12, même rubrique, même sous-titre ; mais, pour la première fois, avec ce titre attributif, écrit en toutes lettres (les éditions de la première série jusqu'à 1688 exclusivement ne donnaient que les initiales M. D. L. R.) : « Mémoires de M. le duc de la Rochefoucauld et de M. de la Châtre, contenant l'histoire de la minorité de Louis XIV ; corrigés sur, etc. ; » 3° celle de 1723, deux volumes in-12, sous la rubrique d' « Amsterdam, aux dépens de la Compagnie », avec le titre de 1690 ; toutes trois avaient la *Préface* de 1689 ; 4° enfin l'édition de 1754, qui reproduisait la précédente, avec addition de ces mots au titre : « par M. le duc D L R », omission de ceux-ci : « sur trois copies différentes », et substitution de *Trévoux* à *Amsterdam ;* la *Préface,* bien qu'annoncée, ne se trouve dans aucun des exemplaires de 1754 que nous avons eus sous les yeux.

Au milieu de ce courant nouveau d'éditions, reparaît toutefois, d'une manière assez étrange, un type de la première série, sous la rubrique de « Cologne, chez Pierre Van-Dyck » : c'est un volume in-12, publié à la date de 1717, et qui reproduit à peu près textuellement sous ce titre : « Avis au lecteur sur cette dernière édition », le très-court avis de 1663[1].

En résumé, ces publications de la seconde série, comparées à celles de la première (1662-1688), présentaient, pour la constitution et l'économie des diverses parties du texte, une différence fort appréciable. La Châtre et la Rochefoucauld restaient, il est vrai, toujours accouplés, comme « deux autres Commines »; les interpolations et les annexes formaient encore un bon tiers de l'ensemble ; mais toute la seconde section des

---

1. Cet *Avis* de 1663 se borne à annoncer « une seconde impression plus correcte et plus exacte que n'avoit pu être la première, » celle de 1662. L'édition de 1717 substitue *autre* à *seconde,* et remplace « que n'avoit pu être la première » par « que n'avoient été les précédentes. »

Mémoires, celle qui va du traité de Rueil au départ de Condé pour les Flandres, venait d'une copie évidemment plus complète que celle qu'on avait livrée au prétendu Van Dyck. S'il n'y avait pas dans ces nouvelles éditions moins de morceaux étrangers à la Rochefoucauld, en revanche il y en avait un plus grand nombre de sa main : la part d'autrui avait pu ne point diminuer; la sienne du moins avait augmenté, et l'on savait, en tout cas, faire tant bien que mal l'attribution de quelques-uns des morceaux ajoutés aux *Mémoires* proprement dits[1].

En dépit de ces améliorations, on n'ignorait pas, au moins parmi les érudits, combien laissait encore à désirer, quant au fond et quant à la forme, la composition de l'ouvrage de la Rochefoucauld. Dès le commencement du dix-huitième siècle, l'abbé Lenglet-Dufresnoy écrit, dans sa *Méthode pour étudier l'histoire*[2], au sujet des *Mémoires de la Châtre* : « Il y a dans ce volume des *Mémoires* attribués à M. de la Rochefoucauld, qui ne sont pas moins excellents, mais qui sont très-imparfaits, ne comprenant que des fragments des véritables *Mémoires* de M. de la Rochefoucauld. » Un peu plus loin[3], il parle des *Mémoires de M. DLR sur les brigues à la mort de Louis XIII*, etc., c'est-à-dire des éditions de la première série, et il fait cette remarque : « Ces lettres initiales signifient les *Mémoires de M. de la Rochefoucauld*, François VI de ce nom, prince de Marcillac, mort en 1680. Dans les manuscrits, ces *Mémoires* ont les titres suivants : *Histoire des derniers troubles de France, depuis 1642 jusqu'en 1652*, et *Histoire de la régence d'Anne d'Autriche sous la minorité de Louis XIV* : ce qui mérite d'être observé, afin qu'on ne croie pas que ce soient différents mémoires. » Puis il ajoute : « M. de la Rochefoucauld en a un manuscrit plus ample que les imprimés. » Le P. le Long écrivait de même, un peu plus tard, dans la *Bibliothèque historique de la France*[4] : « On dit que les *Mémoires de la Rochefoucauld*,

---

1. Par exemple, de la *Retraite du duc de Longueville*, et de l'*Apologie de Beaufort;* voyez ci-dessus, p. xx et note 1.
2. Édition de 1729, Paris, in-4°, tome IV, p. 135 et 136.
3. *Ibidem*, p. 136.
4. Tome II, p. 562.

tels qu'ils sont imprimés, sont d'un M. de *Vignoles*[1], qui les a rédigés d'après les conversations qu'il a eues avec ce seigneur ; que les véritables sont entre les mains des ducs de la Rochefoucauld, ses héritiers, et qu'ils sont fort différents de ceux qu'on a donnés au public. »

III

Au dix-neuvième siècle paraissent deux séries nouvelles d'éditions, qui s'entre-croisent d'une façon assez singulière. C'est d'abord un volume in-18 qu'Ant.-Aug. Renouard publie en 1804, sous ce titre : *Mémoires de M. le duc de la Rochefoucauld*, d'après une copie manifestement plus exacte et plus authentique que celles qui avaient servi aux précédents éditeurs. « J'ai été assez heureux, écrit Renouard dans l'*Avertissement*, pour recouvrer un manuscrit sur lequel sont presque à chaque page des corrections et additions de la main de M. de la Rochefoucauld[2]; et une note de M. le marquis de Surgères[3], écrite en tête du volume, annonce ce manuscrit comme étant celui que confia ou donna son illustre auteur à M. Arnauld d'Andilly[4]. Si cette note est exacte, comme

---

1. Vineuil; voyez ci-après, p. 500 et 501.
2. « Presque à chaque page, » c'est beaucoup trop dire. Nous avons ce précieux manuscrit sous les yeux. Mme veuve Coppinger, qui le possède maintenant, a bien voulu, comme nous l'avons dit, le mettre à notre disposition. Les *Mémoires de la Rochefoucauld* y occupent deux cent vingt pages, et il y a en tout soixante-dix-huit corrections. Nous en donnons un relevé complet ci-après, à l'*Appendice*, p. 553-557.
3. Cette branche de la maison de la Rochefoucauld remontait au mois d'août 1600, époque du mariage d'Hélène, fille de Charles de Fonsèque, seigneur de Surgères, avec Isaac de la Rochefoucauld, baron de Montendre, arrière-petit-fils de François I comte de la Rochefoucauld. Voyez le *P. Anselme*, tome IV, p. 442 et 443.
4. Voyez ci-dessus, p. VIII. — La note est ainsi conçue : « Ces *Mémoires* ont été donnés à M. d'Andilly par M. de la Rochefoucauld lui-même, manuscrit infiniment curieux, étant original et le seul. » Au-dessous une autre main a écrit : « Cette note est de M. de la Rochefoucauld, marquis de Surgères. »

rien ne porte à en douter, il suit de là que le manuscrit sur lequel je fais mon édition est précisément celui que M. de la Rochefoucauld avoit fait mettre au net et ensuite corrigé lui-même, pour le faire servir à l'impression qu'il projetoit. La comparaison du contenu de ce manuscrit avec toutes les éditions publiées jusqu'à ce jour fait reconnoître jusqu'à l'évidence combien il leur est supérieur dans tous les points. C'est un ouvrage entièrement refondu, dans lequel des additions considérables font disparoître les lacunes qui défigurent les éditions anciennes[1] et en rendent la lecture si peu profitable. Dans tout ce qui n'est pas absolument inédit, on trouve, presque à chaque phrase, d'importantes corrections, soit dans le style, soit dans la manière dont les faits sont présentés et surtout dans les réflexions qui les accompagnent[2]. »

Cette copie retrouvée par Renouard se rapporte bien en effet à l'extrait de Segrais reproduit plus haut[3]; elle ne commence qu'aux intrigues qui suivirent la paix de Rueil, et qui aboutirent à l'emprisonnement des Princes[4], c'est-à-dire qu'elle ne contient, conformément au titre cité par Segrais : *Relation des guerres civiles de France depuis le mois d'août de l'année 1649 jusqu'à la fin de 1652*, que la seconde partie des *Mémoires*. « Toutes les éditions, dit Renouard[5], commencent au

---

1. On verra ci-après, notamment p. 291, note 1, que Renouard présente parfois comme inédits des morceaux qui avaient paru déjà dans les éditions de la seconde série, c'est-à-dire dans celles qui commencent à 1689. Cette erreur tient à ce qu'il n'a pas distingué entre les deux séries d'éditions, comme le prouve un passage du même *Avertissement*, où, après avoir cité le P. le Long et Lenglet-Dufresnoy, il ajoute (p. ij) : « Ces divers écrivains ne connoissoient.... ces *Mémoires* que sur la copie tronquée et inexacte qui, imprimée d'abord en Hollande en 1662, puis en 1664, et ensuite en plusieurs autres endroits, avoit été publiée sans l'aveu de l'auteur, et avant même qu'il eût mis la dernière main à son ouvrage. »
2. *Avertissement* de l'édition de 1804, p. iij et iv.
3. Voyez p. ix.
4. Page 93 de l'édition de 1804; page 130 de notre édition.
5. *Avertissement*, p. v.

retour de M. de la Rochefoucauld à la cour, après la mort du cardinal de Richelieu, et mon manuscrit ne commence qu'aux intrigues qui eurent lieu pour amener l'emprisonnement des Princes. Il y a, en conséquence, dans cette réimpression quatre-vingt-douze pages (*les premières du volume*) que j'ai copiées sur l'imprimé de 1664. » Mais il ajoute qu'il les a corrigées d'après deux copies du temps, dont l'une lui appartenait, et dont l'autre, venant de Lancelot[1], se trouve à la Bibliothèque nationale. La lacune ainsi comblée, le volume de Renouard présentait l'ensemble suivant : une première partie, sans titre particulier, qui est le fragment inachevé que l'édition de 1662 avait donné sous cet intitulé : *Les Brigues pour le gouvernement à la mort de Louis XIII*, et celles de 1688 et de 1689 sous cet autre : *Mémoires de la régence d'Anne d'Autriche, mère de Louis XIV*[2] ; c'est le premier emprunt fait à l'imprimé de 1662[3] ; — une seconde partie, la *Guerre de Paris*, autre emprunt au même imprimé[4] ; — puis les quatre morceaux suivants, contenu du manuscrit nouveau : *Prison des Princes et siége de Bordeaux*[5] ; — *Retour des Princes à Paris et leur retraite à Saint-Maur*[6] ; — *Guerre de Guien-*

---

1. Antoine Lancelot, historien et archéologue, né en 1675, mort en 1740 ; il a légué à la Bibliothèque nationale une riche collection de livres et de manuscrits. La copie citée ici (ancien *fonds Lancelot*, 58) est un in-4°, classé aujourd'hui dans le *fonds français*, sous le n° 5822.

2. Voyez ci-dessus, p. xiv, xviii et xxii.

3. Renouard dit 1664, parce qu'il s'est servi de l'édition de cette année, identique pour le contenu avec celles de 1662 et de 1663, mais plus correcte que la première.

4. Voyez ci-dessus, p. xiv-xvi et p. xxii, pour la correspondance avec les éditions de la première et de la seconde série.

5. Pages 93-166 de l'édition de 1804. Ce morceau correspond aux pages 115-149 de l'édition de 1662 : *Récapitulation de ce que dessus, avec la prison des Princes* ; — aux pages 3-102 du tome II de l'édition de 1689 : *La Prison des Princes* ; — aux pages 130-236 de notre édition.

6. Pages 167-209 de l'édition de 1804. Ce morceau correspond, dans l'édition de 1662, aux pages 149-189 : *Ce qui se passa depuis la prison des Princes jusqu'à la guerre de Guienne* ; — dans l'édition de 1689, aux pages 103-165 du tome II : *Relation de ce qui se*

ne¹; — *Fin de la guerre de Guienne, et la dernière guerre de Paris*². A ce fonds était jointe, en manière d'*Appendice*, une pièce également empruntée aux éditions précédentes : *Articles et conditions dont S. A. R. et Monsieur le Prince sont convenus pour l'expulsion du cardinal Mazarin*³, etc.

Après cette demi-restauration, l'œuvre de la Rochefoucauld offrait toutefois une disparate singulière, qui sautait aux yeux de Renouard lui-même. Le commencement du récit (correspondant à nos *appendices* ı et ıv) n'était guère en harmonie, ni pour le fond ni pour la forme, avec la suite (nos sections ııı-vı des *Mémoires*). Aussi l'éditeur de 1804 glisse-t-il dans son *Avertissement* une remarque ou plutôt un aveu, dont il ne tire pas les conséquences naturelles et nécessaires, mais qu'il n'en est que plus utile d'enregistrer. « La différence du style de cette première partie et de la suite, écrit-il⁴, est extrêmement frappante. Dans ce commencement, on cherche quelquefois en vain la clarté, la propriété d'expressions, et surtout la correction qui caractérisent les grands écrivains du siècle de Louis XIV. La lecture en est attachante; mais il faut cependant un peu de courage pour suivre le fil de tant d'intrigues, dont il semble que la complication ait influé sur le style de l'écrivain. » Disons-le tout de suite, Renouard semble envelopper et confondre

passa depuis la prison des Princes jusqu'à la guerre de Guienne; — dans notre édition, aux pages 237-290.

1. Pages 210-253 de l'édition de 1804. Ce morceau comble la lacune signalée plus haut (p. xvı, et ci-après, p. 291, note 1) dans les éditions de la première série (1662-1688); dans l'édition de 1689, il a le même titre que dans celle de 1804, et se trouve aux pages 166-228; dans notre édition, aux pages 291-340.

2. Pages 254-321 de l'édition de 1804. Ce morceau correspond, dans l'imprimé de 1662, aux pages 189-256 : *Guerre de Guienne et la dernière de Paris;* — dans celui de 1689, aux pages 229-335 : *Suite de la guerre de Guienne et la dernière de Paris;* — dans notre édition, aux pages 341-431.

3. Pages 322-329 de l'édition de 1804; — pages 387-393 de 1662; — tome II, p. 409-422 de 1689. Nous n'avons pas cru qu'il y eût lieu de reproduire cette annexe dans notre édition.

4. Pages v et vj.

ici dans la même critique le petit fragment *sur la Régence*[1] et la *Guerre de Paris*[2], qui offrent pourtant, à première vue, et pour le fond et pour le style, des différences essentielles. Passons outre pour le moment. « Au contraire, ajoute l'éditeur de 1804, en lisant tout le reste de l'ouvrage, on se sent comme transporté dans une région nouvelle; on s'y trouve bien plus à l'aise, et on suit l'auteur avec un intérêt tout différent. Je ne pense pas cependant que la première partie soit d'une autre main, et qu'il faille l'attribuer à un nommé de Vignoles, que, dans le temps, quelques-uns crurent l'auteur de tout l'ouvrage, bruit que le Long a, en quelque sorte, accrédité en le citant dans la *Bibliothèque historique de la France*[3]. J'ai cru y bien reconnaître la même plume qui a si élégamment écrit toute la suite; mais cette plume était encore bien moins exercée, et il semble que ce soit, en quelque sorte, le début de l'auteur. » Si Renouard eût eu connaissance du morceau intitulé *Apologie de M. le prince de Marcillac*[4], qui, bien qu'antérieur de plusieurs années aux *Mémoires*, est un modèle de style naturel et nerveux, il n'eût sans doute point tenté d'attribuer aux tâtonnements d'une main encore inexpérimentée l'infériorité littéraire qui se remarque dans le récit de la *Guerre de Paris*. Il lui eût même suffi de se rappeler que la composition des *Mémoires* date à peu près de la même époque que celle des *Maximes*, pour rejeter une explication d'une valeur si superficielle.

L'erreur de Renouard paraît plus singulière encore dans sa publication supplémentaire de 1817, point de départ de cette nouvelle série d'éditions qui succéda au type de 1804. Cette publication consistait en l'adjonction d'une plaquette de 98 pages au volume de 1804, avec ce sous-titre : *Première partie, jusqu'à ce jour inédite, et publiée sur le manuscrit de l'auteur.*

Cette addition comblait, il est vrai, de la manière la plus

---

1. Pages 1-19 de l'édition de 1804; pages 471-481 de notre *Appendice*.
2. Pages 20-92 de l'édition de 1804; pages 501-551 de notre *Appendice*.
3. Voyez ci-dessus, p. xxvi et xxvii.
4. Voyez ci-après, p. 433-468.

naturelle et la plus heureuse, l'énorme lacune signalée dans le premier manuscrit du même éditeur. « Il n'est personne, dit Renouard au commencement de son *Avertissement de* 1817, qui, lisant les *Mémoires* du duc de la Rochefoucauld, n'ait remarqué que la phrase par laquelle ils commencent[1] semble n'être que la suite d'une narration remontant à une époque plus reculée. L'auteur annonce qu'il revient; mais on voudrait savoir ce qu'il fit quand il vint pour la première fois; et il raconte si bien ce qui s'est passé depuis son retour, que l'on regrette de ne pas trouver ce préliminaire que lui-même indique dans son début, et qui contiendrait le récit des années antérieures à sa disgrâce[2]. On est fâché qu'un aussi intéressant ouvrage soit, en quelque sorte, un livre sans commencement. Ce fut le sentiment que j'éprouvai lorsqu'en 1804 je réimprimai ces *Mémoires*. Mon édition, faite sur un manuscrit plus ample et corrigé de la main de l'auteur, était en cela préférable à toutes les éditions antécédentes; mais elle laissait encore à désirer ce commencement qu'aujourd'hui j'ai la satisfaction de présenter au public. Un heureux hasard m'avait procuré le manuscrit dont je fis alors usage; un hasard dont je ne me félicite pas moins m'en a fait depuis rencontrer un autre, pareillement corrigé de la main de l'auteur, et dont le contenu est de nature à faire cesser tous les regrets. » Cette nouvelle copie était, nous dit Renouard[3], « un volume in-4° de 657 pages, d'une grande écriture, tellement belle qu'on la croirait gravée[4]. » Il nous apprend de plus, en note,

---

1. « La persécution que j'avois soufferte, durant l'autorité du cardinal de Richelieu, étant finie avec sa vie, je crus devoir retourner à la cour. » (Page 1 des éditions de 1662 et de 1804; page 471 de notre édition, *appendice* 1.)

2. « Pendant ce temps j'ai écrit ce que j'ai vu des troubles de la Régence.... » Voyez p. 1 de l'édition de 1817, et p. 2 (et note 3) de notre édition.

3. *Avertissement* de 1817, p. vj et vij.

4. La partie initiale inédite, publiée pour la première fois en 1817, a été réimprimée en 1826 par Petitot d'après un autre manuscrit, au sujet duquel Victor Cousin dit, dans *Madame de Sablé* (1854, p. 206), qu'il venait « de la bibliothèque de Louis le Bouthillier de Chavigny, marquis de Pont, autrement dit de

qu'elle portait, au premier feuillet, la mention suivante, de la même main qui avait écrit tout le volume : « Ces *Mémoires* sont les véritables de M. D. L. R. F., et différents de ceux qui ont été imprimés en Hollande, soit pour la beauté du style, soit pour l'ordre des choses et la vérité de l'histoire. Les imprimés[1] ont été compilés par Cerizay[2], pendant qu'il étoit son domestique, et partie de ces pièces, qui sont assez mal cousues ensemble, sont de M. Vineuil, partie de M. de Saint-Évremond ; le reste a été pris dans les manuscrits de M. D. L. R. F. ; mais ceux-ci sont entièrement de lui[3]. » Cette note était, on le voit, la confirmation implicite du désaveu écrit en 1662 par la Rochefoucauld.

Pont-Chavigny, l'un des fils d'Armand-Léon le Bouthillier de Chavigny, fils aîné de Léon de Chavigny, ministre secrétaire d'État sous Louis XIII et sous la Régence, mort en 1652, un des amis particuliers de Condé et aussi de la Rochefoucauld, qui en parle souvent dans ses *Mémoires* » (voyez, notamment, p. 31 et note 3). Cousin ajoute en note : Ce manuscrit « appartient aujourd'hui à un bibliophile américain très-instruit, M. Coppinger, qui a bien voulu nous le communiquer. » On sait par la *Préface* de la collection Petitot (tome LI de la 2ᵉ série, p. 327) qu'il avait appartenu antérieurement à un M. Bourdillon, de Genève. M. Édouard de Barthélemy, dans la *Préface* (p. 3) de ses *OEuvres inédites de la Rochefoucauld* (1863, in-8º), dit par erreur que cette copie des *Mémoires* est conservée à la Bibliothèque nationale ; voyez la *Notice bibliographique*. — Mme Coppinger nous a communiqué le manuscrit qui appartenait, quand Petitot s'en est servi, à M. Bourdillon (voyez ci-après, *appendice* IV, p. 552). Ce n'est pas celui d'après lequel Renouard a donné son édition de 1817. Il ne répond pas du tout à la description que ce dernier a faite du sien : il n'est pas corrigé de la main de l'auteur, il a 396 pages, et non 657, et n'est point de cette « grande écriture tellement belle qu'on la croirait gravée. »

  1. C'est-à-dire les premières éditions hollandaises.
  2. Secrétaire du duc de la Rochefoucauld.
  3. Le manuscrit Bouthillier (Bourdillon-Petitot-Coppinger), que nous avons dans les mains, porte la même mention, avec cette seule différence : *M. de Vineuil*, au lieu de *M. Vineuil*. Le participe *été* est écrit deux fois avec accord : *étés imprimés*, *étés compilés*.

Dans le nouveau manuscrit, le récit, au lieu de commencer en 1643, remontait, non pas seulement à 1630, comme le dit l'éditeur dans son *Avertissement* (p. vij), mais bien jusqu'à 1624[1]. La partie inédite fournissait à Renouard 98 pages d'imprimé, savoir : 38 pages relatives aux événements accomplis de 1624 à 1643[2], et 60 pages ayant trait aux six premières années du ministère de Mazarin (1643-1649)[3]. Ces 60 pages contenaient, entièrement refondu et formant un tout bien complet, le petit fragment inachevé sur la Régence, qui avait été jusqu'alors le morceau de tête des *Mémoires* de la Rochefoucauld, tantôt sous ce titre : *Les brigues pour le gouvernement à la mort de Louis XIII* (édition de 1662); tantôt sous cet autre : *Mémoires de la régence d'Anne d'Autriche, mère de Louis XIV* (édition de 1688). Le texte de la seconde partie des *Mémoires* (années 1649-1652), dans le nouveau manuscrit trouvé par Renouard, était-il identique avec celui de la copie d'Arnauld d'Andilly, dont il s'était servi en 1804? Pour trancher la question, il faudrait pouvoir comparer les deux manuscrits; toutefois le silence même de Renouard rend probable l'identité; on la peut tout au moins conclure de ce fait, que l'éditeur se borne à reproduire en 1817, à la suite de la partie inédite, son texte de 1804, précédé de l'ancien *Avertissement*. Nous ne pouvons parler, quant à nous, que du manuscrit Bouthillier. Nous dirons ailleurs (p. 552-557) le résultat de l'examen que nous en avons fait.

Ni l'un ni l'autre des manuscrits de Renouard ne contenait le petit fragment sur la Régence et le morceau intitulé *Guerre de Paris*. Le premier n'était en effet, comme on le verra plus loin, qu'un commencement de rédaction, que l'auteur a entièrement refondu dans la partie inédite publiée en 1817, et le second était manifestement une pièce apocryphe, qui d'ailleurs faisait, en grande partie, double emploi, quant à la substance du récit, avec ce même fragment inédit. Au lieu d'éliminer cette pièce apocryphe, Renouard s'embarrasse, contre toute évidence, dans un problème insoluble : « Ce mor-

1. Voyez ci-après les *Mémoires*, p. 1, note 2.
2. Pages 1-48 de notre édition.
3. Pages 49-129 de notre édition.

ceau, dit-il[1], au sujet de la *Guerre de Paris*, n'est point dans mes deux manuscrits; mais sa ressemblance avec le reste des *Mémoires*, avec lesquels il forme un ensemble complet en soi, ne permet point de le reléguer parmi les pièces faussement attribuées à la Rochefoucauld. » Or nous verrons plus loin ce qu'il faut penser de cette prétendue *ressemblance* et dans quel rapport est *ce morceau* avec *le reste des Mémoires*. « Ce sont, ajoute Renouard[2], deux narrations, non pas contradictoires (*nous verrons qu'elles le sont en plus d'un endroit*), mais tout à fait différentes.... Ce sont deux premières parties entre lesquelles errait sans doute la pensée de l'auteur; et, si l'on peut, après tant d'années, interpréter les sentiments qui l'occupaient, ne serait-il pas permis de penser que tantôt il était retenu par la crainte d'occuper de lui le public, par le désir d'écrire un morceau historique qui s'élevât au-dessus de simples mémoires, et que tantôt il était entraîné par le charme de redire ce qu'il avait vu, ce qu'il avait fait, de recommencer sa vie en la racontant, et de garder sa place au milieu de ces bizarres événements auxquels il avait pris tant de part...? De ces deux écrits, qui portent une physionomie si différente, l'un ne peut donc remplacer l'autre; ils ne peuvent non plus être fondus ensemble, et tous deux méritent d'être lus et conservés. » Une fois entré dans cette voie, l'éditeur de 1804-1817 n'hésite pas à supposer que la Rochefoucauld a commencé par composer le récit de la *Guerre de Paris*, tel que le donnent toutes les éditions, puis qu'il l'a remplacé, après coup, par l'autre relation, laquelle serait demeurée son morceau de prédilection, et « cela explique, dit-il en manière de conclusion[3], comment il peut appartenir à la Rochefoucauld et cependant ne point se trouver dans les deux manuscrits par lui corrigés. »

Ainsi cette grosse interpolation, accrochée depuis deux siècles aux *Mémoires* de la Rochefoucauld, semblait en être devenue inséparable. Par une étrange fortune, elle avait, en quelque sorte, des intelligences dans la famille même de l'auteur, car, en 1825, le marquis Gaëtan de la Rochefoucauld-

---

1. Édition de 1817, *Avertissement*, p. x et xj.
2. *Ibidem*, p. xj à xiij.
3. *Ibidem*, p. xiv.

Liancourt lui fait l'honneur de la reproduire dans une nouvelle édition des *OEuvres* de son illustre aïeul. Il rejette en revanche de son volume toute la partie inédite de Renouard. Dans sa notice préliminaire, fort courte et peu explicite, le marquis Gaëtan de la Rochefoucauld n'attribue à ce morceau inédit que la valeur secondaire d'une introduction, et il ajoute : « Si cette introduction n'est pas de la Rochefoucauld, du moins les faits qu'elle contient ont un caractère d'authenticité qui nous engage à y puiser les matériaux de sa biographie. » Sur la *Guerre de Paris*, pas un mot : cette interpolation passe tout entière comme œuvre de la Rochefoucauld, sans examen et sans conteste.

Nous voici arrivé aux dernières éditions des *Mémoires* : ce sont celles des deux grandes collections dues à Petitot et Monmerqué (1826) d'une part, et, de l'autre, à Michaud et Poujoulat (1838). L'une et l'autre reproduisent le texte de Renouard, avec un très-petit nombre de leçons différentes qui sont tirées d'une copie conservée sous le n° 15625 à la Bibliothèque nationale [1]. Les deux éditeurs admettent donc la partie nouvelle que le marquis Gaëtan de la Rochefoucauld avait cru devoir éliminer; mais ils n'y voient, à l'exemple de ce dernier, qu'une espèce d'introduction aux autres chapitres, ceux « où l'auteur prend le ton de l'histoire, » c'est-à-dire qu'à leur sens les véritables mémoires ne commencent qu'avec le morceau intitulé dans toutes les éditions (1662-1804) *Guerre de Paris*. Le point de désaccord entre les deux collections est celui-ci : on admet dans toutes deux que la Rochefoucauld a laissé de la partie préliminaire racontant les premiers troubles de la Régence deux rédactions également authentiques, mais entièrement dissemblables et qui font double emploi; l'une, toute personnelle, ayant le caractère particulier de mémoires de cour, et où le duc se met directement en scène; l'autre, impersonnelle, pleine de développements généraux et de réflexions purement historiques; à laquelle des deux la Rochefoucauld donnait-il la préférence? Petitot pense [2] qu'entre ces deux manières l'auteur préférait la première; tel n'est pas

---

1. Voyez ce qui est dit ci-après (p. xxxix et suivantes) des manuscrits des *Mémoires*.

2. Tome LI de la 2ᵉ série de la collection, p. 328.

NOTICE.   XXXVII

l'avis de M. A. B. (*Bobée*, nous assure-t-on), auteur de la *Notice* qui précède les *Mémoires* dans la collection de Michaud et Poujoulat[1]. « Pour soutenir cette opinion, dit-il, il faudrait supposer, ou que la Rochefoucauld, après son désaveu, afin de ne pas se donner à lui-même un démenti, a recommencé son travail sous une forme différente, et que la première partie seule a été retrouvée, ou que le désaveu est sincère, et qu'en effet le premier éditeur a *changé* et *falsifié* toute la rédaction. Ces deux suppositions nous semblent inadmissibles. Les *Mémoires de la Rochefoucauld* se composent de deux parties, en comprenant la *Guerre de la Guyenne* dans la seconde ; la première finit en 1649, la deuxième aux troubles de l'Hôtel de Ville, en 1652. Comme le désaveu fait mention de ces troubles, il est certain que les deux parties étaient terminées quand parut la première édition[2]. Puisque cette édition est, en général[3], conforme (*pour la seconde partie*) à tous les manuscrits, même à celui de Bouthillier, nous en concluons que c'est la version définitivement adoptée par l'auteur ; nous pensons qu'il a abandonné l'autre manière après la rédaction de la première partie, qu'il a refait cette première partie d'après le plan suivi pour la seconde. Nous ne croyons pas que la Rochefoucauld ait recommencé son travail postérieurement au désaveu, parce qu'il n'est pas présumable qu'un écrivain qui possédait autant de goût et de jugement ait sacrifié le principal à l'accessoire et substitué aux développements des faits certaines anecdotes, certains détails sur sa jeunesse. Quelque attrait que nous trouvions maintenant à ces particularités, il est bien plus probable qu'il les a élaguées pour faire ressortir des événements plus dignes de la gravité de l'histoire. »

Cette manière de voir repose, on le voit, principalement sur

---

1. Tome V de la 3ᵉ série, p. 385.

2. La conséquence n'est point nécessaire ; de la mention contenue dans le désaveu il résulte uniquement que la *seconde partie* était terminée ; ce fut, en effet, par celle-là que la Rochefoucauld commença d'écrire ses *Mémoires*.

3. *En général* dit trop : voyez les premières notes des diverses sections des *Mémoires*.

le parti pris traditionnel de nier d'emblée la sincérité du désaveu de 1662. Faut-il rappeler, une fois encore, les termes de ce désaveu : « Les deux tiers de l'écrit qu'on m'a montré.... ne sont pas de moi ; l'autre tiers, qui est vers la fin, est tellement changé et falsifié dans toutes ses parties, etc.... » Ces deux tiers, ce sont la *Guerre de Paris* et tous les morceaux parasites qui gonflaient la première édition ; l'autre tiers, c'est la seconde partie du récit, celle qui finit, comme il est dit dans l'édition Michaud et Poujoulat, aux troubles de l'Hôtel de Ville en 1652. A quoi bon dès lors se débattre contre cette supposition que la Rochefoucauld, « afin de ne pas se donner à lui-même un démenti, » aurait recommencé son travail sous une forme différente ? Ce n'est point, en tout cas, la première partie, qui d'ailleurs n'était pas encore composée, comme le démontrent et l'extrait de Segrais et un passage même des *Mémoires*[1], que l'auteur aurait recommencée, s'il eût voulu se mettre en paix avec sa conscience et avec la postérité ; c'est la seconde qu'il aurait refaite, car c'était la seule qui pût exciter les légitimes susceptibilités de Mme de Longueville. Touchant la duchesse, le désaveu, nous l'avons vu[2], n'allait pas sans une pointe d'ambiguïté préméditée ; mais le duc pouvait-il, en galant homme, avouer publiquement les insinuations peu bienveillantes que ses rancunes mal éteintes avaient laissé échapper contre la sœur de Condé ? Quant à cette autre hypothèse, que la Rochefoucauld, après avoir écrit d'abord la première partie de ses *Mémoires* sous la forme personnelle que l'on connaît, y aurait, antérieurement même au désaveu, substitué la manière impersonnelle qu'on retrouve dans la *Guerre de Paris*, comme offrant plus de conformité avec le reste de l'ouvrage, c'est une conjecture invraisemblable, ruinée d'ailleurs par les précédentes observations, et qui va l'être bien davantage par la suite de cet exposé.

IV

Nous avons noté les transformations successives qu'a subies,

1. Voyez la page 2, déjà citée, de notre édition.
2. Pages xvi-xviii de cette *Notice*.

durant environ deux siècles, à partir de l'édition primitive, le texte des *Mémoires*. Dans les dernières impressions, il a été considérablement allégé, par le retranchement de divers morceaux apocryphes dont celles du dix-septième siècle l'avaient alourdi. En revanche, dès 1689, il avait été largement augmenté, par le recouvrement de deux parties importantes qui y manquaient[1]. Enfin la publication de 1817, en comblant, pour la première fois, l'énorme lacune du commencement, a donné à l'ensemble de l'œuvre de la Rochefoucauld un air d'achèvement qu'elle n'avait pas eu jusqu'alors. Toutefois, malgré tant de restaurations essentielles, les meilleures et les plus récentes éditions, c'est-à-dire la seconde de Renouard et celles des deux collections Petitot et Michaud, étaient encore loin d'offrir tous les caractères d'une intégrité absolue.

Avant d'expliquer d'après quelle source, beaucoup plus sûre, nous avons constitué, à notre tour, le texte de la présente édition, il nous faut apprécier et classer les divers manuscrits dont nous connaissons l'existence. Il n'y en a point d'autographe : ce sont toutes copies, conservées, les unes dans les dépôts publics, les autres dans des bibliothèques ou archives particulières. La Bibliothèque nationale, à Paris, en possède douze à elle seule[2]. Nous les avons examinées et comparées. Toutes, à l'exception d'une seule, dont nous parlerons en détail, sont plus ou moins conformes aux impressions hollandaises, c'est-à-dire aux éditions que nous avons appelées de la première série ; les titres généraux ou particuliers peuvent différer, l'ordre des parties constituantes du texte peut changer d'une copie à l'autre ; aucun de ces manuscrits ne s'écarte sensiblement du type livré sous main au premier éditeur d'Amsterdam, qui se déguisait sous la rubrique de *Van Dyck, à Cologne;* aucun ne s'adapte, même approximativement, ni à la publication de 1689, premier modèle de la seconde série,

---

1. Voyez ci-dessus, p. xxii.
2. Et non plus seulement huit, comme le disait Petitot dans sa *Notice* (p. 327 du tome LI de la collection), et comme l'ont dit après lui la *Biographie* Didot, et M. Éd. de Barthélemy, page 2 de sa *Préface*. Voyez, pour les diverses copies, la *Notice bibliographique*.

ni, à plus forte raison, aux publications bien plus complètes de 1817-1838. Il en est de même d'une copie conservée à la bibliothèque de l'Arsenal, d'une autre qui existe à la bibliothèque du Prytanée militaire de la Flèche, et des trois qui nous ont été obligeamment communiquées par M. le marquis de la Grange et M. Desnoyers, membres de l'Institut, et par M. Régis de Chantelauze.

Quels sont donc les manuscrits qui ont servi de type aux imprimés, beaucoup plus complets, de la seconde série[1] ? Ni Amelot de la Houssaie, qu'on s'accorde à regarder comme l'éditeur de 1689[2], ni les éditeurs de 1690, 1700, 1723 et 1754, qui ont, à peu de chose près, réimprimé son texte, n'ont donné la moindre indication sur la source à laquelle ce texte a été puisé. Trois d'entre eux (1690, 1700, 1723) annoncent, dans le titre même, des corrections faites « sur trois copies différentes[3]. » Quelles étaient ces copies et que sont-elles devenues ? C'est ce que nous ne saurions dire. Aucun des manuscrits qui ont passé sous nos yeux ne correspond, par son contenu, à ces éditions de 1689-1754, c'est-à-dire aucun ne renferme, avec la section entière et la partie de section que ces éditions ont de plus que les précédentes, nos *appendices* I et IV, qu'elles donnent comme celles-ci[4].

Il nous paraît même probable que cet ordre de manuscrits ainsi mélangés n'a jamais existé. La composition en aurait été, dans tous les cas, assez illogique, puisque c'eût été une fusion entre les copies fautives et subreptices, d'une part, reproduites par les imprimés hollandais, et, d'autre part, les manuscrits de la seconde série, dont il sera question tout à l'heure, incomplets, eux aussi, mais plus authentiques, et purs de tout

---

1. Voyez ci-dessus, p. XXI et suivantes.

2. On lui attribue aussi, nous l'avons dit (p. XIX), l'édition immédiatement précédente, celle de 1688, qui a presque toutes les mêmes notes que l'édition de 1689, et, en très-grande partie, les mêmes corrections de style, mais qui, pour le nombre et le contenu des diverses sections authentiques des *Mémoires*, appartient encore à la première série.

3. Voyez ci-dessus, p. XXIV et XXV.

4. Voyez ci-après, p. 130 et p. 291, la première note de chacune des sections III et V.

mélange apocryphe, tels que celui de Renouard (venant d'Arnauld d'Andilly), le manuscrit Harlay (voyez p. XLII) et une autre copie qui existe dans les archives de la famille de la Rochefoucauld (où elle est cotée C), et dont nous parlerons à propos de la constitution de notre texte. Quelle apparence d'une pareille fusion entre deux textes si dissemblables, dont l'un a été formellement désavoué par l'auteur, tandis que l'autre, sur chacun des exemplaires manuscrits que nous connaissons, s'autorise d'une mention qui en affirme l'authenticité? Ce qui paraît plus vraisemblable, c'est que l'éditeur de 1689 a eu à sa disposition des manuscrits des deux séries, et qu'il a fait arbitrairement, dans son édition, un mélange analogue à celui que Renouard, dans son *Avertissement* de 1804, avoue avoir opéré en empruntant à des copies hollandaises, c'est-à-dire de la première série, deux morceaux (le petit fragment *sur la Régence* et la *Guerre de Paris* de Vineuil, nos *appendices* I et III) qui manquaient dans le manuscrit d'Arnauld d'Andilly (voyez ci-dessus, p. XXIX de cette *Notice*).

Ne connaissant donc pas, entre l'espèce de manuscrits d'où sont sortis les premiers imprimés hollandais et celle qui a été reproduite par Renouard dans son édition de 1804, de type intermédiaire et mélangé qui puisse être regardé comme la source de l'édition de 1689, c'est la copie donnée jadis par la Rochefoucauld lui-même à Arnauld d'Andilly[1], et imprimée par Renouard en ladite année 1804, et toutes les autres copies de même contenu, que nous considérons comme la seconde catégorie de manuscrits. Nous pouvons parler du manuscrit d'Arnauld, non pas seulement d'après Renouard, mais encore pour l'avoir examiné nous-même : comme nous l'avons dit dans l'*Avertissement*, Mme Coppinger, qui maintenant le possède, a bien voulu nous le prêter. Nos sections I et II y manquent, et la seconde partie des *Mémoires* (années 1649-1652, sections III-VI) y est seule comprise. C'est donc une copie incomplète; mais, tout incomplète qu'elle est, elle n'en a pas moins une très-grande valeur relative; car, si l'ouvrage de la Rochefoucauld ne s'y trouve pas tout entier, en revanche tout ce qui s'y trouve est œuvre de la Rochefoucauld, et œuvre con-

---

[1]. Voyez ci-dessus, p. VIII.

servée par lui dans sa rédaction définitive. Des corrections dont nous avons parlé, et qui sont vraisemblablement de la main de l'auteur, donnent à l'exemplaire de ce type qui appartenait à Renouard le plus haut prix; mais celui qui se trouve à la Bibliothèque nationale sous le n° 15625 (ancien fonds Harlay, n° 352) est, pour la constitution du texte, plus précieux encore : c'est un in-folio, où l'écriture et l'orthographe sont du temps de Louis XIV, et qui porte au haut de la première page cette mention : *Mémoires de M. de la Rochefoucauld tels qu'il les advoue.* Cette copie présente en réalité, écrites l'une sur l'autre, dans un seul et même volume, deux versions différentes et successives des *Mémoires :* un premier texte, qui se rapproche beaucoup, le plus souvent, des imprimés de la seconde série; puis une rédaction ultérieure, sous forme de nombreuses corrections interlinéaires. C'est cette seconde rédaction que nous offre le manuscrit d'Arnauld, et que les éditeurs de 1804, 1826 et 1838 ont généralement reproduite. Nous montrerons tout à l'heure que, si intéressante et si précieuse qu'elle puisse être, il n'y faut voir qu'une version intermédiaire, qu'une retouche non définitive, laquelle ne nous offre point encore, ni pour l'idée ni surtout pour le style, la dernière forme à laquelle l'auteur s'est arrêté.

En troisième lieu vient une catégorie de manuscrits dont n'existe, à notre connaissance, aucun exemplaire dans les bibliothèques publiques. Renouard en a eu un à sa disposition en 1817, Petitot un autre en 1826[1]. Ce troisième type n'offre pas seulement l'avantage de ne contenir, comme le second, que des morceaux sortis de la plume de la Rochefoucauld; il a, en outre, celui de renfermer l'ensemble complet des *Mémoires.* Ce sont, en tout cas, les seules copies où se trouve la partie inédite (années 1624-1649), imprimée par les éditeurs de 1817-1838; et, grâce à elles, ces mêmes éditeurs nous eussent donné, sans rien de plus ni de moins, le vrai contenu de l'ouvrage, si chez eux encore le lambeau de la *Guerre de Paris,* pris ailleurs (*pannus assutus*), n'était venu tout gâter.

C'est aussi un manuscrit de ce genre, mais revêtu de tous les

---

1. Voyez ci-dessus, p. xxxi-xxxiv.

caractères d'une incontestable authenticité, qui a servi de base à notre édition. On a vu plus haut[1] qu'il était de notoriété dans le monde des lettres que l'on conservait dans la famille de notre auteur une rédaction des *Mémoires* authentique et plus complète que les divers textes livrés tour à tour à la publicité avant 1817. Il existe, en effet, dans les précieuses archives du château de la Roche-Guyon, près de Mantes, lequel appartient à M. le duc de la Rochefoucauld-Liancourt, un ensemble de manuscrits que M. Éd. de Barthélemy avait déjà obtenu l'autorisation d'examiner[2]. C'est par une faveur semblable, qui nous a été accordée avec la plus libérale obligeance, que nous avons pu faire, dans ces mêmes archives, un travail complet de collation. Le riche fonds que nous avons eu sous les yeux se compose de quatre volumes, dont nous donnons l'exacte description dans notre *Notice bibliographique*. L'in-folio portant la cote D est celui qui contient l'ensemble des mémoires définitifs, tels que nous les publions, de la page 1 à la page 431 de notre édition. Un autre volume, coté C, ne renferme que la seconde partie des *Mémoires*, de 1649 à 1652[3]. Dans le volume A se trouve, outre le texte autographe des *Maximes*, le petit morceau qui forme notre *appendice* 1[4], et qui a pour titre dans les imprimés : *Mémoires de la régence d'Anne d'Autriche*. Le même volume contenait en outre originairement un troisième ouvrage : l'*Apologie de M. le prince de Marcillac*, qui a disparu depuis, comme nous le disons dans la *Notice* particulière à ce morceau[5]. Quant au manuscrit B, qui ne renferme que les *Réflexions morales*, nous n'avons pas à nous en occuper à cette place. Enfin à côté de ces copies figure,

---

1. Pages XXVI et XXVII.
2. Voyez la *Préface* des *OEuvres inédites de la Rochefoucauld*, 1863, Hachette et Cie, in-8º.
3. C'est par erreur que M. Éd. de Barthélemy, p. 7 de la *Préface* du livre cité, a écrit ce qui suit : « Quant au volume C, qui manque à la Roche-Guyon, je crois qu'on doit le reconnaître dans le recueil de poésies mentionné par M. Cousin dans son histoire de *Madame de Sablé;* » voyez l'édition de 1869, p. 138, note.
4. Voyez ci-après, la note 1 de la page 471.
5. Voyez ci-après, p. 436.

dans les archives du château de la Roche-Guyon, un cahier in-folio, également d'une écriture du temps, mais toute différente de celle des autres volumes; c'est une mise au net du morceau de la *Guerre de Paris*, sous ce titre : *Mémoires de M. de Vineuil*[1].

Le manuscrit D, qui mérite ici pour nous le plus d'attention, porte, au verso du feuillet de garde initial, cette mention, d'une écriture ancienne : « Ce volume contient les *Mémoires* complets et définitifs du duc de la Rochefoucauld. » A la suite, sur un autre feuillet, se trouve, de la même main, la note que voici :

Ce volume contient les véritables *Mémoires* de M. le duc de la Rochefoucauld, c'est-à-dire ceux auxquels l'auteur a mis la dernière main, et qui forment un corps continu, depuis son entrée dans le monde jusqu'à la retraite de Monsieur le Prince. La première partie, depuis la page 1 jusqu'à la page 112[2] (ce qui fait plus d'un quart de l'ouvrage), n'a jamais été publiée[3]. Cette partie, qui fut écrite après coup et dans des temps plus tranquilles[4], est sans contredit fort supérieure à tout le reste, non-seulement pour l'élégance et la correction[5] du style, mais encore pour le nombre des anecdotes, par l'abondance des portraits et par la vigueur du pinceau. Tout ce qui suit, depuis la page 112 jusqu'à la fin, ne diffère des *Mémoires* imprimés que par[6] des changements peu importants dans le style. »

---

1. La page finale de ce morceau n'est point, comme M. de Barthélemy l'a dit dans sa même *Préface* (p. 3), demeurée inédite. Si elle manque dans l'édition de 1804, elle se trouve, d'après les copies de la première série, dans les imprimés antérieurs. — Sur Vineuil, voyez ci-après la notice qui est en tête de notre IVe *appendice*, p. 500 et 501.

2. Pages 1-129 de notre édition.

3. C'était vrai au temps où écrivait l'annotateur ; on a vu que cette partie n'a été publiée pour la première fois que par Renouard, en 1817.

4. Voyez ci-après, les *Mémoires*, p. 2.

5. Ces mots : *pour l'élégance et la correction*, sont écrits dans le manuscrit D de la Roche-Guyon au-dessus de ceux-ci, biffés : *pour l'exactitude*.

6. Après *par*, est le mot *quelques*, biffé.

NOTICE.

La note se continue par une série d'observations, toujours de la même main, que nous transcrivons textuellement :

« Notice des *Mémoires* imprimés.

« La préface, les notes et les citations de Tacite sont d'Amelot de la Houssaie[1].

« Le premier morceau attribué à M. de la Rochefoucauld[2] est intitulé : *Mémoires de la Régence*, etc., et contient dans l'imprimé environ trente pages. Ce morceau est effectivement de lui, et se trouve à la tête du manuscrit B[3]; mais depuis l'auteur l'a totalement refondu (voyez le présent ms. D, page 43[4]).

« Le second morceau intitulé : *Guerre de Paris*, a toujours été attribué à M. de la Rochefoucauld; c'est celui qui lui attira le plus d'ennemis lorsqu'il parut, à cause de plusieurs portraits satiriques qui s'y trouvent, et, entre autres, de ceux du cardinal de Retz, de Monsieur le Prince et de Mme de Longueville. Cependant il est évident que ce morceau n'est pas de lui.

« 1° On n'en trouve aucune trace dans ses manuscrits.

« 2° On reconnoît dans tout l'ouvrage le ton d'un auteur de profession, qui s'est modelé sur Tacite, et qui cherche autant à faire briller son esprit qu'à instruire, au lieu qu'on ne trouve dans le reste des *Mémoires* de M. de la Rochefoucauld que le ton simple et facile d'un homme du monde, qui écrit sans prétention ce qu'il a vu, et qui n'a nullement pensé à imiter Tacite.

« 3° La narration dans les deux auteurs a une marche toute différente : celle de l'anonyme débute toujours par des maximes générales, développe peu les ressorts, s'étend sur les détails, et finit par de nouvelles réflexions; celle de M. de la Rochefoucauld, au contraire, explique en deux mots les res-

---

1. L'annotateur parle ici des éditions de la seconde série (1689 à 1804 exclusivement). Voyez ci-dessus, p. XXI et suivantes.
2. Ce morceau est précédé, dans lesdites éditions, des *Mémoires de la Châtre*.
3. Ce manuscrit est, au moins maintenant, coté A.
4. Cette page 43 du ms. D correspond à notre page 49.

sorts, passe rapidement sur les faits, et laisse au lecteur le soin de faire ses réflexions. Il n'y a pas dans tous ses *Mémoires* une seule maxime générale [1].

« 4° On trouve dans le premier je ne sais combien de tournures de bel esprit, dont il n'y a pas la moindre trace dans le second : par exemple, il met presque toujours sa narration au présent, ce qui n'est pas arrivé une seule fois à M. de la Rochefoucauld.

« 5° L'auteur de la *Guerre de Paris* paroît beaucoup moins instruit des intrigues de la cour que de celles de la ville et du Parlement, sur lesquelles il s'étend avec complaisance, au lieu que M. de la Rochefoucauld, comme cela devoit être, est plus au fait des intrigues de la cour que de celles de Paris et du Parlement, dont il ne dit presque rien.

« Voilà des observations que pouvoit faire facilement tout homme attentif, et il est singulier qu'elles aient échappé à Amelot de la Houssaie. En voici qu'il n'étoit pas à portée de faire, et qui sont d'une force encore plus grande.

« L'auteur de la *Guerre de Paris* et M. de la Rochefoucauld peignent les mêmes personnes de couleurs toutes différentes. J'en citerai pour exemple les portraits du cardinal de Retz, de Monsieur le Prince et de Mme de Longueville. Ils sont très-satiriques dans l'anonyme. Nous avons dans la partie non imprimée de ce volume les trois mêmes portraits. A la vérité, celui du Cardinal n'est guère moins satirique, mais les traits en sont différents, et il est fait avec plus de bienséance [2] ; ceux

---

1. Cette assertion n'est exacte que si l'annotateur entend ici, par « maxime générale », *considération historique*. Les maximes morales sont, au contraire, assez fréquentes dans les *Mémoires*.

2. Dans la *Guerre de Paris*, de Vineuil (p. 524 et 525 de notre édition), Retz est représenté comme « entaché d'une ambition extrême et d'un desir déréglé d'accroître sa fortune et sa réputation par toute sorte de voies. » La Rochefoucauld, bien qu'il ait été l'ennemi du Coadjuteur, n'a jamais eu, en peignant son adversaire, cette touche à la fois brutale et banale. Il dit de lui (p. 111) qu'il « savoit feindre des vertus qu'il n'avoit pas ; » mais il lui accorde une « humeur désintéressée. » Vineuil, dont le style est souvent fort intempérant, parle du « puissant génie » de Retz ; la Rochefoucauld se contente de dire : « Il avoit de l'élévation et de

de Monsieur le Prince et de Mme de Longueville sont tout à fait à leur avantage. Or, si l'auteur avoit été d'humeur à parler mal de deux personnes si puissantes et avec qui il avoit été intimement lié, cela se trouveroit plutôt dans le manuscrit que dans l'imprimé [1].

l'esprit. » Du reste, dans le morceau apocryphe, on n'aperçoit que confusément le rôle du Coadjuteur, si nettement indiqué dans les *Mémoires* authentiques. — Au sujet de Mme de Longueville, Vineuil prétend (p. 525) qu'elle « étoit piquée de l'indifférence que Monsieur le Prince avoit pour elle. » La Rochefoucauld dit, au contraire (p. 94), que la duchesse était « si tendrement aimée du duc d'Enghien son frère, qu'on pouvoit se répondre de l'estime et de l'amitié de ce prince, quand on étoit approuvé de Madame sa sœur. » Tout le monde sait aussi qu'un des passages les plus fameux de la *Guerre de Paris*, c'est ce coup de crayon à la fin du portrait de Mme de Longueville, dont les « belles qualités, dit Vineuil (p. 525), étoient moins brillantes à cause d'une tache qui ne s'est jamais vue en une princesse de ce mérite, qui est que, bien loin de donner la loi à ceux qui avoient une particulière adoration pour elle, elle se transformoit si fort dans leurs sentiments, qu'elle ne reconnoissoit plus les siens propres. » V. Cousin remarque, dans son étude sur *Madame de Sablé* (1854, p. 207), que ce portrait est « d'une touche trop fine pour n'être pas de la Rochefoucauld ; » nous retenons la louange au profit de Vineuil, qui, en effet, à travers toutes ses lourdeurs et ses incorrections, montre parfois un certain sens satirique assez fin et rencontre même quelques sentences heureuses (voyez, par exemple, p. 535, sa remarque sur l'*air* de notre nation); mais il est facile de comprendre que la Rochefoucauld ne pouvait, en aucune façon, parler ainsi de la duchesse; un tiers observateur seul pouvait porter sur celle-ci un jugement si peu d'accord avec la prétention de la Rochefoucauld d'avoir été, sinon engagé, du moins retenu dans la Fronde par l'énergie et la persistance de la sœur de Condé : voyez à ce sujet notre *Notice biographique*, au tome I.

1. Le raisonnement de l'annotateur est ici plus spécieux que satisfaisant, puisqu'on sait que le manuscrit de la seconde partie des *Mémoires* avait été dérobé tel quel à la Rochefoucauld, et livré, à son insu, à la publicité. D'ailleurs, si l'on en excepte le morceau de Vineuil, tout ce qu'il y a de plus désobligeant pour Mme de Longueville dans les premières éditions se retrouve dans le manuscrit définitif et authentique.

« Enfin l'anonyme ne sait pas un mot des choses [1] qui concernent M. de la Rochefoucauld, dont il ne dit rien, ou dont il parle tout de travers (c'est de quoi l'on peut se convaincre par la comparaison de son ouvrage avec la partie non imprimée de ce volume), au lieu que M. de la Rochefoucauld n'a eu d'autre objet que de raconter ce qu'il a vu et ce qui le concerne personnellement, comme il le déclare en dix endroits de ses *Mémoires*, tant imprimés que manuscrits [2].

« La *Retraite de M. le duc de Longueville dans son gouvernement de Normandie* n'est pas non plus de M. de la Rochefoucauld, mais de Saint-Évremond.

« Ce qui suit dans l'imprimé jusqu'au *Supplément aux relations des guerres de Paris et de Guyenne*, exclusivement, est de M. de la Rochefoucauld.

« Tout le reste de l'imprimé est de différentes mains, qui me sont inconnues, à l'exception de l'*Apologie de M. de Beaufort*, qui est de Girard, auteur de la *Vie du duc d'Épernon*. »

Telle est, tout au long, la note inscrite en tête du manuscrit D de la Roche-Guyon. Cette mise au net, précieusement gardée dans les archives mêmes de la famille de la

---

1. Ces mots *des choses* sont, dans le manuscrit, au-dessus de *de ce qui*, biffé.

2. Dans la *Guerre de Paris*, de Vineuil, ce n'est qu'assez tard qu'il est question pour la première fois du prince de Marcillac ; encore ne s'agit-il de lui qu'incidemment (p. 526). Qui voudrait croire que le duc eût attendu jusque-là pour introduire son propre personnage, et qu'il lui eût à ce point marchandé l'espace ? Quelle différence aussi entre le vocabulaire de Vineuil et celui de la Rochefoucauld ! Ce dernier eût-il jamais appelé le vieux Broussel un « martyr » (p. 509), les membres du Parlement « dieux vengeurs et libérateurs, dieux tutélaires de la patrie (p. 505 et 507) » ? Eût-il parlé de « coup du Ciel » (p. 508), d'« une heureuse rencontre d'étoiles » (p. 518) ? Se fût-il jamais inquiété, en peignant le prince de Condé, qu'entre autres vertus il manquât au vainqueur de Rocroy « la piété » (p. 528) ? Tout cela, pour nous borner à ces quelques exemples, n'est point de la langue de la Rochefoucauld. Nous ne parlons pas des constructions, des tours de phrase, qu'il est, croyons-nous, moins possible encore d'attribuer à l'auteur des *Maximes*, en supposant même qu'il n'en fût qu'à son début.

NOTICE.

Rochefoucauld, à côté de l'unique autographe des *Maximes*, offre manifestement tous les caractères d'une rédaction authentique et définitive. Voici d'ailleurs une preuve péremptoire. Nous avons vu que la plus recommandable des douze copies conservées à la Bibliothèque nationale était le manuscrit Harlay, qui nous présente, dans son double texte, le primitif et le corrigé, deux états différents et successifs des *Mémoires*. Or la seconde rédaction de ce manuscrit est la première du manuscrit D; toutes les corrections de l'un sont dans l'autre, sans rature ni surcharge; et de plus, de nouvelles retouches importantes sont le fruit, dans cette copie D, d'un travail encore plus récent, d'une troisième révision, qui relègue à un étage inférieur et intermédiaire la seconde rédaction du manuscrit Harlay, que donne aussi, nous l'avons dit, le manuscrit d'Arnauld. Et ce dernier remaniement n'a pas eu seulement pour résultat, comme l'avance un peu légèrement la note citée du volume D, « des changements peu importants dans le style » : les dissemblances, comme on le verra par nos variantes, sont parfois considérables et pour la forme et pour le fond. Il y a même dans le texte que nous reproduisons des morceaux entiers qui ont été profondément modifiés[1], sans compter quelques développements ajoutés[2]. Au demeurant, cette mise au net[3] de la Roche-Guyon présente, d'un bout à l'autre, et surtout pour la seconde partie (p. 130-431), un texte où les dernières corrections ont eu avant tout pour objet de dégager la phrase, de couper ou de raccourcir les périodes, d'en ôter les mots parasites, particulièrement les conjonctions.

Le volume C de la Roche-Guyon ne contient que la partie des *Mémoires* qui va de 1649 à 1652. C'est un manuscrit inférieur à la copie Harlay, dont il ne donne que la rédaction première, et aussi, par conséquent, au manuscrit d'Arnauld. Une note inscrite en tête de cet in-folio le distingue en ces ter-

1. Voyez, par exemple, la note 1 de la page 210.
2. Voyez la note 1 de la page 211.
3. L'écriture en est admirablement belle ; les titres ont été ajoutés à la marge, de la main de l'annotateur. Voyez les notes particulières qui ont trait aux divisions de notre texte, p. 1, 49, 130, 237, 291 et 341.

mes de la copie D de la Roche-Guyon : « Ce manuscrit n'a rien de précieux ni de recommandable. Ce n'est qu'une première copie des *Mémoires* de M. de la Rochefoucauld, tels qu'il les avoit faits d'abord, c'est-à-dire depuis l'amnistie de 1649 jusqu'à la retraite de Monsieur le Prince en Flandre[1]; il ne contient rien qui ne se trouve dans les *Mémoires* imprimés. » Nous l'avons toutefois collationné, et si nous ne le citons pas dans les notes relatives au texte, c'est que ses variantes sont presque toujours conformes à celles que nous offre, à l'état primitif, avant toute correction, le manuscrit Harlay, de sorte qu'à l'abréviation mise entre parenthèses : *ms. H, réd.* 1, on peut généralement ajouter *et ms. C*.

Notre texte des *Mémoires* est donc celui du manuscrit D. Nos variantes, pour la partie comprise entre les années 1624 et 1649 (p. 1 à 129), se bornent, il va sans dire, à celles que fournissent les éditions de 1817, 1826 et 1838; mais, à partir de notre section III (p. 130), la collation comprend deux séries de textes différents : en premier lieu, ceux des anciennes copies et des éditions antérieures à 1804; en second lieu, celui du manuscrit Harlay avec sa double rédaction[2], et celui de 1804, dont la source est le manuscrit d'Arnauld d'Andilly, conforme, je le répète, à la seconde rédaction de la copie Harlay. Quant au petit morceau inachevé sur les *Brigues à la mort de Louis XIII*, que tous les éditeurs ont publié jusqu'ici dans le corps même des *Mémoires*, il forme notre premier *appendice*. Ce n'est bien, en effet, qu'une version primitive, remaniée ensuite et refondue par l'auteur : tout le prouve, d'abord la place distincte et secondaire qu'il occupe à la Roche-Guyon, dans un autre manuscrit que celui qui contient l'ensemble des *Mémoires*; puis les traces visibles de la fusion opérée entre ce fragment et le nouveau récit[3];

---

1. Dans le manuscrit, le mot *Flandre* est au-dessus d'*Espagne*, biffé.
2. Voyez la note, plus explicite, des pages 130 et 131.
3. Le remaniement est tel que, sur trente pages environ dont se compose le fragment inachevé, il ne demeure pas un quart du texte, comme on le verra par l'impression en italique de ce que l'auteur a gardé de sa première version, qui n'ait été repris et utilisé par lui dans sa seconde. Voyez l'*appendice* 1, p. 471 et la note 1.

enfin cette mention significative qui se lit au manuscrit D
de la Roche-Guyon et que nous avons reproduite au commencement de notre section II (page 49 et note 1) : « Ici commencent les *Mémoires de la Régence*, qui n'ont de commun
avec le petit morceau imprimé sous ce titre que le fond des
faits : l'ordre des matières, la marche de la narration et
le style en étant totalement différents, ce qui rend ce morceau absolument neuf. » En comparant ensemble les deux
textes, celui des *Mémoires*, sections I et II, et celui de l'*Appendice aux Mémoires*, section I, le lecteur verra facilement l'importance des changements faits par la Rochefoucauld. La plupart
ont tendu à resserrer tout ensemble le fond et la forme, à ôter
les coups de plume irréfléchis ou embarrassés du premier jet.
La version primitive avait, par exemple, un début un peu
emphatique, que l'auteur, malgré un certain penchant à enfler
parfois son personnage, a dû trouver ensuite hors de proportion avec le rôle véritable qu'il a joué sous le ministère de
Richelieu; aussi a-t-il effacé cette disparate et repris la narration en termes plus sobres et plus simples. Il a également
abrégé et allégé ce qu'il disait du duc de Beaufort[1], et pris
soin d'atténuer une phrase qui pouvait passer pour une marque de jalousie d'assez mauvais goût au sujet de Mme de
Chevreuse, lors du retour de celle-ci en France et de son
entrevue à Roye avec lord Montaigu[2]. Tout le récit des négociations conduites en cette occurrence par le prince de Marcillac est d'ailleurs infiniment plus vif et plus dégagé dans la
seconde version. Celle-ci contient en outre un portrait de Mazarin[3], très-fini, qui manquait dans le premier récit, où il n'était question du Cardinal que d'une façon en quelque sorte
incidente et assez ambiguë. Relativement aux brigues pour le
gouvernement du Havre, la seconde rédaction est aussi plus
explicite, et en même temps le dépit personnel de la Rochefoucauld y ressort en termes plus amers[4]. D'autres points
encore, et des plus délicats, y sont beaucoup mieux traités.
L'auteur, par exemple, avait dit en premier lieu que Beaufort

1. Voyez ci-après, *appendice* I, p. 475 et 476.
2. Voyez p. 478. — 3. Voyez p. 63 et 64.
4. Voyez p. 75 et 76.

« vouloit donner des marques si éclatantes de sa faveur qu'on en pût attribuer la cause à tout ce qui eût été le plus capable de satisfaire son ambition et même sa vanité » : cette circonlocution était à coup sûr très-embarrassée. Quelle netteté, au contraire, dans la correction : « Il (*Beaufort*) se vantoit même de son crédit aux dépens de la réputation de la Reine [1] » !

Nous nous bornerons à ces rapprochements, qui font assez voir l'esprit qui a inspiré les changements survenus d'un texte à l'autre. Il y a toutefois dans la version primitive un ou deux passages qu'on regrette de ne plus trouver dans la seconde : celui-ci, entre autres, qui a toute la profondeur d'une *maxime* ; il s'agit du refroidissement de la Reine, une fois captivée par Mazarin, à l'égard de Mme de Chevreuse : « et je connus, avait écrit d'abord la Rochefoucauld, *par de certains défauts qu'elle remarqua en sa personne*, que les mauvais offices qu'on lui avoit rendus avoient fait une assez grande impression [2]. »

Quelques éditeurs, nous l'avons dit, n'ont voulu accorder à la première partie, longtemps inédite, des *Mémoires de la Rochefoucauld* que la valeur secondaire d'une introduction. Est-ce parce que l'auteur, pour qui le *moi* n'eut jamais rien de bien haïssable, y emploie le style direct, tandis que, dans l'autre moitié de la narration, il use, comme César en ses *Commentaires*, de la troisième personne? Il nous serait permis de répondre à cela qu'il se peut qu'il ait eu l'intention, sans y avoir donné suite, de refondre l'ensemble des *Mémoires* de façon à rendre partout le récit personnel. Mais, en écartant même cette conjecture, ne peut-on pas dire, qu'à y regarder de près, l'anomalie n'est pas bien grave ? Si l'on compare l'une avec l'autre les deux parties dont se composent les *Mémoires*, on est frappé d'une différence générale dans le caractère du récit, qui explique suffisamment la différence du tour narratif. De 1624 à 1649, la Rochefoucauld fait son entrée dans le monde, il n'est alors que prince de Marcillac; jusqu'à ce que le mouvement de la première Fronde se déclare, il n'a pas encore de parti pris politique; rien n'assure qu'il aura un rôle éclatant dans la faction. Partant, ce qui domine dans son récit, ce

1. Voyez p. 476 de l'*Appendice* et p. 64 des *Mémoires*.
2. Voyez p. 480.

sont les particularités, les détails individuels ; il nous fait la peinture des personnages, hommes et femmes, qui occuperont plus tard le devant de la scène dans les intrigues et les troubles de la Fronde des Princes. En sa seconde partie, au contraire, il a jeté le dé ; en dépit des hésitations et des tâtonnements qui restent le fond de sa nature, il se voit engagé définitivement dans la coterie des mécontents : ses faits et gestes se subordonnent dès lors à un ensemble d'événements généraux et de nécessités, qu'il subit, bien plus qu'il ne les crée ; c'est toujours sa vie qu'il raconte, mais il la raconte mêlée à des circonstances tout autres ; il se montre poussé, comme en une impasse, dans une suite d'aventures politiques et militaires, où dominent, qu'il le veuille ou non, des intérêts supérieurs aux siens. C'est par le tableau de cette scène postérieure, où sa personne était moins en relief, qu'il a commencé ses *Mémoires*, et, sans savoir si un jour il reprendrait les faits de plus haut, il a employé le style indirect de l'historien. Plus tard, sans autre souci de la dissonance, il a jugé plus à propos d'écrire la première partie, manifestement plus personnelle, avec le tour personnel. Que le début forme ainsi une sorte d'introduction, je le veux bien et peu importe : il ne suit pas de là que la valeur en soit secondaire, l'intérêt moindre.

Les Mémoires des hommes publics, ou de ceux qui ont aspiré à remplir ce rôle, sont inévitablement des plaidoyers individuels, et se tournent, comme dit Retz, « en air d'apologie[1]. » Ceux de la Rochefoucauld sont pourtant, il en faut convenir, plus modérés et, en somme, plus équitables que beaucoup d'autres : je ne parle pas des écrits des simples spectateurs, tels que Mme de Motteville, qui, pour voir la pièce, n'ont fait qu'écarter curieusement un coin de rideau ; j'entends les Mémoires des personnages qui, comme notre auteur, ont été dans le feu de l'action. Bayle mettait les *Mémoires de la Rochefoucauld* au-dessus des *Commentaires* de César[2]. Ce juge-

---

1. *Portrait du duc de la Rochefoucauld*, dans notre tome 1, p. 14.
2. « Je m'assure qu'il y a peu de partisans de l'antiquité assez prévenus pour soutenir que les *Mémoires du duc de la Rochefoucauld* ne sont pas meilleurs que ceux de César. » (*Dictionnaire historique et critique*, 3ᵉ édition, 1720, tome II, p. 831, note o.)

ment de Bayle nous étonne d'autant plus qu'il n'asseyait son jugement que sur des éditions fort défectueuses. Voltaire, qui a rectifié tant de réputations ou surfaites ou rapetissées, est resté, ce semble, un peu trop en deçà de l'éloge, quand il a écrit : « les *Mémoires de la Rochefoucauld* sont lus et l'on sait par cœur ses *Pensées* [1]. » Sans rien ôter au mérite des *Maximes*, il est permis aujourd'hui d'accorder plus qu'autrefois aux *Mémoires*, jugés enfin sur un texte authentique. D'abord ils sont sincères : l'auteur n'y dissimule ni ses démarches les plus fâcheuses, ni ses fautes, dont souvent même il ne semble pas avoir pleine conscience. Comme il a dans le coup d'œil plus de justesse que d'étendue, ses appréciations des hommes et des choses sont plutôt saines que profondes. La Fronde nous a laissé des mémoires plus variés, plus divertissants ; elle n'en a pas laissé qui soient mieux ordonnés dans la composition, et qui se rapprochent autant de la manière grave et impartiale de l'histoire. Si le livre de la Rochefoucauld n'a ni le mouvement impétueux ni le charme piquant de celui de Retz, il se distingue, en revanche, par le naturel, la simplicité pleine de goût, la dignité soutenue. Ajoutons que rien n'y est donné au hasard : c'est un livre fait et refait, tout y paraît pesé et soupesé. Ce n'est pas une œuvre à toute bride et de premier jet comme celle du Cardinal ; le style en est diplomatique, réservé, à l'occasion brièvement sentencieux [2], un « style juste et court », comme dit Mme de Sévigné [3], et dont l'arrangement a coûté du temps. Victor Cousin dit avec raison que les *Mémoires* « ont fait époque en 1662 pour la netteté et l'élégance [4], » bien qu'ils fussent alors si mêlés et de forme si défectueuse.

Peu d'ouvrages ont été autant revus et corrigés que ce livre de la Rochefoucauld ; peu du moins présentent, dans les co-

---

1. *Le Siècle de Louis XIV*, édition Beuchot, tome XIX, p. 146, article *la Rochefoucauld*.

2. Peut-être un certain nombre de *Maximes* ont-elles été après coup extraites des *Mémoires*, où, portant sur des hommes et des événements particuliers, définis, elles pouvaient avoir plus de vérité et d'autorité, tandis que, présentées isolément, elles généralisent l'accident et parfois se faussent.

3. Voyez au tome II de ses *Lettres*, p. 521.

4. *Madame de Sablé*, édition de 1869, p. 139.

pies manuscrites les plus importantes (ms. Harlay, ms. Arnauld, ms. C, ms D.), un aussi grand nombre de leçons diverses. Il est vrai que la langue française de ce temps n'était point encore absolument fixée. Le travail d'épuration, d'affinement, commencé au siècle précédent, se continuait tous les jours[1]. Vaugelas et les autres grammairiens s'évertuaient à tracer les limites entre la parole familière et le style soutenu. Pendant ces disputes, qui n'allaient point toujours sans aigreur, les grands, les habiles écrivains, tels que la Rochefoucauld, tranchaient la question de leur propre chef, mettaient fin, d'un coup de plume, à la controverse, et telle locution réputée douteuse, qu'ils introduisaient avec aisance dans leurs ouvrages, se trouvait avoir cause gagnée et droit de cité.

Les notes dont se compose notre commentaire sont de trois sortes, en dehors des variantes du texte. Les unes appellent l'attention sur des analogies de pensée ou d'expression entre les *Mémoires* et les *Maximes* ou les *Réflexions diverses* contenues dans le tome I : c'est la Rochefoucauld moraliste rapproché de la Rochefoucauld historien. Les autres signalent, dans un double intérêt de contrôle ou de curiosité, les conformités ou les divergences importantes entre le récit de notre auteur et celui de tel ou tel de ses contemporains. Enfin une troisième catégorie de notes est celle de la glose historique ; nous nous sommes proposé d'y être bref et sobre, car le véritable commentaire des *Mémoires*, très-concis parfois, et partant quelque peu obscurs, de la Rochefoucauld, c'est la *Notice biographique*, qui se trouve en tête de notre premier volume.

1. Nous voyons, dans la préface même de la 1re édition des *Mémoires* (1662), ce qu'on pensait alors sur ce point : « Je ne vous demande autre grâce pour la récompense de mon travail, dit le libraire hollandais au lecteur, sinon que vous excusiez les fautes que vous y trouverez ; que vous ne preniez pas garde à quelques ponctuations mal mises, ni à quelques mots qui ne sont pas écrits dans toute l'exactitude possible de *l'ortographe* (sic). Vous aurez moins de peine à le faire, si vous considérez qu'étant imprimé hors de France, *ni mon correcteur ni moi ne pouvons pas savoir tous les changements que l'usage apporte tous les jours dans votre langue.* »

MÉMOIRES[1].

I.

[1624-1642[2].]

J'ai passé les dernières années du ministère du cardinal Mazarin[3] dans l'oisiveté que laisse d'ordinaire la

---

1. Voyez, au tome I, dans la *Notice bibliographique*, sous quels titres ont été imprimés, de 1662 à 1838, les *Mémoires de la Rochefoucauld*. — La partie du récit qui va de la page 1 à la page 129 est restée inédite jusqu'en 1817. Elle a été publiée à part, cette année-là, par Renouard, comme annexe à son édition des *Mémoires*, de 1804; puis insérée dans les collections de Petitot (1826), et de Michaud (1838). Elle a pour titre, dans la 1re édition (1817) : « Première partie, jusqu'à ce jour inédite et publiée sur le manuscrit de l'auteur; » chez Petitot, simplement : « Première partie; » chez Michaud : « Première partie, d'après le texte découvert en 1817. » Dans le manuscrit D de la Roche-Guyon, dont la présente édition reproduit le texte, on lit, en tête de la page 1 des *Mémoires*, une note marginale, d'une vieille écriture, ainsi conçue : « Ici commencent les *Mémoires* non imprimés, lesquels finissent à la page 111, » qui correspond, nous l'avons dit, à la page 129 de notre volume. — Jusqu'à cette page 129, nous donnons en note les variantes, fort peu considérables, des trois éditions antérieures à la nôtre : au sujet de leur texte, voyez la *Notice* qui précède.

2. Dans les § I et II, qui sont la partie la plus ancienne des *Mémoires*, non par la date de la composition, l'auteur va nous le dire, mais par celle des faits racontés, la Rochefoucauld remonte, en intervertissant parfois l'ordre des événements, à l'année 1624. Ce n'est qu'à partir de 1630 qu'il raconte ceux auxquels il a eu part ou qui tout au moins se sont accomplis sous ses yeux ou à ses côtés.

3. C'est-à-dire de 1652 à 1661. — Grièvement blessé d'un coup

disgrâce[1] : pendant ce temps[2], j'ai écrit ce que j'ai vu des troubles de la Régence. Bien que ma fortune soit changée, je ne jouis pas d'un moindre loisir : j'ai voulu l'employer à écrire des événements plus éloignés[3], où le hasard m'a souvent donné quelque part.

J'entrai dans le monde quelque temps devant[4] la disgrâce de la Reine mère, Marie de Médicis[5]. Le roi Louis XIII, son fils, avoit une santé foible, que les fatigues de la chasse avoient usée avant l'âge; ses incommodités augmentoient[6] ses chagrins et les défauts de son humeur[7] : il étoit sévère, défiant, haïssant le monde; il vouloit être gouverné, et portoit[8] impatiemment de l'être. Il avoit un esprit de détail appliqué uniquement

de feu au combat du faubourg Saint-Antoine, le 2 juillet 1652, le duc de la Rochefoucauld fut longtemps à se guérir. L'inaction à laquelle il se vit alors condamné sembla venir à point pour le délier d'une fidélité, désormais embarrassante et stérilement héroïque, envers Condé et ceux des Frondeurs qui vouloient être ou paraître irréconciliables. Voyez, au tome I, la *Notice biographique.*

1. Après avoir passé l'année 1653 à Damvilliers, en Lorraine (voyez p. 137, note 6), la Rochefoucauld obtint en 1654 la permission de revenir en France et se retira dans sa terre de Verteuil, en Poitou. En 1659, il reparut à Paris, guéri des aventures politiques, qui ne lui avaient guère réussi, et dorénavant tout entier au commerce des lettres et du monde.

2. Ces temps. (1817, 1826, 1838.)

3. La Rochefoucauld a refondu du même coup son premier récit de ce qu'il avait « vu des troubles de la Régence. » Voyez la *Notice* en tête de ce volume et le fragment primitif des *Mémoires* placé à l'*Appendice*, n° I.

4. Avant. (1817, 26, 38.)

5. Voyez ci-après, p. 16-18.

6. Augmentoient aussi. (1817, 26, 38.)

7. Mme de Motteville, au tome I de ses *Mémoires* (p. 9), dit que Louis XIII était, dans sa jeunesse, « fort beau, fort bien fait, » et que d'abord la Reine sa femme « le trouva fort aimable, » mais que « les fatigues qu'il prit depuis à la chasse, ses longues maladies et son chagrin naturel l'*avoient*, sur la fin de sa vie, infiniment changé. »

8. Et portoit quelquefois. (1817, 26, 38.)

à de petites choses[1], et ce qu'il savoit de la guerre convenoit plus à un simple officier qu'à un roi.

Le cardinal de Richelieu gouvernoit l'État, et il devoit toute son élévation à la Reine mère. Il avoit l'esprit vaste et pénétrant, l'humeur âpre et difficile; il étoit libéral[2], hardi dans ses projets, timide pour sa personne. Il voulut établir l'autorité du Roi et la sienne propre par la ruine des huguenots et des grandes maisons du Royaume, pour attaquer ensuite la maison d'Autriche et abaisser une puissance si redoutable à la France[3]. Tout ce qui n'étoit pas dévoué à ses volontés étoit exposé à sa haine, et il ne gardoit point de bornes pour élever ses créatures ni pour perdre ses ennemis[4]. La passion qu'il avoit eue depuis[5] longtemps pour la Reine s'étoit convertie en dépit[6] : elle avoit de l'aversion pour lui, et il croyoit que d'autres attachements ne lui étoient pas désagréables. Le Roi étoit naturellement jaloux, et sa jalousie, fomentée par celle du cardinal de Richelieu[7], auroit suffi pour l'aigrir contre la Reine, quand même la stérilité de leur mariage et l'incompatibilité de leurs humeurs n'y auroient pas contribué. La Reine

1. Rapprochez des *maximes* 41 et 569, tome I, p. 46 et p. 248.
2. « Il n'étoit pas libéral; mais il donnoit plus qu'il ne promettoit, et il assaisonnoit admirablement les bienfaits. » (*Mémoires du cardinal de Retz*, tome I, p. 281 et 282.)
3. « Deux desseins que je trouve presque aussi vastes que ceux des Césars et des Alexandres. » (*Ibidem*, tome I, p. 227.)
4. « La fortune des grands de la cour dépendoit de la faveur du Ministre; les établissements n'y étoient solides qu'à mesure qu'on lui étoit dévoué. » (*Mémoires du chevalier de Gramont*, 1830, in-8°, p. 19.)
5. Le mot *depuis* n'est pas dans les textes de 1817, 26, 38.
6. Rapprochez de la *maxime* 111 et de la 8ᵉ des *Réflexions diverses*, tome I, p. 78 et 301.
7. Voyez les *Mémoires de Retz*, tome I, p. 104 et 105, et surtout ceux de *Mme de Motteville*, tome I, p. 28 et 29.

étoit aimable de sa personne; elle avoit de la douceur, de la bonté et de la politesse; elle n'avoit rien de faux dans l'humeur ni dans l'esprit[1]; et avec beaucoup de vertu, elle ne s'offensoit pas d'être aimée[2]. Mme de Chevreuse[3] étoit attachée à elle depuis longtemps par tout ce qui lie deux personnes de même âge et de mêmes sentiments[4]. Cette liaison a produit tant de choses extraordinaires qu'il me paroît nécessaire de rapporter ici quelques-unes de celles qui s'étoient passées devant le temps dont je dois parler.

Mme de Chevreuse avoit beaucoup d'esprit, d'ambition et de beauté; elle étoit galante, vive, hardie, entrepre-

1. Rapprochez du mot de Mme de Sévigné à sa fille (*Lettres*, tome II, p. 285) : « Je dis que vous êtes vraie. » — Voyez aussi la 3ᵉ des *Réflexions diverses: De l'air et des manières*, tome I, p. 286-290.

2. « Elle a l'esprit galant, et, à l'exemple de l'infante Clara-Eugenia (*fille de Philippe II*), elle goûteroit fort cette belle galanterie qui, sans blesser la vertu, est capable d'embellir la cour. » (*Mme de Motteville, Portrait d'Anne d'Autriche*, en tête du tome I des *Mémoires*, p. xxxi.) — Voyez la *maxime* 277 (tome I, p. 146), où la Rochefoucauld parle, en connaisseur qu'il était, de « l'occupation d'une intrigue, » de « l'émotion d'esprit que donne la galanterie, » et de « la pente naturelle au plaisir d'être aimées. » — Comparez aussi le portrait d'Anne par Retz, tome II, p. 174 et 175.

3. Marie de Rohan, fille d'Hercule de Rohan, duc de Montbazon, et de Madeleine de Lenoncourt, était née en 1600, et mourut en 1679. Demeurée veuve du connétable de Luynes en 1621, elle s'était remariée, à la fin de 1622, à Claude de Lorraine, duc de Chevreuse, qui était le quatrième fils de Henri duc de Guise, le Balafré, et en faveur de qui le duché de Chevreuse avait été érigé en pairie en 1612. — Mme de Chevreuse n'avait pas seulement le génie et le goût de l'intrigue; elle savait comprendre les arts et les encourager, et V. Cousin, dans l'étude qu'il lui a consacrée, a très-bien fait ressortir les divers côtés de cette nature féminine, si étrange à la fois et si complexe. Cette ex-frondeuse eut, entre autres mérites dont la postérité doit lui tenir compte, celui de travailler à la fortune de Colbert, dont elle avait deviné la valeur, et à la fille duquel elle n'hésita pas à donner en mariage son petit-fils, le duc de Chevreuse.

4. Voyez les *Mémoires de Mme de Motteville*, tome I, p. 11 et 12.

nante; elle se servoit de tous ses charmes pour réussir dans ses desseins[1], et elle a presque toujours porté malheur aux personnes qu'elle y a engagées[2]. Elle avoit été aimée du duc de Lorraine, et personne n'ignore qu'elle n'ait été[3] la première cause des malheurs que ce prince et ses États ont éprouvés si longtemps[4]. Mais si l'amitié de Mme de Chevreuse a été dangereuse à M. de Lorraine, elle ne la[5] fut pas moins à la Reine dans la suite. La cour étoit à Nantes, et on étoit sur le point de con-

1. Le cardinal de Retz (tome II, p. 184 et 185) trace de la duchesse de Chevreuse un portrait où paraît avant tout la malignité habituelle du peintre : Son mérite en politique « ne fut, dit-il, que d'occasion. Si elle fût venue dans un siècle où il n'y eût point eu d'affaires, elle n'eût pas seulement imaginé qu'il y en pût avoir. Si le prieur des Chartreux lui eût plu, elle eût été solitaire de bonne foi. M. de Lorraine, qui s'y attacha, la jeta dans les affaires ; le duc de Buckingham et le comte de Holland l'y entretinrent ; M. de Châteauneuf l'y amusa. Elle s'y abandonna, parce qu'elle s'abandonnoit à tout ce qui plaisoit à celui qu'elle aimoit. »
2. Amelot de la Houssaye dit, dans la préface de l'édition de 1689, que l'on comparait la duchesse « au cheval de Séjan, dont tous les maîtres avoient eu une fin malheureuse. » Voyez *Aulu-Gelle*, livre III, chapitre IX. — Comme le fait observer V. Cousin (*Madame de Chevreuse*, p. 12), si Mme de Chevreuse a porté malheur à tous ceux qu'elle a aimés, « il est encore plus vrai de dire que tous ceux qu'elle a aimés l'ont précipitée, à leur suite, dans des entreprises téméraires. »
3. N'ignora qu'elle n'ait été. (1817.) — N'ignoroit qu'elle n'eût été. (1826, 38.)
4. La brouille du duc de Lorraine Charles III (ou IV) avec Richelieu est antérieure à l'arrivée de Mme de Chevreuse à Nancy ; mais, par son étonnante activité et ses rares facultés politiques, elle agrandit la querelle et amena entre la Lorraine, l'Empire, l'Angleterre et la Savoie cette ligue contre le Cardinal dont lord Montaigu, introduit plus loin dans le récit, fut l'agent le plus actif et le négociateur principal. Le maréchal de la Force, dans ses *Mémoires* (tome III, p. 55), dit que ce duc Charles III de Lorraine était une *épine* que le Roi prit « résolution de s'ôter du pied. »
5. Elle ne le fut pas moins. (1817, 26, 38.)

clure le mariage de Monsieur avec Mademoiselle de Montpensier[1]. Ce temps, qui sembloit être destiné à la joie, fut troublé par l'affaire de Chalais[2]. Il avoit été nourri auprès du Roi, et étoit maître de la garde-robe[3]; sa personne et son esprit étoient agréables, et il avoit un attachement extraordinaire pour Mme de Chevreuse[4]. Il fut accusé d'avoir eu dessein contre la vie du Roi, et d'avoir proposé à Monsieur de rompre son mariage, dans la vue d'épouser la Reine, aussitôt qu'il seroit parvenu à la couronne. Bien que ce crime ne fût pas entièrement prouvé[5], Chalais eut la tête tranchée[6]; et le Cardinal, qui vouloit intimider la Reine, et lui faire sentir le besoin qu'elle avoit de ménager sa passion, n'eut pas de peine à persuader au Roi qu'elle et Mme de Chevreuse

1. Gaston duc d'Orléans, frère du Roi, né en 1608, mort en 1660, épousa, le 6 août 1626, Marie de Bourbon, duchesse de Montpensier, qui était fille unique de Henri de Bourbon, duc de Montpensier, et de Renée d'Anjou, et qui mourut le 4 juin 1627, cinq jours après avoir mis au monde la grande Mademoiselle.

2. Henri de Talleyrand, comte de Chalais, né en 1599, était d'une ancienne maison souveraine du Périgord, et petit-fils, par sa mère, du maréchal de Montluc. Il avait épousé, en 1623, Charlotte de Castille, veuve de Charles de Chabot, comte de Charny.

3. Le fils aîné de la Rochefoucauld, François VII, fut nommé à cette charge en 1672, quarante-six ans après la mort de Chalais.

4. Chalais aimait « follement la favorite de la Reine », dit Mme de Motteville, tome I, p. 24.

5. « Pas entièrement » est loin d'en dire assez. Cette accusation, au moyen de laquelle Richelieu, comme va le dire la Rochefoucauld, voulut *intimider* la Reine, ne fut pas même suivie lors du procès; la ligue, dont Mme de Chevreuse était l'âme, et qui réunit le duc d'Orléans, le maréchal d'Ornano, le comte de Soissons, César de Vendôme et le grand prieur de Vendôme, n'allait qu'à se défaire du Cardinal. On sait que la Reine eut à comparaître devant un conseil, et que Mme de Chevreuse reçut l'ordre de sortir de France. La duchesse se retira, dans l'automne de 1626, en Lorraine, d'où elle continua la lutte contre Richelieu.

6. Le 19 août 1626, à Nantes.

n'avoient pas ignoré le dessein de Chalais, et il est certain que le Roi en est demeuré persuadé toute sa vie[1].

D'autres sujets animèrent encore le Roi et le Cardinal contre la Reine et contre Mme de Chevreuse : le comte d'Hollande[2] vint en France, ambassadeur extraordinaire d'Angleterre, pour traiter le mariage du roi son maître[3] avec Madame, sœur du Roi[4]; il étoit jeune, bien

---

1. Voyez plus loin, p. 56; voyez aussi les *Mémoires de la Porte*, p. 302 et 303. — Il paraît certain, quoique la Rochefoucauld ne nous le dise pas, que c'était la Reine qui, pour faire rompre le mariage de Monsieur avec Marie de Bourbon Montpensier, avait donné le premier branle à cette intrigue, sans trop prévoir jusqu'où la pourraient conduire des esprits entreprenants et peu scrupuleux sur les moyens. Quant à Chalais, qui eut la faiblesse de compromettre dans ses réponses, pour se rétracter ensuite, Mme de Chevreuse et la Reine elle-même, il n'eut en réalité qu'un rôle très-secondaire dans le complot, et paya pour ceux qu'on ne pouvait ou qu'on ne voulait atteindre. — Consultez, au reste, sur ce célèbre procès, les pièces publiées par V. Cousin dans *Madame de Chevreuse* (*Appendice*, notes du chapitre II).

2. Ou plutôt *de Holland*, comme on a imprimé dans les collections Petitot et Michaud; mais lui-même écrivait son nom de façon à lui donner un air français. Quelques lignes plus bas, notre manuscrit porte, sans élision, *de Hollande*. — Henri Rich, lord Kensington, de la maison de Warwick, fait comte de Holland en septembre 1624, joua un rôle dans la révolution d'Angleterre, et périt en 1649 sur l'échafaud.

3. Charles Ier, qui avait succédé, au mois d'avril 1625, à son père, Jacques Ier. Le comte de Holland était déjà venu en France, pour négocier ce mariage, en février 1624, antérieurement à l'affaire de Chalais, et lorsque Charles n'était encore que prince de Galles. Le voyage dont parle la Rochefoucauld est celui qu'il fit en 1625, comme ambassadeur extraordinaire, avec le comte de Carlisle. Voyez *Un projet de mariage royal*, par M. Guizot, x-xIII.

4. Henriette-Marie, celle dont Bossuet a fait l'oraison funèbre. Elle fut mariée à Notre-Dame, le 11 mai 1625, par le cardinal François de la Rochefoucauld, frère du bisaïeul de notre auteur, qui mourut en 1645, à l'âge de quatre-vingt-huit ans, après avoir été successivement évêque de Clermont, puis de Senlis, grand aumônier de France, et chef du conseil du Roi.

fait¹, et il plut à Mme de Chevreuse. Pour honorer leur passion, ils formèrent le dessein de faire² une liaison d'intérêts et même de galanterie entre la Reine et le duc de Bouquinquan³, bien qu'ils ne se fussent jamais vus. Les difficultés d'une telle entreprise n'étonnèrent point ceux qui y avoient le principal intérêt : la Reine étoit telle que je l'ai dépeinte, et le duc de Bouquinquan étoit favori du roi d'Angleterre, jeune, libéral, audacieux, et l'homme du monde le mieux fait. Mme de Chevreuse et le comte de Hollande trouvèrent toutes les facilités qu'ils desiroient auprès de la Reine et auprès du duc de Bouquinquan : il se fit choisir pour venir en France épouser Madame au nom du roi son maître, et il y arriva avec plus d'éclat, de grandeur et de magnificence que s'il eût été roi. La Reine lui parut encore plus aimable que son imagination ne lui avoit pu représenter, et il parut à la Reine l'homme du monde le plus digne de l'aimer⁴. Ils employèrent la

1. « Un des plus beaux hommes du monde, dit la Porte (p. 295), mais d'une beauté efféminée. »
2. Ils firent dessein de former. (1817, 26, 38.)
3. Georges Villiers, duc de Buckingham. Nous conservons l'orthographe du manuscrit D; c'est aussi celle de *Tallemant* (tome II, p. 9), et elle indique la prononciation du temps : d'où ce jeu de mots de la *Ménipée de Francion*, pièce satirique insérée par M. Éd. Fournier dans ses *Variétés historiques et littéraires* (tome X, p. 267-284) : « Ce n'est pas un vieux boucquin, *boucquin* (*inquam*). »
4. « Le duc de Buckingham fut le seul qui eut l'audace d'attaquer son cœur.... Il étoit bien fait, beau de visage; il avoit l'âme grande; il étoit magnifique, libéral, et favori d'un grand roi. Il avoit tous ses trésors à dépenser, et toutes les pierreries de sa couronne pour se parer. Il ne faut pas s'étonner si, avec tant d'aimables qualités, il eut de si hautes pensées, de si nobles, mais si dangereux et si blâmables desirs, et s'il eut le bonheur de faire avouer à cette belle reine que si une honnête femme avoit pu aimer un autre que son mari, celui-là auroit été le seul qui lui auroit pu plaire. Les louanges que je lui donne, je les ai entendues de la Reine même; car c'est la personne du monde dont je lui ai ouï dire le plus de

première audience de cérémonie à parler d'affaires qui les touchoient plus vivement que celles des deux couronnes, et ils ne furent occupés que des intérêts de leur passion. Ces heureux commencements furent bientôt troublés : le duc de Montmorency[1] et le duc de Bellegarde[2], qui étoient soufferts de la Reine, en furent méprisés ; et quelque brillante que fût la cour de France, elle fut effacée en un moment par l'éclat du duc de Bouquinquan. L'orgueil et la jalousie du cardinal de Richelieu furent également blessés de cette conduite de la Reine, et il donna au Roi toutes les impressions qu'il étoit capable de recevoir contre elle : on ne songea plus qu'à conclure promptement le mariage, et à faire partir le duc de Bouquinquan. Lui, de son côté, retardoit le plus qu'il lui étoit possible[3], et se servoit de tous les avantages de sa qualité d'ambassadeur pour voir la Reine, sans ménager les chagrins du Roi ; et même, un soir que la cour étoit à Amiens et que la Reine se promenoit assez seule dans un jardin, il y entra avec le comte d'Hollande, dans le temps que la Reine se reposoit dans un cabinet ; ils se trouvèrent seuls ; le duc de Bouquinquan étoit hardi et entreprenant ; l'occasion étoit favorable, et il essaya d'en profiter avec si peu de respect, que la Reine fut

bien. Il est donc sans doute à présumer que ses respects ne furent point importuns, et que ses vœux furent reçus avec quelque sentiment de complaisance. » (*Mme de Motteville*, tome I, p. 14 et 15.)

1. Henri II de Montmorency, fils du connétable Henri I, maréchal depuis 1630, fut décapité à Toulouse, le 30 octobre 1632. Il était né à Chantilly en 1595.
2. Roger de Saint-Lary, duc de Bellegarde, grand écuyer de France, gouverneur de Bourgogne. Il mourut en 1646, à quatre-vingt-quatre ans. Sur cet « antique galant », comme l'appelle Mme de Motteville (tome I, p. 14), voyez *Tallemant des Réaux*, tome I, p. 59 et suivantes, et les *OEuvres de Malherbe*, tome I, p. 293-296.
3. Il partit de Paris le 2 juin 1625, avec la reine Marie-Henriette, le duc et la duchesse de Chevreuse, etc. ; il y était arrivé le 24 mai.

contrainte d'appeler ses femmes, et de leur laisser voir une partie du trouble et du désordre où elle étoit[1]. Le duc de Bouquinquan partit bientôt après, passionnément amoureux de la Reine et tendrement aimé d'elle; il la laissoit[2] exposée à la haine du Roi et aux fureurs du cardinal de Richelieu, et il prévoyoit que leur séparation devoit être éternelle. Il partit enfin sans avoir eu le temps de parler en particulier[3] à la Reine; mais, par un emportement que l'amour seul peut rendre excusable[4], il revint à Amiens le lendemain de son départ, sans prétexte et avec une diligence extrême. La Reine étoit au lit : il entra dans sa chambre, et, se jetant à genoux devant elle et fondant en larmes, il lui tenoit les mains; la Reine n'étoit pas moins touchée, lorsque la comtesse de Lannoy, sa dame d'honneur, s'approcha du duc de Bouquinquan et lui fit apporter un siége, en lui disant qu'on ne parloit point à genoux à la Reine. Elle fut témoin du reste de la conversation, qui fut courte. Le duc de Bouquinquan remonta à cheval en sortant de chez la Reine, et reprit le chemin d'Angleterre[5]. On peut croire

1. Voyez le récit à peu près conforme de la Porte (p. 296 et 297), et celui de Mme de Motteville (tome I, p. 15 et 16). Tallemant des Réaux (tome II, p. 10) charge l'incident à sa façon; Retz (tome III, p. 237 et 238, édition Champollion, 1859) le raconte aussi d'une manière inexacte, et transporte la scène, en l'aggravant beaucoup, dans le petit jardin du Louvre.
2. Laissa. (1817, 26, 38.)
3. Les mots *en particulier* ne sont pas dans l'édition de 1817.
4. Rapprochez des *maximes* 546 et 638, tome I, p. 232 et p. 266.
5. Mme de Motteville (tome I, p. 18) raconte cette entrevue d'une manière un peu différente quant aux détails; elle dit que la Reine, « sans peut-être être trop en colère », ordonna sévèrement à Buckingham de se lever et de sortir. Elle parle de la même manière que la Rochefoucauld de l'intervention de « la comtesse de Lannoy, alors sa dame d'honneur, sage, vertueuse et âgée, qui étoit au chevet de son lit. » — Le récit, moins vraisemblable, de la

aisément ce qu'une conduite si extraordinaire fit dans la cour, et quels prétextes elle fournit au Cardinal pour aigrir encore le Roi contre la Reine.

Les choses étoient dans[1] ces termes, quand la reine d'Angleterre partit pour aller trouver le roi son mari; elle fut menée par le duc et par la duchesse[2] de Chevreuse. Le duc de Bouquinquan eut dans cette réception tout le sujet[3] qu'il desiroit de faire paroître sa magnificence et celle d'un royaume dont il étoit le maître, et il reçut Mme de Chevreuse avec tous les honneurs qu'il auroit pu rendre à la Reine qu'il aimoit. Elle quitta bientôt la cour du roi d'Angleterre[4], et revint en France avec le duc son mari; elle fut reçue du Cardinal comme une personne dévouée à la Reine et au duc de Bouquinquan; il essaya néanmoins de la gagner, et de l'engager à le servir[5] auprès de la Reine; il crut même quelque temps qu'elle lui étoit favorable[6]; mais il ne se fioit pas assez

---

Porte (p. 298 et 299) s'écarte plus de celui de notre auteur; selon lui, Buckingham et le comte de Holland, qu'il fait entrer ensemble, « demeurèrent beaucoup plus tard que la bienséance ne le permettoit à des personnes de cette condition, lorsque les Reines sont au lit; et cela obligea Mme de la Boissière[a], première dame d'honneur de la Reine, de se tenir auprès de Sa Majesté tant qu'ils y furent, ce qui leur déplaisoit fort. Toutes les femmes et tous les officiers de la chambre ne se retirèrent qu'après que ces Messieurs furent sortis. »

1. En. (1817, 26, 38.)
2. Par le duc et la duchesse. (1826, 38.)
3. Toute l'occasion. (1817, 26, 38.)
4. La cour d'Angleterre. (1826, 38.)
5. De la gagner à le servir. (1817, 26, 38.)
6. Mme de Motteville, si impartiale toutes les fois que l'honneur de sa reine n'est pas en cause, assure (tome I, p. 51) que le Cardinal s'était laissé toucher aux provoquants attraits de Mme de Chevreuse, et que ce n'était pas seulement par des raisons politiques qu'il désirait se concilier son ennemie. Lors de l'arrestation

[a] Il y avait une branche de Lannoy de la Boissière.

à ses promesses pour ne se pas assurer par d'autres précautions. Il voulut en prendre même du côté du duc de Bouquinquan; et sachant qu'il avoit eu un long attachement, en Angleterre, pour la comtesse de Carlille [1], le Cardinal sut ménager si adroitement l'esprit fier et jaloux de cette femme, par la conformité de leurs sentiments et de leurs intérêts, qu'elle devint le plus dangereux espion du duc de Bouquinquan. L'envie de se venger de son infidélité et de se rendre nécessaire au Cardinal la portèrent à tenter toutes sortes de voies pour lui donner des preuves certaines de ce qu'il soupçonnoit de la Reine. Le duc de Bouquinquan étoit, comme j'ai dit [2], galand [3] et magnifique; il prenoit beaucoup de soin de se parer aux assemblées; la comtesse de Carlille, qui avoit tant d'intérêt de l'observer, s'aperçut bientôt qu'il affectoit de porter des ferrets de diamants qu'elle ne connoissoit pas [4]; elle ne douta point que la Reine [5] ne les lui eût donnés; mais pour en être encore plus assurée, elle prit le temps, à un bal, d'entretenir en particulier le duc de Bouquinquan, et de lui couper les ferrets, dans le dessein de les envoyer au Cardinal. Le duc de Bouquinquan s'aperçut le soir de ce qu'il avoit perdu, et jugeant d'abord que la comtesse de Carlille avoit pris les ferrets, il appréhenda les effets

de Châteauneuf, qui eut lieu peu de temps après (voyez plus loin, p. 19), on saisit un grand nombre de lettres où la duchesse racontait, en se moquant, au garde des sceaux, son adorateur, les empressements et les jalousies du Cardinal. Voyez V. Cousin, *Madame de Chevreuse*, p. 96 et suivantes.

1. Lucie, seconde fille du comte Henri de Northumberland, et seconde femme de lord Hay, comte de Carlisle, qui l'avait épousée en novembre 1617.
2. Comme je l'ai dit. (1817, 26, 38.)
3. Telle est l'orthographe du manuscrit D.
4. Qu'elle ne lui connoissoit pas. (1817, 26, 38.)
5. Que la reine de France. (*Ibidem.*)

de sa jalousie, et qu'elle ne fût capable de les remettre entre les mains du Cardinal pour perdre la Reine. Dans cette extrémité, il dépêcha à l'instant même un ordre de fermer tous[1] les ports d'Angleterre, et défendit que personne n'en sortît, sous quelque prétexte que ce pût être, devant un temps qu'il marqua; cependant il fit refaire en diligence des ferrets semblables à ceux qu'on lui avoit pris, et les envoya à la Reine, en lui rendant compte de ce qui étoit arrivé. Cette précaution de fermer les ports retint la comtesse de Carlille, et elle vit bien que le duc de Bouquinquan avoit eu tout le temps dont il avoit besoin pour prévenir sa méchanceté. La Reine évita de cette sorte la vengeance de cette femme irritée, et le Cardinal perdit un moyen assuré de convaincre la Reine et d'éclaircir le Roi de tous ses doutes, puisque les ferrets venoient de lui et qu'il les avoit donnés à la Reine[2].

Le Cardinal songeoit alors à former le dessein de détruire le parti des huguenots et à faire[3] le siége de la Rochelle. Cette guerre a été si amplement décrite, qu'il seroit inutile d'en dire ici les particularités; on sait assez que le duc de Bouquinquan vint avec une puissante flotte pour secourir la Rochelle, qu'il attaqua l'île de Ré sans la prendre, et qu'il se retira après un succès malheureux; mais tout le monde ne sait pas que le Cardinal accusa la Reine d'avoir concerté cette entreprise avec le duc de Bouquinquan, pour faire la paix des hu-

---

1. Le mot *tous* n'est pas dans les éditions de 1817, 26, 38.
2. La Rochefoucauld est, à notre connaissance, le seul écrivain du temps qui fasse mention de cette histoire des ferrets, où V. Cousin (*Madame de Chevreuse*, p. 54, note) ne veut voir qu'une anecdote romanesque recueillie dans des bruits de salon, tout en disant, d'autre part (p. 58), qu'il ne l'admet ni ne la rejette.
3. Formoit alors le dessein de détruire.... et de faire. (1817, 26, 38.)

guenots, et pour lui donner prétexte de revenir à la cour et de revoir la Reine. Ces projets du duc de Bouquinquan furent inutiles : la Rochelle fut prise [1], et il fut assassiné peu de temps après son retour en Angleterre [2]. Le Cardinal triompha inhumainement de cette mort; il dit des choses piquantes de la douleur de la Reine, et il recommença [3] d'espérer.

Après la prise de la Rochelle et la ruine des huguenots, le Roi alla à Lyon pour donner ordre aux affaires d'Italie et secourir Cazal [4]. J'entrai dans le monde en ce temps-là [5], comme j'ai dit [6]; je revins à la cour, de l'armée d'Italie, où j'étois mestre de camp du régiment d'Auvergne, et je commençai à remarquer avec quelque attention ce que je voyois. La mésintelligence de la Reine mère et du cardinal de Richelieu paroissoit déjà, et on prévoyoit qu'elle devoit avoir de grandes suites; mais il étoit malaisé d'en prévoir l'événement. La Reine mère avertit le Roi que le Cardinal étoit amoureux de la Reine sa femme : cet avis fit son effet, et le Roi en fut vivement touché; il parut même disposé [7] à chasser le Cardinal, et demanda à la Reine mère qui on pourroit mettre à sa place dans le ministère; elle hésita, et ne lui osa nommer personne, soit qu'elle appréhendât que ses créatures ne lui fussent pas agréables, ou qu'elle n'eût pas pris ses mesures avec celui qu'elle y vouloit

1. En octobre 1628.
2. Le 2 septembre 1628, par Felton, à Portsmouth, au moment où il se préparait à revenir avec une flotte au secours de la Rochelle.
3. Triompha inhumainement de cette mort, dit des choses piquantes..., et recommença. (1817, 26, 38.)
4. Casal était alors assiégé par les Espagnols. Voyez les *Mémoires de la Force* (tome III, chapitre XVI), un des trois maréchaux qui commandaient à tour de rôle l'armée de secours.
5. Dans ce temps-là. (1817, 26, 38.) — 6. Voyez p. 2.
7. Même être disposé. (*Ibidem.*)

établir. Cette faute de la Reine mère causa sa perte et sauva le Cardinal : le Roi, paresseux et timide, craignit le poids des affaires, et de manquer d'un homme capable de l'en soulager, et le Cardinal eut tout le temps et tous les moyens nécessaires pour dissiper la jalousie du Roi et pour se garantir des mauvais offices de la Reine mère. Cependant il n'oublia rien pour la fléchir, ne se voyant pas encore en état de la détruire ; elle, de son côté, fit semblant de se réconcilier sincèrement [1] avec lui ; mais la haine dura toujours [2].

Le Roi tomba alors [3] dans cette [4] dangereuse maladie où tout le monde désespéra de sa santé. La Reine mère, le voyant dans cette extrémité, songea à prévenir le Cardinal ; elle résolut de le faire arrêter prisonnier au moment de la mort du Roi, et de le mettre à Pierre-Encise [5], sous la garde de M. d'Alincourt [6], gouverneur de Lyon. On a dit que le Cardinal avoit su depuis, par le duc de Montmorency, le nom et les divers avis de tous ceux qui avoient assisté au conseil que la Reine avoit tenu contre lui, et que, dans la suite, il les avoit punis des mêmes peines qu'ils lui vouloient faire souffrir.

La cour étoit revenue à Paris après la convalescence

1. Le mot *sincèrement* n'est pas dans l'édition de 1817.
2. Dura toujours entre eux. (1817, 26, 38.)
3. A la fin de septembre 1630, à Lyon, après la campagne de Savoie. Voyez, dans les *Mémoires de Mathieu Molé* (tome II, p. 23 et suivantes), une lettre du garde des sceaux de Marillac à Molé sur la maladie du Roi et sa guérison.
4. Dans une. (1817, 26, 38.)
5. Prison d'État, située sur la rive droite de la Saône, au haut d'un rocher, à l'entrée de Lyon. Elle a été démolie en 1792.
6. Charles de Neufville d'Alincourt, marquis de Villeroy. Après avoir été, pendant la Ligue, gouverneur de Pontoise, puis prévôt de Paris, il se rallia à Henri IV, qui l'envoya, en 1600, ambassadeur à Rome ; il mourut en 1642.

du Roi, et la Reine mère, présumant trop de son pouvoir, éclata de nouveau contre le Cardinal, à la journée des Dupes[1]. Cette journée fut nommée ainsi par les révolutions[2] qu'elle produisit, dans le temps que l'autorité de la Reine paroissoit plus établie[3], et que le Roi, pour être plus près d'elle et pour lui rendre plus de soins, s'étoit logé à l'hôtel des ambassadeurs extraordinaires[4], auprès de Luxembourg[5]. Un jour que le Roi étoit renfermé[6] seul avec la Reine, elle renouvela ses plaintes contre le Cardinal, et déclara qu'elle ne le pouvoit plus souffrir[7] dans les affaires; pendant que la conversation s'échauffoit, le Cardinal entra; la Reine,

---

1. 10 novembre 1630. — Voyez les *Mémoires de Mme de Motteville*, tome I, p. 45, où, en note, on a imprimé par erreur 1631 pour 1630. Consultez aussi, sur cette fameuse journée des Dupes, la relation du duc de Saint-Simon, à qui son père, un des principaux acteurs dans l'affaire, en avait raconté les détails (Éd. Fournier, *Variétés historiques et littéraires*, tome IX, p. 309-326).

2. Par les résolutions. (1817.)

3. Le plus établie. (1817, 26, 38.)

4. Cet hôtel qui avait appartenu au maréchal d'Ancre, était situé rue de Tournon (là où est maintenant la caserne de la garde de Paris).

5. *De* Luxembourg, et non *du* Luxembourg, comme portent les trois éditions antérieures. On disait alors *Luxembourg* sans article; le mot se lit ainsi chez Molière (*les Fâcheux*, acte III, scène III), chez Mme de Sévigné (tome II, p. 180 et note 6; tome III, p. 9 et note 10), dans les *Mémoires de Mme de Motteville, de Retz, de Saint-Simon*, etc. — Le palais venait d'être construit, sur les dessins de Jacques de Brosse, pour Marie de Médicis. Les travaux avaient été poussés avec beaucoup d'activité, et il put être habité dès 1620. La Reine mère n'y demeura que peu d'années; elle le quitta, pour n'y jamais rentrer, au commencement de l'année 1631. Voyez *le Palais du Luxembourg*, par M. Alphonse de Gisors, 1847, p. 35 et p. 45, et Piganiol, *Description de Paris*, 1765, in-8°, tome VII. Le nom de *Luxembourg*, qui s'est conservé jusqu'à présent, vient d'un propriétaire antérieur du domaine, le duc de Pinei-Luxembourg.

6. Un jour qu'il étoit enfermé. (1817, 26, 38.)

7. Qu'elle ne pouvoit plus le souffrir. (*Ibidem.*)

en le voyant, ne put retenir sa colère ; elle lui reprocha son ingratitude, les trahisons[1] qu'il lui avoit faites, et lui défendit de se présenter devant elle. Il se jeta à ses pieds, et essaya de la fléchir par ses soumissions et par ses larmes ; mais tout fut inutile, et elle demeura ferme dans sa résolution.

Le bruit de cette disgrâce du Cardinal se répandit aussitôt ; personne presque ne douta qu'il ne fût entièrement perdu, et toute la cour en foule vint trouver la Reine mère pour prendre part à son triomphe imaginaire. On se repentit bientôt de cette déclaration, quand on sut que le Roi étoit allé ce même jour[2] à Versailles[3], et que le Cardinal l'y avoit suivi. Il avoit balancé s'il y devoit aller ; mais le cardinal de la Vallette[4] le détermina à ne pas perdre le Roi de vue, et à tout hasarder pour se maintenir. On conseilla à la Reine d'y accompagner le Roi, et de ne le laisser pas exposé, dans une telle conjoncture, à ses propres incertitudes et aux artifices du Cardinal ; mais la crainte de s'ennuyer à Versailles et d'y être mal logée lui parut une raison insurmontable, et lui fit rejeter un avis si nécessaire[5]. Le Cardinal sut profiter habilement de cette occasion, et il s'empara de telle sorte de l'esprit du Roi qu'il le fit consentir à la chute de la Reine sa mère. Elle

1. Et les trahisons. (1817, 26, 38.)
2. Le même jour. (*Ibidem.*)
3. Louis XIII avait fait bâtir à Versailles, en 1624, un pavillon, pour lui servir de rendez-vous de chasse ; puis il avait acquis un terrain, où il fit construire en briques un petit château duquel Bassompierre disait qu'un simple gentilhomme ne saurait prendre vanité ; le château actuel ne fut commencé qu'en 1661.
4. Louis de Nogaret, fils du duc d'Épernon, né en 1593. Nommé archevêque de Toulouse en 1614, il fut fait cardinal en 1621, se démit de son archevêché en 1627, sans avoir reçu les ordres sacrés, commanda les armées, et mourut en 1639.
5. Si salutaire. (1817, 26, 38.)

fut arrêtée prisonnière bientôt après[1], et ses malheurs ont duré autant que sa vie[2]. On les sait assez, et qu'elle enveloppa dans sa perte un grand nombre de personnes de qualité. Le grand prieur de Vendôme[3] et le maréchal d'Ornane[4] étoient morts en prison quelque temps auparavant; le duc de Vendôme[5] y étoit encore; la princesse de Conti[6] et le duc de Guise, son frère[7], furent chassés; le maréchal de Bassompierre fut mis à la Bastille[8]; le maréchal de Marillac[9] eut la tête tranchée; on ôta les

1. A Compiègne, le 23 février 1631. Voyez à ce sujet *Mme de Motteville*, tome I, p. 46 et suivantes.
2. Le 19 juillet 1631, elle se sauva de nuit et alla en Flandre, auprès de l'infante Clara-Eugenia, gouvernante des Pays-Bas, tante d'Anne d'Autriche; ensuite elle se retira en Angleterre, puis en Hollande; elle mourut misérablement à Cologne, le 3 juillet 1643, à l'âge de soixante-huit ans. Voyez, au tome I, p. 332, la 17e des *Réflexions diverses : Des événements de ce siècle*.
3. Alexandre de Vendôme, grand prieur de France, plus jeune de quatre ans que le duc son frère (voyez ci-après la note 5), avec qui il avait été emprisonné, d'abord au château d'Amboise, puis à Vincennes, où il était mort le 9 février 1629.
4. Jean-Baptiste d'Ornano, maréchal de France, ancien gouverneur de Gaston, duc d'Orléans, était mort au château de Vincennes, le 16 septembre 1626. Nous suivons l'orthographe du manuscrit D; elle marque la prononciation.
5. César duc de Vendôme, fils aîné de Henri IV et de Gabrielle d'Estrées, né en 1594, mort en 1665 ; il ne sortit de prison qu'à la fin de 1629, en résignant son gouvernement de Bretagne.
6. Louise-Marguerite de Lorraine, fille de Henri de Guise, tué à Blois, seconde femme de François prince de Conti, mort en 1614. Elle fut exilée à Eu, où elle mourut, dit-on, de chagrin.
7. Charles de Lorraine, quatrième duc de Guise, qui alla dès lors s'établir à Florence. Il avait été emprisonné à Tours en 1588, après l'assassinat de son père à Blois. Il mourut en Italie, en 1640.
8. Bassompierre resta douze ans en prison (1631-1643). C'est pendant ce laps de temps qu'il écrivit ses *Ambassades* et ses *Mémoires*. Né en Lorraine en 1579, il mourut en 1646. Voyez sur lui l'*Historiette de Tallemant des Réaux*, tome III, p. 330 et suivantes.
9. Louis de Marillac, frère consanguin du garde des sceaux

sceaux à son frère[1], pour les donner à M. de Châteauneuf[2]. La révolte de Monsieur fit périr le duc de Montmorency sur un échafaud[3]; le garde des sceaux de Châteauneuf, qui avoit été nourri page du connétable de Montmorency, son père, fut contraint d'être son juge[4]; il fut arrêté prisonnier lui-même bientôt après[5], et Mme de Chevreuse fut reléguée à Tours, n'ayant de crime l'un et l'autre que d'être attachés à la Reine, et d'avoir fait avec elle des railleries piquantes du Cardinal[6]. Le duc de Bellegarde, grand écuyer, avoit suivi Monsieur. Mon père se trouva exposé, comme

(voyez la note suivante), maréchal depuis 1629, fut arrêté en Italie, amené en France, et décapité à Paris, en place de Grève, le 10 mai 1632.

1. Michel de Marillac, garde des sceaux depuis 1626, fut destitué le lendemain de la journée des Dupes, et transféré à Caen, puis à Lisieux, puis à Châteaudun, où il mourut le 7 août 1632.

2. Charles de l'Aubespine, marquis de Châteauneuf, nommé garde des sceaux à la place de Marillac, avait été successivement conseiller au Parlement, ambassadeur, chancelier des ordres du Roi.

3. Voyez ci-dessus, p. 9, note 1.

4. Il présida à Toulouse la commission qui jugea Montmorency. L'année suivante, il fut destitué et arrêté. Il mourut en 1653. — Ce passage est ainsi construit dans les éditions antérieures : « On ôta les sceaux à son frère, pour les donner à M. de Châteauneuf, qui avoit été nourri page du connétable de Montmorency. La révolte de Monsieur fit périr le duc de Montmorency sur un échafaud, et Châteauneuf fut contraint d'être son juge. »

5. Il demeura enfermé durant dix années dans le château d'Angoulême.

6. Assurément c'était là aux yeux du Cardinal un très-grand crime de l'un et de l'autre; mais on s'explique difficilement que la Rochefoucauld ait pu dire que ce fût le seul. Il est certain que Châteauneuf fut entraîné dans la révolte de Monsieur par la passion de vieillard qu'il ressentait pour la duchesse de Chevreuse. Voyez le chapitre III de *Madame de Chevreuse*, p. 93 et suivantes. V. Cousin a traduit dans ce chapitre des lettres en chiffre trouvées alors dans les papiers de Châteauneuf. Mme de Chevreuse resta en Touraine près de quatre années, de la fin de 1633 jusqu'au milieu de 1637.

la plus grande partie de la cour, à la persécution[1] du Cardinal; il fut soupçonné d'être dans les intérêts de Monsieur, et il eut ordre d'aller dans une maison qu'il avoit auprès de Blois.

Tant de sang répandu et tant de fortunes renversées[2] avoient rendu odieux le ministère du cardinal de Richelieu; la douceur de la régence de Marie de Médicis étoit encore présente, et tous les grands du Royaume, qui se voyoient abattus, croyoient avoir passé de la liberté à la servitude. J'avois été nourri dans ces sentiments, et je m'y confirmai encore par ce que je viens de dire: la domination du cardinal de Richelieu me parut injuste, et je crus que le parti de la Reine étoit le seul qu'il[3] fût honnête de suivre. Elle étoit malheureuse et persécutée, et le Cardinal étoit plutôt son tyran que son amant; elle me traitoit avec beaucoup de bonté et de marques d'estime[4] et de confiance. J'étois dans une grande liaison d'amitié avec Mlle de Hautefort[5], qui étoit fort

1. Aux persécutions. (1817, 26, 38.)
2. Tant de sang répandu et de fortunes renversées. *(Ibidem.)*
3. *Qui*, pour *qu'il*, dans le manuscrit D.
4. Avec beaucoup de bonté, de marques d'estime. (1817.)
5. Marie de Hautefort, fille du marquis Charles de Hautefort, et de Renée de Bellay, de la maison de la Flotte Hauterive. Elle fut reçue en 1628, dès l'âge de douze ans, parmi les filles d'honneur de Marie de Médicis. Mme de Motteville, qui fait son portrait au tome I de ses *Mémoires* (p. 40), dit (p. 49) qu'après la journée des Dupes, Louis XIII fit présent à Anne d'Autriche de Mlle de Hautefort, « qu'il avait ôtée à la Reine sa mère, et de Mme de la Flotte sa grand'mère pour dame d'atour. Quelque temps après, il donna à cette belle personne la survivance de cette charge, afin qu'elle pût avoir le titre de dame. » Deux fois disgraciée, en 1640 et en 1644, elle épousa, en 1646, Charles de Schomberg, duc d'Halluin, pair et maréchal de France. Elle mourut en 1691. Voyez *Madame de Hautefort*, par V. Cousin. — Les éditions antérieures écrivent *d'Hautefort*, qui est aussi l'orthographe du nom dans le registre des mariages de l'église Saint-Sulpice pour l'année 1646. La nôtre est celle du manuscrit D.

jeune et d'une beauté surprenante : elle avoit beaucoup de vertu et de fidélité pour ses amis ; elle étoit particulièrement attachée à la Reine et ennemie du Cardinal. Le Roi avoit paru amoureux d'elle, presque aussitôt qu'elle étoit sortie de l'enfance ; mais, comme cet amour ne ressembloit pas à celui des autres hommes, la vertu de cette jeune personne ne fut jamais attaquée [1]. Elle acquit plus de réputation que de bien dans le cours de cette galanterie, et le Roi lui témoignoit plus de passion par de longues et pénibles assiduités et par sa jalousie, que par les grâces qu'il lui faisoit. Elle me parloit de tous ses intérêts et de tous ses sentiments avec une confiance entière, bien que je fusse fort jeune ; et elle obligea [2] la Reine à me dire toutes choses sans réserve. Mlle de Chemerault, fille de la Reine [3], étoit fort jeune et d'une beauté admirable ; les agréments de son esprit ne plaisoient pas moins que sa beauté ; elle étoit gaie, vive, moqueuse, mais sa raillerie étoit toujours fine et délicate. La Reine l'aimoit ; elle étoit amie particulière de Mlle de Hautefort et la mienne, et elle contribuoit encore à notre liaison [4]. De moindres

1. Sur ces platoniques amours de Louis XIII, voyez les *Mémoires de Montglat* (tome I, p. 238), qui dit de même : « L'amour du Roi n'étoit pas comme celui des autres hommes ; » ceux de *Mademoiselle*, tome I, p. 39-41, et de *Mme de Motteville*, tome I, p. 40 et 41.
2. Bien que je fusse fort jeune ; elle obligea. (1817, 26, 38.)
3. Françoise de Barbezière, demoiselle de Chemerault, épousa en 1644 Macé Bertrand, seigneur de la Bazinière, trésorier de l'Epargne. Tallemant des Réaux (tome IV, p. 429) dit qu'on l'appelait *la belle Gueuse*.
4. Mieux informé, la Rochefoucauld eût ajouté à sa peinture quelques traits moins flatteurs. Mlle de Chemerault avait été l'espionne du cardinal de Richelieu auprès de la Reine et de Mme de Hautefort. Voyez les *Mémoires de la Porte*, p. 393 et 394, et V. Cousin, *Madame de Hautefort* (chapitre II, p. 45 et 46, et *Appendice*, p. 351 et suivantes).

raisons auroient suffi pour éblouir un homme qui n'avoit presque [1] jamais rien vu, et pour l'entraîner dans un chemin si opposé à sa fortune. Cette conduite m'attira bientôt l'aversion du Roi et du Cardinal, et commença une longue suite de disgrâces, dont ma vie a été agitée, et qui m'ont donné souvent plus de part qu'un particulier n'en devoit avoir à des événements considérables ; mais, comme je ne prétends pas écrire l'histoire, ni parler de moi que dans ce qui a du rapport aux personnes avec qui j'ai été lié d'intérêt et d'amitié, je ne toucherai que les choses où j'ai été mêlé, puisque le reste est assez connu.

La guerre fut déclarée au roi d'Espagne en l'année 1635, et les maréchaux de Châtillon [2] et de Brezé [3] entrèrent en Flandres, avec une armée de vingt mille hommes, pour se joindre au prince d'Orange [4], qui commandoit celle de Hollande ; il étoit généralissime, et ces deux corps assemblés faisoient plus de quarante mille hommes. Devant cette jonction, l'armée du Roi seule avoit gagné la bataille d'Avéne [5] et défait les troupes d'Es-

---

1. *Presque* manque dans les éditions antérieures.
2. Gaspard de Coligny, dit le *maréchal de Châtillon*, petit-fils de l'amiral massacré à la Saint-Barthélemy, était né en 1584, et mourut en 1646. Il était maréchal de France depuis 1622.
3. Urbain de Maillé, marquis de Brezé, maréchal de France (1632), né en 1597, mort en 1650. Il avait épousé une sœur de Richelieu, Nicole du Plessis. Sa fille, Claire-Clémence de Brezé, fut mariée, le 11 février 1641, au grand Condé.
4. Frédéric-Henri de Nassau, troisième fils de Guillaume le Taciturne, avait succédé en 1625 à son frère Maurice comme capitaine et amiral-général de l'Union. Il mourut en 1647 ; l'année suivante, l'Espagne reconnaissait l'indépendance des Provinces-Unies.
5. *Avène*, ou *Avein*, comme portent les éditions antérieures, est un bourg de Belgique, à neuf lieues à l'ouest de Liége. La bataille se livra le 20 mai 1635 ; les Espagnols y perdirent de quatre à cinq mille hommes.

pagne, commandées par le prince Thomas[1]. Plusieurs jeunes gens de qualité étoient volontaires dans[2] cette occasion; j'étois du nombre[3]. Une si heureuse victoire donna de la jalousie au prince d'Orange, et mit de la division[4] entre lui et les maréchaux de Châtillon et de Brezé. Au lieu de tirer avantage d'un tel succès et de maintenir sa réputation, il fit piller et brûler Tirlemont[5], pour décrier les armes du Roi et les charger d'une violence si peu nécessaire; il assiégea Louvain, sans avoir dessein de le prendre, et affoiblit tellement l'armée de France par les fatigues continuelles et par le manque[6] de toutes choses, qu'à la fin de la campagne, elle ne fut plus en état de retourner seule par le chemin qu'elle avoit tenu, et elle fut contrainte de revenir par mer. Je revins avec ce qu'il y avoit de volontaires, et je leur portai malheur, car nous fûmes tous chassés, sur le prétexte[7] qu'on parloit trop librement de ce qui s'étoit passé dans cette campagne[8]; mais la principale raison fut

1. Thomas-François de Savoie, prince de Carignan, cinquième fils de Charles-Emmanuel I, duc de Savoie; né en 1596, il mourut en 1656; il avait épousé en 1625 Marie de Bourbon, sœur du comte de Soissons. Mécontent de Richelieu, il venait d'entrer au service de Philippe IV. En 1642, il se réconcilia avec Louis XIII, et fut nommé généralissime des armées françaises en Italie. Il eut deux fils, dont le second fut père du célèbre prince Eugène de Savoie, qui se mit au service de l'empereur Léopold 1er.
2. En. (1817, 26, 38.)
3. Il fut même un de ceux qui se comportèrent avec le plus de bravoure dans cette journée.
4. Et mit la division. (1817, 26, 38.)
5. Tirlemont ou Tillemont, ville du Brabant méridional, à trois lieues de Louvain, sur la rivière de Geete.
6. Le manquement. (1817, 26, 38.)
7. Sous prétexte. (*Ibidem.*)
8. Voyez le récit de cette campagne dans les *Mémoires de la Force*, tome III, chapitres xx-xxii, et dans *Montglat*, tome I, p. 76 et suivantes.

le plaisir que sentit le Roi de faire dépit à la Reine et à Mlle de Hautefort en m'éloignant de la cour.

La seconde année de cette guerre donna beaucoup de prétextes[1] aux ennemis du cardinal de Richelieu de condamner sa conduite. On avoit considéré la déclaration de la guerre et le dessein qu'un si grand ministre avoit formé depuis si longtemps d'abattre la maison d'Autriche comme une entreprise hardie et douteuse; mais alors elle parut folle et téméraire : on voyoit que les Espagnols avoient pris sans résistance la Capelle, le Catelet et Corbie[2]; que les autres places des frontières[3] n'étoient ni mieux munies ni mieux fortifiées, que les troupes étoient foibles et mal disciplinées, qu'on manquoit de poudres et d'artillerie, que les ennemis étoient entrés en Picardie et pouvoient marcher à Paris[4]. On s'étonnoit encore que le Cardinal eût exposé si légèrement la réputation du Roi et la sûreté de l'État, sans prévoir tant de malheurs, et qu'il n'eût d'autre ressource, dans la seconde année de la guerre, que de faire convoquer l'arrière-ban[5]. Ces bruits, répandus dans tout le Royaume, réveillèrent les cabales, et don-

1. Prétexte. (1817.)
2. Petites villes de Picardie, les deux premières aujourd'hui dans l'Aisne, la troisième dans la Somme. Leurs gouverneurs, pour les avoir rendues, furent écartelés en effigie.
3. Places frontières. (1817, 26, 38.)
4. On voit dans les *Mémoires de la Force* (tome III, chapitre XXII) qu'à ce moment (août 1636) la stupeur était générale. On rompit à la hâte tous les ponts sur l'Oise, à Beaumont, à Creil, à Pont-Sainte-Maxence : « L'effroi, dit la Force (p. 174), se coule jusqu'à Paris. » L'année 1636 en garda le nom d'*année de Corbie*. Voyez aussi les *Mémoires de Bussy*, tome I, p. 12 et suivantes, 1857. — On raconte que la panique avait gagné Richelieu lui-même, et qu'il songeait à quitter le ministère. Ce fut le P. Joseph, son familier, qui, dit-on, l'en empêcha, en le traitant de « poule mouillée. » Voyez l'*Art de vérifier les dates*, tome I, p. 675 et p. 676 et la note.
5. Voyez les *Mémoires de Montrésor*, p. 294.

nèrent lieu aux ennemis du Cardinal de former des desseins contre son autorité, et même contre sa vie.

Cependant le Roi marcha à Amiens, avec ce qu'il put rassembler de troupes ; Monsieur étoit auprès de lui. Il donna le commandement de son armée au comte de Soissons[1], jeune prince bien fait de sa personne, d'un esprit médiocre et défiant, fier, sérieux, et ennemi du cardinal de Richelieu : il avoit méprisé son alliance, et refusé d'épouser Mme de Combalet, sa nièce[2]. Ce refus, plus que toutes les bonnes qualités du comte de Soissons, lui attiroit l'estime et l'amitié de tout ce qui n'étoit pas[3] dépendant du Cardinal. Saint-Ibar[4], Varicarville[5]

1. Louis de Bourbon II, comte de Soissons, qu'on appelait *Monsieur le Comte* tout court, était petit-fils de Louis Ier prince de Condé et beau-frère du prince Thomas de Savoie-Carignan. Il périt le 6 juillet 1641, à la bataille de la Marfée. Voyez au tome I (p. 46 et 47) des *Mémoires de Mademoiselle*, à qui on avait songé à le marier ; et sur sa mort, *Tallemant des Réaux*, tome II, p. 40.

2. Marie-Madeleine de Vignerot, fille de Françoise du Plessis, sœur de Richelieu, et de René de Vignerot, seigneur de Pont-Courlay, avait épousé Antoine de Beauvoir, marquis du Roure, seigneur de Combalet, qui fut tué, en 1621, devant Montauban. Elle fut, de 1625 à 1631, dame d'atour de Marie de Médicis. En 1638, le Cardinal acheta pour elle le duché d'Aiguillon. Elle mourut en 1675. Sur le refus du comte de Soissons d'épouser la nièce de Richelieu, voyez le tome I des *Mémoires de Retz*, p. 140 et note 1.

3. N'étoit point. (1817, 26, 38.)

4. Henri d'Escars de Saint-Bonnet, seigneur de Saint-Ibar, ou, comme portent les éditions de 1826 et de 1838, Saint-Ibal, ou encore, comme souvent ses lettres sont signées, Saint-Tibal. Sur ce personnage et les deux suivants, voyez le tome I des *Mémoires de Retz*, p. 141, notes 1, 2 et 3.

5. Gentilhomme normand attaché au duc de Longueville. — Les éditions antérieures ajoutent ici Campion. Ce nom pourrait bien avoir été omis par mégarde dans notre manuscrit. Il y avait deux frères Campion, Alexandre et Henri. Il s'agirait ici du premier, qui fut successivement attaché au comte de Soissons (Retz, tome I, p. 151, l'appelle « son domestique »), au duc César de Vendôme et au duc de Longueville.

et Bardouville [1], gens difficiles et factieux, affectant [2] une vertu austère, et peu sociables, s'étoient rendus maîtres de l'esprit de ce prince [3]; ils avoient fait une liaison étroite de Monsieur et de lui contre le Cardinal, par l'entremise du comte de Montrésor [4], qui suivoit en tout, par une imitation affectée, les manières et les sentiments de Saint-Ibar et de Varicarville.

Quelque considérable que fût cette union de Monsieur et de Monsieur le Comte, elle étoit néanmoins trop foible pour ébranler la fortune du Cardinal par des intrigues : on eut recours à d'autres voies, et ils résolurent de le tuer quand ils pourroient le faire sûrement. L'occasion s'en présenta bientôt après : un jour que le Roi tint conseil dans un petit château, à une lieue d'Amiens, où Monsieur, Monsieur le Comte et le Cardinal se trouvèrent, le Roi sortit le premier, pour retourner à Amiens, et quelques affaires ayant retenu plus d'une demi-heure le Cardinal avec ces deux princes, ils furent pressés par Saint-Ibar, par Montrésor et par Varicarville d'exécuter leur entreprise; mais la timidité de Monsieur et la foiblesse de Monsieur le Comte la rendirent vaine : le Cardinal connut le péril où il étoit; le trouble parut sur son visage, il laissa Monsieur et Monsieur le Comte ensemble, et partit avec précipitation. J'étois présent, et bien

---

1. Autre gentilhomme normand, un des esprits forts du temps.
2. Dans le manuscrit, avec accord, *affectants*.
3. S'étoient rendus maitres de ce prince. (1817, 26, 38.)
4. Claude de Bourdeille, comte de Montrésor, petit-neveu du célèbre Brantôme, avait gagné la faveur du duc d'Orléans, auprès duquel il remplissait les fonctions de grand veneur. Il fut très-mêlé aux intrigues des adversaires de Richelieu, puis de Mazarin. En 1653, il fit sa paix avec la cour; il mourut en 1663. Retz (tome I, p. 222) dit qu'il « avoit la mine de Caton, » mais qu'il « n'en avoit pas le jeu. » Voyez aussi *Mme de Motteville*, tome I, p. 360. On a de lui des *Mémoires*, que nous avons déjà cités plus haut.

que je ne susse rien de leurs desseins, je m'étonnai[1] que le Cardinal, prévoyant et timide comme il étoit, se fût exposé à la merci de ses ennemis, et qu'eux aussi, qui avoient tant d'intérêt à sa perte, eussent laissé échapper une occasion si sûre et si difficile à retrouver[2].

Les progrès des Espagnols furent bientôt arrêtés : le Roi reprit Corbie[3], et la campagne finit plus heureusement qu'elle n'avoit commencé. Il ne me fut pas permis de passer l'hiver à la cour, et je fus obligé d'aller trouver mon père, qui demeuroit[4] dans ses maisons, et dont la disgrâce particulière n'étoit pas finie.

Mme de Chevreuse étoit alors reléguée à Tours, comme j'ai dit. La Reine lui avoit donné bonne opinion de moi : elle souhaita de me voir, et nous fûmes bientôt dans une très-grande liaison d'amitié. Cette liaison ne fut pas plus heureuse pour moi qu'elle l'avoit été pour tous ceux qui en avoient eu avec elle[5] : je me trouvai[6] entre la Reine et Mme de Chevreuse; on me permettoit[7] d'aller à l'armée, sans me permettre de demeurer à la cour, et en allant ou en revenant, j'étois souvent chargé, par l'une et par l'autre, de commissions périlleuses.

La disgrâce de mon père cessa enfin, et je revins avec lui auprès du Roi, dans le temps qu'on accusoit la Reine d'avoir une intelligence avec le marquis de Mi-

1. Et partit avec précipitation. Je m'étonnai. (1817, 26, 38.)
2. Voyez le récit de Retz, tome I, p. 140-142, et surtout celui de Montrésor, p. 296-298.
3. La place fut remise au comte de Soissons, le 14 novembre 1636, après quinze jours de siége. Voyez les *Mémoires de la Force*, tome III, p. 181-185. Le Roi avait quitté l'armée à la fin d'octobre.
4. Qui étoit. (1817, 26, 38.)
5. Voyez plus haut, p. 5 et la note 2.
6. Avec elle; et je me trouvai. (1817, 26, 38.)
7. On me permit. (*Ibidem.*)

rabel, ministre d'Espagne¹. On en fit un crime d'État à la Reine, et elle se vit exposée à une sorte de persécution qu'elle n'avoit point encore ² éprouvée : plusieurs de ses domestiques furent arrêtés ³, ses cassettes furent prises, Monsieur le Chancelier ⁴ l'interrogea comme une simple criminelle ⁵, on proposa de la renfermer au Havre, de rompre son mariage et de la répudier. Dans cette extrémité, abandonnée de tout le monde, manquant de toute sorte ⁶ de secours, et n'osant se confier qu'à Mlle de Hautefort et à moi, elle me proposa de les enlever toutes deux, et de les emmener à Bruxelles ⁷. Quelque difficulté et quelque péril qui me parussent dans un tel projet, je puis dire qu'il me donna plus de joie que je n'en avois eu de ma vie : j'étois en un âge où on aime ⁸ à faire des choses extraordinaires et éclatantes, et je ne trouvois pas que rien le fût davantage que d'enlever en même temps la Reine au Roi, son

    1. En Flandre, et précédemment en France. Voyez Bazin, *Histoire de France sous Louis XIII,* tome II, p. 448.
    2. Pas encore. (1826, 38.)
    3. Entre autres la Porte, son porte-manteau, qui raconte l'affaire en détail dans ses *Mémoires,* p. 334 et suivantes.
    4. Pierre Seguier, né en 1588, mort en 1672, garde des sceaux en 1633, chancelier depuis 1635. Voyez ce que dit de lui V. Cousin dans le *Journal des savants,* 1854, p. 613, et l'*Historiette de Tallemant des Réaux,* tome III, p. 385 et suivantes.
    5. Comme une criminelle. (1817, 26, 38.)
    6. De toutes sortes. (1826, 38.)
    7. « Tout ce récit nous est un peu suspect, dit V. Cousin (*Madame de Chevreuse,* p. 122). Nous ne pouvons croire que la Reine ait eu la folle idée que lui prête la Rochefoucauld ; il aura pris une plaisanterie pour une proposition sérieuse, et il la rapporte pour se donner, selon sa coutume, un air d'importance. » Il faut pourtant se souvenir que ces temps abondent en traits que nous avons peine à croire aujourd'hui, et que parfois les personnages le plus haut placés ne reculaient pas devant les équipées les plus hardies.
    8. Dans un âge où l'on aime. (1817, 26, 38.)

mari, et au cardinal de Richelieu, qui en étoit jaloux, et d'ôter Mlle de Hautefort au Roi, qui en étoit amoureux. Heureusement, les choses changèrent : la Reine ne se trouva pas coupable, l'interrogation du Chancelier la justifia[1], et Mme d'Aiguillon adoucit le cardinal de Richelieu; mais il étoit nécessaire de faire savoir promptement toutes ces choses à Mme de Chevreuse, pour l'empêcher de prendre l'alarme et de chercher[2] à se mettre en sûreté. On avoit fait jurer à la Reine de n'avoir aucun commerce avec elle, et il n'y avoit que moi qui la pût informer de tout ce qui s'étoit passé. La Reine me laissa ce soin : je pris prétexte[3] de retourner chez mon père, où ma femme[4] étoit malade, et je promis à la Reine de rassurer Mme de Chevreuse et de lui faire savoir tout[5] ce dont elle me chargeoit. Dans le temps que je lui parlois, et qu'elle n'avoit pas achevé tout ce qu'elle avoit à me dire, Mme de Seneçay[6], sa dame d'honneur,

1. Mme de Motteville affirme dans ses *Mémoires* (tome I, p. 66) l'innocence de la Reine « à l'égard du Roi; » mais elle ajoute qu'elle « étoit coupable, si c'étoit un crime d'avoir écrit au roi d'Espagne, son frère, et à Mme de Chevreuse. » La Porte, un des intermédiaires de la Reine dans la correspondance incriminée, dit (p. 361-367) qu'elle fit des aveux. La culpabilité d'Anne d'Autriche ressort suffisamment des lettres interceptées alors par la police de Richelieu, et qui sont conservées à la Bibliothèque nationale (manuscrits français, n° 3747). Voyez *Madame de Chevreuse*, p. 127 et suivantes, et, dans l'*Appendice* du même ouvrage, les notes du chapitre III.
2. Et l'avertir de chercher. (1817, 26, 38.) — Leçon qui fait un contre-sens dans le récit.
3. Je pris le prétexte. (1817.)
4. Andrée de Vivonne : voyez la *Notice biographique*, en tête du tome I. La Rochefoucauld se conforme, en ce qui la touche, au conseil contenu dans sa *maxime* 364 : « On sait assez qu'il ne faut guère parler de sa femme. »
5. Le mot *tout* n'est pas dans les éditions antérieures.
6. Marie-Catherine de la Rochefoucauld, comtesse, puis duchesse

qui étoit ma parente[1] et de mes amies, étoit seule à la porte du cabinet, pour nous empêcher d'être surpris. M. des Noyers[2] entra, avec un papier qu'il devoit faire signer à la Reine, où les règles de sa conduite vers le Roi[3] étoient amplement déduites[4]; je n'eus que le temps, voyant M. des Noyers, de prendre congé de la Reine; j'allai ensuite le prendre du Roi.

La cour étoit alors à Chantilly[5], et le Cardinal à

de Randan, était fille d'une grand'tante paternelle de l'auteur des *Mémoires*. En 1661, le Roi érigea, en sa faveur, le comté de Randan en duché-pairie. Elle avait épousé, en 1607, Henri de Baufremont, baron, puis marquis de Senecé, qui présida la chambre de la noblesse aux états généraux de 1614. Née en 1588, elle mourut le 10 mai 1677. Le P. Rapin, dans ses *Mémoires* (tome I, p. 36 et 37), parle de la marquise de Senecé comme d'une adversaire très-zélée des jansénistes.

1. Mme de Seneccy (*Senecé*, 1817), qui étoit sa dame d'honneur, ma parente. (1817, 26, 38.)

2. Ce nom est écrit de diverses manières dans notre manuscrit; nous adoptons l'orthographe qui y revient le plus souvent. — François Sublet, seigneur de Noyers, intendant des finances et des bâtiments, puis secrétaire d'État au département de la guerre (1636-1643). Il mourut en 1645, et fut inhumé dans l'église du noviciat des Jésuites, qui avait été construite à ses frais (rue du Pot-de-Fer-Saint-Sulpice). Voyez *Tallemant des Réaux*, tome II, p. 138 et suivantes.

3. Avec le Roi. (1817, 26, 38.)

4. V. Cousin nous a donné, dans *Madame de Chevreuse* (*Appendice*, p. 421 et 422), la « Copie d'un mémoire écrit de la main du Roi le 17 août (1637), et d'un engagement de la Reine (*du même jour*) à se conformer à toutes les choses qui lui sont prescrites. »

5. A deux lieues de Senlis, dans le département de l'Oise. Le domaine de Chantilly avait été confisqué en 1632 sur Henri de Montmorency. Louis XIII, en donnant à la sœur de celui-ci, Charlotte-Marguerite, princesse de Condé, le duché de Montmorency, s'était réservé le château et la seigneurie de Chantilly, que plus tard Anne d'Autriche lui rendit, nous dira plus loin la Rochefoucauld (p. 81). Voyez, dans la 1re des *Réflexions diverses* (tome I, p. 281), la comparaison faite par notre auteur entre la terre de Chantilly et celle de Liancourt.

Royaumont[1]; mon père étoit auprès du Roi : il pressoit mon départ, par la crainte qu'il avoit que l'attachement que j'avois à la Reine[2] ne nous attirât de nouveaux embarras. Lui et M. de Chavigny[3] me menèrent à Royaumont ; ils n'oublièrent rien l'un et l'autre pour me représenter les périls où ma conduite, qui étoit depuis longtemps désagréable au Roi et suspecte au Cardinal, pouvoit jeter ma maison, et ils me dirent positivement que je ne reviendrois jamais à la cour si je passois à Tours, où étoit Mme de Chevreuse, et si je ne rompois tout commerce[4] avec elle. Cet ordre si précis me mit dans une peine extrême. Ils m'avertirent que j'étois observé, et qu'on seroit exactement averti de tout ce que je ferois : j'étois néanmoins chargé si expressément de la Reine de faire savoir à Mme de Chevreuse ce qui s'étoit passé dans la déposition du Chancelier, que je ne me pouvois dispenser[5] de lui en donner avis. Je promis à mon père et à M. de Chavigny que je ne verrois point Mme de Chevreuse : je ne la vis pas en effet ; mais je

1. Abbaye de l'ordre de Cîteaux, à une lieue de Luzarches (Seine-et-Oise). Elle avait été fondée en 1228 par saint Louis, dans un lieu nommé Cuimont, « lequel nous avons décrété, dit la charte de fondation conservée à la Bibliothèque nationale, devoir être à l'avenir appelé *Royaumont (Regalem montem)*. » Le cardinal Mazarin fut abbé commendataire de Royaumont, de 1647 à 1650. Richelieu était venu y présider, en 1635, la conférence à la suite de laquelle furent signés les articles de la réforme cistercienne, dits *articles de Royaumont*. Voyez l'*Histoire de Royaumont* de M. l'abbé H. Duclos, 1867, 2 vol. in-8.
2. Avec la Reine. (1817, 26, 38.)
3. Léon Bouthillier, comte de Chavigny et de Buzançois, né en 1608, mort en 1652. Il avait remplacé, en 1632, son père Claude dans la charge de secrétaire d'État des affaires étrangères. Le père et le fils furent disgraciés après la mort du Roi. Voyez ci-après, p. 50, et p. 66, note 1.
4. Et si je ne rompois commerce. (1817, 26, 38.)
5. Que je ne pouvois me dispenser. (*Ibidem.*)

priai Craft[1], gentilhomme anglois, de ses amis et des miens, de l'avertir de ma part qu'on m'avoit défendu de la voir, et qu'il étoit nécessaire qu'elle envoyât un homme sûr, par qui je lui pusse mander ce que je n'osois lui aller dire à Tours. Elle fit ce que je desirois, et elle fut informée de tout ce que la Reine avoit dit au Chancelier, et de la parole qu'il avoit donnée à la Reine, qu'elle et Mme de Chevreuse seroient désormais en repos, à condition de n'avoir plus aucun commerce ensemble.

Cette tranquillité ne leur dura pas longtemps, par une méprise bizarre, qui replongea Mme de Chevreuse dans des disgrâces qui l'ont accompagnée pendant dix ou douze ans, et qui ont causé les miennes particulières, par un enchaînement d'accidents que je n'ai pu éviter. Pendant que Monsieur le Chancelier interrogeoit la Reine à Chantilly, et qu'elle craignoit le plus le succès[2] de cette affaire, elle craignoit aussi que Mme de Chevreuse ne s'y trouvât embarrassée; et Mlle de Hautefort étoit con-

---

1. *Craf* dans les éditions antérieures; il y a *Crafst* dans notre manuscrit. — Le comte Guillaume Craft avait été envoyé en France par le roi et la reine d'Angleterre, avec lord Montaigu, dont il sera question plus loin. L'un et l'autre passèrent à Paris la fin de l'année 1634; puis ils allèrent successivement consoler en Touraine la duchesse de Chevreuse, qui avait déjà fait leur conquête à Londres en 1625 : Craft était alors page de la reine Henriette-Marie. V. Cousin parle assez longuement de ce galant gentilhomme dans *Madame de Chevreuse* (p. 115 et suivantes), et donne de curieux extraits de lettres passionnées que Craft, après son départ, adressa de Calais et de Londres à la belle exilée. Gourville le mentionne dans ses *Mémoires* (p. 369 et 370), à la date de 1663 : « Je trouvai aussi en ce pays-là (*en Angleterre*) le milord Craff, qui avoit été fort des amis de M. de la Rochefoucauld à Paris, et à qui j'avois même prêté quelque argent, qu'il m'avoit rendu depuis le rétablissement du Roi…. Le milord Craff nous mena à une très-jolie maison de campagne qu'il avoit à dix milles de Londres, sur le bord de la Tamise. »

2. *Le succès*, l'issue, comme plus haut, p. 13, ligne 24.

venue avec elle que, quand elle lui enverroit des *Heures*
reliées de vert, ce seroit une marque que les affaires de
la Reine prendroient des voies de douceur et d'accommodement; mais que si elle lui envoyoit des *Heures*
reliées de rouge, ce seroit avertir Mme de Chevreuse
de pourvoir à sa sûreté, et de sortir du Royaume avec le
plus de diligence qu'elle pourroit. Je ne sais laquelle
des deux se méprit; mais au lieu d'envoyer à Mme de
Chevreuse les *Heures*[1] qui la devoient rassurer[2], celles
qu'elle reçut lui firent croire que la Reine et elle étoient
perdues : de sorte que, sans consulter davantage et sans
se souvenir de ce que je lui avois mandé, elle se résolut
de se sauver en Espagne. Elle confia ce secret à l'archevêque de Tours[3], qui étoit un vieillard de quatre-
vingts ans, plus zélé pour elle qu'il ne convenoit à un
homme de son âge et de sa profession; il étoit de Béarn,
et avoit des parents sur la frontière d'Espagne : il donna
à Mme de Chevreuse une route[4], et les lettres de créance
qu'il crut lui être nécessaires. Elle se déguisa en homme,
et partit à cheval[5], sans femmes[6], et accompagnée de
deux hommes seulement; la précipitation de son départ
lui fit oublier, en changeant d'habit, d'emporter avec
elle les lettres de créance et la route que l'archevêque
de Tours lui avoit données, et elle ne s'en aperçut qu'après avoir fait cinq ou six lieues. Cet accident lui fit
changer de dessein, et ne sachant quel parti prendre,

1. Des *Heures*. (1817, 26, 38.)
2. Qui devoient la rassurer. (1826, 38.)
3. Bertrand d'Eschaux, premier aumônier du Roi ; il avait été antérieurement évêque de Bayonne ; il mourut en 1641, âgé de quatre-vingt-six ans. Tallemant des Réaux parle de lui dans l'*Historiette de M. et Mme de Chevreuse*, tome I, p. 402.
4. *Une route*, un itinéraire.
5. Le 6 septembre 1637.
6. Sans femme. (1817, 26, 38.)

elle vint en un jour, sur les mêmes chevaux, à une lieue de Verteuil[1], où j'étois. Elle m'envoya un de ses gens me dire son dessein d'aller en Espagne, qu'elle avoit perdu sa route, qu'elle me prioit instamment de ne la point voir, de peur de la faire connoître, et de lui donner des gens fidèles et des chevaux[2]. Je fis à l'instant même ce qu'elle desiroit, et j'allois[3] seul la trouver sur son chemin, pour savoir plus précisément d'elle les raisons d'un départ si opposé à tout ce que je lui avois fait savoir; mais, comme on avoit vu un homme parler à moi en particulier, sans avoir voulu dire son nom, on crut aussitôt que j'avois querelle[4], et il me fut impossible de me débarrasser de beaucoup de gentilshommes qui me vouloient suivre, et qui l'auroient peut-être reconnue : de sorte que je ne la vis point, et elle fut conduite sûrement en Espagne, après avoir évité mille périls, et après avoir fait paroître plus de pudeur et plus de cruauté à une dame chez qui elle logea en passant, que les hommes faits comme elle sembloit être n'ont accou-

1. Le mot est écrit, dans notre manuscrit, tantôt *Vertoeil* et tantôt *Verteuil*. C'était une terre de l'Angoumois, avec titre de baronnie, appartenant aux la Rochefoucauld. Le château, situé sur la Charente, a été reconstruit en partie dans ces derniers temps. C'est à Verteuil qu'après la mort de notre auteur on conduisit son corps : voyez *Mme de Sévigné*, tome VI, p. 324.

2. Voici le billet que Mme de Chevreuse écrivit de Ruffec (Charente, à six kilomètres de Verteuil) à la Rochefoucauld, qui reconnut l'écriture : « Monsieur, je suis un gentilhomme françois et demande vos services pour ma liberté et peut-être pour ma vie. Je me suis malheureusement battu. J'ai tué un seigneur de marque. Cela me force de quitter la France promptement, parce qu'on me cherche. Je vous crois assez généreux pour me servir sans me connoitre. J'ai besoin d'un carrosse et de quelque valet pour me servir. » (V. Cousin, *Madame de Chevreuse*, p. 139.)

3. J'allai. (1826, 38.) — Leçon peut-être préférable; toutefois, avec le *mais* qui suit, l'imparfait s'explique.

4. Que j'allais me battre en duel.

tumé d'en avoir[1]. Elle me renvoya de la frontière[2], par un de mes gens, pour deux cent mille écus de pierreries, me priant de les recevoir en don si elle mouroit, ou de les lui rendre si elle me les envoyoit demander[3]. Le lendemain que Mme de Chevreuse fut partie, un courrier de Monsieur son mari[4] arriva à Tours, pour lui confirmer ce que je lui avois mandé de l'accommodement de la Reine; il étoit même chargé pour elle de quelques compliments de la part du Cardinal. Cet homme, étonné de ne la point trouver, s'adressa à l'archevêque de Tours, et lui dit qu'on se prendroit à lui de cette fuite. Ce bon homme, épouvanté de ces menaces, et affligé de l'absence de Mme de Chevreuse, dit tout ce qu'il savoit au courrier, et l'informa du chemin qu'elle devoit tenir; il dépêcha encore d'autres gens après elle, et lui écrivit tout ce qu'il crut capable de la faire revenir; mais ce voyage, qui avoit été entrepris par une fausse alarme, fut continué par la perte de cette route dont j'ai parlé; son malheur et le mien lui firent quitter le chemin où on l'auroit sans doute retrouvée, et lui fit prendre celui de Verteuil, pour me

1. Tallemant des Réaux, tome I, p. 405, rapporte les détails les plus singuliers. Mme de Chevreuse avait alors trente-sept ans, étant née presque avec le siècle, en décembre 1600.
2. De la frontière d'Espagne. (1817, 26, 38.) — Voyez dans V. Cousin, *Madame de Chevreuse* (*Appendice*, p. 436-439), l'*Extrait de l'information.... de la sortie de Mme de Chevreuse hors de France*.
3. Voyez, dans le tome I, la note 4 de la page 295, et, plus loin, parmi les *Lettres*, une de notre auteur, en date de septembre 1638, adressée à M. de Liancourt.
4. Voyez ci-dessus, p. 4, note 3. — Le duc de Chevreuse envoya à Tours, avec autorisation du Cardinal, Boispille ou Boispillé, l'intendant de la maison de Chevreuse, porter à la duchesse une abolition pleine et entière du passé. Il arriva, non pas le lendemain de son départ, mais neuf jours après. Voyez V. Cousin, à l'*Appendice* de *Madame de Chevreuse*, p. 428.

charger si à contre-temps de son passage en Espagne. Cette fuite[1], si surprenante dans un temps où les affaires de la Reine s'étoient terminées avec beaucoup de douceur, renouvela les soupçons du Roi et du Cardinal, et ils crurent, avec apparence, que Mme de Chevreuse n'auroit pas pris un parti si extraordinaire, si la Reine ne l'avoit jugé nécessaire pour leur commune sûreté. Elle, de son côté, ne pouvoit deviner la cause de cette retraite, et plus on la pressoit d'en dire les raisons, et plus elle craignoit que le raccommodement ne fût pas sincère, et qu'on n'eût voulu s'assurer de Mme de Chevreuse pour découvrir par sa déposition ce qu'on n'avoit pu apprendre par la sienne. Cependant on dépêcha le président Vignier[2] pour informer de la fuite de Mme de Chevreuse : il alla à Tours, et suivit la route qu'elle avoit tenue, et vint à Verteuil, où j'étois, interroger mes domestiques et moi sur ce qu'on prétendoit que j'avois enlevé Mme de Chevreuse, et que je l'avois fait conduire dans un royaume ennemi. Je répondis, conformément à la vérité, que je n'avois point vu Mme de Chevreuse, que je n'étois point responsable d'un dessein qu'elle avoit pris sans ma participation, et que je n'avois pas dû refuser à une personne de cette qualité et de mes amies[3] des gens et des chevaux qu'elle m'avoit envoyé demander; mais toutes mes raisons ne m'empêchèrent pas de recevoir[4] un ordre d'aller à Paris, pour rendre

---

1. Cette affaire. (1817, 26, 38.)
2. Du parlement de Metz, un des agents les plus sûrs du Cardinal. Vignier interrogea successivement l'archevêque de Tours, le lieutenant général de Tours, Georges Catinat, également ami de Mme de Chevreuse, la Rochefoucauld et ses domestiques, particulièrement Thuillin et Malbasty. Tout le détail de son enquête se trouve dans V. Cousin, *Madame de Chevreuse, Appendice*, p. 431 et suivantes.
3. *Et de mes amies* n'est pas dans les éditions antérieures.
4. N'empêchèrent pas qu'on ne m'envoyât. (1817, 26, 38.)

compte de mes actions[1]. J'y obéis aussitôt, pour porter moi seul la peine de ce que j'avois fait, et pour n'exposer pas mon père à la partager avec moi si je n'obéissois pas.

Le maréchal de la Meilleraye[2] et M. de Chavigny, qui étoient de mes amis, avoient un peu adouci le Cardinal : ils m'avoient représenté, bien qu'il ne fût pas vrai, comme un jeune homme lié à Mme de Chevreuse par un attachement plus fort et plus indispensable encore que celui de l'amitié, et donnèrent envie au Cardinal de me parler lui-même, pour essayer de tirer de moi tout ce que je saurois[3] de cette affaire. Je le vis, et il me parla avec beaucoup de civilité, en exagérant néanmoins la grandeur de ma faute, et quelles en pourroient[4] être les suites, si je ne la réparois par l'aveu de tout ce que je savois : je lui répondis dans le même sens de ma déposition, et comme je lui parus plus réservé et plus sec qu'on n'avoit accoutumé de l'être avec lui, il s'aigrit, et me dit assez brusquement que je n'avois donc qu'à aller à la Bastille. J'y fus mené le lendemain par le maréchal de la Meilleraye, qui me servit avec beaucoup de chaleur dans tout le cours de cette affaire, et qui tira parole du Cardinal que je n'y serois que huit jours[5].

1. Voyez encore le procès-verbal de l'enquête du président Vignier, dans *Madame de Chevreuse*, p. 435.
2. Charles de la Porte, marquis de la Meilleraye, puis duc et pair (décembre 1663), cousin germain de Richelieu, né en 1602, mort en 1664. Il était grand maître de l'artillerie depuis 1634 ; il devint maréchal de France en 1639. Son fils épousa (1661) Hortense Mancini, et prit le nom de duc de Mazarin.
3. Je savois. (1817, 26, 38.)
4. Pouvoient. (*Ibidem.*)
5. Chavigny avait recommandé à du Tremblay, gouverneur de la Bastille, frère du P. Joseph du Tremblay, le confident de Riche-

Ce peu de temps que j'y demeurai me représenta plus vivement que tout ce que j'avois vu jusqu'alors l'image affreuse de la domination du Cardinal[1]. J'y vis le maréchal de Bassompierre[2], dont le mérite et les agréables qualités étoient si connues[3]; j'y vis le maréchal de Vitry[4], le comte de Cramail[5], le commandeur de

lieu, qu'on eût « à bien loger » le prince de Marcillac, et qu'on lui permît de se promener sur la terrasse. Voyez dans *Madame de Chevreuse*, p. 435, note, le texte du billet écrit par Chavigny.

1. L'image *de la cruauté de l'administration du Cardinal.* — Cette leçon est ainsi imprimée en italique dans l'édition de 1817, où se trouve cette note : « Ces mots sont, dans le manuscrit, de la main de M. de la Rochefoucauld. » — Les éditions de 1826 et de 1838 terminent la phrase par ces seuls mots : « l'image de la vengeance; » et au sujet de cette variante, on lit dans toutes deux l'annotation suivante : « Dans notre manuscrit, les mots *de la vengeance* sont écrits au crayon. »

2. On voit dans les *Mémoires de la Porte*, où il est parlé longuement (p. 383-386) de ces prisonniers de marque, que l'âge avait ôté la mémoire à Bassompierre (voyez ci-dessus, p. 18, note 8), et qu'il rabâchait sans cesse « l'histoire de ses amours. »

3. Notre manuscrit fait ainsi accorder le participe avec le second substantif; tel est aussi le texte de l'édition de 1817; celles de 1826, 38 donnent *connus*.

4. Nicolas de l'Hôpital, marquis, puis duc de Vitry. Il avait été créé maréchal en 1617, le jour même où il s'était chargé de l'assassinat du maréchal d'Ancre. Emprisonné en 1637, à la suite d'une violente querelle avec l'archevêque de Bordeaux, Henri de Sourdis, il ne sortit de la Bastille qu'après la mort de Richelieu. Il mourut en 1644.

5. Adrien, comte de Montluc, petit-fils du maréchal de Montluc, incarcéré après la journée des Dupes, mort en 1646. Il était, par sa femme, comte de Cramail ou Garmain. Regnier lui a dédié sa *satire II*, sous ce nom : *A monsieur le comte de Caramain* (1re édition, 1608; dans les suivantes *Garamain*). Retz lui fit à la Bastille, durant sa détention, une visite, qu'il raconte dans ses *Mémoires* (tome I, p. 159-161), où se noua le complot qui avorta par la mort du comte de Soissons, tué à la Marfée. Le comte de Cramail a publié, sous le nom de sieur Devaux, un livre grotesque, *les Jeux*

Jars[1], le Fargis[2], le Coudray-Montpensier[3], Vautier[4], et un nombre infini de gens de toutes conditions et de tous sexes, malheureux et persécutés par une longue et cruelle prison[5]. La vue de tant d'objets pitoyables augmenta encore la haine naturelle que j'avois pour l'administration du cardinal de Richelieu. Le maréchal de la Meilleraye me vint tirer de la Bastille, huit jours après m'y avoir mené, et j'allai avec lui à Ruel[6] remercier le Cardinal de la liberté qui m'étoit rendue[7]. Je le trouvai froid et sérieux; je n'entrai point[8] en justification sur ma conduite : il me parut qu'il en étoit piqué; et je me

de *l'Inconnu* (Rouen, 1630, in-8º); on lui doit en outre la *Comédie des Proverbes* (1616).

1. Et non *de Thouars*, comme porte l'édition de 1817. — François de Rochechouart, chevalier de Jars, commandeur de l'ordre de Malte, avait été arrêté en 1632, lors de la disgrâce de Châteauneuf (voyez plus haut, p. 19). Condamné à mort, il avait reçu son pardon sur l'échafaud même.

2. Charles d'Angennes, comte de Fargis ou du Fargis, ancien ambassadeur de France en Espagne, avait été emprisonné le 14 février 1635. Voyez sur lui, et sur sa femme, une *Historiette de Tallemant des Réaux*, tome II, p. 121-124.

3. Henri d'Escoubleau, marquis du Coudray-Montpensier, était attaché au duc d'Orléans. Il avait été arrêté en même temps que du Fargis.

4. Premier médecin de Marie de Médicis, puis de Louis XIV, mort en 1652, avait été emprisonné après la journée des Dupes.

5. Pour la plupart, cette prison ne fut pas si cruelle, si l'on en croit Retz, tome I, p. 159-162.

6. Les mots *à Ruel* ne sont pas dans l'édition de 1817. — Le château de Ruel ou Rueil, entre Paris et Saint-Germain, sur les bords de la Seine, était la résidence d'été du cardinal de Richelieu, qui y donnait des fêtes d'une magnificence presque royale. Voyez le *Dictionnaire géographique de Thomas Corneille*, 1708, au mot *Ruel*; et V. Cousin, *la Jeunesse de Madame de Longueville*, p. 162.

7. Qu'il m'avoit rendue. (1817.)

8. Je le trouvai froid et sérieux, et je n'entrai point. (1817, 26, 38.)

trouvai bien heureux d'être sorti de prison dans un temps où personne n'en sortoit, et de retourner[1] à Verteuil sans qu'on eût été averti que j'étois chargé des pierreries de Mᵐᵉ de Chevreuse.

La Reine me fit paroître avec tant de bonté qu'elle ressentoit vivement tout ce qui m'arrivoit pour son service, et Mˡˡᵉ de Hautefort me donna tant de marques d'estime et d'amitié, que je trouvai mes disgrâces trop bien payées. Mᵐᵉ de Chevreuse, de son côté, ne me témoignoit pas une moindre reconnoissance, et elle avoit tellement exagéré ce que j'avois fait pour elle, que le roi d'Espagne[2] l'alla voir, sur la nouvelle de ma prison, et lui fit encore une seconde visite quand on apprit ma liberté. Les marques d'estime que je recevois des personnes à qui j'étois le plus attaché, et une certaine approbation que le monde donne assez facilement aux malheureux quand leur conduite n'est pas honteuse, me firent supporter avec quelque douceur un exil de deux ou trois années. J'étois jeune, la santé du Roi et celle du Cardinal s'affoiblissoient, et je devois tout attendre d'un changement. J'étois heureux dans ma famille, j'avois à souhait tous les plaisirs de la campagne[3]; les provinces voisines étoient remplies d'exilés, et le rapport de nos fortunes et de nos espérances rendoit notre commerce agréable. On me permit enfin d'aller à l'armée[4]

1. Et je retournai (1826, 88).
2. Philippe IV, frère d'Anne d'Autriche.
3. C'est pendant ce laps de temps que Mᵐᵉ de Chevreuse lui fit redemander ses pierreries par un gentilhomme nommé Imparati. Voyez la lettre, déjà citée, de la Rochefoucauld à M. de Liancourt, du mois de septembre 1638.
4. Et aussi des préoccupations d'un genre plus pratique, témoin une lettre, qu'on trouvera dans notre recueil (n° Appendice), adressée par le père de la Rochefoucauld, le 20 février 1642, à M. de la Ferté, ambassadeur en Angleterre.

après la prise d'Hesdin[1]. Le reste de cette campagne[2] fut considérable par le combat de Saint-Nicolas[3], qui fut grand et opiniâtre, et par l'enlèvement de deux mille Cravates[4] auprès de Saint-Venant[5], où vingt-cinq ou trente volontaires de qualité soutinrent seuls, sur une digue, tout l'effort des ennemis, et les repoussèrent quatre ou cinq fois, à coups d'épée, jusques dans les barrières de leur camp. Sur la fin de cette campagne, où on avoit dit du bien de moi au cardinal de Richelieu[6], sa haine commençoit à se ralentir; il voulut même m'attacher dans ses intérêts; le maréchal de la Meilleraye m'offrit de sa part de me faire servir de maréchal de camp, et me fit voir de grandes espérances; mais la Reine m'empêcha d'accepter cet avantage, et elle désira instamment que je ne reçusse point de grâce du Cardinal qui me pût ôter la liberté d'être contre lui quand elle se trouveroit en état de paroître ouvertement son ennemie. Cette marque de la confiance de la Reine me fit renoncer avec plaisir à tout ce que la fortune me présentoit; je remerciai le maréchal de la Meilleraye avec tout le ressentiment[7] que

---

1. De Hesdin. (1826, 38.) — Ville de l'Artois, sur la Canche; elle fut prise, le 29 juin 1639, après quarante jours de siège, par Louis XIII, qui y entra par la brèche. Elle nous fut cédée définitivement en 1659, par la paix des Pyrénées.

2. Le reste de la campagne. (1817, 26, 38.)

3. Bourg des Pays-Bas, à quatre lieues d'Anvers. — Sur ce combat, voyez les *Mémoires de Montglat*, tome I, p. 230 et 231.

4. Cravates ou Croates, cavalerie légère de l'empereur d'Allemagne. Les rois de France eurent eux-mêmes, à partir du dix-septième siècle, des Croates à leur solde; Louis XIV en forma un régiment sous le nom de *Royal-Cravate*.

5. Ville de l'Artois sur la Lys, vers les frontières des Flandres, à deux lieues d'Aire. Elle fut prise par les Français en 1645 et en 1657, par les ennemis en 1649 et en 1710, et rendue à la France par la paix d'Utrecht, en 1713.

6. De Richelieu » est omis dans les éditions antérieures.

7. *Le ressentiment*, la reconnaissance.

je devois à ses bons offices, et je retournai à Verteuil, sans voir la cour. J'y demeurai un temps considérable, dans une sorte de vie inutile, et que j'aurois trouvée trop languissante, si la Reine, de qui je dépendois, n'eût réglé elle-même cette conduite, et ne m'eût ordonné de la continuer, dans l'espérance d'un changement qu'elle prévoyoit.

Ce changement ne devoit toutefois[1] être prévu que par la mauvaise santé du Cardinal, puisque d'ailleurs son autorité dans le Royaume et son pouvoir sur l'esprit du Roi augmentoient tous les jours; et même, dans le temps que le Roi partit pour aller faire le siége de Perpignan[2], il[3] fut sur le point d'ôter ses enfants à la Reine pour les faire élever au bois de Vincennes[4], et il ordonna, s'il venoit à mourir dans le voyage, qu'on les remît entre les mains du Cardinal.

Les malheurs de Monsieur le Grand[5] fournirent alors

---

1. Ce changement toutefois ne devoit. (1817, 26, 38.)

2. Perpignan capitula le 29 août 1642, après trois mois de tranchée ouverte.

3. *Il*, c'est-à-dire le Roi, comme le montre la suite de la phrase, et non le Cardinal, comme pourrait d'abord le faire entendre l'amphibologie de la construction.

4. Vincennes n'était alors qu'un bourg. Le château avait été rebâti en 1183 sous Philippe Auguste, qui fit entourer le bois d'un mur, afin d'y mettre des bêtes fauves que le roi d'Angleterre lui avait envoyées. Le donjon ne date que du quatorzième siècle. Une nouvelle reconstruction du château, entreprise par Louis XIII, ne fut achevée qu'au commencement du règne de Louis XIV. Tous les contemporains parlent avec admiration de la futaie de charmes, d'ormes et de chênes, et surtout de la partie appelée le *Bois de beauté*, qui était située sur la colline regardant la Marne.

5. Henry Coëffier de Ruzé, marquis de Cinq-Mars, favori de Louis XIII, appelé communément *Monsieur le Grand*, parce qu'il était grand écuyer de France; né en 1620, il fut décapité, à Lyon, le 12 septembre 1642, avec son ami de Thou. M. Avenel a publié sur cette conspiration célèbre, qui a inspiré un roman à Alfred

une nouvelle scène. Sa faveur étoit devenue suspecte au cardinal de Richelieu, qui l'avoit commencée; il connut bientôt la faute qu'il avoit faite de faire chasser Mlle de Hautefort[1] et Mlle de Chemerault[2], qui ne lui pouvoient nuire auprès du Roi, et d'y établir un jeune homme ambitieux, fier par sa fortune, plus fier encore par son élévation naturelle et par son esprit, mais peu capable d'être retenu par la reconnoissance des avantages que le maréchal d'Effiat, son père[3], et lui avoient reçus du cardinal de Richelieu. Monsieur le Grand étoit extrêmement bien fait; il étoit étroitement engagé avec Mme la princesse Marie, depuis reine de Pologne[4], qui étoit une des plus aimables personnes du monde. Dans le temps que sa vanité devoit être le plus flattée de plaire à cette princesse, elle, de son côté, souhaitoit ardemment de l'épouser, et dans ce temps, dis-je, où l'un et l'autre paroissoient entraînés par la violence de leur passion, le caprice, qui dispose presque toujours de la fidélité des amants[5], retenoit depuis longtemps la princesse Marie

de Vigny, un opuscule intitulé : *Le dernier épisode de la vie de Richelieu*, 1868, in-8°.

1. Mlle de Hautefort, dont on a mentionné plus haut la disgrâce, s'était retirée près du Mans, dans une terre qui appartenait à sa grand'mère.

2. Richelieu avait fait chasser Mlle de Chemerault, en même temps que Mlle de Hautefort, pour mieux couvrir son jeu et la trahison de cette fausse amie de la Reine.

3. Antoine Coëffier de Ruzé, marquis d'Effiat, avait été surintendant des finances, maréchal de France, et ambassadeur extraordinaire en Angleterre. Il était mort en 1632.

4. Marie-Louise de Gonzague, née en 1612, fille aînée de Charles duc de Nevers, puis duc souverain de Mantoue, et sœur de la célèbre princesse Palatine. Elle fut à deux reprises reine de Pologne, ayant épousé Wladislas VII en 1645, puis le frère de celui-ci, Casimir V, en 1649. Elle mourut à Varsovie en 1667.

5. Comparez avec les *maximes* sur les *Amants* et l'*Amour* (voyez la *Table* du tome I), et avec la 18ᵉ des *Réflexions diverses* (p. 343-345).

dans un attachement particulier[1] pour ...[2], et Monsieur le Grand aimoit éperdument Mlle de Chemerault ; il lui persuadoit même qu'il avoit dessein de l'épouser, et il lui en donnoit des assurances par des lettres qui ont causé de grandes aigreurs après sa mort entre Mme la princesse Marie et elle, dont j'ai été témoin.

Cependant l'éclat du crédit de Monsieur le Grand réveilla les espérances des mécontents : la Reine et Monsieur s'unirent à lui ; le duc de Bouillon[3] et plusieurs personnes de qualité firent la même chose[4]. Tant de prospérités pouvoient aisément éblouir un homme de vingt-deux ans ; mais on ne doit pas pardonner à la Reine, à Monsieur, ni au duc de Bouillon, d'en avoir été assez éblouis eux-mêmes pour se laisser entraîner par Monsieur le Grand à ce funeste traité d'Espagne dont on a tant

---

1. Le mot *particulier* n'est pas dans les éditions antérieures.
2. Pour M. ***. (1817.) — Pour ***. (1826, 38.) — Est-ce le nom de *Langeron* que cachent les trois points ou les trois astérisques? « Elle eut le déplaisir, avant de quitter Paris, dit Tallemant des Réaux dans l'*Historiette de la reine de Pologne* (tome III, p. 405), d'apprendre qu'on avoit fait quelque médisance d'elle et de Monsieur le Grand, et même de Langeron, qui, comme bailli de Nevers, avoit de tout temps de l'attachement à sa maison. » — On ne peut songer au duc d'Orléans, dont l'amour pour la princesse Marie fut antérieur à cette époque, et à qui elle avait gardé, disait-on, un amer ressentiment : voyez Mme de Motteville, tome I, p. 40 et p. 245 et 246.
3. Sur Frédéric-Maurice de la Tour d'Auvergne, prince de Sedan et duc de Bouillon, frère de l'illustre Turenne, voyez ci-après la note 2 de la page 118.
4. Mme de Motteville, parlant de ce complot, dit (tome I, p. 72) : « Le Roi en étoit tacitement le chef; Monsieur le Grand en étoit l'âme ; le nom dont on se servoit étoit celui du duc d'Orléans...; et leur conseil étoit le duc de Bouillon, qui s'y engagea, à cause qu'ayant été dans le parti du comte de Soissons, il étoit fort mal à la cour.... Monsieur le Grand, ne se fiant pas tout à fait à l'amitié et à la force du Roi, voulut avoir une armée pour défendre Sedan, que le duc de Bouillon leur donna pour place de sûreté. »

parlé[1]. La manière qui le fit découvrir est encore douteuse, et, sans m'arrêter aux divers soupçons qu'on a eus de la fidélité ou du secret de ceux qui le savoient, il vaut mieux s'attacher à une opinion innocente, et croire que ce traité fut trouvé dans la malle du courrier d'Espagne, que l'on ouvre presque toujours en passant à Paris. M. de Thou[2] n'en avoit encore aucune connoissance, lorsqu'il vint me trouver de la part de la Reine pour m'apprendre sa liaison avec Monsieur le Grand, et qu'elle lui avoit promis que je serois de ses amis; M. de Thou me fit aussi beaucoup d'avances de Monsieur le Grand, et je me trouvai dans ses intérêts sans l'avoir presque jamais vu. Je ne dirai point ici la suite malheureuse de leurs projets : on la sait assez. La mort de Monsieur le Grand et de M. de Thou ne ralentit pas les poursuites du Cardinal contre tous ceux qui avoient eu part au traité d'Espagne. Le comte de Montrésor avoit été accusé par Monsieur de l'avoir su, et il se vit contraint de sortir du Royaume; il en chercha longtemps inuti-

[1]. On peut suppléer à la brièveté du récit de la Rochefoucauld au moyen des *Mémoires de Montrésor*, p. 337 et suivantes, de ceux de *Mme de Motteville*, tome I, chapitre IV, de la *Relation de Fontrailles*, ami et conseil de Cinq-Mars, à la suite de laquelle Petitot donne le texte du traité conclu avec l'Espagne le 13 mars 1642, et celui d'une lettre de M. de Marca à M. de Brienne sur ce qui s'est passé à l'instruction du procès de Cinq-Mars et de de Thou.

[2]. François-Auguste de Thou, grand maître de la librairie du Roi, conseiller d'État, fils de Jacques-Auguste de Thou, l'historien. Mme de Motteville dit (tome I, p. 74) « que M. de Thou fut aussi arrêté pour avoir su le secret du traité d'Espagne, non pas comme participant à ce dessein, car il l'avoit même tout à fait désapprouvé, mais seulement pour l'avoir su par confiance et pour ne l'avoir pas révélé, et pour principale raison parce qu'il n'étoit pas ami du cardinal de Richelieu. » Voyez, dans les *Archives curieuses de l'histoire de France* (2ᵉ série, tome V, p. 295-301), l'*Interrogatoire fait à Monsieur le Grand et à M. de Thou, prisonniers au château de Pierre-Encise à Lyon, le 9 septembre* 1642, et leur *Confrontation*.

lement les moyens, et plusieurs de ses amis lui refusèrent le secours qu'il leur avoit demandé dans cette rencontre[1]. Nous étions dans une grande liaison[2] d'amitié ; mais comme j'avois déjà été[3] mis en prison pour avoir fait passer Mme de Chevreuse en Espagne, il étoit périlleux vers le Cardinal de retomber dans une semblable faute, et même pour sauver un homme qui étoit déclaré criminel. Je m'exposois par là tout de nouveau à de plus grands embarras encore que ceux dont je venois de sortir. Ces raisons néanmoins cédèrent à l'amitié que j'avois pour le comte de Montrésor, et je lui donnai une barque et des gens qui le menèrent sûrement en Angleterre. J'avois préparé une pareille assistance au comte de Béthune[4], qui n'étoit pas seulement mêlé, comme le comte de Montrésor, dans l'affaire de Monsieur le Grand, mais qui étoit même assez malheureux pour être accusé, bien que ce fût injustement, d'avoir révélé le traité d'Espagne ; il étoit prêt de suivre le comte de Montrésor en Angleterre, et je m'attendois à ressentir les effets de la haine du cardinal de Richelieu, que je ne m'attirois cependant, par tant de rechutes, que par la nécessité indispensable de faire mon devoir.

La conquête du Roussillon, la chute de Monsieur le Grand et de tout son parti, la suite de tant d'heureux succès, tant d'autorité et tant de vengeances[5], avoient rendu

1. Les secours qu'il leur avoit demandés en cette rencontre. (1817, 26, 38.)
2. Dans une liaison. (*Ibidem*.)
3. Comme j'avois été déjà. (*Ibidem*.)
4. Hippolyte de Béthune, comte de Selles, marquis de Chabris, était neveu de Sully ; né en 1603, il mourut en 1665. C'était, dit Mme de Motteville (tome II, p. 139) « un grand suppôt des Importants. » Il légua au Roi une magnifique collection de manuscrits, réunie par son père et par lui, et qui forme un fonds spécial, le *Fonds Béthune*, à la Bibliothèque nationale.
5. Tant de vengeance. (1817, 26, 38.)

le cardinal de Richelieu également redoutable à l'Espagne et à la France[1]. Il revenoit à Paris comme en triomphe; la Reine craignoit les effets de son ressentiment; le Roi même ne s'étoit pas réservé assez de pouvoir pour protéger[2] ses propres créatures : il ne lui restoit presque plus que Tréville[3] et Tilladet[4] en qui il eût confiance, et il fut contraint de les chasser pour satisfaire le Cardinal. La santé du Roi s'affoiblissoit tous les jours; mais celle du Cardinal étoit déplorée[5], et il mourut le 4 décembre, en l'année 1642[6].

Quelque joie que dussent recevoir ses ennemis de se voir à couvert de tant de persécutions, la suite a fait connoître que cette perte fut très-préjudiciable à l'État, et que, puisqu'il[7] en avoit osé changer la forme en tant de manières, lui seul la pouvoit maintenir utilement, si

1. A la France et à l'Espagne. (1817, 26, 38.)
2. Ne s'étoit pas assez réservé de pouvoir protéger. (1817.) — Ne s'étoit pas assez réservé le pouvoir de protéger. (1826, 38.)
3. Il s'agit ici d'Armand-Jean, comte de Tréville ou Troisvilles, de la famille de Peyre, dont Tallemant des Réaux raconte la disgrâce (tome II, p. 71 et 72). Il était capitaine-lieutenant des mousquetaires depuis 1634, et maréchal de camp depuis 1635; il eut ensuite le gouvernement de Foix (*Choix de Mazarinades*, tome I, p. 436), avec la survivance pour son fils Henri-Joseph. C'est ce dernier qui est le Tréville si célèbre au dix-septième siècle par son esprit et l'inconstance de son humeur, l'*Arsène*, dit-on, des *Caractères* de la Bruyère.
4. Gabriel de Cassagnet, seigneur de Tilladet, capitaine aux gardes, ensuite gouverneur de Brisach (voyez ci-après la note 2 de la page 424, et le *Choix de Mazarinades*, tome II, p. 29); il mourut en 1660. Il avait épousé Madeleine le Tellier, la sœur du Chancelier. Son fils, Jean-Baptiste de Cassagnet, dit le marquis de Tilladet, fut maître de la garde-robe en 1673 (*Mademoiselle*, tome IV, p. 334), et lieutenant général (1688); il mourut en 1692.
5. *Déplorée*, désespérée, latinisme employé par les meilleurs écrivains du dix-septième siècle.
6. Le 4 décembre 1642. (1817, 26, 38.)
7. Comme il. (*Ibidem.*)

son administration et sa vie eussent été de plus longue durée. Nul que lui n'avoit bien connu jusqu'alors toute la puissance du Royaume, et ne l'avoit su remettre entière entre les mains du Souverain. La sévérité de son ministère avoit répandu beaucoup de sang, les grands du Royaume avoient été abaissés, les peuples avoient été chargés d'impositions; mais la prise de la Rochelle, la ruine du parti huguenot, l'abaissement de la maison d'Autriche, tant de grandeur dans ses desseins, tant d'habileté[1] à les exécuter, doivent étouffer les ressentiments particuliers, et donner à sa mémoire les louanges qu'elle a justement méritées[2].

1. Tant de hardiesse. (1817, 26, 38.)
2. Rapprochez ce passage de la 17ᵉ des *Réflexions diverses*, tome I, p. 334 et 335.

II[1].

[1643-1649.]

J'arrivai à Paris aussitôt après la mort du cardinal de Richelieu. La mauvaise santé du Roi, et le peu de disposition[2] où il étoit de confier ses enfants et le gouvernement du Royaume à la Reine me firent espérer de trouver bientôt des occasions considérables de la servir[3]. Je trouvai la cour pleine d'agitation[4], étonnée de la mort du cardinal de Richelieu, et respectant encore son autorité[5]; ses parents et ses créatures y avoient les mêmes

---

1. En tête des pages qui suivent, on lit dans le manuscrit D de la Roche-Guyon cette note, d'une écriture ancienne : « Ici commencent les *Mémoires de la Régence*, qui n'ont de commun avec le petit morceau imprimé sous ce titre que le fond des faits : l'ordre des matières, la marche de la narration et le style en étant totalement différents, ce qui rend ce morceau absolument neuf. » — Nous donnons dans l'*Appendice* de ce volume « le petit morceau imprimé » dont parle cette note. C'est par lui que commencent les *Mémoires de la Rochefoucauld* dans les éditions anciennes. Il paraît être, nous l'avons dit dans la *Notice*, une première rédaction de notre auteur, et correspond aux pages 49-79 de notre texte, depuis : « J'arrivai à Paris..., » jusqu'à : « .... pour persuader de plus en plus à la Reine qu'elle la vouloit gouverner. » C'est dans les éditions de 1688-1804 (exclusivement) qu'il est précédé de ce titre, dont les premiers mots sont mentionnés dans la note de notre manuscrit D : *Mémoires de la régence d'Anne d'Autriche, mère de Louis XIV*. Dans les éditions antérieures à 1688 et dans celle de 1717, il est intitulé : *Mémoires de M. D. L. R., contenant les brigues pour le gouvernement à la mort de Louis XIII.*

2. Le peu de dispositions. (1826.)
3. Des occasions de la servir. (1826, 38.)
4. Pleine d'agitations. (1817, 26, 38.)
5. « *Etiam mortuus imperat*, puisqu'on suit encore ses ordres et ses conseils, » dit Guy Patin (*Lettres*, tome I, p. 98). — « Après la

avantages qu'il leur avoit procurés, et le Roi, qui le haïssoit, n'osoit cesser de suivre ses volontés. Il consentit que ce ministre disposât par son testament des principales charges et des plus importantes places du Royaume, et qu'il établît le cardinal Mazarin chef du conseil et premier ministre [1].

Cependant la santé du Roi diminuoit tous les jours; on prévoyoit de grandes persécutions contre les parents et les créatures du cardinal de Richelieu, soit que la Reine eût seule la régence [2], ou que Monsieur la partageât avec elle. Le cardinal Mazarin, M. de Chavigny et M. des Noyers avoient alors toute la part aux affaires, et se trouvoient, par cette raison, exposés dans un changement. M. des Noyers avoit pensé le premier à se garan-

mort du Cardinal, dit la Châtre (p. 176), toute la France s'attendoit à voir un changement entier dans les affaires; car, comme ce ministre ne subsistoit auprès du Roi que par la terreur, on crut que cette raison étant finie avec lui, la haine de Sa Majesté éclateroit sur tout ce qui resteroit de sa famille et de sa cabale. Mais ces espérances.... ne durèrent pas longtemps, et on vit.... avec étonnement.... ses dernières volontés suivies. »

1. On sait quels furent les commencements de Mazarin. Né le 14 juillet 1602, à Piscina, dans les Abruzzes, il se fit recevoir docteur en droit, et fut d'abord, par occasion (1624), capitaine d'infanterie, puis secrétaire de légation du saint-siége. Attaché ensuite à Sacchetti, nonce à Milan, il entre définitivement, à l'âge de vingt-six ans, dans la carrière diplomatique. En 1629, il est attaché à cette même légation pontificale dans la haute Italie; il se voit alors à même de donner, dans les plus sérieuses négociations, des preuves de son habileté et de sa prudence. Le 29 janvier 1630 a lieu sa première entrevue avec Richelieu, dont il gagne l'esprit et qui devine son mérite. En 1632, il est vice-légat à Avignon; en 1634, nonce extraordinaire en France; en 1636, il quitte le service du Pape pour se donner à Richelieu. Naturalisé Français (avril 1639), il est envoyé à Chambéry comme ambassadeur extraordinaire, et, deux ans après, il reçoit le chapeau de cardinal; il avait alors trente-neuf ans. Voyez *la Jeunesse de Mazarin* de V. Cousin.

2. Dans notre manuscrit D, par erreur sans doute : « eût la seule régence ».

tir, et il avoit donné des espérances à la Reine de disposer le Roi, par le moyen de son confesseur[1], à l'établir régente. Le cardinal Mazarin et M. de Chavigny, qui avoient pris d'autres mesures pour plaire au Roi, et dans la vue qu'il pourroit guérir, lui avoient proposé de donner une déclaration qui établît un conseil nécessaire à la Reine pour borner l'autorité de sa régence et exclure[2] des affaires toutes les personnes suspectes. Bien que cette proposition parût contraire aux intérêts de la Reine, et qu'elle fût faite sans sa participation, néanmoins le Roi ne pouvoit y consentir : il ne pouvoit se résoudre à la déclarer régente, et moins encore à partager l'autorité entre elle et Monsieur. Il l'avoit toujours soupçonnée d'avoir une liaison[3] avec les Espagnols[4], et il ne doutoit pas qu'elle ne fût encore fomentée par Mme de Chevreuse, qui étoit passée alors d'Angleterre à Bruxelles[5]. D'un

1. Jacques Sirmond, savant jésuite, qui mourut en 1651, âgé de quatre-vingt-douze ans. Le P. Rapin dit dans ses *Mémoires* (tome I, p. 230) que son « autorité étoit d'un poids considérable dans l'Église. » Il avait été nommé confesseur du Roi en 1637. Colomiès, qui a écrit sa vie, imprimée dans la *Bibliothèque choisie* (1731), rapporte (p. 313) que « le Roi étant tombé malade, M. de Noyers et Monsieur de Beauvais, voyant que son mal augmentoit, portèrent le P. Sirmond à proposer à Sa Majesté la corégence pour Monsieur, son frère, avec la Reine ; mais cette proposition déplut si fort au Roi, qu'après l'avoir aigrement rebutée, et en avoir même dit quelque chose à la Reine, il ne voulut plus entendre son confesseur, et l'ayant fait renvoyer sous un autre prétexte, prit en sa place le P. Dinet (le 20 mars 1643). » Voyez ci-après, p. 53 et 54.
2. Et pour exclure. (1817, 26, 38.)
3. Une liaison secrète. (*Ibidem.*)
4. Voyez plus haut, p. 27 et 28.
5. Au commencement de 1638, la duchesse s'était rendue d'Espagne en Angleterre ; en mai 1640, elle était passée dans les Pays-Bas et s'était établie à Bruxelles. Voyez, sur les intrigues qu'elle ne cessa d'entretenir de loin, V. Cousin, *Madame de Chevreuse*, chapitre IV.

autre côté, le pardon qu'il venoit d'accorder à Monsieur pour le traité d'Espagne[1] et l'aversion naturelle qu'il avoit toujours eue pour ce prince le tenoient dans une irrésolution qu'il n'auroit peut-être pas surmontée, si les conditions de la déclaration[2] que le cardinal de Mazarin et M. de Chavigny lui proposèrent ne lui eussent fourni l'expédient qu'il desiroit pour restreindre la puissance de la Reine et la rendre dépendante d'un conseil nécessaire.

Ce conseil devoit être composé de Monsieur, de Monsieur le Prince[3], du cardinal Mazarin, du Chancelier, de M. des Noyers et de M. de Chavigny, et la déclaration portoit que la Reine ne pourroit rien résoudre sans leur avis[4]. Cependant le cardinal Mazarin et M. de Chavigny cachoient soigneusement ce projet à la Reine; mais l'ayant communiqué à M. des Noyers, il s'y opposa, et leur fit trop connoître qu'il ne pouvoit jamais y consentir. Cette sincérité causa sa perte bientôt après : ils ne doutèrent point qu'il ne voulût s'établir, à leurs dépens, auprès de la Reine, et qu'il ne lui rendît compte de ce qu'ils lui avoient[5] proposé; ils résolurent de l'éloigner des affaires, de peur qu'il ne se mît en état de les en éloigner eux-mêmes, quand la Reine seroit régente. M. des Noyers apprit à la Reine, comme ils l'avoient

---

1. Voyez plus haut, p. 44 et 45.
2. Les mots *de la déclaration* ne sont pas dans les éditions antérieures.
3. Henri II de Bourbon, prince de Condé, premier prince du sang, père du grand Condé, né en 1588, mort en 1646. Voyez sur lui les *Mémoires de Lenet*, tome II, p. 166-173.
4. Sans leurs avis. (1826, 38.) — Voyez dans V. Cousin, *Madame de Chevreuse* (*Appendice*, p. 471-476), le texte de cette déclaration, qui fut enregistrée au Parlement le 21 avril 1643, vingt-trois jours avant la mort du Roi.
5. De ce qu'ils avoient. (1817, 26, 38.)

prévu, le dessein de la déclaration, et ce qui se faisoit contre son service [1]. Elle en fut vivement touchée; elle s'en plaignit à ses serviteurs particuliers, comme d'un outrage qu'elle ne pouvoit jamais pardonner; et ce fut lui faire sa cour que de n'aller plus chez le cardinal Mazarin et chez M. de Chavigny.

Les choses étoient en ces termes lorsque M. des Noyers, qui croyoit les avoir ruinés auprès de la Reine, se trouva ruiné lui-même auprès du Roi. Ces deux ministres lui persuadèrent que M. des Noyers prenoit des mesures avec la Reine, et qu'il n'étoit contraire à la déclaration que pour se rendre maître de son esprit, quand toute l'autorité seroit entre ses mains; ils lui firent remarquer aussi [2] que le confesseur [3], créature de M. des Noyers, agissoit en toutes choses de concert avec lui, et appuyoit les intérêts de la Reine. Ces apparences firent toute l'impression qu'ils desiroient sur l'esprit du Roi, naturellement soupçonneux, et affoibli encore par la longueur et par l'extrémité de sa maladie :

---

1. Montglat raconte dans ses *Mémoires* (tome I, p. 402 et suivantes) que de Noyers, après la mort de Richelieu, réussit à soutenir quelque temps sa fortune en venant le soir s'enfermer avec Louis XIII pour lire le bréviaire. Il est vrai qu'en même temps il se ménageait des entrées de faveur chez la Reine, à laquelle il fit part, comme le rapporte la Rochefoucauld, du fameux projet de déclaration. Le Roi sut la chose, et tança vertement « le petit bonhomme, » comme il l'appelait. Celui-ci donna de dépit sa démission à Louis XIII; elle fut acceptée. De Noyers mourut quelque temps après (1645), dans sa maison de Dangu, inconsolable, dit-on, de s'être, dans un moment d'humeur, retiré si vite des affaires, et contrit principalement de n'avoir pas su deviner quel avenir était réservé au *signor Mazarini*. — Sur les menées de Mazarin et de Chavigny, d'une part, et de de Noyers, de l'autre, après la mort du cardinal de Richelieu, voyez les *Mémoires de la Châtre*, p. 177 et suivantes.

2. *Aussi* n'est pas dans les éditions antérieures.

3. Que son confesseur. (1817, 26, 38.)

le confesseur fut chassé, et M. des Noyers, qui vit le changement du Roi, demanda de se retirer [1], et il eut ordre de traiter de sa charge de secrétaire d'État. M. le Tellier [2] en fut pourvu ; le cardinal Mazarin, qui l'avoit connu en Piedmont, où il servoit d'intendant, le proposa au Roi. Il a l'esprit net, facile, et capable d'affaires ; personne n'a su avec plus d'adresse se maintenir dans les diverses agitations de la cour, sous des apparences de modération ; il n'a jamais prétendu à la première place dans le ministère, pour occuper plus sûrement la seconde.

Il me parut que ce changement de M. des Noyers n'avoit rien diminué des espérances de la Reine, et qu'elle étoit moins aigrie contre les deux ministres qui restoient. Le cardinal Mazarin avoit eu le temps de se justifier auprès d'elle par ses amis, qui le servoient utilement, et par des conversations secrètes qu'il avoit avec elle, dont elle ne donnoit point de part à ses anciens serviteurs [3] ; il justifia même en quelque sorte cette déclaration injurieuse dont je viens de parler ; il la fit passer comme un service important qu'il rendoit à la Reine, et comme le seul moyen qui pouvoit faire consentir le Roi à lui donner la Régence. Il lui fit voir qu'il lui importoit peu à quelles conditions elle la reçût, pourvu que ce fût du consentement du Roi, et qu'elle ne manqueroit pas de

---

1. Demanda à se retirer. (1817, 26, 38.)

2. Michel le Tellier, né en 1603, avait été successivement conseiller au grand conseil (1623), procureur du Roi au Châtelet (1631), maître des requêtes (1639), intendant à l'armée d'Italie (1640). On sait que plus tard il eut pour successeur au ministère de la guerre son fils le marquis de Louvois (1666). Il mourut chancelier de France le 30 octobre 1685.

3. Entre lesquels notre auteur, dont on sent percer ici le dépit, croyait pouvoir à bon droit prétendre une des premières places : voyez, à la suite des *Mémoires*, l'*Apologie du prince de Marcillac*.

moyens dans la suite pour affermir son pouvoir et pour gouverner seule. Ces raisons, appuyées de quelques apparences et de toute l'industrie du Cardinal[1], étoient reçues de la Reine avec d'autant plus de facilité, que celui qui les disoit commençoit à ne lui être pas désagréable[2]; et M. de Chavigny lui parut même alors moins coupable, parce que le Cardinal avoit part à sa faute; la Reine cachoit néanmoins ce sentiment avec beaucoup de soin.

La maladie du Roi augmenta cependant à un point qu'il ne lui resta plus d'apparence de guérison, et le Cardinal, rassuré par ses[3] nouvelles espérances, proposa plus hardiment au Roi de donner cette déclaration dans les termes qui pourroient le plus assurer le repos de l'État; le Roi s'y résolut enfin, et y fit ajouter un article particulier contre le retour de Mme de Chevreuse[4].

1. Du cardinal Mazarin. (1817.)
2. Sur les sentiments d'Anne d'Autriche pour Mazarin, voyez V. Cousin, *Madame de Hautefort*, p. 75-82; et sur les commencements de la faveur du Ministre à la mort du Roi, les *Mémoires de Mme de Motteville*, tome I, p. 115 et suivantes, et ceux de *la Porte*, p. 396 et suivantes.
3. Ces. (1817, 26, 38.)
4. Cet article particulier, relatif à Mme de Chevreuse, est ainsi conçu : « Comme notre dessein est de prévoir tous les sujets qui pourroient en quelque sorte troubler le bon établissement que nous faisons pour conserver le repos et la tranquillité de notre État, la connoissance que nous avons de la mauvaise conduite de la dame duchesse de Chevreuse, et des artifices dont elle s'est servie jusques ici pour mettre la division dans notre royaume, les factions et les intelligences qu'elle entretient au dehors avec nos ennemis nous font juger à propos de lui défendre, comme nous lui défendons, l'entrée de notre royaume pendant la guerre; voulons même qu'après la paix conclue et exécutée, elle ne puisse retourner dans notre royaume que par les ordres de ladite dame reine régente, avec l'avis dudit conseil, à la charge néanmoins qu'elle ne pourra faire sa demeure ni être en aucun lieu proche de la cour et de ladite dame reine. »

Cependant[1] la Reine et Monsieur, après avoir eu tant de marques de l'aversion du Roi, cherchoient, chacun de leur côté, toutes sortes de voies pour effacer les impressions qu'il avoit de leur conduite. J'ai su de M. de Chavigny même qu'étant allé trouver le Roi, de la part de la Reine, pour lui demander pardon de tout ce qui lui avoit pu déplaire[2], elle le chargea particulièrement de le supplier de ne point croire qu'elle fût entrée dans l'affaire de Chalais, ni qu'elle eût jamais trempé dans le dessein d'épouser Monsieur après que Chalais auroit exécuté la conjuration qu'il avoit faite contre la personne du Roi[3]. Il répondit à M. de Chavigny sans s'émouvoir : « En l'état où je suis, je lui dois pardonner[4] ; mais je ne suis pas obligé de la croire. » La Reine et Monsieur croyoient séparément avoir droit à la Régence, à l'exclusion l'un de l'autre. Monsieur ne demeura pas longtemps dans cette pensée ; mais il crut devoir au moins être déclaré régent avec la Reine.

Tous ceux qui avoient souffert sous le cardinal de Richelieu attendoient avec impatience un changement, dont chaque particulier espéroit de profiter. Les intérêts différents des principaux du Royaume et des plus considérables du Parlement les obligèrent bientôt à prendre parti entre la Reine et Monsieur, et, si les brigues qu'on faisoit n'éclatoient pas davantage, c'est que la santé du Roi, qui sembloit quelquefois se rétablir, leur faisoit craindre qu'il ne fût averti de leurs pratiques, et qu'il ne fît passer pour un crime toutes les mesures que l'on prenoit sur sa mort[5].

1. *Cependant* n'est pas dans les éditions antérieures.
2. Ce qui avoit pu lui déplaire. (1826, 38.)
3. Voyez plus haut, p. 6 et 7.
4. Je dois lui pardonner. (1817, 26, 38.)
5. Sur ce mouvement général de la cour pendant les derniers

Ce fut dans cette conjoncture que je crus qu'il étoit très-important à la Reine d'être assurée de M. le duc d'Enghien[1]. Elle me pressa avec instance d'en chercher les moyens. J'étois particulièrement ami de Coligny[2], en qui le duc d'Enghien avoit une entière confiance : je lui représentai les avantages que Monsieur le Duc pourroit trouver dans cette union, et qu'outre l'intérêt que la maison de Condé avoit de s'opposer à l'autorité de Monsieur, celui de l'État l'y obligeoit encore. Cette proposition fut reçue de M. le duc d'Enghien comme je le desirois : il me témoigna une extrême reconnoissance de l'avoir imaginée, et me laissa le soin de la faire réussir; mais, comme le commerce que j'avois avec lui eût pu aisément devenir suspect au Roi dans le temps qu'il venoit de lui donner le commandement de l'armée de Flandres, il desira que ce fût à Coligny seul à qui je rendisse les réponses de la Reine, et que lui et moi fussions uniquement témoins de leur intelligence. Il n'y eut aucune condition par écrit; nous fûmes dépositaires, Coligny et

moments de Louis XIII et sur la situation à laquelle il aboutit, il faut rapprocher du récit de la Rochefoucauld le chapitre v du tome I des *Mémoires de Mme de Motteville*, qui, dans un préambule éloquent (p. 99 et 100), expose « de quelle nature est le climat de ce pays qu'on appelle la cour.... L'air n'y est jamais doux ni serein pour personne.... C'est une région venteuse, sombre et pleine de tempêtes continuelles. Les hommes y vivent peu ; et, le temps que la fortune les y laisse, ils sont toujours malades de cette contagieuse maladie de l'ambition, qui leur ôte le repos, leur ronge le cœur et leur envoie des vapeurs à la tête, qui souvent leur ôtent la raison. »

1. Le grand Condé, Louis II de Bourbon, qui prit le titre de prince de Condé à la mort de son père en 1646. Né à Paris le 8 septembre 1621, il mourut à Fontainebleau le 11 décembre 1686. — Son nom, dans le manuscrit D, est toujours écrit *Anguien* ou *Enguien*.

2. Maurice comte de Coligny, fils aîné du maréchal de Châtillon. La Rochefoucauld raconte plus loin (p. 90-92) son duel

moi, de la parole que la Reine donnoit¹ au duc d'Enghien de le préférer à Monsieur, non-seulement par les marques² d'estime et de confiance, mais aussi par tous les emplois dont elle pourroit exclure Monsieur, sans le porter à une rupture ouverte. Le duc d'Enghien promettoit, de son côté, d'être inséparablement attaché aux intérêts de la Reine, et de ne prétendre que par elle toutes les grâces qu'il desireroit de la cour. Il partit peu de temps après pour aller commander l'armée de Flandres, et donner commencement aux grandes choses qu'il a depuis si glorieusement exécutées.

Le Roi voulut donner, dans la fin de sa vie, quelques marques de clémence, par un sentiment de piété, ou pour témoigner que le cardinal de Richelieu avoit eu plus de part que lui aux violences qui s'étoient faites depuis l'éloignement de la Reine mère. Il consentit³ de faire revenir à la cour le duc de Vendôme⁴ et ses deux fils⁵ ; les ducs d'Elbeuf⁶ et de Bellegarde⁷, le maréchal de Bassompierre et le comte de Cramail, M. de Château-

---

avec le duc de Guise, duel à la suite duquel il mourut (mai 1644).

1. Donna. (1817, 26, 38.)
2. Par des marques.... (*Ibidem.*)
3. Et consentit. (*Ibidem.*)
4. Voyez ci-dessus, p. 18 et note 5. Sorti de prison au bout de quatre ans (30 décembre 1629), il s'était retiré en Hollande, puis avait obtenu de rentrer en France; mais, en 1641, il avait été accusé d'avoir voulu attenter aux jours du cardinal de Richelieu, et s'était réfugié en Angleterre.
5. Les ducs de Mercœur et de Beaufort.
6. Charles II de Lorraine, duc d'Elbeuf, né en 1596, mort en 1657, arrière-petit-fils de Claude, duc de Guise, avait épousé Catherine-Henriette, fille légitimée de Henri IV, et sœur du duc de Vendôme. Il avait suivi le duc d'Orléans en Lorraine en 1631, puis, ayant eu une abolition spéciale et n'en ayant pas profité, il avait été déclaré criminel de lèse-majesté (1633).
7. Sur Bellegarde, voyez plus haut, la note 2 de la page 9.

neuf, le commandeur de Jars[1], Vautier, et plusieurs autres, furent mis en liberté. Les ministres voulurent avoir part[2] à cette grâce, pour se faire un mérite vers tant de personnes de qualité, et pour en être appuyés dans le changement[3] qu'on prévoyoit.

La cour fut bientôt remplie de tous ceux qui avoient[4] souffert sous le cardinal de Richelieu[5]; la plupart avoient pris des liaisons avec la Reine dans[6] diverses rencontres de leur fortune, et chacun croyoit qu'elle conserveroit dans sa prospérité les mêmes sentiments qu'elle leur avoit témoignés durant[7] ses malheurs.

Le duc de Beaufort[8] étoit celui qui avoit conçu de plus grandes espérances : il avoit été, depuis longtemps, particulièrement attaché à la Reine; elle venoit de lui donner une marque publique de son estime, en lui confiant Monsieur le Dauphin[9] et M. le duc d'Anjou[10], un

1. Et non *de Jouars*, comme porte ici l'édition de 1817 après avoir donné plus haut *de Thouars*. — Sur ce personnage et sur Bassompierre, Cramail et Vautier, voyez plus haut, les notes des pages 38 et 39; et sur Châteauneuf, les notes 2, 4 et 5 de la page 19.

2. Se donner part. (1817, 26, 38.) — Dans notre manuscrit, *avoir* est en interligne, de la même écriture, sur *se donner*, biffé.

3. Dans les changements. (1817, 26, 38.)

4. De tout ce qui avoit. (*Ibidem.*)

5. Mme de Hautefort revint aussi; mais ce ne fut pas pour longtemps : la Reine la renvoya dès le mois d'avril 1644. Voyez V. Cousin, *Madame de Hautefort*, chapitre IV.

6. En. (1817, 26, 38.) — 7. Dans. (*Ibidem.*)

8. François, second fils du duc de Vendôme, né en 1616, tué en 1669, au siége de Candie. Compromis dans le complot de Cinq-Mars par les aveux du duc d'Orléans, il était allé rejoindre son père en Angleterre (août 1642). Rentré en France après la mort du Cardinal, il s'était tenu enfermé dans le château d'Anet.

9. Le roi futur, Louis XIV, né le 5 septembre 1638.

10. Philippe, second fils de Louis XIII, duc d'Anjou, puis duc d'Orléans après la mort de Gaston, son oncle. Il était né le 27 septembre 1640, et mourut subitement à Saint-Cloud le 9 juin 1701. Il épousa, en premières noces (1661), la sœur de Charles II, Hen-

jour que le Roi avoit reçu l'extrême-onction[1]. Le duc de Beaufort, de son côté, se servoit utilement de cette distinction et de ses autres avantages, pour établir[2] sa faveur, par l'opinion qu'il affectoit de donner qu'elle étoit déjà toute établie[3]. Il a eu part à tant de choses, et la fortune l'a montré par des côtés si différents, que je ne puis m'empêcher de dire ici ce que j'ai connu de ses qualités, ayant été témoin des plus considérables actions de sa vie, souvent comme son ami, et souvent[4] comme son ennemi. Le duc de Beaufort étoit bien fait de sa personne, grand, adroit aux exercices et infatigable; il avoit de l'audace et de l'élévation; mais il étoit artificieux en tout, et peu véritable; son esprit étoit pesant et mal poli; il alloit néanmoins assez habilement à ses fins par des manières grossières; il avoit beaucoup d'envie et de malignité; sa valeur étoit grande, mais inégale; il étoit toujours brave en public, et souvent il se ménageoit trop dans des occasions[5] particulières; nul homme que lui[6], avec si peu de qualités aimables, n'a jamais été si généralement aimé qu'il le fut dans le

riette d'Angleterre, et, en secondes noces (1671), Charlotte-Élisabeth de Bavière.

1. Le 23 avril 1643. Toute la cour était logée au vieux château de Saint-Germain; le Roi habitait le château neuf. La Reine, se rendant chez le Roi, qui paraissait à l'extrémité, avait prié le duc de Beaufort de veiller sur ses enfants jusqu'à son retour. « Par le fait seul de ce commandement, dit Bazin (tome III, p. 216), le duc de Beaufort se trouvait le protecteur des enfants de France, le maître de tout ce qui n'était pas dans la chambre du Roi, avec une garde nombreuse sous ses ordres. Cette importance de quelques heures l'étourdit; il exagéra les précautions, la surveillance; il prit avec affectation toutes les allures du plein pouvoir. »

2. Rétablir. (1826, 38.)
3. Rapprochez de la *maxime* 56, tome I, p. 54.
4. Et souvent aussi. (1817, 26, 38.)
5. Dans les occasions. (*Ibidem*.)
6. Nul que lui. (*Ibidem*.)

commencement de la Régence, et depuis, dans la première guerre de Paris[1]. Il se lia particulièrement avec l'évêque de Beauvais[2], qui étoit le seul des serviteurs de la Reine que le cardinal de Richelieu n'avoit pas[3] jugé digne d'en être éloigné. Sa longue assiduité auprès d'elle lui avoit acquis beaucoup de crédit, et lui avoit fait trouver des occasions de détruire presque tous ceux qu'elle avoit considérés. Il ne s'opposa point à la faveur du duc de Beaufort, dans la vue de ruiner de concert le cardinal Mazarin, qui faisoit beaucoup de progrès dans l'esprit de cette princesse[4]. L'évêque de Beauvais crut

1. La Châtre (p. 186) est moins sévère dans le portrait qu'il fait de Beaufort : « Un peu de vanité et de feu de jeunesse, dit-il entre autres choses, lui fit faire à son retour des fautes notables. » Quant à Retz (tome II, p. 177 et 178), voici sous quels traits il nous dépeint le chef des Importants : « (Son sens) étoit court et lourd, et d'autant plus qu'il étoit obscurci par la présomption. Il se croyoit habile, et c'est ce qui le faisoit paroître artificieux, parce que l'on connoissoit d'abord qu'il n'avoit pas assez d'esprit pour être fin. Il étoit brave de sa personne, et plus qu'il n'appartenoit à un fanfaron : il l'étoit en tout sans exception, en rien plus faussement qu'en galanterie. Il parloit et il pensoit comme le peuple. » — Voyez, au tome I, p. 54, 70 et 84, les notes de M. Gilbert sur les *maximes* 56, 90 et 129.

2. Augustin Potier, évêque de Beauvais en 1616, premier aumônier de la reine Anne d'Autriche, et nommé ministre d'État au commencement de la Régence, mort le 19 juin 1650. Il était oncle du président aux Enquêtes René Potier de Blancmesnil. Retz (tome I, p. 209 et p. 229) le traite de « plus idiot que tous les idiots » et de « bête mitrée ». Mme de Motteville se borne à dire (tome I, p. 109) qu'il « ne soutenoit pas les affaires avec la force et la capacité qu'un premier ministre doit avoir. »

3. Qu'il n'avoit pas. (1817, 26, 38.)

4. « Cette insinuation, dit Mme de Motteville (qui vit croître jour par jour la faveur de Mazarin), se fit facilement dans l'âme de la Reine.... L'évêque de Beauvais diminuant de puissance à mesure que celle de son compétiteur augmenta, ce nouveau ministre commença dès lors à venir les soirs chez la Reine et d'avoir avec elle de grandes conférences. » (*Mémoires*, tome I, p. 111.)

réussir sans peine dans son dessein : il savoit avec quelle facilité il avoit fait changer de sentiments[1] à la Reine pour ceux à qui il avoit voulu nuire ; il voyoit encore qu'elle avoit condamné trop publiquement la conduite du cardinal de Richelieu, pour conserver dans les affaires un homme qui y étoit mis de sa main, et qu'elle accusoit d'avoir porté le Roi à la déclaration dont j'ai parlé.

Cette confiance fit négliger au duc de Beaufort et à l'évêque de Beauvais beaucoup de précautions durant la vie du Roi, qui leur eussent été utiles après sa mort ; et, s'ils eussent fait alors tout ce qu'ils pouvoient faire contre le Cardinal[2], la Reine étoit[3] encore assez irrésolue pour recevoir les impressions qu'on eût pu lui donner. Elle me cachoit moins qu'aux autres l'état de son esprit, parce que, n'ayant point eu d'intérêts[4] que les siens, elle ne doutoit pas que je ne suivisse ses sentiments. Elle souhaita même que je fusse ami du duc de Beaufort et que je me déclarasse pour lui contre le maréchal de la Meilleraye[5], bien qu'il fût des amis de mon père et le mien. Elle voulut aussi que je visse le cardinal Mazarin, ce que j'avois évité de faire depuis la déclaration ; elle ne m'en pressoit d'abord que sous le prétexte de me faire faire ma cour auprès du Roi et pour

1. De sentiment. (1817, 26, 38.)
2. Contre le cardinal Mazarin. (*Ibidem.*) — L'édition de 1817 a une virgule après *sa mort*, et un point après *Mazarin*.
3. La Reine avoit été. (1817, 26, 38.)
4. N'ayant eu d'autres intérêts. (*Ibidem.*)
5. Dans la querelle pour le gouvernement de Bretagne, que Richelieu avait comme légué au maréchal, et que prétendait la maison de Vendôme. Cette affaire partagea toute la cour en deux camps. « M. de Marcillac, dit la Châtre (p. 189), ayant obligation au premier, et voyant son père dans son parti, étoit prêt à s'y mettre aussi ; mais, en ayant parlé à la Reine, elle lui commanda de s'offrir à M. de Beaufort, et lui en parla comme de la personne du monde pour qui elle avoit autant (*sic*) d'estime et d'affection. »

l'empêcher de remarquer qu'elle défendoit à ses serviteurs de voir son premier ministre. Je devois soupçonner qu'elle ne me disoit pas les plus véritables raisons ; mais peut-être aussi qu'elle ne les connoissoit pas assez elle-même alors[1] pour me les pouvoir dire.

Cependant le cardinal Mazarin s'établissoit tous les jours auprès de la Reine, par sa propre industrie et par celle de ses amis. Ses bonnes et ses mauvaises qualités ont été assez connues et assez publiées, pendant qu'il a vécu et après sa mort, pour me dispenser de les écrire : je ne parlerai que de celles que j'ai remarquées dans les occasions où j'ai eu quelque chose à traiter avec lui. Son esprit étoit grand, laborieux, insinuant et plein d'artifice ; son humeur étoit souple ; on peut dire même qu'il n'en avoit point, et que, selon son utilité, il savoit feindre toutes sortes[2] de personnages. Il savoit éluder les prétentions de ceux qui lui demandoient des grâces, en leur en faisant espérer de plus grandes[3], et il leur accordoit souvent par foiblesse ce qu'il n'avoit jamais eu intention de leur donner. Il avoit de petites vues, même dans ses plus grands projets ; et, au contraire du cardinal de Richelieu, qui avoit l'esprit hardi et le cœur timide[4], le cardinal Mazarin avoit plus de hardiesse dans le cœur que dans l'esprit. Il cachoit son ambition

1. *Alors* n'est pas dans les éditions antérieures.
2. Toute sorte. (1817, 26, 38.)
3. « Le fort de M. le cardinal Mazarin étoit proprement de ravauder, de donner à entendre, de faire espérer ; de jeter des lueurs, de les retirer ; de donner des vues, de les brouiller. » (*Mémoires de Retz*, édition Champollion, tome III, p. 393 et 394.) — « C'étoit une des meilleures maximes de ce cardinal de ne se hâter pas dans la distribution des grâces, parce qu'ordinairement le temps le tiroit d'affaire. » (*Mémoires de Bussy Rabutin*, tome I, p. 135.)
4. « Il étoit.... hardi dans ses projets, timide pour sa personne », a écrit plus haut (p. 3) la Rochefoucauld, en parlant de Richelieu.

et son avarice sous une modération affectée[1] : il déclaroit qu'il ne desiroit[2] rien pour lui, et que toute sa famille étant en Italie, il vouloit adopter pour ses parents tous les serviteurs de la Reine, et chercher également sa sûreté et sa grandeur à les combler de biens[3].

Je voyois diminuer la confiance que la Reine avoit eue pour le duc de Beaufort et pour l'évêque de Beauvais. Elle commençoit à craindre l'humeur rude et altière du duc de Beaufort. Il ne se contentoit pas d'appuyer les prétentions du duc de Vendôme contre le maréchal de la Meilleraye pour le gouvernement de Bretagne ; il appuyoit[4] encore les espérances, quelque mal fondées qu'elles pussent être, de tous ceux qui s'attachoient à lui, et il se vantoit même de son crédit aux dépens de la réputation de la Reine. Elle savoit cette conduite et elle en étoit vivement aigrie[5] ; mais elle ménageoit encore le duc de Beaufort, et ne pouvoit se résoudre de[6] l'abandonner si peu de temps après qu'elle lui avoit confié ses enfants[7]. Le cardinal Mazarin profitoit avec

---

1. Rapprochez du portrait si injuste et si dur tracé par Retz, tome I, p. 283-287.
2. Qu'il ne vouloit. (1817, 26, 38.)
3. Si Mazarin eut jamais ces idées, il en revint plus tard ; il appela en France ses nombreuses nièces, et mit tout en œuvre pour leur assurer de brillantes alliances et pour combler d'honneurs et de biens leurs maris. Consultez l'ouvrage de M. Amédée Renée, *les Nièces de Mazarin*.
4. Il soutenoit. (1817, 26, 38.)
5. Voyez les détails donnés à ce sujet par Henri de Campion dans ses *Mémoires* (édition de M. C. Moreau, 1857, p. 171) : « Elle remarqua, dit-il, qu'il faisoit trop le familier avec elle devant toute la cour. » Retz (tome I, p. 209) dit de même : « M. de Beaufort, qui étoit de tout temps à la Reine, et qui en faisoit même le galant ; » et plus loin (p. 220 et 221) : « Il fit vanité de donner au monde toutes les démonstrations d'un amant irrité. »
6. Se résoudre à. (1817, 26, 38.)
7. Voyez plus haut, p. 59 et 60, et la note 1 de la page 60.

habileté[1] des fautes de ses ennemis ; la Reine balançoit néanmoins, et ne pouvoit se déterminer encore à déclarer ses sentiments.

Le Roi vécut trois semaines après avoir reçu l'extrême-onction ; cette longue extrémité augmenta les cabales ; sa mort les fit bientôt paroître. Elle arriva le 14 mai de l'année 1643[2], à pareil jour que, trente-trois ans auparavant, il étoit parvenu à la couronne. La Reine amena le lendemain le Roi son fils à Paris ; deux jours après, elle fut déclarée régente au Parlement[3], du consentement de Monsieur et de Monsieur le Prince, et la déclaration du feu Roi y[4] fut cassée ; le soir même, elle établit le cardinal Mazarin chef du conseil[5], et le parti qui lui étoit opposé apprit cette nouvelle avec la surprise et l'étonnement qu'on peut aisément s'imaginer. Le premier soin du Cardinal fut de sacrifier M. de Chavigny à la Reine, et de se décharger sur lui du crime de la déclaration, malgré leur ancienne liaison et l'amitié qu'ils s'étoient nouvellement jurée : on lui ordonna de se défaire de sa charge de secrétaire d'État entre les mains de M. de Brienne[6], et

1. Habilement. (1817, 26, 38.)
2. Le 14 mai 1643. — A Saint-Germain : voyez les *Mémoires de la Châtre*, p. 196 et suivantes.
3. Le 18 mai, trois jours après, et non deux. Voyez les détails que donne *Mme de Motteville*, tome I, p. 105 et 106.
4. Le mot *y* n'est pas dans l'édition de 1817.
5. Il faut lire dans les *Mémoires du jeune Brienne* (Louis-Henri de Loménie), tome I, p. 296, comment les choses se passèrent, et quelle fermeté déploya, pour la première fois, Anne d'Autriche
6. Henri-Auguste de Loménie, comte de Brienne, né en 1595, mort en 1666, devint secrétaire d'État en titre en 1638 ; puis, après avoir, en 1643, résigné pendant quelques mois ses fonctions entre les mains de Chavigny, il remplaça celui-ci au département des affaires étrangères. Il est père de Henri-Louis, dont nous venons de citer les *Mémoires*. Les siens furent publiés en 1717-1723. Les manuscrits que contenait sa bibliothèque, achetée par Louis XIV, composent un fonds précieux à la Bibliothèque nationale.

on ôta les finances à M. Boutiller[1]. Comme je ne prétends pas écrire particulièrement tout ce qui s'est passé dans un temps[2] si agité, je me contenterai seulement de rapporter ce qui me regarde, ou au moins ce dont j'ai été témoin.

La première grâce que je demandai à la Reine et que j'obtins d'elle après la mort du Roi, ce fut le retour du comte de Miossens[3] à la cour[4], et son abolition[5], pour s'être battu en duel et avoir tué Villandry[6]. La Reine me donnoit beaucoup de marques d'amitié et de confiance; elle m'assura même plusieurs fois qu'il y alloit de son honneur que je fusse content d'elle[7], et qu'il n'y avoit

---

1. Claude Bouthilier, père du comte de Chavigny (voyez ci-dessus, p. 31, note 3), né en 1584, mort en 1652, secrétaire d'État au département des affaires étrangères (1618), puis surintendant des finances avec Bullion (1632).

2. Dans ce temps. (1817, 26, 38.)

3. César-Phœbus, comte de Miossens, sire de Pons, qui fut maréchal de France en 1653, et prit dès lors le nom d'Albret; nommé gouverneur de Guyenne en 1670, il mourut en 1676, âgé de soixante-deux ans, et ne laissant que des filles; le nom d'Albret s'éteignit avec lui.

4. « A la cour » est omis dans les éditions antérieures.

5. Les *lettres d'abolition* se donnaient en grande chancellerie. Le Roi y déclarait *abolir*, effacer un crime, un fait incriminé; c'était un acte de pleine puissance royale, interdisant toute recherche et accordant le pardon.

6. Dans ce duel, le comte de Miossens et le marquis de Villandry servaient le chevalier de Rivière et Vassé, qui, eux, ne se firent point de mal. Voyez *Tallemant des Réaux*, tome II, p. 202, et tome V, p. 476; de ces deux passages de Tallemant, le second montre bien que Villandry fut tué par le futur maréchal d'Albret, et non, comme le dit, au premier endroit, une note marginale de l'édition citée des *Historiettes*, par son frère François Amanieu, chevalier d'Albret, celui qui plus tard tua en duel Henri de Sévigné, mari de l'illustre marquise.

7. Voyez, ci-après, les premières pages de l'*Apologie de M. le prince de Marcillac*.

rien d'assez grand dans le Royaume pour me récompenser de ce que j'avois fait pour son service.

Le duc de Beaufort se soutenoit par de vaines apparences[1] de crédit, et plus encore par cette opinion générale et mal fondée de son mérite et de sa vertu. La plupart de ceux qui avoient été attachés à la Reine s'étoient joints à lui ; j'étois de ses amis, mais je le connoissois trop pour l'être particulièrement. La cour étoit partagée, comme je viens de le dire, entre lui et le Cardinal, et on attendoit que le retour de Mme de Chevreuse fît pencher la balance, par l'amitié que la Reine avoit toujours eue pour elle ; mais je ne jugeois pas de son crédit si favorablement que les autres[2] : la Reine m'en parla avec froideur[3], et je vis bien qu'elle eût voulu que son retour en France eût été retardé. Elle me fit même beaucoup de difficulté[4] de la laisser revenir à la cour, après l'expresse défense que le Roi lui en avoit faite en mourant ; elle me dit qu'elle l'aimoit toujours, mais que, n'ayant plus de goût pour les amusements qui avoient fait leur liaison dans leur jeunesse, elle craignoit de lui paroître changée ; qu'elle savoit par sa propre expérience combien Mme de Chevreuse étoit capable de troubler par des cabales[5] le repos de sa régence. La Reine ajouta encore qu'elle revenoit sans doute avec un esprit aigri de la confiance qu'elle prenoit au cardinal Mazarin, et dans le dessein de lui nuire. Je lui parlai peut-être avec plus de liberté que je ne

1. Espérances. (1817, 26, 38.)
2. Voyez les *Mémoires de la Porte*, p. 404.
3. M'en parloit. (1817, 26, 38.) — Dans notre manuscrit, les mots : *m'en parla avec froideur*, sont en interligne.
4. Beaucoup de difficultés. (1817, 26, 38.)
5. Les mots *par des cabales*, et un peu plus loin *sans doute*, et *Mazarin*, après *cardinal*, ne sont pas dans les éditions antérieures.

devois : je lui représentai quel trouble et quelle surprise un changement si imprévu alloit causer au public et à ses anciens serviteurs, quand on verroit tomber les premières marques de son pouvoir et de sa sévérité sur Mme de Chevreuse ; je lui remis devant les yeux la fidélité de son attachement pour elle, ses longs services et la durée des malheurs[1] qu'elle lui avoit attirés ; je la suppliai de considérer de quelle légèreté on la croiroit capable, et quelle interprétation on donneroit[2] à cette légèreté, si elle préféroit le cardinal Mazarin à Mme de Chevreuse. Cette conversation fut longue et agitée ; je vis bien que je l'aigrissois quelquefois ; mais, comme il me restoit encore beaucoup de pouvoir sur son esprit, j'obtins ce que je desirois[3]. Elle me chargea même d'aller au-devant de Mme de Chevreuse, qui revenoit de Flandres, pour lui faire prendre une conduite qui lui fût agréable.

On gardoit encore alors quelque sorte de hauteur avec le cardinal Mazarin. Il se forma une cabale de la plupart de ceux[4] qui avoient été attachés à la Reine pendant la vie du feu Roi, qui fut nommée des *Importants*[5]. Bien qu'elle fût composée de personnes différentes d'in-

---

1. La dureté des malheurs. (1826, 38.) — N'est-ce pas une faute d'impression qui, de la première de ces éditions, a passé dans la seconde ?
2. L'on donneroit. (1826, 38.)
3. « La duchesse de Chevreuse, dit Mme de Motteville (tome I, p. 127),... ne trouva plus en la Reine ce qu'elle y avoit laissé ; et ce changement fit aussi que la Reine, de son côté, ne trouva plus en elle les mêmes agréments qui l'avoient autrefois charmée. La souveraine étoit devenue plus sérieuse et plus dévote, et la favorite étoit demeurée dans les mêmes sentiments de galanterie et de vanité, qui sont de mauvais accompagnements pour l'âge de quarante-cinq ans. » Il faut ajouter que Mazarin ne négligea rien pour faire voir à la Reine les défauts de son ancienne favorite.
4. Une cabale de ceux. (1817, 26, 38.)
5. Alexandre de Campion a tracé des Importants (*Recueil de lettres*,

térêt, de qualité et de profession, tous convenoient d'être ennemis du cardinal Mazarin, de publier les vertus imaginaires du duc de Beaufort, et d'affecter un faux honneur, dont Saint-Ibar, Montrésor, le comte de Béthune et quelques autres s'étoient érigés en dispensateurs. Pour mon malheur, j'étois de leurs amis, sans approuver leur conduite[1]. C'étoit un crime de voir le cardinal Mazarin[2]; cependant, comme je dépendois entièrement de la Reine, elle m'avoit déjà ordonné une fois de le voir : elle voulut que je le visse encore ; mais, comme je voulois éviter la critique des Importants, je la suppliai d'approuver que les civilités qu'elle m'ordonnoit de lui faire fussent limitées[3], et que je pusse lui déclarer

---

édition de M. C. Moreau, 1857, p. 386) un portrait qui mérite d'être cité : « J'ai, dit-il, des amis qui n'ont pas toute la prudence qui seroit à desirer; ils se font un honneur à leur mode et donnent des habits si extraordinaires à la vertu qu'elle me semble toute déguisée, de sorte qu'en cas qu'ils aient toutes les bonnes qualités essentielles, ils s'en servent si mal que l'applaudissement qu'ils se sont attiré ne servira peut-être qu'à leur destruction. » — « Esprits absurdes, dit d'eux V. Cousin dans *Madame de Chevreuse* (p. 233), cœurs intrépides, professant les maximes les plus outrées, et une sorte de culte pour de Thou, parce qu'il était mort pour son ami, invoquant sans cesse la vieille Rome et Brutus, mêlant à tout cela des intrigues galantes, et s'exaltant dans leurs chimères par le désir de plaire aux dames. » — On sait que ce nom d'*Importants*, qui a pris place dans l'histoire, est de Mme Cornuel; elle appelait aussi les Jansénistes des *Importants spirituels* : voyez Tallemant des Réaux, tome V, p. 137, et V. Cousin, *la Société française au dix-septième siècle*, tome II, p. 228.

1. Plus haut (p. 67), la Rochefoucauld écrit en parlant de Beaufort : « J'étois de ses amis, mais je le connoissois trop pour l'être particulièrement. »

2. Ici, et de même à la première phrase de l'alinéa, *Mazarin* est omis dans les éditions antérieures.

3. Que les civilités qu'elle m'ordonnoit de lui rendre fussent réglées. (1817, 26, 38.) — V. Cousin a publié dans le *Journal des savants* (années 1854, 1855, 1856) une analyse des *Carnets* manu-

que je serois son serviteur et son ami tant qu'il seroit véritablement attaché au bien de l'État et au service de la Reine, mais que je cesserois de l'être s'il contrevenoit à ce qu'on devoit [1] attendre d'un homme de bien et digne de l'emploi qu'elle lui avoit confié. Elle loua avec exagération ce que je lui disois ; je le répétai mot à mot au Cardinal, qui apparemment n'en fut pas si content qu'elle, et qui lui fit trouver mauvais ensuite que j'eusse mis tant de conditions à l'amitié que je lui promettois [2]. La

scrits de Mazarin, qui fournit de curieux renseignements sur presque tous les personnages de marque de ce temps. C'est dire qu'il y est question de notre auteur. Ces notes, écrites au jour le jour par le Cardinal, nous permettent de suivre par le menu les fluctuations successives de la conduite politique de la Rochefoucauld ; la peinture la plus soignée ne rendrait pas l'homme avec une plus fine exactitude. Mazarin note, par exemple (3e *carnet*, p. 6) : « On attaque Marcillac, parce qu'il a l'intention de me voir. » Rapprochez cette phrase de ce que nous dit ici la Rochefoucauld : que, voulant « éviter la critique des Importants, » il supplia la Reine de lui permettre de ne rendre au Cardinal que des « civilités limitées. » C'est précisément ce qui est écrit dans le 2e *carnet* (p. 78) : « Marcillac pèse dans la plus fine balance les visites qu'il doit me faire. » « De temps à autre, dit V. Cousin (*Journal des savants*, 1854, p. 706), on rencontre quelques mots tels que ceux-ci (4e *carnet*, p. 61) : « Une pension pour Marcillac » ; mais on lit quelques pages après (*ibidem*, p. 80) : « Marcillac est plus Important que jamais, il est tou-« jours avec Barillon ; » plus loin (*ibidem*, p. 96) : « Marcillac est de tous les conseils des Importants ; » et le Cardinal ajoute : « Au reste, « celui qui a été une fois infecté de ce venin n'en guérit jamais. »

1. A ce que l'on doit. (1817, 26, 38.)

2. Il est certain que c'est la Rochefoucauld, qui, à force de hauteur, finit par lasser la bonne volonté de Mazarin à son égard. On lit dans les *Mémoires de la Châtre* (p. 217 et 218) : « Le Cardinal jugeant qu'il témoigneroit une extraordinaire déférence aux sentiments de la Reine en faisant quelques avances pour acquérir l'amitié de ceux qu'elle avoit toujours crus ses serviteurs, il commença par M. de Marcillac, comme étant le premier à qui elle avoit protesté hautement de faire du bien, et lui fit demander son amitié avec de termes les plus civils et les plus pressants qui se puissent imaginer ; et, entre autres choses, il lui fit dire qu'il le prioit de se

Reine ne m'en fit pourtant rien paroître alors, et elle me témoigna d'approuver ce que j'avois fait.

J'allai au-devant de Mme de Chevreuse, et je la trouvai à Roye [1]. Montaigu [2], Anglois, y étoit arrivé devant moi [3] : il étoit chargé, de la part du Cardinal, de toutes les avances qui la pouvoient engager dans son amitié et séparer entièrement de lui, en cas qu'il remarquât jamais en lui aucun intérêt particulier de biens, de charges, ni d'autres avancements, ou aucune intention de nuire à un homme de condition. M. de Marcillac rendit compte à la Reine de ce que le Cardinal lui avoit fait dire ; et lui demandant ce qu'elle lui ordonnoit là-dessus, elle lui dit que le plus grand plaisir qu'il lui pouvoit jamais faire étoit d'être son ami, et lui en parla avec une estime et un empressement qui découvroient assez son inclination. Après ce discours, M. de Marcillac n'eut plus à consulter ; mais, avant que de l'aller voir, il déduisit ce qui lui étoit arrivé avec ses amis particuliers, et, entre autres, me fit la grâce de me le raconter assez amplement. »

1. Ville de Picardie, entre Noyon et Montdidier. Le comté de Roye était passé dans la famille de la Rochefoucauld, avec le comté de Roucy, par le mariage de Charlotte de Roye avec François III de la Rochefoucauld (1557). — Mme de Chevreuse, partie de Bruxelles le 6 juin 1643, était venue coucher le 12 à Roye : voyez la *Gazette* du 23 juin.

2. Lord Ralph Montaigu, gentilhomme de la chambre du roi d'Angleterre, l'ami de Buckingham et de Holland. Il entra ensuite dans l'Église. Il est souvent mentionné dans les *Mémoires de Mme de Motteville*, sous les noms soit de *milord*, soit, vers la fin, d'*abbé* de Montaigu. Ce soupirant de Mme de Chevreuse avait joué un rôle actif dans toutes les intrigues ourdies en Lorraine. On voit dans une lettre d'Alexandre de Campion, en date de mai 1643 (p. 383-385), que Montaigu était chargé d'offrir à la duchesse, de la part du Cardinal, de l'argent pour payer ses dettes.

3. Un autre ami de Mme de Chevreuse, fort avant dans ses intrigues, cet Alexandre de Campion dont nous venons de citer le *Recueil de lettres*, alla aussi au-devant d'elle, à Péronne, et lui parla dans le même sens que la Rochefoucauld et Montaigu. « Quelques-uns de vos bons amis, lui écrit-il (mai 1643) en la prévenant de ce voyage, désirent fort que j'aie une conférence avec vous ; mais, quoique je sois leur serviteur, pour beaucoup de raisons que je vous expliquerai, je ne m'exposerai point à rien déterminer, ne pouvant pas encore juger bien certainement. »

dans ses intérêts. Elle me pria de ne lui point parler devant Montaigu. Je l'informai le plus précisément qu'il me fut possible de l'état des choses ; je lui dis la disposition où la Reine étoit[1] pour le cardinal Mazarin et pour elle ; je l'avertis de ne juger pas de la cour par ses propres connoissances, et de n'être pas surprise de trouver beaucoup de changement[2] ; je lui conseillai de suivre les goûts de la Reine, puisque apparemment elle ne les feroit pas changer ; je lui représentai que le Cardinal n'étoit accusé d'aucun crime, qu'il n'avoit point eu part aux violences du cardinal de Richelieu, qu'il étoit presque le seul qui eût connoissance des affaires étrangères, qu'il n'avoit point de parents en France, qu'il étoit trop bon courtisan pour ne faire pas[3] vers elle toutes les avances qu'il devoit, mais que, les faisant, je croyois qu'elle les devoit recevoir[4], pour le soutenir s'il faisoit son devoir, ou pour l'empêcher de manquer à le faire ; j'ajoutai encore qu'il y avoit peu de sujets dont la probité et la capacité fussent assez connues pour les devoir préférer au cardinal Mazarin ; je l'exhortai, sur toutes choses, de ne laisser pas imaginer à la Reine qu'elle revînt dans le dessein de la gouverner, puisque c'étoit le prétexte dont ses ennemis se servoient le plus pour lui nuire ; qu'elle devoit uniquement s'appliquer à reprendre dans son esprit et dans son cœur la même place qu'on avoit essayé de lui ôter, et se mettre en état de protéger ou de détruire le cardinal Mazarin[5], selon que sa conservation ou sa ruine seroient utiles au public.

1. La disposition où étoit la Reine. (1817, 26, 38.)
2. Beaucoup de changements. (*Ibidem.*)
3. Pour ne pas faire. (*Ibidem.*)
4. Mais qu'en les faisant, je croyois qu'elle devoit les recevoir. (*Ibidem.*)
5. Ici encore *Mazarin* manque dans les éditions antérieures.

Mme de Chevreuse me témoigna de vouloir[1] suivre entièrement mes avis[2]. Elle arriva à la cour dans cette résolution ; et bien qu'elle fût reçue de la Reine avec beaucoup de marques d'amitié, je n'eus pas grande peine à remarquer la différence de la joie que la Reine avoit de la revoir à celle qu'elle avoit eue autrefois de m'en parler[3]. Mme de Chevreuse ne remarqua pas néanmoins cette différence, et elle crut que sa présence détruiroit, en un moment, ce que ses ennemis avoient fait contre elle. Le duc de Beaufort et les Importants la fortifièrent encore dans cette pensée, et ils crurent qu'étant unis ils détruiroient facilement le cardinal Mazarin avant qu'il fût entièrement affermi. Cette liaison et quelques marques de tendresse et de confiance que Mme de Chevreuse reçut de la Reine lui firent[4] regarder toutes les avances que lui faisoit artificieusement le Cardinal comme des preuves de sa foiblesse ; elle crut que c'étoit assez y répondre que de ne se déclarer pas ouvertement contre lui, et qu'il suffisoit, pour le ruiner insensiblement, de faire revenir M. de Châteauneuf[5]. Son bon sens et sa longue expérience dans les affaires étoient connus de la Reine ; il avoit souffert une rigoureuse prison pour avoir été dans ses intérêts ; il étoit ferme, décisif ; il aimoit l'État, et il étoit plus capable que nul autre de rétablir l'ancienne forme du gouvernement, que le cardinal de Richelieu avoit commencé de détruire[6] ; il

1. Qu'elle vouloit. (1817, 26, 38.)
2. On sait qu'elle n'en fit rien. Selon la *maxime* 378 (tome I, p. 176), « on donne des conseils, mais on n'inspire point de conduite. »
3. Voyez plus haut, p. 68, note 3.
4. Lui fit. (1817, 26, 38.)
5. Elle obtint en effet le rappel de Châteauneuf, qui toutefois ne rentra point dans Paris et se tint à Montrouge. Il redevint garde des sceaux en 1650, mais ne reprit pas son ancienne influence.
6. La Rochefoucauld ne s'explique pas davantage sur ce qu'il

étoit de plus intimement attaché à Mme de Chevreuse, et elle savoit assez les voies les plus certaines de le gouverner; elle pressa donc son retour avec beaucoup d'instance; elle en fit aussi pour rétablir le duc de Vendôme dans son gouvernement de Bretagne[1], ou pour l'en faire récompenser par l'amirauté[2]. En ce

appelle « l'ancienne forme de gouvernement; » mais on peut le tenir quitte de plus amples développements sur ce sujet. La préoccupation du bien public n'était pas l'idée qui l'obsédait; ce ne fut pas ce mobile qui le jeta, comme on dirait de nos jours, dans l'opposition. Au reste, la Fronde des seigneurs, cette mutinerie sans aucune vue politique sérieuse et précise, n'était qu'une dernière convulsion de la féodalité aux abois. Encore est-ce beaucoup dire : les chefs de la coterie nobiliaire, qui suscita tant de difficultés à Mazarin, n'allaient pas, dans leurs revendications, jusqu'à se poser en champions irréconciliables du passé contre le présent : des places dans le conseil royal, des gouvernements, des pensions, tel était l'objet des convoitises toutes personnelles des Frondeurs. Un grand seigneur, comme la Rochefoucauld, nourri au sein des intrigues, a pu écrire que Richelieu « avoit commencé de détruire » l'ancienne forme de gouvernement; la vérité historique, c'est que l'ancienne forme reçut du Cardinal le dernier coup, ou du moins un coup si terrible, que Louis XIV put bientôt penser et dire : « l'État, c'est moi. » — On peut rapprocher de ces mots que la Rochefoucauld jette là en passant et sans y attacher d'importance, les longues et éloquentes considérations auxquelles Retz, passionné après coup pour le bien public, se livre au tome I de ses *Mémoires*, p. 271 et suivantes.

1. César de Vendôme avait résigné le gouvernement de Bretagne, à sa sortie de prison, en 1630. Mazarin, pour ne pas lui rendre cette charge, usa d'un biais. Il amena la Reine à retenir pour elle le gouvernement de la Bretagne, et à s'y faire suppléer par un lieutenant général, titre qui ne convenait pas à un fils de Henri IV, mais dont pouvait s'accommoder la Meilleraye, qui le portait déjà depuis 1632.

2. Ou plutôt par la grand'maîtrise et surintendance générale de la navigation, qui avait remplacé en 1627 l'ancienne charge d'amiral de France, rétablie ensuite par Louis XIV en 1669. Le titulaire de la surintendance était alors Jean-Armand de Maillé, duc de Brezé, neveu du cardinal de Richelieu et beau-frère du duc d'Enghien. César de Vendôme y fut nommé en 1650.

même temps, pour s'acquitter vers moi de ce qu'elle me croyoit devoir[1], et pour donner dans le monde une opinion avantageuse de sa reconnoissance et de son crédit[2], elle proposa avec empressement à la Reine d'ôter le Havre des mains du duc de Richelieu[3], pour me le donner[4], et la Reine y avoit consenti. C'étoit en même temps me faire du bien par un établissement qui étoit utile à la Reine, et c'étoit entamer aussi les parents[5] du cardinal de Richelieu. La Reine n'étoit plus néanmoins en état d'entreprendre une affaire de cette importance sans l'approbation du cardinal Mazarin[6] : il eut dessein de me nuire, et il le fit adroitement, en disant à la Reine qu'il suivroit toujours ses volontés avec soumission, mais qu'il ne pouvoit s'empêcher de plaindre les parents du cardinal de Richelieu, et de sentir leur abaissement avec une extrême douleur; que la Reine me devoit trop de reconnoissance pour ne pas faire des choses extraordinaires pour moi, et qu'il n'y avoit personne de qui il souhaitât plus véritablement les avantages, tant que je n'en dépouillerois point la maison de Richelieu. De moindres raisons eussent suffi pour arrêter la Reine. Cette affaire l'embarrassoit néanmoins : elle n'osoit faire voir à Mme de Chevreuse qu'elle lui manquoit de parole ; mais elle pouvoit encore moins se

1. Qu'elle croyoit me devoir. (1817, 26, 38.)
2. « Pour s'établir dans le monde, on fait tout ce que l'on peut pour y paroître établi. » (*Maxime* 56, tome I, p. 54.)
3. Armand-Jean de Vignerot du Plessis, duc de Richelieu, né en 1629, mort en 1715, petit-neveu du Cardinal, et père du fameux duc de Richelieu du dix-huitième siècle. Il était gouverneur du Havre, où, jusqu'à sa majorité, la duchesse d'Aiguillon, sa tante et sa tutrice, devait, par ordre du feu ministre, exercer le commandement.
4. Voyez les *Mémoires de la Châtre*, p. 226.
5. Et c'étoit aussi entamer la fortune des parents. (1817, 26, 38.)
6. Sans en parler au Cardinal. (*Ibidem.*)

résoudre à ne suivre pas les volontés du cardinal Mazarin. Mme d'Aiguillon, soutenue du Cardinal, n'oublia rien pour se garantir[1]; elle me fit offrir la charge de général des galères[2], par Mlle de Rambouillet[3]. Le Cardinal, par un artifice, qu'il a depuis[4] mis en usage en tant d'occasions, voulut me donner d'autres vues en la place de celles[5] que j'avois, et me faire abandonner le Havre, qu'on m'avoit promis, pour des espérances éloignées dont il auroit pu aisément empêcher le succès. Il savoit que j'avois répondu, sur les propositions de Mme d'Aiguillon, que je ne demandois ni le Havre ni les galères[6], que je croyois seulement que la Reine me destineroit à ce qui seroit le plus utile à son service, et que c'étoit ce que j'accepterois par préférence. La Reine témoigna ensuite de vouloir récompenser[7] le maréchal de Gramont[8] de la charge de mestre de

1. N'oublia rien de son côté pour se garantir. (1817, 26, 38.) — Suivant Mme de Motteville (tome I, p. 108 et 109), Mme d'Aiguillon fit, entre autres choses, observer à la Reine que « celui auquel elle vouloit donner ce gouvernement avoit trop d'esprit, qu'il étoit capable de desseins ambitieux, et pourroit, sur le moindre dégoût, se mettre de quelque parti. »

2. Les galères, employées principalement sur la Méditerranée, relevaient, dans la marine française, d'une administration distincte, dont le siége était à Marseille. Ce fut le duc de Richelieu (voyez p. 75, note 3) qui, en 1643, succéda à son père François, marquis de Pont-Courlay, dans la charge de général des galères; elle fut supprimée en 1748.

3. Julie-Lucine d'Angennes, fille de Catherine de Vivonne, marquise de Rambouillet. Elle épousa en 1645 Charles de Sainte-Maure, marquis, puis duc de Montausier, et gouverneur du Dauphin en 1668. Voyez V. Cousin, *la Société française au dix-septième siècle*, tome II, chapitre IX.

4. On lit ici, dans notre manuscrit, les mots *si souvent*, biffés.

5. De celle. (1817, 26, 38.)

6. Ni le généralat des galères. (*Ibidem.*)

7. *Récompenser*, dédommager.

8. Antoine, d'abord comte de Guiche, puis duc de Gramont,

camp des Gardes, pour me la donner. On proposa encore de faire rentrer le duc de Bellegarde dans la charge de grand écuyer[1], par des droits qu'il y avoit conservés, et de m'en faire avoir la survivance. Tant de diverses espérances, qui m'étoient données presque en même temps, et qui étoient sitôt changées, m'attiroient beaucoup d'envie sans me procurer aucun établissement, et je vis bien que la Reine entroit dans l'esprit du Cardinal pour m'amuser. Elle ne me parloit plus d'affaires; mais elle s'efforçoit néanmoins de me donner toujours des assurances de son amitié. Elle me dit même, une fois que je lui demandois un avis, que pour m'épargner la peine de demander, elle me donnoit par avance tous les avis qui me pouvoient être utiles[2]. Je ne profitai point de cette bonté; car il ne se présenta rien dont je pusse faire usage pendant deux mois que cette bonne volonté lui dura. Dans ce temps, Gassion[3], qui depuis a été maréchal de France, fut dangereusement blessé[4]; aussitôt la Reine me destina sa charge de mestre de camp de la cavalerie légère, en disant qu'elle ne

---

maréchal depuis 1641, né en 1604, mort en 1678, était mestre de camp des Gardes depuis 1639. Il a laissé des *Mémoires*. Le chevalier de Gramont, le héros des *Mémoires d'Hamilton*, cités plus haut, était son frère puîné.

1. Le duc de Bellegarde, qui avait cédé en 1620 la charge de grand écuyer à son frère le baron de Thermes, l'avait reprise à la mort de celui-ci (1621), puis s'en était démis (1639) en faveur de Cinq-Mars. Ce fut Henri de Lorraine, comte d'Harcourt, qui l'obtint en 1643.

2. Elle me dit même une fois que si je ne lui donnois des avis, pour m'épargner la peine de lui demander, elle me donneroit par avance tous ceux qui me pourroient être utiles. (1817, 26, 38.)

3. Jean, comte de Gassion, avait servi sous Gustave-Adolphe. Il fut un des héros de Rocroy, où il commandait, sous Condé, l'aile droite de l'armée française. Il reçut le bâton de maréchal, à trente-quatre ans à peine, le 17 novembre 1643; il fut tué au siége de Lens, en 1647.

4. Au siége de Thionville, en juillet 1643.

me la donnoit pas comme une récompense, mais seulement pour me faire attendre plus agréablement ce qu'elle vouloit faire pour moi. Je sus que Mme de Hautefort prétendoit cette charge pour un de ses frères[1]; je suppliai la Reine de la lui donner, et de ne songer à m'établir[2] que dans ce qui seroit utile à son service particulier.

Cependant Mme de Chevreuse commençoit à s'impatienter : on ne faisoit rien pour elle ni pour ses amis; le pouvoir du Cardinal augmentoit tous les jours; il l'amusoit par des paroles soumises et galantes, et il essayoit même quelquefois de lui faire croire qu'elle lui donnoit de l'amour[3]. Il lui parut d'abord moins difficile sur le retour de M. de Châteauneuf, qu'elle desiroit ardemment : cette facilité venoit sans doute de ce qu'il le croyoit ruiné dans l'esprit de la Reine, et que Madame la Princesse[4] et la maison de Condé ne pourroient consentir à l'établissement d'un homme qu'ils accusoient de la mort du duc de Montmorency[5]. Il croyoit encore qu'il suffisoit de laisser agir Monsieur le Chancelier[6], qui étoit assez obligé pour sa propre conservation d'exclure M. de Châteauneuf, puisqu'il ne pouvoit revenir à la cour sans lui ôter les sceaux. Le Chancelier avoit pris toutes sortes de précautions auprès de la Reine pour éviter ce déplaisir, et

---

1. Marie de Hautefort avait deux frères, ses aînés : l'un, Jacques marquis de Hautefort; l'autre, Gilles, alors comte de Montignac, puis marquis de Hautefort (1680), qui continua la race.

2. Et de ne m'établir. (1817, 26, 38.)

3. Il paraît vraisemblable que d'abord le Cardinal essaya, pour tout de bon, de la gagner, ne la jugeant pas, dit la Châtre, p. 225, « entièrement ruinée, ni..., absolument inutile à sa fortune. »

4. La belle Charlotte-Marguerite de Montmorency, mère du grand Condé, laquelle avait inspiré une si impétueuse passion à Henri IV.

5. Voyez ci-dessus, p. 19, note 4. — Dans le manuscrit : *Momorency*, orthographe de prononciation.

6. Seguier. Voyez p. 28, note 4.

il s'étoit servi utilement de l'amitié et de la confiance particulière qu'elle avoit pour une de ses sœurs, religieuse à Pontoise [1], et pour Montaigu, dont j'ai déjà parlé [2].

Cependant Mme de Chevreuse considéroit tous ces retardements comme autant d'artifices du cardinal Mazarin, qui accoutumoit insensiblement la Reine à ne lui pas accorder d'abord ce qu'elle desiroit, et qui diminuoit par cette conduite l'opinion qu'elle vouloit donner dans le monde de son crédit. Elle témoignoit souvent sa mauvaise satisfaction à la Reine, et dans ses plaintes elle mêloit toujours quelque chose de piquant et de moqueur contre les défauts personnels du cardinal Mazarin. Elle ne pouvoit souffrir d'être obligée d'avoir recours à ce ministre pour obtenir ce qu'elle desiroit de la Reine, et elle aimoit mieux n'en recevoir point de grâces que de les devoir au Cardinal. Lui, au contraire, se servoit habilement de cette conduite de Mme de Chevreuse pour persuader de plus en plus à la Reine qu'elle la vouloit gouverner [3] : il lui disoit que Mme de Chevreuse étant soutenue du duc de Beaufort et de la cabale des Importants, dont l'ambition et le déréglement étoient si connus [4], toute l'autorité de la Régence passeroit en leurs mains, et que la Reine se verroit plus soumise et plus éloignée des affaires que du vivant du feu Roi. Il supposa en même temps des lettres et des avis des alliés,

---

1. La Mère Jeanne, supérieure du couvent des Carmélites.
2. Voyez ci-dessus, p. 71, note 2.
3. Comparez avec un passage des *Mémoires de Mme de Motteville* (tome I, p. 127-129) auquel, deux fois déjà, nous avons eu occasion de renvoyer.
4. « Quatre ou cinq mélancoliques, qui avoient la mine de penser creux, » dit le cardinal de Retz en parlant de cette même cabale (tome I, p. 223).

qui demandoient à qui il se falloit adresser[1] désormais pour savoir les intentions de la Reine, et qui menaçoient de se détacher des intérêts de l'État si le duc de Beaufort et les Importants en étoient les maîtres.

Monsieur entroit dans les sentiments du Cardinal pour faire sa cour à la Reine; il étoit foible, timide, léger, et tout ensemble familier et glorieux[2]. Le Cardinal fournissoit abondamment aux pertes excessives que ce prince faisoit dans le jeu; il le tenoit encore par l'intérêt de l'abbé de la Rivière[3], son favori, en lui faisant espérer qu'il auroit la nomination de France pour le chapeau de cardinal. Le prince de Condé, grand politique, bon courtisan, mais plus appliqué à ses affaires domestiques qu'à celles de l'État, bornoit toutes ses prétentions à s'enrichir[4]. Le duc d'Enghien, son fils, jeune, bien fait,

1. À qui il falloit s'adresser. (1817, 26, 38.)
2. « M. le duc d'Orléans avoit, dit Retz (tome II, p. 175), à l'exception du courage, tout ce qui étoit nécessaire à un honnête homme; » et, parlant de sa faiblesse, il ajoute : « Comme elle régnoit dans son cœur par la frayeur, et dans son esprit par l'irrésolution, elle salit tout le cours de sa vie. »
3. Louis Barbier, né à Montfort-l'Amaury, d'abord professeur de philosophie au collége du Plessis à Paris, puis sous-précepteur dans la maison du duc d'Orléans. On raconte qu'il savait Rabelais par cœur, et que c'est là ce qui lui valut la faveur de Gaston, dont Rabelais était, dit-on, l'auteur préféré. Ayant échoué dans la poursuite du chapeau de cardinal, il eut, comme dédommagement, l'abbaye de Saint-Benoît et, en 1656, l'évêché de Langres, qui était duché-pairie. Il mourut en 1670. On prétendait qu'il avait vendu tant de fois le duc d'Orléans, son maître, que nul n'en pouvait mieux savoir le prix.
4. Henri II de Bourbon n'avait pas toujours été aussi exclusivement appliqué à ses affaires domestiques, témoin les trois années de prison qu'il avait passées à la Bastille et à Vincennes sous la régence de Marie de Médicis. Cette leçon lui avait suffi; rendu à la liberté, il s'était guéri de l'ambition par l'avarice, conformément à la 10e *maxime* de la Rochefoucauld (tome I, p. 34) : « Il y a dans le cœur humain une génération perpétuelle de passions, en

d'un esprit grand, clair, pénétrant et capable, brilloit de toute la gloire que le gain de la bataille de Rocroy[1] et la prise de Thionville[2] pouvoient donner à un prince de vingt ans; il revenoit avec tout l'éclat que méritoient de si grands commencements, et il étoit avec la Reine dans la même liaison dont j'ai parlé, et que j'avois concertée[3]. Madame la Princesse, sa mère, suivoit ses engagements : elle étoit attachée par elle-même à la Reine, qui lui avoit rendu Chantilly et tout ce que le feu Roi avoit retenu de la confiscation du duc de Montmorency[4]. Mme la duchesse de Longueville[5], sa fille, suivoit les intérêts de sa maison; elle étoit trop occupée des charmes de sa beauté, et de l'impression que les grâces de son esprit faisoient sur tout ce qui la voyoit[6], pour

---

sorte que la ruine de l'une est presque toujours l'établissement d'une autre. » Retz dit aussi du père du grand Condé (tome I, p. 235) qu'il était « attaché à la cour par son avarice. »

1. Gagnée le 19 mai 1643, cinq jours après la mort de Louis XIII. Mme de Motteville rapporte (tome I, p. 112) que le Roi, avant de mourir, avait vu en rêve le duc d'Enghien « donner un combat et défaire les ennemis en ce même lieu » de Rocroy. Voyez, sur cette bataille, *la Jeunesse de Madame de Longueville*, par V. Cousin, p. 214-217, et p. 310; la série de pièces curieuses qui se trouvent à l'*Appendice* de cet ouvrage, p. 532-585; et *la Société française au dix-septième siècle*, tome I, chapitre IV.

2. C'est le 10 août 1643 que fut prise cette place, « qu'on jugeoit infaillible, » dit la Châtre, p. 231.

3. Voyez plus haut, p. 57 et 58.

4. Voyez p. 30, note 5.

5. Anne-Geneviève de Bourbon, née en 1619, au donjon de Vincennes, pendant la captivité de son père, morte en 1679 aux Carmélites du faubourg Saint-Jacques. Elle avait épousé, à l'âge de vingt-trois ans, le 2 juin 1642, Henri II d'Orléans, duc de Longueville, qui avait quarante-sept ans. — Voyez sur elle V. Cousin : *la Jeunesse de Madame de Longueville; Madame de Longueville pendant la Fronde; et la Société française au dix-septième siècle*, tome I, chapitre I.

6. Sur tous ceux qui la voyoient. (1817, 26, 38.) — Retz (tome II,

connoître encore l'ambition; et elle étoit bien éloignée de prévoir quelle part elle auroit à tout ce qui a troublé la fin de la Régence et les premières années de la majorité du Roi.

Les choses étoient en ces termes, et le cardinal Mazarin, d'une part, et Mme de Chevreuse et le duc de Beaufort, de l'autre, songeoient avec beaucoup d'application à se détruire[1]. La bonne fortune du Cardinal et l'imprudence du duc de Beaufort et de Mme de Montbazon[2], dont il étoit amoureux, fournirent bientôt une occasion, dont le Cardinal sut profiter pour venir à bout de son dessein. Un jour que Mme de Montbazon gar-

---

p. 123) et Mme de Motteville (tome I, p. 335) disent l'un et l'autre que la petite vérole, qu'elle avait eue en 1642, l'année même de son mariage, avait altéré la fraîcheur de son teint, mais sans diminuer l'éclat de ses charmes.

1. On voit dans les *Carnets* de Mazarin que le Cardinal considérait Mme de Chevreuse comme le véritable chef du parti qui lui faisait la guerre. « C'est Mme de Chevreuse, dit-il, qui les anime tous. » Et ailleurs : « L'art de Mme de Chevreuse et des Importants, c'est de faire en sorte que la Reine n'entende que des discours favorables à leur parti et dirigés contre moi, et de lui rendre suspect quiconque ne leur appartient pas et me témoigne quelque affection. » (*Journal des savants*, 1855, p. 440 et 441.) On découvre aussi, à cette date de juillet 1643, dans ces mêmes *Carnets*, la trace de perplexités qui donnent à penser que le Cardinal ne se sentait pas encore complétement maître du cœur d'Anne d'Autriche.

2. Marie d'Avaugour de Bretagne, fille aînée du comte de Vertus et de Catherine de la Varenne Fouquet, née vers 1612, morte en 1657. Par son mariage avec Hercule de Rohan, duc de Montbazon (1628), elle était devenue la belle-mère de Mme de Chevreuse. Ses déportements sont célèbres. Retz dit d'elle (tome II, p. 187) : « Je n'ai jamais vu personne qui eût conservé dans le vice si peu de respect pour la vertu. » Mme de Motteville (tome I, p. 38 et 39) nous a laissé de la duchesse de Montbazon un portrait fort détaillé, avec ce trait sarcastique : « Son esprit n'étoit pas si beau que son corps; ses lumières étoient bornées par ses yeux, qui commandoient impérieusement qu'on l'aimât…. Elle prétendoit à l'admiration universelle. »

doit la chambre, et que beaucoup de personnes de qualité l'allèrent voir, dont Coligny étoit du nombre, quelqu'un, sans y penser, laissa tomber deux lettres bien écrites, passionnées, et d'un beau caractère de femme [1]. Mme de Montbazon, qui haïssoit Mme de Longueville [2], se servit de cette occasion pour lui faire une méchanceté [3]. Elle crut que le style et l'écriture pourroient [4] convenir à Mme de Longueville, bien qu'il y eût peu de rapport et qu'elle n'y eût aucune part [5]. Elle prévint le duc de Beaufort, pour le faire entrer dans ses sentiments; et tous deux, de concert, firent dessein de répandre dans le monde que Coligny avoit perdu des lettres de Mme de Longueville qui prouvoient leur intelligence. Mme de Montbazon me conta cette histoire devant que [6] le bruit en fût répandu : j'en vis d'abord toutes les conséquences, et quel usage le cardinal Mazarin en pourroit faire contre le duc de Beaufort e contre tous ses amis. J'avois peu d'habitude alors avec Mme de Longueville; mais j'étois particulièrement ser-

1. D'une belle écriture de femme.
2. Mme de Montbazon était dans une intime liaison avec le duc de Longueville, lors du mariage de ce dernier.
3. La Châtre (p. 229) parle plus sévèrement de cet incident, où la Rochefoucauld se borne à voir une méchanceté : il l'appelle « une fâcheuse et honteuse intrigue. » Il donne à entendre plus loin (p. 230) que Beaufort céda en cette circonstance à un dépit d'amoureux éconduit, et que ce vilain trait fut, de sa part aussi, affaire de vengeance.
4. Pouvoient. (1817, 26, 38.)
5. Mademoiselle nous a conservé dans ses *Mémoires* (tome I, p. 84) le texte de ces deux lettres, reproduites par V. Cousin, dans *la Jeunesse de Madame de Longueville*, p. 235-237. Mme de Motteville a fait dans les siens (tome I, p. 135 et suivantes) un long récit de cette aventure, « qui démêla, dit-elle, toutes les intrigues de la cour, et qui fut cause que Monsieur le Cardinal se vit, bientôt après, parfaitement établi dans l'élévation et la puissance qu'il desiroit d'avoir. »
6. Avant que. (1817, 26, 38.)

viteur de M. le duc d'Enghien et ami de Coligny[1]. Je connoissois la malignité du duc de Beaufort et de Mme de Montbazon, et je ne doutai point que ce ne fût une méchanceté qu'ils vouloient faire à Mme de Longueville. Je fis tous mes efforts pour engager Mme de Montbazon, par la crainte des suites, à brûler les lettres[2] devant moi, et à n'en parler jamais : elle me l'avoit promis, mais le duc de Beaufort la fit changer. Elle se repentit bientôt de n'avoir pas suivi mon conseil : cette affaire devint publique, et toute la maison de Condé s'y intéressa comme elle devoit. Cependant celui qui avoit véritablement perdu les lettres étoit de mes amis, et il aimoit la personne qui les avoit écrites[3]. Il voyoit que les lettres seroient indubitablement reconnues, puisque Monsieur le Prince, Madame la Princesse et Mme de Longueville vouloient les montrer publiquement pour convaincre Mme de Montbazon d'une noire supposition, par la différence de l'écriture. Dans cet embarras, celui qui avoit perdu les lettres souffrit tout ce qu'un honnête homme doit souffrir dans une telle rencontre : il me parla de sa douleur, et me pria de tenter toutes choses pour le tirer de l'extrémité où il se trouvoit. Je le servis heureusement ; je portai les lettres à la Reine, à Monsieur le Prince et à Madame la Princesse ; je les fis voir à Mme de Rambouillet[4], à Mme de

1. Voyez ci-dessus, p. 57 et 58.
2. Ces lettres. (1817, 26, 38.)
3. « Ces lettres n'étaient point controuvées, dit V. Cousin à l'endroit cité. Elles avaient été écrites par Mme de Fouquerolles au beau et élégant marquis de Maulevrier. »
4. Catherine de Vivonne, fille unique de Jean de Vivonne, marquis de Pisani, ambassadeur de France à Rome, née en 1588, morte en 1665. Elle épousa en 1600, à l'âge de douze ans, Charles d'Angennes, marquis de Rambouillet. Sur le célèbre hôtel de Rambouillet, voyez V. Cousin, *la Société française au dix-septième*

Sablé[1] et à quelques amies particulières de Mme de Longueville; et aussitôt que la vérité fut pleinement connue, je les brûlai devant la Reine, et délivrai par là d'une mortelle inquiétude les deux personnes intéressées. Bien que Mme de Longueville fût entièrement justifiée dans le monde, Mme de Montbazon ne lui avoit point encore fait les réparations publiques qu'elle lui devoit : les conditions en furent longtemps disputées, et tous ces retardements augmentoient l'aigreur.

Le duc d'Enghien venoit de prendre Thionville; il étoit prêt de finir la campagne, et il revenoit outré de colère et d'indignation de l'injure que Madame sa sœur avoit reçue. La crainte de son ressentiment, plus que toute autre raison, fit soumettre Mme de Montbazon à tout ce qu'on lui voulut imposer[2]. Elle alla, à une heure marquée, à l'hôtel de Condé[3] trouver Madame la Princesse, qui n'avoit pas voulu que Mme de Longueville y fût présente; toutes les personnes de la plus grande

siècle, tome I, chapitre vi; et *la Jeunesse de Madame de Longueville*, p. 120 et suivantes.

1. Fille de Gilles de Souvré, marquis de Courtenvaux, qui avait été gouverneur de Louis XIII et maréchal de France, et de Françoise de Bailleul, dame de Renouard. Elle avait épousé, en 1614, le marquis de Sablé, de la maison de Montmorency, branche de Laval, qui mourut en 1640. Voyez *Madame de Sablé*, par V. Cousin, particulièrement le chapitre III, où il est parlé des relations de Mme de Sablé avec l'auteur des *Maximes*, et des maximes qu'elle a composées elle-même.

2. A tout ce qu'on voulut lui opposer. (1817.) — A tout ce qu'on voulut lui proposer. (1826, 38.)

3. L'hôtel de Condé, que Sauval, dans ses *Antiquités de Paris* (tome II, p. 66), nomme « le plus magnifique du temps, » avait été acheté, en 1612, aux Gondi par le prince de Condé. Il se trouvait sur le terrain qui s'étend aujourd'hui de la rue de Condé (anciennement rue Neuve-Saint-Lambert) à la rue Monsieur-le-Prince. Voyez Germain Brice, *Description de la ville de Paris*, édition de 1685, tome II, p. 122.

qualité s'y étoient rendues, pour être témoins d'un discours[1] qu'on avoit prescrit à Mme de Montbazon, et qu'elle fit pour excuser sa faute et en demander pardon[2]. Cette satisfaction publique ne finit pas entièrement cette affaire. Un jour que la Reine donnoit une collation[3] à Madame la Princesse chez Renard[4], Mme de Montbazon y vint, sans avoir préparé Madame la Princesse à trouver bon qu'elle se présentât devant elle. Ce manque de précautions[5] irrita Madame la Princesse; elle voulut que Mme de Montbazon sortît, et sur le refus qu'elle en fit, la Reine lui ordonna de le faire, et lui envoya en même temps un ordre de sortir de la cour[6]. Mme de Chevreuse, le duc de Beaufort et les Importants crurent partager cette disgrâce, et que c'étoit une affaire de parti. Le cardinal Mazarin savoit trop bien mettre en usage une telle conjoncture pour ne s'en servir pas dans ses desseins[7]. Il vit qu'il étoit temps de les faire éclater, et que la Reine étoit capable de recevoir les impressions qu'il lui voudroit donner contre le duc de Beaufort : il fut arrêté prisonnier[8], et mené au

1. Du discours. (1817, 26, 38.)
2. Voyez le récit de cette scène de réparation, avec la teneur des excuses et la réponse de Madame la Princesse, dans les *Mémoires Mademoiselle*, tome I, p. 78-80.
   Donnoit la collation. (1817, 26, 38.)
4. Ce Renard était un ancien domestique de l'évêque de Beauvais. Il avait bâti une maison au bout du jardin des Tuileries, à peu près à l'endroit où se termine aujourd'hui la terrasse des Feuillants. Son établissement, fort achalandé, était devenu le rendez-vous de tous les gens de qualité et des nouvellistes à la main. Voyez les *Mémoires de Retz*, tome II, p. 514, note 2.
5. De précaution. (1817, 26, 38.)
6. Le 22 août 1643. Voyez le récit de Mme de Motteville, tome I, p. 142-144, et celui de Mademoiselle, tome I, p. 83 et 84.
7. Mettre en usage de telles conjonctures pour ne se pas servir (*ne se servir pas*, 1817) de celle-ci dans ses desseins. (1817, 26, 38.)
8. Le 2 septembre, au Louvre même, par Guitaut. Voyez, à ce

bois de Vincennes. Je ne puis dire si le sujet de cette prison fut supposé ou véritable[1] ; mais le cardinal Mazarin répandit dans le monde qu'il avoit découvert une entreprise du duc de Beaufort contre sa personne, et qu'on l'avoit attendu en divers lieux où il devoit passer, pour le tuer. D'autres ont cru, avec plus de vraisemblance, que le duc de Beaufort, par une fausse finesse, lui fit prendre l'alarme exprès, croyant qu'il suffisoit de lui faire peur pour le chasser du Royaume[2], et que ce fut dans cette vue qu'il fit des assemblées secrètes et qu'il leur donna un air de conjuration. Mais, quel que fût le dessein du duc de Beaufort, il en perdit la liberté. La Châtre, colonel général des Suisses[3], eut ordre de se défaire de sa charge ; les Importants furent dispersés, et Mme de Chevreuse fut reléguée à Tours[4].

sujet, les lettres de Louis XIV à Molé et au Parlement (*Mémoires de Mathieu Molé*, tome III, p. 87 et suivantes), les *Mémoires de Mademoiselle*, tome I, p. 86, et ceux de *Mme de Motteville*, tome I, p. 146 et suivantes.

1. Retz (tome I, p. 226) donne à entendre qu'il fut supposé. Mme de Motteville (tome I, p. 144 et 145) est portée à croire à l'existence du complot, sur la réalité duquel on ne peut garder aucun doute après avoir lu les *Mémoires d'Henri de Campion* (édition de M. Moreau, 1857, p. 175 et suivantes), l'un des principaux conjurés, et même les *Carnets* de Mazarin (3e et 4e carnets), qui, on le sait, ne furent pas écrits pour le public. Voyez l'instruction complète de cette affaire dans *Madame de Chevreuse*, p. 248 et suivantes. V. Cousin tient pour avérée la conspiration contre la vie du Cardinal.

2. Rapprochez d'un passage qui se trouve plus loin, p. 135.

3. Edme de la Châtre, comte de Nançay, qui fut blessé mortellement à Nordlingen en 1645. Il faut lire, dans ses *Mémoires*, déjà cités, le récit de toute cette affaire (p. 239 et suivantes).

4. Sur la surveillance dont Mme de Chevreuse fut l'objet en Touraine, durant les années 1644 et 1645, de la part des agents de Mazarin, voyez V. Cousin, *Madame de Chevreuse* (*Appendice*, p. 512 et suivantes). On y trouve des lettres d'un de ces agents, où la Rochefoucauld est désigné, à plusieurs reprises, comme un des en-

Le Cardinal se vit alors maître des affaires, et sa faveur ne fut plus douteuse. J'avois trop peu de liaison avec le duc de Beaufort pour avoir part à sa disgrâce ; mais j'étois toujours également des amis de Mme de Chevreuse : j'étois persuadé qu'elle ignoroit les desseins du duc de Beaufort, et qu'elle étoit injustement persécutée. La Reine conservoit encore de l'amitié pour moi, et le souvenir de mon attachement pour elle n'étoit pas entièrement effacé de sa mémoire ; mais elle étoit trop puissamment entraînée par le cardinal Mazarin pour conserver longtemps des sentiments qui ne lui fussent pas agréables[1].

La cour étoit soumise, le duc de Beaufort arrêté, Mme de Chevreuse éloignée[2], le duc de Vendôme, le duc de Mercœur[3] et l'évêque de Beauvais exilés, le président Barillon[4] prisonnier à Pignerol, la cabale des nemis les plus actifs de l'État, et comme un de ceux dont les menées ambitieuses sont le plus à craindre.

1. Mme de Motteville parle dans les mêmes termes (tome I, p. 152) de cette sujétion croissante de la Reine à son ministre, et de sa disposition, de plus en plus visible, à céder « aux volontés de cet heureux homme. »

2. Tout éloignée qu'elle fût, Mme de Chevreuse conspirait encore, si bien que le Cardinal lui envoya un exempt, chargé de l'éloigner davantage de Paris et de la conduire à Angoulême. La duchesse prit la fuite ; et, vers la fin de l'hiver de 1645, elle s'embarquait à Saint-Malo. Elle gagna les Pays-Bas à travers mille aventures, et s'établit à Liége, où elle renoua mieux que jamais le fil de ses intrigues, jusqu'à ce qu'en 1649 elle revint à Mazarin, dont elle fut dès lors un des plus fermes conseillers. Voyez les *Mémoires de Montrésor*, p. 355 et 358.

3. Louis duc de Mercœur, puis duc de Vendôme, frère aîné du duc de Beaufort, né en 1612, mort en 1669. Il épousa Laure-Victoire Mancini, une des nièces de Mazarin ; après la mort de celle-ci (1657), il entra dans l'Église, et devint cardinal et légat du Pape en France.

4. Jean-Jacques de Barillon, seigneur de Châtillon-sur-Seine, qu'il ne faut pas confondre avec Antoine de Barillon, maître des

Importants détruite et méprisée[1]. J'étois presque le seul des amis de Mme de Chevreuse qui n'eût point encore éprouvé de disgrâce particulière. Le Cardinal ne m'aimoit pas. Il voulut me réduire à la nécessité de déplaire à la Reine ou d'abandonner Mme de Chevreuse. Dans cette pensée, il obligea la Reine à me parler avec beaucoup de bonté, et à me dire qu'étant assurée de la fidélité et de l'amitié que j'avois toujours eues[2] pour elle, je ne devois pas lui en refuser une marque qu'elle devoit attendre de moi comme mon amie, quand même je ne considérerois pas sa dignité et son pouvoir. Elle s'étendit sur l'ingratitude du duc de Beaufort et des Importants; et, après m'avoir fait beaucoup de plaintes de Mme de Chevreuse, elle me pressa de n'avoir plus de commerce avec elle, et de cesser d'être intimement de ses amis; elle desira aussi que je le voulusse être du cardinal Mazarin. Je la remerciai avec respect de la confiance qu'elle avoit en ma fidélité; je l'assurai que je ne balancerois jamais entre ce que je lui devois et l'amitié de Mme de Chevreuse; que je devois obéir exactement à la défense qu'elle me faisoit d'avoir à l'avenir aucun commerce avec elle; que je serois même son plus grand ennemi quand il me paroîtroit qu'elle eût véritablement manqué à son devoir; mais que je la suppliois de considérer qu'ayant été uni si longtemps avec Mme de Chevreuse dans tout ce qui regardoit le service de la Reine, je ne pouvois avec justice cesser d'être son ami,

---

requêtes et plus tard directeur des finances, que Retz, tome I, p. 243, appelle « le bon homme M. de Morangis, » était président à la chambre des Enquêtes du parlement de Paris. Il mourut à Pignerol, en 1645. C'est à son fils, Paul de Barillon d'Amoncourt, marquis de Branges, que la Fontaine a dédié *le Pouvoir des fables*.

1. Voyez, sur l'effet produit par la dispersion des Importants, les *Mémoires de Retz*, tome I, p. 232-237.

2. *Eu*, sans accord, dans le manuscrit.

tant qu'elle n'auroit d'autre crime que de déplaire[1] au cardinal Mazarin[2]; que je souhaitois d'être ami et serviteur de ce ministre tant qu'elle l'honoreroit de sa confiance; que je serois même dans ses intérêts en d'autres rencontres; mais que, dans ce qui regardoit personnellement Mme de Chevreuse et lui, je demandois en grâce qu'il me fût permis de suivre mes premiers engagements. La Reine ne me parut pas blessée sur l'heure de cette réponse; mais, comme le Cardinal la trouva trop mesurée, il la lui fit désapprouver, et je reconnus[3], par une longue suite de mauvais traitements, que ce que je lui avois dit m'avoit entièrement ruiné auprès d'elle. J'observai toutefois[4] la conduite qu'elle m'avoit prescrite vers Mme de Chevreuse, après lui en avoir rendu compte exactement. Je ne trouvai, dans la suite, guère plus de reconnoissance de son côté pour m'être perdu cette seconde fois afin de demeurer son ami, que j'en venois de trouver[5] dans la Reine; et Mme de Chevreuse oublia, dans son exil, aussi facilement tout ce que j'avois fait pour elle, que la Reine avoit oublié mes services quand elle fut en état de les récompenser.

Cependant le duc d'Enghien trouvant à son retour tout le changement que je viens de dire, et ne pouvant témoigner au duc de Beaufort, qui étoit en prison, le ressentiment qu'il avoit de ce qui s'étoit passé entre Mme de Longueville et Mme de Montbazon, il laissa à Coligny la liberté de se battre contre le duc de Guise,

---

1. Que celui de déplaire. (1817, 26, 38.)
2. *Mazarin* est omis dans les éditions antérieures.
3. Et je connus. (1817, 26, 28.) — On pourrait être tenté de préférer cette leçon à celle de notre manuscrit.
4. Après *J'observai toutefois*, on lit dans notre manuscrit le mot *exactement*, biffé; il a été renvoyé à la fin de la phrase.
5. Que je venois d'en trouver. (1817, 26, 38.)

qui avoit été mêlé dans cette affaire[1]. Coligny étoit foible, peu adroit[2], et il relevoit d'une longue maladie; il choisit d'Estrades[3], qui depuis a été maréchal de France, pour appeler le duc de Guise, qui se servit de Bridieu[4], et ils prirent leur rendez-vous à la place Royale[5]. Le duc de Guise, en mettant l'épée à la main, dit à Coligny : « Nous allons décider les anciennes querelles de nos deux maisons, et on verra quelle différence on doit mettre entre le sang de Guise et celui de Coligny. » Le combat fut bientôt fini : Coligny tomba, et le duc de Guise, pour l'outrager, lui ôtant[6] son épée, le frappa du plat de la sienne. D'Estrades et Bridieu se blessèrent dangereusement l'un et l'autre, et furent sé-

1. Henri II de Lorraine, cinquième duc de Guise, quatrième fils du duc Charles de Guise et de Henriette-Catherine de Joyeuse, avait d'abord été promu à l'archevêché de Reims (1629); mais lorsque, par la mort de son père (1640) et celle de son frère aîné François de Lorraine, prince de Joinville (1639), il fut devenu l'aîné de la famille, il rentra dans le monde. Il fut compromis dans l'affaire du comte de Soissons. Plus tard, à partir de 1647, ses prétentions sur le royaume de Naples l'engagèrent dans une suite d'aventures plus ou moins chevaleresques, dont le dénoûment ne fut pas heureux. Il mourut en juin 1664. — « Serviteur avoué de Mme de Montbazon, dit V. Cousin (*la Jeunesse de Madame de Longueville*, p. 245), il avait épousé sa querelle, sans être entré néanmoins dans les violences de Beaufort, et il était resté debout en face des Condé victorieux. »
2. Coligny étoit foible et peu adroit. (1817, 26, 38.)
3. Godefroi comte d'Estrades, qui fut maréchal de France en 1675. Il prit part aux négociations de la paix de Nimègue, et mourut en 1686. Il a laissé des *Lettres et Négociations*, la Haye, 1743, 9 volumes in-12.
4. Le marquis de Bridieu, gentilhomme limousin, était écuyer du duc de Guise. Il fut fait lieutenant général en 1650, après avoir défendu contre Turenne et les Espagnols, durant vingt-quatre jours de tranchée ouverte, la ville de Guise (Aisne), dont il était gouverneur.
5. Le 12 décembre 1643, cinq mois après l'affaire des lettres.
6. En lui ôtant. (1817, 26, 38.)

parés par le duc de Guise[1]. Coligny, accablé de douleur d'avoir si mal soutenu une si belle cause, mourut quatre ou cinq mois après, d'une maladie de langueur.

Je passai beaucoup de temps à la cour dans un état ennuyeux : mon père y avoit des prétentions par lui-même ; on lui faisoit quelquefois de petites grâces, en lui disant qu'elles lui étoient faites uniquement à sa considération, et que je n'y avois aucune part. L'amitié que j'avois pour le comte de Montrésor m'exposa encore à de nouveaux embarras. Il avoit quitté Monsieur par la haine qu'il portoit à l'abbé de la Rivière ; et il s'étoit fait un honneur à sa mode, non-seulement de ne point saluer l'abbé de la Rivière, mais d'exiger de ses amis que pas un d'eux ne le saluât, quelques civilités et quelques avances qu'ils reçussent de lui. J'étois, comme plusieurs autres, dans cette ridicule servitude, et elle m'avoit attiré depuis longtemps la haine de Mon-

---

[1]. Mme de Motteville (tome I, p. 159) rapporte un bruit d'après lequel Mme de Longueville aurait été témoin du combat, « cachée à une fenêtre, » chez la vieille duchesse de Rohan ; « mais, dit-elle, elle eut peu de satisfaction de sa curiosité. » L'aventure de ce duel fut mise en chanson et en roman. Voici la chanson, telle qu'elle est citée par *Madame de Motteville* :

> Essuyez vos beaux yeux,
> Madame de Longueville,
> Essuyez vos beaux yeux,
> Coligny se porte mieux.
> S'il a demandé la vie,
> Ne l'en blâmez nullement,
> Car c'est pour être votre amant,
> Qu'il veut vivre éternellement.

Le roman, composé par un bel esprit inconnu, a été analysé par V. Cousin dans *la Jeunesse de Madame de Longueville*, p. 257 et suivantes. Il a pour titre : *Histoire d'Agesilan et d'Isménie*, c'est-à-dire de Coligny et de Mme de Longueville ; le duc d'Enghien y figure sous le nom de Marcomir, Mme de Montbazon sous celui de Roxane, et le duc de Guise y est représenté par Florizel.

sieur. Il se plaignit de moi avec aigreur à mon père, et il lui déclara enfin que, puisque je lui manquois de considération dans une chose aussi indifférente que de rendre le salut à l'abbé de la Rivière[1], il se croyoit obligé de s'opposer directement à toutes mes prétentions et à tous mes intérêts; qu'il ne demandoit point que je cessasse d'être ami de Montrésor, ni que j'eusse aucune liaison avec l'abbé de la Rivière, mais qu'il recevroit désormais comme un manque de respect à sa propre personne si je continuois à traiter si indignement un homme qu'il aimoit. J'avois peu de bonnes raisons à opposer à celles de Monsieur[2]; je priai néanmoins mon père de lui faire approuver que je ne changeasse point de conduite jusqu'à ce que j'eusse écrit à Montrésor et qu'il m'eût fait réponse. Il reçut ma lettre, et il parut aussi blessé de la permission que je lui demandois de saluer l'abbé de la Rivière, aux conditions que Monsieur avoit desirées[3], que si je lui eusse dû toutes choses, et qu'il ne m'eût point eu d'obligation[4]. Je connus bientôt que sa reconnoissance seroit pareille à celle de la Reine et de Mme de Chevreuse; je demeurai toutefois dans les règles que je m'étois imposées, et je me contentai de rendre uniquement le salut à l'abbé de la Rivière, sans avoir aucune sorte[5] de commerce avec lui.

Le cardinal de Mazarin jouissoit tranquillement de

1. Les mots : « que de rendre le salut à l'abbé de la Rivière, » manquent dans les éditions antérieures.
2. A celle de Monsieur. (1817, 26, 38.)
3. Ce membre de phrase : « aux conditions que Monsieur avoit desirées, » n'est pas non plus dans les éditions précédentes, qui omettent encore, à la dernière ligne de cette page, de Mazarin, et tous à la première ligne de la page suivante.
4. Et qu'il ne m'eût point d'obligation. (1817, 26, 38.)
5. Sans aucune autre sorte. (Ibidem.)

sa puissance et du plaisir de voir tous ses ennemis abattus; ma fortune étoit désagréable, et je portois impatiemment la perte de tant d'espérances; j'avois voulu m'attacher à la guerre, et la Reine m'y avoit refusé les mêmes emplois que, trois ou quatre ans auparavant, elle m'avoit empêché de recevoir du cardinal de Richelieu. Tant d'inutilité[1] et tant de dégoûts me donnèrent enfin d'autres pensées, et me firent chercher des voies périlleuses pour témoigner mon ressentiment à la Reine et au cardinal Mazarin[2].

La beauté de Mme de Longueville, son esprit, et tous les charmes de sa personne attachèrent à elle tout ce qui pouvoit espérer d'en être souffert. Beaucoup d'hommes et de femmes de qualité essayèrent de lui plaire, et, pardessus les agréments de cette cour, Mme de Longueville étoit alors si unie avec toute sa maison et si tendrement aimée du duc d'Enghien son frère, qu'on pouvoit se répondre de l'estime et de l'amitié de ce prince quand on étoit approuvé de Madame sa sœur[3]. Beaucoup de gens

---

1. Tant d'inutilités. (1817, 26, 38.)
2. « Les plaintes du prince de Marcillac, dit Mme de Motteville (tome I, p. 109), furent grandes : il murmura publiquement contre la Reine; et, à la première occasion qui s'en présenta, il lui fit voir qu'il avoit senti son changement, qu'il étoit résolu d'abandonner ses intérêts, et d'en prendre d'autres pour s'en venger : ce qui fut en partie cause de tous nos maux. »
3. Comparez ce passage avec celui-ci, du 5ᵉ *carnet* de Mazarin : « Mme de Longueville a tout pouvoir sur son frère. Elle fait vanité de dédaigner la cour, de haïr la faveur et de mépriser tout ce qui n'est pas à ses pieds. Elle voudroit voir son frère dominer, et disposer de toutes les grâces. C'est une personne fort dissimulée : elle reçoit toutes les déférences et toutes les faveurs comme lui étant dues. D'ordinaire elle est très-froide avec tout le monde; et, si elle aime la galanterie, ce n'est pas du tout qu'elle songe à mal, mais pour faire des serviteurs et des amis à son frère. Elle lui insinue des pensées ambitieuses, auxquelles il n'est déjà que trop porté naturellement. » (Traduction de V. Cousin, *Journal des sa-*

tentèrent inutilement cette voie, et mêlèrent d'autres sentiments à ceux de l'ambition[1]. Miossens[2], qui depuis a été maréchal de France, s'y opiniâtra le plus longtemps, et il eut un pareil succès. J'étois de ses amis particuliers, et il me disoit ses desseins; ils se détruisirent bientôt d'eux-mêmes; il le connut, et il me dit plusieurs fois qu'il étoit résolu d'y renoncer; mais la vanité, qui étoit la plus forte de ses passions, l'empêchoit souvent de me dire vrai, et il feignoit des espérances qu'il n'avoit pas et que je savois bien qu'il ne devoit pas avoir. Quelque temps se passa de la sorte, et j'eus enfin sujet de croire que je pourrois faire un usage plus considérable que Miossens de l'amitié et de la confiance de Mme de Longueville[3]. Je l'en fis convenir lui-même; il savoit l'état où j'étois à la cour; je lui dis mes vues, mais que sa considération me retiendroit toujours, et que je n'essayerois point de prendre[4] des liaisons avec Mme de Longueville, s'il ne m'en laissoit la liberté. J'avoue même que je l'aigris exprès contre elle, pour

vants, 1854, p. 624.) — Voyez aussi les *Mémoires de Retz*, tome II, p. 118 et 119.

1. Entre autres Retz : voyez ci-après, p. 107, note 2.
2. Voyez p. 66, note 3.
3. Mme de Motteville (tome I, p. 334 et 335) dit qu'en s'attachant à Monsieur le Prince par politique, le prince de Marcillac « s'étoit donné à Mme de Longueville d'une manière un peu plus tendre, joignant les sentiments du cœur à la considération de sa grandeur et de sa fortune. Ce don parut tout entier aux yeux du public; et il sembla à toute la cour que cette princesse le reçut avec beaucoup d'agrément. Dans tout ce qu'elle a fait depuis, on a connu clairement que l'ambition n'étoit pas la seule qui occupoit son âme, et que les intérêts du prince de Marcillac y tenoient une grande place. Elle devint ambitieuse pour lui; elle cessa d'aimer le repos pour lui; et pour être sensible à cette affection, elle devint trop insensible à sa propre gloire. » — Voyez aussi les *Mémoires de la duchesse de Nemours*, belle-fille de Mme de Longueville, p. 133.
4. Que je n'essayerois point à prendre. (1817, 26, 38.)

l'obtenir, sans lui rien dire toutefois qui ne fût vrai. Il me la donna toute entière; mais il se repentit de me l'avoir donnée, quand il vit les suites de cette liaison. Il essaya inutilement de la traverser bientôt après[1] par beaucoup de bruit et par beaucoup d'éclat[2], qui ne changèrent rien[3] à mon dessein. Mme de Longueville partit peu de temps après[4], pour aller à Munster, où le duc de Longueville[5], son mari, étoit allé traiter la paix[6].

Mon père obtint alors pour moi la permission d'acheter le gouvernement de Poitou[7]. Je suivis M. le duc

---

1. Bientôt après de la traverser. (1817, 26, 38.)
2. D'après la duchesse de Nemours (p. 131), ce serait le duc d'Enghien lui-même qui, furieux de voir sa passion pour Mlle du Vigean traversée par sa sœur, aurait « dit à M. de Longueville son mari tout ce qu'il crut le plus nuire à cette dame, » c'est-à-dire évidemment sa liaison avec le prince de Marcillac, et aurait conseillé au duc de la « faire enfermer dans une de ses maisons. »
3. Les mots : *par beaucoup de bruit et* sont en interligne dans le manuscrit D, et *changèrent* est au-dessus de *changea*, biffé.
4. Le 20 juin 1646. (*La Jeunesse de Madame de Longueville*, p. 276.)
5. Henri II d'Orléans, duc de Longueville, né en 1595, mort en 1663, descendait du fameux comte de Dunois, dit le *bâtard d'Orléans*, contemporain de Charles VII. Il était fils de Henri Ier d'Orléans et de Catherine de Gonzague. Lorsqu'il épousa, le 2 juin 1642, la sœur du grand Condé, il était veuf de Louise de Bourbon, fille du comte de Soissons.
6. Les doubles conférences à Münster et à Osnabrück, conduites par les comtes de Servien et d'Avaux et par le duc de Longueville, aboutirent, on le sait, le 24 octobre 1648, au glorieux traité dit de Westphalie, qui assura à la France la souveraineté de Metz, Toul et Verdun, de l'Alsace tout entière, sauf la ville libre de Strasbourg, le droit de garnison dans Philipsbourg, etc. Voyez le P. Bougeant : *Histoire du traité de Westphalie*, et *Histoire des guerres et des négociations* qui précédèrent ce traité, 6 volumes in-12, 1751.
7. Moyennant un prix de trois cent mille livres, c'est-à-dire cinquante mille livres de plus que le duc ne l'avait vendu, par ordre, en 1632. Voyez à ce sujet, à la suite des *Mémoires*, les amères réflexions de l'auteur, dans l'*Apologie de M. le prince de Marcillac*.

d'Enghien à l'armée, qu'il commandoit sous Monsieur[1]. On attaqua Courtray[2]. Piccolomini[3] et le marquis de Caracène[4] se présentèrent aux lignes avec trente mille hommes; mais, au lieu d'entreprendre de les forcer, ils se retranchèrent de leur côté, et les deux camps ne furent éloignés que de la portée du mousquet. Les ennemis tentèrent inutilement de jeter quelques secours dans la ville, et ils se retirèrent enfin, trois ou quatre jours avant qu'elle se rendît, pour n'être pas témoins de sa prise. On alla ensuite à Mardick[5]. Ce siége fut difficile et périlleux, par le grand nombre d'hommes qui défendoient la place, et qui étoient relevés tous les jours par des troupes fraîches qui y arrivoient de Dunkerque; leur défense fut célèbre encore par cette grande sortie dont on a tant parlé, où le duc d'Enghien, suivi de ce que le hasard avoit fait trouver auprès de lui

1. C'est alors que la Rochefoucauld emmena avec lui, en qualité de maître d'hôtel, Gourville (alors âgé de vingt et un ans), dont le nom est resté étroitement lié au sien, et qui a laissé des *Mémoires* fort curieux, que nous avons eu déjà occasion de citer.

2. Ville de Belgique au *quartier* de Gand, comme on disait alors. Prise par Gassion et le duc d'Orléans, le 28 juin 1646, elle fut reprise par l'archiduc Léopold en 1648.

3. Octave Piccolomini (*Picolominy*, dans notre manuscrit), né en 1599, était d'origine italienne. C'est lui qui commandait à Lützen (1632) le régiment de cuirassiers d'où partit le coup de feu qui tua Gustave-Adolphe. Après Rocroy, il était passé momentanément au service du roi d'Espagne, qui l'avait envoyé dans les Pays-Bas en qualité de général en chef. Nommé feld-maréchal en 1648, puis prince de l'Empire et duc d'Amalfi, il mourut à Vienne en 1656.

4. Général espagnol, qui fut gouverneur des Flandres en 1659.

5. Mardick (dans le manuscrit *Mardic*), qui n'est plus aujourd'hui qu'une bourgade du département du Nord, à trois lieues de Dunkerque, était alors une ville forte des Flandres. Cette place fut cédée à la France par le traité des Pyrénées. Sur le siége de Mardick, voyez les *Mémoires de Gourville*, p. 218 et 219, et Desormeaux, *Histoire de Louis de Bourbon, prince de Condé*, tome I, p. 305 et suivantes.

d'officiers et de volontaires, arrêta, sous tout le feu de la place, l'effort de deux mille hommes qui venoient attaquer un logement sur la contrescarpe et nettoyer la tranchée. On perdit beaucoup de gens de qualité : le comte de Fleix [1], le comte de la Roche-Guyon [2] et le chevalier de Fiesque [3] y furent tués; le duc de Nemours [4] et plusieurs autres y furent blessés; j'y reçus trois coups de mousquet, et je revins ensuite à Paris [5]. Monsieur finit sa campagne par la prise de Mardick [6], et laissa le commandement de l'armée au duc d'Enghien, qui prit Dunkerque [7].

1. Gaston de Foix, comte de Fleix, marié en 1637 à la fille de Marie-Catherine de la Rochefoucauld, comtesse, puis duchesse de Randan : voyez ci-dessus, p. 29, note 6.

2. Henri du Plessis, comte de la Roche-Guyon, fils de Roger du Plessis, duc de Liancourt, et de Jeanne de Schomberg, ne laissa pour héritière de la maison de Liancourt qu'une petite-fille, âgée d'un an et demi, qui épousa, en 1659, le prince de Marcillac, fils de l'auteur des *Maximes*. Voyez les *Mémoires de Gourville*, p. 219, et ceux de *Mme de Motteville*, tome I, p. 279 et 280.

3. Il ne faut pas confondre le chevalier de Fiesque, qui inspira un si noble amour à Mlle d'Épernon, la sœur du duc de Candale, avec son frère aîné, le comte Charles-Léon de Fiesque, celui qui figure sous le nom de Pisistrate dans *le Grand Cyrus*. Voyez les *Mémoires de Mme de Motteville*, tome I, p. 280; et V. Cousin, *la Société française au dix-septième siècle*, tome I, p. 233 et suivantes.

4. Le duc de Nemours (Charles-Amédée) dont il est ici question, et qui fut plus tard (1652) tué en duel par Beaufort, appartenait à cette branche de la maison de Savoie qui s'était établie en France sous François Ier, et qui depuis lors y avait tenu assez bruyamment sa place. Voyez ci-après, p. 213, note 4.

5. A vrai dire, il y fut rapporté sur un brancard : voyez les *Mémoires de Gourville* (p. 219), où il n'est parlé que d'un coup de mousquet au haut de l'épaule.

6. Le 24 août 1646.

7. Le 12 octobre 1646. Cette place, véritable nid de pirates et point d'appui principal des Espagnols pour leurs opérations dans les Pays-Bas, était réputée imprenable; elle avait une sorte de Todtleben dans le marquis de Leyde, fait remarquer V. Cousin,

On commençoit à se lasser de la domination du cardinal Mazarin : sa mauvaise foi, sa foiblesse et ses artifices étoient connus; il accabloit les provinces par des impôts, les villes par des taxes, et il avoit réduit au désespoir les bourgeois de Paris par la suppression des rentes de l'Hôtel de Ville[1]. Le Parlement portoit impatiemment ces désordres ; il essaya d'abord d'y remédier par des remontrances à la Reine et par des voies respectueuses; mais il se disposoit à en prendre d'autres, puisque celles de la douceur étoient inutiles[2]. Le

dans *la Société française au dix-septième siècle*, tome I, p. 122. Le siége de Dunkerque est raconté dans *le Grand Cyrus*, sous le nom de siége de Cumes. Voyez également, sur ce brillant fait d'armes du duc d'Enghien, l'*Histoire de Condé*, par Desormeaux, tome I, p. 351 et suivantes; l'*Histoire du siége de Dunkerque*, par Sarrazin, 1649, in-4°, et surtout la *Description historique de Dunkerque*, 2 vol. in-fol., 1730, tome I, p. 166 et suivantes.

1. « L'on peut dire avec vérité, écrit Retz (tome II, p. 548), que les rentes de l'Hôtel de Ville de Paris sont particulièrement le patrimoine de tous ceux qui n'ont que médiocrement du bien. Il est vrai qu'il y a des maisons riches qui y ont part; mais il est encore plus vrai qu'il semble que la providence de Dieu les ait encore plus destinées pour les pauvres : ce qui, bien entendu et bien ménagé, pourroit être très-avantageux au service du Roi, parce que ce seroit un moyen sûr, et d'autant plus efficace qu'il seroit imperceptible, d'attacher à sa personne un nombre infini de familles médiocres, qui sont toujours les plus redoutables dans les révolutions. La licence du dernier siècle a donné quelquefois des atteintes à ce fonds sacré. » Sur les rentes de l'Hôtel de Ville, voyez la note D de l'*Appendice* du tome II des *Registres de l'Hôtel de Ville pendant la Fronde*, publiés par MM. le Roux de Lincy et Douët-d'Arcq, 1847.

2. Quel contraste entre le froid récit de l'auteur des *Maximes* et le lumineux préambule de Retz (tome I, p. 293 et 294) ! « Il (*le Parlement*) gronda sur l'édit du tarif; et aussitôt qu'il eut seulement murmuré, tout le monde s'éveilla. L'on chercha en s'éveillant, comme à tâtons, les lois : l'on ne les trouva plus; l'on s'effara, l'on cria, l'on se les demanda; et, dans cette agitation, les questions que leurs explications firent naître, d'obscures qu'elles étoient et véné-

Cardinal n'avoit pas ménagé le duc d'Enghien sur la charge d'amiral vacante par la mort du duc de Brezé[1], son beau-frère, qui avoit été tué; le prince de Condé avoit fait paroître son mécontentement, et s'étoit retiré à Valery[2]. Mme de Longueville[3], dont j'avois alors toute la confiance, sentoit aussi vivement que je le pouvois desirer la conduite du cardinal Mazarin envers le duc d'Enghien, pour les intérêts de sa maison. Ces commencements d'aigreur furent quelque temps méprisés par le Cardinal : il se fioit à ses artifices et à sa fortune, et plus encore à l'esprit de servitude de la nation. Il haïssoit le Parlement, qui s'opposoit aux édits par des assemblées et par des remontrances[4], et il atten-

rables par leur obscurité, devinrent problématiques; et dès là, à l'égard de la moitié du monde, odieuses. Le peuple entra dans le sanctuaire : il leva le voile qui doit toujours couvrir tout ce que l'on peut dire, tout ce que l'on peut croire du droit des peuples et de celui des rois, qui ne s'accordent jamais si bien ensemble que dans le silence. La salle du Palais profana ces mystères. »

1. Jean-Armand de Maillé, marquis de Brezé, fils du maréchal de ce nom, créé duc de Fronsac en 1634; il était neveu de Richelieu par sa mère, Nicole du Plessis, et frère de la duchesse d'Enghien. Il périt devant Orbitello, ville de Toscane, dans un combat naval livré aux Espagnols, le 14 juin 1646. Outre sa charge de surintendant de la navigation (voyez plus haut, p. 74, note 2), il laissait vacant le gouvernement de Brouage, de la Rochelle et des iles voisines.

2. Valery, dans le Gâtinais (Yonne), à environ cinq lieues de Sens. Cette résidence, qui devint le lieu de sépulture de la maison de Condé, avait été donnée à Louis Ier de Bourbon, prince de Condé, par la veuve du maréchal de Saint-André.

3. Elle revint de Münster, sans son mari, à la fin de l'hiver de 1647.

4. On trouvera l'exposé de tout ce mouvement parlementaire, fort connu d'ailleurs, dans *l'Histoire du temps ou le véritable récit de ce qui s'est passé dans le parlement de Paris depuis le mois d'août 1647 jusques au mois de novembre 1649*. Retz, dans ses *Mémoires*, a plus d'une fois copié, en l'abrégeant, cet ouvrage, dont le *Journal du*

doit une occasion de l'abaisser. Il donnoit cependant des espérances au duc d'Enghien pour l'adoucir; il ménageoit même un peu plus les particuliers, et bien qu'il fût également opposé à ma fortune, je ne lui voyois pas toujours la même dureté pour moi. Il étoit maître absolu de l'esprit de la Reine et de Monsieur, et plus sa puissance augmentoit dans le cabinet, et plus elle étoit odieuse dans le Royaume; il en abusoit toujours[1] dans la prospérité, et il paroissoit toujours foible et timide dans les mauvais succès. Ces défauts, joints à son manque de foi et à son avarice, le firent bientôt haïr et mépriser, et disposèrent tous les corps du Royaume et la plus grande partie de la cour à desirer un changement.

Le duc d'Enghien, que je nommerai désormais le prince de Condé par la mort de son père[2], commandoit l'armée de Flandres, et venoit de gagner la bataille de Lens[3]. Le Cardinal, ébloui d'un si grand événement, songea moins à s'en servir contre les ennemis de l'État que contre l'État même, et, au lieu de profiter en Flandres de cette victoire, il tourna toutes ses pensées à se venger du Parlement[4]. Il crut devoir autoriser de la présence du Roi la violence qu'il avoit préméditée, et

Parlement et *la Suite du vrai Journal du Parlement*, cités plus loin, forment le complément.
  1. Le mot *toujours* n'est pas dans les éditions antérieures.
  2. Le prince de Condé, Henri II, mourut le 26 décembre 1646.
  3. La bataille de Lens, racontée, dans le roman du *Grand Cyrus*, sous le nom de bataille de Thybarra, fut gagnée, le 20 août 1648, par Condé sur l'archiduc Léopold d'Autriche, à qui la veille s'était rendue la ville de Lens (Pas-de-Calais), prise par les Français en 1647, et qui fut cédée à la France par le traité des Pyrénées.
  4. Retz rapporte (tome II, p. 4) que lorsque la nouvelle de la victoire de Lens parvint à Paris, Chavigny lui demanda, en la lui apprenant, s'il ne gageroit pas « que le Cardinal seroit assez innocent pour ne se pas servir de cette occasion pour remonter sur sa bête. »

que la prospérité de ses armes retiendroit le peuple et le Parlement dans la soumission et dans la crainte. Il choisit le jour[1] que tous les corps étoient assemblés à Notre-Dame pour assister au *Te Deum;* et après que le Roi et la Reine en furent sortis, il fit arrêter le président Blancmesnil[2], Broussel[3] et quelques autres[4], qui

1. Le 26 août.
2. René Potier de Blancmesnil, président en la première chambre des Enquêtes, mort en 1680. Il habitait une maison donnant rue du Renard et rue Neuve-Saint-Merry. Ce fut du Bois, exempt des gardes de la Reine, qui l'arrêta.
3. Pierre Broussel (dans notre manuscrit, le plus souvent *Brousselle*, d'autres fois *Brousselles*), conseiller à la grand'chambre, avait alors plus de soixante-dix ans. Il devint, l'année suivante, gouverneur nominal de la Bastille pour le peuple insurgé, et fut prévôt des marchands, lors de la seconde Fronde, en 1652. Le *bonhomme Broussel*, comme Retz l'appelle (tome II, p. 13 et 14), « qui avoit toujours levé l'étendard contre le Roi..., s'étoit érigé en tribun du peuple, dit Mme de Motteville (tome II, p. 151), en montrant.... l'esprit d'un homme né dans une république, en affectant de paroitre avoir les sentiments d'un véritable Romain. » Il fut arrêté chez lui, rue du Port-Saint-Landry, par Comminges, lieutenant des gardes de la Reine. *L'Histoire du temps*, écrite dans le feu même du combat, insiste (p. 186), avec une emphase qui nous fait aujourd'hui sourire, sur l'effet soudain produit dans Paris par ce coup de force : « C'est ici, cher lecteur, et qui que tu sois, que tu dois suspendre et arrêter ton esprit; c'est ici que tu dois admirer les ouvrages du souverain des Dieux, et reconnoitre qu'il n'abandonne jamais la vertu, quoique persécutée. C'est enfin sur ce héros que tu dois jeter les yeux, qui est beaucoup plus illustre que ceux de l'antiquité, quand même tu prendrois pour des vérités les fables qu'on a inventées pour les rendre plus célèbres. » Jamais popularité n'égala celle de Broussel : « Il n'y a coin de rue où l'on ne voie son portrait, » dit l'*Avis sincère aux bourgeois de Paris sur ce qui s'est passé en leur ville depuis l'an 1648. (Bibliographie des Mazarinades*, tome I, p. 167.)
4. Ce mot *quelques autres* ne répond à aucun fait précis. En réalité, Blancmesnil e Broussel furent seuls arrêtés; le président Charton, qui devait avoir le même sort, eut le temps de se sauver par-dessus les murs de son jardin. Trois lettres de cachet furent remises aux conseillers Lainé, Benoît et Loisel, pour les exiler en divers lieux.

s'étoient opposés avec plus de chaleur aux nouveaux édits et à la misère publique. Cette entreprise du Cardinal n'eut pas le succès qu'il en attendoit : le peuple prit les armes; le Chancelier, pour éviter sa fureur, se sauva dans l'hôtel de Luynes[1]; on le chercha dans la maison pour le mettre en pièces, et le maréchal de la Meilleraye y alla en diligence, avec quelques compagnies du régiment des Gardes, pour le sauver. Il fut en péril lui-même; on tendit les chaînes des rues; on fit partout des barricades; et le Roi et la Reine se virent investis dans le Palais-Royal, et forcés de rendre[2] les prisonniers, que le Parlement leur envoya demander[3]. Dans ce trouble, le coadjuteur de Paris[4], qui jusqu'a-

1. L'hôtel du duc de Luynes, qui avait épousé une cousine du Chancelier, se trouvait sur le quai des Augustins, au coin de la rue Git-le-Cœur. — Voyez ci-après, p. 121, note 1; et, au sujet de cet hôtel, le tome II des *Mémoires de Retz*, p. 43, note 3.

2. De renvoyer. (1817, 26, 38.)

3. On ne voit pas bien, dans le récit très-sommaire et un peu confus de la Rochefoucauld, la succession chronologique des événements. Le mercredi, 26 août 1648, premier jour de la mutinerie, Paris se couvrit de barricades; on jeta des pierres au maréchal de la Meilleraye, qui essayait d'apaiser le désordre, et les bourgeois gardèrent les avenues du Parlement. Ce fut ce jour-là que le Coadjuteur fit par les rues sa fameuse promenade *en rochet et camail*, et tenta auprès de la Reine, au Palais-Royal, cette démarche de conciliation qui lui a fourni, selon son mot habituel, une des plus belles *scènes* de ses *Mémoires* (voyez tome II, p. 15 et suivantes). La nuit toutefois fut assez calme; mais le lendemain 27, le chancelier Seguier ayant voulu, suivant les ordres de la cour, se rendre au Palais pour y lire un arrêt sévère du Conseil, fut assailli par le peuple, et ce fut ce même jour qu'eut lieu cette députation impérieuse du Parlement, suivi de plus de vingt mille hommes, qui obligea Anne d'Autriche à capituler et à rendre les prisonniers. Voyez le récit de Retz, tome II, p. 39 et suivantes; à l'*Appendice* du même tome II, la *Journée des barricades*, p. 607-620; et l'*Histoire du temps*, p. 189 et suivantes.

4. François-Paul de Gondi, plus tard cardinal de Retz, avait été élevé en 1643 à la coadjutorerie de l'archevêché de Paris, dont

lors n'avoit point encore paru¹ dans les affaires et qui vouloit s'y donner part, prit cette occasion pour offrir son service à la Reine, et pour s'entremettre d'apaiser la sédition; mais son zèle fut mal reçu, et on fit même des railleries de son empressement².

Je n'étois pas alors à Paris, et j'étois allé par ordre de la Reine dans mon gouvernement³; ma présence même y fut nécessaire, pour contenir le Poitou dans son devoir : cette province avoit commencé de se soulever, et on y avoit pillé quelques bureaux du Roi⁴. Devant que de partir, il me paroissoit que le Cardinal vouloit quelquefois me ménager, et qu'il feignoit de desirer mon amitié; il savoit que la Reine s'étoit engagée à moi, dans tous les temps, de donner à ma maison les mêmes avantages qu'on accordoit à celles de Rohan et de

---

Jean-François de Gondi, son oncle, était alors titulaire. Voyez ses *Mémoires*, tome I, p. 210-212.

1. N'avoit point paru. (1817, 26, 38.)

2. Retz nous raconte lui-même (tome II, p. 18-30) comment son zèle, en cette occasion, fut récompensé. La première fois (mercredi, 26 août) qu'il alla au Palais-Royal offrir ses services, « le Cardinal, dit-il, sourit malignement, et la Reine se mit en colère, en proférant, de son fausset aigre et élevé, ces propres mots : « Il « y a de la révolte à s'imaginer que l'on se puisse révolter; voilà les « contes ridicules de ceux qui la veulent. L'autorité du Roi y don-« nera bon ordre. » Malgré cette rebuffade, Retz sortit de nouveau avec son rochet et son camail, et fit par les rues cette promenade, semée d'incidents à la fois burlesques et dramatiques, qu'il raconte si complaisamment dans ses *Mémoires*; mais, quand il revint au Palais-Royal, Anne d'Autriche l'accueillit encore « d'une sorte de souris ambigu, » et finit par le congédier d'un air de moquerie, en disant : « Allez vous reposer, Monsieur; vous avez bien travaillé. » —Voyez aussi, à ce sujet, *Madame de Motteville*, tome II, p. 156 et p. 179 et 180.

3. Voyez ci-dessus, p. 96, et la note 7.

4. Voyez ci-après, l'*Apologie de M. le prince de Marcillac*. — On désignait par ce nom de *bureaux du Roi* les lieux où se faisaient les recettes de deniers publics.

la Trimouille et à quelques autres ; je me voyois si éloigné des grâces solides, que je m'étois arrêté à celle-là. J'en parlai au Cardinal en partant ; il me promit positivement de me l'accorder dans peu de temps[1], mais qu'à mon retour j'aurois les premières lettres de duc qu'on accorderoit, afin que ma femme eût cependant le tabouret[2]. J'allai en Poitou, comme j'ai dit, dans cette attente, et j'y pacifiai les désordres[3] ; mais j'appris que

---

1. En peu de temps. (1817, 26, 38.)
2. C'est-à-dire le privilége d'être assise en présence de la Reine, quand celle-ci tenait son cercle. « C'était à la fois, dit V. Cousin (*la Jeunesse de Madame de Longueville*, 3e édition, p. 319), l'ambition la plus petite et la plus extraordinaire ; car enfin la duché-pairie était dans sa maison depuis 1622, grâce à Marie de Médicis ; elle lui appartenait après son père ; il ne s'agissait que d'attendre ce qui ne lui pouvait manquer ; et alors il eût été fort bien reçu à solliciter, pour la duchesse sa femme, les honneurs du tabouret ; mais prétendre les emporter d'avance, quand il n'était ni chef de famille ni de maison souveraine, et vouloir être duc par brevet en 1648, quand il pouvait l'être de droit d'un jour à l'autre, comme il le fut en 1650, en vérité nous nous étonnerions d'un si misérable amour-propre, si la Rochefoucauld ne nous enseignait que l'amour-propre est le mobile de toutes les actions. » — Voyez les *Mémoires de Mathieu Molé*, tome II, p. 65-68, où se trouve la teneur des lettres patentes de duché-pairie du père de la Rochefoucauld, présentées le 2 septembre 1631 à l'enregistrement.
3. « L'avis que j'en donnai à la cour, dit la Rochefoucauld, dans son *Apologie* (voyez ci-après), y fut reçu apparemment d'assez bonne grâce. » Le Cardinal lui écrivit à cette occasion, le 9 septembre 1648, une lettre que V. Cousin a transcrite dans *la Jeunesse de Madame de Longueville* (3e édition, *Appendice*, p. 470 et 471), et dont nous avons revu le texte sur la copie d'où il a tiré le sien et qui se trouve à la bibliothèque Mazarine (*Lettres françoises de Mazarin*, H 1719, tome III, fol. 414 verso, et fol. 415 et verso) : « Monsieur, aussitôt que j'ai reçu la lettre que vous avez pris la peine de m'écrire, je l'ai lue moi-même d'un bout à l'autre à la Reine, afin de lui faire mieux connoitre avec quel zèle et quelles utilités vous servez le Roi. Sa Majesté en a témoigné grand sentiment, et m'a dit qu'elle n'attendoit pas moins de l'affection que vous aviez pour elle en particulier, qu'elle sait bien

bien loin de me tenir les paroles que le Cardinal m'avoit
données, il avoit accordé des lettres de duc à six personnes de qualité, sans se souvenir de moi[1]. J'étois

être seule capable de vous donner ces bons mouvements, et de
vous faire contribuer de tout votre pouvoir à la gloire de sa régence et de son administration. J'ai été ravi de pouvoir, en suite
de ce que vous me mandez, assurer Sa Majesté de l'entière obéissance où est la province de Poitou, par les bons ordres que vous
avez donnés pour étouffer dans leur naissance les petits désordres
qui y étoient arrivés. Il est superflu de vous exciter par aucunes
persuasions à commencer (sic) d'avoir toujours l'œil que toutes
choses se passent comme elles doivent, et Sa Majesté n'attendra
que de bonnes nouvelles d'un endroit où vous avez l'autorité en
main. Ses intentions sont les meilleures du monde pour l'avantage
et le soulagement du peuple, autant que le soutien de la guerre
qu'elle a sur les bras, et qu'elle n'a encore pu finir par l'opiniâtreté
de nos ennemis, le pourra permettre. Mais certes, si, après tant de
grâces considérables que vous savez qu'elle a faites, on prétendoit en
acheter d'autres par des voies illégitimes, la province, pensant de
rendre sa condition meilleure, ne feroit que l'empirer, et il vous
sera facile de lui faire connoître que ce ne seroit que s'attirer sur
les bras, au grand regret de Sa Majesté et de ceux qui ont l'honneur
de la conseiller, la plus grande partie des troupes dont les armées
sont à présent composées, et que l'hiver qui approche donnera lieu
de pouvoir retirer des endroits où elles agissent présentement. Je
veux espérer que chacun demeurera dans son devoir ; néanmoins,
si vous voyez que quelque chose branle, donnez-en, s'il vous plait,
avis promptement par deçà, afin qu'on vous envoie des forces con-
venables pour maintenir l'autorité et faire obéir le Roi. Vous de-
mandez de si bonne grâce la grâce et l'élargissement de ceux que
vous avez fait arrêter, que, par les témoignages que vous rendez que
la faute n'est pas si grande qu'on le croyoit, et qu'ils sont en bonne
volonté de la réparer par leur conduite à l'avenir, que Sa Majesté
remet à votre disposition d'en user comme vous aviserez, et enfin
vous donne leur grâce, si vous les en jugez dignes et assez repen-
tants de leur faute, ainsi que vous apprendrez plus particulièrement par les dépêches de M. le Tellier. C'est tout ce que je vous
dirai pour cette fois, et que je suis avec beaucoup d'estime et une
passion très-forte, etc. »

1. Sur cette affaire des tabourets, voyez les *Mémoires de Mme de
Motteville*, tome II, p. 262 et suivantes, ceux de *Retz*, tome II,
p. 540 et suivantes, et encore ci-après l'*Apologie*.

dans le premier mouvement qu'un traitement si extraordinaire me devoit causer [1], lorsque j'appris, par Mme de Longueville, que tout le plan de la guerre civile s'étoit fait et résolu à Noisy [2], entre le prince de Conti [3], le duc de Longueville, le coadjuteur de Paris, et les plus considérables du Parlement [4]. Elle me mandoit encore qu'on espéroit d'y engager le prince de Condé; qu'elle ne savoit quelle conduite elle devoit tenir dans cette rencontre [5], ne sachant pas mes sentiments, et qu'elle me prioit de venir en diligence à Paris, pour résoudre ensemble si elle devoit avancer ou retarder ce projet. Cette nouvelle me consola de mon chagrin, et je me vis en état de faire sentir à la Reine et au cardinal Mazarin [6]

1. Voyez dans le recueil des *Lettres de la Rochefoucauld*, en quels termes il écrivit alors (7 décembre), de Poitiers, à Chavigny, qui lui-même inclinait à la Fronde.

2. A Noisy-le-Roi, près de Villepreux, à deux lieues de Versailles; Mme de Longueville y « prenoit des eaux, dit Retz (tome II, p. 125), avec le prince de Conty. » — On voit quel rôle effacé et presque nul joue la Rochefoucauld dans ce premier enfantement de la Fronde. C'est Retz qui occupe ici le devant de la scène. Ce dernier avoue qu'en ces circonstances il éprouva un assez vif désir, tout intérêt politique à part, de se faire agréer de la belle duchesse, et il ajoute (tome II, p. 123 et 124), avec ce ton délibéré qu'on lui connaît : « Ce ne fut pas la vue de l'impossibilité qui m'en fit rejeter la pensée.... Le bénéfice n'étoit pas vacant; mais il n'étoit pas desservi. M. de la Rochefoucauld étoit en possession; mais il étoit en Poitou. »

3. Armand de Bourbon, frère cadet du duc d'Enghien, né en 1629, mort en 1666. On l'avait d'abord destiné à l'Église, et il avait été pourvu de riches abbayes, en attendant le chapeau de cardinal; mais après la Fronde, il épousa (1654) une des nièces de Mazarin, Anne-Marie Martinozzi, fit la guerre en Catalogne et en Italie, et fut successivement gouverneur de Guyenne et de Languedoc.

4. « Broussel, Longueil et Viole promirent tout au nom du Parlement, qui n'en savoit rien. » (*Retz*, tome II, p. 125.)

5. En cette rencontre. (1817, 26, 38.)

6. Et au Cardinal. (*Ibidem*.)

qu'il leur eût été utile de m'avoir ménagé. Je demandai mon congé; j'eus peine à l'obtenir, et on ne me l'accorda qu'à condition que je ne me plaindrois pas du traitement que j'avois reçu, et que je ne ferois point d'instances nouvelles sur mes prétentions; je le promis facilement, et j'arrivai à Paris avec tout le ressentiment que je devois avoir[1]. J'y trouvai les choses comme Mme de Longueville m'avoit mandé[2]; mais j'y trouvai

1. La Rochefoucauld revint à Paris en décembre 1648 : voyez ci-après, sur son retour, l'*Apologie du prince de Marcillac*. Gourville, dans ses *Mémoires* (p. 220 et 221), donne à cette occasion de curieux détails : « M. le prince de Marcillac, écrit-il, étant revenu à Paris avec peu d'argent, parce que, outre que sa famille n'en avoit guère, on auroit fort souhaité qu'il n'y fût pas retourné, m'ordonna d'aller parler de quelques affaires à M. d'Émery, pour lors contrôleur général (j'avois ce jour-là une casaque rouge, avec quelques galons dessus). Peu de jours après, M. le prince de Marcillac ayant envoyé son intendant lui parler, M. d'Émery, à la première rencontre de M. le prince de Marcillac, lui dit : « Quand vous aurez « quelque chose à me faire dire, envoyez-moi la casaque rouge « qui m'a déjà parlé une fois de votre part. » Cela m'en fit connoître, et me donna lieu de faire quelques affaires auprès de lui pour M. le prince de Marcillac, qui auroit été obligé de quitter Paris, si je ne m'étois avisé de demander à M. d'Émery un passeport pour faire sortir du Poitou huit cents tonneaux de blé. Je lui demandai en même temps s'il ne trouveroit pas mauvais d'en ajouter deux cents pour moi, afin que je pusse en avoir le profit. En souriant, il me dit qu'il le vouloit bien. Aussitôt que j'eus retiré mon passe-port, je pris la poste pour aller à Niort, où je trouvai moyen de le trafiquer, et d'en tirer une lettre de change de dix mille livres. Je ne saurois exprimer la joie qu'eut M. le prince de Marcillac de se voir en état de continuer son séjour à Paris; mais toute la famille en conçut beaucoup de chagrin contre moi. M. le prince de Marcillac me dit de prendre mes deux mille livres, et d'employer les huit autres pour son service; mais avec le temps les dix y furent à peu près employées. » — Voyez ce qui est dit au tome I, dans la *Notice biographique*, au sujet des embarras d'argent où se trouva longtemps la Rochefoucauld.

2. On lit dans les *Mémoires de Retz* (tome II, p. 124 et 125) : « Comme M. de la Rochefoucauld n'avoit pas eu trop bon bruit dans

moins de chaleur, soit que le premier mouvement fût passé, ou que la diversité des intérêts et la grandeur du dessein eussent ralenti ceux qui l'avoient entrepris. Mme de Longueville même y avoit exprès formé [1] des difficultés, pour me donner le temps d'arriver et me rendre plus maître de décider : je ne balançai point à le faire, et je sentis [2] un grand plaisir de voir qu'en quelque état que la dureté de la Reine et la haine du Cardinal eussent pu me réduire, il me restoit encore des moyens de me venger d'eux [3].

M. le prince de Conti entroit dans le monde : il vouloit réparer, par l'impression qu'il y donneroit de son esprit et de ses sentiments, les avantages que la nature avoit refusés à sa personne [4]. Il étoit foible et léger; mais il dépendoit entièrement de Mme de Longueville [5], et elle me laissoit le soin de le conduire [6]. Le duc

l'affaire des Importants, dans laquelle l'on l'avoit accusé de s'être raccommodé à la cour à leurs dépens (ce que j'ai su toutefois depuis, de science certaine, n'être pas vrai), je n'étois pas trop content de le trouver en cette société. Il fallut pourtant s'en accommoder. »

1. Y avoit formé exprès. (1817, 26, 38.)
2. Je ressentis. (1826, 38.)
3. « Je ne suis pas.... incapable de me venger. » (*Portrait du duc de la Rochefoucauld fait par lui-même*, tome I, p. 9.) Au fond, il était plutôt l'homme des *maximes* 14, 16 et 293 (p. 35, 36 et 150). Au lieu de cet esprit de suite et d'application, qu'il déclare lui-même indispensable pour se venger du mal comme pour récompenser le bien, il avait cette paresse que le diable semble avoir placée tout exprès « sur la frontière de plusieurs vertus. » (*Maxime* 512, p. 226.)
4. On sait que le prince de Conty était contrefait; sous ce rapport, il tenait de son bisaïeul Louis Ier de Bourbon.
5. Suivant Mme de Motteville (tome I, p. 336), il souhaita de plaire à sa sœur « plutôt en qualité d'honnête homme que comme son frère. » Retz dit d'autre part (tome II, p. 120) : « L'amour passionné du prince de Conty pour elle donna à cette maison un certain air d'inceste, quoique très-injustement pour l'effet. »
6. Comparez avec le portrait, visiblement trop sévère et partial, que Retz a tracé du prince de Conty, tome II, p. 180.

de Longueville avoit de l'esprit et de l'expérience; il entroit facilement dans les partis opposés à la cour, et en sortoit encore avec plus de facilité; il étoit foible, irrésolu et soupçonneux[1]; sa longue autorité en Normandie[2] l'avoit rendu maître du parlement de Rouen, de la plus grande partie de la noblesse, et de plusieurs places de cette province[3].

Le coadjuteur de Paris[4], qui étoit uni à lui par la parenté[5] et par un long attachement d'amitié, avoit beaucoup de crédit dans le peuple et dans le parlement de Paris par sa dignité de Coadjuteur, et tous les curés exécutoient ses ordres[6]; il avoit des amis et des partisans à la cour, et entraînoit[7] dans ses intérêts Noirmoustier[8],

---

1. Retz (tome II, p. 176 et 177) dit de lui : « Il ne fut jamais qu'un homme médiocre, parce qu'il eut toujours des idées qui furent infiniment au-dessus de sa capacité. » Il le juge du reste comme fait ici la Rochefoucauld, et écrit à deux reprises (tome II, p. 19 et p. 120) qu'il était « l'homme du monde qui aimoit le mieux les commencements de toutes affaires. »

2. Sa longue résidence en Normandie. (1826, 38.)

3. Pour les affaires de Normandie pendant la Fronde, voyez l'*Histoire du parlement de Normandie*, par M. Floquet.

4. Voyez le *Portrait du cardinal de Retz* par la Rochefoucauld (tome I, p. 19-21), et celui que Tallemant des Réaux a tracé dans ses *Historiettes*, tome V, p. 181-183.

5. Ils étaient cousins : Antoinette d'Orléans, fille de Léonor d'Orléans, duc de Longueville, et de Marie de Bourbon, c'est-à-dire du grand-père et de la grand'mère du duc de Longueville dont il s'agit ici, avait épousé Charles de Gondi, marquis de Belle-Isle, général des galères, oncle du Coadjuteur. Voyez l'*Histoire généalogique des Gondi*, par Corbinelli, 1705, in-4°, tome II, p. 234 et 247 et suivantes.

6. On en eut la preuve dans l'affaire des prêts : voyez les *Mémoires de Retz*, tome II, p. 128 et 129, et ceux *de Molé*, tome III, p. 307.

7. Et il entraînoit. (1817, 26, 38.)

8. Louis de la Trémouille, né en 1612, marquis, puis duc de Noirmoustier (1650), se distingua à la bataille de Lens, et mourut en 1666. C'est le père du duc de Noirmoustier qui devint aveugle

Laigues[1], quelque reste de la cabale des Importants, et d'autres personnes qui cherchoient à se rendre considérables dans le trouble. Il avoit de l'élévation et de l'esprit; son humeur étoit facile et désintéressée; mais il cachoit souvent ses sentiments à ses amis, et savoit feindre des vertus qu'il n'avoit pas. Il avoit de l'orgueil et de la fierté. Le mépris que la Reine et le Cardinal avoient fait de son entremise pour apaiser le désordre des barricades l'avoit mortellement irrité[2]. Le Parlement, piqué[3] de l'injure qu'il croyoit avoir reçue en la personne du président de Blancmesnil et de Broussel, étoit devenu plus fier par leur liberté, que la Reine n'avoit osé refuser; les plus puissants et les plus exposés de ce corps songeoient à se mettre à couvert du ressentiment du Cardinal et à prévenir sa vengeance.

Je trouvai les choses en cet état, et je m'appliquai uniquement à surmonter les craintes et les irrésolutions du prince de Conti et du duc de Longueville, qui devoient donner le branle à un si grand dessein. Le prince de Condé avoit changé de sentiment, et avoit pris des mesures avec la cour[4]. La liaison que j'avois avec M. le

à dix-huit ans, de l'abbé de Noirmoustier qui fut cardinal, et de la princesse des Ursins.

1. Le marquis Geoffroy de Laigues, d'abord officier dans l'armée de Condé, puis capitaine des gardes de Gaston duc d'Orléans. Il fut le dernier favori de Mme de Chevreuse, qui passait même pour l'avoir épousé secrètement.

2. Les mépris que la Reine et le Cardinal avoient faits de son entremise pour apaiser les désordres des barricades l'avoient, etc. (1817, 26, 38.) — Voyez plus haut, p. 104 et la note 2.

3. Irrité. (1817, 26, 38.)

4. Retz (tome II, p. 100 et suivantes) expose tout au long, par un artifice de conversations évidemment arrangées après coup, quoi qu'il en dise, les motifs qui déterminèrent le changement de Monsieur le Prince. « La gloire de restaurateur du public, dit-il

prince de Conti et avec Mme de Longueville ne lui étoit pas agréable; mais il ne m'en faisoit rien paroître. Les esprits s'aigrissoient de toutes parts, et le cardinal Mazarin, ne trouvant plus sa sûreté à Paris[1], résolut enfin, de concert[2] avec Monsieur et Monsieur le Prince, d'en former le siége, après avoir mené le Roi à Saint-Germain. Cette entreprise ne se pouvoit exécuter par les formes ordinaires : les conséquences en étoient trop périlleuses et trop préjudiciables à l'État. Le Roi avoit peu de troupes; mais on crut qu'il en avoit assez pour occuper les passages et pour réduire cette grande ville par la faim. On croyoit qu'elle seroit divisée par les cabales, et que, manquant de chefs, de troupes réglées, et de toutes provisions[3], elle recevroit la loi qu'on lui voudroit imposer.

(p. 113), fut sa première idée; celle de conservateur de l'autorité royale fut la seconde. » Voilà, ajoute-t-il, le caractère de tous ceux qui n'ont pas de « suite » dans l'esprit. — Guy Joli affirme, de son côté (tome I, p. 45), « que, dans ce temps-là, l'esprit de Monsieur le Prince fut extrêmement combattu. »

1. Ne trouvant plus de sûreté dans Paris. (1817, 26, 38.)
2. Résolut enfin d'en partir, et de concert. (*Ibidem.*)
3. Et de toutes sortes de provisions. (*Ibidem.*) — Ce n'était qu'à grand'peine, en effet, que les Parisiens parvenaient à se ravitailler. Les magistrats municipaux avaient enjoint à tous les marchands de blé des environs de la capitale d'y envoyer leurs denrées, avec défense aux capitaines et gardes des ports, ponts et rivières de s'y opposer, sous peine de la vie; mais, la ville étant bloquée par les troupes de Condé, l'entrée des convois n'était pas facile. En outre, il fallait, quand les blés étaient arrivés, les garantir du pillage. — Peu de temps après le départ du Roi parurent des *Triolets de la cour* (*Bibliographie des Mazarinades*, tome III, p. 221), où l'on disait à la Reine :

> Revenez vite sur vos pas....
> La livre de pain vaut cinq sols,
> Et si (*et pourtant*) ce n'est pas du Gonesse....
> Le moyen de vivre à Paris,
> Puisqu'on n'y mange plus de trufles (*sic*) ?

Le 6 mars, une ordonnance de police, reproduite dans le *Détail de*

Dans cette espérance, le Roi, suivi de Monsieur, de la Reine, de M. le duc d'Orléans[1], de Monsieur le Prince et du prince de Conti, partit secrètement de Paris à minuit, la veille des Rois de l'année 1649, et alla à Saint-Germain; toute la cour suivit avec beaucoup de désordre. Madame la Princesse voulut emmener Mme de Longueville, qui étoit sur le point d'accoucher; mais elle feignit de se trouver mal, et demeura à Paris[2].

Ce départ du Roi, si précipité[3], mit un trouble et une agitation dans l'esprit du peuple et du Parlement qui ne se peut représenter. Ceux mêmes qui avoient pris le plus de mesures contre la cour furent ébranlés, et le moment de décider leur parut terrible[4]. Le Parlement et le corps de Ville députèrent à Saint-Germain pour témoigner leur crainte et leur soumission. J'y allai le même jour que la cour y arriva[5]; le duc de Longueville s'y

---

la France de Boisguillebert (édition de 1707, tome I, p. 273-275), prescrivait les tarifs suivants : Pain le plus blanc, deux sols la livre; pain bis blanc, dix-huit deniers; pain des pauvres, un sol.

1. Lisez : « de M. le duc d'Anjou, » qui fut plus tard duc d'Orléans : voyez ci-dessus, p. 59, note 10.

2. Voyez sur l'émotion avec laquelle s'accomplit ce départ désordonné, on pourrait presque dire ce sauve-qui-peut, des gens dévoués à la cour ou de ceux qui ne se souciaient pas de demeurer dans une ville « qui alloit être l'objet de la colère de son roi, » les *Mémoires de Mme de Motteville* (tome II, p. 286-290). Beaucoup de personnes de qualité restèrent à Paris, qui eussent été bien aises de prendre le chemin des champs; mais les portes étaient aux mains des parlementaires. D'autres, comme le Coadjuteur, firent seulement le simulacre de vouloir partir, et s'arrangèrent pour que cet effort apparent d'obéissance n'eût pas de suite.

3. Ce départ si précipité du Roi. (1817, 26, 38.)

4. « Je ne sais ce qu'ils eussent fait, dit Retz (tome II, p. 131 et 132), tant ils étoient effarés, si l'on n'eût trouvé le moyen de les animer par leur propre peur. »

5. Retz dit (tome II, p. 136 et p. 140) que la Rochefoucauld partit « deux heures après le Roi, pour fortifier et pour ramener

rendit aussi[1] ; je retournai à Paris, une fois ou deux, pour rassurer ceux du parti qui étoient chancelants, et pour concerter avec Mme de Longueville, le Coadjuteur, Longueil[2], et Broussel, le jour que le prince de Conti et le duc de Longueville s'y devoient rendre. Le cardinal Mazarin, sachant que je pouvois y aller et en sortir facilement, bien que les portes fussent soigneusement gardées, me pria de lui apporter de l'argent; mais je refusai de m'en charger, ne voulant ni lui faire ce plaisir, ni mal user de sa confiance. Cependant toutes choses étant préparées à Paris, je retournai à Saint-Germain, pour en faire partir M. le prince de Conti et le duc de Longueville. Ce dernier faisoit naître sans cesse des obstacles, et se repentoit de s'être engagé. J'appréhendai même qu'il ne passât plus loin, et qu'il ne découvrît à Monsieur le Prince ce qu'il savoit de l'entreprise. Dans ce doute, je renvoyai Gourville à Paris, pour dire à Mme de Longueville et au Coadjuteur le soupçon qu'on devoit avoir du duc de Longueville ; je le chargeai de voir Longueil et Broussel, et de leur faire comprendre quel péril il y avoit[3] au retardement. On doit trouver étrange que j'eusse confié une affaire d'un tel poids à

M. le prince de Conty,... qui s'étoit laissé emmener comme un enfant par Monsieur son frère. » On verra quelques lignes plus loin que la Rochefoucauld parle d'un double voyage.

1. Revenant de Rouen, le duc apprit, à six lieues de Paris, le départ du Roi, et il tourna *tout court*, comme dit Retz (tome II, p. 136), à Saint-Germain.

2. Il s'agit de l'abbé Pierre Longueil, conseiller en la grand'chambre du Parlement, et frère du président René Longueil, marquis de Maisons. C'étoit, dit Retz (tome II, p. 56), un « homme d'un esprit noir, décisif et dangereux, et qui entendoit mieux le détail du manœuvre du Parlement que tout le reste du corps ensemble. » Mme de Motteville (tome III, p. 84 et 85) parle de Pierre Longueil à peu près de la même manière.

3. Le péril qu'il y avoit. (1817, 26, 38.)

Gourville, qui étoit alors fort jeune et peu connu; mais, comme j'avois éprouvé sa fidélité en d'autres rencontres, qu'il avoit l'esprit avancé et hardi, tous ceux avec qui je traitois prirent créance en lui[1], et ce fut sur les paroles qu'il portoit des uns aux autres que l'on agissoit[2] de concert. Il revint à Saint-Germain nous presser d'aller promptement à Paris; mais le duc de Longueville ne s'y pouvoit résoudre, et nous fûmes contraints, le marquis de Noirmoustier et moi, de lui dire que nous allions emmener M. le prince de Conti, et que nous déclarerions dans le monde que lui seul manquoit de foi et de parole à ses amis, après les avoir engagés dans un parti qu'il abandonnoit. Il ne put soutenir ces reproches, et il se laissa entraîner à ce que nous voulions[3]. Je me chargeai de leur faire tenir des chevaux, à une heure après minuit, dans la cour des cuisines; mais, sans m'avertir, ils en prirent d'autres, et s'en allèrent à Paris[4]. Je les attendois cependant au lieu qu'ils m'avoient marqué, et j'y demeurai jusques à la pointe du jour; je ne pouvois rentrer dans le château pour savoir de leurs nouvelles, et je jugeois bien à quoi j'étois exposé si l'affaire étoit découverte, et si on me trouvoit leur gardant des chevaux à une heure si suspecte; mais j'aimois encore mieux me mettre dans ce hasard que de les y exposer par un contre-temps; enfin je sus qu'ils étoient partis, et je me rendis à Paris longtemps après qu'ils y furent arrivés[5].

1. Voyez p. 126, note 4. — Cet habile homme d'affaires « savoit, dit Mme de Motteville (tome III, p. 193), marcher facilement par les chemins raboteux et tortus, comme par les plus droits, » et « persuadoit presque toujours ce qu'il vouloit qu'on crût.»
2. Que l'on agit. (1817, 26, 38.) — Ce pourrait bien être la vraie leçon, au moins est-ce la plus correcte.
3. A ce que nous voulûmes. (1817, 26, 38.)
4. Dans la nuit du 9 au 10 janvier 1649.
5. Voyez le récit de Gourville (p. 221-223), et celui de Mme de

Le bruit de leur venue se répandit en peu de temps et fit de différents effets[1] : le peuple les reçut avec joie; mais ceux du Parlement qui ignoroient le traité de Noisy, fomentés[2] par les partisans de la cour, publioient que c'étoit un artifice, et que le prince de Conti et le duc de Longueville, liés au prince de Condé par tant de proximité et par tant d'intérêts, ne se mettoient à la tête d'un parti que pour le sacrifier à la vengeance du cardinal Mazarin. Cette impression, si aisée à recevoir par un peuple timide et par le Parlement étonné, fit douter quelque temps de la sûreté de Mme de Longueville, du prince de Conti et de tout ce qui les avoit suivis[3]. Le Parlement rejeta d'abord leurs offres, et il ne les reçut qu'après qu'il fut instruit par le Coadjuteur, Broussel, Longueil, et par ceux qui savoient le traité. M. le prince de Conti et Mme de Longueville, pour donner plus de confiance, logèrent dans l'Hôtel de Ville, et se livrèrent entièrement entre les mains du peuple[4].

La cour cependant avoit ressenti vivement la retraite du prince de Conti, du duc de Longueville et des

---

Motteville (tome II, p. 303 et 304), qui fait ressortir les hésitations du duc de Longueville, et qui ajoute : « Pour le prince de Marcillac, qui étoit de la partie, je ne doute pas qu'il n'allât gaiement au crime de lèse-majesté, et que ce voyage ne lui parût la plus belle et la plus glorieuse action de sa vie. »

1. Fit différents effets. (1817, 26, 38.)
2. Les éditions antérieures portent *fomenté*, au singulier, ce qui fait un contre-sens.
3. Voyez, à ce sujet, les *Mémoires de Retz*, tome II, p. 151 et suivantes.
4. On sait que Mme de Longueville accoucha à l'Hôtel de Ville (dans la nuit du 28 au 29 janvier) d'un fils dont le duc de la Rochefoucauld passait, avec vraisemblance, pour être le père, et qui fut baptisé par le Coadjuteur sous le nom de Charles-Paris. Cet « enfant de la Fronde », comme l'appelle V. Cousin (*la Jeunesse de Madame de Longueville*, 3e édition, p. 326), périt en 1672, au passage du Rhin.

autres¹; le Cardinal soupçonna qu'elle fût de concert avec Monsieur le Prince²; et, se trouvant trop foible pour soutenir de si grandes affaires, il se préparoit à sortir du Royaume; mais Monsieur le Prince le rassura bientôt, et l'aigreur qu'il fit paroître contre M. le prince de Conti, contre Mme de Longueville et contre moi fut si grande, qu'elle ne laissa pas lieu au Cardinal de douter qu'elle ne fût véritable. On prit de nouvelles mesures pour affamer Paris, et le prince de Condé se chargea de l'événement d'une si grande entreprise. Le parti opposé ne négligeoit rien aussi pour sa sûreté. Le duc d'Elbeuf³, gouverneur de Picardie, s'étoit offert le premier au Parlement, et il croyoit trouver de grands avantages en se mettant à la tête du parti. Il avoit de l'esprit et de l'éloquence, mais il étoit vain, intéressé, et peu sûr⁴.

1. M. Moreau, dans sa *Bibliographie des Mazarinades* (tome II, p. 53), cite un récit « burlesque et sérieux » : *Histoire des esprits revenus à Saint-Germain*, où, en face du prince de Condé calme et sans peur, l'auteur représente le duc d'Orléans qui tremble, le maréchal de la Meilleraye parlant de tout brûler, et le maréchal de Gramont toujours prêt à prendre la fuite.

2. « Tous les jours, dit Montglat dans ses *Mémoires* (tome II, p. 150), quelqu'un disparoissoit à Saint-Germain,... et dès qu'on étoit un jour sans être vu, on croyoit qu'on s'étoit jeté dans Paris. » Condé lui-même s'étant absenté un instant pour aller visiter un de ses quartiers éloigné d'une demi-lieue, le Cardinal, jusqu'à son retour, fut dans les transes; il s'imaginait que Monsieur le Prince avait passé à l'ennemi. Voyez au reste, à la suite de l'extrait de Montglat que nous venons de citer, le tableau vraiment comique des défections successives et les noms des principaux transfuges qui s'enfuirent de Saint-Germain à Paris.

3. Sur Charles II de Lorraine, second duc d'Elbeuf, voyez ci-dessus la note 6 de la page 58.

4. « Très-suspect à tous ceux qui le connoissoient, sur le chapitre de la probité », dit Retz (tome II, p. 147), et il ajoute (p. 178 et 179): « Il a été le premier prince que la pauvreté ait avili ; et peut-être jamais homme n'a eu moins que lui l'art de se faire plaindre dans sa misère. » On lit aussi dans les *Carnets de Mazarin* (*Journal*

L'arrivée du prince de Conti et du duc de Longueville lui donna de la jalousie ; il n'osa toutefois s'opposer ouvertement à la confiance qu'on devoit prendre en eux, mais il la traversoit avec beaucoup d'artifice [1]. Le duc de Bouillon [2] se joignit en même temps aux intérêts du Parlement ; j'ai parlé ailleurs [3] de ses grandes qualités et de son mérite. Le vicomte de Turenne [4], son

des savants, 1854, p. 694) : « Pour d'Elbeuf, de l'argent, et qu'il attende. »

1. Retz raconte au long toutes ces manœuvres, où lui-même joua un rôle fort curieux : voyez le tome II de ses *Mémoires*, p. 147 et suivantes.

2. Frédéric-Maurice de la Tour d'Auvergne, prince de Sedan, duc de Bouillon, né en 1605. — « Dans les brouilleries de la cour en 1648, dit Bussy Rabutin (*Mémoires*, tome I, p. 346), quatre ou cinq maisons de gentilshommes crurent que le temps étoit propice pour faire valoir leur chimère de principauté ; celle de la Tour en fut une. » — Le duc de Bouillon était peut-être le plus redoutable de tous les ennemis de Mazarin. Il avait appris la guerre sous ses oncles maternels Maurice et Henri, princes d'Orange. Son mérite était égalé par son ambition, et son ambition était sans cesse aiguillonnée par celle de sa femme, Léonore-Catherine-Féronie de Berg, qui avait un pouvoir absolu sur son esprit. Dans cette maison, on prenait le titre d'Altesse, et le fils aîné portait celui de prince de Sedan. C'était le duc de Bouillon qui avait gagné en 1641, contre l'armée royale, la bataille de la Marfée, où périt le comte de Soissons. Arrêté, par ordre de Richelieu, en 1642, comme complice de Cinq-Mars, il avait été enfermé à Pierre-Encise et n'avait recouvré sa liberté qu'en cédant au Roi la principauté de Sedan (pour laquelle il reçut en échange, lors de son accommodement avec la cour en 1651, les duchés d'Albret et de Château-Thierry, et les comtés d'Auvergne et d'Évreux). Il aurait même été décapité sans l'intervention de ses parents, le duc de Nassau et le landgrave de Hesse, alliés précieux pour la France dans sa lutte contre l'Empire et l'Espagne. Il mourut le 9 août 1652.

3. Ce mot *ailleurs* prouve que cette partie des *Mémoires* a été composée ou revue postérieurement à la suite, où se trouve en effet (p. 427 et 428) un portrait du duc de Bouillon.

4. Henri de la Tour d'Auvergne, vicomte de Turenne, né en 1611, mort en 1675 ; il était très-entiché, lui aussi, de principauté,

frère, étoit uni à lui, et il commandoit l'armée d'Allemagne. Les vertus de ce grand homme sont plus connues par ses actions que par ce que je pourrois dire ici[1], et ce qu'il a fait depuis pour la gloire du Roi et de l'État doit effacer la faute que l'intérêt du duc de Bouillon et de sa maison et son mécontentement particulier lui firent[2] commettre en cette rencontre. Il entra dans les liaisons de son frère, et voulut employer l'armée qu'il commandoit pour soutenir le parti de Paris; mais ses troupes[3] suivirent leur devoir, et il fut contraint, pour chercher sa sûreté, de se retirer en Hollande[4]. Le ma-

et très-passionné pour la grandeur de sa maison. Retz dit dans le portrait qu'il trace de lui (tome II, p. 179) : « L'on l'a cru plus capable d'être à la tête d'une armée que d'un parti, et je le crois aussi, parce qu'il n'étoit pas naturellement entreprenant. Mais toutefois qui le sait? »

1. J'en pourrois dire ici. (1817, 26, 38.)
2. Les éditions antérieures, qui omettent les mots : « et son mécontentement particulier », ont, par suite, *fit*, au lieu de *firent*.
3. Ces troupes. (1817.)
4. Février 1649. — Retz (tome II, p. 336 et 337) confesse qu'il n'a jamais pu savoir par quel mobile Turenne s'était donné à la Fronde. « Monsieur son frère et Madame sa belle-sœur, ajoute-t-il, m'ont juré, cent fois en leur vie, que tout ce qu'ils en savoient étoit que ce n'étoit point leur considération.... Il a fallu un mérite aussi éminent que le sien pour n'être pas obscurci par un événement de cette nature. » Voyez, dans les *Lettres françoises de Mazarin* (manuscrits de la bibliothèque Mazarine, H, 1715, tome II, fol. 291 et fol. 297), deux lettres du Cardinal : l'une adressée à Turenne, à la date du 12 janvier 1649, lorsque le duc de Bouillon s'est déclaré pour le Parlement; l'autre adressée à M. de Ruvigny, le 12 février, alors que Turenne vient de suivre l'exemple de son frère aîné. On lit dans cette dernière : « Si j'excuse en quelque façon le procédé que tient avec moi M. de Turenne, c'est que je reconnois tous les jours que Paris, en qui je me fiois entièrement, m'a trahi.... Je crois que vous n'aurez pas manqué à faire connoître à mondit sieur de Turenne que, si on lui veut persuader que Monsieur le Prince manque au service de la Reine et dans l'amitié qu'il a pour moi, on le trompe, car jamais il n'a fait paroître tant de chaleur que dans celle-ci. J'ai voulu vous

réchal de la Motte-Houdancourt[1] étoit ennemi particulier du Tellier[2] : il cherchoit[3] à se venger du traitement qu'il lui avoit procuré en le faisant arrêter prisonnier après lui avoir ôté l'emploi de Catalogne. Il avoit de la valeur, de la capacité dans la guerre, un esprit médiocre, du bon sens, et, par un sentiment ordinaire à ceux qui ont fait eux-mêmes leur fortune, il craignoit beaucoup de la hasarder[4]; il prit néanmoins le parti du Parlement. Le duc de Beaufort suivit bientôt cet exemple : il s'étoit sauvé du donjon de Vincennes[5] avec beaucoup de hardiesse, d'industrie et de bonheur, et il fut reçu du peuple comme son libérateur. Tant de personnes considérables élevèrent les espérances du parti. On leva de grandes sommes d'argent ; on fit des troupes ; le parlement de Paris écrivit aux autres parlements du Royaume[6] ; on envoya des lettres circulaires dans les

dire ceci, car je sais que M. de Turenne fait grand cas de tous les sentiments de Monsieur le Prince et est fort son serviteur. »

1. Philippe comte de la Mothe-Houdancourt, duc de Cardone, vice-roi de Catalogne, maréchal de France, né en 1605, mort en 1657. Arrêté après sa défaite devant Lérida, en mai 1644, il était resté prisonnier à Pierre-Encise jusqu'en septembre 1648. Il rentra en grâce en 1651.

2. De le Tellier. Voyez ci-dessus, p. 54, note 2.

3. Et il cherchoit. (1826, 38.) — Les trois éditions antérieures à la nôtre ajoutent encore *et*, un peu plus bas, devant « de la capacité », et devant « du bon sens ».

4. Comparez avec le portrait que Rétz trace du même personnage, tome II, p. 179 : « Le maréchal de la Mothe avoit beaucoup de cœur. Il étoit capitaine de la seconde classe ; il n'étoit pas homme de beaucoup de sens.... Il étoit très-utile dans un parti, parce qu'il y étoit très-commode. »

5. Le 31 mai 1648, après un emprisonnement qui avait duré cinq années; depuis lors il s'était tenu caché dans le Vendomois. Les détails de son évasion sont dans les *Mémoires de Guy Joli*, tome I, p. 12-14.

6. Le texte de ces lettres du parlement de Paris se trouve dans le *Journal du Parlement*. séance du 18 janvier au matin, p. 23 et 24.

provinces; on distribua les charges de la guerre : les ducs de Beaufort, d'Elbeuf, de Bouillon, et le maréchal de la Motte, furent généraux sous M. le prince de Conti; le duc de Luynes[1], Noirmoustier et moi, fûmes lieutenants généraux; le duc de Longueville, pour éviter l'embarras que le rang qu'il prétendoit[2] lui eût pu donner[3], alla en Normandie, pour maintenir cette province dans ses intérêts[4]. On accepta les offres considérables que l'Archiduc[5] fit d'hommes et d'argent : enfin on se préparoit à la guerre civile avec d'autant plus de chaleur que c'étoit une nouveauté; mais elle n'avoit pour fondement que la haine du cardinal Mazarin, qui étoit presque également odieux aux deux partis[6].

1. Louis-Charles d'Albert, grand fauconnier de France, fils du connétable qui avait été le favori de Louis XIII. Né en 1620, il mourut en 1690. Voyez ci-dessus la note 1 de la page 103.
2. Son père, Léonor d'Orléans, avait obtenu de Charles IX, pour lui et pour ses successeurs, le titre de prince du sang. — Voyez *Madame de Motteville*, tome II, p. 306.
3. Et peut-être aussi pour sauver ses oreilles des malsonnantes satires rimées à l'occasion des couches de sa femme.
4. Voyez, dans les *OEuvres mêlées de Saint-Évremond* (édition de M. Ch. Giraud, 1866, tome II, p. 3-21), la pièce satirique, qui a pour titre *la Retraite de M. de Longueville en son gouvernement de Normandie*, etc. Ce morceau, nous l'avons dit dans la *Notice*, figure dans les premières éditions des *Mémoires* comme étant l'œuvre de la Rochefoucauld.
5. L'archiduc Léopold-Guillaume, frère de l'empereur d'Allemagne, Ferdinand III; il était gouverneur général des Pays-Bas depuis 1647. Il mourut en 1662. Ce fut le 19 février que l'envoyé de l'Archiduc reçut audience au Parlement. Voyez à ce sujet, les *Mémoires de Retz*, tome II, p. 229 et suivantes; et ceux de *Guy Joli* (tome I, p. 67-70), où il est dit en note qu'il ne vint pas d'envoyé de l'Archiduc, qu'on affubla de ses livrées un homme de bonne volonté, que ce fut « une fable concertée à Paris. »
6. Consultez à ce sujet un intéressant chapitre de Walckenaër, *Mémoires sur Mme de Sévigné*, tome I, p. 209 et suivantes; il s'y trouve une appréciation du caractère et du rôle des principaux personnages engagés dans la Fronde.

Le besoin qu'on eut à Paris de faire promptement des troupes en fit lever de mauvaises : on ne put choisir les officiers¹ ni les soldats, et on fut contraint de recevoir indifféremment tout ce qui se présentoit². Cependant le Cardinal mettoit tout en usage pour former des cabales dans le Parlement, et pour diviser les généraux. La diversité de leurs sentiments et de leurs intérêts lui fournit bientôt toute la matière qu'il pouvoit desirer. Dans l'autre parti, l'armée du Roi se fortifioit tous les jours, et le prince de Condé, animé par son ressentiment particulier, faisoit sa propre cause de l'intérêt du Cardinal. Il avoit occupé les passages les plus considérables pour empêcher la communication de la campagne avec Paris, et il ne doutoit point que, manquant de secours et de vivres, cette ville ne fût bientôt réduite à la dernière extrémité³. Charenton étoit retranché, et ceux de Paris

1. Ni les officiers. (1817, 26, 38.)

2. Il avait été décidé d'abord en assemblée de Ville qu'on ne lèverait que des garçons et des compagnons de métier, sans y mêler aucun chef de famille, le vrai rôle des bourgeois n'étant pas de faire des sorties, mais de garder les portes, les murailles, et d'empêcher les séditions à l'intérieur. On voit par les *Registres de l'Hôtel de Ville pendant la Fronde* (tome I, p. 134) que le régiment de Marcillac devait se composer de quatre compagnies.

3. La détresse, en effet, fut bientôt grande, et il fut un instant question d'expulser tous les pauvres étrangers à la ville, en leur donnant vingt sous par tête; mais on craignit d'exciter une émeute. Le Parlement remit le terme de Pâques aux locataires, et il fut décidé que le buffet d'argent vermeil doré de la Ville serait vendu ou engagé. Le setier de froment, trois jours après la sortie du Roi, était déjà monté de treize livres à trente livres; au moment de la paix de Rueil, il était à soixante. Ajoutez que cette année 1649, qui s'ouvrait, pour les Parisiens mutinés, sous de si tristes auspices, ne devait donner qu'une récolte fort mauvaise, et, pour comble de malheur, les misères du blocus coïncidèrent avec un débordement de la Seine si considérable, que Paris, dit Mme de Motteville (tome II, p. 325), « étoit devenu semblable à la ville de Venise, » et qu' « on alloit par bateau dans les rues. »

qui s'en étoient emparés y avoient mis Clanleu avec deux mille hommes, pour conserver un poste sur les rivières de Seine et de Marne. Le prince de Condé l'y força, sans trouver presque de résistance. Cette action se fit en plein jour, à la vue de toutes les troupes du parti et de plus de cinquante mille bourgeois sous les armes. Le duc de Châtillon, lieutenant général dans l'armée du Roi, y fut tué[1]; de l'autre côté, Clanleu et toute sa garnison furent taillés en pièces[2]. Ce désavantage mit une grande consternation à Paris : les vivres y enchérissoient, et on commençoit à craindre d'en manquer. Il y entroit néanmoins souvent des convois, et un jour qu'on en amenoit un considérable, les troupes du Roi commandées par Nerlieu[3] se trouvèrent sur le chemin auprès de Villejuive[4].

1. Gaspard IV, comte de Coligny, marquis d'Andelot, puis duc de Châtillon; c'était le second fils du maréchal de ce nom et le frère de Maurice de Coligny qui avait eu avec Guise le duel mentionné plus haut (p. 90-92). Il était né en 1620. On compte, parmi les *Mazarinades*, une dizaine de pièces sur la mort du duc de Châtillon. Condé pleura amèrement cet ami et ce compagnon d'armes, « pour lequel racheter, dit Guy Patin (*Lettres*, tome I, p. 413), il donneroit mille Charenton. »
2. Voyez sur cet engagement, qui eut lieu le 8 février, la *Mazarinade* intitulée : *le Courrier burlesque de la guerre de Paris* (tome II, p. 68-168, du recueil de M. Moreau); et la *Lettre d'un Normand aux fendeurs de naseaux de ce temps, qui ont peur de mourir pour leur patrie* (*Bibliographie*, tome II, p. 125). Le baron de Clanleu, qui était maréchal de camp, s'y fit tuer, après avoir refusé quartier, trouvant « plus honorable, dit Mme de Motteville (tome II, p. 329), de mourir en cette occasion que sur un échafaud. » On verra cependant plus loin que les chefs de l'insurrection s'en tirèrent à meilleur compte que ne le supposait Clanleu mourant.
3. Charles de Beauvau, baron de Nerlieu ou Noirlieu, était mestre de camp d'un régiment du Roi; il fut tué, en cette occasion (10 février), par le duc de Beaufort en personne. Tous les contemporains parlent de sa valeur.
4. Villejuif, à deux lieues de Paris, au sud. — Nous conservons l'orthographe de notre manuscrit; voyez ci-après, p. 398.

Il y eut un combat assez opiniâtre dans le village de Vitry[1], où Nerlieu fut tué; le convoi passa, et, comme cette action dura quelque temps, tout Paris en prit l'alarme, et plus de cent mille bourgeois sortirent pour nous recevoir[2]. Ce succès, qui n'étoit d'aucune importance, fut reçu de ce peuple préoccupé comme une victoire signalée, qu'il vouloit devoir à la seule valeur du duc de Beaufort, et il fut conduit comme en triomphe jusqu'à l'Hôtel de Ville, au milieu des acclamations d'une foule innombrable de monde.

Peu de temps après, le marquis de Noirmoustier sortit avec sept ou huit cents chevaux et quelque infanterie, pour escorter un grand convoi qui venoit du côté de la Brie. J'allai au-devant de lui avec neuf cents chevaux, pour faciliter son passage, que le comte de Grancey[3] vouloit empêcher avec pareil nombre de cavalerie et deux régiments d'infanterie. Nous étions à une demi-lieue l'un de l'autre, le marquis de Noirmoustier et moi,

---

1. A trois kilomètres à l'ouest de Villejuif.
2. Retz (tome II, p. 218) dit de même que le convoi, qui venait d'Étampes, « rentra dans Paris, accompagné.... de plus de cent mille hommes, qui étoient sortis en armes au premier bruit qui avoit couru que M. de Beaufort étoit engagé. » Le *Journal du Parlement* (p. 71) parle de plus de vingt-cinq mille hommes « résolus de se bien battre, si l'on eût eu besoin d'eux. » Dubuisson-Aubenay (p. 104) mentionne aussi cette affaire, et décrit le convoi de bœufs et de moutons. Quelques jours auparavant (23 janvier), Paris avait reçu un convoi semblable, qui inspira à un pamphlétaire une curieuse pièce de vers héroï-comique, adressée à Scarron, et insérée par M. Moreau dans son *Choix de Mazarinades*, tome I, p. 109 et suivantes. Il paraît qu'en ce temps, où pour ceux de Paris les bourgs de Chaillot et de Charenton étaient devenus places frontières, c'étaient les pourceaux qui abondaient le plus, ce qui fit manger aux Parisiens, dit une satire contemporaine (*Variétés historiques*, tome V, p. 10), bien des cochons en carême.
3. Jacques Rouxel de Médavy, comte de Grancey, qui fut fait maréchal de France en 1651. Né en 1602, il mourut en 1680.

et nous étions convenus de nous secourir en cas¹ que le comte de Grancey vînt attaquer l'un de nous. Il me manda de m'avancer, et qu'il alloit être chargé ; je fis ce qu'il desiroit de moi ; mais le comte de Grancey, qui sut que j'avançois, quitta le dessein d'attaquer Noirmoustier, et vint au-devant de moi pour me combattre seul. Le marquis de Noirmoustier lui vit faire ce mouvement ; mais, au lieu de faire pour moi ce que j'avois fait pour lui, il continua son chemin avec le convoi, et se mit peu en peine d'un combat qu'il rendoit si inégal par sa retraite. Nous marchâmes l'un à l'autre, le comte de Grancey et moi, avec pareil² nombre de cavalerie, mais très-différent par la bonté des troupes ; il avoit de plus deux régiments d'infanterie, comme j'ai dit. Je fis ma première ligne de cinq escadrons, et la seconde de quatre, commandée par le comte de Rozan³, frère des maréchaux de Duras et de Lorges⁴ ; mais, comme le comte de Grancey étoit éloigné de mille pas de son infanterie, je fis toute la diligence qu'il me fut possible⁵ pour le charger avant qu'elle fût arrivée⁶. Nous trouvâmes, à vingt pas les uns des autres, une ravine⁷ qui nous séparoit ; nous la côtoyâmes deux cents pas pour

1. Au cas. (1817, 26, 38.) — 2. Avec un pareil. (*Ibidem.*)
3. Frédéric-Maurice de Durfort, neveu du duc de Bouillon et de Turenne par sa mère, Élisabeth de la Tour.
4. Jacques-Henri de Durfort, duc de Duras, maréchal en 1675, mort le 12 octobre 1704, âgé de soixante-quatorze ans. — Guy-Aldonce de Durfort, duc de Lorges, maréchal en 1676, mort en 1702 ; sa fille aînée épousa le duc de Saint-Simon, l'auteur des *Mémoires*.
5. Qui me fut possible. (1817, 26, 38.)
6. « M. de la Rochefoucauld, dit Retz (tome II, p. 262 et 263), qui avoit plus de cœur que d'expérience, s'emporta de chaleur : il n'en demeura pas à son ordre, il sortit de son poste, qui lui étoit très-avantageux, et il chargea les ennemis avec beaucoup de vigueur. »
7. Une espèce de ravine. (1817, 26, 38.)

en prendre la tête ; dans cet espace ¹, une partie de l'infanterie du comte de Granccy eut le loisir d'arriver, et, à la première décharge, tout ce que j'avois de troupes ² s'enfuit, et mon cheval fut tué ; ceux du chevalier de la Rochefoucauld ³ et de Gourville ⁴ le furent aussi. Un gentilhomme qui étoit à moi ⁵ mit pied à terre pour me donner le sien, mais je ne pus m'en servir, parce qu'un des escadrons qui poussoient les fuyards étoit trop près. Le comte d'Hollac ⁶, qui étoit à la tête, et trois autres cavaliers vinrent à moi, me criant quartier ; j'allai à lui, résolu de ne le pas accepter ⁷ ; et, croyant lui donner ⁸ de l'épée dans le corps, je ne perçai que les deux épaules de son cheval, et mon épée s'arrêta toute faussée dans la selle. Il me tira aussi à bout touchant ; le coup fut si grand que je tombai à terre ; tout son escadron, en passant presque sur moi, me tira encore. Six soldats arri-

1. Dans cet espace de temps. (1817, 26, 38.) — *De temps*, dans notre manuscrit, est biffé.
2. « De troupe », au singulier, dans les éditions de 1817, 26.
3. Charles-Hilaire, chevalier de Malte, frère puîné du prince de Marcillac. Né en 1628, il mourut en 1651 : voyez ci-après, p. 308.
4. Jean Hérault de Gourville, qui avait déjà combattu à Courtrai, s'était fait, dit-il dans ses *Mémoires* (p. 221), « lieutenant d'une compagnie de bourgeois du faubourg Saint-Honoré, commandée par un charcutier, qui demeuroit devant la porte du logement de M. le prince de Marcillac. » Né à la Rochefoucauld en 1625, il mourut à Paris en 1703. Il est déjà nommé plus haut, p. 115 ; voyez sur lui Sainte-Beuve, *Causeries du lundi*, tome V, p. 286 et suivantes.
5. Il s'agit probablement, d'après le récit de Gourville (p. 224), de Bercenay, capitaine des gardes du prince de Marcillac, que nous retrouvons en 1652 accompagnant, avec la Rochefoucauld et quelques autres, le prince de Condé dans sa grande chevauchée aventureuse d'Agen au camp de Lorris en Gâtinais.
6. On défigurait ainsi le nom *d'Hohenlohe* ; les éditions antérieures écrivent *d'Holach* ; Tallemant des Réaux (tome III, p. 180), *d'Olac* ; Bussy Rabutin (tome I, p. 111), *d'Holac*.
7. De ne pas l'accepter. (1817, 26, 38.)
8. Et croyant de lui donner. (1817.)

vèrent, et, me voyant bien vêtu, ils disputèrent ma dépouille et qui me tueroit¹. Dans ce moment, le comte de Rozan chargea les ennemis avec sa seconde ligne. Le bruit de la décharge surprit ces six soldats, et, sans que j'en sache d'autres raisons, ils s'enfuirent. Quoique ma blessure fût fort grande², je me trouvai néanmoins assez de force pour me relever, et, voyant un cavalier auprès de moi qui vouloit remonter à cheval, je le lui ôtai et son épée aussi. Je voulois rejoindre le comte de Rozan; mais, en y allant, je vis ses troupes qui suivoient l'exemple des miennes, sans qu'on les pût rallier. Il fut pris et blessé, et mourut bientôt après. Le marquis de Sillery³ fut pris aussi. Je joignis le comte de Matha⁴, maréchal de camp, et nous arrivâmes ensemble à Paris⁵. Je le priai de ne rien dire de ce qu'il avoit vu faire à Noirmoustier, et je ne fis aucune plainte contre lui; j'empêchai même qu'on ne punît la lâcheté des troupes qui m'avoient abandonné et qu'on ne les fît tirer au billet⁶.

1. Et à qui me tueroit. (1817, 26, 38.)
2. Fût grande. (1817, 26, 38.)
3. Louis-Roger Brûlart, marquis de Puisieux et de Sillery, beau-frère de la Rochefoucauld, dont il avait épousé la sœur, Marie-Catherine, en 1638. Il était mestre de camp de l'infanterie; il fut plus tard un des principaux négociateurs de la Fronde avec les Espagnols. Il mourut en 1691.
4. Charles de Bourdeille, comte de Matha ou de Mastas, frondeur ardent, cousin germain de Montrésor, dont il a été question plus haut (p. 26), et, comme lui, petit-neveu de Brantôme. Il commandait, depuis 1640, une compagnie aux Gardes. Rentré plus tard en grâce à la cour, il acquit une grande réputation d'esprit, et surtout d'esprit fort. Pendant l'exil de Mademoiselle, il fut très-assidu à Saint-Fargeau. Il mourut en 1674. Voyez sur lui *Tallemant des Réaux*, tomes V, p. 303, et VI, p. 78.
5. Voyez le récit de ce combat du 19 février 1649 dans *Retz*, tome II, p. 262-264, et dans *Gourville*, p. 223 et 224.
6. C'est-à-dire qu'on ne les décimât. On mettait les noms sur des billets, et l'on tirait au sort qui serait passé par les armes.

Ma blessure, qui fut grande et dangereuse, m'ôta le moyen de voir par moi-même ce qui se passa dans le reste de cette guerre, dont les événements furent peu dignes d'être écrits[1]. Noirmoustier et Laigues allèrent en Flandres, pour amener l'armée d'Espagne que l'Archiduc devoit envoyer au secours de Paris; mais les promesses des Espagnols et leurs assistances[2] furent inutiles[3], et le Parlement et le peuple, épuisés par[4] tant de dépenses mal employées et se défiant presque également[5] de la

1. On sait que la lutte des Frondeurs avec la cour fut suspendue par la convention de Rueil, le 11 mars 1649. Voyez le récit de la suite des événements dans les *Mémoires de Retz*, tome II, p. 264 et suivantes.

2. Leur assistance. (1817, 26, 38.)

3. Voyez sur le rôle joué en cette occasion par l'Espagne les curieux détails, un peu trop ingénieux peut-être, que donnent encore les *Mémoires de Retz*, tome II, p. 323 et suivantes.

4. Épuisés de. (1817, 26, 38.)

5. La *Mazarinade* qui rend le mieux l'état moral de Paris pendant le blocus de 1649, est celle que M. Moreau cite dans le tome II de sa *Bibliographie*, sous le n° 1619, et qui a pour titre : *Le Hazard de la blanque renversé et la consolation des marchands forains*. Cette pièce fort curieuse se trouve reproduite en entier dans le tome II (p. 325-331) des *Variétés historiques et littéraires*, de M. Édouard Fournier. « Les esprits les mieux sensés, y est-il dit (p. 330), protestent hautement que tous nos desseins, nos entreprises, nos assemblées ne sont qu'une véritable comédie.... Mais certes, bien que cette comédie soit agréable aux uns, elle est pourtant ennuyeuse aux autres, parce qu'elle dure trop longtemps, et que l'on y laisse brûler la chandelle par les deux bouts, et que l'on fait payer double, bien que l'on ne soit placé qu'au parterre. » La même lassitude se montre dans la pièce intitulée : *Sur la conférence de Ruel en mars, vers burlesques du sieur S.* (Scarron), et qui commence ainsi :

> Ma foi, nous en avons dans l'aile.
> Les Frondeurs nous la baillent belle.
> Male peste de l'Union !
> Le bled ne vient plus qu'en charrette....
> Nous allons mourir de disette.

(*Choix de Mazarinades*, tome I, p. 423.)

Le lecteur curieux pourra consulter aussi les *Triolets du temps*, capacité et de la bonne foi de la plupart des généraux, reçurent l'amnistie [1] bientôt après.

publiés à la date du 4 mars 1649, *le Courrier burlesque de la guerre de Paris*, à partir du 19 février (*Choix de Mazarinades*, tome I, p. 416 et suivantes, tome II, p. 126 et suivantes), et *les Contents et les Mécontents sur le sujet du temps* (*Bibliographie*, tome I, p. 231 et 232). Retz avoue lui-même, dans ses *Mémoires* (tome II, p. 313), que, dès le 3 mars, personne ne voulait plus payer les taxes.

1. Le prince de Marcillac figure au nombre des Frondeurs que l'on y comprit expressément. Comme il était retenu au lit par sa blessure, ce fut Mme de Longueville qui se chargea de traiter de ses intérêts. Le tome I du *Choix de Mazarinades* (p. 431-436) contient sous ce titre : *Demandes des princes et seigneurs qui ont pris les armes avec le parlement et peuple de Paris*, une pièce que Mme de Motteville a transcrite en grande partie dans le tome II de ses *Mémoires* (p. 400-405). « Qu'on accorde, est-il dit dans la *Mazarinade*, le tabouret à la femme du prince de Marcillac; qu'on paye audit prince dix-huit mille livres par an qu'on avoit accoutumé de lever pour des fuzeliers en Poitou, quoique lesdits fuzeliers ne subsistent pas. » Marcillac eut la somme (voyez les *Mémoires de Mathieu Molé*, tome III, p. 487), qu'il avait d'ailleurs bien dû dépenser d'avance; mais sa femme n'eut pas le tabouret.

III[1].

[Mars 1649 à février 1651.]

Le[2] Roi avoit accordé la paix au parlement de Paris

---

1. Cette partie a paru pour la première fois tout entière, sous le titre : *la Prison des Princes*, dans l'édition de 1689. Les éditions précédentes ne contiennent du commencement que quelques lambeaux, insérés çà et là, les uns à peu près textuellement, les autres en résumé, dans un morceau que nous donnons à l'*Appendice* et qui est intitulé : *Récapitulation de ce que dessus, avec la Prison des Princes*. Pour la suite, à partir de notre page 166, ledit morceau nous offre, en récit suivi, une rédaction première qui se distingue de la nôtre par des lacunes et de nombreuses et souvent considérables variantes. — Entre les parties II et III, il y a dans notre manuscrit D un intervalle d'une page et demie. A la marge se trouve, de la main de l'annotateur, ce titre : *la Prison des Princes*, et cette observation : « Ici commencent les *Mémoires* imprimés, avec quelques différences dans le style seulement. » Chez Renouard (1804) le titre est : *Prison des Princes et Siége de Bordeaux*. Les éditeurs de 1826 et de 1838, réunissant nos deux parties III et IV, les font précéder simplement de ces mots : *Troisième partie* (1826), *Deuxième partie* (1838).

2. Le récit change de nature : dans toute la suite de l'œuvre, l'auteur parle de lui-même, non plus à la première, mais à la troisième personne. A partir d'ici, nous avons, comme il a été dit dans la *Notice* placée en tête de ce volume, quatre textes des *Mémoires* (cinq pour la partie III; voyez la note précédente) : d'abord celui que nous offrent la plupart des anciennes copies et les éditions antérieures à 1804; puis trois modifications de ce texte, dues toutes trois probablement à la Rochefoucauld lui-même, retouchant successivement son ouvrage. De ces trois retouches la première se rapproche, le plus souvent, beaucoup du texte des anciennes éditions, surtout des éditions qui ont paru de 1689 à 1804 exclusivement, et de la plupart des copies que nous avons pu voir, en particulier de la copie C de la Roche-Guyon; nous la prenons dans le manuscrit Harlay 352 de la Bibliothèque nationale (aujourd'hui *Fonds français* 15625); la seconde nous a été conservée, de

et à tout ce qui avoit soutenu la guerre civile[1] en l'année 1649, et la plus grande partie[2] des peuples l'avoit reçue avec trop de joie pour donner sujet[3] d'appréhender qu'on les pût porter une seconde fois à la révolte[4]. Le cardinal Mazarin, raffermi par la protection de M. le duc d'Orléans et de Monsieur le Prince, commençoit à ne plus craindre les effets de la haine publique, et ces deux

la manière que nous allons dire, par la même copie Harlay, et par un très-petit nombre d'autres copies, ayant entre elles, çà et là, de légères différences; cette seconde rédaction, « avouée par l'auteur, » comme dit le titre du manuscrit Harlay, a été imprimée par les éditeurs de 1804, 1826, 1838; la troisième et dernière est celle que nous reproduisons d'après le manuscrit D de la Roche-Guyon. — Nous donnons en note les variantes de ces deux retouches, surtout de la seconde, souvent, au reste, identique avec la première, en indiquant comme source ledit manuscrit Harlay, lequel porte, d'un bout à l'autre, de nombreuses corrections, substituant la seconde rédaction à la première et adoptées, pour la constitution de son texte, par l'éditeur de 1804[a]. Quant aux textes qui ont paru d'abord (non sans variantes, il va sans dire) dans les diverses éditions publiées avant 1804, et qui pourroient bien avoir été modifiés, en maint endroit, surtout pour le style, les mots, tours, constructions, par les copistes et les éditeurs, nous en reproduisons, à l'*Appendice*, un double échantillon; puis, pour donner partout aux lecteurs curieux de suivre tout le travail de remaniement dont les *Mémoires* ont été l'objet, quelque idée de cette forme première, moins authentique, nous avons marqué d'un astérisque celles de nos variantes pour lesquelles les anciennes éditions, depuis 1689, sont d'accord avec le manuscrit Harlay, et d'un double astérisque celles où l'accord s'étend aux éditions antérieures (1662-1688).

1. A tous ceux qui avoient pris son parti. (*Ms. H, réd.* 1 et 2.)
2. *La plus grande part. (*Ms. H, réd.* 1.)
3. *Pour laisser lieu. (*Ms. H, réd.* 1.)
4. *A la troubler. (*Ms. H, réd.* 1.)

[a] Nous désignons le manuscrit Harlay par l'abréviation *ms. H*, et nous indiquons, pour chaque leçon, si elle appartient à la première ou à la seconde des deux rédactions que ce manuscrit contient. — Par *anciennes éditions*, nous entendons, dans les notes, les éditions antérieures à 1804 : soit toutes à partir de 1662 ; soit seulement à partir de l'édition de 1689, pour ce qui a paru d'abord dans cette dernière.

princes espéroient qu'il auroit une reconnoissance proportionnée à ses promesses et à ce qu'il leur devoit[1]. M. le duc d'Orléans en attendoit les effets sans inquiétude, et il étoit content de la part qu'il avoit aux affaires et de l'espérance qu'on donnoit à l'abbé de la Rivière, son principal ministre, de le faire cardinal; mais Monsieur le Prince n'étoit pas si aisé à satisfaire: ses services passés, et ceux qu'il venoit de rendre, à la vue du Roi, pendant le siége de Paris[2], portoient bien loin ses prétentions, et elles commençoient à embarrasser le Cardinal.

La cour étoit encore à Compiègne[3], et, quelques raisons qu'il y eût pour la ramener à Paris, le Cardinal ne pouvoit se résoudre d'y retourner et d'exposer sa personne à ce qui pouvoit être resté d'animosité contre lui dans un peuple qui venoit d'en témoigner une si extraordinaire[4]. Il falloit néanmoins se déterminer[5], et, s'il lui paroissoit dangereux de se fier à ses ennemis, il ne l'étoit pas moins de témoigner de les craindre. Dans cette irrésolution, où personne n'osoit lui donner de conseil, et où il n'en pouvoit prendre de lui-même, Monsieur le Prince crut que, pour achever son ouvrage, il

---

1. *A ses promesses et à ses obligations. (*Ms. H*, réd. 1 et 2.) — Les anciennes éditions transposent les deux substantifs.

2. Ceux qu'il venoit de rendre au siége de Paris, à la vue du Roi. (*Ms. H*, réd. 2.) — Celui qu'il venoit de rendre, avec tant de succès, au siége de Paris, à la vue du Roi. (*Ms. H*, réd. 1.)

3. La Reine, dit Monglat (tome II, p. 174 et 175), « prit prétexte du siége mis par l'Archiduc devant Ypres; et, ayant fait marcher toutes les troupes qui bloquoient Paris devers la frontière sous le maréchal du Plessis, elle partit de Saint-Germain le dernier d'avril, et arriva le 2 de mai à Compiègne. »

4. A ce qui (*à tout ce qui*, réd. 1) pouvoit rester d'animosité en un peuple qui en avoit témoigné depuis peu une si extraordinaire contre lui. (*Ms. H*, réd. 1 et 2.)

5. *Se déterminer à quelque chose. (*Ms. H*, réd. 1.)

devoit aller à Paris, afin que, selon la disposition où il trouveroit[1] les esprits, il eût l'avantage d'y ramener la cour, ou de la porter à prendre d'autres mesures. Il y fut reçu[2] comme il avoit accoutumé de l'être au retour de ses plus glorieuses campagnes[3]. Ce succès rassura[4] le Cardinal, et on ne balança plus pour retourner à Paris. Monsieur le Prince y accompagna le Roi[5], et, en arrivant

1. Où il y trouveroit. (*Ms. H, réd. 1 et 2.*)
2. *En effet, il y fut reçu. (*Ms. H, réd. 1.*)
3. Selon Mme de Motteville (tome II, p. 417), Monsieur le Prince ne reçut pas à Paris « le même applaudissement que le duc d'Orléans. On l'avoit trouvé plus indifférent pour la paix et plus âpre au combat. » Un journal manuscrit et anonyme de la Fronde[a], qui se trouve à la Bibliothèque nationale (*Fonds français*, n° 25025), indique exactement, au jour le jour, les dispositions populaires à l'égard des différents personnages de marque. Il confirme ici le rapport de Mme de Motteville.
4. De sorte que cet exemple rassura. (*Ms. H, réd. 1.*)
5. Ce fut le 18 août qu'eut lieu la rentrée du Roi à Paris. Ce retour fut fêté par un feu d'artifice et par un bal à l'Hôtel de Ville (*Registres de l'Hôtel de Ville pendant la Fronde*, tome II, p. 47 et suivantes). La joie fut en raison de la lassitude générale causée par le blocus prolongé dont on avait tant souffert : c'est ce dont témoignent *le Courrier du temps*, les *Triolets de joie chantés par Paris pour chasser la mélancolie* (*Choix de Mazarinades*, tome I, p. 510, 514 et suivantes). Quant à Mazarin, l'opinion publique lui demeurait toujours aussi contraire : « Le Roi, dit, quelques jours après la rentrée, le manuscrit anonyme que nous venons de citer, fut avant-hier (*le 1er septembre*) à la chasse à Saint-Maur, et hier S. M. fut au Cloître Notre-Dame.... Monsieur le Cardinal y fut aussi dans le carrosse de S. M., et, comme, dans toutes les rues qu'elle avoit passé, l'on avoit fait des grands cris de : « Vive le Roi ! » on remarqua que S. M. dit qu'elle avoit toujours cru que les Parisiens ne le haïssoient point, mais *quelque autre*. » — Et encore à la même date : « Les écoliers du collége de Navarre jouant une tragédie dans

[a] En tête de ce journal, qui abonde en nouvelles de toute sorte de Paris, des provinces et de la frontière, on lit cette note, écrite au verso de la couverture : « Ce manuscrit renferme ce qui s'est passé pendant la guerre de la Fronde, depuis le 25 décembre 1648 jusqu'à la fin de l'année 1651, que finit cette ridicule guerre. »

au Palais-Royal, la Reine lui dit publiquement qu'on ne pouvoit assez reconnoître[1] ses services, et qu'il s'étoit glorieusement acquitté de la parole qu'il lui avoit donnée de rétablir l'autorité du Roi et de maintenir Monsieur le Cardinal[2]; mais la fortune changea bientôt ces paroles en des effets tous contraires[3].

Cependant Monsieur le Prince étoit dans une liaison particulière avec M. le duc d'Orléans : il l'avoit établie[4] par les extrêmes déférences qu'il avoit affecté de lui rendre durant la guerre, et il les continuoit avec soin[5]. Il ne garda pas longtemps les mêmes mesures[6] avec le cardinal Mazarin, et bien qu'il n'eût pas encore résolu de rompre ouvertement avec lui, il témoigna[7], par des railleries piquantes et par une opposition continuelle à ses avis, qu'il le croyoit peu digne de la place qu'il occupoit, et qu'il se repentoit même de la lui avoir conservée[8]. On attribue cette conduite à des motifs bien différents; mais il est certain que le premier sujet de

---

ledit collége, le prologue ayant commencé à s'étendre sur les louanges de Monsieur le Cardinal, les assistants crièrent aussitôt : « Point de Mazarin ! » frappèrent des mains, et firent tant de bruit qu'il fut obligé de se taire, et ils ne voulurent jamais lui permettre de continuer. »

1. Assez dignement reconnoître. (*Ms. H, réd.* 1.)
2. Voyez à l'*Appendice* de ce volume la fin du morceau de Vineuil.
3. *En des effets contraires. (*Ms. H, réd.* 1.)
4. Il avoit travaillé à l'établir. (*Ms. H, réd.* 2.) — Il avoit essayé à l'établir. (*Ms. H, réd.* 1.) — Les anciennes éditions ont cette seconde variante, mais avec *de*, au lieu de *à*.
5. *Il les continuoit encore avec le même soin. (*Ms. H, réd.* 1.)
6. *De semblables mesures. (*Ms. H, réd.* 1.)
7. Il témoigna néanmoins. (*Ms. H, réd.* 1.)
8. Le manuscrit anonyme dit, à la date du 24 septembre, que « Monsieur le Cardinal ayant paru devant Monsieur le Prince pour le saluer avec un visage fort résolu, Son Altesse lui tourna

leur mésintelligence avoit commencé durant la guerre de Paris, sur ce que Monsieur le Prince se persuada, que le Cardinal[1] vouloit adroitement rejeter sur lui la haine des peuples, en le faisant passer pour l'auteur de tous les maux qu'ils avoient soufferts. Ainsi Monsieur le Prince crut en devoir user de la sorte envers[2] le Cardinal, pour regagner dans l'opinion du monde ce qu'il y avoit perdu par la protection qu'il avoit donnée à un homme si généralement haï, en l'empêchant de sortir du Royaume et de céder à sa mauvaise fortune. Il se souvenoit encore des craintes et de l'abattement que le Cardinal avoit témoigné pendant les derniers désordres, et il étoit[3] persuadé qu'il suffisoit de lui faire peur[4] et de le mépriser pour lui attirer de nouveaux embarras, et l'obliger de recourir à lui avec la même dépendance qu'il avoit eue dans l'extrémité où il s'étoit vu[5]. Monsieur le Prince s'imagina[6] peut-être aussi, par les choses

le dos, disant qu'il ne falloit pas paroître devant ce *Mars*, et s'en alla aussitôt. » C'est le mot : *Adieu Mars!* rapporté par Mme de Motteville, tome III, p. 35, et par Retz, tome II, p. 534.

1. *La guerre de Paris, où Monsieur le Prince crut que le Cardinal. (*Ms. H*, *réd.* 1.) — Voyez à l'*Appendice*, II, v.

2. Pour l'auteur de tous les maux et de toutes les pertes qu'ils avoient souffertes, de sorte que Monsieur le Prince crut en devoir user ainsi envers. (*Ms. H*, *réd.* 1.)

3. Cette phrase est ainsi liée à la précédente dans les deux rédactions du ms. H et dans les anciennes éditions : « outre que se souvenant,... il étoit (*il fut*, réd. 1) persuadé. »

4. La Rochefoucauld a déjà dit précédemment (p. 87) que le duc de Beaufort fit prendre l'alarme à Mazarin, « croyant qu'il suffisoit de lui faire peur pour le chasser du Royaume. »

5. *Pour lui attirer de nouvelles affaires et pour l'obliger de recourir de nouveau à lui avec la même dépendance qu'il avoit eue dans ses pressants besoins. (*Ms. H*, *réd.* 1.) — Dans les anciennes éditions : « avec la même dépendance que par le passé. » — Retz dit (tome II, p. 503) que Monsieur le Prince, « à la lettre, l'avoit tiré de la potence. »

6. *Il s'imagina. (*Ms. H*, *réd.* 1 et 2.)

obligeántes que la Reine lui avoit dites à Saint-Germain¹, qu'il ne lui seroit pas impossible de lui faire remarquer les défauts du Cardinal et de s'établir auprès d'elle après qu'il l'auroit détruit². Enfin, quelles que fussent les véritables causes de ce changement, on s'aperçut bientôt de la désunion de Monsieur le Prince et du Cardinal³.

Monsieur le Prince résolut alors de⁴ se réconcilier avec les Frondeurs, croyant ne pouvoir mieux détruire⁵ les mauvaises impressions que l'on avoit de lui⁶, qu'en se liant avec des gens dont les peuples et la plus grande partie du Parlement épousoient aveuglément les affections et les sentiments. Le nom de *Frondeurs* avoit été donné, dès le commencement des désordres, à ceux du Parlement qui étoient opposés aux sentiments de la cour⁷. Le duc de Beaufort, le coadjuteur de Paris, le marquis de Noirmoustier et Laigues, s'étant depuis joints⁸ à cette cabale, s'en rendirent les chefs ; Mme de Chevreuse, M. de Châteauneuf et leurs amis s'y joignirent⁹. Ils demeurèrent tous unis¹⁰, sous le nom de Frondeurs, et eurent une part très-considérable à toutes les affai-

---

1. A Saint-Germain, et par la bonne chère qu'elle lui avoit faite. (*Ms. H, réd.* 1 et 2.)

2. Après l'avoir détruit. (*Ms. H, réd.* 1.)

3. On ne s'aperçut que trop tôt de sa désunion avec le Cardinal. (*Ms. H, réd.* 1 et 2.)

4. Dans ce dessein, Monsieur le Prince résolut de. (*Ms. H, réd.* 2.) — Pour cet effet, Monsieur le Prince résolut de. (*Ms. H, réd.* 1.)

5. Les anciennes éditions ont *lever* au lieu de *détruire*.

6. *Les impressions que le monde avoit prises contre lui. (*Ms. H, réd.* 1.)

7. Voyez les *Mémoires de Retz*, tome II, p. 493 et note 3.

8. Depuis le duc de Beaufort, le coadjuteur de Paris.... s'étant joint (*sic*). (*Ms. H, réd.* 2.) — Mais depuis, etc. (*Ms. H, réd.* 1.)

9. *S'en rendirent les chefs, auxquels se joignirent après Mme de Chevreuse et M. de Châteauneuf, avec leurs amis. (*Ms. H, réd.* 1.)

10. Tous du depuis unis. (*Ms. H, réd.* 1.)

res¹ qui suivirent. Mais, quelques avances que Monsieur le Prince fît vers eux, on crut qu'il n'avoit jamais eu intention de se mettre à leur tête, qu'il vouloit seulement, comme je l'ai dit, regagner l'esprit des peuples, se rendre par là redoutable au Cardinal, et faire sa condition plus avantageuse. Il avoit paru² jusque-là irréconciliable avec M. le prince de Conti son frère et Mme de Longueville leur sœur, et même, dans le traité de la paix de Paris, il s'emporta contre eux avec toute l'aigreur imaginable, soit pour faire sa cour, ou par un sentiment de vengeance, à cause qu'ils s'étoient séparés de lui³. Cela alla même si avant, qu'il fut directement contraire au rétablissement de M. le prince de Conti et du duc de Longueville dans leurs gouvernements, et que, par une fausse politique⁴, il s'opposa à l'intention qu'on eut à la cour de donner le Mont-Olympe⁵ et Charleville à Monsieur son frère, et il le restreignit à accepter Damvilliers⁶. M. le prince de Conti et Mme de Longueville trouvèrent ce procédé de Monsieur le Prince aussi surprenant et aussi rude qu'il l'étoit en effet, et, dans cet

---

1. Dans toutes les affaires. (*Ms. H, réd.* 1.)
2. Dans les avances que Monsieur le Prince fît vers les *Frondeurs*, on crut qu'il n'eut jamais intention de se mettre à leur tête contre la cour, mais seulement de regagner, comme j'ai dit, l'esprit des peuples, de se rendre par là redoutable au Cardinal, et d'être en état de faire, par ce moyen, sa condition plus avantageuse avec lui. Monsieur le Prince avoit paru. (*Ms. H, réd.* 1.)
3. * Soit que ce fût pour faire sa cour, ou par un sentiment de vengeance pour s'être séparés de lui. (*Ms. H, réd.* 1.)
4. * Par une très-méchante politique. (*Ms. H, réd.* 1.)
5. Forteresse qui dominait la place de Charleville; elle a été démantelée en 1686. Voyez *Retz*, tome II, p. 595, note 1.
6. Petite ville du Luxembourg français (Meuse), et seigneurie enclavée dans le Verdunois. Prise par Henri II, elle avait été restituée à l'Espagne par le traité de Câteau-Cambrésis. La possession en fut confirmée à la France par la paix des Pyrénées.

embarras, ils chargèrent le prince de Marcillac¹, fils aîné du duc de la Rochefoucauld, qui avoit alors² toute leur confiance³, d'écouter les propositions que l'abbé de la Rivière leur faisoit faire⁴ par le marquis de Flammarins⁵. Elles étoient que M. le duc d'Orléans entreroit dans leurs intérêts contre Monsieur le Prince, que M. le prince de Conti auroit l'entrée au Conseil, qu'on lui donneroit⁶ Damvilliers pour place de sûreté, et que lui et le duc de Longueville seroient rétablis dans les fonctions de leurs charges, pourvu que M. le prince de Conti renonçât, en faveur de l'abbé de la Rivière, au chapeau de cardinal, et qu'il l'écrivît à Rome. Cette affaire fut conclue, à l'heure même, par le prince de Marcillac⁷; et

1. L'auteur de ces *Mémoires*, qui, on le sait, porta, comme fils aîné, le nom de prince de Marcillac jusqu'à la mort de son père. Voyez la *Notice biographique*, au tome I, et ci-après, p. 177 et note 6.
2. Ce procédé extraordinaire de Monsieur le Prince fut trouvé aussi surprenant et aussi rude par M. le prince de Conti et par Mme de Longueville qu'il l'étoit en effet, et, dans cet embarras, ils chargèrent l'un et l'autre le prince de Marcillac..., qui avoit pour lors. (*Ms. H, réd.* 1.)
3. Voyez à l'*Appendice*, II, v.
4. Lui fît faire dans le même temps. (*Ms. H, réd.* 1.)
5. Antoine-Agésilan de Grossoles, marquis de Flamarens (Flammareins, Flammarins ou Flammarin), qui fut tué en 1652 au combat du faubourg Saint-Antoine : voyez plus loin, p. 411.
6. Qu'il auroit. (*Ms. H, réd.* 1.)
7. Les relations entre le marquis de Flamarens et le prince de Marcillac remontaient au mois de février 1649. Voici ce qu'on lit, à cette date, dans les *Mémoires de Retz*, tome II, p. 290-293 : « Le même jour (24 *février*), Flammarin arriva à Paris pour faire un compliment, de la part de M. le duc d'Orléans, à la reine d'Angleterre, sur la mort du roi son mari.... Ce fut là le prétexte du voyage de Flammarin; en voici la cause. La Rivière, de qui il étoit intime et dépendant, se mit dans l'esprit de lier un commerce, par son moyen, avec M. de la Rochefoucauld, avec lequel Flammarin avoit aussi beaucoup d'habitude.... Comme M. le cardinal Mazarin faisoit croire à la Rivière que le seul obstacle qu'il

il la trouva d'autant plus avantageuse à M. le prince de Conti, que ce prince étant déjà résolu de changer de condition, on ne lui faisoit rien perdre, en lui conseillant de renoncer au cardinalat[1]. On obtenoit aussi par cette voie tout ce que la cour refusoit à M. le prince de Conti et au duc de Longueville; et, ce qui étoit encore plus considérable, c'est qu'en s'attachant l'abbé de la Rivière par un si grand intérêt, on engageoit M. le duc d'Orléans à soutenir, en toutes rencontres[2], M. le prince de Conti et Mme de Longueville.

trouvoit au cardinalat étoit M. le prince de Conti, Flammarin crut ne pouvoir rendre un service plus considérable à son ami, que de faire une négociation qui pût les disposer à quelque union. Il vit pour cet effet M. de la Rochefoucauld, aussitôt qu'il fut arrivé à Paris, et il n'eut pas beaucoup de peine à le persuader. Il le trouva au lit, très-incommodé de sa blessure et très-fatigué de la guerre civile. Il dit à Flammarin qu'il n'y étoit entré que malgré lui, et que s'il fût revenu de Poitou deux mois devant le siége de Paris, il eût assurément empêché Mme de Longueville d'entrer dans cette misérable affaire; mais que je m'étois servi de son absence pour l'y embarquer, et elle et M. le prince de Conti; qu'il avoit trouvé les engagements trop avancés pour les pouvoir rompre; que sa blessure étoit encore un nouvel obstacle à ses desseins, qui étoient et qui seroient toujours de réunir la maison royale; que ce diable de Coadjuteur ne vouloit point de paix; qu'il étoit toujours pendu aux oreilles de M. le prince de Conti et de Mme de Longueville, pour en fermer toutes les voies; que son mal l'empêchoit d'agir auprès d'eux comme il eût fait, et que, sans cette blessure, il feroit tout ce que l'on pourroit desirer de lui. Il prit ensuite avec Flammarin toutes les mesures qui obligèrent depuis, au moins à ce que l'on a cru, M. le prince de Conti à céder sa nomination au cardinalat à la Rivière. »

1. Et il la trouva d'autant plus avantageuse à M. le prince de Conti, qu'il étoit déjà résolu de changer de condition, et qu'ainsi il ne lui faisoit rien perdre en lui conseillant de renoncer à la prétention d'être cardinal. (*Ms. H, réd.* 1.)

2. *Il obtenoit encore..., et, ce qui étoit le plus considérable, c'étoit qu'en liant l'abbé de la Rivière par son plus grand intérêt, il attachoit par même moyen M. le duc d'Orléans à soutenir en tout temps et en toute rencontre. (*Ms. H, réd.* 1.)

Ce traité fut ainsi conclu sans que Monsieur le Prince y eût d'autre part que celle que l'abbé de la Rivière lui en voulut donner[1]; et parce qu'il avoit senti[2] le mal que sa division avec sa famille lui avoit causé, il souhaita[3] de se réconcilier avec Monsieur son frère, avec Madame[4] sa sœur, et même avec le prince de Marcillac[5]. Aussitôt après[6], Monsieur le Prince, pour témoigner qu'il entroit sincèrement dans les intérêts de ses proches, prit un prétexte d'éclater contre le Cardinal, sur ce qu'au préjudice de la parole qu'on en avoit donnée, on refusoit au duc de Longueville le gouvernement du Pont-de-l'Arche[7]. Les Frondeurs en eurent une grande joie[8]. Mais, soit que Monsieur le Prince ne pût se fier en eux[9], ou qu'il ne voulût pas demeurer longtemps mal à la cour, il crut bientôt en avoir assez fait pour le monde, et se raccommoda, huit jours après[10], avec le Cardi-

1. Que ce que l'abbé de la Rivière lui en voulut apprendre. (*Ms. H, réd.* 1.)
2. Et d'autant qu'il avoit senti. (*Ms. H, réd.* 1 et 2.) — Voyez à l'*Appendice*, II, v.
3. Il souhaita bientôt. (*Ms. H, réd.* 1.)
4. Et Madame. (*Ms. H, réd.* 1 et 2.)
5. Et avec le même prince de Marcillac. (*Ms. H, réd.* 1.)
6. Incontinent après ces choses. (*Ms. H, réd.* 1.)
7. Voyez à ce sujet les *Mémoires de Retz*, tome II, p. 534.
8. *Prit prétexte d'éclater contre le Cardinal, sur le refus qu'on fit au duc de Longueville du gouvernement du Pont-de-l'Arche, après lui en avoir donné parole (*après le lui avoir promis*, anc. éd.), ce qui réjouit infiniment les Frondeurs. (*Ms. H, réd.* 1.)
9. *Se fier à eux. (*Ms. H, réd.* 1 et 2.)
10. Dans le milieu du mois de septembre. — « Les conditions de cet accommodement de Monsieur le Prince avec le Cardinal, dit Retz (tome II, p. 537 et 538), n'ont jamais été publiques, parce qu'il ne s'en est su que ce qu'il plut au Cardinal, en ce temps-là, d'en jeter dans le monde.... Ce qui en parut fut la remise du Pont-de-l'Arche entre les mains de M. de Longueville. » C'est ce que confirme Mme de Motteville, très-bien placée pour suivre les choses par le menu, et qui raconte tout au long (tome III, p. 34 et suivantes)

nal. Ainsi il perdit de nouveau les Frondeurs. Ils s'emportèrent contre lui, sans aucun égard de ce qu'ils devoient à son mérite et à sa qualité. Ils dirent hautement que ce qu'il[1] venoit de faire étoit une suite des artifices dont il s'étoit servi pour les surprendre. Ils renouveloient l'affaire de Noisy, près de Saint-Germain, où Mme de Longueville avoit passé[2] quelques jours[3], et où M. le prince de Conti et le duc de Longueville l'étant allé voir, le duc de Retz[4] et le coadjuteur de Paris, son frère, s'y rendirent sous prétexte d'y visiter[5] aussi cette princesse, mais en effet pour les porter, comme ils firent, à se lier avec les Frondeurs[6]. Ils soutenoient que Monsieur le Prince avoit su tout ce traité, qu'il avoit pris avec eux les mêmes engagements que ses proches, et ils ajoutoient que la suite avoit assez fait voir que Monsieur le Prince, bien loin de tenir cette parole, ne l'avoit donnée que pour les sacrifier plus aisément[7] aux intérêts et à la haine du Cardinal.

Ces bruits semés dans le monde y faisoient quelque impression, et le peuple recevoit, sans les examiner, toutes celles que les Frondeurs lui vouloient donner[8] : de sorte

les moindres incidents de cette rupture suivie d'une réconciliation éphémère.

1. *Avec le Cardinal, qui lui fit perdre de nouveau les Frondeurs, qui s'emportèrent contre lui sans garder aucune des mesures qu'ils devoient à son mérite et à sa qualité; car ils se plaignoient publiquement de ce que Monsieur le Prince. (Ms. H, réd. 1.)
2. *Avoit été. (Ms. H, réd. 1.) — Voyez ci-dessus, p. 107 et note 2.
3. *Quelque temps. (Ms. H, réd. 1 et 2.)
4. Pierre de Gondi, fils aîné de Philippe-Emmanuel de Gondi, duc de Retz depuis 1633, général des galères de 1616 à 1635.
5. *De visiter. (Ms. H, réd. 1 et 2.)
6. Voyez à l'*Appendice*, II, II.
7. Pour les pouvoir plus aisément sacrifier. (Ms. H, réd. 1 et 2.)
8. Le peuple recevoit, sans examiner, toutes celles qui lui venoient des Frondeurs. (Ms. H, réd. 2.)

que Monsieur le Prince se vit abandonné en un instant de tout ce qui s'étoit joint à lui contre le Cardinal. Sa famille seule demeura dans ses intérêts, et elle ne lui fut pas inutile. La considération de Mme de Longueville étoit augmentée par l'opinion qu'elle avoit donnée de son désintéressement et de sa fermeté, mais plus encore par sa haine déclarée contre le Cardinal qui commençoit à la craindre, et qui gardoit plus de mesures pour elle, par cette raison, que pour Messieurs ses frères[1].

Il arriva en même temps une querelle particulière, qui pensa renouveler la générale. M. de Beaufort[2], croyant que le marquis de Jarzay[3] et d'autres[4] dépendants du Cardinal, avoient affecté de le morguer[5] aux Tuileries pour persuader que son crédit dans le peuple étoit fini avec la guerre, il résolut de leur faire un affront public. Ainsi, lorsqu'ils[6] étoient assemblés pour souper dans le jardin de Renard près des Tuileries[7], il y

---

1. Se vit abandonné de tout ce qui..., excepté de sa famille, qui ne lui fut pas inutile, par la considération où Mme de Longueville se trouvoit alors, à cause de l'impression qu'elle avoit donnée de son ambition, de (*et de*, réd. 1) sa fermeté, et plus encore de sa haine déclarée contre le Cardinal, qui, par ces considérations (*ces raisons*, réd. 1), gardoit plus (*bien plus*, réd. 1) de mesures vers elle que vers Messieurs ses frères. (*Ms. H, réd. 1 et 2.*)

2. *Qui fut sur le point de renouveler la générale; car le duc de Beaufort, etc. (*Ms. H, réd. 1.*)

3. René du Plessis de la Roche Pichemer, marquis de Jarzay (Jarzé, Jerzé ou Gerzé), était un gentilhomme angevin, qui fut successivement capitaine des gardes du corps du Roi, puis des gardes du corps du duc d'Anjou. C'était un fervent mazarin. Il mourut en 1672. Selon Monglat (tome II, p. 186), il avait « beaucoup de vivacité d'esprit et peu de jugement. »

4. D'autres gens. (*Ms. H, réd. 1.*)

5. « *Morgue*, dit Furetière, se dit figurément d'un regard fixe et sévère, par lequel il semble qu'on veuille braver quelqu'un. »

6. Comme ils. (*Ms. H, réd. 2.*) — 7. Voyez ci-dessus, p. 86, note 4.

alla fort accompagné ; il chassa les violons, il renversa la table, et la confusion et le désordre furent si grands, que¹ le duc de Candale², Bouteville³, Saint-Mesgrin⁴ et plusieurs autres qui étoient du souper, coururent fortune d'être tués, et que le marquis de Jarzay y fut blessé par des domestiques du duc de Beaufort⁵. Cette affaire

1. Il se résolut de leur faire un affront public, de sorte qu'étant assemblés un soir pour souper dans le jardin de Renard près les Tuileries, il y alla avec beaucoup de gens, chassa les violons, renversa la table, et avec tant de désordre et de confusion que, etc. (*Ms. H, réd.* 1.)

2. Louis-Charles-Gaston de Nogaret et de Foix, marquis de la Valette et duc de Candale. Il était fils du duc d'Épernon ; Mazarin désirait lui faire épouser une de ses nièces, Anne Martinozzi, celle qui, plus tard, fut mariée au prince de Conty. Le duc de Candale mourut sans alliance, en 1658, à l'âge de trente et un ans. Il avait été le roi de la galanterie ; les modes auxquelles il avait donné son nom lui survécurent ; en 1666, lorsque parut le *Roman bourgeois* de Furetière, on parlait encore des *chausses à la Candale* (voyez l'édition de M. Éd. Fournier, p. 73). Consultez sur lui, Saint-Évremond, *OEuvres mêlées*, tome II, p. 166-195.

3. François-Henri de Montmorency, célèbre sous le titre de maréchal de Luxembourg, né en 1628, mort en 1695, fils posthume du comte de Montmorency Bouteville, décapité en 1627.

4. Jacques Estuer ou Stuer de la Vaugnyon, marquis de Saint-Mesgrin, dont la famille se prétendait issue des Stuarts. Il fut tué au combat de la porte Saint-Antoine : voyez ci-après, p. 405 et 406.

5. La scène, qui est du 18 juin, et que plusieurs autres mémoires contemporains racontent avec toute sorte de détails, donna lieu à un certain nombre de pamphlets (*Bibliographie des Mazarinades*, tome III, p. 319), dont le premier en date, *la Soupe frondée*, nous fait connaître les noms des gentilshommes acteurs autour de *la Nappe renversée*, comme s'exprime le titre d'un autre factum. Du côté de Beaufort, il y avait, entre autres, Vineuil, l'auteur d'un morceau de mémoires longtemps publié sous le nom de la Rochefoucauld (voyez ci-après à l'*Appendice*, III). Retz nous apprend (tome II, p. 516) que « l'on coiffa d'un potage le pauvre Vineuil, qui n'en pouvoit mais, et qui se trouva de hasard en table avec eux. » — « Toute la nuit, dit *le Branle-Mazarin* (*Choix de Mazarinades*, tome I, p. 501), trois maréchaux de France firent la patrouille par Paris, crainte qu'il n'arrivât quelque désordre ; et le lendemain le

n'eut pas néanmoins les suites que vraisemblablement on devoit en attendre : plusieurs de ceux[1] qui avoient part à cette offense firent appeler le duc de Beaufort; mais il ne crut pas les devoir satisfaire dans cette conjoncture[2]. Monsieur le Prince y prit les intérêts de la cour et ceux du Cardinal avec la même chaleur qu'il avoit eue dans les autres temps.

Cependant le Cardinal perdant aisément le souvenir des obligations qu'il avoit à Monsieur le Prince, se souvenoit seulement des mécontentements qu'il en avoit reçus[3]; et sous prétexte d'un raccommodement

prévôt des marchands et quelques échevins furent chez Monsieur le Chancelier pour lui témoigner que les bourgeois ne faisoient que se rire de cela; que là où M. de Beaufort auroit de l'avantage, il ne faut rien craindre, mais qu'ils le prient de faire en sorte qu'on recommande bien à la cour de ne point éveiller cette grosse bête qui commence déjà à s'assoupir, en remontrant que le moyen de la gagner, c'est de la caresser et non pas la picoter à tous moments. »

1. N'eut pas toutefois les suites qu'elle devoit avoir vraisemblablement : beaucoup de ceux. (*Ms. H, réd.* 1.)

2. *Dans une conjoncture comme celle où il se trouvoit. (*Ms. H, réd.* 1.) — Candale, entre autres, envoya dire le lendemain à Beaufort qu'il l'attendait en un endroit du bois de Boulogne; mais le duc lui répondit qu'il ne vouloit point se battre contre son cousin germain[a]. La querelle fut du reste accommodée quelques jours après par les soins du duc d'Orléans. C'est à la suite de cette aventure que Beaufort, pour mettre sa personne plus en sûreté, alla se loger dans la rue Quincampoix, au milieu du peuple, dont il était l'idole, et se fit marguillier de la paroisse de Saint-Nicolas des Champs : voyez *Montglat*, tome II, p. 190.

3. Mais le Cardinal perdant aisément le souvenir des bienfaits de Monsieur le Prince, conservoit celui des mécontentements qu'il en avoit reçus. (*Ms. H, réd.* 1.) — La 2ᵉ rédaction diffère de notre texte par *oubliant* pour *perdant*, *conservoit celui* pour *se souvenoit seulement*, et *eu* (sic) pour *reçus*.

a Candale était cousin de Beaufort par sa mère Gabrielle-Angélique, légitimée de France, fille de Henri IV et d'Henriette d'Entragues; elle avait épousé en 1622 Bernard de Nogaret, duc d'Épernon et comte de Candale. Elle mourut en couches le 24 avril 1627. Voyez le *P. Anselme*, tome III, p. 858.

sincère, il ne perdit point d'occasion de se prévaloir avec industrie de sa trop grande confiance. Il connut bientôt que[1] les desseins de Monsieur le Prince n'alloient à rien de plus, comme je l'ai dit, qu'à lui faire peur : il crut le devoir entretenir dans cette pensée et faire semblant de le craindre, non-seulement pour l'empêcher par ce moyen de prendre des voies plus violentes contre lui, mais aussi pour exécuter plus sûrement et plus facilement le projet qu'il faisoit contre sa liberté[2]. Dans cette vue, tous ses discours et toutes ses actions faisoient paroître de l'abattement et de la crainte[3]; il ne parloit que d'abandonner les affaires et de sortir du Royaume ; il faisoit faire tous les jours quelque nouvelle proposition aux amis de Monsieur le Prince pour lui offrir la carte blanche[4], et les choses passèrent si avant, qu'il convint que désormais on ne donneroit plus de gouvernements de provinces, de places considérables, de charges dans la maison du Roi, ni d'offices de la couronne, sans l'approbation de Monsieur le Prince, de M. le prince de Conti, et de M. et de Mme de Longueville, et qu'on leur rendroit compte de l'administration des fi-

---

1. Ainsi ayant pénétré que. (*Ms. H, réd.* 2.) — De sorte qu'ayant pénétré que.... (*Ms. H, réd.* 1.)

2. Il crut le devoir entretenir dans cette pensée et affecter (*en affectant*, réd. 2) par toutes sortes de voies de témoigner de le craindre, non-seulement pour l'empêcher (*par ce moyen*, réd. 2) d'en prendre de plus violentes (*contre lui*, réd. 2), mais encore pour pouvoir venir à bout, avec (*mais pour venir plus sûrement à bout et avec*, réd. 2) moins de soupçon, du projet qu'il faisoit contre sa liberté. (*Ms. H, réd.* 1 et 2.) — Rapprochez ce passage de la *maxime* 117 (tome I, p. 80 et 81) : « La plus subtile de toutes les finesses est de savoir bien feindre de tomber dans les piéges que l'on nous tend, et on n'est jamais si aisément trompé que quand on songe à tromper les autres. » Voyez aussi les *maximes* 127, 199 et 245 (tome I, p. 83, 110 et 131).

3. Sa crainte et son abattement. (*Ms. H, réd.* 1 et 2.)

4. Les mots : « il faisoit faire », jusqu'à « carte blanche », manquent dans les anciennes éditions.

nances. Ces promesses si étendues et données en termes généraux faisoient tout l'effet que le Cardinal pouvoit desirer. Elles éblouissoient et rassuroient Monsieur le Prince et tous ses amis[1]. Elles confirmoient le monde dans l'opinion qu'on avoit conçue de l'étonnement[2] du Cardinal, et elles faisoient desirer sa conservation à ses ennemis même, par la créance de trouver plus aisément[3] leurs avantages dans la foiblesse de son ministère que dans un gouvernement plus autorisé et plus ferme[4]; enfin il gagnoit avec beaucoup d'adresse le temps qui lui étoit nécessaire pour les desseins qu'il formoit[5] contre Monsieur le Prince[6].

1. « Le Cardinal, dont l'esprit étoit plein de lumières, et qui savoit se tourner de plusieurs côtés, fit parler à Mme de Longueville par quelques-unes de ses confidentes. Il l'assura qu'il vouloit être de ses amis, et que, pour acquérir ses bonnes grâces, il vouloit faire tout ce qui seroit possible pour la satisfaire. La proposition fut reçue agréablement. Elle ne travailloit que pour avoir du crédit, et croyoit en pouvoir espérer par cette voie. Le duc d'Orléans et le prince de Condé souhaitoient chacun pour soi une grande puissance. Mme de Longueville et le prince de Conty vouloient aussi en leur particulier avoir part à la faveur. Tous, par l'état où étoit le Ministre, prétendoient mieux faire leurs affaires avec lui qu'avec un autre.... Le Cardinal, plus fin que tous les autres, pour gagner du temps, travailloit lui-même à les persuader par ces mêmes raisons qui paroissoient lui être si contraires, et leur faisoit dire, par des gens qui paroissoient être de leurs amis, qu'il leur étoit à tous plus commode de le laisser jouir des avantages que sa faveur lui donnoit, puisqu'un autre que lui en useroit avec plus de hauteur. » (Mme de Motteville, tome III, p. 54 et 55.)

2. De la crainte et de l'étonnement. (Ms. H, réd. 1.)

3. Elles faisoient même desirer sa conservation à ses propres ennemis, croyant plus aisément trouver, etc. (Ms. H, réd. 1 et 2.)

4. * Dans un gouvernement plus ferme et mieux réglé. (Ms. H, réd. 1.)

5. * Il gagnoit par là, avec beaucoup d'adresse, tout le temps qui lui étoit nécessaire pour tous les desseins qu'il pourroit former. (Ms. H, réd. 1 et 2.)

6. On sait quelle étoit la devise de Mazarin : « le temps et moi, » avoit-il coutume de répéter

Les choses demeurèrent en cet état durant un temps assez considérable, et cependant le Cardinal donnoit toutes les démonstrations publiques de vouloir, non-seulement entrer dans les sentiments de Monsieur le Prince, mais encore dans les intérêts de ses amis, bien qu'en effet il y fût directement contraire, comme il le fit voir dans une rencontre qui se présenta. Monsieur le Prince ayant obtenu pour la maison de la Rochefoucauld les mêmes avantages de rang qui avoient été accordés à celles de Rohan, de Foix et de Luxembourg, le Cardinal[1] fit demander[2] une pareille grâce pour celle d'Albret, et suscita en même temps une assemblée de noblesse pour s'y opposer[3]; mais, soit qu'il en craignît enfin les sui-

1. Les choses furent disposées de la sorte un temps assez considérable, pendant lequel le Cardinal donnoit toutes les démonstrations publiques de vouloir entrer non-seulement, comme je viens de dire, dans les sentiments de Monsieur le Prince, mais encore dans tous les intérêts de ses amis, bien qu'en effet il y fût sous main directement contraire, comme il le fit paroître dans une rencontre, qui se présenta, où Monsieur le Prince obtint pour la maison de la Rochefoucauld les mêmes avantages de rang qui avoient été accordés à celle de Montbazon et à quelques autres, car le Cardinal. (*Ms. H, réd.* 1.)
2. *Fit demander par M. le duc d'Orléans. (*Ms. H, réd.* 1 et 2.)
3. Ces honneurs, qui étaient le tabouret (c'est-à-dire le droit d'être assis au cercle de la Reine) et la permission d'entrer dans le Louvre en carrosse, appartenaient d'abord aux seuls princes du sang, aux bâtards de France et aux maisons de Savoie et de Lorraine. — Mme de Motteville dit à ce sujet, en parlant de la Rochefoucauld (tome III, p. 56) : « Ces avantages le mettoient au-dessus des ducs et à l'égal des princes, quoiqu'il ne fût ni l'un ni l'autre. Il n'étoit pas de maison souveraine : il n'étoit que gentilhomme, et son père, le duc de la Rochefoucauld, n'étoit pas mort. Mais il étoit assez grand seigneur et avoit assez de considération dans le monde pour pouvoir soutenir une folle chimère. » Et plus loin (p. 59) : « Toute la noblesse se trouva offensée dans cette préférence. Chaque particulier alla chercher dans ses titres des marques de principauté, et d'anciennes alliances qui eussent le pouvoir de les élever. » Sur la réunion de la noblesse elle ajoute (p. 65) :

tes¹ ou qu'il feignît de les craindre, il aima mieux faire révoquer ce qu'on avoit déjà fait en faveur des autres maisons², que de maintenir ce que Monsieur le Prince avoit obtenu pour celle du prince de Marcillac³.

« Cette assemblée ne déplut nullement au Ministre. Il voyoit avec joie que M. le prince de Conty et Mme de Longueville, protecteurs du prince de Marcillac,... alloient être haïs des princes et de la noblesse. » — Les personnages les plus qualifiés de la cour s'étaient réunis chez le marquis de Montglat; mais, nous dit ce dernier (tome II, p. 196 et suivantes), « la pelote grossissant, la salle du marquis de Montglat n'étant pas assez grande pour tenir tant de monde, il fut résolu de prendre la maison du marquis de Sourdis, pour le lieu de l'assemblée. » Voyez aussi *Retz*, tome II, p. 540 et suivantes, et *Omer Talon*, tome III, p. 5 et suivantes.

1. *Ainsi (*et enfin*, réd. 1), soit qu'il en craignit véritablement les suites. (*Ms. H*, réd. 1 et 2.)

2. *Des maisons de Foix, de Rohan et de Luxembourg. (*Ms. H*, réd. 1.)

3. Sur la manière dont se termina l'assemblée de la noblesse, voyez surtout *Mme de Motteville*, tome III, p. 70-81. — Bien que la Rochefoucauld affecte de glisser sur cette affaire, il est certain qu'elle émut fort la cour et la ville. L'échec mortifiant que subit, en cette occasion, le prince de Marcillac, acheva de le jeter parmi les Frondeurs. En attendant l'heure de se venger par des actes, il exhala ses ressentiments dans un mémoire auquel nous avons, plusieurs fois déjà, renvoyé le lecteur (voyez, ci-après, l'*Apologie de M. le Prince de Marcillac*). — « Le prince de Marcillac, dit à la date du 8 octobre le manuscrit anonyme, l'a recherché (*le tabouret*) avec tant d'ardeur qu'il en avoit tiré parole de Monsieur le Cardinal devant leur accommodement, dont Monsieur le Coadjuteur avertit M. le prince de Conty dès le 30 du passé, et lui dit qu'il ne se devoit point fier au prince de Marcillac ni souffrir les grandes privautés qu'il avoit avec Mme de Longueville, dont M. le prince de Conty et Mme de Longueville s'offensèrent contre le Coadjuteur. » — Plus loin, à la date du 15 octobre, on lit dans le même manuscrit cette mention importante : « L'on a remarqué que M. le prince de Marcillac a eu depuis quatre jours une assignation de trois cent mille livres, soit pour son indemnité de la perte du tabouret de sa femme, soit pour avoir fait l'accommodement de Monsieur le Prince avec Monsieur le Cardinal. » Cette somme n'aurait-elle pas servi à payer le gouvernement de

Toutes ces choses aigrissoient Monsieur le Prince, mais elles ne lui faisoient rien soupçonner de ce qui étoit prêt d'éclater contre lui; et bien qu'il fût mal satisfait du Cardinal, il ne prenoit aucunes mesures pour le perdre, ni pour s'empêcher (*sic*) que le Cardinal lui-même ne le perdît[1]; et il est certain que, jusques à sa prison, jamais sujet ne fut plus soumis à l'autorité du Roi, ni plus dévoué aux intérêts de l'État; mais son malheur et celui de la France[2] le contraignirent bientôt à changer de sentiments.

Le traité de mariage du duc de Mercœur, fils aîné du duc de Vendôme, avec une des nièces du cardinal Mazarin, en fut une des principales causes et renouvela toute l'aigreur qui sembloit être assoupie entre ce ministre et Monsieur le Prince. Il y avoit donné les mains avant la guerre de Paris, soit qu'il n'en eût pas prévu les suites, ou que par déférence pour la Reine, il n'eût osé lui témoigner qu'il les prévoyoit[3]. Mais enfin Mme de Longueville, ennemie de la maison de Vendôme, craignit que les prétentions de rang du duc de Longueville ne fussent troublées par l'élévation du duc de Mercœur. Elle se servit[4] des premiers moments de sa réconciliation avec Monsieur le Prince pour lui faire

Poitou, racheté au prix de trois cent mille livres par la Rochefoucauld? Voyez ci-dessus, p. 96 et note 7, et ci-après l'*Apologie*.

1. Il ne prenoit aucune mesure pour le perdre ni pour empêcher qu'il ne le perdit. (*Ms. H, réd.* 2.) — *Il ne prenoit toutefois aucune mesure pour le perdre ni pour s'empêcher d'être perdu. (*Ms. H, réd.* 1.)

2. *Mais le malheur de la France et le sien propre. (*Ms. H, réd.* 1.) — Rapprochez de l'*Oraison funèbre* de Condé par Bossuet : « Il disoit, en parlant de cette prison malheureuse, qu'il y étoit entré le plus innocent des hommes, etc.... »

3. *Ou que, par une trop grande déférence pour la cour, il n'eût osé témoigner à la Reine qu'il les prévoyoit. (*Ms. H, réd.* 1 et 2.)

4. *Et craignant que les prétentions du rang..., se servit, etc. (*Ms. H, réd.* 1 et 2.)

connoître que ce mariage se faisoit directement contre leurs communs intérêts. Elle lui dit que le Cardinal¹, lassé de porter le joug qu'il venoit de s'imposer, vouloit prendre de nouveaux appuis pour ne dépendre plus de lui, et pour pouvoir manquer impunément à ses engagements et à la reconnoissance qu'il lui devoit. Monsieur le Prince fut facile à persuader, et encore plus à promettre à M. le prince de Conti et à Mme de Longueville de se joindre² à eux pour empêcher ce mariage, bien qu'il eût, comme je l'ai dit, fait paroître à la Reine qu'il y consentoit³. Il balança néanmoins quelque temps à se déclarer⁴. Je ne sais si ce fut parce qu'il vouloit⁵ que les premières difficultés vinssent de Monsieur son frère, ou pour reculer⁶ de quelques moments la peine qu'il avoit de s'opposer ouvertement aux sentiments⁷ de la Reine; mais enfin on sut bientôt qu'il ne pouvoit approuver cette alliance⁸, et le Cardinal résolut dès lors de se venger de lui, et d'avancer le dessein de l'arrêter.

1. *Contre leurs communs intérêts, et que le Cardinal. (*Ms. H*, réd. 1 et 2.)

2. *Fut aisé à persuader là-dessus, et il le fut encore davantage à promettre.... qu'il se joindroit. (*Ms. H*, réd. 1.)

3. Bien qu'il eût néanmoins donné parole à la Reine d'y consentir, comme je viens de dire. (*Ms. H*, réd. 1 et 2.)

4. Cette phrase manque dans la première rédaction du ms. H et dans les anciennes éditions.

5. *Par cette raison qu'il vouloit. (*Ms. H*, réd. 1.)

6. Ou (*si ce fut*, réd. 1) pour retarder. (*Ms. H*, réd. 1 et 2.)

7. *Qu'il avoit à se déclarer contre les sentiments. (*Ms. H*, réd. 1.)

8. « Le mariage du duc de Mercœur et de Mlle de Mancini.... fut le prétexte dont Mme de Longueville se servit encore pour l'animer contre le Ministre. Toute cette cabale disoit que le Cardinal ne pouvoit plus douter qu'il n'offensât Monsieur le Prince en le faisant, puisque, la chose ayant été en état de se rompre, Monsieur le Prince lui avoit dit qu'il lui faisoit un fort grand plaisir de lui apprendre cette nouvelle, et qu'il en verroit toujours la rupture avec joie. » (*Mme de Motteville*, tome III, p. 49 et 50.)

Il s'y rencontroit de grands obstacles qu'il falloit nécessairement surmonter. La liaison particulière de M. le duc d'Orléans et de Monsieur le Prince, fomentée par tous les soins et par tous les intérêts de l'abbé de la Rivière, étoit un empêchement bien considérable. On ne pouvoit diviser ces deux princes, sans ruiner l'abbé de la Rivière auprès de M. le duc d'Orléans, et sans lui persuader[1] en même temps que Monsieur le Prince avoit manqué envers[2] lui en quelque chose d'assez important[3] pour lui faire naître le desir de le perdre; et ce crime imaginaire n'étoit pas facile à supposer. Il falloit encore se réconcilier avec les Frondeurs, et que ce fût par un traité si secret que Monsieur le Prince n'en pût avoir de soupçon. Le peuple et le Parlement devoient également l'ignorer aussi, parce qu'autrement les Frondeurs se seroient rendus inutiles à la cour, en perdant dans l'esprit du Parlement et du peuple leur crédit, qui n'étoit fondé que sur la créance[4] qu'ils étoient irréconciliables avec le Cardinal. Je ne puis pas dire si ce fut son habileté qui lui fit inventer les moyens qu'on employa contre la liberté de Monsieur le Prince; mais au moins puis-je assurer qu'il se servit adroitement de ceux que la fortune lui présenta pour vaincre les difficultés qui s'opposoient à un dessein si périlleux. Enfin un nommé Joly[5], créature du coadjuteur de Paris, fournit de matière

1. L'éditeur de 1804, et, d'après lui, ceux de 1826, 38, ont ainsi modifié le tour : « si on ne ruinoit.... et si on ne lui persuadoit. »
2. Vers. (*Ms. H, réd.* 1.)
3. En quelque chose assez considérable. (*Ms. H, réd.* 1.)
4. Et auroient perdu leur crédit vers le peuple, qui n'étoit fondé que sur l'impression qu'on y avoit. (*Ms. H, réd.* 1.)
5. Guy Joli, conseiller au Châtelet, neveu du chanoine Claude Joli, et un des syndics nommés par les rentiers de l'Hôtel de Ville pour veiller à leurs intérêts; il est auteur de *Mémoires* que nous avons souvent occasion de citer.

aux désordres qui servirent de moyens au Cardinal[1] pour prendre des liaisons avec les Frondeurs, comme on le verra dans la suite.

Entre[2] les plaintes générales qui se faisoient publiquement contre le gouvernement, le corps des rentiers de l'Hôtel de Ville de Paris, à qui on avoit retranché beaucoup de leurs rentes, paroissoit le plus animé[3]. On voyoit tous les jours un nombre considérable de bonnes familles, réduites à la dernière nécessité, suivre le Roi et la Reine dans les rues et dans les églises, pour leur demander justice avec des cris et des larmes contre la dureté des surintendants[4]. Quelques-uns s'en plaignirent au Parlement, et ce Joly, entre autres, y parla avec beaucoup de chaleur contre la mauvaise administration des finances[5]. Le lendemain, lorsqu'il alloit au Palais afin d'être à l'entrée des juges[6], pour cette même affaire, on tira quelques coups de pistolet dans le carrosse où il étoit, sans que néanmoins il en fût blessé[7]. On ne put

---

1. Fournit de matière aux désordres et de moyens au Cardinal. (*Ms. H*, réd. 1 et 2.) — Les anciens éditeurs et ceux de 1826, 38, ne comprenant pas cette tournure, ont substitué *de la matière* à *de matière*. L'éditeur de 1804 donne *de matières*, au pluriel.

2. *Parmi. (*Ms. H*, réd. 1.)

3. Après maints délais, les fermiers des gabelles, qui avaient été condamnés par plusieurs arrêts du Parlement à fournir les fonds pour payer les rentes de l'Hôtel de Ville, s'étaient déclarés hors d'état d'exécuter les conditions de leur bail et en avaient demandé la résiliation. L'émotion fut telle à Paris que l'on songea un instant à mettre le feu aux maisons des fermiers.

4. *Des surintendants, qui prenoient ainsi (*qui prenoient tout*, réd. 1) leur bien. (*Ms. H*, réd. 1 et 2.)

5. Sur toute cette affaire, consultez surtout les *Mémoires de Guy Joli*, tome I, p. 88 et suivantes, et les *Registres de l'Hôtel de Ville pendant la Fronde*, tome II, *Appendice*, p. 447 et suivantes.

6. Et il arriva que le lendemain, allant au Palais, à l'entrée des juges. (*Ms. H*, réd. 1.) — Ce lendemain était le 11 décembre 1649.

7. *Dont néanmoins il ne fut pas blessé. (*Ms. H*, réd. 1.)

découvrir l'auteur de cette action, et il est difficile de juger par les suites qu'elle a eues si la cour la fit faire pour punir Joly, ou si les Frondeurs la firent de concert avec lui¹ pour avoir un sujet d'émouvoir le peuple et d'exciter une sédition; d'autres ont cru que ce fut quelque ennemi particulier de Joly qui avoit voulu lui faire plus de peur que de mal². Le bruit en fut³ aussitôt répandu dans Paris, comme un effet de la cruauté du Cardinal, et la Boulaye⁴, qui étoit attaché au duc de Beaufort⁵, parut en même temps au Palais demandant justice au Parlement et au peuple de cet attentat contre la liberté publique. Peu de gens furent persuadés que son zèle fût aussi désintéressé qu'il vouloit le faire croire, et peu aussi se disposèrent à le suivre : ainsi le tumulte ne fut pas violent et ne dura guère⁶. La présence de la

1. La firent (*eux-mêmes*, réd. 1.) de sa participation. (*Ms. H*, *réd.* 1 *et* 2.) — Voyez à l'*Appendice*, II, ix.

2. Joli raconte dans ses *Mémoires* (tome I, p. 97 et suivantes) que c'est lui-même qui, d'intelligence avec les principaux Frondeurs, se fit tirer le coup de pistolet par un gentilhomme « très-brave, dit-il, et très-adroit », nommé d'Estainville, pour provoquer une sédition. Sur cet assassinat simulé, voyez Mme de *Motteville*, tome III, p. 101 et 102, et *Retz*, tome II, p. 553-556.

3. Mais quelque dessein que l'on ait eu dans cette rencontre, (*elle fut*, réd. 1) le bruit en fut, etc. (*Ms. H, réd.* 1 *et* 2.)

4. Maximilien Échallart, marquis de la Boulaye, né en 1612, mort en 1668, qui avait épousé, en 1633, une fille du duc de Bouillon la Marck, capitaine des Cent-Suisses, mort en 1652. Voyez Filleau de la Touche, *Dictionnaire historique et généalogique des familles de l'ancien Poitou*, 1840-1854, tome II, p. 68 et 69; *Tallemant des Réaux*, tome VI, p. 408; et *Mathieu Molé*, tome III, p. 454.

5. « Il étoit, dit Retz (tome II, p. 557 et 558), attaché à M. de Beaufort, qui le traitoit de parent; mais il tenoit encore davantage auprès de lui par Mme de Montbazon, de qui il étoit tout à fait dépendant. » Retz l'appelle *ce misérable*; Mme de Motteville (tome III, p. 103) se montre aussi très-sévère pour lui.

6. *Ne fut ni violent ni de longue durée. (*Ms. H, réd.* 1.) — « Il y eut seulement, dit Guy Joli (tome I, p. 102), quelques boutiques

Boulaye fit croire au peuple avec[1] quelque vraisemblance que ce qui s'étoit passé étoit un artifice des Frondeurs pour intimider la cour et s'y rendre nécessaires; mais j'ai su depuis par un homme digne de foi, à qui la Boulaye l'a dit, que les raisonnements que l'on faisoit sur son sujet étoient bien éloignés de la vérité, et que, dans le moment que l'on vit quelque apparence de sédition dans l'affaire de Joly, le Cardinal lui donna un ordre d'aller au Palais, d'y paroître emporté contre la cour, d'entrer dans les sentiments du peuple, de se joindre à tout ce qu'il voudroit entreprendre, et de tuer[2] Monsieur le Prince, s'il paroissoit pour apaiser l'émotion; mais le désordre finit trop tôt pour donner lieu à la Boulaye d'exécuter un si infâme dessein[3].

Cependant les esprits factieux d'entre le peuple[4] ne furent pas entièrement apaisés : la crainte du châtiment les fit rassembler le soir pour[5] chercher les moyens de s'en garantir. Dans la vue qu'avoit le Cardinal d'arrêter Monsieur le Prince, il voulut[6] auparavant le rendre irréconciliable avec les Frondeurs, et pour y réussir plus facilement[7], il crut se devoir hâter de les faire paroî-

---

fermées en différents endroits de la Ville, et le principal effet de cette levée de bouclier fut qu'en un instant le pain fut enlevé dans tous les marchés au double du prix ordinaire. » Voyez aussi *Montglat*, tome II, p. 207.

1. * Fit croire avec. (*Ms. H*, réd. 1 et 2.)
2. Et, ce qui est horrible à penser seulement, de tuer. (*Ms. H*, réd. 1 et 2.)
3. Un si infâme dessein, si ce qu'il a dit est (*vrai*, réd. 1) véritable. (*Ms. H*, réd. 1 et 2.) — Voyez les *Mémoires de Retz*, tome II, p. 559 et suivantes.
4. Les esprits factieux du peuple. (*Ms. H*, réd. 1.)
5. * Le soir même, une seconde fois, pour.' (*Ms. H*, réd. 1.)
6. Le Cardinal, dans la vue d'arrêter Monsieur le Prince, voulut. (*Ms. H*, réd. 1.) — Voyez à l'*Appendice*, II, ix.
7. Et pour en venir plus aisément à bout. (*Ms. H*, réd. 1.)

tre coupables du crime dont je viens de parler. Il fit[1] écrire par Servien[2] à Monsieur le Prince, le soir même, pendant que le conseil particulier se tenoit au Palais-Royal, et il lui donnoit avis[3] que la sédition du matin avoit été suscitée par les Frondeurs pour attenter à sa personne; qu'il y avoit encore une assemblée dans l'île du Palais, vis-à-vis du cheval de bronze[4] pour le même dessein, et que s'il ne donnoit ordre à sa sûreté, il se trouveroit exposé à un très-grand péril. Monsieur le Prince fit voir cet avis à la Reine, à M. le duc d'Orléans et à Monsieur le Cardinal, qui en parut encore plus surpris que les autres, et après qu'on eut balancé sur le doute que l'avis fût faux ou véritable, et sur ce qu'on devoit faire pour s'en éclaircir[5], il fut résolu que, sans exposer la personne de Monsieur le Prince[6], on renvoyeroit ses gens et son carrosse de la même sorte que s'il eût été dedans; et, comme leur chemin[7] étoit de passer devant cette troupe assemblée, on verroit quelle

1. Que je viens de dire. Il fit écrire. (*Ms. H*, réd. 1.)
2. Abel Servien, marquis de Sablé et de Bois-Dauphin, avait été d'abord secrétaire d'État de la guerre en 1630, puis ambassadeur en Italie. En 1643, il fut envoyé par Mazarin à Münster, et ne contribua pas peu par son habileté à résoudre ces négociations si longues et si embrouillées qui aboutirent enfin au glorieux traité d'octobre 1648. Ministre d'État en 1649, puis surintendant des finances avec Foucquet (1653), il mourut en 1659, âgé de soixante-six ans. Voyez sur lui *Tallemant des Réaux*, tome IV, p. 402-412.
3. Il fit écrire à Monsieur le Prince (*Il lui fit écrire*, réd. 1), le soir même que le conseil particulier se tenoit au Palais-Royal, un billet par M. Servien, par lequel il lui donnoit avis. (*Ms. H*, réd. 1 et 2.)
4. C'est-à-dire de la statue équestre de Henri IV, érigée en 1614 sur le Pont-Neuf, à la hauteur de la place Dauphine.
5. Pour en être éclairci. (*Ms. H*, réd. 1 et 2.)
6. *Sans exposer la personne de Monsieur le Prince à aucun danger. (*Ms. H*, réd. 1.)
7. Le chemin. (*Ms. H*, réd. 1 et 2.)

seroit leur intention, et quel fondement on devoit faire sur l'avis de M. Servien. La chose fut exécutée comme on l'avoit arrêté, et des gens inconnus qui s'avancèrent vers le carrosse, auprès du cheval de bronze, y tirèrent quelques coups de mousquetons, dont un laquais du comte de Duras, qui étoit au derrière du carrosse[1], fut blessé[2]. Cette nouvelle fut aussitôt portée au Palais-Royal, et Monsieur le Prince demanda justice au Roi et à la Reine du dessein que les Frondeurs avoient eu[3] de l'assassiner[4]. Le Cardinal se surpassa lui-même en cette occasion : il n'y agit pas seulement comme un ministre qui considéroit[5] l'intérêt de l'État dans la conservation d'un prince qui lui étoit[6] si nécessaire; mais il fit paroître plus de soin et plus de zèle encore que les plus proches parents et les plus passionnés amis de Monsieur le Prince. Lui, de son côté, crut d'autant plus aisément que le Cardinal prendroit ses intérêts avec chaleur, qu'il le croyoit trop habile pour perdre une occasion si favorable de s'acquitter, aux dépens de ses anciens ennemis, de la protection que Monsieur le Prince venoit de lui donner contre tout le Royaume. Ainsi[7], Monsieur

1. Du carrosse de Duras, qui suivait celui du Prince : voyez *Retz*, tome II, p. 560, et *Mme de Motteville*, tome III, p. 105.
2. Et il arriva aussi que des gens inconnus s'avancèrent..., qu'ils y tirèrent quelques coups de mousqueton et blessèrent un laquais.... qui étoit au derrière. (Ms. H, réd. 1.)
3. Que les Frondeurs avoient. (Ms. H, réd. 2.)
4. Retz (tome II, p. 561 et 562) n'affirme rien sur cet incident. Il enregistre même une version d'après laquelle les coups de feu n'auraient été qu'entre bourgeois pris de vin et bouchers revenant ivres de Poissy. Montglat (tome II, p. 207) attribue l'accident à la maladresse de « courtauds de boutique de la place Dauphine », qui, « baissant trop bas le bout de leurs armes, donnèrent de deux balles dans le carrosse du prince de Condé. »
5. Qui eût considéré. (Ms. H, réd. 1.)
6. Qui y étoit. (Ms. H, réd. 1.)
7. *Mais son soin et son zèle semblèrent aller encore plus loin

le Prince aidant à se tromper lui-même, il recevoit l'empressement du Cardinal comme une marque de son amitié et de sa reconnoissance, bien que ce ne fût qu'un effet[1] de sa haine secrète et du desir d'exécuter[2] plus sûrement son entreprise.

Les Frondeurs voyant une si prompte et si dangereuse accusation s'élever contre eux[3], crurent d'abord qu'elle étoit concertée entre Monsieur le Prince et le Cardinal pour les perdre[4]. Ils témoignèrent de la fermeté[5]; et bien que l'on fît courir le bruit que[6] Monsieur le Prince se porteroit contre eux à toutes sortes de violences, le duc de Beaufort, sans s'en étonner, ne laissa pas d'aller[7] chez le maréchal de Gramont[8], où Monsieur le Prince soupoit; et quelque surprise qu'on eût de son

(*plus loin encore*, réd. 1) que ceux des plus proches parents et des plus passionnés amis de Monsieur le Prince, qui crut d'autant plus aisément que le Cardinal prenoit ses intérêts avec chaleur, qu'il lui sembloit être (*sembloit qu'il étoit*, réd. 1) de sa prudence de ne pas perdre une si favorable occasion de s'acquitter, aux dépens de ses anciens ennemis, de ce qu'il devoit à la protection qu'il venoit de recevoir de lui (*qu'il avoit reçue de Monsieur le Prince si récemment*, réd. 1) contre tout le Royaume. Et ainsi, etc. (*Ms. H, réd. 1 et 2.*)

1. * Qu'un pur effet. (*Ms. H, réd. 1 et 2.*)
2. D'achever. (*Ms. H, réd. 1.*) — Dans les anciennes éditions : « d'acheminer ».
3. *Cependant les Frondeurs voyant s'élever (*naître*, réd. 1) contre eux une si prompte, etc. (*Ms. H, réd. 1 et 2.*)
4. Que c'étoit un concert de Monsieur le Prince et du Cardinal pour les perdre. (*Ms. H, réd. 2.*) — *Pour les opprimer. (*Ms. H, réd. 1.*)
5. * De la fermeté dans cette rencontre. (*Ms. H, réd. 1 et 2.*)
6. *Et bien qu'on fît courir dans le monde que, etc. (*Ms. H, réd. 1.*)
7. *(*Néanmoins*, réd. 1) le duc de Beaufort, sans s'étonner de ce bruit, alla, etc. (*Ms. H, réd. 1 et 2.*)
8. « Ou chez Prudhomme (*le baigneur*) ou chez le maréchal de Gramont, je ne m'en ressouviens pas précisément », dit Retz, tome II, p. 568.

arrivée, il y passa le reste du soir, et parut le moins embarrassé de la compagnie. Le Coadjuteur et lui employèrent toutes sortes de moyens vers Monsieur le Prince et vers Mme de Longueville pour les adoucir et leur prouver leur innocence[1], et le marquis de Noirmoustier proposa même de leur part au prince de Marcillac de se lier de nouveau à toute la maison de Condé contre le Cardinal; mais Monsieur le Prince, qui n'étoit pas moins aigri par le peu de respect qu'ils lui avoient gardé dans ce qu'ils avoient publié à son désavantage de l'affaire de Noisy[2], que par ce qu'ils avoient eu dessein d'entreprendre contre sa personne, ferma l'oreille à leurs justifications. Mme de Longueville fit la même chose, animée par l'intérêt de sa maison, et plus encore par son ressentiment contre le Coadjuteur, des avis et des conseils qu'il avoit donnés au duc de Longueville, contre son repos et sa sûreté[3].

Les choses ne pouvoient plus demeurer en ces termes[4]; il falloit que Monsieur le Prince se fît justice lui-même, du consentement de la cour, ou qu'il la demandât au Parlement. Le premier parti étoit trop violent, et ne convenoit pas au dessein caché du Cardinal, et l'événement de l'autre étoit long et douteux ; néanmoins, comme l'intention du cabinet étoit de mettre cette affaire entre les mains du Parlement, pour endormir et pour mortifier

1. Voyez le récit de Retz, tome II, p. 569.
2. Voyez ci-dessus, p. 107 et 141.
3. Par le ressentiment particulier qu'elle avoit contre le Coadjuteur, pour avoir donné des avis.... contre le repos et la sûreté de cette princesse. (Ms. H, réd. 1.) — Retz (tome II, p. 502) dit que dans la cabale de la Rochefoucauld, on s'imaginait à tort qu'il rendait « de mauvais offices sur son sujet à Mme de Longueville auprès de Monsieur son mari. C'est, ajoute-t-il, de toutes les choses du monde celles dont j'ai été toute ma vie le moins capable. »
4. *Dans les termes où elles étoient alors. (Ms. H, réd. 1.)

Monsieur le Prince par les retardements et par le déplaisir de se voir, de même que ses ennemis, aux pieds des juges dans la condition de suppliant¹, le Cardinal ne manqua pas d'employer des prétextes² apparents pour l'y conduire adroitement; et, pour avoir tout le temps dont il avoit besoin pour exécuter son dessein, il lui représenta³ que ce seroit renouveler la guerre civile que d'attaquer les Frondeurs par d'autres voies que par celle⁴ de la justice, qui devoit être ouverte aux plus criminels⁵ ; que l'affaire dont il s'agissoit étoit d'un trop grand poids pour être décidée ailleurs qu'au Parlement, et que la conscience et la dignité du Roi ne lui permettoient pas⁶ d'employer d'autres moyens; que l'attentat étoit trop visible pour n'être par facile à vérifier⁷ ; qu'un tel crime méritoit un grand exemple, mais que, pour le donner sûrement, il falloit garder les apparences et se servir des formes ordinaires de la justice. Monsieur le Prince se disposa sans peine à suivre cet avis, tant parce qu'il le croyoit le meilleur, qu'à cause que son inclination est assez éloignée de se porter à d'aussi grandes extrémités que celles où il prévoyoit que cette affaire l'alloit jeter⁸. M. le duc d'Orléans le fortifioit encore dans cette pensée par la crainte de voir tomber les prétentions de

1. *De se voir aux pieds des juges dans la condition de suppliant, aussi bien que ses ennemis. (*Ms. H, réd.* 1.)
2. *Ne manqua pas de prétextes. (*Ms. H, réd.* 1.)
3. Pour avoir ainsi tout le temps dont il avoit besoin, il lui représenta. (*Ms. H, réd.* 1.)
4. Que celles. (*Ms. H, réd.* 1 et 2.)
5. *A tous les criminels. (*Ms. H, réd.* 1.)
6. Ne pouvoient pas permettre. (*Ms. H, réd.* 1.)
7. Pour n'être pas aisé à justifier. (*Ms. H, réd.* 1.)
8. Et parce qu'il le croyoit le meilleur, et parce que son inclination est naturellement assez éloignée de se porter aux extrémités, où il prévoyoit bien que cette affaire l'alloit jeter nécessairement. (*Ms. H, réd.* 1.)

l'abbé de la Rivière pour le chapeau[1] : de sorte que se confiant en la justice de sa cause, et plus encore en son crédit, il crut qu'en tout événement il se feroit raison lui-même, si on refusoit de la lui faire[2]. Ainsi il consentit de faire sa plainte au Parlement[3] selon les formes ordinaires ; et, dans tout le cours de cette affaire, le Cardinal eut le plaisir[4] de le conduire lui-même dans tous les piéges qu'il lui tendoit. Cependant le duc de Beaufort et le Coadjuteur demandèrent d'être reçus à se justifier[5] : ce qui leur ayant été accordé[6], les deux partis quittèrent pour un temps les autres voies pour se servir seulement de celles du Palais. Mais Monsieur le Prince connut bientôt, par la manière dont les Frondeurs soutenoient leur affaire, que leur crédit y pouvoit balancer le sien. Il ne pénétroit rien néanmoins dans la dissimulation du Cardinal ; et quoi que Madame sa sœur et quelques-uns de ses amis lui pussent dire[7], il croyoit toujours que ce ministre agissoit de bonne foi.

---

1. Dans cette pensée, par l'intérêt des prétentions du chapeau de l'abbé de la Rivière. (*Ms. H*, réd. 1 et 2.) — Tout ce passage, depuis les mots : « tant parce qu'il.... », manque dans les anciennes éditions.

2 Qu'en tout événement il se serviroit du dernier, si le succès de l'autre ne répondoit pas à son attente. (*Ms. H*, réd. 1 et 2.)

3. *Au Palais. (*Ms. H*, réd. 1.) — Ce fut le 14 décembre que le prince de Condé déposa sa plainte au Palais en demandant l'information judiciaire. Voyez, à ce sujet, la *Suite du vrai Journal des assemblées du Parlement, contenant ce qui s'est fait depuis la Saint-Martin 1649 jusques à Pâques 1651*, p. 8 et suivantes ; et les *Mémoires d'Omer Talon*, tome III, p. 24 et suivantes.

4. *Le plaisir malicieux. (*Ms. H*, réd. 1 et 2.)

5. Sur toute cette affaire, qui dura fort longtemps, et fut pleine d'incidents curieux, consultez les *Mémoires de Retz*, tome II, p. 570 et suivantes.

6. Et cette requête leur ayant été accordée. (*Ms. H*, réd. 1.)

7. *Et malgré les impressions que lui en donnoit Madame sa sœur et quelques-uns de ses amis. (*Ms. H*, réd. 1.)

Quelques jours se passèrent de la sorte[1], et l'aigreur augmentoit de tous les côtés. Les amis de Monsieur le Prince et ceux des Frondeurs les accompagnoient[2] au Palais, et les choses se maintenoient avec plus d'égalité qu'on n'en devoit attendre entre deux partis dont les chefs étoient si inégaux. Mais enfin le Cardinal, espérant de recouvrer sa liberté en l'ôtant à Monsieur le Prince, jugea qu'il étoit temps de s'accommoder avec les Frondeurs, et que, sans craindre de leur donner un moyen de se réconcilier avec Monsieur le Prince, il pouvoit en sûreté leur offrir la protection de la cour et prendre ensemble des mesures contre lui. Monsieur le Prince en fournit même un prétexte assez plausible; car ayant su que Mme de Longueville ménageoit secrètement, depuis quelque temps[3], le mariage du duc de Richelieu et de Mme de Pons[4], il les mena à Trie[5] et voulut autoriser cette cérémonie par sa présence. Il prit ensuite hautement la protection des nouveaux mariés contre tous

---

1. *Les choses demeurèrent quelques jours en ces termes. (*Ms. H*, réd. 1.)
2. *Les accompagnoient tous les jours. (*Ms. H*, réd. 1.)
3. Secrètement et au desçu de la cour, depuis quelque temps. (*Ms. H*, réd. 1.) — Secrètement, depuis quelque temps, sans la participation de la cour. (*Ms. H*, réd. 2.)
4. Anne Poussart, fille de François Poussart de Fors, baron, puis marquis du Vigean, et d'Anne de Neubourg; elle était veuve du frère aîné de Miossens, François-Alexandre d'Albret, sire de Pons. Voyez le portrait qu'a tracé d'elle Mme de Motteville, tome III, p. 56, et p. 111. Le mariage de cette *laide Hélène*, comme l'appelaient les courtisans (*Mme de Motteville*, *ibidem*, p. 113), fut célébré le 26 décembre 1649. Il ne faut pas confondre cette Mme de Pons, sœur aînée de Marthe du Vigean qui entra aux Carmélites en 1647, avec Suzanne de Pons, fille de Jacques de Pons, marquis de la Caze, et de Charlotte de Parthenay, laquelle mourut sans alliance en 1668, après avoir été fille d'honneur d'Anne d'Autriche.
5. Bourg du Vexin, près de Gisors.

leurs proches¹ et contre la cour. Le Cardinal n'eut pas
de peine à² donner un sens criminel à cette conduite³, et
à persuader que les soins de Monsieur le Prince et de
Mme de Longueville⁴ regardoient moins l'établissement
de Mme de Pons, que le desir de s'assurer du Havre,
dont son mari étoit gouverneur sous l'administration de
la duchesse d'Aiguillon, sa tante⁵. Le Cardinal tourna
encore la chose en sorte dans l'esprit de M. le duc
d'Orléans⁶ qu'il lui persuada aisément qu'il avoit quelque

1. C'est que Mme d'Aiguillon, qui vouloit marier le duc de Richelieu, son neveu, avec une des nièces du Cardinal, prétendoit faire casser le mariage de Mme de Pons, quoiqu'elle fût de condition très-égale au jeune duc. (*Note de l'édition de* 1689.)
2. Et prit si hautement la protection des nouveaux mariés contre (*tous*, réd. 2) leurs proches, qui en paroissoient (*tous*, réd. 1) également irrités, et contre la cour même, qui en étoit offensée, que le Cardinal n'eut pas (*grand*, réd. 1) peine à, etc. (*Ms. H*, réd. 1 et 2.)
3. *A toute cette conduite. (*Ms. H*, réd. 1.)
4. *Les soins que Monsieur le Prince et Mme de Longueville avoient pris pour ce mariage. (*Ms. H*, réd. 1 et 2.)
5. Voyez plus haut, la note 3 de la page 75. — Mme de Motteville parle longuement (tome III, p. 113 et 114) de ce mariage, « qui, dit-elle, fut fatal à Monsieur le Prince, peu heureux à ceux qui s'épousèrent, douloureux à Mme d'Aiguillon, et nullement utile à Mme de Longueville, qui, dans la suite des temps, elle qui l'avoit fait, ne trouva pas dans le Havre le secours qu'elle avoit espéré; et il s'en fallut peu enfin qu'il ne causât autant de maux aux François que celui de Pâris et de la belle princesse de Grèce en fit aux Troyens. Il se célébra à la campagne, en présence de Monsieur le Prince, qui voulut y être, et qui fit ce que les pères et mères ont accoutumé de faire en ces occasions. La Reine fut donc surprise quand elle apprit que ces noces s'étoient célébrées de cette manière. Elle connut aussitôt avec quel dessein Monsieur le Prince en faisoit son affaire; et cet événement servit beaucoup à le ruiner entièrement dans son esprit par le conseil du Cardinal. Sa perte fut alors résolue, comme d'un prince en qui on voyoit de continuelles marques d'un esprit gâté. Mais la Reine ne laissa pas de lui faire bonne mine, et le Ministre aussi. »
6. Tourna encore la chose en sorte vers M. le duc d'Orléans. (*Ms. H*, réd. 1.)

sujet de se plaindre de Monsieur le Prince, du secret qu'il lui avoit fait de ce mariage. Ainsi le Cardinal voyant l'affaire assez acheminée pour pouvoir former le dessein de l'arrêter, il résolut de prendre des mesures avec Mme de Chevreuse, sans s'expliquer ouvertement; mais elle, se servant[1] habilement de l'occasion, entra plus avant avec lui, et lui proposa d'abord contre la liberté de Monsieur le Prince tout ce dont il n'osoit se découvrir le premier à elle[2]. Ils en convinrent donc en général; mais les particularités de ce traité furent ménagées[3] par Laigue, que Monsieur le Prince avoit désobligé[4] quelque temps auparavant, et qui en avoit toujours conservé un très-grand ressentiment. Ainsi il ne manqua pas de se servir d'une occasion si favorable[5] de le faire paroître, et il eut l'avantage de régler les conditions de la prison de Monsieur le Prince, et de faire connoître[6] combien il importe aux personnes de cette qualité de ne réduire jamais des gens de cœur[7] à la nécessité de se venger.

Tout se disposoit ainsi selon l'intention du Cardinal; mais il restoit encore un obstacle qui lui paroissoit le plus difficile à surmonter : c'étoit de faire entrer M. le

1. *Avec Mme de Chevreuse, qui se servant. (Ms. H, réd. 1.)
2. *Tout ce dont il n'avoit osé se découvrir le premier à elle contre la liberté de Monsieur le Prince. (Ms. H, réd. 1 et 2.) — Voyez la mise en scène de ce complot (janvier 1650) dans les Mémoires de Retz, éd. Ch., tome II, p. 197 et suivantes.
3. Envoyées. (Ms. H, réd. 1.)
4. *Avoit désobligé sans sujet. (Ms. H, réd. 1 et 2.) — C'était, nous apprend Guy Joli (tome I, p. 2), « à l'occasion d'une dispute de jeu, où il avoit été maltraité par Son Altesse. »
5. Qui en avoit toujours conservé depuis un ressentiment tout entier. Il se servit alors d'une si grande occasion. (Ms. H, réd. 1.)
6. Et de faire remarquer. (Ms. H, réd. 1.)
7. Des gens de cœur qui sont au-dessous d'eux. (Ms. H, réd. 2.) — *Ceux qui sont au-dessous d'eux. (Ms. H, réd. 1.)

duc d'Orléans dans son dessein, et de le faire passer de l'amitié qu'il avoit pour Monsieur le Prince au desir de contribuer à le perdre. Il falloit encore détruire[1] en un moment la confiance[2] qu'il avoit, depuis vingt ans, aux conseils de l'abbé de la Rivière, qui avoit tant d'intérêt à la conservation de Monsieur le Prince. Mme de Chevreuse se chargea de cette dernière difficulté, et, pour en venir à bout, elle se plaignit à M. le duc d'Orléans du peu de sûreté qu'il y avoit désormais à prendre des mesures avec lui[3]; que toutes ses paroles et ses sentiments étoient rapportés par l'abbé de la Rivière à Monsieur le Prince et à Mme de Longueville, et que, l'abbé de la Rivière s'étant livré à eux, de crainte d'être troublé à Rome dans sa prétention du chapeau, il les avoit rendus arbitres du secret et de la conduite de son maître. Elle lui persuada même qu'il étoit entré avec eux dans la négociation du mariage de Mme de Pons; qu'ils agissoient tellement de concert[4] que Madame la Princesse la mère n'avoit assisté Mlle de Saugeon[5] avec tant de

---

1. Au desir de contribuer à le perdre, et de détruire. (*Ms. H, réd.* 2.) — Au desir de sa perte et de détruire. (*Ms. H, réd.* 1.)
2. *La confiance aveugle. (*Ms. H, réd.* 1 *et* 2.) — *Aveugle* est biffé dans le manuscrit D.
3. Du peu de sûreté qu'il y avoit de pouvoir prendre des mesures particulières avec lui. (*Ms. H, réd.* 1.) — Voyez à ce sujet les *Mémoires de Retz*, éd. Ch., tome II, p. 203.
4. *Dans toute la négociation..., et que toutes choses se faisoient tellement de concert ensemble. (*Ms. H, réd.* 1.)
5. Anne-Marie de Campet de Saujon, successivement fille d'honneur et dame d'atour de Madame, duchesse d'Orléans. « Le duc d'Orléans, dit Mme de Motteville (tome III, p. 122-124),... avoit tendrement aimé Soyon, fille d'honneur de Madame. Cette fille, touchée de dévotion ou de quelque chagrin, s'étoit jetée dans le grand couvent des Carmélites, à dessein de se faire religieuse. Monsieur, ne pouvant souffrir son absence, se servit de l'autorité royale, de celle du Parlement et de la sienne propre, et des conseils de toutes les amies de Soyon pour l'en faire sortir.... Mme d'Ai-

chaleur dans le dessein d'être carmélite que pour l'éloigner[1] de la présence et de la confiance de Monsieur[2], et pour empêcher qu'elle ne lui fît remarquer la dépendance aveugle de l'abbé de la Rivière pour la Maison de Condé[3]. Enfin Mme de Chevreuse sut si bien aigrir M. le duc d'Orléans contre son ministre[4], qu'elle le rendit dès lors capable de toutes les impressions et de tous les sentiments qu'on lui en voulut donner.

Le Cardinal, de son côté, renouvela artificieusement au duc de Rohan[5] la proposition qu'il lui avoit faite autrefois d'engager Monsieur le Prince à demander[6] d'être connétable[7], à quoi il n'avoit jamais voulu prétendre[8] pour éviter de donner jalousie à M. le duc d'Orléans. Et en effet, bien que Monsieur le Prince la rejetât encore cette seconde fois par la même considération, le Cardinal sut tellement se prévaloir des conférences particulières qu'il eut sur ce sujet avec le duc de Rohan, qu'il leur donna toutes les apparences d'une né-

---

guillon.... persuada au duc d'Orléans que l'abbé de la Rivière, jaloux de la faveur de Mlle de Soyon, l'avoit, par ses intrigues, pressée de se faire religieuse.... Cette pensée, étant reçue par une âme déjà mal disposée, fut capable de le détruire auprès de lui. »

1. *Que pour éloigner cette fille. (Ms. H, réd. 1.)
2. De Son Altesse Royale. (Ms. H, réd. 2.)
3. *La conduite de l'abbé de la Rivière et sa dépendance aveugle de la maison de Condé. (Ms. H, réd. 1 et 2.)
4. Et contre Monsieur le Prince. (Ms. H, réd. 1.)
5. Henri de Chabot, qui avait épousé en 1645 Marguerite de Rohan, fille du duc Henri Ier de Rohan, et avait obtenu en 1648 la survivance du duché-pairie. Sur cette famille de Chabot, voyez l'*Histoire du Poitou*, par Thibeaudeau, 1839, tome II, p. 49 et suiv.
6. D'engager (*pour engager*, réd. 1) Monsieur le Prince à prétendre. (Ms. H, réd. 1 et 2.)
7. La charge de connétable avoit été supprimée, par un édit de janvier 1627, après la mort du dernier titulaire, le duc François de Lesdiguières.
8. Entrer. (Ms. H, réd. 1 et 2.)

gociation secrète, que Monsieur le Prince ménageoit avec lui sans la participation de M. le duc d'Orléans[1], et en quelque façon contre ses intérêts : de sorte que ce procédé de Monsieur le Prince paroissant tout ensemble peu sincère et peu respectueux à Monsieur, il se crut dégagé de tout ce qu'il lui avoit promis, et consentit sans balancer au dessein de le faire arrêter prisonnier[2].

Le jour qu'ils choisirent pour l'exécuter fut celui du premier conseil[3]. Ils résolurent aussi de s'assurer de M. le prince de Conti et du duc de Longueville, croyant remédier par là à tous les désordres qu'une telle entreprise pouvoit causer[4]. Ces princes évitoient, depuis

1. « Le Cardinal, dit Monsieur le Prince dans un de ses manifestes, qui prévoyoit bien que Monsieur le duc d'Orléans étoit pour demander l'épée de connétable, afin de se conserver, dans la majorité du Roi, la principale fonction de sa lieutenance générale, employa ses artifices ordinaires pour m'engager à la poursuivre, partie pour nous commettre tous deux dans la demande de cette charge, partie pour en tirer de moi quelque récompense. Encore me la fit-il offrir par le duc de Rohan, à condition que je cédasse à son neveu Mancini tout ce que je prétendois sur l'amirauté, ou que je lui donnasse le bâton de grand maître. Si cette épée devoit être si préjudiciable à l'État entre mes mains, et me donner moyen de passer d'un état particulier à la royauté, m'en devoit-il faire la proposition, et s'obliger lui-même de la faire agréer à Son Altesse Royale, pour les intérêts de laquelle je refusois d'y entendre ? » (*Note de l'édition de 1689.*)

2. De sorte que ce dernier ayant reçu ces impressions, et ce procédé de Monsieur le Prince lui paroissant tout ensemble peu sincère et peu respectueux, etc. (*Ms. H, réd. 2.*) — De sorte que ce dernier ayant reçu toutes ces impressions, et voyant ce procédé qui lui paroissoit tout ensemble peu sincère et peu respectueux de la part de Monsieur le Prince, se crut dégagé, etc.... et consentit dès l'heure, sans balancer, etc. (*Ms. H, réd. 1.*)

3. Le 18 janvier 1650. Retz nous apprend dans ses *Mémoires* (éd. Ch., tome II, p. 205) que le Cardinal s'y résolut à midi.

4. « La cour, dit Mme de Motteville (tome III, p. 125),... prend la résolution d'exécuter promptement son dessein, et d'arrêter Monsieur le Prince, le prince de Conti et le duc de Longueville,

quelque temps, par le conseil[1] de Mme de Longueville, de se trouver tous trois ensemble au Palais-Royal[2]; mais c'étoit plutôt[3] par complaisance pour elle, que pour être persuadés[4] que cette conduite fût nécessaire à leur sûreté. Ce n'est pas qu'ils n'eussent reçu plusieurs avis de ce qui étoit prêt de leur arriver; mais Monsieur le Prince y faisoit trop peu de réflexion pour les suivre[5]; il les recevoit même quelquefois avec une raillerie aigre, et évitoit d'entrer en matière[6], pour n'avouer pas qu'il avoit pris de fausses mesures avec la cour : de sorte que ses plus proches parents et ses amis craignoient de lui dire leurs sentiments sur ce sujet[7]. Néanmoins le prince de Marcillac[8], remarquant[9] les divers procédés de M. le duc d'Orléans envers Monsieur le Prince et envers les Frondeurs[10], dit à M. le prince de Conti, le jour qu'il fut arrêté, que l'abbé de la Rivière étoit assurément gagné

afin que les deux derniers ne pussent par une guerre civile secourir le premier. »

1. Tous les désordres que pourroit produire une telle entreprise. Depuis quelque temps, ces princes avoient évité, par les instances. (*Ms. H, réd.* 1 et 2.)

2. « Le prince de Marcillac, par un esprit de pénétration et d'habileté, avoit souvent jugé que les affaires alloient mal pour leur parti; et, dans cette pensée, il leur recommandoit toujours de ne se trouver jamais tous trois au Conseil. » (*Mme de Motteville*, tome III, p. 130.)

3. Et ils en usoient ainsi (*bien*, réd. 1) plus. (*Ms. H, réd.* 1 et 2.)
4. Que par la persuasion. (*Ms. H, réd.* 1 et 2.)
5. *Pour s'en servir. (*Ms. H, réd.* 1.)
6. * Évitant d'entrer en matière. (*Ms. H, réd.* 1 et 2.)
7. Sur cela. (*Ms. H, réd.*)
8. Voyez à l'*Appendice*, II, IX. — Les anciennes éditions, à partir de 1689, ajoutent ici, entre parenthèses, ces mots que l'on trouvera plus loin dans notre texte, p. 177 : « que l'on nommera désormais le duc de la Rochefoucauld, à cause de la mort de son père arrivée en ce même temps.
9. *Voyant. (*Ms. H, réd.* 1.)
10. Et vers Monsieur le Prince et vers les Frondeurs. (*Ms. H, réd.* 1.)

par la cour ou perdu auprès de son maître, et qu'ainsi il ne voyoit pas qu'il y eût[1] un moment de sûreté pour Monsieur le Prince et pour lui. Le même prince de Marcillac avoit dit à la Moussaye[2], le jour précédent[3], que le capitaine de son quartier lui étoit venu dire qu'on l'avoit envoyé querir de la part du Roi et qu'on l'avoit mené à Luxembourg[4]; qu'étant dans la galerie[5], en présence de M. le duc d'Orléans, M. le Tellier lui avoit demandé si le peuple n'approuveroit pas que le Roi fît quelque action éclatante pour rétablir son autorité[6] : à quoi il avoit répondu[7] que, pourvu qu'on n'arrêtât point M. de Beaufort, il n'y avoit rien à quoi le peuple ne consentît[8]; qu'ensuite ce capitaine du quartier étoit venu trouver le prince de Marcillac, et lui avoit dit qu'on vouloit perdre[9] Monsieur le Prince, et que de la façon qu'il voyoit les choses se disposer[10], ce devoit être dans très-peu de temps. La Moussaye promit de le dire, et néanmoins Monsieur le Prince a assuré depuis qu'il ne lui en avoit jamais parlé[11].

1. *Et qu'ainsi il n'y avoit pas. (*Ms. H, réd.* 1.)
2. Amaury Goyon, marquis de la Moussaye, gendre du duc de Bouillon, Henri de la Tour, et, par conséquent, beau-frère de Turenne. Voyez le *P. Anselme*, tome IV, p. 539, et tome V, p. 397.
3. *Le jour d'auparavant. (*Ms. H, réd.* 1.)
4. Où logeait alors le duc d'Orléans.
5. Et mené à Luxembourg, et qu'étant dans la galerie. (*Ms. H, réd.* 1 *et* 2.) — Les anciennes éditions suppriment les mots : « qu'on l'avoit mené à Luxembourg », et altèrent ainsi la suite : « et qu'étant dans la galerie du Palais-Royal. »
6. Remettre son autorité. (*Ms. H, réd.* 1 *et* 2.)
7. *A quoi l'autre répondit. (*Ms. H, réd.* 1.)
8. *A quoi on ne consentit. (*Ms. H, réd.* 1.)
9. Qu'on vouloit prendre. (*Ms. H, réd.* 1.)
10. *Qu'il voyoit prendre les mesures. (*Ms. H, réd.* 1.) — Qu'il voyoit les choses s'y disposer. (*Ms. H, réd.* 2.)
11. De le dire à Monsieur le Prince, qui a assuré néanmoins que la Moussaye ne lui en a jamais parlé. (*Ms. H, réd.* 1.)

Cependant, le Cardinal, pour ajouter[1] la raillerie à ce qu'il préparoit contre Monsieur le Prince, lui dit qu'il vouloit, ce jour-là même, lui sacrifier les Frondeurs, et qu'il avoit donné ses ordres pour arrêter des Coutures[2], qui étoit le principal auteur de la sédition de Joly, et qui commandoit ceux qui avoient attaqué ses gens et son carrosse sur le Pont-Neuf; mais que, dans la crainte que les Frondeurs, se voyant ainsi découverts, ne fissent quelque effort pour le retirer des mains de l'officier qui le devoit mener au bois de Vincennes, il falloit que Monsieur le Prince se donnât le soin d'ordonner les gendarmes et les chevaux légers du Roi pour le conduire sans désordre. Monsieur le Prince eut alors toute la confiance qu'il falloit pour être trompé. Il s'acquitta exactement de sa commission, et prit toutes les précautions nécessaires pour se faire mener sûrement en prison.

Le duc de Longueville étoit à Chaillot[3]; et le Cardinal lui manda par Prioleau[4], son agent, qu'il parleroit le jour même au Conseil de la survivance du vieux palais

---

1. Voulant ajouter. (*Ms. H, réd.* 1.)
2. Pour faire arrêter le nommé des Coutures. (*Ms. H, réd.* 1.) — Le nom est écrit *des Couchères* dans les anciennes éditions. — « Il (*le Cardinal*) avoit fait croire, dès la veille, à Monsieur le Prince qu'il avoit un avis certain que Parain des Coutures, qui avoit été un des syndics des rentiers, étoit caché dans une maison; et il fit en sorte que lui-même donna aux gendarmes et aux chevau-légers du Roi les ordres qui étoient nécessaires pour le mener au bois de Vincennes, sous le prétexte de régler ce qu'il falloit pour la prison de ce misérable. » (*Mémoires de Retz*, éd. Ch., tome II, p. 205 et 206.)
3. « Le duc de Longueville étoit malade à Chaillot : il avoit montré assez d'aversion pour venir chez le Roi, à cause de certains avis qu'il avoit reçus. Mais ayant promis de se trouver au Conseil pour une affaire du marquis de Beuvron dont on devoit parler (*voyez ci-après*), la Reine délibéra de prendre cette occasion pour exécuter son dessein. » (*Mémoires de Mme de Motteville*, tome III, p. 128.)
4. Benjamin Prioleau ou Priolo, né à Saint-Jean d'Angely, d'a-

de Rouen[1] en faveur du fils du marquis de Beuvron[2], et qu'il la lui remettroit entre les mains, afin que cette maison la tînt de lui. Le duc de Longueville se rendit aussitôt au Palais-Royal, le soir du dix-huit janvier 1650, et Monsieur le Prince, M. le prince de Conti, et lui, étant entrés dans la galerie de l'appartement de la Reine, ils y furent arrêtés par Guitaut, capitaine de ses gardes[3].

bord apprenti diplomate, accompagna le duc de Rohan dans la Valteline et le duc de Longueville à Münster. Dans la Fronde, il s'attacha au prince de Condé. C'était l'auteur le plus pauvre de son temps, mais en récompense le plus adroit, et celui qui venait le mieux à ses fins. Nul ne s'entendait comme lui à faire redouter ses sarcasmes et payer ses éloges. Il a écrit en latin une histoire de France qui va de 1643 à 1664, Leipzig, 1686, in-8º. — Voyez dans le *Dictionnaire de Bayle* et dans la *Bibliothèque historique* du P. le Long les articles qui le concernent.

1. On appelait à Rouen le *vieux Palais* une forteresse construite en 1420 par les Anglais et qui a été détruite à l'époque de la Révolution. Il reste à peine aujourd'hui quelques vestiges de cet ouvrage vers les boulevards extérieurs de l'est.

2. *De Beuvron, dépendant de lui. (*Ms. H*, réd. 1 et 2.) — François d'Harcourt II, marquis de Beuvron et de Beaufou, lieutenant général pour le Roi en haute Normandie, mort en 1658. En mars 1649, il s'était rangé au parti du duc de Longueville. Voyez dans les *OEuvres mêlées* de Saint-Évremond (tome II, p. 3-21) la *Retraite de M. le duc de Longueville en son gouvernement de Normandie*, 1649. Son fils, François d'Harcourt III, eut la survivance en question, par lettres en date du 12 juin 1651. Il mourut en 1705.

3. Le prince de Condé fut arrêté par le capitaine Guitaut en personne; son neveu et lieutenant Comminges arrêta Conty; Cressy, enseigne, le duc de Longueville. Le vieux comte de Guitaut, qui s'était fait donner pour lieutenant son neveu Gaston de Comminges, celui qui arrêta le conseiller Broussel, avait rempli toute la compagnie de ses parents et de ses amis. Il mourut en 1663, à l'âge de quatre-vingt-deux ans, sans avoir été marié; son neveu lui succéda comme capitaine des Gardes, puis fut ambassadeur en Portugal et en Angleterre, et mourut en 1670. — Il y avait une autre branche des Guitaut, la seule qui ait laissé de la postérité : c'était celle des Pechpeyrou Comminges, dont sortait ce comte Guillaume, gentilhomme de Condé, qu'on appelait le *petit Guitaut* : voyez ci-après, la note 3 de la page 185.

Quelque temps après, on les fit monter dans un carrosse du Roi qui les attendoit à la petite porte du jardin¹. Leur escorte se trouva bien plus foible qu'on n'avoit cru ; elle étoit commandée par le comte de Miossens, lieutenant des gens d'armes ; et Comminges, lieutenant de Guitaut, son oncle, gardoit ces princes. Jamais des personnes de cette importance² n'ont été conduits en prison par un si petit nombre de gens : il n'y avoit que seize hommes à cheval³, et ce qui étoit⁴ en carrosse avec eux. L'obscurité et le mauvais chemin les firent verser, et ainsi donnèrent un temps considérable à ceux qui auroient voulu entreprendre de les délivrer ; mais personne ne se mit en devoir de le faire⁵.

1. « On les fit sortir par la porte de Richelieu, pour ne point traverser Paris avec cette proie : ce qui les obligea de prendre un grand tour et par de fort mauvais chemins. » (*Mme de Motteville*, tome III, p. 137.) — Voyez aussi *la Suite du vrai journal du Parlement*, séance du mardi 18 janvier 1650 (p. 33 et suivantes), et le récit de *Montglat*, tome II, p. 214-216.
2. Des personnes de tant d'importance. (*Ms. H, réd. 1 et 2.*)
3. Douze, suivant Mme de Motteville, tome III, p. 136.
4. * Avec ce qui étoit. (*Ms. H, réd. 1 et 2.*)
5. « Le carrosse, dit Mme de Motteville (tome III, p. 138-140), versa dans un mauvais pas. Aussitôt qu'il fut à terre, Monsieur le Prince, dont la belle taille, l'agilité et l'adresse étoient incomparables, se trouva hors du carrosse et au milieu de la campagne. Plus vite qu'un oiseau qui seroit échappé de sa cage, et déjà prenant un faux-fuyant, il s'éloignoit de ses gardes. Miossens, qui le vit, mit pied à terre et se mit à courir après lui. Il l'arrêta sur le bord d'un fossé où il se vouloit jeter. Le prince de Condé lui dit, à ce que le même Miossens m'a conté : « Ne craignez point, « Miossens, je ne prétends pas me sauver ; mais, véritablement, si « vous vouliez, voyez ce que vous pouvez faire. » Miossens, ajoute Mme de Motteville, allégua son devoir.... « Quand ils furent remontés..., Comminges commanda au cocher d'aller le plus vite qu'il lui seroit possible. Monsieur le Prince l'entendant parler, lui dit, en s'éclatant de rire : « Ne craignez rien, Comminges ; per- « sonne ne doit venir à mon secours ; car je vous assure que je « n'ai pris nulle précaution contre ce voyage. »

On vouloit en même temps arrêter le prince de Marcillac et la Moussaye; mais on ne les rencontra pas[1]. On envoya M. de la Vrillière[2], secrétaire d'État, porter un ordre à Mme de Longueville d'aller trouver la Reine au Palais-Royal, où on avoit dessein de la retenir; au lieu d'obéir, elle résolut, par le conseil du prince de Marcillac, de partir[3], à l'heure même, pour aller, en très-grande diligence, en Normandie, afin d'engager cette province et le parlement de Rouen à prendre le parti des Princes, et s'assurer de ses amis, des places du duc de Longueville, et du Havre-de-Grâce; mais, comme il falloit pour pouvoir sortir de Paris qu'elle ne fût point connue, que d'ailleurs elle vouloit emmener avec elle Mlle de Longueville[4], et que, n'ayant ni son carrosse ni ses gens, elle étoit obligée de les attendre en un lieu où on ne pût la découvrir, elle se retira dans une maison particulière, d'où elle vit les feux de joie et les autres marques de la réjouissance publique pour la détention de Messieurs ses frères et de son mari. Enfin, ayant[5] les choses nécessaires pour sortir, le prince de Marcillac l'accompagna en ce voyage[6]. Mais après

1. Le duc de Bouillon et le vicomte de Turenne furent les premiers à prendre la fuite. On les manqua seulement de quelques instants.
2. Louis Phélypeaux, seigneur de la Vrillière, secrétaire d'État depuis la mort de son père.
3. Mais, au lieu d'obéir, le prince de Marcillac la fit résoudre de partir. (*Ms. H*, réd. 1)
4. Marie d'Orléans, fille du duc de Longueville et de sa première femme, Louise de Bourbon-Soissons. Elle épousa, le 22 mai 1657, Henri de Savoie, dernier duc de Nemours, mort en 1659, et frère cadet de Charles-Amédée, tué en 1652 par Beaufort (voyez p. 98, note 4). C'est à Mlle de Longueville que Loret a dédié sa *Muze historique*. La duchesse de Nemours a laissé des *Mémoires* que nous avons eu déjà occasion de citer.
5. Enfin, ayant eu. (*Ms. H*, réd. 1.)
6. « Le prince de Marcillac et son beau-frère le marquis de

avoir essayé inutilement de gagner le parlement de Rouen, elle se retira à Dieppe jusqu'à[1] la venue de la cour, qui fut si prompte et qui la pressa de telle sorte, que pour se garantir d'être arrêtée par les bourgeois de Dieppe, et par le Plessis-Belière[2], qui y étoit allé avec des troupes de la part du Roi, elle fut contrainte de s'embarquer avec beaucoup de péril[3] et de passer en Hollande[4] pour gagner Stenay[5] où M. de Turenne s'étoit retiré aussitôt que les Princes avoient été arrêtés[6].

Le prince de Marcillac partit de Dieppe quelque temps avant Mme de Longueville, et s'en alla dans son gou-

---

Sillery lui offrirent de la suivre et de la servir dans cette occasion, ce qu'elle accepta volontiers, comme le seul secours qui lui restoit. Elle se mit dans le carrosse de son amie (*la princesse Palatine*)…. Mme de Longueville partit à l'heure même, marchant toute la nuit à dessein de gagner promptement la Normandie. Elle y arriva le lendemain, aussi lasse qu'elle étoit affligée ; et, pour comble de désolation, elle n'y fut pas favorablement reçue. » (*Mme de Motteville*, tome III, p. 145.)

1. *Qui ne lui servit de retraite que jusqu'à. (*Ms. H, réd.* 1 et 2.)

2. Jacques de Rougé, marquis du Plessis-Bellière, né en 1602. D'abord gouverneur d'Armentières, puis promu au grade de lieutenant général, il servit toujours avec ardeur la cause de la cour contre les Frondeurs. En 1654, il se laissa entraîner dans l'expédition du duc de Guise contre le royaume de Naples et mourut, cette même année, à Castellamare.

3. Avec bien du péril. (*Ms. H, réd.* 1 et 2.)

4. Sur cette fuite aventureuse de Mme de Longueville, consultez surtout Mme de Motteville, qui fait (tome III, p. 165 et suivantes) un récit détaillé des efforts de la duchesse pour gagner la ville à son parti, et énumère les mille incidents de son départ. Voyez aussi l'*Appendice* aux *Mémoires de Mathieu Molé*, tome IV, p. 360-363.

5. Pour aller à Stenay. (*Ms. H, réd.* 1 et 2.) — Voyez le manuscrit anonyme, nouvelles du 8 avril 1650. — Stenay, ville du pays Messin (Meuse), à sept lieues au-dessous de Verdun, avait été cédé à Louis XIII par le duc de Lorraine, en 1641, puis donné à la maison de Condé, qui le posséda jusqu'à la Révolution.

6. *Dès la prison des Princes. (*Ms. H, réd.* 1.)

vernement de Poitou, pour y disposer les choses à la guerre, et pour essayer, avec les ducs de Bouillon, de Saint-Simon[1] et de la Force[2], de renouveler les mécontentements du parlement et de la ville de Bourdeaux, afin de les obliger à prendre les intérêts de Monsieur le Prince[3]. Cette ville et ce parlement y étoient d'autant plus engagés que les manifestes de la cour, depuis la prise de Monsieur le Prince, ne lui imputoient point de plus grands crimes que d'avoir protégé avec trop de chaleur les intérêts de la Guyenne[4].

1. Claude le Borgne de Rouvroy, seigneur, puis duc (1635) de Saint-Simon (en Picardie), ancien favori de Louis XIII, était gouverneur de Blaye. C'est le père de l'auteur des *Mémoires*.

2. Jacques Nompar de Caumont, maréchal de France, créé duc et pair en 1637, né en 1558, mort au château de la Force en 1652. Nous avons déjà cité ses *Mémoires*.

3. Les nouvelles du mois de mars, dans le manuscrit anonyme, reviennent souvent sur le compte du prince de Marcillac, lequel donne *beaucoup d'inquiétude* à la cour. On lit aussi, à la date du 28 mars 1650, dans les *Instructions inédites du cardinal Mazarin* concernant les Frondeurs (Appendice du tome II, p. 373 et 374 des *Mémoires de Retz*, éd. Ch.) : « Il y a diverses personnes, comme M. le prince de Marcillac et autres, qui tâchent d'exciter de nouveaux troubles dans les provinces et même à Paris, et d'y former des cabales contre le service du Roi.... » — Mme de Motteville dit de son côté (tome III, p. 188) : « La cour étant à Paris, on déclara Mme de Longueville, le duc de Bouillon, le vicomte de Turenne et le duc de la Rochefoucauld criminels de lèse-majesté. On envoya cette déclaration à tous les parlements de France. » Cette pièce, enregistrée le 7 février, se trouve dans le *Journal du Parlement* (p. 65 et suivantes) ; il contient aussi (p. 75 et suivantes) une autre déclaration « contre Mme la duchesse de Longueville, les sieurs duc de Bouillon, maréchal de Turenne, prince de Marcillac et leurs adhérents, » qui fut donnée à Paris le 9 mai et enregistrée le 16.

4. « Afin de les obliger à prendre les intérêts de Monsieur le Prince (*comme y étant engagés*, réd. 2), puisque les manifestes de la cour, depuis sa prise, ne lui imputoient pas de plus grand crime que d'avoir protégé avec trop de chaleur les intérêts de leur ville. (Ms. H, réd. 1 et 2.) — Les éditions antérieures à 1804, non pas

L'autorité de la cour parut alors plus affermie que jamais par la prison des Princes et par la réconciliation des Frondeurs. La Normandie avoit reçu le Roi avec une entière soumission[1], et les places du duc de Longueville s'étoient rendues sans résistance. Le duc de Richelieu fut chassé du Havre; la Bourgogne imita la Normandie[2]; Bellegarde[3] fit une résistance honteuse; le

seulement depuis 1689, mais depuis 1662[a], ont de plus ici le morceau suivant, où, après des réflexions sur l'arrestation de Condé, se trouve rapporté un fait que nous avons vu mentionné plus haut en d'autres termes : « Pour ce qui est des raisons qui ont obligé le Cardinal à arrêter Monsieur le Prince, je suis persuadé qu'il n'y en a point eu de bonnes, et que toutes les règles de la politique étoient contre ce dessein-là, comme les événements l'ont fait voir : outre que jusque-là Monsieur le Prince n'avoit pas même été soupçonné de la moindre pensée contre l'État. Je crois donc que non-seulement le Cardinal a voulu être par là le maître de la cour, mais encore qu'il n'a pu souffrir la manière aigre et méprisante avec laquelle le prince de Condé le traitoit en public, afin de regagner dans le monde ce que leur réconciliation lui avoit ôté. Il faisoit la même chose dans les conseils particuliers, pour le détruire dans l'esprit de la Reine, et y prendre le poste qu'il y occupoit. Enfin l'aigreur augmentant entre Monsieur le Prince et lui, il se hâta de le perdre, pour ne lui pas donner le temps de se réconcilier avec les Frondeurs. Il conduisit si adroitement cette affaire, que le prince de Condé crut non-seulement que les préparatifs que l'on faisoit pour l'arrêter regardoient les Frondeurs; mais même, dans cette vue-là, il donna lui-même les ordres pour se faire conduire plus sûrement en prison (voyez p. 169). La chose fut exécutée d'un consentement si général des peuples, que la duchesse de Longueville étant retirée, sans être connue, dans une maison particulière, pour attendre les choses nécessaires pour partir, vit allumer les feux de joie et paroître les autres marques de la réjouissance publique pour la détention de ses frères et de son mari (voyez p. 172). »

1. ** Une soumission entière. (*Ms. H*, *réd*. 1 *et* 2.)
2. ** La Bourgogne fit comme la Normandie. (*Ms. H*, *réd*. 1.)
3. La ville de Bellegarde ou de Seurre (aujourd'hui dans la Côte-

[a] Voyez ci-après, à l'*Appendice*, II, IX, la place qu'occupe ce morceau dans la première série des éditions anciennes (1662-1688).

château de Dijon et Saint-Jean de Laune [1] suivirent l'exemple des places [2] de M. de Longueville. Le duc de Vendôme fut pourvu du gouvernement de Bourgogne, le comte d'Harcourt [3] de celui de Normandie, le maréchal de l'Hôpital [4] de ceux de Champagne et de Brie, et le comte de Saint-Agnan [5] de celui de Berry. Mourond [6] ne fut pas donné parce qu'il n'y avoit point de garnison;

d'Or), mal défendue par Tavannes, Bouteville et Saint-Micault, se rendit le 21 avril. Sur ce siége, où le jeune roi Louis XIV fit avec éclat ses premières armes, voyez les *Mémoires de Montglat*, tome II, p. 223 et 224; et ceux de *Mme de Motteville*, tome III, p. 178-180.

1. Ces places et Verdun-sur-Saône se rendirent au duc de Vendôme en février 1650. La ville de Saint-Jean de Laune ou de Losne (Côte-d'Or) avait gardé le surnom de *Belle-Défense*, de la résistance qu'elle avait opposée en 1636, l'année dite *de Corbie*, aux Espagnols et aux Impériaux réunis.

2. ** Imitèrent les places. (*Ms. H, réd.* 1.)

3. Henri de Lorraine, second fils de Charles de Lorraine duc d'Elbeuf, était né le 20 mars 1601, et se signala pour la première fois à la bataille de Prague, en 1620. Il combattit avec succès les Espagnols dans les Flandres en 1649. Très-dévoué à Richelieu, et de facile accommodement dès qu'il y allait de ses intérêts, ce frère cadet du duc d'Elbeuf le Frondeur avait reporté sur Mazarin l'attachement qu'il avait eu pour son prédécesseur. Mécontent plus tard du Cardinal, qu'il accusait d'ingratitude, il se jeta dans Brisach (juillet 1652), avec le dessein de se faire un grand établissement en Alsace. Il échoua, fut gracié, et se retira dans son gouvernement d'Anjou, où il mourut en 1666. Voyez sur lui un curieux passage de la pièce intitulée : *la Vérité prononçant ses oracles sans flatterie* (*Choix de Mazarinades*, tome II, p. 521 et 522).

4. François du Hallier, fils du marquis Louis de l'Hospital et frère du maréchal de Vitry emprisonné en 1627; il était maréchal depuis 1643; il mourut en 1660, âgé de soixante-dix-sept ans.

5. François de Beauvillier, comte, puis duc (1663) de Saint-Aignan, premier gentilhomme de la chambre du Roi, lieutenant général, membre de l'Académie française, mort en 1670.

6. Montrond-sur-Cher, ou Mouron, comme on disait alors indifféremment, place très-forte du Bourbonnais, qui avait appartenu à Sully. Sur le séjour de Monsieur le Prince à Montrond dans « sa petite enfance, » et sur la manière dont son père l'y élevait, voyez les *Mémoires de Lenet*, tome II, p. 169 et suivantes.

celles de Clermont et de Damvilliers[1] se révoltèrent. Marsin[2], qui commandoit l'armée de Catalogne, fut arrêté prisonnier; on lui ôta Tortose, dont il étoit gouverneur. Du côté de Champagne, il n'y eut que Stenay qui demeura dans le parti des Princes, et presque tous leurs amis, voyant tant de malheurs arrivés en si peu de temps, se contentèrent de les plaindre, sans se mettre en devoir de les secourir[3].

Mme de Longueville et M. de Turenne s'étoient, comme je l'ai dit, retirés à Stenay[4]; le duc de Bouillon à Turenne[5]. Le prince de Marcillac, que l'on nommera désormais le duc de la Rochefoucauld par la mort de son père, arrivée en ce même temps[6], étoit dans ses maisons, en Angoumois[7]; le duc de Saint-Simon, dans son gouvernement de Blaye, et le maréchal de la Force en

1. « La Bécherelle se rendit maître de Damvilliers, ayant révolté la garnison.... contre le chevalier de la Rochefoucauld, qui y commandoit pour son frère. Le maréchal de la Ferté se saisit de Clermont sans coup férir. » (*Mémoires de Retz*, éd. Ch., tome II, p. 212.)
2. Sur Marsin, voyez ci-après la note 4 de la page 296.
3. **En devoir de les faire cesser. (*Ms. H, réd.* 1.) — Les anciennes éditions commencent l'alinéa suivant par cette phrase, inutile à partir de 1689, c'est-à-dire dans les textes qui, comme le nôtre, rapportent plus loin le même fait : « La princesse (*Les princesses*, 1662-88) de Condé et le duc d'Enghien étoient par ordre du Roi à Chantilly. »
4. S'étoient retirés à Stenay, comme j'ai dit. (*Ms. H, réd.* 1 et 2.) — Sur Stenay, voyez ci-dessus la note 5 de la page 173.
5. La vicomté de Turenne, dont la ville de Turenne (Corrèze) était le chef-lieu, appartenait au duc de Bouillon, et non à Turenne son frère; elle était située entre le Limousin et le Périgord. Sur le château de Turenne, voyez les *Souvenirs du règne de Louis XIV*, par le comte de Cosnac, tome I, chapitre II.
6. Le 8 février 1650. — Voyez ci-dessus, p. 167, note 8.
7. « A Verteuil, en Angoumois, » disent toutes les anciennes éditions. C'est là aussi qu'étaient les châteaux de Marcillac et de la Rochefoucauld (Charente). Voyez Maichin, *Histoire de la Saintonge, Poitou, Aunis et Angoumois* (1671, 1 vol. in-fol.), livre I, p. 235; et

Guyenne. Ils témoignèrent d'abord un zèle égal pour Monsieur le Prince; et, lorsque les ducs de Bouillon et de la Rochefoucauld eurent fait ensemble le projet de la guerre de Guyenne, le duc de Saint-Simon, à qui ils en donnèrent avis, offrit de recevoir M. le duc d'Enghien[1] dans sa place; mais ce sentiment ne lui dura pas longtemps[2].

Cependant le duc de la Rochefoucauld, jugeant de quelle importance il étoit au parti de faire voir qu'on prenoit les armes, non-seulement pour la liberté de Monsieur le Prince, mais encore pour conserver celle[3] de Monsieur son fils, envoya[4] Gourville, de la participation du duc de Bouillon, à Madame la Princesse douairière[5], réléguée à Chantilly et gardée par un exempt, aussi bien que Madame la Princesse sa belle-fille, et M. le duc d'Enghien. Il eut charge[6] de dire à Madame la Princesse douairière l'état des choses et de lui[7] faire comprendre que, la personne de M. le duc d'Enghien étant exposée à toutes les rigueurs de la cour, il falloit[8] l'en

---

Vigier de la Pile, *Histoire de l'Angoumois*, 1846, in-4°, p. XIII, ainsi que le *Recueil* de Corlieu, à la suite de cette *Histoire*, p. 14.

1. Henri-Jules de Bourbon, fils du grand Condé, né le 29 juillet 1643, mort le 1ᵉʳ avril 1709. Voyez *Lenet*, tome I, p. 95, 145 et suiv.

2. « Aussitôt que le Roi fut à portée, dit Retz (tome II, p. 237, éd. Ch.), M. de Saint-Simon, gouverneur de Blaye, qui avoit branlé, vint à la cour, et M. de la Force, avec lequel M. de Bouillon avoit aussi traité, demeura dans l'inaction. » Mme de Motteville (tome III, p. 196) dit que Saint-Simon « refusa huit cent mille francs que le roi d'Espagne lui fit offrir ». — Sur le rôle de la maison de la Force lors du soulèvement de la Guyenne, voyez les *Mémoires de Lenet*, tome I, p. 442 et suivantes.

3. * Pour la conservation de celle. (*Ms. H, réd.* 1 *et* 2.)
4. * Il envoya. (*Ms. H, réd.* 1 *et* 2.)
5. A Madame la Princesse la mère. (*Ms. H, réd.* 1 *et* 2.)
6. Avec charge. (*Ms. H, réd.* 2.)
7. De lui dire l'état des choses et de lui, etc. (*Ms. H, réd.* 1 *et* 2.)
8. Il falloit tout à la fois. (*Ms. H, réd.* 1.)

mettre à couvert et le rendre l'un[1] des principaux moyens[2] de la liberté de Monsieur son père, qu'il étoit nécessaire pour ce dessein que Monsieur le duc et Madame sa mère[3] se rendissent secrètement à Brezé, en Anjou[4], près de Saumur. Le duc de la Rochefoucauld s'offrit de les y aller prendre[5] avec cinq cents gentilshommes, et de les conduire à Saumur, si le dessein qu'il avoit sur cette place réussissoit; en tout cas, il offrit de les mener[6] à Turenne, où le duc de Bouillon se joindroit à eux pour les accompagner à Blaye, en attendant que lui et le duc de Saint-Simon eussent achevé de disposer le Parlement et la ville de Bourdeaux à les recevoir. Quelque avantageuse que fût cette proposition, il étoit difficile de prévoir[7] si elle seroit suivie ou rejetée par Madame la Princesse douairière, dont l'humeur inégale, timide et avare, étoit peu propre à entreprendre et à soutenir un tel dessein[8].

Toutefois, bien que le duc de la Rochefoucauld fût incertain du parti qu'elle prendroit, il se crut obligé de se mettre[9] en état d'exécuter ce qu'il lui avoit envoyé proposer. Il résolut d'assembler[10] pour ce sujet ses amis, sous un prétexte qui ne fît rien connoître de son inten-

1. Pour être l'un. (*Ms. H, réd. 2.*)
2. *Instruments. (*Ms. H, réd. 1 et 2.*)
3. Que lui et Mme la Princesse sa mère. (*Ms. H, réd. 1 et 2.*)
4. La terre de Brezé, qui appartenait à la femme du grand Condé, fut ensuite vendue à Thomas Dreux, conseiller au parlement de Paris.
5. Près de Saumur, où le duc de la Rochefoucauld offroit de les aller prendre. (*Ms. H, réd. 1 et 2.*)
6. Ou en tout cas les mener. (*Ms. H, réd. 2.*) — Ou en tout cas pour les mener. (*Ms. H, réd. 1.*)
7. Il étoit malaisé néanmoins de prévoir. (*Ms. H, réd. 1.*)
8. Voyez le portrait que V. Cousin a tracé de cette princesse dans *la Jeunesse de Madame de Longueville*, p. 61-63.
9. *Il fut contraint cependant de se tenir. (*Ms. H, réd. 1.*)
10. *D'exécuter.... et d'assembler ses amis. (*Ms. H, réd. 1.*)

tion, afin d'être prêt à partir dans le temps de l'arrivée de Gourville, qu'il attendoit à toute heure. Il crut n'en pouvoir prendre un plus spécieux que celui de l'enterrement de son père, dont la cérémonie se devoit faire à Verteuil, l'une de ses maisons. Il convia pour cet effet toute la noblesse des provinces voisines, et manda à tout ce qui pouvoit porter les armes dans ses terres de s'y trouver : de sorte qu'en très-peu de temps il assembla plus de deux mille chevaux et huit cents hommes de pied.

Outre ce corps de noblesse et d'infanterie, Beins[1], colonel allemand, lui promit de se joindre à lui, avec son régiment, pour servir Monsieur le Prince ; et ainsi le duc de la Rochefoucauld se crut en état d'exécuter, en même temps, deux desseins considérables pour le parti qui se formoit : l'un étoit celui qu'il avoit envoyé proposer à Madame la Princesse douairière[2], et l'autre étoit de se saisir de Saumur. Ce gouvernement avoit été donné à Guitaut, après la mort du maréchal de Brezé, pour récompense d'avoir arrêté Monsieur le Prince. C'est une place qui se pouvoit rendre très-importante dans une guerre civile, étant située au milieu du Royaume, et sur la rivière de Loire, entre Tours et Angers. Un gentilhomme nommé Dumonz[3] y commandoit sous le maréchal de Brezé, et sachant que Comminges, neveu de Guitaut, y alloit avec les ordres du Roi, et menoit deux mille hommes de pied, pour l'assiéger s'il refusoit de

---

1. Lenet dit dans ses *Mémoires* (tome I, p. 132) que le colonel Bains (*sic*), « serviteur particulier du prince de Conti, » avait un régiment de six cents chevaux aux environs de Bordeaux.

2. La Princesse douairière, dont il a été parlé ci-dessus. (*Ms. H, réd.* 1.)

3. *De Mons. (*Ms. H, réd.* 1 et 2.) — C'était un ancien serviteur du maréchal de Brezé, très-dévoué à Monsieur le Prince. Voyez *Lenet*, tome I, p. 132.

sortir, il différa, sur quelque prétexte ¹, de remettre la place entre les mains de Comminges, et manda au duc de la Rochefoucauld qu'il l'en rendroit maître et prendroit son parti s'il vouloit y mener des troupes. Le marquis de Jarzay lui offrit aussi de se jeter dans la place ² avec ses amis, et de la défendre, pourvu que le duc de la Rochefoucauld lui promît par écrit de le venir secourir dans le temps qu'il lui avoit marqué. Ces conditions furent d'autant plus volontiers acceptées et signées du duc de la Rochefoucauld, que ³ les deux desseins dont je viens de parler convenoient ensemble et se pouvoient exécuter en même temps.

Dans cette vue, le duc de la Rochefoucauld fit assembler toute la noblesse qui étoit chez lui pour les funérailles de son père, et leur dit qu'ayant évité d'être arrêté prisonnier à Paris avec Monsieur le Prince, il se trouveroit⁴ peu en sûreté⁵ dans ses terres, qui étoient environnées de gens de guerre qu'on avoit affecté de disposer⁶ tout autour, sous prétexte⁷ du quartier d'hiver, mais en effet pour pouvoir le surprendre dans sa maison ; qu'on lui offroit une retraite assurée dans une place voisine, et qu'il demandoit à ses véritables amis de l'y vouloir accompagner et laissoit la liberté aux autres de faire ce qu'ils voudroient. Plusieurs parurent embarrassés de cette proposition, et prirent divers prétextes pour se retirer. Le colonel Beins fut un des premiers qui lui manqua de parole ; mais il y eut sept cents gen-

---

1. Sur quelque prétexte qu'il prit. (*Ms. H*, réd. 1 *et* 2.)
2. Dedans la place. (*Ms. H*, réd. 1 *et* 2.)
3. Furent acceptées et.... d'autant plus volontiers, que. (*Ms. H*, réd. 1.)
4. * Il se trouvoit. (*Ms. H*, réd. 1 *et* 2.)
5. En peu de sûreté. (*Ms. H*, réd. 1.)
6. * De disperser. (*Ms. H*, réd. 1 *et* 2.)
7. * Sous le prétexte. (*Ms. H*, réd. 1 *et* 2.)

tilshommes qui lui promirent de le suivre[1]. Avec ce nombre de cavalerie et l'infanterie qu'il avoit tirée de ses terres, il prit le chemin de Saumur, qui étoit celui que Gourville devoit prendre pour le venir joindre, ce qu'il fit le même jour. Il lui rapporta que Madame la Princesse douairière[2] avoit approuvé son conseil; qu'elle se résolvoit de le suivre; mais qu'étant obligée de garder des mesures vers[3] la cour, elle avoit besoin de temps et de beaucoup[4] de précautions pour exécuter un dessein dont les suites devoient être si grandes; qu'elle étoit peu en état d'y contribuer de son argent, et que tout ce qu'elle pouvoit faire alors étoit de lui envoyer vingt mille francs. Le duc de la Rochefoucauld, voyant ainsi son premier dessein retardé[5], se résolut de continuer celui de Saumur; mais, bien qu'il y arrivât huit jours avant la fin du temps[6] que le gouverneur lui avoit promis de tenir, il trouva la capitulation faite; et que le marquis de Jarzay n'avoit point exécuté ce dont il étoit convenu avec lui : de sorte qu'il fut obligé de retourner sur

1. On lit dans le manuscrit anonyme, à la date du 22 avril 1650 : « Le 17, M. d'Estissac, oncle du duc de la Rochefoucauld, arriva et apporta nouvelles que toute la noblesse que ce duc avoit ramassée en Poitou l'avoit abandonné à Mirebeau, lorsqu'elle avoit su qu'il la vouloit employer à secourir Saumur. Il dit que le sujet pour lequel il est venu, c'est afin d'excuser cette noblesse, laquelle ne s'étoit engagée à suivre ce duc que pour l'accompagner en lieu de sûreté, où il disoit qu'il alloit se réfugier, à cause qu'il avoit été averti qu'on avoit résolu à la cour de le faire arrêter prisonnier et de le perdre. Il y avoit neuf cent cinquante chevaux qui l'accompagnoient, dont quelques-uns lui déclarèrent qu'ils trouvoient fort mauvais qu'il eût eu la pensée de les engager dans une si mauvaise affaire et de les obliger à porter les armes directement contre le Roi. »
2. La Princesse la mère. (Ms. H, réd. 1 et 2.)
3. *De garder (bien, réd. 1) des mesures pour. (Ms. H, réd. 1 et 2.)
4. *Il lui falloit du temps et beaucoup. (Ms. H, réd. 1.)
5. Voyant son premier dessein retardé par ce moyen. (Ms. H, réd. 1.)
6. *Huit jours devant la fin du temps. (Ms. H, réd. 1.)

ses pas. Il défit dans sa marche quelques compagnies de cavalerie des troupes du Roi, et étant arrivé chez lui, il congédia la noblesse qui l'avoit suivi, et en repartit bientôt après, parce que le maréchal de la Meilleraye marchant à lui avec toutes ses troupes, il se trouvoit obligé de se retirer à Turenne chez le duc de Bouillon, après avoir jeté dans Mourond cinq cents hommes de pied et cent chevaux, qu'il avoit levés et armés avec une diligence extrême[1]. En arrivant à Turenne, le duc de Bouillon et lui eurent nouvelles que Madame la Princesse et M. le duc d'Enghien, ayant suivi leur conseil, étoient partis secrètement de Mourond, et s'en venoient à Turenne, pour se mettre entre leurs mains ; mais ils apprirent en même temps[2] que le duc de Saint-Simon ayant reçu des lettres de la cour et su[3] la prise de Bellegarde, n'étoit plus dans les mêmes sentiments, et que son changement soudain[4] avoit refroidi tous ses amis de Bourdeaux, qui jusque-là paroissoient[5] les plus zélés pour les intérêts de Monsieur le Prince. Néanmoins Langlade[6],

---

1. Ne négligeant rien « pour faire juger à la duchesse (*de Longueville*), comme dit Lenet (tome I, p. 95), ce dont il étoit capable pour elle. » — « Le duc de la Rochefoucauld, dit de son côté Mme de Motteville dans ses *Mémoires* (tome III, p. 188), ayant assemblé grand nombre de noblesse, se déclara ouvertement contre le Roi. Il voulut, pour son premier exploit,... se saisir de Saumur. Mais, ayant manqué son entreprise et sachant que le maréchal de la Meilleraye, gouverneur de Bretagne, marchoit déjà contre lui avec quelques troupes, il résolut d'envoyer quatre cents gentilshommes à Montrond, et de s'en aller trouver le duc de Bouillon, qui avoit de grandes intelligences dans Bordeaux. »

2. *Mais ils surent aussi. (*Ms. H*, *réd.* 1.)

3. *Et sachant. (*Ms. H*, *réd.* 1.)

4. Son soudain changement. (*Ms. H*, *réd.* 1 *et* 2.)

5. *Avoient paru. (*Ms. H*, *réd.* 1.)

6. Jacques de Langlade, d'abord secrétaire du duc de Bouillon et frondeur très-ardent, servit ensuite la cause de la cour et devint secrétaire du cabinet de Mazarin. Il mourut en 1680. « Langlade,

dont le duc de Bouillon s'étoit servi dans toute cette négociation¹, les raffermit avec beaucoup de peine et d'adresse, et revint² en donner avis au duc de Bouillon, qui assembla trois cents gentilshommes de ses amis, pour aller recevoir Madame la Princesse et Monsieur son fils. Le duc de la Rochefoucauld manda aussi ses amis³, qui le vinrent joindre bientôt après au nombre de trois cents gentilshommes, conduits par le marquis de Sillery⁴, bien que le maréchal de la Meilleraye les menaçât de les faire piller par ses troupes, s'ils retournoient le trouver.

Le duc de Bouillon, outre ses amis, leva⁵ douze cents hommes d'infanterie de ses terres, et sans attendre les troupes du marquis de Sillery, ils marchèrent ainsi⁶ vers les montagnes d'Auvergne, par où Madame la Princesse et Monsieur son fils devoient passer, étant conduits par Chavaignac⁷. Les ducs de Bouillon et de la Rochefoucauld

---

dit Mme de Motteville (tome III, p. 188 et 189), ayant l'esprit vif et plein de lumières, parloit à la mode de ceux qui sont propres pour tromper les dupes. Avec ces qualités et la nécessité qui le pressoit de rendre ce service à son maître, qui, sans ce refuge, se voyoit perdu et leur parti détruit, il travailla si bien et avec tant de dextérité, qu'il aida à persuader ceux de Bordeaux d'entrer dans les intérêts des Princes. »

1. Et qui sait mieux que nul autre tout ce qui se passa dans cette guerre. (*Ms. H, réd. 2.*)

2. *Les ayant raffermis,... il revint. (*Ms. H, réd. 1.*)

3. Manda aussi les siens. (*Ms. H, réd. 1.*) — Manda aussi à ses amis. (*Ms. H, réd. 2.*)

4. Sur le marquis de Sillery, voyez ci-dessus la note 3 de la page 127.

5. Outre les amis du duc de Bouillon, il leva. (*Ms. H, réd. 1.*)

6. Fin d'avril 1650.

7. Gaspard, comte de Chavaignac, auteur de *Mémoires*, qui s'étendent de 1628 à 1679. — Sur ce voyage, plein de péripéties, de la Princesse et de son fils, consultez surtout les *Mémoires de Lenet*, tome I, p. 240 et suivantes. Ce fut le 9 mai, entre minuit et une

les attendirent deux jours, avec leurs troupes, dans un lieu nommé Labomie[1], où Madame la Princesse et Monsieur son fils étant enfin arrivés[2], avec des fatigues insupportables à des personnes d'un sexe et d'un âge si peu capable d'en souffrir, ils les conduisirent à Turenne, où s'étoient rendus en même temps les comtes de Meil, de Coligny, Guitaut, le marquis de Cessac, Beauvais-Chantérac, Briole, le chevalier de Rivière[3], et beaucoup de

heure, que le duc d'Enghien et sa mère partirent de Montrond, « suivis, dit Lenet, du comte de Coligny, de Chavagnac, du Chambon, de Saint-Agoulin, de des Roches, lieutenant, de Longchamps, exempt des gardes, de Vialas, écuyer, de Brandon, de quelques officiers et de moi. Il y avoit encore des gardes qui, avec nos valets, faisoient environ cinquante chevaux. Elle marcha en cet équipage le reste de la nuit. A la pointe du jour, elle monta à cheval, en croupe derrière Coligny, renvoya son carrosse, avec la dame de Changrand, joindre le reste de son équipage, qui alloit par le Poitou, alla dîner à Vierzac, passa la rivière du Cher à Chambon, et coucha à Marcillac, petit village dans la Combrailles, chez un vieux gentilhomme qui, ayant reconnu M. de Coligny, lui demanda quel étoit tout cet équipage. Il lui dit qu'il enlevoit une demoiselle de qualité, qu'il menoit en Auvergne, où il la devoit épouser, ce qui en fit courre le bruit partout. »

1. Dans les anciennes éditions (à partir de 1689) : *la Bonne;* dans le ms. H, il semble qu'il y avait d'abord *la Borru;* le mot est surchargé et corrigé en *la Bomie.* Il s'agit probablement de *la Borie,* localité faisant partie de la commune de Curemonte, et, comme Turenne, du canton de Meyssac.

2. Le 14 mai, voyez *Lenet,* tome I, p. 243.

3. Henri de Foix, comte de Meille (le nom est écrit ainsi dans le ms. H), frère cadet de Jean-Baptiste Gaston de Foix. Son attachement pour Condé ne se démentit pas ; il mourut en 1658 des blessures qu'il reçut au siége de Dunkerque en combattant aux côtés de ce prince contre les Français. Voyez les *Mémoires de Mademoiselle,* tome III, p. 251. — Jean, comte de Coligny, marquis de Saligny, baron de la Motte-Saint-Jean, né en 1617, mort en 1686, serviteur fidèle de Condé pendant la seconde Fronde ; il commanda plus tard (1664) en Hongrie les six mille auxiliaires français qui concoururent à la victoire de Saint-Gothard. Ses *Mémoires* se trouvent parmi les *OEuvres* de Lemontey (*Pièces justificatives de la monarchie de*

personnes de qualité et d'officiers des troupes de Monsieur le Prince, qui servirent durant cette guerre avec beaucoup de fidélité et de valeur. Madame la Princesse demeura huit jours à Turenne[1], pendant lesquels on prit Brive-la-Gaillarde, et cent maîtres de la compagnie des gens d'armes du prince Thomas[2] qui s'y étoient retirés.

Ce séjour que l'on fit à Turenne par nécessité[3],

Louis XIV). — Guillaume de Pechpeyrou-Comminges, dit le *Petit Guitaut*, et neveu du capitaine des gardes d'Anne d'Autriche qui arrêta Condé. Né le 5 octobre 1626, il mourut le 27 décembre 1685. Il fut aide de camp de Monsieur le Prince pendant la Fronde, puis son premier chambellan. Il avait épousé en premières noces (1661) Madeleine de la Grange d'Arquien, qui lui apporta le marquisat d'Époisses. Voyez les *lettres* de la Rochefoucauld qui lui sont adressées au château d'Epoisses. — Le marquis de Cessac ou Saissac, de la maison de Castelnau, branche de Clermont-Lodève, qui mourut au mois d'août de l'année 1651, à la suite d'un duel avec Coligny, que Lenet raconte dans ses *Mémoires*, tome I, p. 514 et 515. — François de la Cropte, seigneur de Beauvais-Chantérac ou Chantirac, écuyer de Monsieur le Prince. Voyez sur lui le tome II des *Mémoires de Mademoiselle*, *Appendice*, p. 513, et, sur la famille de la Cropte, le tome VI des *Lettres de Madame de Sévigné*, p. 177, note 3. — Le comte de Briolle, ou de Briord, était mestre de camp du régiment de cavalerie-Condé; il fut premier écuyer du duc d'Enghien, de 1697 à 1699, successivement ambassadeur à Turin et à la Haye. Il mourut en 1703. — Gratien de Rivière était gentilhomme et favori de Condé. Il est question de lui dans les *Mémoires de Lenet* (tome I, p. 361 et 362), comme d'un homme « qui ne manquoit pas d'esprit. » Il fut tué, en 1672, à la journée de Wœrden, où il commandait le régiment de Navarre. — La plupart de ces gentilshommes se trouvent également cités ensemble dans les *Mémoires de Retz*, éd. Ch., tome II, p. 221.

1. La Princesse arriva à Turenne le 15 mai, et en repartit le 22. Sur les fêtes qui lui furent données durant son séjour en ce lieu, voyez les *Mémoires de Lenet*, tome I, p. 264 et 265, et les *Souvenirs du règne de Louis XIV*, par M. le comte de Cosnac, tome I, p. 227-229.

2. Voyez ci-dessus, p. 23, note 1.

3. Ce séjour à Turenne fait par nécessité. (*Ms. H*, réd. 1 et 2.)

en[1] attendant qu'on eût remis la plupart des esprits de Bourdeaux, chancelants et découragés par la conduite du duc de Saint-Simon, et qu'on y pût aller en sûreté, donna loisir au général de la Vallette, frère naturel du duc d'Épernon[2], qui commandoit l'armée du Roi, de se trouver sur le chemin de Madame la Princesse pour lui empêcher le passage ; mais, étant demeurée à une maison du duc de Bouillon, nommée Rochefort[3], lui et le duc de la Rochefoucauld[4] marchèrent au général de la Vallette, et le joignirent à Monclard en Périgord, d'où, ayant lâché[5] le pied sans combattre, il se retira par des bois à Bergerac, après avoir perdu son bagage[6]. Madame la Princesse reprit ensuite le chemin de Bourdeaux, sans rien trouver qui s'opposât à son passage.

Il ne restoit[7] qu'à surmonter les difficultés qui se rencontroient[8] dans la ville. Elle étoit partagée en diverses cabales. Les créatures du duc d'Épernon[9] et ceux qui suivoient les nouveaux sentiments du duc de Saint-Simon s'étoient joints avec ceux qui servoient la cour, et, entre autres, avec le sieur de la Vie, avocat général au

1. *Attendant*, pour *en attendant*, dans le ms. H (réd. 1 et 2).
2. Jean-Louis, chevalier de la Valette, lieutenant général des armées du Roi, mort en 1650. Il s'était fait prendre, en 1649, semant dans Paris des billets très-injurieux pour le Parlement. Voyez le *Choix de Mazarinades*, tome I, p. 179, 185 et suivantes.
3. Lenet (tome I, p. 268) appelle *Montfort-sur-Dordogne* cette maison du duc de Bouillon.
4. *Le duc de la Rochefoucauld et lui. (Ms. H, réd. 1 et 2.)
5. Mais ayant lâché. (*Ms. H, réd.* 1.)
6. Y compris, nous apprend Lenet (tome I, p. 275), sa vaisselle et toute sa correspondance. « Le butin fut estimé trois cent mille livres,... et rien de tout l'attirail de l'armée n'échappa qu'un carrosse qui prit la fuite pendant le combat avec la cavalerie qui l'escortoit. »
7. *Il ne restoit plus. (*Ms. H, réd.* 1.)
8. *Qui se trouvoient. (*Ms. H, réd.* 1 et 2.)
9. Voyez ci-après, p. 256, note 5.

parlement de Bourdeaux, homme habile et ambitieux[1]. Ils faisoient tous[2] leurs efforts pour faire fermer les portes de la ville à Madame la Princesse. Néanmoins dès qu'on sut à Bourdeaux qu'elle et M. le duc d'Enghien devoient arriver à Lormont[3], près de la ville, on y vit[4] des marques publiques de réjouissance; un très-grand nombre de gens sortirent au-devant d'eux[5]; on couvrit leur chemin de fleurs, et le bateau qui les conduisoit fut suivi de tous ceux qui étoient sur la rivière. Les vaisseaux du port les saluèrent de toute l'artillerie, et ils entrèrent ainsi à Bourdeaux[6], nonobstant les efforts[7] qu'on avoit faits, sous main, pour les en empêcher.

Le Parlement et les jurats, qui sont les échevins de

1. Thibaut de la Vie, successivement avocat général au parlement de Bordeaux, puis président (1655) au parlement de Pau, fut un partisan zélé de la cour durant la Fronde. Lenet (tome I, p. 282-284) dit qu'il était arrivé de la cour en poste pour empêcher la réception de Madame la Princesse dans Bordeaux, et qu'il « avoit si bien cabalé les jurats, qu'il les avoit obligés à fermer les portes le 29, trois heures plus tôt qu'à l'ordinaire, et avoit empêché ce jour-là qu'on ne les ouvrit, de peur que la Princesse y entrât; mais que, sur les neuf heures de ce matin-là, le peuple s'en étoit tellement offensé, qu'il s'étoit assemblé, et avoit, à coups de hache, brisé les portes, jurant qu'ils égorgeroient tous ceux qui s'opposeroient à son entrée, et avoient contraint les jurats et tous les assistants de crier : « Vive le Roi et les Princes! et point de Mazarin! »

2. Comme ceux-là faisoient leurs efforts. (*Ms. H, réd.* 1.) — *Tous* manque aussi dans la réd. 2.

3. Sur la rive droite de la Garonne, à cinq kilomètres de Bordeaux.

4. *Tout le monde donna. (*Ms. H, réd.* 1.)

5. *Il en sortit un très-grand nombre au-devant d'elle. (*Ms. H, réd.* 1.) — Un très-grand nombre de gens sortit au-devant d'eux. (*Ms. H, réd.* 2.)

6. Voyez le récit très-circonstancié de Lenet, tome I, p. 284 et suivantes. — L'entrée de la princesse à Bordeaux eut lieu le 31 mai, sur les trois heures après midi; celle des ducs ne se fit que deux jours après (*ibidem*, p. 284, 301 et 302).

7. *Nonobstant l'effort. (*Ms. H, réd.* 1 *et* 2.)

Bourdeaux, ne les visitèrent pas en corps[1]; mais il n'y eut presque point de particulier qui ne leur donnât des assurances de service. Les cabales dont je viens de parler empêchèrent néanmoins d'abord[2] que les ducs de Bouillon et de la Rochefoucauld ne fussent reçus dans la ville. Ils passèrent deux ou trois jours dans le faubourg des Chartreux[3], où tout le peuple alla en foule les voir, et leur offrir de les faire entrer par force. Ils n'acceptèrent pas ce parti, mais se contentèrent[4] d'entrer le soir, pour éviter le désordre[5].

Il n'y avoit alors dans la province de troupes du Roi assemblées que celles que commandoit le général de la Vallette, qui étoit près de Libourne. Celles des ducs de Bouillon et de la Rochefoucauld consistoient, comme j'ai dit, en six cents gentilshommes de leurs amis, et l'infanterie sortie de Turenne[6]; et comme ce n'étoient pas des troupes réglées[7], il étoit impossible de les retenir plus longtemps. Ainsi l'on crut[8] qu'il falloit se hâter de rencontrer le général de la Vallette, et, pour cet effet, on marcha à lui vers Libourne; mais en ayant eu avis,

1. Lenet (tome I, p. 301) dit que les jurats étaient pour la plupart des créatures du duc d'Épernon. — Le mot *jurat* (forme méridionale de *juré*, du latin *juratus*) était un titre d'office municipal dans plusieurs villes du midi de la France.
2. Toutefois les cabales dont je viens de parler empêchèrent d'abord. (*Ms. H, réd.* 1 *et* 2.) — Dans les anciennes éditions: « mais avec tout cela la cabale de la cour et celle de M. d'Épernon empêchèrent ».
3. Aujourd'hui des *Chartrons*, dénomination adoptée, à l'exclusion de la première, depuis la fin du dix-septième siècle. Voyez Bernardau, *Histoire de Bordeaux*, 1839, in-8, p. 408.
4. ** Et se contentèrent. (*Ms. H, réd.* 1 *et* 2.)
5. Les désordres. (*Ms. H, réd.* 1 *et* 2.)
6. Et ce qui étoit sorti d'infanterie de Turenne. (*Ms. H, réd.* 1 *et* 2.)
7. * Et ainsi n'étant point des troupes réglées. (*Ms. H, réd.* 1.)
8. De sorte qu'on jugea bien. (*Ms. H, réd.* 1.)

il se retira et évita une seconde fois le combat, jugeant bien que la noblesse étant sur le point de s'en retourner, il se rendroit certainement maître de la campagne, en ne combattant pas [1].

En ce même temps, le maréchal de la Meilleraye eut ordre de marcher vers Bourdeaux, avec son armée, par le pays d'Entre-deux-Mers [2], et le Roi s'avança vers Libourne. Ces nouvelles firent hâter le duc de Bouillon et le duc de la Rochefoucauld de faire leur levée [3], malgré les empêchements continuels qu'ils y rencontroient, tant par le manque d'argent que par le grand nombre [4] des gens du Parlement et de la ville qui traversoient, sous main, leurs desseins. On en vint même [5] à une extrémité qui pensa causer de grands désordres, car un officier espagnol vint trouver Madame la Princesse de la part du roi d'Espagne, et apporta vingt-cinq mille écus pour les plus pressants besoins [6]. Le Parlement s'opposa à le laisser entrer dans la ville ; il avoit seulement toléré jusqu'alors qu'on y eût reçu Madame la Princesse et Monsieur son fils, sans s'expliquer en leur faveur, comme avoit

---

1. Il se rendroit, en ne combattant point, certainement maître de la campagne. (*Ms. H, réd.* 2.) — Que la noblesse étoit..., et qu'ainsi, en ne combattant point, il se rendroit certainement maître de la campagne. (*Ms. H, réd.* 1.)

2. On appelait l'*Entre-deux-Mers* tout le pays qui s'étend, de Libourne à Bordeaux, entre la Dordogne et la Garonne.

3. ** Leurs levées. (*Ms. H, réd.* 1 *et* 2.)

4. * Qu'ils recevoient, et par le manque d'argent, et par le grand nombre. (*Ms. H, réd.* 1 *et* 2.)

5. * Les choses vinrent même. (*Ms. H, réd.* 1.)

6. * Car un officier espagnol étant venu trouver Madame la Princesse de la part du roi d'Espagne, et ayant apporté vingt ou vingt-cinq mille écus pour pourvoir aux besoins les plus pressants. (*Ms. H, réd.* 1 *et* 2.) — La réd. 1 et les anciennes éditions portent *subvenir*, au lieu de *pourvoir*. — Lenet dit (tome I, p. 373) qu'on s'attendait à toucher de cet officier, qui se nommait dom Joseph Osorio, quatre cent cinquante mille livres.

fait le peuple, et sans témoigner ses sentiments sur ce qui s'étoit passé entre les troupes du Roi et celles qui les avoient poussées; mais alors le Parlement crut[1] qu'il suffisoit de s'opposer à la réception de cet envoyé pour justifier par une seule action toute sa conduite passée et pour se faire un mérite envers la cour, en privant le parti du secours qu'il attendoit d'Espagne[2], et le réduire à la nécessité de recevoir la loi qu'on lui voudroit imposer[3].

Ainsi le Parlement[4] s'étant assemblé, il ordonna[5] que l'officier espagnol sortiroit de Bourdeaux, à l'heure même. Le peuple n'ayant pas peine à connoître quelles seroient les suites de cet arrêt, prit aussitôt les armes, investit le Palais, et menaça d'y mettre le feu, si le Parlement ne révoquoit ce qu'il venoit de résoudre, et s'il ne donnoit[6] un arrêt d'union avec Madame la Princesse et les ducs

---

1. *Le Parlement, qui jusque-là avoit toléré qu'on eût reçu Madame la Princesse et Monsieur son fils (*dans la ville*, réd. 1), et qui ne s'étoit point encore expliqué en leur faveur, comme le peuple, ni témoigné ses sentiments sur (*tout*, réd. 1) ce qui s'étoit passé entre les troupes du Roi et celles qui les avoient poussées, crut, etc. (*Ms. H*, réd. 1 et 2.)

2. « Le duc de Bouillon envoya en Espagne, dit Mme de Motteville (tome IV, p. 191), un gentilhomme à lui, nommé de Bas, qui avoit de l'esprit, afin d'obliger le roi catholique de payer leurs troupes et se servir de leur rébellion pour diminuer les forces du Roi à leur avantage commun. Le roi d'Espagne reçut de Bas avec joie : il goûta cette proposition. »

3. Qu'il suffisoit de s'opposer à la réception de cet envoyé d'Espagne dans Bordeaux pour justifier par une seule action toute sa conduite passée, et en privant le parti du secours qu'il attendoit d'Espagne, le réduire à la nécessité de recevoir la loi qu'on lui voudroit imposer. (*Ms. H*, réd. 2.) — Crut qu'il suffisoit, etc.... afin que privant ainsi le parti du secours qu'il attendoit d'Espagne, il le réduisit à la nécessité, etc. (*Ms. H*, réd. 1.)

4. De sorte que le Parlement. (*Ms. H*, réd. 1.)

5. S'étant assemblé, ordonna. (*Ms. H*, réd. 1 et 2.)

6. Si le Parlement, non-seulement ne révoquoit ce qu'il venoit de résoudre, mais s'il ne donnoit. (*Ms. H*, réd. 2.) — La fin de la

de Bouillon et de la Rochefoucauld. On crut qu'on dissiperoit[1] facilement cette émotion en faisant paroître les jurats; mais cela ne fit qu'augmenter le trouble[2] par le retardement qu'on apportoit à la demande du peuple[3]. Le Parlement envoya alors donner avis aux ducs de Bouillon et de la Rochefoucauld de ce désordre et les prier de le faire cesser. Ils ne furent pas fâchés qu'on eût besoin d'eux en cette rencontre[4]; mais outre qu'il leur étoit de grande importance[5] que le peuple obtînt l'arrêt d'union et la cassation de celui qui venoit d'être donné contre l'envoyé d'Espagne[6], ils craignoient encore que, s'ils paroissoient avoir assez de pouvoir pour apaiser la sédition[7], on ne leur imputât de l'avoir causée. Ainsi ils résistèrent d'abord à ce que[8] le Parlement desiroit d'eux; mais enfin, voyant que les choses s'échauffoient à un point qu'il n'y avoit plus de temps à perdre, ils coururent au Palais, suivis de leurs gardes et de plusieurs de leurs amis. Ce grand nombre, qui étoit nécessaire pour leur sûreté, leur parut capable d'augmenter le désordre. Ils craignirent que tant de gens mêlés ensemble sans se connoître ne fissent naître des accidents qui pourroient porter les choses à la dernière

---

phrase : « et s'il ne donnoit, etc. », manque dans la réd. 1 et dans les anciennes éditions.

1. *D'abord on crut dissiper. (*Ms. H, réd.* 1.)
2. *Mais le trouble augmentant. (*Ms. H, réd.* 1.)
3. *Qu'on apportoit à la révocation de l'arrêt. (*Ms. H, réd.* 1.
4. En ce rencontre. (*Ms. H, réd.* 1.)
5. Mais outre qu'il leur étoit d'une grande importance. (*Ms. H, réd.* 2.) — Mais outre qu'il leur importoit de tout. (*Ms. H, réd.* 1.)
6. *Obtînt la cassation de l'arrêt avant que de laisser le Palais libre. (*Ms. H, réd.* 1.)
7. *Que paroissant régler les mouvements de la sédition. (*Ms. H, réd.* 1.)
8. *Ainsi ils résistèrent d'abord à faire ce que, etc. (*Ms. H, réd.* 1 et 2.)

extrémité, et même que le peuple ne s'imaginât, en les voyant arriver si bien accompagnés, qu'ils ne voulussent le faire retirer par force[1]. Dans cette pensée, ils renvoyèrent[2] tout ce qui les suivoit, et s'abandonnèrent seuls et sans aucune précaution à tous les périls qu'ils pouvoient rencontrer dans un tel tumulte. Leur présence fit l'effet qu'ils desiroient : elle arrêta la fureur du peuple dans le moment qu'il alloit mettre le feu au Palais. Ils se rendirent médiateurs entre le Parlement et lui. L'envoyé d'Espagne eut dès lors toute la sûreté qu'il desiroit, et l'arrêt[3] fut donné en la manière qu'on le demandoit[4].

Les ducs de Bouillon et de la Rochefoucauld jugèrent ensuite qu'il étoit[5] nécessaire de faire une revue générale des bourgeois, pour leur faire connoître leurs forces et les disposer peu à peu à se résoudre de soutenir un siége. Ils voulurent eux-mêmes les mettre en bataille, bien qu'ils eussent reçu plusieurs avis qu'il y avoit des gens gagnés pour les assassiner. Néanmoins, parmi les salves continuelles qui leur furent faites par plus de douze mille hommes, il n'arriva aucun accident qui leur

  1. Retirer par force et prendre le parti du Parlement. (*Ms. H, réd. 2.*)
  2. Ils firent retirer. (*Ms. H, réd. 2.*)
  3. L'arrêt d'union. (*Ms. H, réd. 2.*)
  4. Sur ce désordre qui arriva le 11 mai, et qui faillit devenir très-grave, voyez le récit de Lenet, tome I, p. 385 et suivantes; il n'y eut en tout que deux hommes tués, dont « l'un sans nom, » nous dit-il. — La fin du paragraphe est beaucoup plus courte dans le ms. H (réd. 1) et dans les anciennes éditions : « Ils coururent au Palais suivis de leurs gardes, et s'abandonnant parmi ce peuple irrité, comme il étoit sur le point de brûler le Palais, ils arrêtèrent sa fureur et se rendirent médiateurs entre le Parlement et lui. Ainsi l'envoyé d'Espagne eut dès lors toute la liberté qu'il desiroit. »
  5. En suite de ces choses, les généraux jugèrent qu'il étoit. (*Ms. H, réd. 1.*)

donnât lieu d'ajouter foi à cet avis[1]. On fit après travailler à quelques dehors[2]; mais, comme il venoit peu d'argent d'Espagne, on ne put mettre aucun ouvrage en défense; car, dans toute cette guerre, on n'a touché des Espagnols que deux cent vingt mille livres : le reste fut pris[3] sur le convoi de Bourdeaux[4], ou sur le crédit de Madame la Princesse, des ducs de Bouillon et de la Rochefoucauld, et de M. Lesné[5]. On leva néanmoins en très-

1. De croire à cet avis. (*Ms. H, réd. 1.*)
2. *On fit ensuite commencer quelques dehors à Bordeaux. (*Ms. H, réd. 1.*)
3. **Le reste ayant été pris. (*Ms. H, réd. 1.*)
4. On appelait *convoi de Bordeaux* l'impôt levé sur certaines denrées transportées par mer, telles que vins et eaux-de-vie. « Les bourgeois et marchands de Bordeaux, dit M. Chéruel (*Dictionnaire historique des institutions de la France*), faisaient primitivement escorter leurs navires par des vaisseaux armés en guerre, et s'imposaient une taxe pour subvenir aux frais de ce *convoi*. Dans la suite les Rois, disposant seuls de la marine militaire, se chargèrent de faire escorter les navires de commerce et établirent, pour subvenir aux frais de convoi, un droit de douane permanent qui garda le nom de *convoi de Bordeaux*. »
5. Pierre Lenet, ou Lesné ou l'Esnet, comme écrivent indifféremment les contemporains, procureur général au parlement de Dijon, son pays natal, conseiller d'État en 1645, conseiller-ministre de Condé pendant la Fronde, mort en 1671. Il « avoit bien de l'esprit, un peu grossier, mais vif et plaisant, » écrit de lui Mme de Sévigné, à la date du 31 août 1689. Outre les *Mémoires*, que nous avons cités, Lenet a laissé une correspondance volumineuse, conservée, sous le titre de *Papiers de Lenet* (nos 6701 à 6730), à la Bibliothèque nationale. « Je crois, à la vérité, écrit-il au commencement de juin (*Mémoires*, tome I, p. 323), que j'étois le plus riche en argent de tous ceux du parti : toutes mes finances ne consistoient néanmoins qu'à vingt mille livres que j'avois faites de la vente de ma vaisselle d'argent avant que de partir de Paris. Je prêtai cette somme à la Princesse, en arrivant à Bordeaux, pour faire deux régiments d'infanterie. » — Un peu plus tard (tome I, p. 510 et 511), il revient sur cette pauvreté de la Fronde à Bordeaux : « Le plus grand de nos maux étoit la disette d'argent : il y avoit plus d'un mois que nous ne faisions que vivoter des sommes que

peu de temps près de trois mille hommes de pied, et sept ou huit cents chevaux. On prit Castelnau[1], distant de quatre lieues[2] de Bourdeaux; et on se seroit étendu davantage, sans les nouvelles que l'on eut de l'approche[3] du maréchal de la Meilleraye du côté d'Entre-deux-Mers, et de celle du duc d'Épernon, qui vint joindre le général de la Vallette. Sur cet avis, le marquis de Sillery fut dépêché en Espagne pour y représenter[4] l'état des affaires[5] et hâter le secours d'hommes, de vaisseaux et d'argent qu'on en attendoit[6].

j'avois empruntées. Le duc de Bouillon faisoit lever par avance dans sa vicomté de Turenne trois années de son revenu; le duc de la Rochefoucauld tiroit de chez lui ce qu'il pouvoit; et ni l'un ni l'autre n'étoient à aucune charge à la Princesse. »

1. « La plus forte place du Médoc, » dit dóm Devienne, dans son *Histoire de la ville de Bordeaux* (in-4°, Paris, 1771), p. 375.
2. ** Qui est à quatre lieues. (*Ms. H, réd.* 1 et 2.)
3. Des approches. (*Ms. H, réd.* 1 et 2.)
4. Pour dire. (*Ms. H, réd.* 1.)
5. ** L'état des choses. (*Ms. H, réd.* 1 et 2.)
6. Après avoir parlé de cette « seconde ambassade » envoyée par les Frondeurs en Espagne (voyez ci-dessus, p. 191, note 2), Mme de Motteville ajoute (tome III, p. 192 et 193): « Le duc de la Rochefoucauld, fortement occupé des intérêts de Mme de Longueville, envoya Gourville l'avertir de ces favorables succès; et, bien instruite par lui de leurs desseins, elle n'oublia rien pour faire voir à la Reine et à toute l'Europe que si son cœur, suivant le tempérament de son âme un peu trop passionnée, avoit donné quelques marques de foiblesse, ce même cœur avoit toute la force et toute l'élévation qu'un illustre sang étoit capable de lui inspirer. Si la source de ses actions n'étoit pas tout à fait nette, on ne peut pas nier qu'il n'y eût toujours de la grandeur; et s'il y a eu quelque chose de criminel, on peut dire que ce n'étoit que des crimes de lèse-majesté qui étoient honorables en ces temps-là. Le duc de la Rochefoucauld, qu'elle voyoit l'épée à la main pour la cause de son mari et de ses frères, lui donnoit lieu d'attribuer les considérations qu'elle avoit pour lui à l'utilité qu'ils en tiroient, et de faire valoir ses services pour réparation de tous les maux qu'ils souffroient pour avoir suivi ses conseils. » — Voyez sur cette négociation de Sillery, *Lenet*, tome I, p. 336-340, et p. 369 et 370.

Cependant on laissa garnison dans Castelnau, et on se retira avec le reste des troupes à Blanquefort, qui est à deux lieues de Bourdeaux[1], où[2] le duc d'Épernon vint attaquer le quartier[3]. Les ducs de Bouillon et de la Rochefoucauld étoient retournés à Bourdeaux, et le Chambon[4], maréchal de camp, commandoit les troupes. Elles étoient de beaucoup plus foibles que celles du duc d'Épernon; néanmoins, bien que le Chambon ne pût défendre l'entrée de son quartier, les canaux et les marais qui en environnoient l'autre partie lui donnèrent moyen de se retirer sans être rompu et de sauver les troupes et tout le bagage. Sur le bruit de ce combat, les ducs de Bouillon et de la Rochefoucauld partirent de Bourdeaux avec un grand nombre de bourgeois, et, ayant joint leurs troupes, retournèrent vers le duc d'Épernon[5], avec dessein de le combattre; mais le pays étant tout coupé de canaux, ils ne purent en venir aux mains. On escarmoucha longtemps de part et d'autre; le duc d'Épernon y perdit quelques officiers et beaucoup de soldats; il y en eut moins de tués du côté de Bourdeaux; Guitaut et la Roussière y furent blessés[6].

1. Blanquefort, distant de deux lieues de Bordeaux. (*Ms. H, réd.* 1 *et* 2.)
2. Ce fut en ce lieu où. (*Ms. H, réd.* 1.)
3. Fin de juin.
4. Ce le Chambon, qui fut gouverneur de Saintes pour la Fronde en 1652, fut particulièrement en butte aux attaques du parti de l'Ormée. Un pamphlet de 1652, entre autres, *l'Évangéliste de la Guyenne, ou la Découverte des intrigues de la petite Fronde dans les négociations et les mouvements de cette province, depuis la détention de Messieurs les Princes jusqu'à présent*, lui reproche, ainsi qu'à Pichon et à Guyonnet, d'avoir trompé les peuples et trahi les Princes.
5. Devers le duc d'Épernon. (*Ms. H, réd.* 1 *et* 2.)
6. « Le comte de Guitaut, qui s'y étoit signalé, dit Lenet (tome I, p. 353), y fut blessé d'un coup de feu dans le visage, duquel il faillit à mourir, et la dame de Gouville de la blessure que celle-là

Les troupes[1] du maréchal de la Meilleraye et celles du duc d'Épernon serrèrent ensuite Bourdeaux de plus près; ils reprirent même l'île de Saint-George qui est dans la Garonne, à quatre lieues au-dessus de la ville, où l'on avoit commencé quelques fortifications. Cette île[2] fut défendue, durant trois ou quatre jours, avec assez de vigueur, parce qu'à chaque marée, on y envoyoit de Bourdeaux un régiment frais, qui en relevoit la garde[3]. Le général de la Vallette y fut blessé et mourut peu de jours après; mais enfin les bateaux qui y avoient amené des troupes et qui devoient ramener celles qu'on relevoit ayant été coulés à fond par une batterie que le maréchal de la Meilleraye avoit fait dresser sur le bord de la rivière, la frayeur prit de telle sorte aux soldats et même aux officiers[4], qu'ils se rendirent tous prisonniers de guerre : ainsi ceux de Bourdeaux perdirent tout à la fois cette île, qui leur étoit importante[5], et douze cents hommes de leur meilleure infanterie. Ce désordre et l'arrivée du Roi à Libourne[6], qui fit aussitôt attaquer le

lui fit au cœur. » La Roussière, qui reçut un coup de mousquet dans la cuisse, était un ancien écuyer du prince de Condé le père, devenu gentilhomme de la chambre du prince de Conty.

1. *Depuis cela, les troupes. (*Ms. H*, réd. 1.)
2. *Elle. (*Ms. H*, réd. 1 et 2.)
3. Parce qu'on y relevoit la garde de Bordeaux, à chaque marée, et qu'on y faisoit entrer un régiment frais. (*Ms. H*, réd. 1.)
4. Et aux officiers mêmes. (*Ms. H*, réd. 1 et 2.)
5. Lenet dit de son côté (tome I, p. 360) : « Ce poste ne nous étoit d'aucune utilité, et son importance ne consistoit qu'en l'imagination des bourgeois. » L'île, tombée au pouvoir des Frondeurs le 27 juin, fut reprise par l'armée royale le 11 juillet.
6. La cour arriva le 1ᵉʳ août à Libourne, « où l'on fut un mois.... à s'ennuyer assez, » dit dans ses *Mémoires* (tome I, p. 258) Mademoiselle de Montpensier, qui était du voyage. Elle donne (p. 252) un détail qui ne manque pas d'intérêt : « Quand nous allâmes à Libourne, Monsieur le Cardinal fit un voyage à l'armée, et ne la trouva pas telle qu'il la croyoit; mais il n'en dit point la vérité à

château de Vère[1] à deux lieues de Bourdeaux, mirent[2] une grande consternation dans la ville. Le Parlement et le peuple se voyoient à la veille d'être assiégés par le Roi et manquoient de toutes les choses nécessaires pour se défendre ; nul secours ne leur venoit d'Espagne ; et la crainte avoit enfin réduit le Parlement à s'assembler, pour délibérer s'il envoyeroit des députés demander la paix aux conditions qu'il plairoit au Roi, lorsqu'on apprit que Vère étoit pris, et que le gouverneur, nommé Richon, s'étant rendu à discrétion, avoit été pendu[3]. Cette sévérité, par laquelle le Cardinal croyoit jeter la terreur et la division dans Bourdeaux, fit un effet tout contraire ; car cette nouvelle étant venue dans un temps[4] où les esprits étoient, comme je l'ai dit, étonnés et chancelants, les ducs de Bouillon et de la Rochefoucauld surent si bien se prévaloir d'une telle conjoncture[5], qu'ils remirent leurs affaires en meilleur état qu'elles n'avoient encore été, en faisant pendre en même temps le nommé Canolles, qui commandoit dans l'île de Saint-George la première fois que ceux de Bourdeaux s'en saisirent, et qui s'étoit aussitôt rendu[6] à eux à discrétion[7]. Mais afin

---

la Reine, car il lui dit qu'elle étoit la plus belle du monde, quoiqu'elle fût fort foible : il n'y avoit pas d'artillerie, chose assez nécessaire pour un siége. »

1. Le château de Vaire ou Vayres, sur la Dordogne, est à vingt-deux kilomètres de Bordeaux. Il subsiste encore aujourd'hui ; mais les fortifications furent démolies en 1650.

2. *Apportèrent. (*Ms. H*, réd. 1 et 2.)

3. Il ressort d'un pamphlet du temps : *la Ligues* (sic) *des Frondeurs pour combattre Mazarin et ses partisans* (1650), que Mademoiselle demanda en vain la grâce de Richon.

4. Dans le temps. (*Ms. H*, réd. 1 et 2.)

5. *De cette conjoncture. (*Ms. H*, réd. 1 et 2.)

6. *Qui (*et qui*, réd. 2) s'étoit aussi rendu. (*Ms. H*, réd. 1 et 2.)

7. Sur ces deux cruelles exécutions, telles qu'en ont à leur charge tous les partis dans les guerres civiles, consultez *Lenet*,

que le Parlement et le peuple partageassent avec les généraux une action qui n'étoit pas moins nécessaire qu'elle paroissoit hardie, ils firent juger Canolles par un conseil de guerre où présidoit Madame la Princesse et M. le duc d'Enghien, et qui étoit aussi composé, non-seulement des officiers des troupes, mais encore de deux députés du Parlement, qui y assistoient toujours, et de trente-six capitaines de la ville. Ce pauvre gentilhomme, qui n'avoit d'autre crime que son malheur, fut condamné tout d'une voix, et le peuple étoit si animé qu'il attendit à peine qu'il fût exécuté pour mettre son corps en pièces[1]. Cette action étonna la cour, et redonna une nouvelle vigueur aux Bourdelois. Ils passèrent[2] si promptement de la consternation au desir de se défendre, qu'ils se résolurent, sans balancer, à attendre le siége, se fiant en leurs propres forces, et aux promesses des Espagnols, qui les assuroient d'un prompt et puissant secours. Dans ce dessein, on se hâta de faire un fort de quatre bastions[3] à la Bastide[4], vis-à-vis de Bourdeaux, de

tome I, p. 430-434. L'exécution de Canoles, gentilhomme huguenot, lieutenant-colonel du régiment de Navailles, eut lieu, dit Lenet (p. 433 et 434), « sans écriture,... sans figure de procès...; et tout ce que la Princesse put faire fut d'empêcher que tous les prisonniers de guerre ne souffrissent le même sort : tant la fureur des peuples est à redouter, pour peu qu'elle soit excitée par des personnes d'autorité comme ici. »

1. *Tous condamnèrent d'une voix ce pauvre gentilhomme, qui n'avoit d'autre crime que son malheur, et le peuple animé lui donna à peine le temps d'être exécuté qu'il voulut déchirer son corps en pièces. (*Ms. H, réd. 1 et 2.*) — Ce passage, depuis : « Mais afin que le Parlement, etc., » est un de ceux qui manquent dans les éditions de la première série (1662-1688) : voyez à l'*Appendice*, II.
2. Et les fit passer. (*Ms. H, réd. 1 et 2.*)
3. **De quatre petits bastions. (*Ms. H, réd. 1.*)
4. « La Bastide, dit dom Devienne (p. 353), est un endroit peu considérable vis-à-vis Bordeaux, dont il est séparé par la Garonne, et où il y a une cale ou petit port. On voit à droite et à gauche

l'autre côté de la rivière. On travailla aussi avec soin aux autres fortifications de la ville. Bien qu'on représentât aux bourgeois qui avoient des maisons dans le faubourg de Saint-Surin, qu'il seroit attaqué le premier et qu'il étoit capable[1] de loger toute l'infanterie du Roi, ils ne voulurent jamais consentir qu'on en brûlât ou qu'on en fît raser aucune. Ainsi tout ce que l'on put faire[2] fut d'en couper les avenues par des barricades et d'en percer les maisons. On ne s'y résolut même[3] que pour contenter le peuple, et on ne crut pas pouvoir[4] défendre un lieu de si grande garde avec des bourgeois et le peu de troupes[5] qui restoient, lesquelles ne montoient pas à sept ou huit cents hommes de pied et trois cents chevaux. Néanmoins, comme on dépendoit du peuple et du Parlement, il fallut les satisfaire contre les règles de la guerre, et entreprendre de défendre le faubourg de Saint-Surin, bien qu'il fût ouvert des deux côtés[6]. La porte de la ville qui en est plus proche est celle de Dijaux[7]; elle fut trouvée si mauvaise, parce qu'elle n'est défendue de rien et qu'on y arrive de plain-pied, qu'on jugea à propos de la couvrir d'une demi-lune[8]; mais, comme on manquoit de tout, on fut contraint de se servir d'une petite hauteur de fumier qui étoit devant la porte, laquelle étant escarpée en forme d'ouvrage à corne, sans parapet et

---

une plaine marécageuse, qui est terminée par un coteau, qui étoit alors (en 1650) couvert de cyprès, et qu'on appelle encore aujourd'hui le *Cypressat*. »

1. Et qu'il seroit capable (*Ms. H, réd.* 1 *et* 2.)
2. Ni même qu'on en fît raser aucune : de sorte que ce qu'on put faire. (*Ms. H, réd.* 1.)
3. On ne se résolut même à le faire. (*Ms. H, réd.* 1 *et* 2.)
4. ** Et non pas pour espérer de. (*Ms. H, réd.* 1 *et* 2.)
5. Et par le peu de troupes. (*Ms. H, réd.* 1.)
6. ** De tous les côtés. (*Ms. H, réd.* 1.) — 7. Au couchant.
8. On trouvera dans *Lenet* (tome II, p. 29 et 30) la description détaillée de cette demi-lune établie à la porte Digeaux.

sans fossé, se trouva néanmoins la plus grande défense de la ville.

Le Roi étant demeuré à Bourg, le Cardinal vint à l'armée[1]. Elle étoit de huit mille hommes de pied, et de près de trois mille chevaux. On y résolut d'autant plus tôt d'attaquer le faubourg de Saint-Surin, que[2] n'y ayant que les avenues de gardées, on pouvoit sans péril gagner les maisons, entrer par là dans le faubourg, et couper même ceux qui défendoient les barricades et l'église, sans qu'ils pussent se retirer dans la ville. On croyoit de plus que la demi-lune ne pouvant être défendue, on se logeroit dès le premier jour à la porte de Dijaux. Pour cet effet, le maréchal de la Meilleraye fit attaquer en même temps les barricades et les maisons du faubourg, et Paluau[3] avoit ordre d'y entrer par le palais Galien[4], et de couper entre le faubourg et la ville, droit à la demi-lune ; mais n'étant pas arrivé dans le temps que le maréchal de la Meilleraye fit donner, on trouva plus de résistance qu'on n'avoit cru. L'escarmouche avoit commencé dès que les troupes du Roi s'étoient avancées. Ceux de la ville avoient mis des

1. La cour demeura un mois à Bourg-sur-Gironde, petite ville entre la Garonne et la Dordogne. M. Bernardau raconte (*Histoire de Bordeaux*, p. 464 et 465) que le Cardinal tenait un jour la carte de Bordeaux, et se faisait donner des explications topographiques par le maire de Bourg. Celui-ci ne manquait jamais de terminer ses remarques par ces mots : « Monseigneur, c'est cependant une belle ville. » Le Cardinal, impatienté du refrain, jeta la carte par terre en disant : « *Oui, bella villa et vilain peouple.* »
2. **On résolut d'attaquer le faubourg de Saint-Surin d'autant plus volontiers que. (*Ms. H, réd. 1.*)
3. Philippe de Clérembault, comte de Palluau, maréchal en 1653, mort en 1665.
4. Voyez dans *dom Devienne* (p. xvi) le plan et la description de cet amphithéâtre, qui tirait son nom de l'empereur Gallien, au règne duquel on en faisait remonter la construction.

mousquetaires dans des haies et dans des vignes qui couvroient le faubourg ; ils arrêtèrent d'abord les troupes du Roi avec une assez grande perte[1] : Chouppes[2], maréchal de camp, y fut blessé, et plusieurs officiers tués. Le duc de Bouillon étoit dans le cimetière de l'église de Saint-Surin, avec ce qu'il avoit pu faire sortir de bourgeois pour rafraîchir les postes ; le duc de la Rochefoucauld étoit à la barricade, où se faisoit la principale attaque ; et après qu'elle eut enfin été emportée[3], il alla joindre le duc de Bouillon. Beauvais-Chanterac[4] et le chevalier Todias[5] y furent pris prisonniers. Le feu fut très-grand de part et d'autre. Il y eut cent ou six-vingts hommes de tués du côté des ducs, et près de cinq cents de celui du Roi : le faubourg néanmoins fut emporté ; mais on ne passa pas plus outre, et on se résolut d'ouvrir la tranchée pour prendre la demi-lune. On fit aussi une autre attaque par les allées de l'archevêché. J'ai déjà dit qu'il n'y avoit point de fossé à la demi-lune : de sorte que pouvant être emportée facilement, les bourgeois n'y voulurent point entrer en garde, et se contentèrent de tirer de derrière leurs murailles. Les assiégeants l'attaquèrent trois fois avec leurs meilleures trou-

1. Avec assez grande perte. (*Ms. H, réd.* 1 et 2.)
2. Aimard, marquis de Chouppes, né en 1612, mort vers 1673, était lieutenant général d'artillerie depuis 1643. Plus tard il fut nommé lieutenant général du Roussillon, puis gouverneur de Belle-Isle. On a de lui des *Mémoires*, qui ont été publiés en 1753, et dont M. Moreau a donné une nouvelle édition en 1861.
3. Et laquelle étant enfin emportée. (*Ms. H, réd.* 1.)
4. Notre manuscrit et l'édition de 1817 ont, à tort, une virgule entre *Beauvais* et *Chanterac*, comme s'il s'agissait de deux personnages distincts ; dans le ms. H, les deux noms sont joints par un trait d'union. Les anciennes éditions ont *Chafferat*, au lieu de *Chanterac*. — Voyez ci-dessus la note 3 de la page 185.
5. Premier jurat de Bordeaux, gouverneur du duché de Fronsac. Voyez *Lenet*, tome I, p. 255 et 256.

pes, et à la dernière ils entrèrent même dedans ; mais ils furent repoussés[1] par le duc de la Rochefoucauld, qui y arriva avec ses gardes et ceux de Monsieur le Prince, dans le temps que ceux qui défendoient la demi-lune avoient plié et en étoient sortis. Trois ou quatre officiers de Navailles[2] furent pris dedans[3], et le reste fut tué ou chassé. Les assiégés firent trois grandes sorties, à chacune desquelles ils nettoyèrent la tranchée et brûlèrent le logement des assiégeants[4] : la Chapelle-Biron[5], maréchal de camp des troupes du duc de Bouillon, fut tué à la dernière. Enfin, après treize jours de tranchée ouverte, le siége n'étoit pas plus avancé que le premier jour. Mais, comme il y avoit trop peu d'infanterie dans Bourdeaux, outre les bourgeois[6], pour relever la garde des postes attaqués, et que ce qui n'avoit point été tué ou blessé étoit presque hors de combat à force de tirer et par la fatigue de treize jours de garde, le duc de Bouillon les fit rafraîchir par la cavalerie, qui mit pied à

---

1. *Ils en furent repoussés. (*Ms. H*, réd. 1 et 2.)
2. C'est-à-dire du régiment de Navailles. — Philippe de Montaut de Bénac, duc de Navailles, d'abord capitaine des chevau-légers de Mazarin, auquel il dut sa fortune politique, devint maréchal de France en 1671, et mourut le dernier de sa maison, en 1684, à l'âge de soixante-cinq ans. Il avait épousé en 1651 Suzanne de Beaudéan, fille aînée du comte de Neuillant, gouverneur de Niort. Cette dernière, dame d'honneur de la Reine avant Mme de Montausier, fut disgraciée en 1664, et mourut en 1700. — Il y a dans l'édition de 1817, *Noailles*, au lieu de *Navailles*, écrit *Nauailles* dans le ms. H.
3. Il y eut trois ou quatre officiers de Navailles qui furent pris dedans. (*Ms. H*, réd. 1 et 2.)
4. *Le logement des ennemis. (*Ms. H*, réd. 1.)
5. Le sieur de Carbonnières, baron de la Chapelle-Biron. On lit dans le *P. Anselme* (tome IV, p. 124) que Catherine de Gontaut épousa Alain de Carbonnières, qui échangea sa baronnie de Carbonnières avec Pons de Gontaut, son beau-frère, pour celle de la Chapelle-Biron. Le ms. H porte *la Capelle-Brion*.
6. Sans les bourgeois. (*Ms. H*, réd. 1 et 2.)

terre; et lui et le duc de la Rochefoucauld y demeurèrent les quatre ou cinq derniers jours, sans en partir, afin d'y retenir¹ plus de gens par leur exemple ².

Cependant M. le duc d'Orléans et les Frondeurs, voyant que non-seulement on transféroit les princes à Marcoussy, mais qu'on se disposoit à les mener au Havre ³, et craignant que la chute de Bourdeaux ne rendît la puissance du Cardinal plus formidable, ils ne voulurent point⁴ attendre l'événement du siége et firent partir des députés pour s'entremettre de la paix. Ces députés furent ⁵ les sieurs Lemeusnier et Bitaut, conduits par le Coudray-Montpensier ⁶ de la part de M. le duc d'Orléans. Ils arrivèrent à Bourg pour faire des propositions de paix au Roi ; ils en donnèrent avis au parlement de Bourdeaux, et l'on convint de part et d'autre de faire une trêve de quinze jours. Dès qu'elle fut résolue⁷,

---

1. Afin d'y tenir. (*Ms. H, réd.* 2.)

2. « M. de la Rochefoucauld, dit Retz (tome II, p. 238, éd. Ch.), signala son courage dans tout le cours du siége, et particulièrement à la défense de la demi-lune, où il y eut assez de carnage. » — Mme de Motteville (tome III, p. 227) loue aussi sa valeur.

3. Ce fut le 28 août qu'eut lieu la translation des princes à Marcoussis (près de Limours), « maison de M. d'Entragues, dit Retz (tome II, p. 275, éd. Ch.), bonne à coups de main *a*, et située à six lieues de Paris, d'un côté où les Espagnols n'eussent pu aborder à cause des rivières (*la Seine et la Marne*). » — La translation au Havre ne se fit que le 15 novembre, bien après la paix de Bordeaux, qui fut signée le 28 septembre.

4. *Plus formidable, ne voulurent point. (*Ms. H, réd.* 1 et 2.)

5. *De la paix. Ce furent. (*Ms. H, réd.* 1 et 2.)

6. Clément Lemeusnier, sieur de Lartige, et François Bitaut, tous deux conseillers au parlement de Paris. — Henri d'Escoubleau, marquis du Coudray-Montpensier, gentilhomme du duc d'Orléans, maréchal de camp en 1650.

7. Cette trêve fut signée le 15 septembre ; sur la façon diverse dont elle fut accueillie à Bordeaux, voyez *Lenet*, tome II, p. 53 et 54.

a Et non « à un coup de main, » comme porte l'édition de 1859. Nous avons revu ce passage sur le manuscrit autographe.

le Coudray-Montpensier et les deux députés[1] entrèrent dans la ville pour y porter les choses au point qu'ils desiroient. La cour vouloit la paix, craignant l'événement du siége et voyant les troupes rebutées par une résistance d'autant plus opiniâtre[2] que les assiégés espéroient le secours d'Espagne, et celui du maréchal de la Force, qui étoit sur le point[3] de se déclarer[4]; d'autre part, le parlement de Bourdeaux, ennuyé des longueurs et des périls du siége, se déclara pour la paix[5]. Les cabales de la cour et celles du duc d'Épernon agissoient puissamment[6] pour y disposer le reste de la ville; l'infanterie étoit ruinée, et les secours d'Espagne[7] avoient trop souvent manqué, pour pouvoir encore raisonnablement s'y attendre. Toutes ces raisons firent[8] résoudre le parlement de Bourdeaux d'envoyer[9] des députés à Bourg, où étoit la cour. Il convia Madame la Princesse et les ducs de Bouillon et de la Rochefoucauld d'y envoyer aussi; mais, comme ils n'avoient d'autres intérêts que la li-

1. *Les deux députés de Paris. (*Ms. H, réd.* 1 et 2.)
2. Qui étoit d'autant plus opiniâtre. (*Ms. H, réd.* 1 et 2.)
3. Qui étoit alors sur le point. (*Ms. H, réd.* 1 et 2.)
4. Le maréchal de la Force, ancien serviteur d'Henri IV, ancien chef du parti huguenot dans le midi de la France, ne se pressait guère de se joindre au parti des ducs. Fort âgé d'ailleurs à cette époque, il ne désirait plus depuis bien longtemps qu'une chose, comme on le voit par ses *Mémoires* (tome III, p. 233), « se donner le plaisir de jouir de cette douce vie que donne le repos de la maison à une vieillesse telle que celle en laquelle il étoit parvenu, après ses longs travaux et les grandes traverses qu'il avoit souffertes presque tout le cours de sa vie. » Son vœu ne fut pas accompli : il mourut en pleine guerre civile, le 10 mai 1652.
5. Se décida pour la paix, ennuyé des longueurs et des périls du siége. (*Ms. H, réd.* 1 et 2.)
6. Avoient encore puissamment agi. (*Ms. H, réd.* 1.)
7. Les secours d'Espagne que j'ai dit (*sic*). (*Ms. H, réd.* 1.)
8. **Tout cela ensemble fit. (*Ms. H, réd.* 1.)
9. **A envoyer. (*Ms. H, réd.* 1 et 2.)

berté des Princes, et qu'ils ne pouvoient desirer la paix sans cette condition, ils se contentèrent de ne s'y opposer point, puisque aussi bien ils ne la pouvoient empêcher. Ils refusèrent donc d'y envoyer de leur part[1], et prièrent seulement les députés de la ville de ménager la sûreté et la liberté de Madame la Princesse et de M. le duc d'Enghien avec le rétablissement de tout ce qui avoit été dans leur parti[2]. Les députés allèrent à Bourg, et y traitèrent · et conclurent la paix avec le cardinal Mazarin[3], sans en communiquer les articles à Madame la Princesse ni aux généraux[4]. Les conditions étoient que le Roi seroit reçu dans Bourdeaux en la manière qu'il a accoutumé de l'être dans les autres villes de son royaume, que les troupes qui avoient soutenu

1. D'y envoyer personne de leur part. (*Ms. H, réd.* 1.) — Le duc de la Rochefoucauld envoya cependant, de l'aveu du duc de Bouillon et de la Princesse, Gourville son secrétaire trouver le duc de Candale à Bourg. La princesse Palatine et la marquise de Sablé, dit Lenet (tome II, p. 67 et 68), étaient dans cette négociation, qui avait pour but d'offrir des sûretés au Cardinal, tout en obtenant la liberté des Princes. Ces ouvertures échouèrent, et Gourville, ajoute Lenet, « revint sans autre fruit de son voyage, que d'avoir donné quelques soupçons à Bordeaux et au duc de Bouillon même, qui, sans me rien dire de positif, m'en dit assez pour me le faire connoître. En quoi les uns et les autres avoient tort, car tout est délicat en semblables occasions. » Mme de Motteville (tome III, p. 227) dit que Gourville offrit au Ministre « que, s'il vouloit mettre le Prince en liberté, les ducs de Bouillon et de la Rochefoucauld se mettroient volontairement en prison, pour leur répondre en leurs propres personnes de la fidélité et sincérité de Monsieur le Prince. »

2. **De M. le duc d'Enghien et de tout ce qui avoit été dans leur parti, avec le rétablissement de chacun d'eux. (*Ms. H, réd.* 1.)

3. Ils y traitèrent avec le cardinal Mazarin et conclurent la paix. (*Ms. H, réd.* 1 et 2.)

4. ** A Madame la Princesse ni aux ducs de Bouillon et de la Rochefoucauld. (*Ms. H, réd.* 1 et 2.) — La paix, publiée à la date du 1er octobre, fut signée le 28 septembre. On en trouvera le texte dans *Lenet*, tome II, p. 113-122.

le siège en sortiroient et pourroient aller en sûreté joindre l'armée de M. de Turenne à Stenay; que tous les priviléges de la ville et du Parlement seroient maintenus; que le Château-Trompette demeureroit démoli; que Madame la Princesse et M. le duc d'Enghien pourroient se retirer[1] à Mourond, où le Roi entretiendroit, pour leur sûreté, une très-petite garnison, qui seroit choisie de leur main; que le duc de Bouillon pourroit aller à Turenne, et le duc de la Rochefoucauld se retirer chez lui, sans faire les fonctions de sa charge de gouverneur de Poitou[2], et sans aucun dédommagement[3] pour sa maison de Verteuil que le Roi avoit fait raser[4].

Dans le temps que Madame la Princesse et Monsieur son fils sortoient de Bourdeaux par eau[5], accompagnés des ducs de Bouillon et de la Rochefoucauld, pour aller mettre pied à terre à Lormont et prendre le chemin de Coutras, ils rencontrèrent le maréchal de la Meilleraye, qui alloit en bateau à Bourdeaux. Il se mit dans celui de Madame la Princesse, et lui proposa d'a-

1. On permit à Madame la Princesse et à M. le duc d'Enghien de se retirer. (Ms. H, réd. 1.)
2. Et le duc de la Rochefoucauld, qui étoit, comme j'ai dit, gouverneur de Poitou, se devoit retirer aussi chez lui, sans faire les fonctions de sa charge. (Ms. H, réd. 1.) — On lit à ce propos dans le manuscrit anonyme : « M. de la Rochefoucauld jouira du revenu de son gouvernement de Poitou, et n'en fera point la fonction que dans un an d'ici, à la fin duquel il sera rétabli, au cas qu'il se conduise bien, ou il en recevra récompense. »
3. ** Et sans avoir aucun dédommagement. (M. H, réd. 1 et 2.)
4. La Rochefoucauld avait appris cette nouvelle le 8 août, avec une constance admirable, nous dit Lenet (tome I, p. 441), heureux de faire voir à Mme de Longueville, « qui étoit toujours à Stenay, qu'il exposoit tout pour son service. » De son côté, la duchesse (voyez ibidem, tome II, p. 48) avait envoyé une partie de ses pierreries en Hollande, afin de fréter des navires à destination de la rivière de Bordeaux.
5. C'est-à-dire le 3 octobre.

bord d'aller à Bourg voir[1] le Roi et la Reine[2], lui faisant espérer qu'on accorderoit peut-être aux prières et aux larmes d'une femme ce qu'on avoit cru devoir refuser lorsqu'on l'avoit demandé les armes à la main. Quelque répugnance qu'eût Madame la Princesse à faire ce voyage, les ducs de Bouillon et de la Rochefoucauld lui conseillèrent de la surmonter, et de suivre l'avis du maréchal de la Meilleraye, afin qu'on ne pût lui reprocher d'avoir négligé aucune voie pour obtenir la liberté de Monsieur son mari. Ils jugèrent encore[3] qu'une entrevue comme celle-là, qui ne pouvoit avoir été concertée avec les Frondeurs ni avec M. le duc d'Orléans, leur donneroit sans doute de l'inquiétude et pourroit produire des effets considérables[4]. Le maréchal de la Meilleraye retourna à Bourg porter la nouvelle de l'arrivée[5] de Madame la Princesse et de sa suite. Ce changement si soudain surprit Mademoiselle, et lui fit croire que l'on traitoit beaucoup de choses sans la participation de Monsieur son père[6]; elle fut encore confirmée dans cette opinion[7] par les longues et particulières conférences que le duc de Bouillon et le duc de la

1. Et de voir. (*Ms. H*, réd. 1 et 2.)
2. D'après Mme de Motteville (tome III, p. 229), ce ne fut pas la Meilleraye qui fit cette proposition à la Princesse, ce fut la Princesse qui la lui fit.
3. * Outre qu'ils jugeoient bien. (*Ms. H*, réd. 1 et 2.)
4. En effet, le bruit se répandit d'abord à Bordeaux que l'on menait la Princesse prisonnière à Bourg, et il s'ensuivit, principalement dans le quartier du Chapeau-Rouge, une émotion dans laquelle « quatre ou cinq soldats de l'armée du Roi, qui voulurent dire quelque chose, furent assommés. » Voyez les *Mémoires de Lenet*, tome II, p. 129 et 130.
5. * De l'acheminement. (*Ms. H*, réd. 1 et 2.)
6. Voyez dans les *Mémoires de Lenet* (tome II, p. 141-143, et p. 154 et 155) le récit des entrevues que Lenet lui-même eut en cette rencontre avec Mademoiselle.
7. * Elle y fut encore confirmée. (*Ms. H*, réd. 1 et 2.)

Rochefoucauld eurent séparément avec le Cardinal[1], dans le dessein de le faire résoudre de donner la liberté aux Princes, ou au moins de le rendre suspect à M. le duc d'Orléans. Ils étoient convenus de parler au Cardinal dans le même sens, et ils lui dirent[2] que Monsieur le Prince lui seroit d'autant plus obligé de sa liberté, que le succès de la guerre ne l'avoit pas contraint de l'accorder. Ils lui représentèrent que le procédé des Frondeurs lui devoit faire connoître leurs desseins, et qu'ils ne vouloient avoir les Princes en leur disposition que pour se joindre à eux contre lui ; que la guerre civile étoit finie en Guyenne, mais que le desir de la rallumer dans tout le Royaume ne finiroit jamais qu'avec la prison des Princes[3]. Ils ajoutèrent que tous les peu-

---

1. Lenet raconte (tome II, p. 135 et suivantes) toutes ces entrevues de la Rochefoucauld, ainsi que les siennes propres, avec Mazarin. Le Cardinal, montant en carrosse avec les deux ducs et Lenet, se prit à sourire : « Qui auroit cru il y a quinze jours, voire huit, dit-il, que nous eussions été tous quatre aujourd'hui dans un même carrosse? » A quoi la Rochefoucauld fit la réponse demeurée célèbre : « Tout arrive en France. » — Dans une autre conversation avec Lenet (p. 146 et 147), Mazarin parla de Mme de Longueville et de la Rochefoucauld « comme de gens dont il lui seroit mal aisé d'avoir l'amitié parce qu'ils n'en avoient, disoit-il, que l'un pour l'autre. » C'était encore vrai au moment où parlait le Cardinal, mais cela devait bientôt cesser de l'être. — Retz, mentionnant ces conférences de Mazarin et de la Rochefoucauld (tome II, p. 239, éd. Ch.), dit que n'ayant « point été de cela, non plus que de tout ce qui se passa en Guyenne, » il ne sait « ce qui en fut. » — Mme de Motteville se borne à dire, au sujet de ce même entretien (tome III, p. 230) : « Il est à croire qu'ils ne parlèrent pas de bagatelles. »

2. Et de lui représenter. (*Ms. H, réd.* 1 *et* 2.)

3. C'est bien ce que dit, assez naïvement, Lenet (tome II, p. 183) : « Tous nos gens étoient tellement persuadés qu'on ne devoit rien tenir de tout ce qu'on promettoit au Cardinal, qu'ils ne firent point de difficulté de me dire en général et en particulier que l'amnistie ne les empêcheroit pas d'aller joindre M. de Turenne, et de retour-

ples et tous les parlements s'uniroient pour une cause si juste, et qu'elle seroit soutenue du même parti qui venoit de faire la guerre; mais ils lui dirent aussi qu'il étoit en son pouvoir de détourner tant de malheurs en mettant les Princes en liberté, et de les attacher inséparablement aux intérêts de la Reine et aux siens. Bien que cette conversation fît alors peu d'effet sur le Cardinal, elle eut néanmoins d'ailleurs une partie du succès qu'on avoit prévu : M. le duc d'Orléans et les Frondeurs en eurent du soupçon, et perdant l'espérance d'avoir les Princes entre leurs mains, ils se résolurent à chercher de nouveaux moyens de ruiner le Cardinal[1].

ner à Montrond, et partout ailleurs où il pourroit y avoir de la guerre pour le service des Princes, si leur prison continuoit. Je n'eusse pas voulu leur conseiller telle chose, et parce que je crois qu'il faut toujours exécuter ce qu'on promet, et parce que, quand je l'aurois cru autrement, il n'eût pas été prudent de me confier d'une telle chose à plus de cent cinquante officiers qui me tenoient ce langage. »

1. Comparez la fin de cet alinéa, après les mots : « suspect à M. le duc d'Orléans » (p. 209), avec la version longue et diffuse du ms. H (réd. 1 et 2), reproduite par l'édition de 1804, et, avec de nombreuses variantes, par les éditions antérieures : « Ils étoient convenus de parler au Cardinal dans le même sens, et de lui représenter que Monsieur le Prince lui seroit d'autant plus obligé de cette grâce, qu'il savoit bien qu'il n'y étoit pas contraint par la guerre; qu'il lui étoit glorieux (*assez glorieux*, réd. 1) de faire voir qu'il pouvoit le ruiner et le rétablir en un moment; que le procédé des Frondeurs lui devoit (*bien*, réd. 1) faire connoître qu'ils avoient dessein d'avoir les Princes en leur disposition, afin de les perdre, s'il leur étoit avantageux (*utile de le faire*, réd. 1), ou de le perdre lui-même avec plus de facilité en leur donnant la liberté, et en les engageant par ce moyen (*par là*, réd. 1) à travailler ensemble à sa ruine et à celle de la Reine; que la guerre étoit finie en Guyenne; mais que le dessein de la recommencer dans tout le Royaume ne finiroit jamais qu'avec la prison des Princes, et qu'il en devoit être d'autant plus persuadé qu'eux-mêmes ne craignoient pas de lui dire lorsqu'ils (*pendant qu'ils*, réd. 1) étoient entre ses mains, et (*qu'ils*, réd. 1) n'avoient autre sûreté que sa parole. Ils lui représentèrent

C'est[1] ainsi que finit la guerre de Bourdeaux. On s'étonnera peut-être que les ducs de Bouillon et de la Rochefoucauld eussent osé l'entreprendre, et que deux particuliers, sans places, sans troupes, sans argent, et sans autre prétexte que la liberté des Princes, aient pu soutenir cette guerre, dans le temps que tout le Royaume étoit soumis au Roi et que M. le duc d'Orléans et les Frondeurs étoient unis au Cardinal pour opprimer Monsieur le Prince. Mais ce qui n'est pas moins extraordinaire, c'est qu'ils aient défendu une place ouverte en beaucoup d'endroits, avec si peu de forces, contre une armée considérable, commandée par le maréchal de la Meilleraye, sous le cardinal Mazarin, et fortifiée de la présence du Roi ; qu'après treize jours de tranchée, les assiégeants n'aient pu se rendre maîtres d'un ouvrage fait de fumier et de barriques, sans fossé et sans parapet, et que, durant tout ce temps, les généraux aient toujours été plus en péril par les factions du peuple et du Parlement que par l'armée qui les assiégeoit. On peut

encore que les cabales se renouveloient de toutes parts dans le parlement de Paris et dans les autres parlements du Royaume pour procurer la liberté aux Princes, ou pour les ôter de ses mains ; que pour eux, ils lui déclaroient qu'ils favoriseroient tous les desseins qu'on feroit pour les tirer de prison, mais que tout ce qu'ils pouvoient faire pour lui étoit de souhaiter que, préférablement à tout autre, ils lui en eussent l'obligation. Ce fut à peu près le discours qu'ils tinrent au Cardinal, qui eut une partie du succès qu'ils avoient desiré ; car outre qu'il en fut ébranlé, il donna de la jalousie à M. le duc d'Orléans et aux Frondeurs. Il leur ôta l'espérance d'avoir les Princes entre leurs mains, et les fit enfin résoudre à se réunir avec eux, et à chercher de nouveau les moyens de perdre le Cardinal, comme on le verra dans la suite. »

1. Tout ce paragraphe : « C'est ainsi que.... qu'on rasoit ses maisons », manque dans le ms. H (réd. 1 et 2) et dans toutes les éditions antérieures à la nôtre. Il est évident que la Rochefoucauld a senti, après coup, le besoin de mettre en relief ce qui, dans sa conduite, pouvait, sinon le justifier, du moins tourner à son honneur.

ajouter encore que, pendant cette résistance, la duchesse de Bouillon étoit en prison; que la mère, la femme, et les enfants du duc de la Rochefoucauld étoient sans retraite, qu'on pilloit ses terres, et qu'on rasoit ses maisons [1].

Pendant que les choses se passoient ainsi, et que les soins de la cour étoient employés à pacifier les désordres de la Guyenne, M. de Turenne tiroit de grands avantages de l'éloignement du Roi. Il avoit obligé les Espagnols à lui donner le commandement d'une partie [2] de leurs troupes et de celles de M. de Lorraine; il avoit joint [3] tout ce qu'il avoit pu conserver de celles de Monsieur le Prince; il étoit maître de Stenay, et n'avoit point d'ennemis qui lui fussent opposés [4]. Ainsi rien ne l'empêchoit d'entrer en France, et d'y faire des progrès considérables, que la répugnance que les Espagnols ont accoutumé d'avoir pour des desseins de cette nature, parce qu'ils craignent [5] également de hasarder leurs troupes pour des avantages qui ne les regardent pas directement et de se mettre en état qu'on leur puisse ôter

---

1. Le 6 octobre, le duc de la Rochefoucauld avait quitté Bourg pour retourner à Verteuil. « Il emmena avec lui, dit Lenet (tome II, p. 161), quantité de noblesse qui l'avoit suivi, et laissa un grand regret à Son Altesse, à Monsieur le duc (de Bouillon) et à toute leur cour de cette séparation, s'étant acquis l'amitié et l'estime de tout le monde par son courage, son esprit, l'agrément de sa conversation et la netteté de son procédé pendant tout le temps que cette affaire avoit duré, et encore par les protestations qu'il fit à la Princesse de recommencer toutes les fois qu'il lui plairoit lui commander. Elle lui donna, comme elle fit encore au duc de Bouillon, une reconnoissance, signée de sa main, de la somme à quoi se montoient les frais et avances qu'ils avoient faits pour son service, au payement desquelles sommes Monsieur le Prince a pourvu depuis. »
2. De quelque partie. (*Ms. H, réd. 1.*)
3. *Il y avoit joint. (*Ms. H, réd. 1 et 2.*)
4. *D'ennemis opposés. (*Ms. H, réd. 1.*)
5. *Dans lesquels ils craignent. (*Ms. H, réd. 1.*)

la communication de leur pays: de sorte qu'ils crurent faire beaucoup d'assiéger Mouzon[1], qu'ils ne prirent qu'après un mois de tranchée ouverte[2]. Néanmoins M. de Turenne surmonta toutes ces difficultés, et les fit résoudre, avec une extrême peine, de marcher droit à Paris, espérant que sa présence avec ses forces et l'éloignement du Roi y apporteroit assez de confusion et de trouble pour lui donner lieu d'entreprendre beaucoup de choses. Les amis de Monsieur le Prince commencèrent aussi alors à former des entreprises particulières pour le tirer de prison[3]. Le duc de Nemours[4] s'étoit déclaré ouvertement pour ses intérêts, et enfin tout sembloit contribuer au dessein de M. de Turenne. Pour ne pas

---

1. Petite ville de Champagne, sur la Meuse (Ardennes), près de Rethel. Elle appartenait anciennement aux archevêques de Reims, qui la cédèrent à Charles V en 1379. Ses fortifications ont été démolies en 1671.
2. Le 8 novembre.
3. « Dans cette vue, dit Guy Joli (tome I, p. 136), ils avoient gagné quatre gardes des sept qui étoient dans l'appartement des Princes, qui devoient se rendre maîtres des autres trois, ou les poignarder en cas de résistance. Ils s'étoient aussi assurés de quelques-uns des officiers et soldats qui veilloient à la garde des dehors sur la terrasse du château de Marcoussi, au pied de laquelle un homme s'étoit chargé de faire trouver un bateau, dans lequel les Princes devoient passer le fossé, pour aller joindre, à vingt pas de là, le duc de Nemours, qui les auroit conduits avec une bonne escorte en lieu de sûreté. » La translation des prisonniers de Marcoussis au Havre déjoua ce plan d'évasion.
4. Charles-Amédée de Savoie, dont il a déjà été question plus haut (voyez p. 98 et note 4); né en 1624, second fils de Henri Ier de Savoie, duc de Nemours; il était devenu l'aîné de la famille par la mort de son frère en 1641; le 7 juillet 1643, il épousa Elisabeth de Vendôme, sœur des ducs de Mercœur et de Beaufort, dont il eut deux filles, qui furent, l'une reine de Portugal, l'autre duchesse de Savoie. On verra plus loin sa liaison avec Mme de Longueville, liaison qui amena la rupture entre la belle duchesse et la Rochefoucauld.

donc perdre des conjonctures si favorables, il entra[1] en Champagne et prit d'abord Château-Portien[2] et Rethel, qui firent peu de résistance ; il s'avança ensuite jusques à la Ferté-Milon ; mais y ayant appris qu'on avoit transféré les Princes au Havre-de-Grâce[3], les Espagnols ne voulurent pas passer plus outre, et il ne fut plus au pouvoir de M. de Turenne de s'empêcher de retourner à Stenay avec l'armée. Cependant il donna ses ordres pour fortifier Rethel, et y laissa Deliponty[4] avec une garnison espagnole, ne croyant pas pouvoir mieux choisir pour confier une place qui étoit devenue très-importante, que de la donner à un homme qui en avoit si glorieusement défendu trois ou quatre des plus considérables de Flandres[5].

Le bruit de ce que je viens de dire hâta[6] le retour de la cour, et les Frondeurs, qui avoient été unis au Cardinal, tant que les Princes étoient demeurés à Vincennes et à Marcoussy, dans l'espérance de les avoir en leur pouvoir, la perdirent entièrement lorsqu'ils les virent[7] conduire au Havre. Ils cachèrent toutefois leur ressentiment contre lui sous les mêmes apparences dont ils s'étoient servis pour cacher leurs liaisons ; car bien que depuis la prison des Princes, ils eussent essayé de

---

1. De sorte que pour se servir des conjonctures, il entra. (*Ms. H, réd.* 1.)
2. Sur l'Aisne, au-dessous et à deux lieues de Rethel.
3. Cette translation eut lieu, nous l'avons dit, le 15 novembre : voyez la note 3 de la page 204.
4. Retz (tome II, p. 336, éd. Ch.) l'appelle *Liponti;* Tavannes (édit. Moreau, p. 44), *d'Elponty*. Jean delli Ponti était un Italien, maréchal de camp dans les armées espagnoles.
5. Entre autres Courtray, en juin 1646 : voyez les *Mémoires de Bussy Rabutin*, tome II, p. 208.
6. * Le bruit de ces choses fit hâter. (*Ms. H, réd.* 1.)
7. * En les voyant. (*Ms. H, réd.* 1.)

tirer, sous main, tous les avantages possibles de leur réconciliation avec le Cardinal, ils affectoient toujours néanmoins, de son consentement, de faire croire qu'ils n'avoient point changé le dessein de le perdre, afin de conserver leur crédit parmi le peuple : de sorte que ce qu'ils faisoient, dans le commencement, de concert avec le Cardinal, leur servit contre lui-même, dans le temps qu'ils desirèrent¹ tout de bon de le ruiner. Leur haine s'augmenta encore par la hauteur² avec laquelle le Cardinal traita tout le monde à son retour. Il se persuada aisément qu'ayant fait conduire les Princes au Havre et pacifié la Guyenne, il s'étoit mis au-dessus³ des cabales : de sorte qu'il négligea ceux dont il avoit le plus de besoin et ne songea⁴ qu'à assembler un corps d'armée, pour reprendre Rethel et Château-Portien. Il en donna le commandement au maréchal du Plessis-Praslin⁵ ; il le fit partir avec beaucoup de diligence pour investir Rethel, et résolut⁶ de se rendre à l'armée, dans la fin du siége, pour en avoir toute la gloire.

M. de Turenne donna avis aux Espagnols du dessein

1. * Quand ils souhaitèrent. (*Ms. H*, réd. 1.)
2. Ce qui augmenta encore leur haine fut la manière fière. (*Ms. H*, réd. 1.)
3. * Il devoit être au-dessus. (*Ms. H*, réd. 1.)
4. * De sorte que négligeant..., il ne songea. (*Ms. H*, réd. 1.) — Retz (tome II, p. 279, éd. Ch.) s'exprime à peu près dans les mêmes termes : « Monsieur le Cardinal, enflé de la réduction, ou, pour parler plus proprement, de la pacification de cette province, ne songea qu'à venir couronner son triomphe par le châtiment des Frondeurs. »
5. César de Choiseul, comte du Plessis-Praslin, maréchal en 1645, duc et pair en 1665, mort, à l'âge de soixante-dix-sept ans, en 1675. Il avait eu grande part à la prise de la Rochelle en 1628, et s'était distingué dans les guerres de Piémont et de Catalogne. Il a laissé des *Mémoires*, dont on attribue la rédaction à Segrais.
6. Se résolvant. (*Ms. H*, réd. 1.)

du Cardinal, et se prépara pour s'y opposer. Deliponty avoit répondu de tenir un temps assez considérable, et M. de Turenne prit sur cela ses mesures avec les Espagnols pour le secourir. Il résolut de marcher en diligence à Rethel, pour obliger[1] le maréchal du Plessis à lever le siége, ou pour charger les quartiers de son armée séparés; mais la lâcheté ou l'infidélité de Deliponty, qui tint six jours moins qu'il n'avoit promis, rendit non-seulement le dessein de M. de Turenne inutile, mais le contraignit de combattre avec désavantage. Le maréchal du Plessis, qui s'étoit fortifié[2] de nouvelles troupes[3], marcha une journée au-devant de lui, de sorte que, ne pouvant éviter la bataille, il la donna, avec beaucoup de valeur, mais avec un malheureux succès[4]. Il jugea alors qu'il étoit nécessaire d'aller promptement trouver le comte de Fuensaldagne[5], non-seulement pour le rassurer et le porter à faire de nouveaux efforts, mais aussi pour ne laisser pas imaginer aux Espagnols que ce qui lui venoit d'arriver fût capable de le détacher de leurs intérêts, et de lui faire prendre des mesures sans leur participation[6].

1. Son dessein était de marcher avec une extrême diligence à Rethel, et faire l'une de deux choses, ou d'obliger, etc. (*Ms. H*, réd. 1 et 2.)

2. *Mais la lâcheté ou l'infidélité de Delli-Ponty rendit non-seulement ses desseins inutiles, mais le contraignit de combattre avec désavantage, et lui fit perdre la bataille; car Delli-Ponty s'étant rendu six jours plus tôt qu'il n'avoit promis, le maréchal (*le marquis*, anc. éd.) du Plessis, fortifié. (*Ms. H*, réd. 1 et 2.)

3. * Des troupes fraîches qui l'avoient joint. (*Ms. H*, réd. 1.)

4. *Au-devant de M. de Turenne, qui, ne pouvant éviter un combat si inégal, le donna avec beaucoup de valeur, mais avec un fort malheureux succès. (*Ms. H*, réd. 1 et 2.) — Il fut livré le 15 décembre: voyez les *Mémoires de du Plessis-Praslin*, p. 16 et suivantes.

5. Gouverneur des Pays-Bas espagnols.

6. Il rallia ce qu'il put de ses troupes, et, au lieu de se retirer à Stenay, où il sembloit que sa présence fût principalement néces-

MÉMOIRES. [1650]   217

Après cette victoire, le Cardinal, qui s'étoit avancé jusqu'à Rethel, retourna à Paris comme en triomphe, et parut si enflé de cette prospérité, qu'il renouvela dans tous les esprits le dégoût et la crainte de sa domination[1]. On remarqua alors que la fortune disposa tellement de l'événement de cette bataille, que M. de Turenne, qui l'avoit perdue, devint[2] nécessaire aux Espagnols et eut le commandement entier de leur armée, et que le Cardinal[3], qui s'attribuoit la gloire de cette action, réveilla contre lui[4] l'envie et la haine publique. Les Frondeurs jugèrent qu'il cesseroit de les considérer, parce qu'il cessoit d'en avoir besoin ; et, craignant qu'il ne les opprimât[5] pour gouverner seul[6], ou pour les sacrifier

saire, pour raffermir les esprits étonnés de la perte de la bataille, il jugea plus à propos d'aller (*il en jugea bien mieux et alla*, réd. 1) trouver le comte de Fuensaldagne, non-seulement pour prendre ensemble leurs mesures sur les affaires présentes avec toute la diligence possible, mais aussi pour ne laisser pas imaginer aux Espagnols que ce qui venoit de lui arriver fût capable de lui en faire prendre aucune sans leur participation. (*Ms. H*, réd. 1 et 2.)

1. Il y eut un premier moment de stupeur chez les ennemis du Cardinal : « Vous ne doutez pas, dit Retz (tome II, p. 336 et 337, éd. Ch.), de la consternation du parti des Princes; mais vous ne vous la pouvez pas figurer. Je n'eus toute la nuit chez moi que des pleureux et des désespérés; je trouvai Monsieur atterré.... Le peuple me parut dans les rues, morne, abattu, effrayé. » Et il ajoute au sujet du Parlement : « Il n'y eut (*le 19 décembre*).... que quinze ou seize conseillers qui parlèrent.... Ils allèrent pour la plupart aux remontrances pour la liberté des Princes, mais simplement, timidement, sans chaleur, sans parler contre le Mazarin, et il n'y eut que Menardeau-Champré qui le nomma, mais avec des éloges, en lui donnant tout l'honneur de la bataille de Rethel. »

2. * Devint par là. (*Ms. H*, réd. 1 et 2.)

3. Et d'autre part le Cardinal. (*Ms. H*, réd. 2.). — * Et le Cardinal. (*Ms. H*, réd. 1.)

4. Réveilla contre lui, comme j'ai dit. (*Ms. H*, réd. 1.)

5. Et craignant qu'il les opprimeroit. (*Ms. H*, réd. 1.)

6. Pour régner. (*Ms. H*, réd. 2.) — Pour régner seul. (*Ms. H*, réd. 1.)

à Monsieur le Prince, ils entrèrent dès lors en traité avec le président Viole[1], Arnauld[2] et Montreuil[3], serviteurs particuliers de Monsieur le Prince, qui lui mandoient toutes choses et recevoient ses réponses.

Ce commencement de négociation en produisit plusieurs particulières et secrètes, tantôt avec M. le duc d'Orléans[4], Mme de Chevreuse, le Coadjuteur et M. de Châteauneuf, et tantôt avec le duc de Beaufort et avec

---

1. Pierre Viole, conseiller au Parlement, puis président de la 4º chambre des enquêtes en 1647. Retz (tome II, p. 57) dit qu'il « fut un des premiers qui témoigna de la chaleur dans son corps » contre le Cardinal. Nous le retrouverons vers la fin de la Fronde, au plus vif des affaires de Bordeaux.

2. Isaac Arnauld de Corbeville, de la grande famille des Arnauld, venue d'Auvergne à Paris vers la fin du seizième siècle, était mestre de camp général des carabiniers. Resté fidèle à Condé, il mourut au château de Dijon, où il commandait pour le compte de Monsieur le Prince, en octobre 1651, c'est-à-dire un mois avant la publication du 7e volume du Grand Cyrus, où se trouve son portrait sous le nom de *Cléarque*. Il a laissé une *Relation de ce qui s'est passé en Flandres durant la campagne de* 1646 (in-4º, Paris, 1647). Il était à la fois homme de lettres et homme de guerre. V. Cousin lui a consacré un chapitre spécial, le xe, dans le tome II de *la Société française au dix-septième siècle;* voyez aussi une *historiette* de Tallemant des Réaux, tome III, p. 89. Son père, intendant des finances sous Henri IV, était l'un des frères du célèbre avocat Antoine Arnauld, le père du docteur, de M. d'Andilly et des deux grandes abbesses de Port-Royal, Angélique et Agnès.

3. Mathieu Montereul ou Montreuil, poëte, secrétaire du prince de Conty. Tallemant des Réaux (tome III, p. 295) l'appelle « Montreuil, surnommé le fou. » Retz dit de lui (tome II, p. 278, éd. Ch.): « Montreuil.... ralliait par son zèle et par son application tous les serviteurs de Monsieur le Prince qui étoient dans Paris, et il en fit un corps invisible, qui est assez souvent, en ces sortes d'affaires, plus à redouter que des bataillons. »

4. Les anciennes éditions ont ici des leçons évidemment fautives; elles coupent autrement et abrégent; celles de la seconde série de la manière suivante : « .... avec le président Viole. Arnauld, Montreuil, secrétaire du prince de Conty, et plusieurs autres entamèrent des négociations avec M. le duc d'Orléans, etc. »

Mme de Montbazon; d'autres traitèrent avec le Cardinal directement. Mais, comme Mme la princesse Palatine[1] avoit alors plus de part que personne à la confiance des Princes et à celle de Mme de Longueville, elle avoit commencé toutes ces diverses négociations[2], et étoit dépositaire de tant d'engagements et de tant de traités opposés[3], que se voyant chargée tout à la fois d'un si grand nombre de choses contraires, elle craignit de devenir suspecte aux uns et aux autres : dans cette pensée, elle manda[4] au duc de la Rochefoucauld qu'il étoit nécessaire qu'il se rendît à Paris sans être connu, afin qu'elle lui dît[5] l'état des diverses cabales qui se formoient, et de se joindre à celle[6] qui pouvoit le plus avancer la liberté des Princes.

1. Anne de Gonzague de Clèves, seconde fille de Charles de Gonzague, duc de Nevers et de Rethel, puis de Mantoue; elle épousa en 1645 Édouard, prince palatin du Rhin, un des fils de Frédéric V, duc de Bavière, puis roi de Bohême. Née en 1616, elle mourut en 1684. Bossuet a écrit son oraison funèbre, qui ne s'accorde guère avec l'allégorie relative à cette princesse dans la *Carte du pays de Braquerie*, par Bussy Rabutin (voyez le tome IV, p. 528, des *Historiettes* de Tallemant des Réaux). Retz (tome II, p. 187) fait de son esprit un éloge qu'on peut trouver exagéré, lorsqu'il écrit : « Je ne crois pas que la reine Élisabeth d'Angleterre ait eu plus de capacité pour conduire un État. » — Sur son rôle dans toutes les intrigues qui suivent, consultez *Retz*, tome II, p. 314 et suivantes, éd. Ch.
2. Ces diverses négociations dont je viens de parler. (*Ms. H, réd.* 1.) — Les anciennes éditions ne se contentent pas de cette expression générale; elles font un nouveau détail des négociations.
3. Dépositaire de tant d'engagements et de tant de traités quelques (*sic*) opposés qu'ils pussent être. (*Ms. H, réd.* 1.)
4. ** Se voyant donc chargée de tant de choses contraires à la fois, et craignant de devenir suspecte aux uns et (*ou*, anc. éd.) aux autres, elle manda. (*Ms. H, réd.* 1.)
5. Pour lui dire. (*Ms. H, réd.* 1 et 2.)
6. L'état de tous les partis qui s'offroient, et prendre (*et pour prendre*, réd. 1) ensemble la résolution de conclure avec celui, etc. (*Ms. H, réd.* 1 et 2.)

Le duc de la Rochefoucauld se rendit promptement à Paris¹, et demeura toujours caché chez la princesse Palatine pour examiner² avec elle ce qu'on venoit lui proposer de toutes parts. L'intérêt général des Frondeurs étoit l'éloignement et la ruine entière du Cardinal, à quoi ils demandoient que les Princes contribuassent avec eux de tout leur pouvoir. Mme de Chevreuse desiroit que M. le prince de Conti épousât sa fille³, qu'après la chute du Cardinal on mît M. de Châteauneuf dans la place de premier ministre, et que, cela étant⁴, on donneroit à Monsieur le Prince le gouvernement de Guyenne, avec la lieutenance générale de cette province, et Blaye pour celui de ses amis qu'il choisiroit, et le gouvernement de Provence pour M. le prince de Conti. Le duc de Beaufort et Mme de Montbazon n'avoient aucune connoissance de ce projet, et faisoient⁵ aussi un traité particulier, que les autres ignoroient, lequel consistoit seulement à donner de l'argent à Mme de Montbazon et à lui faire obtenir pour son fils la survivance ou la récompense de quelqu'une des charges du duc de Montbazon⁶. Le Coadjuteur paroissoit sans autre

---

1. *Se rendit à Paris avec une extrême diligence. (*Ms. H*, réd. 1 et 2.) — Ce voyage eut lieu au commencement de janvier 1651.

2. *Afin de pouvoir examiner. (*Ms. H*, réd. 2.) — Afin d'examiner. (*Ms. H*, réd. 1.) — Voyez *Mme de Motteville*, tome III, p. 265.

3. Charlotte-Marie de Lorraine, née en 1627, morte sans alliance le 7 novembre 1652. Voyez le portrait peu flatté que Retz, qui se vante dans ses *Mémoires* de sa liaison avec Mlle de Chevreuse, trace de celle-ci au tome II, p. 186.

4. Et que moyennant cela. (*Ms. H*, réd. 1 et 2.)

5. *N'avoient aucune connoissance de ces choses, et ils faisoient. (*Ms. H*, réd. 1.)

6. *Quelqu'une (*quelques-unes*, anc. éd.) des charges de son père. (*Ms. H*, réd. 1 et 2.) — Les principales charges du duc de Montbazon étaient celle de grand veneur depuis 1602, et le gouvernement de l'Ile-de-France depuis 1619. Il avait deux fils : l'un

intérêt que ceux de ses amis ; mais outre qu'il croyoit trouver¹ toute sa grandeur dans la perte du Cardinal, il avoit une grande liaison avec Mme de Chevreuse, et on disoit que la beauté de Mademoiselle sa fille avoit encore plus de pouvoir sur lui². M. de Châteauneuf ne voulut point paroître dans ce traité ; mais, comme il avoit toujours été également attaché à Mme de Chevreuse, et devant et après sa prison, ç'a toujours été³ aussi conjointement qu'ils ont pris leurs mesures⁴, premièrement avec le Cardinal⁵, et après avec ses ennemis : de sorte qu'on se contenta des paroles que Mme de Chevreuse donna pour M. de Châteauneuf. Il consentit que ce qu'il avoit d'amis puissants et considérables dans la maison du Roi et dans le Parlement, vissent⁶ secrètement Mme la princesse Palatine, et qu'ils lui promissent d'entrer avec lui dans tous ses engagements ; il pouvoit encore beaucoup sur l'esprit de M. le duc d'Orléans ; et le Coadjuteur, Mme de Chevreuse et lui l'avoient entièrement disposé à demander la liberté des Princes⁷.

du premier lit, Louis ; l'autre du second, François. Louis avait, depuis 1621, la survivance du gouvernement de l'Ile-de-France et succéda aussi à son père, qui mourut en 1654, dans la charge de grand veneur.

1. *Qu'il croyoit rencontrer. (*Ms. H, réd. 1 et 2.*)
2. Voyez la note 3 de la page précédente.
3. L'éditeur de 1804 a corrigé en *ce fut toujours* la leçon *ç'a toujours été*, qui est celle, non pas seulement du ms. D de la Roche-Guyon, mais encore du ms. H (réd. 1 et 2) et des anciennes éditions.
4. * Toutes leurs mesures. (*Ms. H, réd. 1 et 2.*)
5. *Tantôt avec le Cardinal. (*Ms. H, réd. 1.*)
6. *Que Mme de Chevreuse donna pour lui ; mais, comme il étoit dans une étroite liaison avec les plus considérables personnes de la maison du Roi, et que dans le Parlement il avoit beaucoup d'amis dont il pouvoit disposer, il consentit qu'ils vissent. (*Ms. H, réd. 1 et 2.*)
7. Voyez les réflexions que *Mme de Motteville* (tome III, p. 261 et 262) fait à cette occasion sur l'attitude du duc d'Orléans, incapable, dit-elle, de se conduire « par ses propres lumières. »

Tout étoit ainsi préparé. Monsieur le Prince, qui en étoit exactement averti, sembloit pencher à conclure avec les Frondeurs; mais le duc de la Rochefoucauld, qui jusques alors[1] avoit été ennemi du Coadjuteur[2], de Mme de Chevreuse, du duc de Beaufort et de Mme de Montbazon, voyant les négociations également avancées de tous côtés, empêcha Mme la princesse Palatine de faire ratifier à Monsieur le Prince le traité des Frondeurs, et retarda de le signer lui-même. Il jugeoit que, si on traitoit avec eux, les Princes ne pourroient sortir de prison sans une révolution entière, et qu'au contraire le Cardinal, qui avoit les clefs du Havre, les pouvoit mettre en liberté en un moment, et se servir peut-être d'une voie si juste et si honnête pour éviter les périls dont il étoit menacé[3].

Aussitôt[4] que le Cardinal fut averti par Mme la princesse Palatine que le duc de la Rochefoucauld étoit à Paris, il souhaita avec empressement de le voir la nuit, en secret. Il se hasardoit même, contre sa coutume, pour faire entrer le duc de la Rochefoucauld dans son appartement sans être vu; il descendoit seul et sans lumière dans la cour du Palais-Royal, et s'exposoit

1. Qui jusque-là. (*Ms. H, réd.* 1 *et* 2.)
2. Ennemi déclaré du Coadjuteur. (*Ms. H, réd.* 1.)
3. Voyant les négociations également avancées de tous côtés, et jugeant que, si on concluoit avec les Frondeurs, les Princes ne pourroient sortir de prison sans une révolution entière, et qu'au contraire le Cardinal, qui avoit les clefs du Havre, les pouvoit mettre en liberté en un moment, il empêcha Mme la princesse Palatine de faire ratifier à Monsieur le Prince le traité des Frondeurs, pour donner temps au Cardinal de se résoudre dans une affaire si importante, et de considérer le péril où il s'alloit jeter. (*Ms. H, réd.* 1 *et* 2.)
4. Tout ce qui suit, jusqu'au paragraphe qui commence par ces mots (p. 227) : « Les choses étoient venues à un point, » ne se trouve que dans le manuscrit D de la Roche-Guyon; c'est donc un morceau demeuré jusqu'à présent inédit.

ainsi à ce qu'on auroit pu entreprendre contre lui. Dans la première conversation, il justifia d'abord, avec beaucoup de soin et d'artifice, ce qu'il avoit été contraint de faire contre Monsieur le Prince, et s'étendit sur les raisons qu'il avoit eues de le faire arrêter; il n'oublia rien pour persuader au duc de la Rochefoucauld qu'il souhaitoit sincèrement de se réconcilier avec la maison de Condé, qu'il vouloit entrer désormais dans tous leurs sentiments et dans toutes leurs liaisons, et que leur haine commune et irréconciliable pour le coadjuteur de Paris devoit être le nœud de leur union. Il lui dit encore qu'il ne vouloit de sûreté, dans son raccommodement avec Monsieur le Prince, que la parole de Mme de Longueville et celle du duc de la Rochefoucauld; mais qu'il demandoit du temps avant que de conclure un traité qui pouvoit avoir de si grandes suites. Il voulut même éblouir le duc de la Rochefoucauld de toutes les espérances qui pouvoient le plus flatter son ambition : il lui offrit la disposition entière du mariage de ses trois nièces[1], pour lui prouver, ce disoit-il, par une marque si singulière de confiance et d'estime, quelle préférence il lui vouloit donner sur tous ses autres amis. Des offres si grandes et si étendues donnèrent plus de défiance au

---

1. Le cardinal Mazarin avait sept nièces et trois neveux. A l'époque où nous placent ici les *Mémoires*, trois de ces nièces et un de ces neveux seulement étaient en France : Anne-Marie Martinozzi, une des filles de la sœur aînée du Cardinal, et Laure et Olympe Mancini, avec leur frère Paul, enfants de sa sœur cadette. Mme de Motteville a raconté dans ses *Mémoires* (tome I, p. 367 et suivantes), à la date du 11 septembre 1647, l'arrivée de ce premier ban de la famille de Mazarin. Les autres neveux et nièces, savoir : Laure Martinozzi, Marie, Hortense et Marie-Anne Mancini, et leurs deux jeunes frères, n'arrivèrent que plusieurs années plus tard, après la Fronde. Voyez, à ce sujet, les détails que donne M. Amédée Renée dans son livre intitulé *les Nièces de Mazarin*, 1857, in-8°, 3e édition, p. 37-44.

duc de la Rochefoucauld qu'elles ne lui donnèrent d'espérances. Néanmoins, comme tous les intérêts du Cardinal le devoient obliger à traiter de bonne foi, le duc de la Rochefoucauld eut quelque temps sujet de croire que sa négociation ne seroit pas inutile, et que le Cardinal, environné de tant d'ennemis, et exposé à tant de périls, prendroit enfin le seul bon parti qui lui restoit à prendre. Il crut aussi qu'il étoit inutile de justifier la conduite passée de Monsieur le Prince. Il loua seulement le Cardinal d'avoir soutenu avec tant de gloire et de fermeté le poids des affaires dans des temps si difficiles; il lui fit paroître qu'il recevoit avec beaucoup de respect et de reconnoissance les marques particulières qu'il lui donnoit de son estime et de son amitié, sans lui laisser croire toutefois qu'il pût se laisser toucher à tant de vaines espérances; mais il le pria, en même temps, de se souvenir de ce qu'il lui avoit dit à Bourg, en sortant de Bourdeaux, après que la paix fut signée, et que, comme il lui avoit dit alors que son engagement vers Monsieur le Prince et M. le prince de Conti durcroit autant que leur prison, il lui répétoit les mêmes choses dans le Palais-Royal, étant encore plus entre ses mains qu'en Guyenne, et lui déclaroit que la liberté des Princes étoit le seul intérêt qu'il eût alors à ménager. Il lui fit voir que les retardements étoient également contraires aux intérêts de la cour et à ceux des Princes, et que cette entrevue, qui ne pouvoit être longtemps secrète, donneroit de nouvelles défiances aux Frondeurs. Il représenta ensuite à ce ministre tout ce qu'il crut capable d'augmenter ses soupçons et ses craintes, sans lui rien dire néanmoins de ce qui se formoit tous les jours pour le chasser. Enfin il lui dit qu'il vouloit une réponse positive, parce que la durée de la négociation pouvoit faire perdre aux amis de Messieurs les Princes des occasions favorables de les tirer de prison; qu'ils étoient encore en état de tenir cette grâce de lui et de se joindre à ses intérêts contre leurs ennemis communs; mais qu'on étoit sur le point aussi de se joindre à tout ce qui lui étoit opposé, s'il refusoit de mettre les Princes en liberté; que tout ce qu'on pouvoit faire étoit de lui donner vingt-quatre heures pour résoudre s'il lui étoit plus avantageux de s'unir à Monsieur le Prince pour perdre les Frondeurs, ou de voir Monsieur le Prince uni aux Frondeurs pour le perdre lui-même. Ce discours ébranla le Cardinal; il ne put néanmoins se déterminer sur l'heure: il remit au lendemain à rendre une réponse décisive; mais son irrésolution naturelle et le peu de connoissance de son état présent lui firent perdre inutilement le temps de conclure, et obligèrent le duc de la Rochefoucauld de traiter deux jours après avec M. le duc d'Orléans et avec les Frondeurs, et de signer ce qu'ils avoient désiré[1].

1. Rapprochez du récit de Mme de Motteville (tome III, p. 266 et 267): « La voie des Frondeurs ne lui plaisoit point, dit-elle (en parlant de la Rochefoucauld), et celle de la cour lui auroit été fort agréable. Les grands seigneurs trouvent toujours leur avantage à s'attacher au Roi et à leurs ministres: c'est de cette seule ressource d'où leur peuvent venir les grâces et les bienfaits. Il s'imaginoit avec raison que, remettant la paix et l'union entre Monsieur le Prince et Monsieur le Cardinal, il en pourroit recevoir une haute récompense.... Il fit donc savoir au Ministre qu'il desiroit de le voir, et lui demanda sûreté pour sa personne par un écrit de sa main.... Il entroit dans son appartement du Palais-Royal par un petit escalier dérobé; et le Ministre seul, avec une bougie à la main,... venoit ouvrir la porte. J'ai ouï dire au duc de la Rochefoucauld que.... il auroit pu facilement le tuer, et qu'il avoit souvent admiré sa confiance et le hasard où il se mettoit, se livrant au meilleur ami qu'eussent alors Monsieur le Prince et Mme de Longueville. Le Ministre, de même, l'auroit pu faire arrêter; mais la fidélité ayant été égale des deux côtés, le duc de la Rochefoucauld n'oublia rien pour convier le Ministre à se tourner du côté du

L'habileté que le cardinal Mazarin avoit fait paroître en tant d'occasions ne parut pas au duc de la Rochefoucauld dans tout le temps que dura cette négociation : il le trouva presque toujours étonné, irrésolu, affectant de fausses vanités, et se servant de petites finesses. Tout défiant qu'étoit ce ministre, et quelque besoin qu'il eût de ne se pas méprendre à juger de l'état présent de ses affaires, il ne pénétra jamais ce qui se préparoit contre lui : il ne connut point les divers intérêts, ni les sentiments de tant de gens qu'il croyoit attachés à sa fortune, et qui traitoient néanmoins tous les jours de son éloignement et de la liberté des Princes[1].

prince de Condé. Il lui dit souvent, sans lui découvrir le fond du mystère, qu'il verroit bientôt éclater de grandes persécutions contre lui.... Mais le Ministre, qui ne savoit rien de la liaison des Princes avec les Frondeurs, qui avoit peur de l'audace du prince de Condé, de l'intrigue de Mme de Longueville, et de l'ambition du même duc de la Rochefoucauld, n'y voulut point entendre.... Toutes ces conférences n'ayant eu aucun effet, le duc de la Rochefoucauld se résolut de laisser conclure les traités, de consentir que la princesse Palatine achevât son ouvrage avec le duc de Nemours, qui servit le prince de Condé de tout son possible. »

1. A la place de ce qui précède, depuis ces mots (p. 222) : « Aussitôt que le Cardinal fut averti par Mme la princesse Palatine, etc. », voici ce qu'on lit dans le ms. H (réd. 1 et 2) : « Le duc de la Rochefoucauld vit le Cardinal trois ou quatre fois avec beaucoup de secret et de mystère ; et ils le desirèrent tous deux ainsi, parce que le Cardinal craignoit extrêmement (*craignoit plus que toutes choses*, réd. 1) que M. le duc d'Orléans et les Frondeurs, découvrant cette négociation, n'en prissent un sujet de rompre leur liaison et d'éclater contre lui ; et le duc de la Rochefoucauld tenoit aussi ces entrevues d'autant plus secrètes, que les Frondeurs demandoient, comme une condition de leur traité, qu'il fût signé de lui : ce qu'il ne vouloit ni ne devoit faire, tant qu'il y auroit lieu d'espérer que le traité du Cardinal pourroit être sincère de sa part et de celle des Princes. Il reçut même alors un plein pouvoir de Mme de Longueville pour réconcilier toute sa maison avec le Cardinal, pourvu qu'il remît les Princes en liberté. D'autre part, les Frondeurs, qui avoient su que le duc de la

Les choses étoient venues à un point que rien n'étoit capable de les empêcher d'éclater. M. le duc d'Orléans, qui suivoit alors, comme j'ai dit[1], les avis et les sentiments de Mme de Chevreuse, de M. de Châteauneuf[2] et du Coadjuteur, déclara ouvertement qu'il vouloit la liberté des Princes. Cette déclaration[3] de M. le duc d'Orléans donna une nouvelle vigueur au Parlement et

Rochefoucauld étoit à Paris, pressèrent pour lui faire signer le traité avec Monsieur le Prince, et témoignèrent de l'inquiétude du retardement qu'il y apportoit : de sorte que, se voyant dans la nécessité de conclure promptement avec l'un ou l'autre parti, il voulut voir encore une fois le Cardinal ; et alors, sans lui rien découvrir des traités particuliers qui se faisoient, il lui représenta seulement les mêmes choses qu'il lui avoit dites à Bourg, et le péril qu'il alloit courir par le soulèvement de ses ennemis déclarés, et par l'abandonnement général de ses créatures. Il ajouta que les choses étoient en tels termes que, s'il ne lui donnoit ce jour-là une parole précise et positive de la liberté des Princes, il ne pouvoit plus traiter avec lui, ni différer de se joindre à tous ceux qui desiroient sa perte. Le Cardinal voyoit beaucoup d'apparence aux raisons (*à ce qu'on lui disoit*, réd. 1), quoique (*néanmoins*, réd. 1) le duc de la Rochefoucauld ne lui parla que généralement des cabales qui s'élevoient contre lui, sans entrer dans le particulier d'aucune ; et il le fit ainsi pour ne manquer pas au secret qu'on lui avoit confié, et pour ne rien dire qui pût nuire au parti qu'il falloit former pour la liberté des Princes, si le Cardinal le refusoit. Ainsi (*de sorte que*, réd. 1) le Cardinal, ne voyant rien de particularisé, crut que le duc de la Rochefoucauld lui grossissoit les objets, afin de le faire conclure ; et il crut que, ne lui nommant pas même ses propres ennemis, il n'avoit rien d'assuré à lui en dire. » — Tel est aussi, mais avec de nombreuses variantes, le texte des éditions antérieures à la nôtre.

1. Les mots : *comme j'ai dit*, ne sont pas dans le ms. H (réd. 1 et 2).
2. *De M. de Châteauneuf, de Mme de Chevreuse. (*Ms. H*, réd. 1 et 2.)
3. Se déclara ouvertement de vouloir la liberté des princes, et ceux-ci desirèrent qu'on conclût le traité avec les Frondeurs, et obligèrent le duc de la Rochefoucauld à se réconcilier et à se joindre avec eux. Cette déclaration, etc. (*Ms. H*, réd. 1 et 2.)

au peuple et mit le Cardinal dans une entière consternation. Les bourgeois prirent les armes; on fit la garde aux portes, et en moins de six heures il ne fut plus au pouvoir du Roi et de la Reine de sortir de Paris. La noblesse, voulant avoir part à la liberté des Princes, s'assembla[1], en ce même temps, pour la demander : on ne se contentoit pas de faire sortir les Princes de prison[2], on vouloit encore la vie du Cardinal[3]. M. de Châteauneuf voyoit ainsi augmenter ses espérances; le maréchal de Villeroy[4], et presque toute la maison du Roi les appuyoient sous main de tout leur pouvoir. Une partie des ministres et plusieurs des plus particuliers amis et des créatures[5] du Cardinal, faisoient aussi la même chose[6]. Enfin la cour, dans aucune rencontre, n'a jamais mieux paru ce qu'elle est.

1. *La noblesse voulut..., et elle s'assembla. (*Ms. H*, réd. 1 et 2.)
2. Les mots : *de prison*, ne sont pas dans le ms H, réd. 1 et 2.
3. Ce fut en ce temps-là que la Ville distribua des jetons qui, d'un côté, représentoient la hache et les verges armoriales du Cardinal, avec cette légende autour : *Quod fuit honos criminis est vindex*, c'est-à-dire : « ce qui a été autrefois une marque d'honneur et de puissance est pour punir les crimes de Mazarin; » et au revers un licol avec cet hémistiche : *Sunt certa hæc fata tyrannis*, « telle est la destinée des tyrans. » 1651. (*Note de l'édition de 1688.*) — Nous avons vu, au cabinet des médailles de la Bibliothèque nationale, deux exemplaires de ce jeton, l'un de cuivre, l'autre d'argent.
4. Nicolas de Neufville, fils de Charles (voyez ci-dessus, p. 15 et note 6), marquis, puis duc de Villeroy, né en 1598, gouverneur de Louis XIV et maréchal de France en 1646, chef du conseil des finances en 1661, mort en 1685.
5. Des particuliers amis et des créatures plus dépendantes. (*Ms. H*, réd. 1 et 2.)
6. Après ces mots, les éditions antérieures à 1804 ont une version toute différente, beaucoup plus longue que celle du ms. D de la Roche-Guyon et des deux rédactions du ms. H. La voici : « La duchesse de Chevreuse y contribuoit de tout son pouvoir, et elle en avoit beaucoup dans toutes les cabales. M. de Château-

Mme de Chevreuse et M. de Châteauneuf gardoient encore alors exactement les apparences, et rien ne les avoit rendus suspects au Cardinal, tant sa fortune présente et la secrète désertion[1] de ses propres amis lui avoient ôté la connoissance de ce qui se passoit contre lui : de sorte qu'ignorant la proposition du mariage de M. le prince de Conti, et considérant seulement Mme de Chevreuse comme la personne qui avoit plus contribué à la prison des Princes en disposant M. le duc d'Orléans à y consentir[2], il eut d'autant moins de défiance des conseils qu'elle lui donna, que son abattement et ses craintes ne lui permettoient pas d'en suivre d'autres que ceux qui alloient à pourvoir à sa sûreté. Il se représentoit sans cesse qu'étant au milieu de Paris, il devoit tout appréhender de la fureur d'un peuple qui avoit osé prendre les armes pour empêcher la sortie du Roi. Mme de Chevreuse se servit avec beaucoup d'adresse de la disposition où il étoit, et desirant en effet son éloignement pour établir M. de Châteauneuf et pour achever le mariage de sa fille, elle se ménagea si bien, qu'elle eut beaucoup de part à la résolution qu'il prit

---

neuf a toujours été lié à ses intérêts depuis et devant sa prison, et ç'a été conjointement qu'ils ont pris toutes leurs mesures, tantôt avec le Cardinal, tantôt avec ses ennemis. Elle avoit une grande liaison avec le Coadjuteur; mais la beauté de Mlle de Chevreuse, sa fille, y avoit encore plus de pouvoir. Mademoiselle et le Coadjuteur, assistés de Mme de Chevreuse et du garde des sceaux, étoient maîtres de l'esprit de M. le duc d'Orléans (*de M. d'Orléans*, 1662). Ils avoient, outre cela, de puissantes cabales dans le peuple, et dans le Parlement, qu'ils faisoient agir selon leur besoin. La duchesse de Chevreuse et M. de Châteauneuf n'étoient point encore suspects au Cardinal. Il ignoroit la proposition du mariage, etc. »

1. Et la désertion. (*Ms. H, réd.* 2.) — Et, si on peut parler ainsi, la désertion. (*Ms. H, réd.* 1.)

2. A y consentir, et en ruinant ensuite l'abbé de la Rivière auprès de lui (*Ms. H, réd.* 1 et 2.)

enfin de se retirer¹. Il sortit le soir de Paris à cheval, sans trouver d'obstacle, et, suivi de quelques-uns des siens, il s'en alla² à Saint-Germain³. Cette retraite n'a-

1. « Mme de Chevreuse, qui, depuis la prison du Prince, avoit paru assez attachée à la Reine, et qui faisoit mine d'être amie du Cardinal, et de lui donner de salutaires avis, lui conseilla de s'éloigner pour quelque temps, afin de laisser passer l'orage.... Par préférence à toutes choses, elle vouloit voir les Princes sortir de prison, et que le mariage de sa fille se fît. » (*Mme de Motteville*, tome III, p. 289.)

2. * Il alla. (*Ms. H, réd.* 1 *et* 2.)

3. Il « sortit de Paris à pied, le 6 février 1651, sur les onze heures de nuit, dit Guy Joli (tome I, p. 162), en habit gris, accompagné seulement de son écuyer et de trois autres personnes, qui le menèrent par la porte de Richelieu, jusqu'au rendez-vous, où ils trouvèrent des chevaux tout prêts, lesquels ayant montés, ils allèrent joindre un gros de cinq cents chevaux, qui le conduisirent à Saint-Germain. » — Le récit de Mme de Motteville (tome III, p. 291) diffère par quelques petites circonstances : « Il se vêtit, dit-elle, d'une casaque rouge, prit un chapeau avec des plumes, et sortit à pied du Palais-Royal, suivi de deux de ses gentilshommes. Il alla par la porte de Richelieu, où il trouva de ses gens qui l'attendoient avec des chevaux ; de là il alla passer la nuit à Saint-Germain. » Il était convenu que le Cardinal serait rejoint par la Reine, si celle-ci ne réussissait pas à calmer l'orage. Au sujet de ce départ, on lit, à la date du 11 février 1651, dans la *Muze historique* de Loret, p. 91 et 92 :

> Le Cardinal, lundi, la nuit,
> Fit sa retraite à petit bruit,
> Et sortit par l'huis de derrière,
> La lune servant de lumière....
>
> On dit qu'en sortant de la porte,
> Il fit ses regrets de la sorte :
> « Adieu, plaisant Palais-Royal,
> Qui me servoit d'Escurial....
>
> O Richelieu (par parenthèse),
> Qui maintenant es à ton aise,
> Mille et mille fois plus que moi,
> Qui suis en piteux désarroi,
> Si, devenant fier comme Hérode,
> J'eusse un peu suivi ta méthode,

doucit point les esprits des Parisiens ni du Parlement. On craignoit même qu'il ne fût allé au Havre, pour enlever les Princes, et que la Reine n'eût dessein en même temps d'emmener[1] le Roi hors de Paris. Cette pensée fit prendre de nouvelles précautions. On redoubla toutes les gardes des portes et des rues proche du Palais-Royal, et il y eut encore toutes les nuits non-seulement des partis de cavalerie pour s'opposer à la sortie du Roi[2], mais un soir[3] que la Reine avoit effectivement dessein de l'emmener, un des principaux officiers de la maison en donna avis[4] à M. le duc d'Orléans, qui envoya des

> Beaucoup qui font les entendus
> Eussent sans doute été pendus,
> Et d'autres qui font tant les bêtes,
> A présent n'auroient plus de têtes »....
>
> Il en eût davantage dit,
> Sans quelque bruit qu'il entendit,
> Qui lui ferma soudain la bouche,
> Et ne sut plus dire que : « Touche. »
> Lors son cocher toucha soudain,
> Et tira droit à Saint-Germain.

1. De mener. (*Ms. H, réd.* 1 *et* 2.)

2. « Les portes étoient si bien gardées, qu'il ne sortoit personne à pied ni en carrosse qui ne fût examiné, et point de femme qui ne fût démasquée, pour voir si elle n'étoit point la Reine. » (*Mme de Motteville*, tome III, p. 311.)

3. Des partis de cavalerie par la ville pour s'opposer..., mais aussi, un soir. (*Ms. H, réd.* 1 *et* 2.)

4. Mme de Motteville (tome III, p. 304) confesse que la Reine, dans la nuit du 9 au 10 février, eut en effet l'intention de s'évader de Paris avec le jeune Roi. « Véritablement, dit Retz (tome III, p. 34 et 35, éd. Ch.), l'avis ne venoit pas d'assez bon lieu. Le maréchal d'Aumont, capitaine des gardes en quartier, le faisoit donner sous main et de concert avec le maréchal d'Albret.... Le maréchal de Villeroy avoit fait donner, au même instant, le même avis par le garde des sceaux. » On lit, d'autre part, dans le *Journal du Parlement* (année 1651, p. 42) : « On parloit diversement de ce bruit ; les uns disoient qu'il y avoit eu dessein formé, que le maréchal de la Motte l'ayant su, étoit monté à cheval et avoit éveillé le

Ouches[1], à l'heure même, supplier la Reine de ne persister pas davantage dans un dessein si périlleux et que tout le monde étoit résolu d'empêcher; mais, quelques protestations que la Reine pût faire, on n'y voulut ajouter aucune foi. Il fallut que des Ouches visitât le Palais-Royal pour voir si les choses paroissoient disposées à une sortie, et qu'il entrât même[2] dans la chambre du Roi, afin de pouvoir rapporter qu'il l'avoit vu couché dans son lit[3].

Les affaires étant en ces termes[4], le Parlement, de son côté, donnoit tous les jours des arrêts, et faisoit de nouvelles instances à la Reine pour la liberté des Princes; mais les réponses qu'elle faisoit étoient toujours ambiguës et aigrissoient[5] les esprits au lieu de les apaiser. Elle avoit cru éblouir le monde en envoyant le maréchal de Gramont[6] au Havre[7] amuser Messieurs les Princes d'une fausse négociation, et lui-même l'avoit été des belles apparences de ce voyage; mais, comme

bourgeois, et qu'au Palais-Royal, voyant tout découvert, on s'étoit couché plus tôt qu'à l'ordinaire. D'autres disoient que c'étoit le maréchal de la Motte qui avoit voulu se saisir de la personne du Roi et l'emmener au palais d'Orléans : ce qui étoit sans fondement ni raisonnement aucun. »

1. Des Ouches, dont le nom, dans les anciennes éditions et dans les *Mémoires de Mme de Motteville*, est écrit *de Souches*, était capitaine de la garde suisse de Gaston d'Orléans.

2. *Et qu'il entrât ensuite. (*Ms. H, réd.* 1 et 2.)

3. Voyez le récit de sa visite au Palais-Royal dans *Mme de Motteville*, tome III, p. 308-310, et dans *Montglat*, tome II, p. 277.

4. Les choses étoient en ces termes lorsque.... (*Ms. H, réd.* 1.)

5. Et (mais, réd. 1) ses réponses étant ambiguës aigrissoient.... (*Ms. H, réd.* 1 et 2.)

6. Sur Antoine, comte de Guiche, puis duc de Gramont (1648), maréchal depuis 1641, voyez ci-dessus la note 8 de la page 76.

7. Ces mots : *au Havre*, ne sont pas dans le ms. H (réd. 1), ni dans les anciennes éditions ; ces dernières remplacent les mots : « amuser Messieurs les Princes d'une fausse négociation », par ceux-ci : « trouver les Princes ».

il ne devoit rien produire pour leur liberté, on connut bientôt que tout ce que la Reine[1] avoit fait jusques alors n'étoit que pour gagner du temps[2]. Enfin, se voyant pressée de toutes parts[3], et ne sachant pas encore certainement[4] si le Cardinal prendroit le parti de délivrer les Princes ou de les emmener avec lui, elle résolut[5] de promettre solennellement au Parlement la liberté des Princes sans plus différer[6]; et le duc de la Rochefoucauld fut choisi pour aller porter au Havre, au sieur de Bar, qui les gardoit[7], cet ordre si positif et qui détruisoit tous ceux qu'il auroit pu avoir au contraire. M. de la Vrillière[8], secrétaire d'État, et Comminges, capitaine des gardes de la Reine, eurent charge de l'accompagner pour rendre[9] la chose plus solennelle[10] et laisser moins de lieu[11] de douter de la sincérité de la Reine. Mais tant de belles apparences n'éblouirent pas le duc de la Rochefoucauld : il[12] dit, en partant, à M. le duc d'Orléans,

1. Que tout ce qu'elle. (*Ms. H, réd. 1 et 2.*)
2. **Pour gagner temps. (*Ms. H, réd. 1 et 2.*)
3. Enfin voyant augmenter le mal de toutes parts. (*Ms. H, réd. 1 et 2.*)
4. Et ne sachant encore point certainement. (*Ms. H, réd. 1 et 2.*)
5. **Avec lui. De plus, craignant que les esprits aigris de tant de remises ne se portassent à d'étranges extrémités, elle se résolut. (*Ms. H, réd. 1 et 2.*)
6. * Sans plus de retardement. (*Ms. H, réd. 1 et 2.*)
7. Voyez les *Mémoires de Mademoiselle*, tome I, p. 284 et 285.
8. Sur la Vrillière, secrétaire d'État, voyez ci-dessus, p. 172 et note 2.
9. Pour rendre encore. (*Ms. H, réd. 1.*)
10. Ce qui est présenté ici comme le principal n'est plus que l'accessoire dans Mme de Motteville, qui dit (tome III, p. 305) : « Elle envoya la Vrillière, secrétaire d'État, les porter au Havre (*les ordres*), et Comminges avec lui pour féliciter les Princes de sa part.... Le duc de la Rochefoucauld accompagna cette ambassade. »
11. * Laisser moins lieu. (*Ms. H, réd. 1 et 2.*)
12. Quoiqu'il reçut avec joie une si avantageuse commission, il

que la sûreté de tant d'écrits et de tant de paroles si solennellement données dépendoit du soin qu'on apporteroit à garder le Palais-Royal, et que la Reine se croiroit dégagée de tout, du moment qu'elle seroit hors de Paris. En effet, on a su depuis qu'elle envoya en diligence donner avis de ce voyage[1] au Cardinal, qui étoit prêt d'arriver au Havre, et lui dire que, sans avoir égard à ses promesses et à l'écrit signé du Roi, d'elle et des secrétaires d'État, dont le duc de la Rochefoucauld et M. de la Vrillière étoient chargés, il pouvoit disposer à son gré de la destinée des Princes[2], pendant qu'elle chercheroit toutes sortes de voies pour tirer le Roi hors de Paris[3]. Cet avis ne fit pas changer de dessein au Cardinal : il résolut[4], au contraire, de voir lui-même Monsieur le Prince, et de lui parler en présence de M. le prince de Conti, du duc de Longueville et du maréchal de Gramont. Il commença d'abord à justifier sa conduite[5] sur les choses générales ; il lui dit ensuite, sans paroître embarrassé[6] et avec assez de fierté, les divers sujets qu'il avoit eus[7] de se plaindre de lui, et les raisons qui l'avoient porté à le faire arrêter. Il lui demanda néan-

---

(*Ms. H, réd.* 2). — *Il reçut avec joie une si avantageuse commission, mais il dit. (*Ms. H, réd.* 1.)

1. *Avis de ces choses. (*M. H, réd.* 1.)
2. De la liberté des Princes. (*Ms. H, réd.* 1.)
3. Mme de Motteville, après avoir donné la teneur du billet écrit par la Reine à de Bar, en date du 6 février, s'exprime ainsi (tome III, p. 313) : « Par les choses que me fit l'honneur de me dire la Reine, et par mille autres conjectures, je crois pouvoir dire au hasard que l'intention du Cardinal étoit de demeurer le maître au Havre... ; qu'en ce cas, le projet de la Reine eût été de sortir de Paris, et qu'elle se seroit moquée par cette voie de toutes les intrigues.... »
4. Il se résolut. (*Ms. H, réd.* 1 et 2.)
5. Par justifier sa conduite. (*Ms. H, réd.* 1 et 2.)
6. Sans paroitre être embarrassé. (*Ms. H, réd.* 1.)
7. Dans le manuscrit D, le mot *eu* (sic) est en interligne.

moins son amitié; mais il l'assura en même temps qu'il étoit libre de la lui accorder ou de la lui refuser, et que le parti qu'il prendroit[1] n'empêcheroit pas qu'il ne pût sortir du Havre, à l'heure même, pour aller où il lui plairoit[2]. Apparemment Monsieur le Prince fut facile à promettre ce qu'on desiroit de lui. Ils dînèrent ensemble avec toutes les démonstrations d'une grande réconciliation[3]; et incontinent après le Cardinal prit congé de lui et le vit monter en carrosse avec M. le prince de Conti, le duc de Longueville et le maréchal de Gramont. Ils vinrent coucher à trois lieues du Havre, dans une maison nommée Grosmesnil[4], sur le chemin de Rouen, où le duc de la Rochefoucauld, M. de la Vrillière, Comminges et le président Viole arrivèrent presque en même

1. Et que le parti qu'il prendroit là-dessus. (*Ms. H, réd.* 1.)
2. Retz dit (tome III, p. 40, éd. Ch.) que le Cardinal « fit toutes les bassesses imaginables à Monsieur le Prince, qui le traita avec beaucoup de hauteur et qui ne lui fit pas le moindre remerciement de la liberté qu'il lui donna, après avoir dîné avec lui. » — Suivant Guy Joli (tome I, p. 169), « il s'humilia jusqu'à embrasser les genoux de Monsieur le Prince, les larmes aux yeux, en lui demandant sa protection; mais il ne put tirer de S. A. que des paroles assez froides et générales, pendant une heure de conférence qu'il eut avec lui. » Voyez aussi la *Suite du vrai Journal du Parlement*, année 1651, p. 44. Cette entrevue de Mazarin et des Princes fit l'objet d'un pamphlet publié à Paris sous ce titre : *L'Entretien de Mazarin avec M. de Bar, gouverneur de la citadelle du Havre de Grâce, avec sa confession générale, faite à Messieurs les Princes avant leur sortie dudit Havre*, etc.
3. « Ce repas se fit dans la même liberté que s'ils eussent été tous satisfaits les uns des autres. La comédie du monde le vouloit ainsi. Celle-là étoit belle : les acteurs en étoient grands et illustres, et les événements plus véritables qu'il ne convenoit pour le repos de la Reine. » (*Mme de Motteville*, tome III, p. 315.)
4. « Il vint de là coucher à Gromeni, à quatre lieues de là, chez un gentilhomme de mes parents, qui faisoit bonne chère à tous ceux qui le venoient voir, mais qui ne s'attendoit pas d'avoir une si grande compagnie. » (*Mme de Motteville*, tome III, p. 316.)

temps¹ et furent témoins des premiers moments de leur joie. Ils recouvrèrent ainsi leur liberté treize mois après l'avoir perdue. Monsieur le Prince supporta² cette disgrâce avec beaucoup de résolution et de constance, et ne perdit aucune occasion de faire cesser³ son malheur. Il fut abandonné de plusieurs de ses amis; mais on peut dire avec vérité que nul autre n'en a jamais trouvé⁴ de plus fermes et de plus fidèles que ceux qui lui restèrent⁵. Jamais personne de sa qualité n'a été accusé de moindres crimes, ni arrêté avec moins de sujet⁶; mais sa naissance, son mérite et son innocence même⁷, qui devoient avec justice empêcher sa prison, étoient de grands sujets de la faire durer, si la crainte et l'irrésolution du Cardinal et tout ce qui s'éleva en même temps contre lui, ne lui eussent fait prendre de fausses mesures dans le commencement et dans la fin de cette affaire.

1. Arrivèrent un moment après eux. (*Ms. H*, réd. 1.)
2. *On peut dire que Monsieur le Prince supporta. (*Ms. H*, réd. 1.)
3. *Et qu'il ne perdit jamais une occasion de travailler lui-même à faire cesser. (*Ms. H*, réd. 1 et 2.)
4. *Mais on peut dire aussi que jamais homme n'en a trouvé. (*Ms. H*, réd. 1.) — Mais on peut dire avec vérité que jamais homme n'en a trouvé. (*Ms. H*, réd. 2.)
5. Guy Joli (tome I, p. 171) fait une réflexion analogue.
6. Omer Talon (tome I, p. 51 et 52) en juge de même, lorsque, à propos de la lettre du Roi, en date du 20 janvier 1650, sur la détention des Princes, il écrit : « Cette lettre ne contient aucune accusation précise contre Monsieur le Prince qui le rendit coupable. » Talon va jusqu'à faire observer que le prince de Condé pourra même plus tard se prévaloir du contenu de cette lettre et l'imputer « à sa justification. » La justesse de cette remarque est confirmée par la teneur des lettres patentes rendues le 28 février 1651 en faveur de l'innocence de Monsieur le Prince : voyez le *Journal du Parlement*, p. 49 et 50.
7. *Même* est omis dans le ms. H (réd. 1 et 2) et dans les anciennes éditions ; il est en interligne dans le ms D.

IV[1].

[Février-août 1651.]

La prison de Monsieur le Prince avoit ajouté[2] un nouveau lustre à sa gloire, et il arrivoit à Paris[3] avec tout l'éclat qu'une liberté si avantageusement obtenue lui pouvoit donner. M. le duc d'Orléans et le Parlement l'avoient arrachée des mains de la Reine; le Cardinal étoit à peine échappé de celles du peuple, et sortoit du Royaume chargé de mépris et de haine; enfin, ce même

---

1. La partie IV est tout entière dans les éditions anciennes, non pas seulement à partir de 1689, mais aussi dans celles de 1662-1688, qui du premier tiers du morceau précédent ne nous donnent que quelques fragments. Dans le manuscrit D de la Roche-Guyon, source de notre texte, il n'y a pas ici de coupure. On y lit seulement à la marge, de la main de l'annotateur, ce titre, qui est celui de l'impression de 1689 et des suivantes : *Relation de ce qui se passa depuis la prison des Princes jusqu'à la guerre de Guyenne.* Dans les éditions précédentes et dans celle de 1717, il y a simplement : *Ce qui se passa depuis la prison, etc.* Renouard (1804) a ainsi modifié l'intitulé : *Retour des Princes à Paris et leur retraite à Saint-Maur.* Dans le ms. H de la Bibliothèque nationale, cette partie n'est séparée de ce qui précède que par un petit parafe et ne porte point de titre. Il n'y a ni titre ni séparation aucune dans les éditions de 1826 et de 1838. — Nous avons dit dans la *Notice* et l'on a pu voir à la partie III que les éditions anciennes, antérieures à 1804, peuvent se diviser, pour l'état du texte, en deux séries : une première, de 1662 à 1688 inclusivement (y compris 1717); une seconde, de 1689 à 1804 exclusivement. Par un seul astérisque nous indiquons, comme pour le morceau précédent, qu'une variante se trouve dans la seconde série; par deux astérisques, qu'elle est dans les deux séries; par une croix, qu'elle est seulement dans la première.

2. **Avoit apporté. (*Ms. H*, réd. 1.)

3. Le 16 février 1651. (*Journal du Parlement*, p. 45.)

peuple qui, un an auparavant, avoit fait des feux de joie de la prison¹ de Monsieur le Prince, venoit de tenir la cour assiégée dans le Palais-Royal pour procurer sa liberté. Sa disgrâce sembloit avoir changé en compassion la haine qu'on avoit eue² pour son humeur et pour sa conduite, et tous espéroient également que son retour rétabliroit l'ordre et la tranquillité publique³.

Tel étoit l'état des choses⁴ lorsque Monsieur le Prince arriva à Paris avec M. le prince de Conti et le duc de Longueville. Une foule innombrable de peuple et de personnes de toutes qualités alla au-devant de lui jusqu'à Pontoise. Il rencontra, à la moitié du chemin, M. le duc d'Orléans, qui⁵ lui présenta le duc de Beaufort et le coadjuteur de Paris⁶, et il fut conduit au Palais-Royal au milieu de ce triomphe et des acclamations publiques⁷. Le Roi, la Reine et M. le duc d'Anjou⁸ étoient demeurés au Palais-Royal⁹ avec les seuls officiers de leur maison, et Monsieur le Prince y fut reçu comme un homme qui étoit plus en état de faire grâce que de la demander¹⁰.

Plusieurs ont cru que M. le duc d'Orléans et lui

---

1. De la prise. (*Ms. H, réd.* 1 *et* 2.) — Dans les anciennes éditions : « du malheur ».

2. *L'aversion qu'on avoit eue auparavant. (*Ms. H, réd.* 1.)

3. **La tranquillité de l'État. (*Ms. H, réd.* 1.)

4. **Les choses étoient disposées de la sorte. (*Ms. H, réd.* 1.)

5. *Il rencontra M. le duc d'Orléans à la moitié du chemin, qui, etc. (*Ms. H, réd.* 1 *et* 2.)

6. « Monsieur alla au-devant d'eux jusques à mi-chemin de Saint-Denis. Il les prit dans son carrosse, où nous étions aussi, M. de Beaufort et moi. » (*Retz*, tome III, p. 41 et 42, éd. Ch.)

7. Voyez la *Muze historique*, p. 94 et 95.

8. Sur le duc d'Anjou, voyez ci-dessus, p. 59, note 10.

9. **Y étoient demeurés. (*Ms. H, réd.* 1 *et* 2.)

10. L'entretien eut lieu dans la ruelle de la Reine, qui était au lit; il ne dura qu'un quart d'heure, disent le *Journal du Parlement*, p. 46, et *Mme de Motteville*, tome III, p. 317.

MÉMOIRES. [1651] 239

firent une faute très-considérable de laisser jouir la Reine plus longtemps de son autorité : il étoit facile de la lui ôter; on pouvoit faire passer la Régence à M. le duc d'Orléans par un arrêt du Parlement, et remettre non-seulement entre ses mains la conduite de l'État, mais aussi la personne du Roi, qui manquoit seule pour rendre le parti des Princes aussi légitime en apparence qu'il étoit puissant en effet. Tous les partis y eussent consenti, personne ne se trouvant en état ni même en volonté de s'y opposer, tant l'abattement et la fuite du Cardinal avoient laissé de consternation à ses amis. Ce chemin si court et si aisé auroit sans doute empêché pour toujours le retour de ce ministre, et ôté à la Reine l'espérance de le rétablir. Mais Monsieur le Prince, qui revenoit comme en triomphe, étoit encore trop ébloui de l'éclat de sa liberté pour voir distinctement tout ce qu'il pouvoit entreprendre. Peut-être aussi que la grandeur de l'entreprise l'empêcha d'en connoître la facilité. On peut croire même, que la connoissant, il ne put se résoudre de laisser passer[1] toute la puissance à M. le

1. Voici quelle est, pour le commencement de ce paragraphe, la première rédaction du ms. H, reproduite, avec un petit nombre de légères différences, par la seconde série des anciennes éditions : « Plusieurs ont cru que M. le duc d'Orléans et lui en firent en effet une bien grande (*une bien grande grâce*) à la Reine de la laisser jouir plus longtemps de son autorité; car il étoit facile alors de la lui faire ôter par le Parlement, du consentement de tous les partis, la cour n'étant en état ni même en volonté de s'y opposer, tant l'abattement et la fuite du Cardinal y avoient laissé d'incertitude et de consternation. Ce chemin si court et si aisé lui fermoit sans doute pour toujours celui de son retour en France, et ôtoit tout d'un coup à la Reine l'espérance de voir rétablir sa puissance et son ministre. Les moyens en étoient aisés, comme je viens de dire, et on pouvoit sans peine faire passer par un arrêt la Régence à M. le duc d'Orléans, et remettre.... qu'il eût été puissant en effet. Mais soit que Monsieur le Prince, ne faisant que d'arriver comme en triomphe, en eût encore l'esprit tout plein et qu'il crût que ce change-

duc d'Orléans, qui étoit entre les mains des Frondeurs[1], dont Monsieur le Prince ne vouloit pas dépendre. D'autres ont cru plus vraisemblablement qu'ils espéroient, l'un et l'autre[2], que quelques négociations commencées et la foiblesse du gouvernement établiroit leur autorité par des voies plus douces et plus légitimes[3]. Enfin ils laissèrent à la Reine son titre et son pouvoir, sans rien faire de solide[4] pour leurs avantages. Ceux qui considéroient leur conduite, et en jugeoient alors selon les vues ordinaires, remarquoient qu'il leur étoit arrivé ce qui arrive souvent[5] en de semblables rencontres, même[6] aux plus grands hommes qui ont fait la guerre à leurs souverains, qui est de n'avoir pas su se prévaloir de certains moments favorables et décisifs[7]. Ainsi le duc de Guise[8], aux premières barricades de Paris[9], laissa sortir

ment si soudain de sa fortune méritoit d'être goûté quelque temps avant que d'entreprendre de si grandes choses, ou soit que la grandeur de cette entreprise l'empêchât d'en connoître la facilité, ou bien que la connoissant, il ne pût se résoudre à laisser transférer. » — Voyez ci-après, p. 241, note 7.

1. *Qui étoit lui-même en celle des Frondeurs. (*Ms. H*, réd. 1.)
2. * Dépendre; ou soit, plus vraisemblablement encore, qu'ils crussent, l'un et l'autre. (*Ms. H*, réd. 1.)
3. *Plus légitimes que celles que je viens de dire. (*Ms. H*, réd. 1.)
4. Et ne firent rien de solide. (*Ms. H*, réd. 1.)
5. Ce qui est arrivé souvent. (*Ms. H*, réd. 1.)
6. * Et même. (*Ms. H*, réd. 1 et 2.)
7. Favorables, précieux et décisifs, dans lesquels ils les pouvoient entièrement opprimer. (*Ms. H*, réd. 1.) — Rapprochez de la *maxime* 453 : « Dans les grandes affaires on doit moins s'appliquer à faire naître des occasions qu'à profiter de celles qui se présentent », et de la *maxime* 343 (tome I, p. 198 et 165). Comparez aussi avec cette réflexion de Retz (tome II, p. 94 et 95) : « Il n'y a rien dans le monde qui n'ait son moment décisif, et le chef-d'œuvre de la bonne conduite est de connoître et de prendre ce moment. »
8. Henri Ier de Lorraine, troisième duc de Guise, dit *le Balafré*, né à la fin de 1550, assassiné à Blois le 23 décembre 1588.
9. Le 12 mai 1588.

le Roi[1], après l'avoir tenu comme assiégé dans le Louvre tout un jour et une nuit; et ainsi ceux qui disposoient du peuple de Paris aux dernières barricades[2] lui laissèrent passer[3] toute sa fougue à se faire accorder par force le retour de Broussel et du président de Blancmesnil, et ne songèrent point[4] à se faire livrer le Cardinal, qui les avoit fait enlever, et qu'on pouvoit[5] sans peine arracher du Palais-Royal, qui étoit bloqué[6]. Enfin, quelles que fussent les raisons des Princes, ils laissèrent échapper une conjoncture si importante, et cette entrevue se passa[7] seulement en civilités ordinaires, sans témoigner d'aigreur de part ni d'autre, et sans parler d'affaires. Mais la Reine desiroit trop[8] le retour du Cardinal pour ne tenter pas toutes sortes de voies pour y disposer Monsieur le Prince. Elle lui fit offrir par Mme la princesse Palatine de faire une liaison étroite avec lui, et de lui procurer toute sorte d'avantages à cette condition[9]; mais, comme ces termes étoient généraux, il n'y répondit que par des civilités qui ne l'engageoient à rien[10]. Il crut même que c'étoit un artifice de la Reine

---

1. *Aux premières barricades, laissa sortir le Roi de Paris. (*Ms. H, réd.* 1.)
2. Le 26 août 1648. Voyez plus haut, p. 103.
3. *Ainsi le peuple de Paris aux dernières barricades passa, etc. (*Ms. H, réd.* 1 et 2.)
4. Et ne songea point. (*Ms. H, réd.* 1 et 2.)
5. Et qu'il pouvoit. (*Ms. H, réd.* 1 et 2.)
6. * Qu'il tenoit bloqué. (*Ms. H, réd.* 1.)
7. Les réflexions politiques par lesquelles commence ce paragraphe : « Plusieurs ont cru, etc. » (p. 238), ne sont pas dans les anciennes éditions de la première série (1662-1688). Celles-ci reprennent à : « Cette entrevue se passa. »
8. **Trop impatiemment. (*Ms. H, réd.* 1.)
9. Sur le rôle de la princesse Palatine en cette occasion, voyez *Mme de Motteville*, tome III, p. 331.
10. **Qui ne l'engageoient pas. (*Ms. H, réd.* 1.)

pour renouveler contre lui l'aigreur générale, et, en le rendant suspect à M. le duc d'Orléans, au Parlement et au peuple, par cette liaison secrète, l'exposer à retomber dans ses premiers malheurs. Il considéroit encore qu'il étoit sorti de prison par un traité signé avec Mme de Chevreuse, par lequel M. le prince de Conti devoit épouser sa fille[1]; que c'étoit principalement par cette alliance que les Frondeurs et le coadjuteur de Paris prenoient confiance en lui, et qu'elle faisoit aussi le même effet envers le garde des sceaux[2] de Châteauneuf, qui tenoit alors la première place dans le Conseil et qui étoit inséparablement attaché à Mme de Chevreuse. D'ailleurs cette cabale subsistoit encore avec les mêmes apparences de force et de crédit, et elle lui offroit le choix des établissements pour lui et pour Monsieur son frère. M. de Châteauneuf venoit même de les rétablir tous deux, et le duc de Longueville aussi, dans les fonctions de leurs charges. Enfin Monsieur le Prince trouvoit du péril et de la honte de rompre avec des personnes[3] dont il avoit reçu tant d'avantages et qui avoient si puissamment contribué à sa liberté.

Quoique ces réflexions fissent balancer Monsieur le Prince, elles ne ralentirent pas[4] le dessein de la Reine. Elle desira toujours avec la même ardeur[5] d'entrer en né-

---

1. Un autre mariage encore, entre le jeune duc d'Enghien et l'une des filles du duc d'Orléans, formait la base de ce plan qui, selon l'expression de V. Cousin (*Madame de Longueville pendant la Fronde*, p. 7), eût donné « à jamais la maison de Condé à la Fronde, et la Fronde à la maison de Condé, » et qui émut si fort Mazarin dans sa retraite de Brühl, près de Cologne.

2. † Vers le garde des sceaux. (*Ms. H, réd.* 1 et 2.)

3. ** Avec des gens. (*Ms. H, réd.* 1.)

4. Si ces réflexions firent balancer..., elles ne ralentirent pas néanmoins. (*Ms. H, réd.* 1.)

5. † Toujours avec même ardeur. (*Ms. H, réd.* 1 et 2.)

gociation avec lui, espérant, ou de l'attacher véritablement à ses intérêts, et s'assurer par là du retour du Cardinal, ou de le rendre de nouveau suspect à tous ses amis. Dans cette vue, elle pressa Mme la princesse Palatine de faire expliquer Monsieur le Prince sur ce qu'il pouvoit desirer pour lui et pour ses amis, et lui donna tant d'espérance de l'obtenir[1], que cette princesse le fit enfin résoudre de traiter et de voir secrètement chez elle MM. Servien et de Lyonne[2]. Il voulut que le duc de la Rochefoucauld s'y trouvât aussi, et il le fit de la participation de M. le prince de Conti et de Mme de Longueville.

Le premier projet du traité qui avoit été proposé par Mme la princesse Palatine étoit qu'on donneroit la Guyenne à Monsieur le Prince[3], avec la lieutenance générale pour celui de ses amis qu'il voudroit; le gouvernement de Provence pour M. le prince de Conti[4]; qu'on feroit des gratifications à ceux qui avoient suivi ses intérêts; qu'on n'exigeroit de lui que d'aller dans son gouvernement avec ce qu'il choisiroit de ses troupes pour sa sûreté; qu'il y demeureroit sans contribuer au retour du cardinal Mazarin, mais qu'il ne s'y opposeroit pas; et quoi qu'il arrivât, que Monsieur le Prince[5] seroit libre d'être son ami ou son ennemi, selon que sa conduite lui en donneroit sujet. Ces mêmes conditions furent non-seulement confirmées, mais encore augmentées par MM. Servien et de Lyonne; car sur ce que Mon-

---

1. ** D'obtenir toutes choses. (*Ms. H*, réd. 1.)
2. Hugues de Lionne, marquis de Berny, né en 1611, secrétaire des commandements de la Reine depuis 1646, ministre d'État en 1659, mort en 1671.
3. En échange de la Bourgogne, comme il est dit plus loin, p. 256.
4. Au lieu de la Champagne et de la Brie.
5. ** Mais qu'il ne s'opposeroit pas (*aussi*, réd. 1) à ce que le Roi feroit pour le faire revenir, et que, quoi qu'il arrivât, Monsieur le Prince. (*Ms. H*, réd. 1 et 2.)

sieur le Prince vouloit faire joindre le gouvernement de Blaye à la lieutenance générale de Guyenne pour le duc de la Rochefoucauld[1], ils lui en donnèrent toutes les espérances qu'il pouvoit desirer. Il est vrai qu'ils demandèrent du temps pour traiter avec M. d'Angoulême[2] du gouvernement de Provence, et pour achever de disposer la Reine à accorder Blaye ; mais apparemment ce fut pour rendre compte[3] au Cardinal de ce qui se passoit et recevoir ses ordres[4]. Ils s'expliquèrent aussi de la répugnance que la Reine avoit au mariage de M. le prince de Conti et de Mlle de Chevreuse; mais on ne leur donna pas lieu d'entrer plus avant en matière sur ce sujet[5], et l'on fit seulement connoître que l'engagement que l'on avoit pris avec Mme de Chevreuse étoit trop grand pour chercher des expédients de le rompre. Ils n'insistèrent pas sur cet article : ainsi l'on crut[6] que la liaison de la Reine avec Monsieur le Prince[7] étoit sur le point de se conclure.

1. Comme appoint au Poitou. Retz dit (tome III, p. 55, éd. Ch.) qu'on promit la lieutenance de Roi de Guyenne et le gouvernement de Blaye au duc de la Rochefoucauld « qui étoit du secret de la négociation, et qui y étoit même présent. »

2. Avec Madame d'Angoulême. (*Ms. H, réd.* 1 *et* 2.) — Elle était veuve depuis la fin de 1650 du duc Charles d'Angoulême, fils naturel du roi Charles IX, mort à l'âge de soixante-dix-huit ans. Il s'agit ici de son fils Louis-Emmanuel de Valois, d'abord comte d'Alais, puis duc d'Angoulême, gouverneur de Provence, né en 1596, mort en 1653. Cousin germain de Condé par sa mère, il servit en Provence la cause de la seconde Fronde.

3. **Pour pouvoir rendre compte. (*Ms. H, réd.* 1 *et* 2.)

4. La duchesse de Nemours, qui tenait pour la cour, et qui devait connaitre les dessous de cartes, avoue dans ses *Mémoires* (p. 237) qu'on n'avait pas la moindre envie de tenir parole.

5. **En matière là-dessus. (*Ms. H, réd.* 1.)

6. **Sur cet article, et on se sépara de sorte qu'on pouvoit croire raisonnablement. (*Ms. H, réd.* 1 *et* 2.)

7. ** Et de Monsieur le Prince. (*Ms. H, réd.* 1 *et* 2.)

L'un et l'autre avoient presque également intérêt que cette négociation fût secrète. La Reine devoit craindre d'augmenter les défiances de M. le duc d'Orléans et des Frondeurs, et de contrevenir sitôt et sans prétexte aux déclarations[1] qu'elle venoit de donner au Parlement contre le retour du Cardinal[2]. Monsieur le Prince, de son côté, n'avoit pas moins de précautions à prendre, puisque[3] le bruit de son traité, en faisant croire[4] à ses amis qu'il l'avoit fait sans leur participation, pouvoit fournir[5] un juste prétexte au duc de Bouillon et à M. de Turenne de quitter ses intérêts. Il craignoit encore que, rompant tout de nouveau avec les Frondeurs et avec Mme de Chevreuse, il ne renouvelât[6] au Parlement et au peuple l'image affreuse de la dernière guerre de Paris. Cette affaire demeura ainsi quelque temps sans éclater; mais celui qu'on avoit pris pour la conclure produisit bientôt des sujets de la rompre, et de porter les choses dans les extrémités où nous les avons vues depuis[7].

Cependant l'assemblée de la noblesse[8] ne s'étoit pas

1. **A toutes les déclarations. (*Ms. H, réd. 1 et 2.*)
2. La déclaration envoyée au Parlement le 20 février 1651, pour y être enregistrée, portait que tous les étrangers seraient exclus désormais des conseils du Roi. Voyez le *Journal du Parlement*, p. 47, et les *Mémoires de Retz*, tome III, p. 42 et 43, éd. Ch.
3. *Puisque* manque dans le ms. H (réd. 1) et dans les anciennes éditions.
4. ** Faisoit croire. (*Ms. H, réd. 1 et 2.*)
5. Et fourniroit dès l'heure. (*Ms. H, réd. 2.*)
6. De quitter ses intérêts, le rendroit encore irréconciliable avec les Frondeurs et avec Mme de Chevreuse, et renouvelleroit. (*Ms. H, réd. 2.*) — De quitter ses intérêts. Il le rendoit encore irréconciliable avec les Frondeurs et avec Mme de Chevreuse, et renouveloit tout d'un coup. (*Ms. H, réd. 1.*)
7. ** Où nous les avons vues du depuis. (*Ms. H, réd. 1 et 2.*)
8. La noblesse s'était assemblée à Paris, dès le 6 février, dans le couvent des Cordeliers. Il s'agissait d'abord de travailler à la délivrance des Princes; on demanda ensuite la convocation des états

séparée, bien que les Princes fussent en liberté; elle continuoit toujours sous divers prétextes. Elle demanda d'abord [1] le rétablissement de ses priviléges et la réformation de plusieurs désordres particuliers; mais son véritable dessein étoit d'obtenir l'assemblée des états généraux [2], qui étoit en effet le plus assuré et le plus innocent remède qu'on pût apporter pour remettre l'État sur ses anciens fondements, dont la puissance trop étendue des favoris semble l'avoir arraché depuis quelque temps. La suite [3] n'a que trop fait voir combien ce projet de la noblesse eût été avantageux au Royaume; mais M. le duc d'Orléans et Monsieur le Prince ne connoissant pas [4] leurs véritables intérêts, et voulant se ménager vers la cour et vers le Parlement, qui craignoient également l'autorité des états généraux [5], au lieu d'ap-

généraux. Lorsque l'assemblée se fut séparée, il y eut encore, jusqu'à la fin de juillet 1652, des associations et des unions dans les provinces, notamment à Magny (entre les gentilshommes de Senlis, de Chaumont, de Mantes, de Meulan, de Chartres, etc.), à Maintenon et à Nogent-le-Roi. Voyez dans le tome II du *Choix de Mazarinades*, p. 230 et suivantes, la *Requête de la noblesse pour l'assemblée des états généraux* (28 février 1651), et, à la même date (*ibidem*, p. 239), la *Déclaration des prétentions de la noblesse assemblée aux Cordeliers à Paris*.

1. *Demandant d'abord. (*Ms. H*, réd. 1.)
2. *D'obtenir les états généraux. (*Ms. H*, réd. 1 et 2.)
3. La suite des événements. (*Ms. H*, réd. 1.)
4. Ne connoissoient pas. (*Ms. H*, réd. 2.)
5. Le parlement de Paris avait, on le sait, la prétention, de par son droit d'enregistrement, de représenter les anciens parlements du Royaume, d'être, comme on disait, une sorte d'*états généraux au petit pied*. Le président de Mesmes soutenait que les parlements « tenoient un rang au-dessus des états généraux, étant juges par la vérification de ce qui y étoit arrêté; que les états généraux n'agissoient que par prières et ne parloient qu'à genoux comme les peuples et sujets; mais que les parlements tenoient un rang au-dessus d'eux, étant comme médiateurs entre le peuple et le Roi. » (*Journal d'Olivier d'Ormesson*, année 1649, tome I, p. 698, édition Chéruel.) —

puyer les demandes de la noblesse, et de s'attirer par là le mérite d'avoir procuré le repos public, ils songèrent[1] seulement aux moyens de dissiper l'assemblée, et crurent avoir satisfait à tous leurs devoirs, en tirant parole de la cour de faire tenir les états six mois après la majorité du Roi[2]. En suite d'une promesse si vaine, l'assemblée se sépara[3].

La cour étoit alors partagée en plusieurs cabales; mais toutes s'accordoient à empêcher le retour du Cardinal[4]. Leur conduite néanmoins étoit différente : les Frondeurs se déclaroient ouvertement contre lui; mais

« Cette compagnie (*le Parlement*), dit de son côté Mme de Motteville (tome III, p. 340), est toujours opposée aux états, à cause qu'ils offusquent son pouvoir, et que le mot de *tiers état* ne lui plait pas. » Voyez aussi *Retz,* tome III, p. 44, éd. Ch.

1. *Le repos public, songèrent. (*Ms. H, réd.* 1 *et* 2.)
2. Cette majorité était fixée au 5 septembre. Aussi le *Journal du Parlement* (séance du 23 mars, p. 67) relève-t-il l'inanité de cette parole de la cour, « attendu que lors, la régence étant finie, la Reine leur promettoit une chose qu'elle ne seroit plus en pouvoir de faire exécuter, si le Roi, majeur alors, n'y consentoit. » Ajoutons que les élections se firent pourtant; des députés même se rendirent à Tours, lieu fixé pour la convocation; mais ils y attendirent en vain l'ouverture des états. A cette date (fin de 1651), le prince de Condé s'était retiré en Guyenne, et de tous côtés on ne pensait plus qu'à la guerre. Bien qu'ajournés de nouveau (au 1er novembre 1652), les états, en fin de compte, ne s'assemblèrent pas. Voyez dans le tome II du *Choix de Mazarinades,* p. 292 et suivantes, la *Requête des trois états,* en date du 17 août 1651, *touchant le lieu et les personnes qu'on doit choisir pour l'assemblée des états généraux,* etc.
3. *L'assemblée se sépara, et les choses reprirent le chemin que je vais dire. (*Ms. H, réd.* 1 *et* 2.) — Tout cet alinéa manque dans les éditions antérieures à 1689.
4. Voyez, en tenant compte de l'exagération propre aux libelles du temps, deux pamphlets rimés, en date de février et de mars 1651, intitulés l'un *la Mazarinade,* l'autre *la Juliade ou Discours de l'Europe à Monseigneur le duc d'Orléans sur l'éloignement du cardinal Mazarin et le retour des Princes. (Choix de Mazarinades,* tome II, p. 227-229 et p. 241-253.)

le garde des sceaux de Châteauneuf paroissoit attaché à la Reine[1], bien qu'il fût le plus dangereux ennemi du Cardinal. Il croyoit que le meilleur moyen de le tenir éloigné et d'occuper sa place, étoit d'affecter d'entrer[2] dans tous les sentiments de la Reine[3]. Elle rendoit compte de tout au Cardinal[4] dans sa retraite, et son éloignement augmentoit encore[5] son pouvoir. Mais, comme ses ordres venoient lentement, et que l'un étoit souvent détruit par l'autre[6], cette diversité apportoit une confusion aux affaires à laquelle on ne pouvoit remédier.

Cependant les Frondeurs pressoient le mariage de M. le prince de Conti et de Mlle de Chevreuse. Les moindres retardements leur étoient suspects, et ils soupçonnoient déjà Mme de Longueville et le duc de la Rochefoucauld d'avoir dessein de le rompre[7], de peur

---

1. Se montroit en apparence attaché à la Reine. (*Ms. H*, réd. 1 et 2.)
2. **Il croyoit cette conduite d'autant plus sûre pour l'éloigner, et pour occuper sa place, qu'il affectoit d'entrer. (*Ms. H*, réd. 1.)
3. **De la Reine, pour hâter son retour. (*Ms. H*, réd. 1 et 2.)
4. Elle rendoit compte exactement au Cardinal de toutes choses. (*Ms. H*, réd. 1.)
5. Et son éloignement avoit encore augmenté. (*Ms. H*, réd. 1 et 2.)
6. Consultez *passim* le recueil des *Lettres de Mazarin à la Reine*, durant les années 1651-1652, publiées par M. Ravenel. 1 vol. in-8. La Rochefoucauld y est nommé *le Rocher* ; le prince de Condé y est désigné par le chiffre 33 et par des noms divers : *le Vaillant, les Crédules, les Embarrassés, les Incertains* ; *le Poltron*, c'est Retz ; et *le Joli*, le duc de Nemours.
7. Le duc de la Rochefoucauld, dit Guy Joli (tome I, p. 178 et 179), « représentoit incessamment à Monsieur le Prince qu'il n'obtiendroit jamais rien de la cour, sans quelque complaisance pour la Reine ; que la continuation de son engagement avec le Coadjuteur, et la consommation de ce mariage l'éloigneroient peut-être sans retour de toutes sortes de grâces. »

que M. le prince de Conti ne sortît de leurs mains, pour entrer dans celles de Mme de Chevreuse et du coadjuteur de Paris. Monsieur le Prince augmentoit encore adroitement leurs soupçons contre Madame sa sœur et contre le duc de la Rochefoucauld, croyant que, tant qu'ils auroient cette pensée, ils ne découvriroient jamais la véritable cause du retardement du mariage, qui étoit que Monsieur le Prince n'ayant encore ni conclu ni rompu son traité avec la Reine, et ayant eu avis que M. de Châteauneuf devoit être chassé, il vouloit attendre l'événement pour faire le mariage, si le Cardinal étoit ruiné par M. de Châteauneuf, ou faire sa cour à la Reine en le rompant[1], si M. de Châteauneuf[2] étoit chassé par le Cardinal.

Cependant, on envoya à Rome pour avoir la dispense[3] sur la parenté[4]. Le prince de Conti l'attendoit avec impatience, tant parce que la personne de Mlle de Chevreuse lui plaisoit, que parce que[5] le changement de condition avoit pour lui la grâce de la nouveauté[6]. Il

1. Ou (*pour*, réd. 1) le rompre et faire par là sa cour à la Reine. (*Ms. H*, réd. 1 *et* 2.)
2. **Ruiné par le garde des sceaux..., si le garde des sceaux. (*Ms. H*, réd. 1.)
3. **Avoir dispense. (*Ms. H*, réd. 1 *et* 2.)
4. Henri I de Condé et Henri I de Guise, les grands-pères paternels du prince de Conty et de Mlle de Chevreuse, avaient épousé les deux sœurs Marie et Catherine de Clèves. Quoique Conty fût petit-fils d'une seconde femme, Charlotte de la Trémoille, cette alliance entre les deux grands-pères constituait, en droit ecclésiastique, une affinité au troisième degré, qui nécessitait une dispense papale.
5. **Et parce que..., et parce que, etc. (*Ms. H*, réd. 1.)
6. Avoit au moins la grâce de la nouveauté, qui est toujours aimable pour les gens de son âge. (*Ms. H*, réd. 1 *et* 2.) — Les anciennes éditions terminent la phrase par : « qui étoit pour lui un charme inévitable. » — L'éditeur de 1804 s'est permis de modifier

cachoit toutefois ce sentiment à ses amis avec tout l'artifice dont il étoit capable; mais il craignoit surtout[1] que Mme de Longueville ne s'en aperçût, de peur de ruiner[2] les apparences d'une passion extraordinaire et bizarre, dont[3] il vouloit qu'elle le crût touché[4]. Dans cet embarras, il pria secrètement le président Viole, qui devoit dresser les articles du mariage, d'accorder tous les points qu'on voudroit contester, et de surmonter toutes les difficultés.

En ce même temps[5], on ôta les sceaux à M. de Châteauneuf[6], et on les donna au premier président Molé[7]. Cette action[8] surprit et irrita les Frondeurs; et le Coadjuteur, ennemi particulier du Premier Président, alla

ainsi la leçon du ms. H : « La grâce de la nouveauté, qui plaît toujours aux gens de son âge. »

1. **Mais il craignoit sur toutes choses. (*M. H*, *réd.* 1.)
2. **Ruiner par là. (*Ms. H*, *réd.* 1.)
3. Les espérances vaines d'une passion extraordinaire, dont, etc. (*Ms. H*, *réd.* 1 et 2.)
4. **Qu'on le crût touché. (*Ms. H*, *réd.* 1). — Voyez plus haut, page 109 et note 5.
5. La phrase est ainsi tournée dans les anciennes éditions : « Dans ce temps-là même, le garde des sceaux de Châteauneuf fut chassé, et le Premier Président prit sa place. » La suite, jusqu'à : « Cependant la Reine rétablit » (p. 252, ligne 3), manque dans les éditions de 1662-1688.
6. L'ami de Mme de Chevreuse. C'était expulser la Fronde du cabinet, où il en était le représentant. Châteauneuf quitta le ministère le 3 avril. Voyez *Retz*, tome III, p. 57, éd. Ch., et *Mme de Motteville*, tome III, p. 350 et suivantes.
7. Né en 1584, fils d'Édouard Molé, procureur général au parlement de Paris pendant la Ligue; il mourut en 1656. Il était premier président depuis 1641. Voyez ci-après, p. 277, note 2. C'était lui qui avait rédigé la déclaration renfermant les dernières volontés de Louis XIII. Voyez son portrait par Retz, tome II, p. 187-189; et V. Cousin, *Madame de Longueville pendant la Fronde*, p. 215 et suivantes, et p. 459 et suivantes. Nous avons eu plusieurs fois l'occasion de citer ses *Mémoires*.
8. *Cette nouvelle. (*Ms. H*, *réd.* 1.)

avec précipitation à Luxembourg[1] en avertir M. le duc d'Orléans et Monsieur le Prince, qui étoient ensemble[2]. Il exagéra devant eux la conduite de la cour avec toute l'aigreur possible, et la rendit si suspecte à M. le duc d'Orléans, que l'on tint sur l'heure un conseil où se trouvèrent plusieurs personnes de qualité, pour délibérer si on iroit à l'instant même au Palais arracher les sceaux au Premier Président, et si on feroit émouvoir[3] le peuple pour soutenir cette violence. Mais Monsieur le Prince y fut entièrement contraire, soit qu'il s'y opposât par raison ou par intérêt ; il y mêla même quelque raillerie, et dit qu'il n'étoit pas assez brave pour s'exposer à une guerre qui se feroit à coups de grès et de tisons[4]. Les Frondeurs furent piqués de cette réponse, et se confirmèrent par là dans l'opinion qu'ils avoient que Monsieur le Prince prenoit des mesures secrètes avec la cour ; ils crurent que l'éloignement[5] de M. de Châteauneuf, et le retour de M. de Chavigny, auparavant secrétaire

---

1. Et non « au Luxembourg, » leçon des éditions de 1817, 26, 38, mais non confirmée par le ms. H. Voyez plus haut, la note 5 de la page 16.
2. *Qui y étoient ensemble. (*Ms. H*, *réd.* 1 *et* 2.)
3. *Si on émouvroit. (*Ms. H*, *réd.* 1 *et* 2.)
4. De grès et de pots de chambre. (*Ms. H*, *réd.* 1.) — Dans les anciennes éditions : « de pierres et de pots de chambre. » — Retz (tome III, p. 58 et 59, éd. Ch.) nomme parmi les personnes qui assistaient à ce conseil le duc de la Rochefoucauld, et, après avoir fait connaître l'opinion que lui, le Coadjuteur, puis Beaufort, émirent en cette circonstance, il ajoute : « Quelqu'un du parti de Messieurs les Princes, je ne me ressouviens pas précisément si ce fut M. de Nemours ou M. de la Rochefoucauld, releva et orna ce discours (*celui de Beaufort*) de tout ce qui pouvoit donner au mien couleur et figure d'une exhortation au carnage. Monsieur le Prince ajouta qu'il confessoit qu'il n'entendoit rien à la guerre des pots de chambre. » Voyez aussi le récit de Mme de Motteville (tome III, p. 353 et 354), et celui de Guy Joli (tome I, p. 181 et 182).
5. *Avec la cour, et que l'éloignement. (*Ms. H*, *réd.* 1 *et* 2.)

d'État[1] et ministre, qui avoit été rappelé en ce même temps, avoient été concertés avec lui, bien qu'en effet il n'y eût aucune part. Cependant la Reine rétablit aussitôt M. de Chavigny dans le conseil. Elle crut que, revenant sans la participation de personne, il lui auroit l'obligation toute entière de son retour, et en effet, tant que M. de Chavigny espéra de gagner créance sur l'esprit de la Reine, il parut éloigné de Monsieur le Prince et de tous ses principaux amis; mais, dès que les premiers jours lui eurent fait connoître que rien ne pouvoit faire changer l'esprit de la Reine pour le Cardinal, il se réunit[2] secrètement avec Monsieur le Prince, et crut[3] que cette liaison l'élèveroit à tout[4] ce que son ambition démesurée lui faisoit desirer. Son premier pas fut d'obliger Monsieur le Prince à déclarer à M. le duc d'Orléans le traité qu'il faisoit avec la Reine, afin qu'il lui aidât à le rompre, et, bien qu'il dût à Mme de Longueville et au duc de la Rochefoucauld toute la confiance que Monsieur le Prince prenoit en lui, il exigea néanmoins de Monsieur le Prince d'ôter à l'un et à l'autre la connoissance précise et entière de ses desseins[5].

Durant que M. de Chavigny agissoit ainsi, l'éloignement de M. de Châteauneuf avoit augmenté les défiances de Mme de Chevreuse touchant le mariage qu'elle souhaitoit ardemment[6] : elle ne se trouvoit plus en état de

1. Ci-devant secrétaire d'État. (*Ms. H, réd.* 1.)
2. ** Il renoua. (*Ms. H, réd.* 1 et 2.)
3. ** Et crut dès ce moment-là. (*Ms. H, réd.* 1.)
4. ** Le porteroit à tout. (*Ms. H, réd.* 1 et 2.)
5. ** Afin qu'il lui aidât à le rompre. Ensuite il exigea de Monsieur le Prince d'ôter à Mme de Longueville et au duc de la Rochefoucauld la connoissance particulière et secrète de ses desseins, bien qu'il dût à tous deux (*à l'une et à l'autre*, anc. éd.) la confiance que Monsieur le Prince prenoit en lui. (*Ms. H, réd.* 1 et 2.)
6. « Il avoit même déjà, raconte Guy Joli (tome I, p. 184), couru

pouvoir procurer à Monsieur le Prince et à ses amis les établissements auxquels elle s'étoit engagée; et cependant Mme de Rhode[1] étoit convenue, par son ordre, avec le duc de la Rochefoucauld que ces établissements[2] et le mariage s'exécuteroient en même temps, et seroient des marques[3] réciproques de la bonne foi des deux partis. Mais si, d'un côté, elle voyoit diminuer ses espérances avec son crédit, elle les reprenoit par les témoignages de passion que M. le prince de Conti donnoit à Mademoiselle sa fille : il lui rendoit mille soins qu'il cachoit à ses amis, et particulièrement à Madame sa sœur; il avoit des conversations très-longues et très-particulières avec Laigue et Noirmoustier, amis intimes de Mlle de Chevreuse; et, contre sa coutume, il ne rendoit plus compte de rien à personne[4]. Enfin sa conduite parut si extraordinaire, que le président de Nesmond[5], serviteur particulier de Monsieur le Prince, se crut obligé de lui donner avis du dessein de Monsieur son frère. Il lui dit qu'il al-

---

un bruit, quand les sceaux furent ôtés à M. de Châteauneuf, que la mère et la fille devoient être exilées, et qu'elles l'avoient cru si bien qu'elles passèrent une nuit sans se déshabiller, ayant leurs bijoux dans une cassette, que Mlle de Chevreuse tenoit sous son bras. »

1. Il s'agit ici de Louise de Lorraine, fille naturelle du cardinal Louis III de Guise, nommé, mais non sacré, archevêque de Reims, et de Charlotte des Essarts, ancienne maîtresse de Henri IV; par son père, elle était nièce du second mari de Mme de Chevreuse. Elle avait épousé, en 1639, Claude Pot, seigneur de Rhodes, grand maître des cérémonies, de la famille de Philippe Pot, le célèbre orateur de la noblesse aux états généraux de 1484.

2. ** Ces mêmes établissements. (*Ms. H*, *réd.* 1 *et* 2.)

3. ** Se devoient exécuter..., et être des marques. (*Ms. H*, *réd.* 1.)

4. Dont, contre sa coutume, il ne rendoit plus de compte à personne. (*Ms. H*, *réd.* 2.)

5. François-Théodore de Nesmond, seigneur de Courberon, président à mortier au parlement de Paris depuis 1636. Membre de la commission qui fut chargée de juger Foucquet, il mourut pendant le procès.

loit épouser Mlle de Chevreuse sans sa participation et sans dispense ; qu'il se cachoit de tous ses amis pour traiter avec Laigue, et que s'il n'y remédioit promptement, il verroit Mme de Chevreuse lui ôter Monsieur son frère et achever ce mariage dans le temps qu'on croyoit qu'il avoit plus d'intérêt de l'empêcher. Cet avis retira Monsieur le Prince de son incertitude ; et, sans concerter sa pensée avec personne, il alla chez M. le prince de Conti. Il commença[1] d'abord la conversation par des railleries[2] sur la grandeur de son amour, et la finit en disant de Mlle de Chevreuse, du Coadjuteur, de Noirmoustier et de Caumartin[3], tout ce qu'il crut de plus capable[4] de dégoûter un amant ou un mari. Il n'eut pas grande peine à réussir dans son dessein. M. le prince

1. Et commença. (*Ms. H, réd.* 1 *et* 2.)
2. L'édition de 1688 fait ici une citation de la *Vie de Turenne* par Courtilz de Sandras (p. 227), publiée, sous le nom de Dubuisson, en 1685 ; nous la complétons et rectifions : « Le prince de Condé, averti de ce qui se passoit, dit au prince de Conty qu'étant d'aussi belle taille et aussi bien fait qu'il étoit[a], il avoit raison de vouloir encore chercher quelque agrément, que son mariage alloit orner sa tête de cornes chargées de mitres, d'armes et de bonnets à cornes, et enfin qu'en prenant Mlle de Chevreuse pour sa femme, il alloit s'assurer de l'Église, de la noblesse et du tiers état. »
3. Louis-François le Fèvre de Caumartin, seigneur de Boissy, petit-fils du diplomate et garde des sceaux Louis le Fèvre. Né en 1624, il devint conseiller d'État ordinaire, et il mourut en 1687. C'était un ami intime et un « confident du Coadjuteur et de Mme de Chevreuse, dont il étoit fort considéré, dit Guy Joli (tome I, p. 139), parce que, tout jeune qu'il étoit, il avoit un esprit prévenant, souple et délicat, avec une grande connoissance des affaires du Parlement : ce qui faisoit que lorsque le Coadjuteur avoit à parler dans la Compagnie, c'étoit Caumartin ou Joli qui dressoient le projet de son discours, et souvent l'un et l'autre ensemble. »
4. *Tout ce qu'il crut le plus capable. (*Ms. H, réd.* 1 *et* 2.)

[a] Il étoit bossu et fort petit. (*Note de Courtilz*.)

de Conti crut qu'il disoit vrai, ou ne voulut[1] pas lui témoigner qu'il en doutoit ; il le remercia[2] d'un avis si salutaire, et résolut de ne point épouser[3] Mlle de Chevreuse. Il se plaignit même de Mme de Longueville et du duc de la Rochefoucauld, de ne l'avoir pas averti plus tôt de ce qui se disoit dans le monde[4]. On chercha dès lors des moyens de rompre cette affaire sans aigreur ; mais les intérêts en étoient trop grands et les circonstances trop piquantes pour ne pas renouveler et accroître encore l'ancienne haine de Mme de Chevreuse et des Frondeurs contre Monsieur le Prince, et contre ceux qu'ils soupçonnoient d'avoir part à ce qu'il venoit de faire. Le président Viole fut chargé[5] d'aller trouver Mme de Chevreuse pour dégager, avec quelque bienséance, Monsieur le Prince et Monsieur son frère des paroles qu'ils avoient données pour le mariage. Ils devoient ensuite, l'un et l'autre, l'aller voir[6] le lendemain[7] ; mais, soit qu'ils ne pussent soutenir la présence d'une personne à qui ils faisoient un si sensible déplaisir, ou que[8] les deux frères, qui s'aigrissoient tous les jours pour les moindres choses, se fussent aigris touchant la manière dont ils devoient

---

1. Car, soit que M. le prince de Conty crût qu'il disoit vrai ou qu'il ne voulût pas. (*Ms. H, réd.* 1 *et* 2.)
2. Il le remercia dès l'heure. (*Ms. H, réd.* 1.)
3. Et prit résolution de n'épouser jamais. (*Ms. H, réd.* 1 *et* 2.)
4. **Ce qui se disoit d'elle dans le monde. (*Ms. H, réd.* 1.) — Ce qui se disait au sujet des relations, qu'on supposait fort intimes, de Mlle de Chevreuse et du Coadjuteur. Voyez, sur le mariage projeté, puis rompu, un curieux passage des *Mémoires de Retz*, tome III, p. 50-52, éd. Ch.
5. †Fut chargé néanmoins. (*Ms. H, réd.* 1.)
6. **Ils la devoient aller voir ensuite l'un et l'autre. (*Ms. H, réd.* 1 *et* 2.)
7. **Un jour après. (*Ms. H, réd.* 1.)
8. **Mais, soit qu'ils eussent peine de voir une personne..., ou soit que, etc. (*Ms. H, réd.* 1 *et* 2.)

rendre cette visite à Mme de Chevreuse[1], enfin[2] ni eux, ni le président Viole, ne la virent point; et l'affaire se rompit de leur côté sans qu'ils essayassent de garder aucune mesure[3], ni de sauver la moindre apparence[4].

Je ne puis dire si ce fut de la participation de M. de Chavigny que Monsieur le Prince accepta l'échange du gouvernement de Guyenne avec celui de Bourgogne, qui fut donné au duc d'Épernon[5]; mais enfin ce trai-

1. ** Se fussent aigris alors pour la manière dont ils devoient visiter Mme (*Mlle*, anc. éd.) de Chevreuse. (*Ms. H, réd.* 1.)

2. Le mot *enfin* n'est pas dans le ms. H (réd. 2).

3. Aucunes mesures. (*Ms. H, réd.* 1 *et* 2.)

4. Retz (tome III, p. 61 et 62, éd. Ch.) raconte cependant, comme y ayant assisté, l'entrevue du président Viole avec Mme et Mlle de Chevreuse. Joli (tome I, p. 183) affirme, comme la Rochefoucauld, que cette démarche, projetée d'abord, n'eut pas lieu, et que l'affaire se rompit avec éclat, sans aucune précaution de diplomatie. Voyez, à propos de cette rupture, la *Muze de Loret*, lettre *froide*, du 23 avril 1651, p. 110. — « Il reste bien des doutes et des ombres sur ce point délicat, dit V. Cousin (*Madame de Longueville pendant la Fronde*, p. 18 et 19). Retz, dont le coup d'œil est si pénétrant, et qui ne se pique pas d'une grande réserve dans ses jugements, ne sait à quel avis s'arrêter, Condé, Mme de Longueville et la Rochefoucauld l'ayant depuis assuré qu'ils n'avaient été pour rien dans la rupture de ce mariage. « Ce qui est encore de plus « étonnant, dit-il (tome III, p. 62-64, éd. Ch.), est que Mme de « Longueville m'a dit vingt fois depuis sa dévotion qu'elle n'avoit « point rompu ce mariage, que M. de la Rochefoucauld me l'a « confirmé, et que Monsieur le Prince, qui est l'homme du monde « le moins menteur, m'a juré d'autre part qu'il n'y avoit ni direc-« tement ni indirectement contribué. Comme je disois un jour à « Guitaud que cette variété m'étonnoit, il me répondit qu'il n'en « étoit point surpris, parce qu'il avoit remarqué, sur beaucoup « d'articles, que Monsieur le Prince et Madame sa sœur avoient « oublié la plupart des circonstances de ce qui s'étoit passé dans « ce temps-là. Faites réflexion, je vous supplie, sur l'inutilité des « recherches qui se font tous les jours, par les gens d'étude, des « siècles qui sont plus éloignés. »

5. Avec celui de Bourgogne pour le duc d'Épernon. (*Ms. H, réd.* 1 *et* 2.) — Bernard de Nogaret, duc de la Valette, puis d'Épernon,

té¹ fut conclu par lui, sans qu'il y fût parlé de ce qu'il avoit demandé pour Monsieur son frère, pour le duc de la Rochefoucauld, et pour tous ses autres amis. Cependant les conseils de M. de Chavigny avoient tout le succès² qu'il desiroit. Il avoit seul la confiance de Monsieur le Prince, et il l'avoit porté à rompre son traité avec la Reine, contre l'avis de Mme de Longueville, de Mme la princesse Palatine, et des ducs de Bouillon et de la Rochefoucauld. MM. Servien et de Lyonne se trouvèrent brouillés des deux côtés pour cette négociation, et furent chassés ensuite³. La Reine nioit d'avoir jamais écouté la proposition de Blaye⁴, et accusoit M. Servien de l'avoir faite exprès, pour rendre les demandes de Monsieur le Prince si hautes qu'il lui fût impossible de les accorder. Monsieur le Prince, de son côté, se plaignoit de ce que M. Servien étant entré en matière avec lui de la part de la Reine, sur des conditions dont elle n'avoit point eu de connoissance, on lui avoit fait⁵ tant de vaines propositions pour l'amuser sous l'apparence d'un traité sincère, qui n'étoit⁶ en effet qu'un dessein prémédité de le rui-

---

fils du fameux duc d'Épernon, qui avait suscité tant de difficultés à Henri IV. La promesse de lui ôter le gouvernement de la Guyenne, où, comme son père avant lui, il avait semblé prendre à tâche de se rendre odieux, avait été faite aux Bordelais, lors de la paix qui suivit le siége de leur ville, en octobre 1650 : voyez plus haut, p. 205-207. Né en 1592, il mourut en 1661; le duché-pairie d'Épernon s'éteignit avec lui.

1. Son traité. (*Ms. H, réd.* 1 *et* 2.)
2. Tous les succès. (*Ms. H, réd.* 1 *et* 2.)
3. Voyez les *Mémoires de Mademoiselle*, tome I, p. 312.
4. Voyez plus haut, p. 244 et note 1.
5. De ce que M. Servien, ou étoit entré..., ou lui avoit fait. (*Ms. H, réd.* 2.) — Pour Monsieur le Prince, il se plaignoit de Servien, ou pour être entré..., ou pour lui avoir fait, etc. (*Ms. H, réd.* 1.)
6. *Et qui n'étoit. (*Ms. H, réd.* 1 *et* 2.)

ner. Enfin, bien que M. Servien fût soupçonné par les deux partis, cela ne diminua point l'aigreur qui commençoit à renaître entre la Reine et Monsieur le Prince. Cette division étoit presque également fomentée par tous ceux qui les approchoient. On persuadoit à la Reine que la division de Monsieur le Prince et de Mme de Chevreuse alloit réunir les Frondeurs aux intérêts du Cardinal, et que les choses se trouveroient bientôt aux mêmes termes où elles étoient lorsqu'on arrêta Monsieur le Prince. Lui, de son côté, étoit poussé de rompre[1] avec la cour par divers intérêts[2] : il ne trouvoit plus de sûreté avec la Reine, et craignoit de retomber dans ses premières disgrâces. Mme de Longueville savoit que le Coadjuteur l'avoit brouillée irréconciliablement avec son mari[3], et qu'après les impressions qu'il lui avoit données de sa conduite, elle ne pouvoit l'aller trouver en Normandie, sans exposer au moins sa liberté. Cependant le duc de Longueville vouloit la retirer auprès de lui par toute sorte de voies, et elle n'avoit plus de prétexte d'éviter ce périlleux voyage, qu'en portant Monsieur son frère à la guerre civile[4]. M. le prince de Conti n'avoit point de but arrêté; il suivoit toutefois les sentiments de Madame sa sœur, sans les connoître, et vouloit la guerre parce qu'elle l'éloignoit de sa profession[5], qu'il n'aimoit pas.

1. **Poussé à rompre. (*Ms. H*, réd. 1.)
2. Par beaucoup d'intérêts. (*Ms. H*, réd. 1.)
3. Voyez plus haut, p. 158 et note 3.
4. Qu'en portant Monsieur son frère à se préparer à une guerre civile. (*Ms. H*, réd. 1 et 2.) — L'édition de 1688 cite ici de nouveau la *Vie de Turenne* de Courtilz (p. 228) : « La duchesse de Longueville..., qui, pour quelques amourettes, étoit mal avec son mari,... faisoit tous ses efforts pour le porter (*Condé*) à exciter une guerre civile, s'imaginant que, dans un temps de confusion et de désordre, on auroit bien autre chose à faire qu'à prendre garde à sa conduite. »
5. C'est-à-dire de l'état ecclésiastique.

Le duc de Nemours la conseilloit aussi avec empressement[1]; mais ce sentiment lui venoit moins de son ambition, que de sa jalousie contre Monsieur le Prince. Il ne pouvoit souffrir qu'il vît et qu'il aimât Mme de Châtillon[2]; et, comme il ne pouvoit l'empêcher[3] qu'en les séparant pour toujours, il crut que la guerre feroit seule cet effet[4], et c'étoit le seul motif qui la lui faisoit desirer[5]. Les ducs de Bouillon et de la Rochefoucauld étoient bien éloignés de ce sentiment[6]: ils venoient d'éprouver[7] à combien de peines et de difficultés insurmontables on s'expose pour soutenir une guerre civile contre la présence du Roi; ils savoient de quelle infidélité de ses amis on est menacé[8] lorsque la cour y attache des récompenses et qu'elle fournit le prétexte de rentrer dans son devoir. Ils connoissoient la foiblesse des Espagnols, combien vaines et trompeuses sont leurs promesses[9], et que leur vrai in-

---

1. On verra, comme le dit plus loin la Rochefoucauld (p. 274), qu'il revint bientôt de ce « premier emportement. »
2. Isabelle-Angélique de Montmorency Bouteville, fille de François de Montmorency, comte de Bouteville, décapité en place de Grève le 21 juin 1627, pour s'être battu en duel malgré les édits, et sœur du célèbre maréchal de Luxembourg. Veuve de Gaspard de Coligny, duc de Châtillon, tué à l'attaque de Charenton, le 9 février 1649, elle se fit par son esprit et sa coquetterie cent adorateurs, entre autres, Condé, Nemours et le duc de Mecklenbourg, qui l'épousa en 1664. Elle mourut en 1695. Voyez sur elle V. Cousin, *Madame de Longueville pendant la Fronde*, p. 73 et 74, et p. 138 et suivantes.
3. † Mais comme il ne pouvoit aussi l'empêcher. (*Ms. H, réd. 1 et 2.*)
4. ** Feroit toute seule cet effet-là. (*Ms. H, réd. 1.*)
5. ** Et ce fut aussi le seul motif qui la lui fit desirer. (*Ms. H, réd. 1 et 2.*)
6. Éloignés de cette opinion. (*Ms. H, réd. 1.*)
7. ** D'éprouver par une expérience toute récente. (*Ms. H, réd. 1.*)
8. De quelle infidélité on étoit menacé. (*Ms. H, réd. 1.*)
9. Voyez plus haut, p. 205 et p. 210.

térêt n'étoit pas¹ que Monsieur le Prince ou le Cardinal se rendît maître des affaires, mais seulement de fomenter le désordre entre eux pour se prévaloir de nos divisions. Le duc de Bouillon joignit² encore son intérêt particulier à celui du public; et il espéroit de s'acquérir quelque mérite³ envers la Reine⁴ s'il contribuoit à retenir Monsieur le Prince dans l'obéissance⁵. Le duc de la Rochefoucauld ne pouvoit pas témoigner si ouvertement sa répugnance pour cette guerre⁶ : il étoit obligé de suivre les sentiments de Mme de Longueville, et ce qu'il pouvoit faire alors étoit d'essayer de lui faire desirer la paix; mais la conduite de la cour et celle de Monsieur le Prince fournirent bientôt des sujets de défiances de part et d'autre dont la suite a exposé l'Etat et tant⁷ d'illustres maisons du Royaume⁸.

Pendant que les choses se disposoient de tous côtés à une entière rupture⁹, Monsieur le Prince avoit envoyé quelque temps auparavant le marquis de Sillery¹⁰ en Flandres, sous prétexte de dégager Mme de Longueville et M. de Turenne des traités qu'ils avoient faits avec les Espagnols pour procurer sa liberté; mais en effet il avoit ordre de prendre des mesures avec le comte de Fuensaldagne et de pressentir quelle assistance il pour-

1. N'est pas. (*Ms. H, réd.* 2.)
2. Joignoit. (*Ms. H, réd.* 2.)
3. ** Espéroit avoir quelque mérite. (*Ms. H, réd.* 2.)
4. ** Vers la Reine. (*Ms. H, réd.* 1 et 2.)
5. ** Dans son devoir. (*Ms. H, réd.* 1 et 2.)
6. ** La répugnance qu'il avoit pour cette guerre. (*Ms. H, réd.* 1.)
7. * Dont la suite a été funeste à l'État et à tant, etc. (*Ms. H, réd.* 1 et 2.)
8. D'illustres familles du Royaume, et exposé à tous moments la plus grande et la plus éclatante fortune qu'on ait jamais vue sur la tête d'un sujet. (*Ms. H, réd.* 1.)
9. ** A une rupture entière. (*Ms. H, réd.* 1 et 2.)
10. Sur Sillery, voyez plus haut, p. 127 et note 3.

roit tirer du roi d'Espagne, s'il étoit obligé de faire la guerre. Fuensaldagne répondit[1] selon la coutume ordinaire des Espagnols, et promettant en général beaucoup plus qu'on ne lui pouvoit raisonnablement demander, il n'oublia rien pour engager Monsieur le Prince à prendre les armes.

D'un autre côté, la Reine avoit fait une nouvelle liaison avec le Coadjuteur[2], dont le principal fondement étoit leur commune haine pour[3] Monsieur le Prince. Ce traité[4] devoit être secret par l'intérêt de la Reine et par celui des Frondeurs, puisqu'elle ne pouvoit attendre aucun service d'eux[5] que par le crédit qu'ils avoient sur le peuple, lequel ils ne pouvoient conserver qu'autant qu'on les croyoit ennemis du Cardinal. Les deux partis rencontroient également leur sûreté à perdre Monsieur le Prince. On offrit[6] même à la Reine de le tuer, ou de l'arrêter prisonnier; mais elle eut horreur de cette pre-

---

1. ** Répondit à cela. (*Ms. H*, réd. 1.)
2. Le but avoué de Retz était, on le sait, d'obtenir le chapeau de cardinal; son envie secrète, qu'il laissa voir, était de succéder à Richelieu et à Mazarin dans le poste de premier ministre. Il joua donc un double jeu, qui consistait à essayer de renverser l'un par l'autre Condé et Mazarin, au profit de Monsieur, sous les auspices et sous le nom duquel il lui eût été plus aisé de gouverner. Voyez le récit, soigneusement arrangé, des entrevues du Coadjuteur avec la Reine dans le tome III de ses *Mémoires*, p. 78 et suivantes, éd. Ch.; consultez d'autre part l'*Avis désintéressé sur la conduite de Monseigneur le Coadjuteur*, en date du 6 juillet 1651, et la *Lettre* (même date) *d'un marguiller de Paris à son curé*, etc. (*Choix de Mazarinades*, tome II, p. 259-277, et p. 277-292).
3. ** Étoit la haine commune qu'ils avoient pour. (*Ms. H*, réd. 1 et 2.)
4. On en trouvera le texte dans *Madame de Motteville*, tome III, p. 424-427.
5. ** Puisqu'elle n'en pouvoit attendre de service. (*Ms. H*, réd. 1 et 2.)
6. On offroit. (*Ms. H*, réd. 1 et 2.)

mière proposition, et consentit volontiers à la seconde[1]. Le Coadjuteur et M. de Lyonne se trouvèrent chez le comte de Montrésor pour convenir des moyens d'exécuter cette entreprise; ils demeurèrent d'accord qu'il la falloit tenter, sans résoudre rien pour le temps ni pour la manière de l'exécuter[2]; mais, soit que M. de Lyonne en craignît les suites pour l'État, ou que, voulant empêcher, comme on l'en soupçonnoit[3], le retour du Cardinal, il considérât la liberté de Monsieur le Prince comme le plus grand obstacle qu'on y pût apporter, il découvrit au maréchal de Gramont, qui étoit son ami[4], tout ce qui avoit été résolu contre Monsieur le Prince chez le comte de Montrésor. Le maréchal de Gramont usa de ce secret comme avoit fait M. de Lyonne : il le dit à M. de Chavigny, après l'avoir engagé, par toutes sortes de serments, de ne le point révéler; mais M. de Chavigny en avertit à l'heure même Monsieur le Prince[5]. Il crut quelque temps qu'on faisoit courre le bruit de l'arrêter pour l'obliger à quitter Paris, et que ce seroit une foiblesse d'en prendre l'alarme : il voyoit avec quelle chaleur le peuple prenoit ses intérêts, et il se trouvoit[6] continuel-

---

1. Retz raconte (tome III, p. 98 et 99, éd. Ch.) qu'il offrit à la Reine de faire arrêter de nouveau Condé, mais qu'elle « n'y voulut jamais entendre. » Quant au projet d'assassinat, il le rejette à la charge du maréchal d'Hocquincourt et de la Reine elle-même, et il ajoute : « J'en eus horreur, et je suis obligé de dire, pour la vérité, que Mme de Chevreuse n'en eut pas moins que moi. »
2. Voyez les *Mémoires de Retz*, ibidem, p. 102.
3. Comme on le soupçonnoit. (*Ms. H, réd.* 1 *et* 2.)
4. **Qu'il croyoit son ami. (*Ms. H, réd.* 1 *et* 2.)
5. « La conversation que j'eus avec Lyonne chez Montrésor commença à cinq heures du matin, et elle finit à sept. Lyonne en avertit huit M. le maréchal de Gramont, qui la fit savoir à dix, par M. de Chavigny, à Monsieur le Prince. » (*Mémoires de Retz*, tome III, p. 103, éd. Ch.)
6. **Voyant.... et se trouvant. (*Ms. H, réd.* 1 *et* 2.)

lement¹ accompagné d'officiers² d'armée, de ceux de ses troupes, de ses domestiques et de ses amis particuliers. Dans cette confiance, il ne changea rien à sa conduite, que de n'aller plus au Louvre; mais cette précaution ne le put garantir de s'exposer lui-même à ce qu'il vouloit éviter³; car il se trouva, par hasard, au Cours⁴, dans le temps que le Roi y passoit en revenant

1. ** Incessamment. (*Ms. B, réd.* 1.)
2. D'un très-grand nombre d'officiers. (*Ms. H, réd.* 2.) — **D'un nombre infini d'officiers. (*Ms. H, réd.* 1.)
3. ** Ne le put garantir de se livrer lui-même entre les mains du Roi. (*Ms. H, réd.* 1 et 2.) Les éditions anciennes ajoutent : « par une imprudence qu'on ne peut assez blâmer. »
4. Le *Cours de la Reine*, ou le *Promenoir des Parisiens*, comme l'appelle une Mazarinade de 1649 (*Bibliographie des Mazarinades*, n° 836), était alors la promenade à la mode. Située sur les bords de la Seine, entre les Tuileries et Chaillot, c'était, dit V. Cousin (*Société française au dix-septième siècle*, tome II, p. 285 et 286), « le rendez-vous du beau monde. On y arrivait par la porte de la Conférence, située au bout de la terrasse des Tuileries. La reine mère, Marie de Médicis, qui aimait cette promenade, lui donna son nom. Elle était d'abord fort champêtre, comme on peut le voir dans une petite gravure d'Israël Silvestre. Louis XIII, en 1633, l'embellit; il démolit la vieille porte de la Conférence, qui tombait en ruine, et en bâtit une nouvelle plus grande et plus ornée. Quand de la campagne on arrivait à Paris par cette porte, on avait un coup d'œil admirable, à gauche les Tuileries et leur magnifique jardin, à droite le cours de la Seine bordé de belles maisons, devant soi le Pont-Royal et le Pont-Neuf, et dans le fond, en perspective, l'étincelant clocher de la Sainte-Chapelle, la masse imposante des tours Notre-Dame, et plus tard l'élégant et noble dôme du Val-de-Grâce. On éclaircit un peu le Cours-la-Reine, et on y pratiqua plusieurs allées. Ces allées, quoique très-soignées et entretenues avec un certain art, empruntaient un caractère rustique aux Champs-Élysées, qui étaient alors un bois touffu et assez sauvage. Comme il n'y avait pas de quai, on y jouissait mieux de la vue de la Seine et du mouvement de ses eaux fraîches et limpides. Il y avait fort peu de piétons; les dames y allaient, en voiture découverte, montrer la richesse et le bon goût de leur équipage et de leur toilette, et surtout s'y montrer elles-mêmes. Les hommes étaient à cheval,

de la chasse, suivi de ses gardes et de ses chevaux légers. Cette rencontre, qui devoit perdre Monsieur le Prince, ne produisit[1] aucun effet. Le Roi continua son chemin, sans que pas un de ceux qui étoient[2] auprès de lui osât lui donner de conseil ; et Monsieur le Prince sortit aussitôt du Cours, pour ne lui donner pas le temps de former un dessein[3]. La Reine et les Frondeurs se consolèrent[4] d'avoir perdu une si belle occasion[5], par l'espérance de la recouvrer bientôt.

Cependant les avis continuels qu'on donnoit de toutes

rivalisant de légèreté et de grâce, paradant aux portières et complimentant les dames de leur connaissance. La promenade se prolongeait assez avant dans la soirée ; puis, au retour, la haute compagnie allait se reposer et faire collation au jardin de Renard, situé à côté de la porte de la Conférence et à l'extrémité des Tuileries. » — On trouvera dans le tome V du *Grand Cyrus*, p. 874, une description du Cours-la-Reine, tel qu'il était en 1650 ; par fiction, Paris s'appelle *Suze* et la Seine le fleuve *Choaspe*. Voyez aussi une description du Cours-la-Reine dans le *Journal d'un voyage à Paris en 1657-1658*, publié par M. Faugère, 1862, in-8, p. 102. — On sait qu'il y avait, à l'autre extrémité de Paris, une autre promenade, très-fréquentée aussi à cette époque, nommée *le Cours de la porte Saint-Antoine*.

1. Ne produisit sur l'heure. (*Ms. H, réd.* 1 *et* 2.) — Dans les anciennes éditions : « à l'heure ».

2. Pas un de ce qui étoit. (*Ms. H, réd.* 1 *et* 2.)

3. Le ms. H (réd. 1 et 2) a de plus ici cette phrase : « On peut croire qu'ils furent surpris également d'une aventure si inopinée, et qu'ils connurent bientôt ce qu'elle devoit produire. » — Dans les anciennes éditions, le passage omis dans la rédaction définitive que nous donne le manuscrit D est plus long : « On peut croire qu'ils furent surpris également d'une si extraordinaire aventure, et qu'ils connurent bientôt après que chacun d'eux avoit fait une faute considérable : le Roi, de n'avoir pas pris sur-le-champ la résolution de l'arrêter, et Monsieur le Prince de s'être exposé en un tel péril sans l'avoir connu que lorsqu'il ne le pouvoit plus éviter. » — Voyez sur cette rencontre les *Mémoires de Montglat*, tome II, p. 289 et 290.

4. ** Se consolèrent aisément. (*Ms. H, réd.* 1.)

5. ** D'une si belle occasion perdue. (*Ms. H, réd.* 1 *et* 2.)

parts à Monsieur le Prince commencèrent à lui persuader qu'on songeoit en effet à s'assurer de sa personne, et dans cette vue il se réconcilia avec Mme de Longueville et avec le duc de la Rochefoucauld. Il fut néanmoins quelque temps sans prendre de nouvelles précautions[1], quoi qu'on pût faire pour l'y résoudre[2] ; mais, après avoir résisté[3] à tant de conjectures apparentes et à tant d'avis certains, il fit, sur une fausse nouvelle, ce qu'il avoit refusé de faire par le véritable conseil de ses amis. Un soir, étant dans le lit, et causant encore avec Vineuil[4], celui-ci reçut[5] un billet d'un gentilhomme nommé le Bouchet, qui lui mandoit d'avertir Monsieur le Prince que deux compagnies des Gardes avoient pris les armes, et qu'elles alloient marcher vers le faubourg Saint-Germain. Cette nouvelle lui fit croire qu'elles devoient investir l'hôtel de Condé[6], au lieu qu'elles étoient seulement commandées[7] pour faire payer les entrées aux portes de la Ville[8]. Il se crut obligé de monter

---

1. ** De nouvelles précautions pour s'en (*se*, anc. éd.) garantir. (*Ms. H*, réd. 1 et 2.)

2. * L'y faire résoudre. (*Ms. H*, réd. 1.)

3. Enfin le hasard fit ce que Monsieur le Prince n'avoit pu faire. Après avoir résisté. (*Ms. H*, réd. 2.) — Enfin la fortune, qui mêle souvent ses jeux dans les aventures des Princes, voulut qu'après avoir résisté. (*Ms. H*, réd. 1.)

4. Sur Vineuil, dont un long morceau, jusqu'ici publié sous le nom de la Rochefoucauld, se trouve à l'*Appendice* de ce volume, voyez ci-après la *Notice* placée en tête de cette partie de l'*Appendice*.

5. De ses amis; car venant (*en venant*, réd. 1) de se coucher, et causant encore avec Vineuil, celui-ci reçut. (*Ms. H*, réd. 1 et 2.)

6. Sur l'hôtel de Condé, voyez ci-dessus, p. 85, note 3.

7. ** Commandées alors. (*Ms. H*, réd. 1 et 2.)

8. Mme de Motteville (tome III, p. 367 et 368) rapporte que c'était un capitaine des Gardes qui, « pour faire passer certaine provision de vins sans impôt, avoit mis de son chef une troupe de soldats à la porte Saint-Germain. » Cette porte, démolie en 1672, était au bout de la rue des Cordeliers, aujourd'hui rue de l'École-

à cheval à l'heure même[1], et étant seulement suivi de six ou sept de ses gens[2], il sortit par le faubourg Saint-Michel[3], et demeura quelque temps dans le grand chemin pour attendre des nouvelles de M. le prince de Conti, qu'il avoit envoyé avertir; mais une seconde méprise, plus vaine que la première, l'obligea d'abandonner son poste. Il entendit un assez grand nombre de chevaux qui marchoient au trot vers lui, et, croyant[4] que c'étoit un escadron qui le cherchoit, il se retira vers Fleury, près de Meudon[5]; mais il se trouva que ce n'étoit que des coquetiers[6], qui marchoient toute la nuit pour arriver à Paris[7]. Dès que M. le prince de Conti sut que Monsieur son frère étoit parti, il en donna avis au duc de la Rochefoucauld, qui alla joindre Monsieur le Prince pour

---

de-Médecine. — Le cardinal de Retz (tome III, p. 124, éd. Ch.) dit aussi « que les gardes qui avoient passé par le faubourg Saint-Germain, n'y avoient été que pour faire entrer du vin sans payer les droits. »

1. Sur l'heure. (*Ms. H, réd.* 1 *et* 2.)

2. Les mots *de ses gens* ne sont pas dans le ms. H, ni dans les anciennes éditions.

3. Il y avait une porte du même nom, dite plus anciennement *Porte d'Enfer*, et qui a été abattue en 1684. Elle se trouvait au haut de la rue de la Harpe, remplacée maintenant, dans cette partie, par le boulevard Saint-Michel. — Les anciennes éditions, postérieures à 1688, donnent, à la suite des *Mémoires*, le *Manifeste de Monsieur le Prince contenant les véritables raisons de sa sortie de Paris le 6 juillet* 1651.

4. **Il est vrai qu'il entendit... : de sorte que, croyant. (*Ms. H, réd.* 1.)

5. A cinq quarts de lieue sud-ouest de Paris.

6. † Que ce n'étoit autre chose que des coquetiers. (*Ms. H, réd.* 1.) — Dans les anciennes éditions, à partir de 1688 : « que ces troupes qui lui firent quitter le champ de bataille n'étoient autre chose que des coquetiers. »

7. Aventure aussi plaisante que celle des Bourguignons qui prirent des chardons pour des lances. Comines, chapitre xi du livre I de ses *Mémoires*. (*Note de l'édition de* 1689.)

le suivre[1]; mais il le pria de retourner à l'heure même à Paris, pour rendre compte[2] à M. le duc d'Orléans du sujet de sa sortie et de sa retraite à Saint-Maur[3].

Ce départ de Monsieur le Prince produisit dans le monde ce que les grandes nouvelles ont accoutumé d'y produire, et chacun faisoit[4] de différents projets[5]. L'apparence d'un changement donna de la joie au peuple, et de la crainte à ceux qui étoient établis[6]. Le Coadjuteur, Mme de Chevreuse et les Frondeurs crurent que l'éloignement de Monsieur le Prince les unissoit avec la cour, et augmentoit leur considération par le besoin qu'on auroit d'eux. La Reine prévoyoit sans doute les malheurs qui menaçoient l'État; mais elle ne pouvoit s'affliger de ce qui pouvoit avancer[7] le retour du Car-

---

1. *Pour le suivre* n'est pas dans le ms. H (réd. 1), ni dans les anciennes éditions.

2. *Pour rendre compte de sa part. (Ms. H, réd. 1.)

3. Le départ de Monsieur le Prince pour Saint-Maur eut lieu dans la nuit du 5 au 6 juillet 1651. Voyez la *Muze historique*, lettre libre, p. 134. « MM. de Conty, de Nemours, de Bouillon, de Turenne, de la Rochefoucauld, de Richelieu et de la Mothe, dit Retz (tome III, p. 116 et 117, éd. Ch.), se rendirent en même temps auprès de lui. Il envoya M. de la Rochefoucauld à Monsieur pour lui donner part des raisons qui l'avoient obligé à se retirer. » Sur le rôle du duc de la Rochefoucauld, en cette occasion, voyez aussi *Mme de Motteville*, tome III, p. 368 et 369. — Condé arriva le 6 au matin au château de Saint-Maur (-des-Fossés), situé dans une péninsule de la Marne, à deux lieues de Paris, à peu de distance du bois de Vincennes. Il avait été bâti par Philibert de l'Orme pour le cardinal Jean du Bellay, évêque de Paris, possédé ensuite par Catherine de Médicis, puis par Charlotte de la Trémouille, aïeule du grand Condé.

4. **Fit. (Ms. H, réd. 1.)

5. Ses projets différents. (Ms. H, réd. 1 et 2.)

6. Retz (tome III, p. 116, éd. Ch.) parle aussi du « mouvement que la sortie de Monsieur le Prince fit dans tous les esprits. »

7. De rien qui pût avancer. (Ms. H, réd. 1.) — Dans les anciennes éditions : « d'une guerre civile qui pouvoit avancer. »

dinal. Monsieur le Prince craignoit les suites d'une si grande affaire, et ne pouvoit se résoudre d'embrasser un dessein si vaste[1]. Il se défioit de ceux qui le poussoient à la guerre, il en craignoit la légèreté, et il jugeoit bien qu'ils ne lui aideroient pas longtemps à en soutenir le poids[2]. Il voyoit, d'autre part, que le duc de Bouillon se détachoit sans éclat de ses intérêts[3]; que M. de Turenne s'étoit déjà expliqué de n'y prendre désormais aucune part[4]; que le duc de Longueville vouloit demeurer en repos, et étoit trop mal satisfait[5] de Madame sa femme pour contribuer à une guerre dont il la croyoit la principale cause[6]. Le maréchal de la Motte s'étoit dégagé

1. **Un si vaste dessein. (*Ms. H, réd.* 1 *et* 2.) — Retz, dont le témoignage ne peut être ici suspecté, dit de même (tome III, p. 114, éd. Ch.) que Monsieur le Prince « ne s'étoit pas encore résolu à la guerre civile, à laquelle il est constant qu'il avoit une aversion mortelle. L'on a voulu blâmer son irrésolution, et je crois que l'on en doit plutôt louer le principe ; et je méprise au dernier point l'insolence de ces âmes de boue qui ont osé écrire et imprimer qu'un cœur aussi ferme et aussi éprouvé que celui de César ait été capable, en cette occasion, d'une alarme mal prise. Ces auteurs impertinents et ridicules mériteroient que l'on les fouettât publiquement dans les carrefours. »

2. **La pesanteur. (*Ms. H, réd.* 1.) — Rapprochez du passage correspondant de *Retz*, tome III, p. 118 et suivantes, éd. Ch.

3. Le duc de Bouillon ne songeait qu'à obtenir sa récompense de Sedan, et les voies violentes ne lui semblaient pas dorénavant les meilleures à suivre.

4. En réalité, Turenne, guéri des intrigues politiques, ne visait plus qu'à une chose, avoir le commandement des armées royales contre l'Espagnol, et il tenait l'œil fixé sur la cour.

5. **Outre qu'il étoit trop mal satisfait. (*Ms. H, réd.* 1.)

6. Le duc de Longueville, qui avait pris une part si active à la première Fronde, ne se souciait point de quitter, à près de soixante ans, la grandeur paisible dont il jouissait dans son gouvernement de Normandie, qu'il avait été fort aise de retrouver, pour courir de nouveau les hasards de la guerre civile. En attendant le moment de se donner à la Reine, il employait tous ses efforts à se maintenir en équilibre et sans engagements entre la cour et Condé. Il voulait

de la parole qu'il avoit donnée de prendre les armes; et quelle que fût la raison de son changement, il dit qu'il n'avoit plus de prétexte de se plaindre de la cour, puisque le Tellier en étoit chassé, qui lui avoit seul attiré la persécution qu'il avoit soufferte[1]; et enfin tant de raisons et tant d'exemples auroient sans doute porté Monsieur le Prince à suivre l'inclination qu'il avoit de s'accommoder avec la cour, s'il eût pu se confier à la parole du Cardinal[2]; mais l'horreur de la prison lui étoit encore trop présente pour s'y exposer sur la foi de ce ministre[3].

d'ailleurs rompre la liaison de sa femme avec la Rochefoucauld, et, à l'instigation de Retz et de sa propre fille, Marie d'Orléans, qui fut plus tard duchesse de Nemours, il usait de toute son autorité pour la rappeler auprès de lui, comme le va redire notre auteur.

1. Le membre de phrase : « et quelle que fût.... qu'il avoit soufferte », manque dans le ms. H (réd. 1 et 2) et dans les anciennes éditions. — Cette persécution était l'emprisonnement qui avait suivi son échec devant Lérida.

2. S'il eût pu prendre confiance aux paroles du Cardinal. (*Ms. H, réd. 1 et 2.*)

3. On lit en note dans l'édition de 1804 : « Il se trouve ici (*dans le ms. H*) une correction fort heureuse, écrite de la main même de l'auteur[a]. Dans le manuscrit on avait mis : *L'horreur de la prison lui étoit encore trop présente*[b] *pour s'exposer sur des gages dont sa propre expérience lui avoit si souvent fait connoître la valeur;* et c'est la version qu'on a suivie dans l'imprimé. M. de la Rochefoucauld a substitué par la suite à la dernière phrase (*à la fin de la phrase*) ces mots bien plus caractéristiques: *sur la foi de ce ministre.* » — A cette remarque de l'éditeur de 1804 nous n'ajouterons qu'un mot: ladite leçon, qui forme la seconde rédaction du ms. H, se retrouve, sans rature, dans le manuscrit D, où elle est la première et unique rédaction, ce qui prouve une fois de plus que cette copie, conservée à la Roche-Guyon, contient réellement une version des *Mémoires* définitive et soigneusement revue par l'auteur.

[a] Nous n'avons pas le manuscrit de Renouard, et ne pouvons vérifier son dire par la comparaison avec les autographes de la Rochefoucauld. Dans le ms. H, cette correction est d'une main ancienne, de la même que toutes les autres.

[b] *Présente*, dans le ms. H, est une correction; la leçon primitive est *récente*.

D'ailleurs Mme de Longueville, qui étoit tout de nouveau pressée par son mari de l'aller trouver en Normandie, ne pouvoit éviter ce voyage, si le traité de Monsieur le Prince s'achevoit[1].

Parmi tant de sentiments contraires, le duc de la Rochefoucauld vouloit tout à la fois garantir Mme de Longueville d'aller à Rouen, et porter Monsieur le Prince à traiter avec la cour[2]. Les choses étoient néanmoins bien éloignées de cette disposition : Monsieur le Prince, peu d'heures après son arrivée à Saint-Maur, avoit refusé de parler en particulier au maréchal de Gramont, qui étoit venu de la part du Roi lui demander le sujet de son éloignement, le convier de retourner à Paris, et lui promettre toute sûreté. Monsieur le Prince lui répondit[3] devant tout le monde, que bien que le cardinal Mazarin fût éloigné de la cour, et que MM. Servien, le Tellier, et de Lyonne[4] se fussent retirés par ordre de la Reine[5], l'esprit et les maximes du Cardinal y régnoient encore; et qu'ayant souffert une si rude et si injuste prison, il avoit éprouvé que son innocence ne suf-

1. **Étoit achevé. (*Ms. H*, réd. 1.)

2. « L'inclination de Monsieur le Prince, dit Retz (tome III, p. 113 et 114, éd. Ch.), étoit très-éloignée de la guerre civile, et celle de M. de la Rochefoucauld, qui gouvernoit Mme de Longueville et M. le prince de Conti, étoit toujours portée à la négociation. » Il ajoute (p. 118) : « M. de la Rochefoucauld.... étoit dans la faction ce que M. de Bullion avoit été autrefois dans les finances. M. le cardinal de Richelieu disoit que celui-ci employoit douze heures du jour à la création de nouveaux offices et les douze autres à leurs suppressions; et Matha appliquoit cette remarque à M. de la Rochefoucauld, en disant qu'il faisoit tous les matins une brouillerie, et que tous les soirs il travailloit à un rhabillement : c'étoit son mot. »

3. Il lui répondit. (*Ms. H*, réd. 2.)

4. Les *sous-ministres*, comme on les appelait, parce qu'ils passaient pour les agents les plus dévoués du Cardinal.

5. Par l'ordre de la Reine. (*Ms. H*, réd. 1 et 2.)

fisoit pas¹ pour établir sa sûreté; qu'il espéroit de la trouver dans sa retraite, où il conserveroit les mêmes sentiments qu'il avoit fait paroître tant de fois pour le bien de l'État et pour la gloire du Roi. Le maréchal de Gramont fut surpris et piqué de ce discours². Il avoit cru entrer en matière avec Monsieur le Prince, et commencer quelque négociation entre la cour et lui; mais il ne pouvoit pas raisonnablement se plaindre que Monsieur le Prince refusât d'ajouter foi aux paroles qu'il lui venoit porter pour sa sûreté, puisque M. de Lyonne lui avoit confié la résolution qu'on avoit prise chez le comte de Montrésor de l'arrêter une seconde fois. Madame la Princesse, M. le prince de Conti et Mme de Longueville se rendirent à Saint-Maur aussitôt que Monsieur le Prince; et, dans les premiers jours, cette cour ne fut pas moins remplie³ de personnes de qualité que celle du Roi. Tous les divertissements même s'y rencontrèrent pour servir à la politique, et les bals, les comédies, le jeu, la chasse, et la bonne chère y attiroient un nombre infini de ces gens incertains⁴ qui s'offrent toujours au commencement des partis⁵, et qui les trahissent ou les abandonnent d'ordinaire selon leurs craintes ou leurs intérêts. On jugea néanmoins que leur nombre pouvoit rompre les mesures qu'on auroit pu

---

1. N'étoit pas suffisante. (*Ms. H, réd.* 1.)
2. Le maréchal de Gramont, le même qui, au commencement de l'année 1651 (voyez plus haut, p. 232), avait été chargé d'aller au Havre « amuser les princes d'une fausse négociation », se vengea de sa déconvenue, lorsqu'il fut revenu vers la Reine, en donnant, comme dit Retz (tome III, p. 130, éd. Ch.), « à son voyage et à sa négociation un air de ridicule, » et en appelant l'assemblée de Saint-Maur les *états de la Ligue.*
3. **Moins grosse et moins remplie. (*Ms. H, réd.* 1.)
4. De gens incertains. (*Ms. H, réd.* 1.)
5. Aux commencements des partis. (*Ms. H, réd.* 1 et 2.)

prendre d'attaquer Saint-Maur, et que cette foule, inutile et incommode en toute autre rencontre, pouvoit servir en celle-ci et donner quelque réputation aux affaires. Jamais la cour n'avoit été agitée de tant d'intrigues différentes[1]. Les pensées de la Reine, comme je l'ai dit, se bornoient au retour du Cardinal. Les Frondeurs proposoient celui de M. de Châteauneuf, et il leur[2] étoit nécessaire à beaucoup de desseins ; car, étant une fois rétabli, il pouvoit plus facilement traverser sous main ceux du Cardinal, et occuper sa place, s'il venoit à tomber[3]. Le maréchal de Villeroy contribuoit, autant qu'il lui étoit possible, à y disposer la Reine ; mais cette affaire, comme toutes les autres, ne pouvoit se résoudre sans le consentement du Cardinal.

Pendant qu'on attendoit ses ordres à la cour sur les choses présentes, Monsieur le Prince balançoit encore sur le parti qu'il devoit prendre, et ne pouvoit se déterminer ni à la paix ni à la guerre. Le duc de la Rochefoucauld, voyant tant d'incertitude, crut se devoir servir de cette conjoncture pour porter Monsieur le Prince à écouter avec plus de facilité des propositions d'accommodement, dont il sembloit que Mme de Longueville essayoit de le détourner. Il eût voulu aussi[4] la pouvoir garantir d'aller en Normandie ; et rien ne convenoit mieux à ces deux desseins que de la disposer à s'en aller à Mourond[5]. Dans cette pensée, il fit voir à Mme

1. ** Partagée de tant de diverses intrigues. (*Ms. H, réd.* 1 *et* 2.) — La réd. 1 ajoute : ** « qu'elle l'étoit alors. »

2. *Leur* n'est pas dans le ms. H (réd. 1 et 2).

3. Et, s'il venoit à tomber, occuper sa place. (*Ms. H, réd.* 2.)

4. Il desiroit aussi. (*Ms. H, réd.* 2.)

5. Sur Mourond, voyez ci-dessus, p. 178, note 6. — « Mme de Longueville, dit Retz (tome III, p. 120, éd. Ch.), sur le tout vouloit en des moments l'accommodement, parce que M. de la Rochefoucauld le souhaitoit, et desiroit, en d'autres, la rupture, parce

de Longueville qu'il n'y avoit que son éloignement de Paris qui pût satisfaire Monsieur son mari¹ et rompre² le voyage qu'elle craignoit ; que Monsieur le Prince se pouvoit aisément lasser de la protection qu'il lui avoit donnée jusqu'alors, ayant un prétexte aussi spécieux que celui de réconcilier une femme avec son mari, et surtout s'il croyoit s'attacher par là M. le duc de Longueville; de plus, qu'on l'accusoit de fomenter elle seule³ le désordre ; qu'elle se trouveroit responsable en plusieurs façons, et envers Monsieur son frère et envers le monde⁴, d'allumer une guerre dans le Royaume, dont les événements seroient funestes à sa maison⁵ ou à l'État, et qu'elle avoit presque un égal intérêt⁶ à la conservation de l'un et de l'autre. Il lui représentoit encore que les excessives dépenses que Monsieur le Prince seroit obligé de soutenir ne lui laisseroient ni le pouvoir ni peut-être la volonté de subvenir à la sienne, et que, ne tirant rien de M. de Longueville, elle se trouveroit réduite à une insupportable nécessité ; qu'enfin, pour remédier à tant d'inconvénients, il lui conseilloit de prier Monsieur le Prince de trouver bon que Madame la Princesse, M. le duc d'Enghien et elle, se retirassent à Mourond, pour ne l'embarrasser point dans une marche précipitée, s'il se trouvoit obligé de partir, et pour

qu'elle l'éloignoit de Monsieur son mari, qu'elle n'avoit jamais aimé, mais qu'elle avoit commencé à craindre depuis quelque temps. »

1. *Monsieur* n'est pas dans le ms. H (réd. 1 et 2).

2. Et l'empêcher de faire. (*Ms. H, réd.* 2.) — ⁎⁎ Et qui la pût empêcher de faire. (*Ms. H, réd.* 1.) — Il y a du reste ici de notables différences entre les deux séries d'éditions.

3. † Elle seule de fomenter. (*Ms. H, réd.* 1 *et* 2.)

4. † Et vers Monsieur son frère et vers le monde. (*Ms. H, réd.* 1.) — Il y a de moins *Monsieur* dans les éditions anciennes.

5. ⁎⁎A sa famille. (*Ms. H, réd.* 1.)

6 ⁎⁎Presque également intérêt. (*Ms. H, réd.* 1.)

n'avoir pas aussi le scrupule de participer à la périlleuse résolution qu'il alloit prendre, ou de mettre le feu dans le Royaume par une guerre civile, ou de confier sa vie, sa liberté et sa fortune à la foi douteuse du cardinal Mazarin. Ce conseil fut approuvé par Mme de Longueville[1], et Monsieur le Prince voulut qu'il fût suivi bientôt après.

Le duc de Nemours commençoit à revenir de son premier emportement[2]; et, bien que toutes[3] ses passions subsistassent encore, il ne s'y laissoit pas emporter avec la même impétuosité qu'il avoit fait d'abord. Le duc de la Rochefoucauld se servit[4] de cette occasion pour le faire entrer dans ses sentiments. Il lui fit connoître que leurs intérêts ne pouvoient jamais se rencontrer dans une guerre civile; que Monsieur le Prince pouvoit bien détruire leur fortune par de mauvais succès, mais qu'ils ne pouvoient[5] presque jamais se prévaloir des bons, puisque la diminution de l'État causeroit aussi nécessairement leur ruine[6]; que, comme Monsieur le Prince avoit peine à se résoudre de prendre les armes, il en auroit encore plus à les quitter, s'il les prenoit[7]; qu'il ne trouveroit pas aisément sa sûreté à la cour après l'avoir offensée, puisqu'il ne l'y pouvoit pas rencontrer sans avoir encore rien fait[8] contre elle;

---

1. **Approuvé de Mme de Longueville. (*Ms. H*, réd. 1 et 2.)
2. Voyez ci-dessus, p. 259 et la note 1.
3. *Toutes* n'est pas dans le ms. H (réd. 2). — « M. de Nemours, dit Retz (tome III, p. 119, éd. Ch.), amoureux de Mme de Châtillon, trouvoit dans la crainte de s'en éloigner des obstacles aux mouvements que la vivacité de son âge, plutôt que celle de son humeur, lui pouvoit donner pour l'action. »
4. **Voulut se servir. (*Ms. H*, réd. 1.)
5. Mais qu'eux ne pouvoient. (*Ms. H*, réd. 1 et 2.)
6. Causeroit aussi toujours la leur. (*Ms. H*, réd. 1 et 2.)
7. **S'il les prenoit une fois. (*Ms. H*, réd. 1.)
8. Sans avoir rien fait. (*Ms. H*, réd. 2.)

qu'enfin, outre ce qu'il avoit¹ à ménager dans l'humeur² de Monsieur le Prince³, il devoit⁴ considérer qu'en l'éloignant de Paris, il s'en éloignoit aussi lui-même et mettoit sa destinée entre les mains de son rival⁵.

Ces raisons trouvèrent le duc de Nemours disposé à les recevoir, et, soit qu'elles lui eussent donné des vues qu'il n'avoit pas⁶, ou que, par une légèreté ordinaire aux personnes de son âge⁷, il se portât à vouloir le contraire de ce qu'il avoit voulu, il se résolut de contribuer à la paix avec le même empressement qu'il avoit eu jusques alors pour la guerre, et prit des mesures⁸ avec le duc de la Rochefoucauld pour agir de concert dans ce dessein⁹.

La Reine étoit alors de plus en plus animée contre Monsieur le Prince; les Frondeurs cherchoient à se venger de lui par toutes sortes de moyens, et cependant ils perdoient leur crédit parmi le peuple, par l'opinion qu'on avoit de leur liaison avec la cour. La haine du Coadjuteur éclatoit particulièrement contre le duc de la Rochefoucauld : il lui attribuoit la rupture¹⁰ du mariage

---

1. Outre tout ce qu'il y avoit encore. (*Ms. H, réd.* 1 et 2.)

2. ** Dans l'humeur difficile. (*Ms. H, réd.* 1.)

3. Voyez les *maximes* auxquelles renvoie, dans la *Table* du tome I, le mot *Humeur* (dans le sens de disposition d'esprit ou de caractère).

4. Il falloit. (*Ms. H, réd.* 1 et 2.)

5. On sait que le prince de Condé et le duc de Nemours aimaient concurremment Mme de Châtillon. Voyez plus haut, p. 259.

6. ** Qu'il n'avoit pas encore. (*Ms. H, réd.* 1.)

7. Il était né en 1624 et avait par conséquent un peu plus de vingt-sept ans.

8. Jusque-là..., et prit des mesures pour cela. (*Ms. H, réd.* 1.)

9. ** Dans ce même dessein. (*Ms. H, réd.* 1 et 2.) — Retz (tome III, p. 118, éd. Ch.) dit en observateur aussi fin qu'expérimenté : « Aussitôt que Monsieur le Prince fut à Saint-Maur, il n'y eut pas un homme dans son parti qui ne pensât à s'accommoder avec la cour, et c'est ce qui arrive toujours dans les affaires dont le chef est connu pour ne pas aimer la faction. »

10. ** Il lui attribuoit, comme j'ai dit, la rupture. (*Ms. H, réd.* 1.)

de Mlle de Chevreuse, et, croyant[1] toutes choses permises pour le perdre, il n'oublioit rien pour y engager ses ennemis par toutes sortes de voies extraordinaires[2]. Le carrosse du duc de la Rochefoucauld fut attaqué trois fois de nuit[3], sans qu'on ait pu savoir quelles gens y avoient part. Cette animosité[4] ne l'empêcha pas néanmoins[5] de travailler pour la paix[6] conjointement avec le duc de Nemours. Mme de Longueville même y donna les mains, dès qu'elle fut assurée d'aller à Mouround ; mais les esprits étoient trop échauffés pour écouter la raison, et tous ont éprouvé à la fin que personne n'a bien connu ses véritables intérêts[7]. La cour même, que la fortune a soutenue, a fait souvent des fautes considérables ; et l'on a vu, dans la suite, que chaque parti s'est plus maintenu par les manquements de celui qui lui étoit opposé, que par sa bonne conduite.

Cependant Monsieur le Prince employoit tous ses soins pour justifier ses sentiments envers le Parlement et envers[8] le peuple[9] ; et, voyant que la guerre qu'il alloit entreprendre manquoit de prétexte[10], il essayoit d'en

1. Et il en étoit si transporté que, croyant. (*Ms. H, réd.* 1.)
2. Dans les anciennes éditions : « par des voies extraordinaires et honteuses. »
3. De nuit en ce temps-là. (*Ms. H, réd.* 1.)
4. † Quelles gens avoient part à de si fréquentes rencontres. Toute cette animosité cependant. (*Ms. H, réd.* 1.)
5. N'empêcha pas néanmoins le duc de la Rochefoucauld. (*Ms. H, réd.* 2.)
6. **De travailler à son but. (*Ms. H, réd.* 1.)
7. Il est aisé de voir que la Rochefoucauld fait ici un retour mélancolique sur lui-même.
8. Ses intentions vers.... et vers. (*Ms. H, réd.* 1.)
9. Voyez, dans *Mme de Motteville* (tome III, p. 373-375), la *Lettre du prince de Condé au Parlement*, en date du 7 juillet 1651.
10. Mazarin avait supprimé le principal en s'éloignant provisoirement.

trouver dans le procédé de la Reine, qui avoit rappelé auprès d'elle MM. Servien et le Tellier, après les avoir éloignés en sa considération[1], et il essayoit de persuader que leur retour étoit moins pour l'offenser que pour avancer celui du Cardinal. Ces bruits semés parmi le peuple y faisoient quelque impression. Le Parlement étoit plus partagé que jamais : le premier président Molé étoit devenu ennemi de Monsieur le Prince, croyant qu'il avoit contribué à lui faire ôter les sceaux[2], pour les donner à M. de Châteauneuf. Ceux qui étoient gagnés de la cour se joignoient à lui ; mais la conduite des Frondeurs étoit plus réservée : ils n'osoient paroître bien intentionnés pour le Cardinal, et toutefois ils le vouloient servir en effet[3].

Les choses étoient en ces termes lorsque Monsieur le Prince quitta Saint-Maur pour retourner à Paris[4] : il crut être en état, par le nombre de ses amis et de ses créatures, de s'y maintenir contre la cour, et que cette conduite fière et hardie donneroit de la réputation à ses affaires. Il fit partir en même temps Madame la Princesse, M. le duc d'Enghien et Mme de Longueville pour aller à Mourond, dans la résolution de

1. A sa considération. (*Ms. H*, réd. 1 et 2.) — « A sa recommandation, » dans les éditions anciennes. « Pour l'amour de lui, » dit Mme de Motteville, tome III, p. 462.

2. Nommé garde des sceaux le 3 avril 1651, Molé avait été destitué quelques jours après ; il fut réintégré au mois de septembre suivant dans ces fonctions, qu'il remplit jusqu'à sa mort (3 janvier 1656).

3. Il avait été convenu, entre le Cardinal et les principaux Frondeurs, que ceux-ci feraient « semblant d'être mal avec lui, » comme dit Mme de Motteville, tome III, p. 424. Voyez ci-après, p. 292, note 6.

4. Le 21 juillet, Condé revint prendre sa place au Parlement « sur les huit heures du matin, dit Retz (tome III, p. 187, éd. Ch.), accompagné de M. de la Rochefoucauld et de cinquante ou soixante gentilshommes. »

les y aller joindre bientôt[1], et de passer en Guyenne, où l'on étoit disposé à le recevoir. Il avoit envoyé le comte de Tavannes[2] en Champagne, pour y commander ses troupes qui servoient dans l'armée, avec ordre de les faire marcher en corps à Stenay[3], aussitôt qu'il le lui manderoit. Il avoit pourvu à ses autres places, et avoit deux cent mille écus d'argent comptant : ainsi[4] il se préparoit à la guerre, bien qu'il n'en eût pas encore entièrement formé le dessein. Il essayoit néanmoins, dans cette vue, d'engager des gens de qualité dans ses intérêts, et, entre autres, le duc de Bouillon et M. de Turenne.

Ils étoient l'un et l'autre particulièrement amis du duc de la Rochefoucauld, qui n'oublia rien pour les faire prendre[5] le même parti qu'il se voyoit déjà obligé de suivre. Le duc de Bouillon lui parut irrésolu, desirant de trouver[6] ses sûretés et ses avantages, se défiant presque également de la cour et de Monsieur le Prince, et voulant voir l'affaire engagée avant que de se déclarer[7]. M. de Turenne, au contraire, lui parla toujours d'une même manière depuis son retour de Stenay. Il lui dit que Monsieur le Prince ne l'avoit ménagé sur rien depuis sa liberté[8], et que, bien loin de prendre ses me-

1. **Bientôt après. (*Ms. H*, réd. 1.)
2. Jacques de Saulx, comte de Tavannes, petit-fils du maréchal de ce nom, grand bailli de Dijon, premier gentilhomme du prince de Condé. Il a laissé des *Mémoires*, qui vont depuis la prison des Princes jusqu'en 1653 et dont la meilleure édition est celle de M. Moreau, *Bibliothèque elzévirienne*, Paris, 1858, in-8º.
3. Voyez ci-dessus, p. 173, note 5.
4. Et ainsi. (*Ms. H*, réd. 1 et 2.)
5. Et il n'oublia rien pour leur faire prendre. (*Ms. H*, réd. 1 et 2.)
6. **Voulant trouver. (*Ms. H*, réd. 1.)
7. Auparavant que de se déclarer. (*Ms. H*, réd. 1.)
8. Après son retour de Paris. (*Ms. H*, réd. 2.) — **Depuis son retour à Paris. (*Ms. H*, réd. 1.)

sures de concert avec lui, et de lui faire part de ses desseins, il s'en étoit non-seulement éloigné, mais avoit mieux aimé laisser périr les troupes¹ qui venoient de combattre pour sa liberté², que de dire un mot pour leur faire donner des quartiers d'hiver. Il ajouta encore qu'il avoit affecté de ne se louer ni de ne se plaindre³ de Monsieur le Prince, pour ne pas donner lieu⁴ à des éclaircissements dans lesquels il ne vouloit pas entrer ; qu'il croyoit n'avoir rien oublié pour servir Monsieur le Prince⁵ ; mais qu'il prétendoit aussi que l'engagement où il étoit entré avec lui⁶ avoit dû finir avec sa prison, et qu'ainsi il pouvoit prendre des liaisons selon ses inclinations ou ses intérêts⁷. Ce furent les raisons par lesquelles M. de Turenne refusa de suivre une seconde fois la fortune de Monsieur le Prince. Le duc de Bouillon⁸, qui vouloit éviter de s'expliquer⁹, se trouvoit bien embarrassé pour s'empêcher de répondre précisément. Monsieur le Prince et lui avoient choisi pour médiateur entre eux le duc de la Rochefoucauld¹⁰ ; mais, comme ce dernier jugeoit bien¹¹ qu'un emploi¹² comme celui-là est toujours délicat parmi des gens qui doivent convenir sur

1. Mais encore il avoit mieux aimé laisser périr les troupes de M. de Turenne. (*Ms. H, réd.* 1 *et* 2.)
2. †Pour lui. (*Ms. H, réd.* 1 *et* 2.)
3. Ni de se plaindre. (*Ms. H, réd.* 1 *et* 2.)
4. Pour ne donner pas lieu. (*Ms. H, réd.* 1 *et* 2.)
5. Pour contribuer à sa liberté. (*Ms. H, réd.* 1 *et* 2.)
6. Qu'il avoit avec lui. (*Ms. H, réd.* 1 *et* 2.)
7. Les anciennes éditions font dire les mêmes choses à Turenne, à peu près dans les mêmes termes, mais dans un ordre tout différent.
8. †Le duc de Bouillon cependant. (*Ms. H, réd.* 1 *et* 2.)
9. ** De s'expliquer avec lui. (*Ms. H, réd.* 1 *et* 2.)
10. ** Avoient choisi le duc de la Rochefoucauld pour être médiateur entre eux. (*Ms. H, réd.* 1 *et* 2.)
11. Mais comme il jugeoit bien. (*Ms. H, réd.* 1.)
12. ** Qu'un poste. (*Ms. H, réd.* 1 *et* 2.)

tant de différents articles et si importants[1], il les engagea à se dire eux-mêmes, en sa présence, leurs sentiments, et il arriva, contre l'ordinaire de semblables éclaircissements, que la conversation finit sans aigreur, et qu'ils demeurèrent satisfaits l'un de l'autre sans être liés ni engagés à rien.

Il sembloit alors que le principal but de la cour et de Monsieur le Prince fût de se rendre le Parlement favorable. Les Frondeurs affectoient d'y paroître[2] sans autre intérêt que celui du public; mais, sous ce prétexte, ils choquoient Monsieur le Prince en toutes choses, et s'opposoient directement à tous ses desseins. Dans les commencements, ils l'accusoient encore avec quelque retenue; mais, se voyant ouvertement appuyés de la cour[3], le Coadjuteur trouva de la vanité à paroître ennemi déclaré de Monsieur le Prince[4], et dès lors non-seulement il s'opposa, sans garder des mesures[5], à tout ce qu'il proposoit[6], mais encore il n'alla plus au Palais sans être suivi de ses amis et d'un grand nombre de gens armés. Un procédé si fier[7] déplut avec raison à Monsieur le Prince, et il ne trouvoit pas moins insupportable d'être obligé de se faire suivre au Palais, pour disputer le pavé[8] avec

1. ** Tant d'importants et différents articles. (*Ms. H*, réd. 1 et 2.)
2. ** De paroitre. (*Ms. H*, réd. 1 et 2.)
3. Il y a dans l'édition de 1804 *appuyé* au singulier; mais le participe est bien au pluriel dans nos deux manuscrits et dans les anciennes éditions, et il forme un membre de phrase absolu se rapportant aux Frondeurs.
4. L'édition de 1688 rapproche de ce passage ce mot de Tacite (*Histoires*, livre II, chapitre LIII) : *Ut magnis inimicitiis claresceret*, « pour qu'il brillât par de grandes inimitiés. »
5. De mesure. (*Ms. H*, réd. 1 et 2.)
6. Voyez dans *Retz*, tout le chapitre xxx du tome III, éd. Ch.
7. Ce procédé trop fier. (*Ms. H*, réd. 1.)
8. C'est le mot de Retz lui-même dans ses *Mémoires*, tome III, p. 213, éd. Ch.

le Coadjuteur, que d'y aller seul et d'exposer ainsi sa vie et sa liberté entre les mains de son plus dangereux ennemi. Il jugea néanmoins qu'il devoit[1] préférer sa sûreté à tout le reste, et il résolut enfin de n'aller plus au Parlement sans être accompagné de tout ce qui étoit dans ses intérêts.

On crut que la Reine étoit bien aise[2] de voir naître ce nouveau sujet de division entre deux personnes[3] que dans son cœur elle haïssoit presque également, et qu'elle imaginoit assez quelles en pourroient être les suites pour espérer d'être vengée de l'un par l'autre et de les voir périr tous deux. Elle donnoit néanmoins toutes les apparences de sa protection au Coadjuteur, et elle voulut qu'il fût escorté par une partie des gens d'armes et des chevaux légers du Roi, et par des officiers et des soldats du régiment des Gardes[4]. Monsieur le Prince

1. Il crut néanmoins devoir. (*Ms. H*, réd. 1 et 2.)
2. On crut (*bien*, réd. 1) que la Reine fut bien aise. (*Ms. H*, réd. 1 et 2.)
3. **Entre deux hommes. (*Ms. H*, réd. 1.)
4. Le récit de la Rochefoucauld manque ici de précision et de clarté. Dès le 17 août, la Reine avait envoyé au Parlement un acte d'accusation contre Monsieur le Prince, acte qui tendait à le faire déclarer rebelle et criminel d'État. C'était le 21 août que le Parlement devait statuer à ce sujet; et la Reine, craignant que l'acharnement des partis ne donnât lieu à quelque conflit dans la salle du Palais, avait en effet mis, pour ce jour-là, à la disposition du Coadjuteur une garde de gendarmes et de chevau-légers, commandée par les maréchaux d'Albret et de Schomberg, et qui avait pour mot de ralliement *Notre-Dame*. Retz avait en outre pris, de son propre chef, d'autres précautions qui sentent assez le guet-apens : « Comme j'avois habitude avec les buvetiers, dit-il (tome III, p. 214 et 215, éd. Ch.), je fis couler dès le soir (20 *août*) dans les buvettes quantité de gens à moi, par lesquelles la salle du Palais se trouvoit ainsi, même sans que l'on s'en aperçût, presque investie de toute part. Comme j'avois résolu de poster le gros de mes amis à la main gauche de la salle en y entrant par les grands degrés, j'avois mis dans une des chambres des Consignations trente des gentilshommes du Vexin,

étoit suivi d'un grand nombre de personnes de qualité, de plusieurs officiers d'armée, et d'une foule de gens de toutes sortes de professions, qui ne le quittoient plus[1] depuis son retour de Saint-Maur. Cette confusion de gens de différents partis, se trouvant tous ensemble dans la grande salle du Palais, fit appréhender au Parlement de voir arriver un désordre qui les pourroit[2] tous envelopper dans un même péril et que personne ne seroit capable d'apaiser[3]. Le Premier Président, pour prévenir le mal, résolut de prier Monsieur le Prince de ne se plus faire[4] accompagner au Palais[5]. Il arriva même un jour[6] que M. le duc d'Orléans ne s'y étant point trouvé[7], et que Monsieur le Prince et le Coadjuteur s'y étant rendus avec tous leurs amis, leur nombre et l'aigreur qui paroissoit dans les esprits augmentèrent[8] de

qui devoient, en cas de combat, prendre en flanc et par derrière le parti de Monsieur le Prince. Les armoires de la buvette de la quatrième, qui répondoit dans la grand'chambre, étoient pleines de grenades; enfin il est vrai que toutes mes mesures étoient si bien prises, et par le dedans du Palais et par le dehors, où le pont Notre-Dame et le pont Saint-Michel, qui étoient passionnés pour moi, ne faisoient qu'attendre le signal, que, selon toutes les apparences du monde, je ne devois pas être battu. » Voyez aussi les *Mémoires de Guy Joli*, tome I, p. 217 et suivantes.

1. Qui ne le quittoient point. (*Ms. H, réd.* 2.)
2. Qui les pouvoit. (*Ms. H, réd.* 1 *et* 2.)
3. « On s'attendoit si bien d'en venir aux mains, dit Guy Joli (tome I, p. 218), que plusieurs conseillers et autres gens de robe des deux partis avoient des épées, des poignards, et autres armes cachées sous leurs habits. »
4. De ne se faire plus. (*Ms. H, réd.* 1 *et* 2.)
5. ** Accompagner venant au Palais. (*Ms. H, réd.* 1.)
6. Ce mot vague *un jour* désigne précisément la fameuse séance du 21 août, pour laquelle on avait fait, de part et d'autre, tant de préparatifs et organisé tant de machines, et qui est racontée en détail dans la plupart des mémoires contemporains.
7. Ne s'étant point trouvé au Palais. (*Ms. H, réd.* 1 *et* 2.)
8. Augmenta. (*Ms. H, réd.* 1 *et* 2.) — Les anciennes éditions

beaucoup la crainte du Premier Président. Monsieur le Prince dit même quelques paroles piquantes, qui s'adressoient au Coadjuteur; mais il y répondit sans s'étonner[1], et osa dire publiquement que ses ennemis ne l'accuseroient pas au moins d'avoir manqué à ses promesses, et que peu de personnes se trouvoient aujourd'hui exemptes[2] de ce reproche, voulant désigner[3] par là Monsieur le Prince et lui reprocher tacitement la rupture du mariage de Mlle de Chevreuse, le traité de Noisy, et l'abandonnement des Frondeurs quand il se réconcilia avec le Cardinal[4].

Ces bruits semés dans le monde par les partisans du Coadjuteur, et renouvelés encore avec tant d'audace devant le Parlement assemblé et en présence de Monsieur le Prince, le devoient trouver sans doute plus sensible à cette injure, qu'il ne le parut alors : il fut maître[5] de son ressentiment et ne répondit rien au Coadjuteur[6];

---

ont aussi le singulier, mais, à partir de 1688, elles remplacent *et l'aigreur* par *avec l'aigreur*.

1. Voyez les *Mémoires de Retz*, tome III, p. 217, éd. Ch., et ceux de Guy Joli, tome I, p. 219.
2. *Exempts*, au masculin, dans le ms. H (réd. 1 et 2).
3. Distinguer. (*Ms. H, réd.* 2.)
4. Ce passage a été fort abrégé dans le manuscrit D, ainsi que dans les deux rédactions du ms. H. Voici la leçon des anciennes éditions : « Il désignoit par là Monsieur le Prince, et lui reprochoit non-seulement d'avoir manqué aux engagements qu'il avoit pris avec les Frondeurs pour le mariage de son frère avec Mlle de Chevreuse, mais encore (*il alléguoit*, 1662-88) le voyage de Noisy, lorsque M. le prince de Conty, Mme et Mlle de Longueville, et MM. de Retz y jetèrent les fondements de la guerre de Paris, et que Monsieur le Prince promit de se mettre à leur tête, non pas pour chasser le Cardinal, selon l'intention publique, mais seulement pour faire sa condition meilleure avec lui, et avoir ainsi le mérite de le garantir du mal qu'une cabale si puissante lui pouvoit faire. »
5. Il fut pourtant maître. (*Ms. H, réd.* 1 et 2.)
6. **Au discours du Coadjuteur. (*Ms. H, réd.* 1 et 2.)

mais, en même temps, on vint avertir le Premier Président que la grand salle étoit remplie de gens armés, et qu'étant de partis si opposés[1], il n'étoit pas possible qu'il n'arrivât quelque grand malheur, si on n'y apportoit un prompt remède[2]. Alors le Premier Président dit à Monsieur le Prince que la Compagnie lui seroit obligée, s'il lui plaisoit de faire retirer tous ceux qui l'avoient suivi ; qu'on étoit assemblé pour remédier aux désordres de l'État et non pas pour les augmenter, et que personne ne croiroit[3] avoir la liberté entière d'opiner tant qu'on verroit le Palais, qui devoit être l'asile de la justice, servir ainsi de place d'armes. Monsieur le Prince s'offrit sans hésiter de faire retirer ses amis, et pria le duc de la Rochefoucauld de les faire sortir sans désordre. En même temps, le Coadjuteur se leva ; et, voulant que l'on crût qu'il le falloit traiter d'égal avec Monsieur le Prince en cette rencontre[4], il dit qu'il alloit donc de son côté faire la même chose[5], et, sans attendre de réponse, sortit de la grand chambre pour aller parler à ses amis[6]. Le duc de la Rochefoucauld, indigné[7] de ce procédé, marchoit huit ou dix pas derrière

1. Des partis si opposés. (Ms. H, réd. 1 et 2.) — Dans les anciennes éditions : « et qu'étant (qui étant, 1662-88) piqués dans des intérêts si opposés. »
2. **Si on n'y apportoit promptement du remède. (Ms. H, réd. 1.)
3. Personne ne croyoit. (Ms. H, réd. 1.)
4. En ce rencontre. (Ms. H, réd. 1 et 2.)
5. Qu'il alloit donc faire faire la même chose. (Ms. H, réd. 1.)
6. Il est intéressant de comparer le récit du Coadjuteur avec celui de la Rochefoucauld. Retz, devenu humble et clairvoyant après coup, avoue (tome III, p. 218, éd. Ch.) qu'il commit ce jour-là deux sottises « en un demi-quart d'heure ; » car, dit-il, « il n'est jamais permis à un inférieur de s'égaler en parole à celui à qui il doit du respect, quoiqu'il s'y égale dans l'action, et il l'est aussi peu qu'à un ecclésiastique de confesser qu'il est armé, même quand il l'est. »
7. Aigri. (Ms. H, réd. 1 et 2.)

lui, et il étoit encore dans le parquet des huissiers, lorsque le Coadjuteur étoit déjà arrivé dans la grand salle. A sa vue, tout ce qui tenoit son parti mit l'épée à la main sans en savoir la raison, et les amis de Monsieur le Prince firent aussi la même chose[1]; chacun se rangea du côté qu'il servoit, et, en un instant, les deux troupes ne furent séparées que de la longueur de leurs épées, sans que, parmi un si grand nombre de braves gens, animés par tant de haines différentes et par tant d'intérêts contraires, il s'en trouvât aucun qui allongeât un coup d'épée, ou qui tirât un coup de pistolet. Le Coadjuteur, voyant un si grand désordre, connut le péril où il étoit, et voulut, pour s'en tirer, retourner[2] dans la grand chambre; mais, en arrivant à la porte de la salle par où il étoit sorti, il trouva que le duc de la Rochefoucauld s'en étoit rendu le maître[3]. Il essaya de l'ouvrir avec effort, mais, comme elle ne s'ouvroit que par la moitié, et que le duc de la Rochefoucauld la tenoit, il la referma en sorte, dans le temps que le Coadjuteur rentroit, qu'il l'arrêta ayant la tête passée du côté du parquet des huissiers et le corps dans la grand salle. On pouvoit croire que cette occasion tenteroit le duc de la Rochefoucauld, après tout ce qui s'étoit passé entre eux, et que les raisons générales et particulières le pousseroient à perdre son plus mortel ennemi, puisqu'avec la satisfaction de s'en venger, il vengeoit encore Monsieur le Prince des paroles audacieuses qu'on venoit de dire contre lui. Le duc de la Rochefoucauld

1. Retz (tome III, p. 219, éd. Ch.), Mme de Motteville (tome III, p. 418) et Guy Joli (tome I, p. 219 et 220) s'accordent à dire que ce furent les gens de Monsieur le Prince qui tirèrent les premiers l'épée.
2. Et voulut s'en retirer et retourner. (*Ms. H, réd.* 1 *et* 2.)
3. ** S'en étoit rendu maitre. (*Ms. H, réd.* 1 *et* 2.)

trouvoit juste aussi que la vie du Coadjuteur répondît de l'événement du désordre qu'il avoit ému, et duquel le succès auroit sans doute été terrible; mais, considérant qu'on ne se battoit point dans la salle, et que de ceux qui étoient amis du Coadjuteur dans le parquet des huissiers, pas un ne mettoit l'épée à la main pour le défendre, il n'eut pas le même prétexte pour l'attaquer qu'il auroit eu si le combat eût été commencé en quelque endroit[1]. Les gens même de Monsieur le Prince qui étoient près du duc de la Rochefoucauld ne sentoient pas de quel poids étoit le service qu'ils pouvoient rendre à leur maître[2]; et enfin l'un, pour ne vouloir pas faire une action qui eût paru cruelle, et les autres, pour être irrésolus dans une si grande affaire, donnèrent temps à Champlâtreux[3], fils du Premier Président, d'arriver, avec ordre de la grand chambre de dégager

---

1. Tout ce passage est, dans le ms. H et dans les anciennes éditions, plus indécis par l'idée et embarrassé par la forme; il semble que la Rochefoucauld, sentant tout l'odieux de sa conduite, ne sache trop à quel tour s'arrêter : « Outre la satisfaction de s'en venger en vengeant Monsieur le Prince des paroles audacieuses qu'il venoit de dire contre lui, on pouvoit croire encore qu'il étoit juste que la vie du Coadjuteur répondît de l'événement du désordre qu'il avoit ému, et duquel le succès pouvoit être apparemment terrible; mais le duc de la Rochefoucauld, considérant qu'on ne se battoit point dans la salle, et que de ceux qui étoient amis du Coadjuteur dans le parquet des huissiers, pas un ne mettoit l'épée à la main pour le défendre, il crut (*ainsi il crut*, réd. 1) n'avoir pas le même prétexte de se venger de lui, qu'il auroit eu si, etc. » (*Ms. H*, réd. 1 et 2.)

2. A leur maître en ce rencontre. (*Ms. H*, réd. 1 et 2.) — Renouard a changé *ce* en *cette*.

3. Jean-Édouard Molé, seigneur de Champlâtreux, d'abord conseiller honoraire, puis, en 1643, maître des requêtes au parlement de Paris, fut reçu président à mortier en 1657; il mourut en 1682. Voyez sur lui l'ouvrage de M. de Barante, *le Parlement et la Fronde*, 1859, in-8º, p. 399 et 400.

le Coadjuteur, ce qu'il fit, et ainsi il le retira du plus grand péril où il se fût jamais trouvé[1]. Le duc de la Rochefoucauld, le voyant entre les mains de Champlâtreux, retourna dans la grand chambre prendre sa place, et le Coadjuteur y arriva dans le même temps, avec le trouble qu'un péril tel que celui[2] qu'il venoit d'éviter lui devoit causer. Il commença par se plaindre à l'assemblée de la violence du duc de la Rochefoucauld. Il dit qu'il avoit été près d'être assassiné, et qu'on ne l'avoit tenu à la porte que pour l'exposer à tout ce que ses ennemis auroient voulu entreprendre contre sa personne. Le duc de la Rochefoucauld, se tournant vers le Premier Président, répondit qu'il falloit sans doute que la peur eût ôté au Coadjuteur la liberté de juger de ce qui s'étoit

---

1. Rapprochez du récit de Retz (tome III, p. 218 et 219, éd. Ch.): « Comme je mis le pied sur la porte du parquet, j'entendis une fort grande rumeur dans la salle, de gens qui crioient aux armes. Je me voulus retourner pour voir ce que c'étoit, mais je n'en eus pas le temps, parce que je me sentis le cou pris entre les deux battants de la porte, que M. de la Rochefoucauld avoit fermée sur moi, en criant à MM. de Coligny et de Ricousse de me tuer. Le premier se contenta de ne le pas croire; le second lui dit qu'il n'en avoit point d'ordre de Monsieur le Prince. Montrésor, qui étoit dans le parquet des huissiers avec un garçon de Paris, appelé Noblet, qui m'étoit affectionné, soutenoit un peu un des battants, qui ne laissoit pas de me presser extrêmement. M. de Champlâtreux, qui étoit accouru au bruit qui se faisoit dans la salle, me voyant en cette extrémité, poussa avec vigueur M. de la Rochefoucauld. Il lui dit que c'étoit une honte et une horreur qu'un assassinat de cette nature; il ouvrit la porte et il me fit entrer. » — Guy Joli (tome I, p. 221) rapporte, de son côté, que le duc de la Rochefoucauld, lorsqu'il tenait le Coadjuteur dans la porte, « dit au sieur de Chavagnac, ami de Monsieur le Prince, qu'il falloit tuer ce b.... là, et qu'il le poignardât. Ce gentilhomme dit qu'il n'en feroit rien, et qu'il étoit là pour le service de Son Altesse, mais non pour assassiner personne, et qu'il le poignardât lui-même, s'il le vouloit. »

2. ** Avec tout le trouble qu'un accident comme celui, etc. (*Ms. H, réd.* 1.)

passé¹; qu'autrement il auroit vu² qu'il n'avoit pas eu dessein de le perdre, puisqu'il ne l'avoit pas fait, ayant eu longtemps sa vie entre ses mains; qu'en effet il s'étoit rendu maître de la porte et l'avoit empêché de rentrer, mais qu'il ne s'étoit pas cru obligé³ de remédier à sa peur en exposant Monsieur le Prince et le Parlement à une sédition, que ceux de son parti avoient émue⁴ en le voyant arriver. Ce discours fut suivi de quelques paroles aigres et piquantes, qui obligèrent⁵ le duc de Brissac, beau-frère du duc de Retz⁶, de répondre; et le duc de la Rochefoucauld et lui résolurent de se battre le jour même sans seconds; mais, comme le sujet de leur querelle étoit⁷ public, elle fut accordée, au sortir du Palais, par M. le duc d'Orléans⁸.

1. S'étoit passé dans ce rencontre. (*Ms. H, réd. 2.*) — Dans ce moment. (*Ms. H, réd. 1.*)
2. † Autrement qu'il auroit vu. (*Ms. H, réd. 1 et 2.*)
3. Mais qu'il n'avoit pas cru être obligé. (*Ms. H, réd. 1 et 2.*)
4. ** Que ses gens avoient émue. (*Ms. H, réd. 1.*)
5. Paroles aigres et piquantes qu'il lui dit publiquement, qui obligèrent, etc. (*Ms. H, réd. 1.*)
6. Louis de Cossé, duc de Brissac, mort en 1661. Il avait épousé en 1645 une cousine du Coadjuteur, cette même Mlle de Scepeaux, Marguerite de Gondi, dont Retz parle dans ses *Mémoires*, tome I, p. 92 et suivantes. — Le duc de Retz, dont il est ici question, était le frère aîné du Coadjuteur, Pierre de Gondi : voyez ci-dessus, p. 141, note 4, et les *Mémoires de Retz*, tome I, p. 143, note 1.
7. ** Fut. (*Ms. H, réd. 1 et 2.*)
8. Retz raconte (tome III, p. 224 et 225, éd. Ch.) qu'il accusa la Rochefoucauld de l'avoir voulu faire assassiner, et que le duc lui répondit : « Traître, je me soucie peu de ce que tu deviennes. » — Il ajoute : « Je lui repartis ces propres mots : « Tout beau, notre « ami la Franchise (nous lui avions donné ce quolibet dans notre « parti); vous êtes un poltron (je mentois, car il est assurément fort « brave), et je suis un prêtre : le duel nous est défendu. » M. de Brissac, qui étoit immédiatement au-dessus de lui, le menaça de coups de bâton; il menaça M. de Brissac de coups d'éperons. Messieurs les présidents, qui crurent avec raison que ces dits et redits

Cette affaire, qui apparemment[1] devoit avoir tant de suites, finit[2] ce qui pouvoit le plus contribuer au désordre[3] ; car le Coadjuteur évita de retourner au Palais, et ainsi ne se trouvant plus où étoit Monsieur le Prince, il n'y eut plus lieu de craindre un accident pareil[4] à celui qui avoit été si près d'arriver. Néanmoins, comme la fortune règle les événements[5] plus souvent que la conduite des hommes, elle fit rencontrer Monsieur le Prince et le Coadjuteur dans le temps qu'ils se cherchoient le moins, mais dans un état[6], à la vérité, bien différent de celui où ils avoient été au Palais ; car un jour[7] que Monsieur le Prince en sortoit avec le duc de la Rochefoucauld, dans son carrosse, et suivi d'une foule innombrable de peuple, il rencontra la procession de Notre-Dame[8], et le Coadjuteur revêtu de ses habits pontificaux, marchant après plusieurs châsses et reliques. Monsieur le Prince s'arrêta aussitôt pour rendre un plus grand respect[9] à l'Église, et le Coadjuteur, con-

étoient un commencement de querelle qui alloit passer au delà des paroles, se jetèrent entre nous. »

1. Renouard a remplacé la leçon du ms H : *apparemment*, par *selon les apparences*.
2. ** Devoit produire tant de suites, finit même. (*Ms. H, réd.* 1.)
3. « Ainsi finit, dit Retz (tome III, p. 225, éd. Ch.), cette matinée qui faillit à abimer Paris. »
4. De pareil accident. (*Ms. H, réd.* 1 et 2.)
5. † Comme la fortune les règle (*règle les accidents*). (*Ms. H, réd.* 1.)
6. ** Et en un état. (*Ms. H, réd.* 1.)
7. Le 22 août, c'est-à-dire le lendemain même de la fameuse séance où les choses avaient été sur le point de tourner au tragique.
8. La procession dite de la Grande-Confrérie « composée, dit Retz (tome III, p. 231, éd. Ch.), de trente ou quarante curés de Paris, et.... toujours suivie de beaucoup de peuple. »
9. Après plusieurs châsses et reliques qu'on portoit. D'abord Monsieur le Prince s'arrêta pour rendre plus de respect. (*Ms. H, réd.* 1.) — *Déférence*, au lieu de *respect*, dans les anciennes éditions.

tinuant son chemin sans s'émouvoir, lorsqu'il fut vis-à-vis de Monsieur le Prince, lui fit une profonde révérence, et lui donna sa bénédiction et au duc de la Rochefoucauld aussi. Elle fut reçue de l'un et de l'autre avec toutes les apparences de respect, bien que nul des deux[1] ne souhaitât qu'elle eût l'effet que le Coadjuteur pouvoit desirer[2]. En même temps[3], le peuple qui suivoit le carrosse de Monsieur le Prince, ému d'une[4] telle rencontre, dit mille injures au Coadjuteur, et se préparoit à le mettre en pièces si Monsieur le Prince n'eût fait descendre ses gens pour apaiser le tumulte[5].

1. **Pas un des deux. (*Ms. H*, réd. 1 *et* 2.)
2. Voyez *Retz*, tome III, p. 231 et 232, éd. Ch., et la *Muze historique*, lettre 34ᵉ : *Partializée* (p. 150 et 151). Cette rencontre eut lieu, « assez près, dit Retz, des Cordeliers » (place actuelle de l'École-de-Médecine); « dans la rue du Paon, » dit Guy Joli (tome I, p. 225). Le Prince retournait à l'hôtel de Condé, et la procession sortait des Cordeliers pour aller à la Madeleine de la Cité.
3. **Que le Coadjuteur desiroit. En ce même temps. (*Ms. H*, réd. 1 *et* 2.)
4. **Ému par une. (*Ms. H*, réd. 1 *et* 2.)
5. **Pour apaiser le (*ce*, anc. éd.) tumulte et remettre chacun en son devoir. (*Ms. H*, réd. 1.)

V[1].

[Août 1651 à mars 1652.]

Cependant, tout contribuoit[2] à augmenter les défiances et les soupçons de Monsieur le Prince : il voyoit que la majorité du Roi alloit rendre son autorité absolue ; il connoissoit l'aigreur de la Reine contre lui, et voyoit bien que, le considérant comme le seul obstacle au retour du Cardinal, elle n'oublieroit rien pour le perdre ou pour l'éloigner. L'amitié de M. le duc d'Orléans lui paroissoit un appui bien foible et bien douteux pour le soutenir dans des temps si difficiles, et il ne pouvoit croire qu'elle fût longtemps sincère, puisque le Coadjuteur avoit toujours beaucoup de crédit auprès de lui. Tant de sujets de craindre pouvoient avec raison augmenter les défiances de Monsieur le Prince, et l'empêcher de se trouver au Parlement le jour que le Roi y devoit être déclaré majeur ; mais tout cela n'auroit pas été capable de le porter[3] encore à rompre avec la cour

---

1. Entre cette partie des *Mémoires* et la précédente, il y a, dans le ms. H, un blanc de quatre lignes ; il n'y a aucun intervalle dans notre manuscrit D de la Roche-Guyon ; on lit seulement en marge ce titre, de la main de l'annotateur : *Guerre de Guienne*. Renouard se trompe en disant que ce morceau manque dans toutes les éditions imprimées antérieures à la sienne, c'est-à-dire à 1804. Cela n'est vrai que des éditions de 1662-1688 ; il est dans les suivantes, qui lui donnent le même titre que le manuscrit D. — Nous n'avons pas besoin d'avertir que, vu l'absence de cette partie des *Mémoires* dans la première série des anciennes éditions, il n'y aura lieu, en tête des variantes, qu'à un seul astérisque.

2. *Toutes choses contribuoient. (*Ms. H, réd.* 1.)

3. *N'auroit pu le porter. (*Ms. H, réd.* 1.)

et à se retirer dans ses gouvernements¹, si on eût laissé les choses dans les termes où elles étoient, et si on eût continué à le retenir² par l'espérance de quelque négociation.

M. le duc d'Orléans vouloit empêcher une rupture ouverte, croyant se rendre nécessaire aux deux partis, et voulant presque également éviter de se brouiller avec l'un et avec l'autre³. Mais la Reine étoit d'un sentiment bien contraire : nul retardement ne pouvoit satisfaire son esprit irrité, et elle recevoit toutes les propositions d'un traité comme autant d'artifices pour faire durer l'éloignement du Cardinal. Dans cette vue, elle proposa de rétablir M. de Châteauneuf dans les affaires⁴, de redonner les sceaux au premier président Molé⁵, et les finances à M. de la Vieuville⁶. Elle crut avec raison que le

1. Outre le gouvernement de Guyenne, il avait celui de Berri et de plusieurs villes et châteaux dans diverses provinces.
2. A l'amuser. (*Ms. H, réd.* 1.) — De l'amuser. (*Anc. éd.*)
3. *Avec l'un ou avec l'autre. (*Ms. H, réd.* 1 *et* 2.)
4. Il fut fait chef du conseil : voyez *Guy Joli*, p. 226.
5. Ils lui furent rendus en effet, mais il demeura en même temps, jusqu'en avril 1653, à la tête du Parlement, « où il réussissoit fort bien, dit Guy Joli (tome I, p. 228 et 229), au lieu qu'il étoit tout à fait neuf aux affaires du cabinet. »
6. Charles, marquis, puis duc de la Vieuville, avait déjà été surintendant, de janvier 1623 à août 1624. Il fut fait duc et pair en décembre 1651 et mourut en janvier 1653. — Voyez, dans *Mme de Motteville* (tome III, p. 424 et suivantes), les articles accordés « entre le cardinal Mazarin, Châteauneuf, le Coadjuteur, et la duchesse de Chevreuse. » On s'assurait de Retz en lui promettant « toutes les paroles et expéditions nécessaires pour la nomination du Roi au cardinalat, et pour la charge de ministre d'État..., pour en jouir incontinent après la tenue des états généraux, n'étant pas à propos que cela se fasse auparavant. » De ces deux promesses, la seconde, on le voit, n'était qu'un leurre. Quant à Mme de Chevreuse, on lui faisait sa part en stipulant que Paul Mancini, un des neveux de Mazarin, épouserait sa fille, après avoir été nommé duc de Nevers ou duc de Rethelois et gouverneur de Provence.

choix de ces trois ministres, ennemis particuliers de Monsieur le Prince, achèveroit de lui ôter toute espérance d'accommodement, et ce dessein eut bientôt le succès qu'elle desiroit[1]. Il fit connoître à Monsieur le Prince qu'il n'avoit plus rien à ménager avec la cour, et lui fit prendre en un instant toutes les résolutions qu'il n'avoit pu prendre[2] de lui-même. Il s'en alla à Trie[3], chez le duc de Longueville, après avoir écrit au Roi les raisons qui l'empêchoient de se trouver auprès de sa personne le jour de sa majorité[4], et lui fit donner sa lettre par M. le prince de Conti, qu'il laissa à Paris pour assister à la cérémonie. Le duc de la Rochefoucauld y demeura aussi sous le même prétexte ; mais c'étoit en effet pour essayer de conclure avec le duc de Bouillon, qui avoit fait de nouvelles propositions[5], par lesquelles il offroit de se déclarer pour Monsieur le Prince, et de joindre à ses

1. *Ce dessein eut aussi bientôt le succès qu'elle avoit souhaité. (Ms. H, réd. 1.)
2. *Et avança ainsi en un moment toutes les résolutions qu'il n'avoit pas prises. (Ms. H, réd. 1.)
3. En effet il alla à Trie. (Ms. H, réd. 1.) — Sur Trie, voyez ci-dessus, p. 161 et note 5. Le duc de Longueville y avait un château. Mme de Motteville (tome III, p. 423) appelle ce voyage « une petite course à la campagne. »
4. Cette majorité fut déclarée le 7 septembre dans un lit de justice. Louis XIV, né le 5 septembre 1638, entrait dans sa quatorzième année. Sur les fêtes qui célébrèrent la majorité du Roi, voyez la relation de Mme de Motteville, tome III, p. 427 et suivantes, Guy Joli, tome I, p. 232 et 233, et dans le Choix de Mazarinades, tome II, p. 310 et suivantes, la pièce intitulée : les Particularités des cérémonies observées en la majorité du Roi, avec ce qui s'est fait et passé au Parlement, le Roi séant en son lit de justice. — La Reine, indignée de l'absence du premier prince du sang, dit au Coadjuteur, si nous en croyons son témoignage (tome III, p. 249, éd. Ch.), ces propres mots : « Monsieur le Prince périra, ou je périrai. »
5. Sur de nouvelles propositions qu'il lui fit. (Ms. H, réd. 1 et 2.)

intérêts M. de Turenne, le prince de Tarente[1] et le marquis de la Force[2], aussitôt que Monsieur le Prince auroit été reçu dans Bourdeaux, et que le Parlement se seroit déclaré pour lui en donnant un arrêt d'union. Le duc de la Rochefoucauld lui promit pour Monsieur le Prince les conditions qui suivent :

De lui donner la place de Stenay[3] avec son domaine, pour en jouir aux mêmes droits que Monsieur le Prince, jusqu'à ce qu'il lui eût fait rendre Sedan, ou qu'il l'eût mis en possession de la récompense que la cour lui avoit promise pour l'échange de cette place;

De lui fournir une somme d'argent, dont ils conviendroient, pour lever des troupes et pour faire la guerre;

De le faire recevoir dans Bellegarde, avec le commandement de la place;

De lui céder ses prétentions sur la[4] duché d'Albret[5], et de ne point faire de traité sans y comprendre l'article du rang de sa maison[6].

1. Henri-Charles de la Trémouille, prince de Tarente et de Talmond, duc de Thouars; il avait épousé en 1648 la fille du landgrave Guillaume V de Hesse, l'amie et la voisine, en Bretagne, de Mme de Sévigné. Après la Fronde, il se retira en Hollande jusqu'en 1655. Il mourut à Thouars en 1672. Voyez, dans l'*Histoire du Poitou* de Thibaudeau (tome II, p. 113 et suivantes), le chapitre intitulé : *Les seigneurs d'Amboise et de la Trémoille, princes de Tarente*.

2. Armand de Caumont, mort en 1675, fils aîné de Jacques de Caumont, maréchal de la Force (voyez ci-dessus, p. 174, note 2), et maréchal lui-même en 1652.

3. Voyez ci-dessus, p. 173, note 5.

4. Les anciens éditeurs et celui de 1804 ont changé *la* en *le*.

5. La sirerie d'Albret, réunie au duché de Bourbon en 1548, depuis érigée en duché-pairie (1550) en faveur d'Antoine de Bourbon et de Jeanne d'Albret, était devenue, depuis Henri IV, partie du domaine royal.

6. Tel est l'ordre dans lequel le manuscrit D de la Roche-Guyon

Le duc de la Rochefoucauld lui proposoit encore d'envoyer M. de Turenne à Stenay, Clermont[1] et Damvilliers, pour y commander les vieilles troupes de Monsieur le Prince qui s'y devoient retirer[2], lesquelles, jointes à celles que les Espagnols y devoient envoyer de Flandres, feroient occuper le même poste à M. de Turenne que Mme de Longueville et lui avoient tenu[3] durant la prison des Princes[4]. Il eut charge de Monsieur le Prince de lui dire ensuite que son dessein étoit de laisser M. le prince de Conti, Mme de Longueville et M. de Nemours à Bourges et à Mourond, pour y faire des levées et se rendre maître du Berry, du Bourbonnois, et d'une partie de l'Auvergne, pendant que[5] Monsieur le

---

donne ces articles; dans le ms. H (réd. 1 et 2) et dans les anciennes éditions, l'arrangement est autre. Voici celui du ms. H :
« De lui donner la place de Stenay, etc.;
« De lui céder ses prétentions sur la duché d'Albret;
« De le faire recevoir dans Bellegarde, etc.;
« De lui fournir une somme d'argent, etc.;
« Et de ne point faire de traité, etc. »

1. Clermont en Argonne, dans le département de la Meuse, ainsi que Stenay et Damvilliers.

2. Retz (tome III, p. 254, éd. Ch.) dit que Monsieur le Prince remit à M. de Turenne « un ordre signé de sa main, par lequel il ordonnoit à la Moussaye, qui commandoit pour lui dans Stenay, de lui remettre la place, » et il ajoute « que la première nouvelle qu'il eut après cela de M. de Turenne fut qu'il alloit commander l'armée du Roi. »

3. * Y avoient tenu. (*Ms. H, réd. 1 et 2.*)

4. « Mme de Longueville était restée quelque temps à Stenay avec Turenne, occupée à dénouer l'engagement qu'ils avaient contracté avec l'Espagne pour la délivrance des Princes, et à négocier une trêve qui devait frayer la route à la paix générale tant désirée. Rappelée par les vœux pressants de sa famille, elle avait quitté Stenay le 7 mars (1651), avant d'avoir achevé son ouvrage,... et elle était arrivée le 13 à Paris. » (V. Cousin, *Madame de Longueville pendant la Fronde*, p. 4.)

5. Cependant que. (*Ms. H, réd. 1 et 2.*)

Prince iroit à Bourdeaux, où il étoit appelé par le Parlement et par le peuple, et où les Espagnols lui fourniroient des troupes, de l'argent et des vaisseaux, suivant le traité du marquis de Sillery avec le comte de Fuensaldagne, pour faciliter la levée des troupes qu'il devoit aussi faire en Guyenne; que le comte du Dognon[1] entroit dans son parti, avec les places de Brouage, de Ré, d'Oleron et de la Rochelle; que le duc de Richelieu feroit la même chose, et feroit ses levées en Xaintonge et au pays d'Aunis; que le maréchal de la Force feroit les siennes en Guyenne, le duc de la Rochefoucauld en Poitou et en Angoumois, le marquis de Montespan[2] en Gascogne, M. d'Arpajou[3] en Rouergue, et que M. de Marchin, qui commandoit l'armée de Catalogne, ne manqueroit pas de reconnoissance[4].

1. Louis Foucault de Saint-Germain Beaupré, comte du Dognon, ou du Daugnion. Il s'était installé de son propre chef dans le gouvernement de Brouage, après la mort du duc de Maillé Brezé, dont il y était le lieutenant. Il fut promu au maréchalat en 1653, et mourut en 1659. Voyez sur lui les *Souvenirs du règne de Louis XIV*, par le comte de Cosnac, tome I, p. 317-319.
2. Henri-Louis de Pardaillan de Gondrin, marquis de Montespan, qui épousa en 1663 Françoise-Athénaïs de Rochechouart, dont on connaît la liaison (1668-1683) avec Louis XIV.
3. Louis, marquis de Severac, duc d'Arpajon (1651), était lieutenant général; il mourut en 1679.
4. Lors de l'emprisonnement de Condé en 1650, le comte de Marsin, dont l'attachement à Monsieur le Prince était connu, avait été arrêté. Rendu à la liberté en même temps que ce dernier, après une détention de treize mois, il avait recouvré, grâce à lui, son commandement en Catalogne. Retz raconte (tome III, p. 260, éd. Ch.) que, lorsque Condé prit le chemin de Guyenne, la Reine pensa tout de suite à gagner Marsin, et qu'elle lui envoya les patentes de vice-roi de Catalogne, qu'il désirait fort, en y ajoutant toutes sortes de promesses pour l'avenir; mais ces faveurs arrivèrent trop tard. Marsin, averti à temps de la marche de Monsieur le Prince, s'était déjà jeté dans le Languedoc avec ce qu'il avait pu débaucher de ses troupes.

Tant de belles apparences fortifièrent le duc de Bouillon dans le dessein de s'engager[1] avec Monsieur le Prince, et il en donna encore sa parole au duc de la Rochefoucauld, aux conditions que j'ai dites[2]. Cependant Monsieur le Prince ne put engager si avant le duc de Longueville, ni en tirer[3] aucune parole positive, quelques instances[4] qu'il lui en pût faire, soit par irrésolution, soit parce qu'il ne vouloit pas appuyer un parti que Madame sa femme avoit formé, ou soit qu'il crût qu'étant engagé avec Monsieur le Prince, il seroit entraîné plus loin qu'il n'avoit accoutumé d'aller[5].

Monsieur le Prince ne pouvant rien obtenir de lui, se rendit à Chantilly, où il apprit que de tous côtés on prenoit des mesures contre lui, et que, malgré les instances de M. le duc d'Orléans, la Reine n'avoit pas voulu retarder de vingt-quatre heures la nomination des trois ministres. Voyant donc les choses en ces termes, il crut ne devoir pas balancer à se retirer dans ses gouvernements. Il en donna avis dès l'heure même[6] à M. le duc d'Orléans, et manda à M. le prince de Conti et aux ducs de Nemours et de la Rochefoucauld, de se rendre le lendemain à Essaune[7], pour prendre ensemble le chemin de Mourond. Ce départ, que tout le monde

---

1. *Dans le dessein qu'il avoit de s'engager. (*Ms. H*, réd. 1.)
2. Aux conditions que j'ai déjà dit. (*Ms. H*, réd. 1.)
3. Et il n'en put tirer. (*Ms. H*, réd. 1.)
4. Quelque instance. (*Ms. H*, réd. 1 *et* 2.)
5. Nous avons déjà cité (p. 110, note 1) le mot de Retz sur le duc de Longueville : « C'étoit l'homme du monde qui aimoit le mieux les commencements de toutes affaires. » — Il « faisoit naitre sans cesse des obstacles, a dit plus haut (p. 114) la Rochefoucauld, et se repentoit de s'être engagé. »
6. Et dès l'heure même il en donna avis. (*Ms. H*, réd. 1 *et* 2.)
7. Ou plutôt, comme portent le ms. H et les anciennes éditions, Essonne, sur la rivière du même nom, bourg de l'Ile-de-France (Seine-et-Oise), à huit heues de Paris.

prévoyoit depuis si longtemps, que Monsieur le Prince jugeoit nécessaire à sa sûreté, et que la Reine avoit même toujours souhaité, comme un acheminement au retour du Cardinal, ne laissa pas d'étonner les uns et les autres. Chacun se repentit d'avoir porté les choses[1] au point où elles étoient, et la guerre civile leur parut alors avec tout ce que ses événements ont d'incertain et d'horrible[2]. Il fut même au pouvoir de M. le duc d'Orléans de se servir utilement de cette conjoncture, et Monsieur le Prince demeura un jour entier à Augerville[3], chez le président Perraut, pour y attendre ce que Son Altesse Royale[4] lui envoyeroit proposer; mais, comme les moindres circonstances ont d'ordinaire trop de part aux plus importantes affaires, il arriva en celle-ci que M. le duc d'Orléans ayant disposé la Reine à donner satisfaction[5] à Monsieur le Prince sur l'établissement des trois

---

1. *D'avoir mis les choses. (Ms. H, réd. 1.)

2. *Avec tout ce que ces (ses, anc. éd.) événements ont d'horrible et d'incertain. (Ms. H, réd. 1 et 2.) — La Rochefoucauld était de ceux qui se repentaient secrètement d'avoir porté les choses à ce point. « Le duc de la Rochefoucauld, dit Mme de Motteville (tome III, p. 445), …. avoit de l'aversion à la guerre, mais il la vouloit, parce que Mme de Longueville la souhaitoit passionnément. » Nous avons eu déjà l'occasion de montrer ce qu'il y a d'exagéré dans la thèse de V. Cousin, qui nous représente Mme de Longueville toujours à la remorque de la Rochefoucauld. Voyez à ce sujet la *Notice biographique*, en tête du tome I.

3. Augerville-la-Rivière, dans la vallée de l'Essonne (Loiret); le président Perrault, intendant de Condé, y avait une maison de plaisance. Dans les anciennes éditions le mot est écrit *Angerville*, mais le ms. D porte bien *Augerville*, et dans le ms. H le correcteur a changé, d'une manière bien marquée, l'*n* qu'avait mise le copiste, en *u*. Au reste, il paraîtrait que le mot a encore aujourd'hui la double orthographe : M. Joanne, dans son *Dictionnaire des communes*, le donne deux fois : à ANGERVILLE et à AUGERVILLE. Voyez ci-après (p. 299, note 4) le passage cité de *Guy Joli*.

4. Ce que M. le duc d'Orléans. (Ms. H, réd. 1 et 2.)

5. A donner la satisfaction. (Ms. H, réd. 1.)

ministres, il ne voulut pas prendre la peine de le lui écrire¹ de sa main à l'heure même, et différa d'un jour² de lui en donner avis : ainsi, au lieu que Croissy³, qui lui devoit porter cette dépêche, l'eût pu joindre à Augerville encore incertain du parti qu'il devoit prendre et en état d'entendre à un accommodement, il le trouva arrivé à Bourges⁴, où les applaudissements des peuples et de la noblesse avoient tellement augmenté ses espérances qu'il crut que tout le Royaume alloit imiter cet exemple et se déclarer pour lui⁵.

1. *De lui écrire. (*Ms. H*, *réd*. 1 *et* 2.)
2. *Différa un jour. (*Ms. H*, *réd*. 2.)
3. Et qu'ainsi, au lieu que Croissy. (*Ms. H*, *réd*. 1 *et* 2.) — Il s'agit ici de Fouquet de Croissy, conseiller au parlement de Paris, un des plus zélés partisans de Condé, auteur d'un libelle, en forme de lettres contre Mazarin, publié en 1649, sous ce titre : *le Courrier du temps, apportant ce qui se passe de plus secret en la cour des princes de l'Europe :* voyez la *Bibliographie des Mazarinades*, tome I, p. 247 et 248, et le *Choix de Mazarinades*, tome I, p. 507-514.
4. Selon Guy Joli (tome I, p. 233 et 234), le maréchal de Gramont envoya un courrier à Condé « pour l'avertir de ne se pas éloigner davantage, et il lui expliquoit par une lettre qu'il y avoit encore espérance d'accommodement. Le courrier confondant Augerville avec Angerville (*situés, le premier dans l'arrondissement de Pithiviers, le second dans l'arrondissement d'Étampes*), prit le chemin de ce dernier lieu. Ce détour fut cause que S. A. Monsieur le Prince ne reçut la dépêche qu'au moment qu'il alloit partir d'Augerville. Monsieur le Prince, après l'avoir lue, dit à ceux qui étoient auprès de lui que, si elle étoit arrivée un peu plus tôt, elle l'auroit arrêté, mais que, puisqu'il avoit le cul sur la selle, il n'en descendroit pas pour des espérances incertaines. » Retz (tome III, p. 252, éd. Ch.) affirme que le messager avait pour instruction d'arriver trop tard.
5. Le récit, très-succinct, de la Rochefoucauld a besoin d'être complété ici par celui de Retz. Il y eut une entrevue entre Monsieur le Prince et Croissy. Condé fit bon accueil à l'envoyé de la cour, et prêta l'oreille aux propositions fallacieuses que celui-ci lui transmettait. On invitait le Prince à demeurer en paix dans un de ses gouvernements, avec promesse qu'il n'y serait point inquiété,

Le voyage de Croissy étant donc devenu inutile[1], Monsieur le Prince continua le sien, et arriva à Mourond, où Madame la Princesse et Mme de Longueville l'attendoient. Il y demeura un jour pour voir la place, qu'il trouva très-belle[2] et au meilleur état du monde. Ainsi, toutes choses[3] étant disposées[4] à fortifier ses espérances, et à flatter son nouveau dessein, il ne balança plus[5] à faire la guerre, et[6] ce jour-là même il dressa une ample instruction pour traiter avec le roi d'Espagne, où furent compris ses plus particuliers et ses plus considérables amis. M. Lesnet fut choisi pour cette négociation[7]. Ensuite Monsieur le Prince donna de l'argent à Monsieur son frère et à M. de Nemours, pour faire leurs levées dans les provinces voisines, et les ayant laissés à Mourond avec Mme de Longueville, il y laissa M. de Vi-

jusqu'à la prochaine convocation des états généraux. Retz ajoute (tome III, p. 257, éd. Ch.) que Condé était indécis, mais qu'il fut porté à la guerre par ceux de son entourage, et notamment par Mme de Longueville, que le fantôme irrité du duc son mari poursuivait toujours. Voyez aussi *Mme de Motteville*, tome III, p. 446.

1. Étant ainsi rendu inutile. (*Ms. H, réd.* 1.)
2. *Qu'il trouva la plus belle. (*Ms. H, réd.* 1.)
3. Enfin, toutes choses. (*Ms. H, réd.* 1.)
4. Y étoient disposées. (*Ms. H, réd.* 1 et 2.)
5. De sorte qu'il ne balança plus. (*Ms. H, réd.* 1.)
6. Ce qui précède, depuis les mots : « Il y demeura, » manque dans les anciennes éditions.
7. Ce fut le 2 octobre que Lenet partit pour l'Espagne : voyez ses *Mémoires inédits*, 3ᵉ partie (collection Michaud, tome II, 3ᵉ série, p. 528). Ses négociations amenèrent le traité de Madrid, signé le 6 novembre 1651 entre Monsieur le Prince et le roi d'Espagne, Philippe IV. — V. Cousin (*Madame de Longueville pendant la Fronde, Appendice*, p. 388 et suivantes) donne, d'après le *Portefeuille du prince de Condé* (Bibliothèque nationale, Fonds français, n° 6731), le texte de ce traité, et la minute du plein pouvoir remis à Lenet. Cette minute est tout entière écrite de la main de la Rochefoucauld; la signature du duc figure au bas de la pièce à côté de celle de Condé, de Conty, du duc de Nemours et de Mme de Longueville.

neuil[1], intendant de la justice[2], pour commencer de lever la taille sur le Berry et le Bourbonnois, et lui recommanda particulièrement de ménager la ville de Bourges, afin de la maintenir[3] dans la disposition où elle étoit[4]. Après avoir donné ses ordres[5], il partit le lendemain de Mourond, avec le duc de la Rochefoucauld, chez qui il passa[6] et où il trouva[7] beaucoup de noblesse, dont il fut suivi, et se rendit[8] avec assez de diligence à Bourdeaux, où Madame la Princesse et M. le duc d'Enghien arrivèrent bientôt après[9]. Il y fut reçu de tous les corps de la ville avec beaucoup de joie, et il est malaisé de dire si ces peuples bouillants et accoutumés à la révolte furent plus touchés de l'éclat de sa naissance et de sa considération[10], que de ce qu'ils le considéroient comme le plus puissant ennemi du duc d'Épernon[11]. Il trouva dans la même disposition le Parlement, qui donna[12] en sa faveur tous les arrêts qu'il put desirer[13].

1. Voyez plus haut, p. 265 et note 4.
2. *Intendant de justice. (*Ms. H*, réd. 1 et 2.)
3. *Et de la maintenir. (*Ms. H*, réd. 1.)
4. *Dans la disposition où il l'avoit laissée. (*Ms. H*, réd. 1 et 2.)
5. Ayant ainsi donné ses ordres. (*Ms. H*, réd. 1.)
6. A Verteuil, comme le dit Mme de Motteville, tome III, p. 446.
7. Et il y trouva. (*Ms. H*, réd. 1.)
8. *Il se rendit. (*Ms. H*, réd. 1.)
9. Le prince de Condé arriva à Bordeaux le 22 septembre 1651; sa femme et son fils, puis son frère et sa sœur y arrivèrent vers la fin d'octobre.
10. *De sa naissance et de sa réputation. (*Ms. H*, réd. 1 et 2.)
11. La popularité de Condé en Guyenne venait en grande partie de ce qu'en 1648 et 1649 il avait usé de son crédit, alors tout-puissant auprès de la Reine et de Mazarin, pour soutenir la province dans ses démêlés avec l'impérieux gouverneur d'Épernon.
12. *Il trouva le Parlement dans la même disposition et il (*et qui*, anc. éd.) donna. (*Ms. H*, réd. 1 et 2.)
13. Le parlement de Bordeaux adressa au Roi une longue remontrance, qui fut expédiée, avec la demande d'union, à tous les par

Des commencements si favorables firent croire à Monsieur le Prince que rien ne le pressoit tant, ni ne lui étoit si important, que de prendre[1] tous les revenus du Roi à Bourdeaux, et de se servir de cet argent pour faire promptement ses levées, jugeant bien que la cour marcheroit à lui en diligence, avec ce qu'elle auroit de troupes, pour ne lui donner pas le temps de mettre les siennes sur pied. Dans cette vue, il distribua son argent à tous ceux qui étoient engagés avec lui, et les pressa tellement d'avancer leurs levées, que cette précipitation leur fournit de prétexte[2] d'en faire de mauvaises.

Peu de jours après son arrivée à Bourdeaux, le comte du Dognon le vint trouver, et se déclara ouvertement pour son parti. Le duc de Richelieu et le maréchal de la Force firent la même chose, et le prince de Tarente, qui s'étoit rendu à Taillebourg, lui manda qu'il entroit aussi dans ses intérêts. M. d'Arpajou[3] fut plus difficile : il tint encore[4], en cette occasion, la même conduite dont il avoit déjà reçu des récompenses durant la prison des Princes; car il demanda des conditions qu'on ne lui put accorder, et traita avec la cour quand il vit tomber les affaires de Monsieur le Prince. Cependant

lements du Royaume. De son côté, le Roi avait envoyé au parlement de Paris une lettre qui déclarait criminels de lèse-majesté les princes de Condé et de Conty, Madame la Princesse et la duchesse de Longueville, les ducs de Nemours et de la Rochefoucauld, et tous ceux qui les assisteraient, si dans un mois ils ne reconnaissaient leurs fautes et ne rentraient dans le devoir.

1. Les choses étant si avantageusement commencées, il crut n'avoir rien de si important ni de si pressé à faire que de prendre. (*Ms. H, réd.* 1.)

2. De prétextes. (*Ms. H, réd.* 1 et 2.) — Renouard, corrigeant cet ancien tour, a mis *le prétexte* pour *de prétexte*. Les anciennes éditions avaient remplacé *fournit* par *servit*.

3. Dans le ms H, il y a ici *d'Arpajoux;* plus haut (p. 296), *d'Arpajou.*

4. *Et il eut encore. (*Ms. H, réd.* 1.)

le duc de la Rochefoucauld donna avis au duc de Bouillon de ce qui s'étoit passé au parlement de Bourdeaux, et lui manda que, les conditions qu'il avoit desirées étant accomplies, on attendoit qu'il effectueroit ce qu'il avoit promis. Le duc de Bouillon évita assez longtemps de répondre nettement, voulant tout ensemble[1] se ménager avec la cour, qui lui faisoit de grandes avances, et ne point rompre avec Monsieur le Prince, dont il pouvoit avoir besoin. Il voyoit aussi que M. de Turenne, qu'il croyoit[2] inséparable de ses intérêts, refusoit[3] de se joindre à ceux de Monsieur le Prince; que le prince de Tarente y étoit entré sans lui, et que le marquis de la Force[4] demeuroit uni avec M. de Turenne. Il jugeoit encore que, n'étant pas suivi de son frère et des autres que j'ai nommés, dont il avoit répondu au duc de la Rochefoucauld, sa considération seroit moindre[5] dans ce parti[6] qu'il alloit prendre, et que Monsieur le Prince n'auroit peut-être pas plus[7] de reconnoissance pour ce que M. de Turenne et lui pourroient faire à l'avenir, qu'il en avoit témoigné de ce qu'ils avoient fait par le passé[8]. Il voyoit de plus qu'il faudroit faire[9] un nouveau traité avec Monsieur le Prince, moins avantageux que celui dont ils étoient déjà convenus; et

1. De répondre nettement là-dessus, voulant tout à la fois se ménager. (*M. H, réd.* 1.)
2. * Qu'il avoit cru. (*Ms. H, réd.* 1.)
3. *Lui refusoit. (*Ms. H, réd.* 1 *et* 2.)
4. Voyez ci-dessus, p. 294, note 2. Turenne était gendre du marquis de la Force.
5. *Sa considération et sa sûreté seroient moindres. (*Ms. H, réd.* 1.) — Sa condition et sa sûreté seroient moindres. (*Ms. H, réd.* 2.)
6. *Dans le parti. (*Ms. H, réd.* 1 *et* 2.)
7. N'auroit pas plus. (*Ms. H, réd.* 2.)
8. *Ne témoigneroit pas plus de reconnoissance pour les choses que M. de Turenne et lui pouvoient (*pourroient*, anc. édit.) faire à l'avenir que pour ce qu'ils avoient fait par le passé. (*Ms. H, réd.* 1.)
9. *Refaire un nouveau traité. (*Ms. H, réd.* 1 *et* 2.)

enfin toutes ces raisons, jointes aux promesses de la cour, et appuyées par tout le crédit et par toute l'industrie de Mme de Bouillon[1], qui avoit beaucoup de pouvoir sur son mari, l'empêchèrent de suivre son premier dessein et de se déclarer pour Monsieur le Prince. Mais, pour sortir de cet embarras, il voulut se rendre médiateur de l'accommodement de Monsieur le Prince avec la cour, et, après avoir eu sur ce sujet des conférences particulières avec la Reine, il renvoya Gourville, qui lui avoit été dépêché par le duc de la Rochefoucauld, et il le chargea d'offrir[2] à Monsieur le Prince tout ce qu'il avoit demandé pour lui et pour ses amis, avec la disposition du gouvernement de Blaye, sans exiger de lui d'autres conditions que celles que MM. Servien et de Lyonne lui avoient demandées dans le premier projet du traité[3] qui se fit à Paris à la sortie de sa prison et dont j'ai déjà parlé[4].

D'ailleurs M. de Châteauneuf faisoit faire d'autres propositions d'accommodement par le même Gourville; mais comme elles alloient à empêcher le retour du Cardinal, il ne pouvoit pas balancer par ses offres celles que la Reine avoit fait faire[5] par le duc de Bouillon. Il s'engageoit seulement à demeurer inséparablement uni à Monsieur le Prince après la chute du Cardinal, et à lui donner dans les affaires toute la part qu'il pouvoit desirer. On lui offrit encore, de la part de la cour, de consentir à une entrevue de lui et de M. le duc d'Orléans

1. Sur la duchesse de Bouillon, voyez ci-dessus, p. 118, note 2.
2. *Par le duc de la Rochefoucauld, offrir. (*Ms. H*, réd. 1 et 2.)
3. *Projet de traité. (*Ms. H*, réd. 1 et 2.)
4. Voyez plus haut, p. 243. — Gourville rapporte dans ses *Mémoires* (p. 249 et 250) sa vaine conférence avec le duc de Bouillon. — Sur la conduite du duc de Bouillon et de son frère Turenne en cette occasion, voyez aussi un piquant passage des *Mémoires de Retz*, tome III, p. 268-270, éd. Ch.
5. *Lui avoit fait faire. (*Ms. H*, réd. 1 et 2.)

à Richelieu¹, pour y examiner ensemble les conditions d'une paix sincère, dans laquelle² il sembloit que la cour vouloit agir de bonne foi. Mais, pour le malheur de la France et pour celui de Monsieur le Prince, il ferma l'oreille à tant de partis avantageux, et quelque grandes et considérables que fussent les offres de la Reine, elles irritèrent Monsieur le Prince, parce qu'elles étoient faites par l'entremise du duc de Bouillon. Il s'étoit attendu que lui et M. de Turenne seroient d'un grand poids dans son parti, et que personne ne pouvoit soutenir comme eux les postes de Bellegarde et de Stenay. Il voyoit que ses³ vieilles troupes, qu'il y avoit laissées pour être commandées par M. de Turenne, devenoient par là inutiles, et couroient fortune de se dissiper ou d'être défaites; il voyoit encore que les mesures qu'il avoit prises avec les Espagnols du côté de ses places de Champagne n'auroient aucun effet, et que ses troupes et les Espagnols même n'auroient pour aucun autre chef qui pût remplir ce poste la même confiance et la même estime qu'ils avoient pour M. de Turenne. Toutes [ces raisons touchoient sensiblement Monsieur le Prince, bien qu'il essayât d'être maître de son ressentiment. Néanmoins il répondit assez sèchement à M. de Bouillon; il lui manda qu'il n'étoit plus temps⁴ d'écouter des propositions qu'on ne vouloit pas effectuer; qu'il se déclarât comme il avoit promis; que M. de Turenne se rendît à la tête de ses troupes qui avoient marché à Stenay, et qu'alors il seroit⁵

---

1. Petite ville de l'arrondissement de Chinon (Indre-et-Loire); le cardinal de Richelieu y avait fait bâtir un magnifique château.
2. D'une paix sincère et dans laquelle. (*Ms. H, réd. 1 et 2.*)
3. Et de Stenay : outre que ses. (*Ms. H, réd. 1 et 2.*)
4. Qu'il n'étoit pas temps. (*Ms. H, réd. 1 et 2.*) — Dans les anciennes éditions : « qu'il n'étoit pas honnête. »
5. Et alors il seroit. (*Ms. H, réd. 1 et 2.*)

en état d'entendre les offres de la cour et de faire un traité sûr et glorieux. Il chargea Gourville de cette réponse, et de rendre compte à M. le duc d'Orléans des raisons qui lui faisoient refuser l'entrevue de Richelieu. Les principales étoient que le but de cette conférence n'étoit pas de faire la paix, mais de l'empêcher seulement de soutenir la guerre; que dans un temps où tous les corps de l'État étoient sur le point de se déclarer contre la cour, et que les Espagnols préparoient des secours considérables d'hommes, d'argent et de vaisseaux, on le vouloit engager à une négociation publique, dont le seul bruit empêcheroit ses levées, et feroit changer de sentiment à tout ce qui étoit prêt de[1] se joindre à son parti.

Outre ces raisons générales, il y en avoit encore de particulières qui ne permettoient pas à Monsieur le Prince de confier ses intérêts à M. le duc d'Orléans : c'étoit sa liaison étroite avec le coadjuteur de Paris, ennemi déclaré de Monsieur le Prince et de son parti, et lié tout de nouveau avec la cour, par l'assurance du chapeau de cardinal[2]. Cette dernière considération faisoit une extrême peine à Monsieur le Prince, et elle fut cause aussi que les commissions dont il chargea Gourville ne se bornèrent pas seulement à ce que je viens de dire, mais qu'il lui en donna une autre, plus difficile et plus périlleuse; car voyant que le Coadjuteur continuoit à ne garder aucune mesure envers lui[3], et que, par intérêt et par vanité, il

---

1. Renouard a corrigé *prêt de* en *prêt à*.

2. Le 21 septembre 1651, quatorze jours après la majorité déclarée du Roi, le Coadjuteur, présenté par Gaston, avait reçu l'acte authentique par lequel la France le désignait pour le chapeau. Il ne fut préconisé que le 18 février suivant. Voyez les *Mémoires de Retz*, tome III, chap. xxxiv, éd. Ch.

3. Vers lui. (*Ms. H*, réd. 1 et 2.)

affectoit de le traverser en tout, il résolut¹ de le faire enlever dans Paris et de le faire conduire dans l'une de ses places². Quelque impossibilité qui parût en ce dessein, Gourville s'en chargea, après en avoir reçu un ordre³ écrit et signé de Monsieur le Prince, et il l'auroit sans doute exécuté si le Coadjuteur, un soir qu'il alla à l'hôtel de Chevreuse, en fût sorti dans le même carrosse qui l'y avoit mené; mais l'ayant renvoyé avec ses gens, il ne fut plus possible de savoir certainement dans quel autre il pouvoit être sorti : ainsi l'entreprise fut retardée de quelques jours et découverte ensuite, parce qu'il est presque impossible que ceux dont on est obligé de se servir en de telles occasions⁴ aient assez de discrétion pour se contenter de la connoissance qu'on leur veut donner, ou assez de fidélité et de secret pour exécuter sûrement ce qu'on leur a confié⁵.

Tout se disposoit⁶ ainsi de tous côtés à commencer la guerre. M. de Châteauneuf, qui étoit alors chef du

1. De le traverser (*travailler*, réd. 1) sans cesse en toutes choses, il se résolut. (*Ms. H*, réd. 1 et 2.)
2. A une de ses places. (*Ms. H*, réd. 1 et 2.)
3. Ce fut toutefois après en avoir reçu un ordre. (*Ms. H*, réd. 1.)
4. En de telles rencontres. (*Ms. H*, réd. 1.)
5. Pour l'exécuter sûrement. (*Ms. H*, réd. 1 et 2.) — Selon Retz (tome III, p. 272-276, éd. Ch.), il y eut plusieurs tentatives pour s'emparer de sa personne, une entre autres dont il raconte le détail. Il dit que ce fut la Rochefoucauld qui organisa l'affaire par Gourville, mais qu'elle manqua parce que celui qu'on avait chargé d'épier sa sortie était resté à boire dans un cabaret voisin. Il ajoute même que, si le domestique de la Rochefoucauld eût été appliqué à la question, « il eût peut-être confessé quelque chose de plus que le dessein de l'enlèvement. » — Consultez aussi les *Mémoires de Guy Joli*, tome I, p. 241 et suivantes. Il rapporte autrement les circonstances qui firent échouer l'entreprise. Gourville ne parle pas de ce projet d'attenter à la liberté du Coadjuteur, mais raconte, au contraire (p. 250 et 251), celui qu'on avait formé de l'arrêter lui-même.
6. *Les choses se disposoient. (*Ms. H*, réd. 1.)

conseil, avoit fait marcher la cour à Bourges, et la présence du Roi avoit d'abord remis cette ville dans son obéissance¹. Au bruit de ces heureux commencements, M. le prince de Conti, Mme de Longueville, et M. de Nemours furent obligés de partir de Mourond avec leurs troupes, pour se retirer en Guyenne. Ils laissèrent le chevalier de la Rochefoucauld² à l'extrémité, et il mourut le même jour qu'ils partirent de Mourond. Il fut regretté avec quelque justice de ceux qui le connoissoient; car, outre qu'il avoit les qualités³ nécessaires à un homme de sa condition, il se trouvera⁴ peu de personnes de son âge qui aient donné autant de preuves que lui de conduite, de fidélité et de désintéressement, dans des rencontres aussi importantes et aussi hasardeuses que celles où il s'est trouvé. Le marquis de Persan⁵ demeura pour commander dans la place. Elle étoit bloquée par un petit corps d'armée logé à Saint-Amand⁶, dont Paluau⁷ étoit lieutenant général. La cour s'étoit ensuite avancée à Poitiers, et M. de Châteauneuf insistoit pour la faire marcher à Angoulême. Il jugeoit que la guerre civile n'avoit d'autre prétexte que le retour du Cardinal; et il vouloit profiter de son absence pour s'établir. Il représentoit aussi que, dans la naissance des désordres, la présence du Roi est un puissant

---

1. Le Roi partit de Fontainebleau le 2 octobre. Bourges lui ouvrit ses portes le 8.
2. Voyez la note 3 de la page 126. — Dans les anciennes éditions : « le chevalier de Rivière. » Cette leçon vient peut-être d'une copie où il n'y avait que l'initiale R.
3. *Toutes les qualités. (Ms. H, réd. 1 et 2.)
4. A un gentilhomme, on verra. (Ms. H, réd. 1.)
5. Vaudeter, marquis de Persan, lieutenant général.
6. Dit Saint-Amand-Montrond, sur la rive droite du Cher.
7. Sur Philippe de Clérembault, comte de Palluau, voyez ci-dessus, la note 3 de la page 201.

moyen pour retenir les peuples¹; que la Guyenne et le parlement de Bourdeaux étoient encore mal assurés à Monsieur le Prince, et qu'en s'approchant de lui on dissiperoit facilement ses desseins, qui, au contraire, s'affermiroient par l'éloignement de la cour. Mais les conseils de M. de Châteauneuf étoient trop suspects au Cardinal pour être suivis à Poitiers, sans avoir été examinés à Cologne; et, comme il falloit attendre ses ordres, leur retardement et leur diversité causèrent des irrésolutions continuelles, et tinrent la cour incertaine à Poitiers jusqu'à son retour, qui arriva bientôt après².

D'autre part³, le baron de Batteville⁴ étoit arrivé dans la rivière de Bourdeaux avec la flotte d'Espagne, composée de huit vaisseaux de guerre et de quelques brûlots. Il fortifioit Talmont⁵, où il avoit⁶ un corps d'infan-

---

1. Et il jugeoit que la guerre civile n'ayant autre prétexte que le retour du Cardinal, il falloit profiter de son absence, et qu'il suffisoit, pour les intérêts de l'État et encore plus (*mieux*, réd. 1) pour les siens particuliers, de faire durer son éloignement. Il représentoit aussi (*encore*, réd. 1) avec raison que la présence du Roi est un puissant remède pour retenir les peuples dans la naissance du désordre. (*Ms. H, réd. 1 et 2.*)

2. *Qui fut bientôt après. (*Ms. H, réd. 1.*)

3. *De l'autre part. (*Ms. H, réd. 1.*)

4. Charles, baron de Batteville ou de Vateville, était, comme Franc-Comtois, sujet du roi d'Espagne. Il fut un des négociateurs de la paix des Pyrénées. Plus tard, ambassadeur d'Espagne à Londres, il eut, le 10 octobre 1661, avec le comte d'Estrades, ambassadeur de France, un vif démêlé de préséance pour lequel Louis XIV demanda et obtint une réparation. M. le comte de Cosnac, dans ses *Souvenirs du règne de Louis XIV* (tome I, p. 320 et 321), donne, d'après les *papiers de Lenet*, l'état détaillé de la flottille espagnole commandée par Vateville.

5. Talmont-sur-Gironde, bourg de Saintonge (Charente-Inférieure), qu'il ne faut pas confondre avec la ville du même nom, dans le bas Poitou (Vendée), laquelle avait titre de principauté et appartenait à la maison de la Trémouille.

6. Et il y avoit. (*Ms. H, réd. 1 et 2.*)

terie de quinze cents hommes; la ville de Xaintes s'étoit rendue sans résistance[1]; Taillebourg, qui a un pont sur la Charente[2], étoit assez bien fortifié; et, excepté Coignac, Monsieur le Prince étoit maître de la rivière jusques à Angoulême. Le comte de Jonzac[3], lieutenant de Roi en Xaintonge[4], et gouverneur particulier de Coignac, s'y étoit retiré, afin que cette place lui aidât à rendre sa condition meilleure dans le parti où il entreroit, ne sachant encore auquel il se devoit joindre. Dans cette incertitude, il entra en commerce de lettres avec Monsieur le Prince, et lui écrivit d'une manière qui lui donnoit lieu[5] de croire qu'il ne demandoit qu'à sauver les apparences, et qu'il remettroit bientôt la ville entre ses mains, si on faisoit mine de l'assiéger. Cette espérance, plutôt que l'état des forces de Monsieur le Prince, qui étoient alors très-petites, lui fit prendre le dessein de marcher à Coignac. Il voyoit de quelle importance il lui étoit de donner réputation à ses armes; mais il savoit bien aussi que, manquant de troupes et de tout ce qui étoit nécessaire pour faire un siége, il n'y avoit que celui-là seul où il pût prétendre de réussir : de sorte que, fondant toutes ses espérances sur le gouverneur, il fit partir le duc de la Rochefoucauld de Bourdeaux, pour assembler ce qui se trouveroit sur pied, qui n'étoit en tout que trois régiments d'infanterie et trois cents chevaux, et lui donna ordre d'aller investir Coignac, où le prince de Tarente[6] se devoit rendre avec ce qu'il avoit de troupes.

1. Sans faire résistance. (*Ms. H, réd.* 1.)
2. Dans les anciennes éditions : « qui a son port sur la Charente.
3. Léon de Sainte-Maure, comte de Jonzac, marquis d'Ozillac, mestre de camp d'infanterie, cousin du marquis de Montausier; il mourut en 1671.
4. Lieutenant du Roi de Xaintonge. (*Ms. H, réd.* 1.)
5. * Écrivit assez de choses pour lui donner lieu. (*Ms. H, réd.* 1.)
6. Sur le prince de Tarente, voyez la note 1 de la page 294.

Le bruit de leur marche s'étant répandu dans le pays, on retira[1] en diligence à Coignac tout ce qui put être transporté[2] de la campagne. Beaucoup de noblesse[3] s'y retira aussi pour témoigner son zèle au service du Roi, et plus apparemment encore pour garder eux-mêmes ce qu'ils y avoient fait porter. Ce nombre considérable de gentilshommes retint aisément les bourgeois, et les fit résoudre à fermer les portes de la ville, dans l'espérance d'être bientôt secourus par le comte d'Harcourt[4], général des troupes du Roi, qui s'avançoit vers eux. Mais, comme ils avoient peu de confiance au comte de Jonzac, et qu'ils le soupçonnoient presque également d'être foible et d'être gagné par Monsieur le Prince, ils l'observèrent et lui firent connoître de telle sorte qu'il falloit[5] nécessairement servir le Roi, qu'on peut dire qu'il se résolut enfin de défendre la place, parce qu'on ne lui permit pas[6] de la rendre. Ce fut en cela seul que la noblesse témoigna quelque vigueur; car, pour le reste, durant huit jours[7] que ce peu de troupes de Monsieur le Prince, sans armes, sans munitions, sans officiers, et avec encore moins de discipline, demeura devant Coignac, et quoiqu'ils fussent fatigués par des pluies continuelles, qui emportèrent le pont de bateaux qu'on avoit fait sur la Charente pour la communication des quartiers, jamais ceux de dedans ne se prévalurent de ces désordres, mais ils demeurèrent[8]

1. On tira. (*Ms. H*, réd. 1 et 2.)
2. Tout ce qui y put être transporté. (*Ms. H*, réd. 1 et 2.)
3. *Et beaucoup de noblesse. (*Ms. H*, réd. 1 et 2.)
4. Sur le comte d'Harcourt, voyez ci-dessus, la note 3 de la page 176.
5. Ils l'observèrent de telle sorte et lui firent si bien connoître qu'il falloit. (*Ms. H*, réd. 1 et 2.)
6. Parce qu'il n'eut pas le pouvoir. (*Ms. H*, réd. 1 et 2.)
7. A partir du 8 novembre.
8. Et ils demeurèrent. (*Ms. H*, réd. 1.)

renfermés avec les bourgeois, se contentant de faire tirer de derrière les murailles. Monsieur le Prince, étant averti que la ville étoit néanmoins sur le point de se rendre, partit de Bourdeaux et arriva[1] au camp avec le duc de Nemours. Le lendemain de son arrivée, le comte d'Harcourt, averti[2] que le pont de bateau étoit rompu, et que Nort, maréchal de camp, étoit retranché dans un faubourg, de l'autre côté de la rivière, avec cinq cents hommes, sans qu'il pût être secouru, il marcha à lui avec deux mille hommes de pied des gardes françoises et suisses, les gens d'armes et les chevaux légers[3] du Roi, ses gardes et de la noblesse. Il força Nort dans son quartier, sans trouver presque de résistance, et secourut ainsi Coignac, à la vue de Monsieur le Prince, qui étoit logé au deçà de la rivière[4]. Le comte d'Harcourt se contenta d'avoir sauvé cette place, et laissa retirer Monsieur le Prince sans le suivre[5].

Bien que ce succès fût de soi peu considérable, il augmenta néanmoins les espérances du comte d'Harcourt[6]; il se crut même en état de pouvoir faire des progrès, et,

1. *Et se rendit. (*Ms. H, réd.* 1 et 2.)
2. Étant averti. (*Ms. H, réd.* 1.)
3. Et chevaux légers. (*Ms. H, réd.* 1 et 2.)
4. La duchesse de Nemours rapporte dans ses *Mémoires* (p. 282), que Condé furieux n'épargna pas les reproches au prince de Tarente et au duc de la Rochefoucauld, « et leur dit, entre autres choses, qu'ils n'avoient pu prendre Coignac, et qu'en un instant l'ombre et la botte de Marsin l'auroient pris. » En ce moment, Marsin était en route, avec ce qu'il avait pu débaucher des soldats de l'armée de Catalogne, pour rejoindre Monsieur le Prince.
5. Sur cet épisode militaire, voyez, dans un opuscule publié par M. Paul Lacroix sous ce titre : *la Fronde en Angoumois pendant les années* 1651 *et* 1652, trois relations contemporaines du *siége de Coignac*, qui fut levé le 15 novembre 1651, et une *Lettre du Roi à Messieurs les Prévôt des marchands et échevins de sa bonne ville de Paris.*
6. *Et donna de la réputation à ses armes. (*Ms. H, réd.* 1 et 2.)

sachant que le marquis d'Estissac¹ avoit remis la Rochelle à l'obéissance du Roi, excepté les tours qui ferment le port, il fit dessein d'y aller avec ses troupes, s'assurant de la bonne volonté des habitants qui pouvoient être bien disposés², non-seulement par leur devoir, mais encore plus par la haine qu'ils portoient au comte du Doignon leur gouverneur³. Il avoit fait fortifier les tours, et y tenoit une garnison suisse, se défiant presque de tout le monde, et croyant trouver plus de fidélité parmi cette nation que dans la sienne propre ; mais l'événement lui fit bientôt voir que ses mesures étoient fausses; car la peur et l'intérêt fournirent⁴ des prétextes aux Suisses de faire encore plus que ce qu'il avoit appréhendé des François. Il est certain que l'on peut dire que cette défiance et ces soupçons du comte du Doignon furent la ruine du parti de Monsieur le Prince, puisque, sans cela, il auroit marché d'abord à la Rochelle, avec toutes ses troupes⁵, pour rétablir ses anciennes fortifications⁶, et y faire le siége de la guerre, avec tous les avantages et toute la commodité qu'une telle situation⁷ lui pouvoit apporter, au lieu que, pour ménager l'esprit jaloux et incertain de cet homme, il fut contraint de demeurer inutile à Tonné-Charente⁸ et

---

1. Benjamin de la Rochefoucauld, oncle de l'auteur des *Mémoires*, voyez ci-dessus, la note 1 de la page 182.
2. Qui pouvoient être poussés. (*Ms. H, réd.* 1.)
3. « A cause de ses violences », dit Mme de Motteville, tome III, p. 456.
4. *La peur et l'intérêt, qui rendent ces sortes de gens aussi infidèles que les autres, fournirent. (*Ms. H, réd.* 1.)
5. Avec toutes ses forces. (*Ms. H, réd.* 1.)
6. Renouard a cru devoir ainsi corriger ce tour : « Pour en rétablir les.... fortifications. » — On sait que Richelieu, ayant pris en 1628 cette citadelle du protestantisme français, l'avait fait démanteler.
7. *Qu'une situation comme celle-là. (*Ms. H, réd.* 1.)
8. Tonnay-Charente, sur la rive droite de la Charente.

de voir prendre la Rochelle sans oser même proposer de la secourir. Il est vrai aussi que le peu de résistance de la garnison des tours ne lui donna pas grand loisir d'en former le dessein; car le comte d'Harcourt étant arrivé avec ses troupes à la Rochelle, assisté du marquis d'Estissac, pourvu nouvellement par le Roi des gouvernements du comte du Doignon, trouva[1] les habitants disposés à lui donner toute l'assistance qu'il en pouvoit attendre. Cependant les tours étoient en état de l'arrêter quelque temps, si les Suisses eussent été aussi braves et aussi fidèles que le comte du Doignon l'avoit cru[2]; mais, au lieu de répondre à ce qu'il en attendoit, et après avoir seulement résisté trois jours, le comte d'Harcourt leur ayant mandé qu'il ne leur feroit point de quartier s'ils ne poignardoient le commandant nommé Besse, un tel ordre ne leur donna point d'horreur, et ils se mirent en devoir de l'exécuter[3]; mais lui, croyant trouver plus de compassion près du comte d'Harcourt que parmi ses propres soldats, se jeta, tout blessé qu'il étoit, du haut des tours dans le port, demandant la vie sans la pouvoir obtenir; car le comte d'Harcourt fit achever de le tuer en sa présence, sans pouvoir être fléchi, ni par les prières de ses officiers, qui demandoient sa grâce, ni par un spectacle si pitoyable. La perte de cette place[4], qu'on n'avoit pas seulement essayé de secourir, nuisit à la réputation des armes de Monsieur le Prince,

---

1. *Il trouva. (*Ms. H*, *réd.* 1 et 2.)

2. Que le comte du Doignon avoit cru. (*Ms. H*, *réd.* 1 et 2.)

3. *Mais, au lieu de répondre à ce qu'il en attendoit, ils crurent se devoir racheter par une trahison, et, après une résistance de trois jours, le comte d'Harcourt leur ayant mandé qu'il ne leur feroit point de quartier, s'ils ne poignardoient le commandant nommé Besse (*Basse leur commandant*, anc. éd.), ils n'eurent point d'horreur d'un tel ordre et commencèrent à l'exécuter. (*Ms. H*, *réd.* 1 et 2.)

4. Le 27 novembre 1651.

et on attribua au peu de confiance qu'il avoit en ses troupes ce qui n'étoit en effet que le ménagement qu'il étoit contraint d'avoir pour les soupçons continuels du comte du Doignon. Cette perte les augmenta encore, et le comte du Doignon s'imaginant[1] que toutes ses autres places suivroient cet exemple, il se retira à Brouage et n'en sortit plus qu'après avoir fait[2] son traité avec la cour[3].

Le comte d'Harcourt, encouragé par ces bons succès, et fortifié par des troupes qui l'avoient joint[4], se résolut de marcher à Monsieur le Prince, qui étoit à Tonné-Charente; mais Monsieur le Prince[5], jugeant bien par le nombre et par le peu de discipline de son armée[6] qu'il étoit beaucoup inférieur à celle du Roi, ne crut pas[7] le devoir attendre dans ce poste[8], et passant la rivière, la nuit, sur un pont de bateaux, il se retira à la Bergerie, qui n'est qu'à demi-lieue de Tonné-Charente. Les troupes du Roi se contentèrent[9] d'avoir poussé et défait

1. *Ce qui n'étoit qu'un fâcheux égard qu'il avoit fallu avoir aux soupçons du comte du Doignon. Il fut vivement touché de cette nouvelle, et s'imaginant. (*Ms. H, réd.* 1 *et* 2.) — Le texte des anciennes éditions ne diffère de cette leçon que par *ombrages* au lieu de *soupçons*, et par l'omission de *fâcheux*.
2. Et n'en sortit plus jusques à ce qu'il eut fait. (*Ms. H, réd.* 1 *et* 2.)
3. « Dont apparemment il a eu sujet de se repentir, » ajoutent le ms. H (réd. 1 et 2) et les anciennes éditions.
4. *Qui avoient joint son armée. (*Ms. H, réd.* 1 *et* 2.) — Six mille hommes de pied et quatre mille chevaux, que lui avait amenés le marquis de Castelnau, second fils du maréchal de la Force.
5. *Mais lui. (*Ms. H, réd.* 1 *et* 2.)
6. Le peu de discipline qui étoit en ses troupes. (*Ms. H, réd.* 1 *et* 2.)
7. *De beaucoup inférieur à l'armée du Roi, il ne crut pas la devoir attendre. (*Ms. H, réd.* 1 *et* 2.)
8. Dans ce poste où il étoit. (*Ms. H, réd.* 1 *et* 2.)
9. *Les ennemis se contentèrent. (*Ms. H, réd.* 1.)

deux escadrons le jour précédent[1], et lui donnèrent tout le temps nécessaire[2] pour faire sauter la tour de Tonné-Charente, et se retirer, delà l'eau, à la Bergerie sans être pressé[3]. Le comte d'Harcourt perdit alors une belle occasion de le combattre dans sa retraite et à demi passé; il en eut encore ce jour même une plus avantageuse, dont il ne sut pas se prévaloir; car il arriva que Monsieur le Prince se reposa entièrement sur le soin d'un maréchal de camp[4], à qui il avoit ordonné de rompre[5] le pont de bateaux en sorte qu'il ne pût être rétabli, et, sur cette assurance, il mit ses troupes dans des quartiers séparés, dont quelques-uns étoient éloignés du sien d'une lieue et demie, sans craindre qu'on pût aller à lui, la rivière étant entre deux; mais l'officier, au lieu de suivre exactement son ordre, se contenta de détacher les bateaux, et de les laisser aller au cours de l'eau : de sorte qu'étant repris par les gens du comte d'Harcourt, on refit le pont[6] dans une heure, et à l'instant même il fit passer trois cents chevaux et quelque infanterie pour garder la tête du pont. Cette nouvelle fut portée à Monsieur le Prince à la Bergerie, et il crut d'autant plus que le comte d'Harcourt marcheroit au milieu de ses quartiers pour les tailler en pièces l'un après l'autre, que c'étoit[7] le parti qu'il avoit à prendre. Cela l'obligea de mander à ses troupes de quitter leurs quartiers pour revenir[8] en diligence à la Bergerie, et à l'instant même il marcha

1. *Le jour d'auparavant. (*Ms. H, réd.* 1.)
2. Tout le temps qui étoit nécessaire. (*Ms. H, réd.* 1.)
3. *Sans être poussé. (*Ms. H, réd.* 1 *et* 2.)
4. Le marquis de Chouppes, dont il a été question ci-dessus : voyez la note 2 de la page 202.
5. De brûler ou de rompre. (*Ms. H, réd.* 1 *et* 2.)
6. *Ils refirent le pont. (*Ms. H, réd.* 1 *et* 2.)
7. *Qu'il jugeoit que c'étoit. (*Ms. H, réd.* 1 *et* 2.)
8. *Et de revenir. (*Ms. H, réd.* 1 *et* 2.)

vers Tonné-Charente, avec les ducs de Nemours et de la Rochefoucauld, ses gardes, les leurs, et ce qui se trouva d'officiers et de volontaires auprès de lui, pour voir le dessein des ennemis et essayer de les amuser[1], pour donner temps à ce qui étoit le plus éloigné de le venir joindre. Il trouva que l'avis qu'on lui avoit donné étoit véritable, et que ces trois cents chevaux étoient en bataille dans la prairie[2] qui borde la rivière; mais il vit bien que les ennemis n'avoient pas eu le dessein qu'il avoit appréhendé, ou qu'ils avoient perdu le temps de l'exécuter, puisque, n'étant pas passés lorsqu'ils le pouvoient sans empêchement, il n'y avoit pas apparence qu'ils le fissent en sa présence, et ses troupes commençant déjà de le joindre. On escarmoucha quelque temps, sans perte considérable de part ni d'autre, et l'infanterie de Monsieur le Prince étant arrivée, il fit faire un long retranchement vis-à-vis du pont de bateaux, laissant la prairie et la rivière entre le comte d'Harcourt et lui. Les deux armées demeurèrent plus de trois semaines dans les mêmes logements sans rien entreprendre, et se contentèrent l'une et l'autre de vivre dans un pays fertile et où toutes choses étoient en abondance.

Cependant les longueurs et la conduite du duc de Bouillon firent assez juger[3] à Monsieur le Prince qu'il n'avoit plus rien à ménager avec lui, et qu'il traitoit[4] avec la cour, pour lui et pour M. de Turenne : de sorte que, perdant également l'espérance d'engager l'un et l'autre dans son parti, il s'emporta contre eux avec une pareille aigreur, quoique leurs engagements eussent été différents. Car

1. Essayer à les amuser. (Ms. H, réd. 1 et 2.)
2. Dedans la prairie. (Ms. H, réd. 1 et 2.)
3. *Cependant les longueurs du duc de Bouillon et sa conduite (*et toute sa conduite, réd. 1) firent bien juger. (Ms. H, réd. 1 et 2.)
4. Et qu'il essayoit de traiter. (Ms. H, réd. 1 et 2.)

il est vrai que le duc de Bouillon étoit convenu avec le duc de la Rochefoucauld, et ensuite avec M. Lesnet, de toutes les conditions que j'ai dites¹, et qu'il crut s'en pouvoir dégager par les raisons dont j'ai parlé²; M. de Turenne, au contraire, qui s'étoit entièrement séparé des intérêts de Monsieur le Prince, dès qu'il fut sorti de prison, ignoroit même, à ce qu'il a dit depuis, les traités et les engagements du duc de Bouillon son frère³.

Monsieur le Prince se voyant donc dans la nécessité d'envoyer promptement un chef pour soutenir le poste qu'il avoit destiné à M. de Turenne, jeta les yeux sur le duc de Nemours, dont la naissance et les agréables qualités⁴, jointes à une extrême valeur, pouvoient suppléer en quelque sorte à la capacité de M. de Turenne. Il le fit partir⁵, avec toute la diligence possible, pour aller en Flandres par mer; mais n'ayant pu en supporter les incommodités, il fut contraint d'aller par terre, avec beaucoup de temps et de péril, à cause des troupes qui ramenoient en France le cardinal Mazarin⁶. Il envoya⁷ aussi le duc de la Rochefoucauld à Bourdeaux, pour disposer M. le prince de Conti à s'en aller à Agen affermir les esprits des peuples, qui com-

---

1. *Que j'ai déjà dites. (*Ms. H, réd.* 1 *et* 2.)
2. Voyez plus haut, p. 303 et 304.
3. *Son frère* manque dans le ms. H (réd. 1); *donc*, à la ligne suivante, dans les deux rédactions. De même dans les anciennes éditions.
4. Et les agréables qualités de la personne. (*Ms. H, réd.* 1 *et* 2.) — Sur le duc de Nemours, voyez ci-dessus, p. 98, note 4, et p. 213, note 4.
5. *Il le fit donc partir. (*Ms. H, réd.* 1 *et* 2.)
6. *Qui ramenoient le Cardinal en France. (*Ms. H, réd.* 1 *et* 2.) — Dès la fin du mois de décembre, Mazarin, effrayé de l'influence toujours croissante de Châteauneuf, même sur la Reine, avait mis fin à son exil et passé la frontière à Sedan; voyez ci-après, p. 323 et 324.
7. *Il renvoya. (*Ms. H, réd.* 1 *et* 2.)

mençoient à changer de sentiment sur les nouveaux progrès des armes du Roi. Il le chargea aussi de proposer au parlement de Bourdeaux de consentir que le baron de Batteville et les Espagnols fussent mis en possession de la ville et du château de Bourg[1], qu'ils offroient de fortifier[2]. Fontrailles[3] vint alors trouver[4] Monsieur le Prince de la part de M. le duc d'Orléans, pour voir l'état de ses affaires, et pour l'informer aussi que le parlement de Paris étoit sur le point de se joindre à M. le duc d'Orléans pour empêcher[5] le retour du cardinal Mazarin, et que M. le duc d'Orléans se disposoit à agir de concert avec Monsieur le Prince dans ce même dessein. Fontrailles lui proposa une réconciliation avec le Coadjuteur, et lui témoigna que M. le duc d'Orléans la desiroit ardemment[6]. Monsieur le Prince

1. Bourg-sur-Gironde : voyez ci-dessus, p. 201, note 1.
2. Cette remise de Bourg aux Espagnols était une des conditions du traité conclu par l'intermédiaire de Lenet.
3. Louis d'Astarac, vicomte de Fontrailles, marquis de Marestang, sénéchal d'Armagnac, auteur d'une *Relation*, que nous avons citée, *des choses particulières de la cour pendant la faveur de Monsieur le Grand*, 1663, in-12.
4. Durant ces choses Fontrailles fut trouver. (*Ms. H, réd.* 1.)
5. Pour chercher toutes sortes de voies afin d'empêcher. (*Ms. H, réd.* 1 *et* 2.)
6. Sur le rôle du Coadjuteur à ce moment critique, voyez les *Mémoires de Retz*, tome III, chap. XXXIV, éd. Ch. Quant au sujet dont parle ici la Rochefoucauld, le Coadjuteur se borne à dire (p. 310 et 311), après avoir raconté la scène du Parlement (24 janvier) où le maréchal d'Estampes avait en vain proposé à la Compagnie de déclarer l'union avec Condé : « M. le duc d'Orléans, qui étoit présent à cette scène, en fut atterré, et ce fut ce qui le détermina à joindre ses troupes à celles de Monsieur le Prince.... Il m'avoua.... qu'il avoit eu bien de la peine à s'y résoudre; mais qu'il confessoit que puisqu'il n'y avoit rien à espérer du Parlement, qu'il se perdroit lui et qu'il perdroit aussi tous ceux qui étoient embarqués avec lui; qu'il ne falloit pas laisser périr Monsieur le Prince; et peu s'en fallut qu'il ne me proposât de me raccommoder avec lui. Il n'en vint

ne répondit rien de positif à cet article, soit qu'il ne crût pas pouvoir prendre des mesures certaines avec le Coadjuteur, ou soit qu'il crût que celles qu'il prendroit ne seroient pas approuvées de Mme de Longueville et du duc de la Rochefoucauld, à qui il étoit engagé de ne se réconcilier point avec le Coadjuteur sans leur participation et sans leur consentement; il promit néanmoins à Fontrailles de suivre le sentiment[1] de M. le duc d'Orléans, quand les choses seroient plus avancées, et lorsque cette réconciliation pourroit être utile au bien commun du parti.

En ce même temps[2], le comte de Marchin joignit Monsieur le Prince à la Bergerie, et lui amena mille hommes de pied et trois cents chevaux, des meilleures troupes de l'armée de Catalogne, qu'il commandoit. Beaucoup de gens ont blâmé cette action comme[3] une trahison; pour moi je n'entreprendrai point ni de la condamner ni de la défendre : je dirai[4] seulement pour la vérité que M. de Marchin s'étant attaché depuis longtemps à Monsieur le Prince, il avoit reçu de lui le gouvernement de Bellegarde[5], qui étoit une de ses places ; et qu'ensuite Monsieur le Prince l'avoit[6] non-seulement maintenu dans le service, mais même il l'avoit fait nommer vice-roi de Catalogne, et lui avoit procuré le

toutefois pas jusque-là, soit qu'il fît réflexion sur mes engagements, qui ne lui étoient pas inconnus, soit, et c'est ce qui m'en parut, que la peur qu'il avoit de se mettre dans la dépendance de Monsieur le Prince fût plus forte dans son esprit que celle qu'il venoit de prendre de ce contre-temps du Parlement. »

1. Suivre en cela le sentiment. (*Ms. H, réd.* 1 *et* 2.)
2. Décembre 1651.
3. Cette action, comme si c'eût été. (*Ms. H, réd.* 2.) — Cette action du comte de Marchin, comme si c'étoit. (*Ms. H, réd.* 1.)
4. Mais je dirai. (*Ms. H, réd.* 1.)
5. Sur Bellegarde, voyez ci-dessus, p. 175, note 3.
6. *Et qu'ensuite il l'avoit. (*Ms. H, réd.* 1 *et* 2.)

gouvernement de Tortose[1], où il servit le Roi avec beaucoup de fidélité et de bonheur. Cependant, Monsieur le Prince ayant été arrêté prisonnier, on fit arrêter aussi M. de Marchin, sans qu'il fût chargé d'autre crime que d'être sa créature[2]. On donna même son gouvernement de Tortose à Launay-Gringuenières[3], qui le laissa perdre bientôt après. La prison de M. de Marchin dura autant que celle de Monsieur le Prince, et lorsqu'il en fut sorti, il demeura[4] sans charge et sans emploi. Depuis, les affaires de Catalogne dépérissant, et la cour étant incertaine du choix qu'elle feroit d'un homme capable de les soutenir, le comte de Marchin fut proposé une seconde fois par Monsieur le Prince[5], et le duc de la Rochefoucauld en fit l'ouverture de sa part à M. le Tellier, sans que Marchin fît aucune diligence de son chef. Il ne lui fut pas possible de retarder son voyage de Catalogne ni d'attendre l'événement des choses douteuses qui se passoient à la cour, et qui devoient plus apparemment se terminer par un accommodement que par une guerre civile : de sorte que Marchin[6] partit pour son nouvel emploi, le devant tout entier à Monsieur le Prince, et étant encore plus étroitement lié à ses intérêts par le gouvernement de Stenay, qu'il lui avoit nouvellement donné après la mort de la Moussaye. Ainsi l'on peut dire[7] que l'action du comte de Marchin

---

1. Mais même qu'il avoit eu par son crédit la charge de viceroi de Catalogne et le gouvernement de Tortose. (*Ms. H, réd.* 1 et 2.)
2. Cependant Monsieur le Prince fut arrêté prisonnier ; et en ce même temps, sans que M. de Marchin fût chargé d'autre crime que d'être sa créature, on le fit arrêter aussi. (*Ms. H, réd.* 1.)
3. Les anciennes éditions écrivent *Launay-Gringelinière*.
4. Et il sortit en même temps que lui et demeura. (*Ms. H, réd.* 1.)
5. Par le même Monsieur le Prince. (*Ms. H, réd.* 1.)
6. De sorte qu'il. (*Ms. H, réd.* 1 et 2.)
7. De sorte que l'on peut dire. (*Ms. H, réd.* 1.)

a deux faces[1] bien différentes : ceux qui le regarderont comme abandonnant[2] une province que le Roi lui avoit confiée le trouveront infidèle ; ceux qui feront réflexion sur les pressantes et presque indispensables obligations qu'il avoit à Monsieur le Prince le trouveront[3] un honnête homme[4]. Peu de gens de bon sens oseront dire qu'il est coupable, et peu aussi[5] oseront le déclarer innocent ; ceux enfin[6] qui lui sont contraires et ceux qui lui sont favorables s'accorderont à le plaindre de s'être vu réduit à la nécessité inévitable de manquer à l'un ou à l'autre de ses devoirs[7].

1. *Peut avoir deux faces. (*Ms. H*, réd. 1 et 2.)
2. Comme abandonnant et exposant. (*Ms. H*, réd. 1 et 2.)
3. *Ceux qui le considèreront courant à ses pressantes et quasi indispensables obligations le trouveront. (*Ms. H*, réd. 1 et 2.)
4. *Un fort honnête homme. (*Ms. H*, réd. 1.)
5. *Peu de gens de bon sens oseront dire qu'il est coupable ; peu de gens de bon sens. (*Ms. H*, réd. 1 et 2.)
6. *Enfin ceux. (*Ms. H*, réd. 1 et 2.)
7. *S'accorderont à le plaindre, les uns d'une faute qu'il a faite par une inévitable nécessité (*une inévitable et glorieuse nécessité*, réd. 1), les autres, de ce qu'il a dégagé ses grands devoirs par une faute. (*Ms. H*, réd. 1 et 2.) — A toutes les raisons par lesquelles la Rochefoucauld s'efforce d'excuser l'action de Marchin, il convient d'en ajouter une qu'il oublie, c'est que ce capitaine, après tout, n'était pas Français d'origine : il était né à Liége (Belgique). Voyez sur lui V. Cousin, *Madame de Longueville pendant la Fronde*, p. 96-98. — L'éditeur de 1689, ne tenant pas non plus grand compte de cette raison, fait au sujet du comte de Marchin la réflexion suivante : « M. de la Rochefoucauld parle ici plutôt selon les intérêts de son parti que selon la raison et la politique ; car y a-t-il un devoir plus indispensable que celui de préférer l'intérêt du Prince à l'intérêt d'un particulier ? A qui le comte de Marsin étoit-il plus obligé : au Roi, qui lui avoit donné le gouvernement de Catalogne, ou à Monsieur le Prince, qui l'avoit aidé de sa recommandation ? Celui qui aura recommandé sera donc de meilleure condition que le Prince. Pour moi, je suis persuadé que, sous le ministère du cardinal de Richelieu, le comte de Marsin auroit passé pour criminel de lèse-majesté dans toutes les formes. »

La cour, comme je l'ai dit, étoit alors à Poitiers[1], et M. de Châteauneuf occupoit en apparence la première place dans les affaires, bien que le Cardinal en fût en effet toujours le maître[2]. Néanmoins la manière d'agir de ce ministre[3], ferme, décisive, familière, et directement opposée à celle du Cardinal, commençoit à faire approuver son ministère, et gagnoit même quelque créance dans l'esprit de la Reine. Le Cardinal en étoit trop bien averti pour donner temps à M. de Châteauneuf de s'établir davantage. Il jugea que sa présence à la cour étoit le seul remède qu'il pût apporter à tout ce qui s'élevoit contre lui, et préférant ses intérêts particuliers à ceux de l'État[4], son retour fournit à M. le duc d'Orléans et au Parlement le prétexte qui leur manquoit de se joindre à Monsieur le Prince[5].

Le maréchal d'Hocquincourt[6] eut ordre d'aller recevoir

1. La cour étoit lors, comme j'ai dit, à Poitiers. (*Ms. H, réd.* 1)
2. « Il étoit toujours le maître, dit Mme de Motteville (tome III, p. 452), et Châteauneuf se plaignoit qu'on n'avoit pas assez de confiance en lui. »
3. *Néanmoins la façon d'agir de ce vieillard. (*Ms. H, réd.* 1.)
4. Mme de Motteville (tome III, p. 459) dit que la Reine vouloit aussi le retour du Cardinal, et elle ajoute : « Mais elle vouloit le bien de l'État préférablement à toutes choses ; et la crainte qu'elle avoit que ce retour ne redonnât des forces à Monsieur le Prince la faisoit balancer sur le temps. »
5. Le Cardinal étoit trop bien averti pour lui laisser prendre de profonde racine (*étoit trop bien averti de ces choses pour leur laisser prendre une profonde racine*, réd. 1), et il y a grande apparence (*il y a apparence*, réd. 1) qu'il jugea que son retour étoit le seul remède (*un remède absolument nécessaire*, réd. 1) au mal qu'il appréhendoit pour son particulier, puisque, dans tout le reste, il s'accordoit mal aux intérêts de l'État ; et qu'en effet il acheva de fournir de prétexte à M. le duc d'Orléans et au parlement de Paris de se déclarer contre la cour. (*Ms. H, réd.* 1 *et* 2.)
6. Charles de Mouchy, marquis d'Hocquincourt, gouverneur de Péronne, maréchal de France en 1651, vice-roi de Catalogne en 1653. Mécontent de la cour, il alla rejoindre Condé en 1655, et,

le cardinal Mazarin sur la frontière de Luxembourg[1], avec deux mille chevaux, et de l'escorter jusques où seroit le Roi. Il traversa le Royaume sans trouver d'empêchement[2], et arriva à Poitiers[3], aussi maître de la cour qu'il l'avoit jamais été. On affecta de donner peu de part de ce retour à M. de Châteauneuf, sans toutefois rien changer aux apparences dans tout le reste, ni lui donner de marques particulières de défaveur. Le Cardinal même lui fit quelques avances; mais lui, craignant de se commettre et jugeant bien qu'il ne pouvoit être ni sûr ni honnête à un homme de son âge et de son expérience de demeurer dans les affaires sous son ennemi, et qu'il seroit sans cesse exposé à tout ce qu'il lui voudroit faire souffrir de dégoût et de disgrâce, il prit prétexte de se retirer sur ce que, la résolution ayant été prise[4] par son

trois ans après, il fut tué d'une balle française au siége de Dunkerque.
1. Le Cardinal était arrivé à Sedan le 25 décembre 1651.
2. *Sans avoir trouvé d'empêchement. (*Ms. H, réd.* 1 et 2.)
3. Dans les derniers jours de janvier 1652. — Le parlement de Paris avait rendu, de son côté, le 29 décembre 1651, un arrêt par lequel il mettait à prix la tête de Mazarin (voyez les *Mémoires de Tavannes*, édition de M. Moreau, 1858, in-8°, p. 109); il ordonna de plus que tous les autres parlements de France seraient invités à donner un arrêt pareil, que l'on enverrait deux conseillers sur les rivières du Nord avec mission d'armer les communes, de faire rompre les ponts, et que les troupes du duc d'Orléans seraient commandées pour s'opposer à la marche du Cardinal. De ces deux conseillers, l'un fut pris par les soldats du maréchal d'Hocquincourt; l'autre réussit, non sans peine, à s'échapper. Voyez au reste, dans le tome II du *Choix de Mazarinades*, p. 352-358 et 397-405, deux pièces d'une date un peu postérieure à l'arrêt, et intitulées, l'une : *Croisade pour la conservation du Roi et du Royaume*, l'autre : *Tarif du prix dont on est convenu, dans une assemblée de notables tenue en présence de Messieurs les Princes, pour récompenser ceux qui délivreront la France du Mazarin, qui a été justement condamné par arrêt du Parlement.*
4. *La résolution étant prise. (*Ms. H, réd.* 1 et 2.)

avis de faire marcher le Roi à Angoulême, on changea de dessein[1] sans le lui communiquer, et on prit en même temps celui d'aller faire le siége d'Angers, bien qu'il fût d'un sentiment contraire[2]. Ainsi, ayant pris congé[3] du Roi, il se retira à Tours.

La cour partit bientôt après[4] pour aller à Angers, où le duc de Rohan[5] avoit fait soulever le peuple; et cette ville et la province s'étoient déclarées pour Monsieur le Prince, dans le même temps que M. le duc d'Orléans et le parlement de Paris se joignirent à lui contre les intérêts de la cour. Il sembloit que toute la France étoit en suspens pour attendre l'événement de ce siége, qui pouvoit avoir de grandes suites[6], si sa défense eût été assez vigoureuse ou assez longue pour arrêter le Roi; car, outre que Monsieur le Prince eût pu s'assurer des meilleures places des provinces voisines, il est certain que l'exemple de M. le duc d'Orléans et du Parlement auroit été suivi par les plus considérables corps du Royaume, si la cour eût été contrainte de lever ce siége; on peut dire même qu'elle se seroit trouvée[7] dans de grandes extrémités, et la personne du Roi[8] bien exposée, si ce mauvais succès fût arrivé dans le temps que le duc de Nemours entra en France avec l'armée de Flandres et

1. *On changea ce dessein. (Ms. H, réd. 1 et 2.)
2. *Bien qu'il fût de sentiment contraire. (Ms. H, réd. 1 et 2.)
3. *De sorte qu'ayant pris congé. (Ms. H, réd. 1.)
4. Le 6 février.
5. Rohan-Chabot, « qui avoit toujours été dans les intérêts de Monsieur le Prince, dit Mme de Motteville (tome III, p. 461), quoique avec plus de retenue que les autres à l'égard du Ministre. » Voyez sur lui la note 5 de la page 167.
6. *Produire de grandes suites. (Ms. H, réd. 1.)
7. Et (et en effet, réd. 1) si la cour eût été contrainte..., on peut dire qu'elle se seroit trouvée alors. (Ms. H, réd. 1 et 2.)
8. Et que la personne du Roi eût été. (Ms. H, réd. 1.)

les vieilles troupes de Monsieur le Prince, sans trouver de résistance.

Cette armée passa la Seine à Mantes[1]. Le duc de Beaufort[2], avec les troupes de M. le duc d'Orléans, se joignit au duc de Nemours, et tous deux ensemble[3] marchèrent, avec un corps de sept mille hommes de pied et trois mille chevaux, vers la rivière de Loire, où ils étoient assurés des villes de Blois et d'Orléans[4]; mais, soit qu'Angers ne fût pas en état de se défendre par la division des bourgeois, ou que le duc de Rohan[5] ne voulût pas hasarder sa vie et sa fortune sur la foi chancelante d'un peuple étonné, il remit la place entre les mains du Roi sans beaucoup de résistance, et eut permission de se retirer à Paris auprès de M. le duc d'Orléans.

Les choses étoient en ces termes lorsque Monsieur le Prince partit de la Bergerie[6], après y avoir, comme je l'ai dit, demeuré plus de trois semaines, sans que le comte d'Harcourt, qui étoit de l'autre côté de la rivière à Tonné-Charente, et maître du pont de bateaux, entreprît

---

1. « Sur le pont qui lui fut livré par M. le duc de Sully, gouverneur de la ville, et mécontent de la cour, parce que l'on avoit ôté les sceaux à Monsieur le Chancelier (*Seguier*), son beau-père. » (*Mémoires de Retz*, tome III, p. 354, éd. Ch.)

2. Et alors le duc de Beaufort. (*Ms. H, réd.* 1.)

3. *Et tous ensemble. (*Ms. H, réd.* 1 et 2.)

4. On sait comment la ville d'Orléans, chef-lieu de l'apanage de Gaston, avait été prise en quelque sorte d'assaut, le 27 mars 1652, par Mademoiselle, accompagnée des comtesses de Fiesque et de Frontenac. Voyez, sur ce curieux épisode de la seconde Fronde, les *Mémoires de Mademoiselle*, tome I, chapitre x, et tome II, chapitre xi.

5. Ou soit que le duc de Rohan. (*Ms. H, réd.* 1.)

6. Le 18 décembre 1651. — Voyez, dans *la Fronde en Angoumois*, le chapitre intitulé : *Ce que devinrent les deux armées après la levée du siége de Coignac.*

rien contre lui[1]. Néanmoins, comme il étoit de beaucoup inférieur à l'armée du Roi en nombre et en bonté de troupes, il voulut éviter les occasions d'être contraint d'en venir à un combat[2] : de sorte qu'il alla à Romette[3], éloigné de trois lieues des troupes du Roi, afin d'avoir plus de temps pour prendre son parti, si elles marchoient à lui[4]. Il y demeura quelque temps et dans des quartiers près de là, sans qu'il se passât rien de considérable; mais, voyant que bien loin de faire des progrès[5] dans le pays où il étoit, il ne se trouvoit pas seulement en état d'y demeurer en présence du comte d'Harcourt[6], il tourna ses pensées à conserver la Guyenne et à fortifier les villes qui tenoient son parti. Il résolut donc d'y marcher avec son armée, et crut pouvoir maintenir quelque temps la Xaintonge, en laissant d'un côté le comte du Doignon dans ses places, les Espagnols à Talmont[7], et le prince de Tarente à Xaintes et à Taillebourg, pour les pourvoir et pour en hâter les fortifications[8]. Ayant ainsi donné ses ordres, il fit marcher son infanterie et ses bagages à Talmont, pour aller par mer à Bourdeaux; et après avoir fait, la première journée, une fort grande

---

1. *Eût rien entrepris contre lui. (*Ms. H*, réd. 1 et 2.)
2. *D'en venir à un combat si inégal. (*Ms. H*, réd. 1 et 2.)
3. Le mot est écrit *Bomette* dans le ms. H (réd. 1 et 2); les anciennes éditions portent *à la Bernette*.
4. S'ils marchoient à lui. (*Ms. H*, réd. 1 et 2.)
5. Bien éloigné de faire des progrès. (*Ms. H*, réd. 1 et 2.)
6. Voyez, dans l'ouvrage de M. le comte de Cosnac, *Souvenirs du règne de Louis XIV* (tome I, p. 349 et suivantes), les lettres adressées, en cette occasion, par le comte d'Harcourt au cardinal Mazarin.
7. Sur Talmont-sur-Gironde (Charente-Inférieure), voyez ci-dessus, la note 5 de la page 309.
8. Pour le pourvoir et en hâter les fortifications. (*Ms. H*, réd. 1 et 2.)

traite avec toute sa cavalerie¹, il s'arrêta, la seconde, à Saint-Andras², à quatre lieues de Bourdeaux, croyant être hors de la portée des ennemis; mais le comte d'Harcourt, qui l'avoit suivi avec une diligence extrême, arriva à la vue de son quartier lorsqu'il y songeoit le moins, et l'auroit forcé sans doute, si les premières troupes eussent entré dedans sans marchander; mais elles se mirent en bataille³ vis-à-vis de Saint-Andras, pendant que d'autres attaquèrent le quartier de Balthazard⁴, qui les repoussa avec vigueur et vint joindre Monsieur le Prince, qui étoit monté à cheval au premier bruit. Ils furent quelque temps en présence; mais la nuit étant obscure, il n'y eut point de combat, et Monsieur le Prince se retira sans rien perdre, étant plus redevable de son salut à la trop grande précaution de ses ennemis qu'à la sienne propre.

Le comte d'Harcourt ne le suivit pas plus avant⁵, et

---

1. La Rochefoucauld omet ici un incident assez important de la retraite de Condé devant l'armée royale : c'est l'enlèvement de deux de ses quartiers par le marquis de Bougy, lieutenant du comte d'Harcourt, près de Brives-la-Charente et de Rouffiac, le 11 janvier 1652. Voyez dans l'opuscule déjà cité, *la Fronde en Angoumois*, la *Relation véritable de la défaite de cinq cents chevaux de l'armée de Monsieur le Prince par Mgr le comte d'Harcour*.

2. Saint-André-de-Cubzac (Gironde), jadis chef-lieu d'un petit pays de Guyenne, de trois lieues carrées environ, qui s'appelait le *Cubzaguès*.

3. *Au lieu qu'elles se mirent en bataille. (Ms. H, réd. 1.)

4. Jean Balthazard de Simeren, d'une famille originaire de Transylvanie, était colonel au service de la France depuis l'année 1644. Après la Fronde, il fut envoyé en Catalogne comme lieutenant général, et passa ensuite au service de l'Électeur palatin Charles-Louis. Il a laissé une *Histoire de la guerre de Guyenne*, dont la meilleure édition est celle de M. Moreau (Bibliothèque elzévirienne, 1858, in-8).

5. D'Harcourt, qui n'avait avec lui que sa cavalerie, rétrograda sur Barbezieux, pour y prendre son infanterie et ses bagages.

Monsieur le Prince, continuant le dessein qu'il avoit d'aller à Bergerac et de le faire fortifier, passa à Libourne[1], dont le comte de Maure[2] étoit gouverneur : il lui laissa ses ordres[3] pour y continuer quelques dehors. Le maréchal de la Force arriva en même temps que lui à Bergerac, avec son fils le marquis de Castelnau[4], qui commandoit dans la place ; et le duc de la Rochefoucauld, qui étoit revenu de la haute Guyenne avec M. le prince de Conti, s'y rendit aussi.

Ce fut en ce même temps que commencèrent à paroître à Bourdeaux les factions et les partialités[5] qui ont ruiné le parti de Monsieur le Prince en Guyenne, divisé sa maison, séparé[6] de ses intérêts ses plus proches, et qui l'ont enfin réduit à chercher parmi les Espagnols une retraite[7] dont il les paye, tous les jours[8], par tant de grandes actions qui leur ont plus d'une fois sauvé la

---

1. « Ville très-marchande, dit l'édition de 1689, bâtie par Édouard, roi d'Angleterre, vers l'an 1286. »
2. Louis de Rochechouart, comte de Maure, grand sénéchal de Guyenne, fils de Gaspard de Rochechouart, marquis de Mortemart, et de Louise, comtesse de Maure. Il mourut sans postérité en 1669. Sur lui et sur sa femme Anne Doni d'Attichi, voyez *Tallemant des Réaux*, tome III, p. 158, et V. Cousin, *Madame de Sablé*, chapitres III et IV.
3. *Et y laissa ses ordres. (*Ms. H, réd. 1 et 2.*)
4. Henri Nompar de Caumont, marquis de Castelnau, puis duc de la Force, second fils du maréchal de ce nom. Né en 1582, il mourut en 1678. Ses *Mémoires* sont à la suite de ceux de son père dans l'édition, que nous avons plusieurs fois citée, de 1843.
5. Les particularités. (*Ms. H, réd. 1.*)
6. *Et séparé. (*Ms. H, réd. 1.*)
7. * A chercher une retraite parmi les Espagnols. (*Ms. H, réd. 1 et 2.*)
8. Ce passage indique approximativement l'époque où cette partie des *Mémoires* fut écrite : c'est de la fin de 1652 à la fin de 1659, laps de temps durant lequel Condé commanda les armées espagnoles.

Flandre[1]. Je me réserve de dire[2] les causes d'un si grand changement lorsque j'en rapporterai les effets, et passerai maintenant au récit[3] de ce que Monsieur le Prince fit durant cet intervalle.

Son principal soin étoit de réparer promptement les places de Guyenne; mais il s'attachoit particulièrement à mettre Bergerac en état de se défendre. Il y employa quelques jours avec beaucoup d'application, pendant lesquels il apprit que ses affaires[4] dépérissoient en Xaintonge; que le comte du Doignon étoit renfermé dans ses places, n'osant en sortir par ses défiances ordinaires[5]; que le prince de Tarente avoit reçu[6] quelque désavantage dans un combat qui s'étoit donné auprès de Ponts[7]; que Xaintes, qu'il croyoit en état de soutenir un grand siège par les travaux qu'on y avoit faits et par une garnison de ses meilleures troupes[8], s'étoit rendue[9] sans faire de résistance considérable[10]; et que Taillebourg, qui étoit

---

1. Qu'il paye tous les jours par ses grandes actions qui leur ont tant de fois sauvé la Flandre. (Ms. H, réd. 1.) — Les anciennes éditions omettent les premiers mots de cette proposition relative et finissent ainsi la phrase : « chercher une retraite parmi les Espagnols, à qui il a sauvé plusieurs fois la Flandre. »

2. De dire en son lieu, le plus brièvement que je pourrai. (Ms. H, réd. 2.) — De dire en son lieu, le plus succinctement qu'il se pourra. (Ms. H, réd. 1.) — Voyez ci-après, p. 349 et suivantes.

3. Et je passe au récit. (Ms. H, réd. 1.)

4. *Il reçut nouvelles que ses affaires. (Ms. H, réd. 1.)

5. *Pour ses défiances ordinaires. (Ms. H, réd. 1.)

6. *Que le prince de Tarente, de son côté, avoit reçu. (Ms. H, réd. 1.)

7. Fin de février. — Ponts, ou Pons, ville de Saintonge (Charente-Inférieure), dont les seigneurs portaient le titre de sires de Pons.

8. *La garnison qui étoit composée de ses meilleures troupes. (Ms. H, réd. 1.)

9. *S'étoit toutefois rendue. (Ms. H, réd. 1.)

10. Sur le siége de Saintes, qui dura du 6 au 10 mars, voyez les *Souvenirs du règne de Louis XIV*, par le comte de Cosnac, tome I,

assiégé, étoit près de suivre[1] l'exemple de Xaintes[2]. Monsieur le Prince fut encore informé que le marquis de Saint-Luc[3] assembloit un corps pour s'opposer à celui de M. le prince de Conti, qui avoit pris Caudecoste[4] et quelques autres petites villes peu importantes[5]. Cette dernière nouvelle étoit la seule où il pouvoit apporter quelque remède; mais, comme le marquis de Saint-Luc étoit encore éloigné de M. le prince de Conti, il crut ne devoir pas passer dans la haute Guyenne, sans être informé plus particulièrement de l'état des affaires de Bourdeaux, et pour cet effet il manda[6] à Madame la Princesse et à Mme de Longueville de se rendre à Libourne, où il arriva en même temps qu'elles. Il y demeura un jour seulement, et y donna les ordres[7] qui dépendoient de lui, pour empêcher le progrès[8] du mal que la division commençoit de faire naître dans son parti et dans sa famille[9].

Il partit ensuite avec[10] le duc de la Rochefoucauld, pour aller joindre le prince de Conti, qui étoit avec ses

---

p. 424-432. La ville capitula aux mains de du Plessis-Bellière et de Montausier.

1. *Taillebourg étoit assiégé et près de suivre. (*Ms. H*, réd. 1 et 2.)
2. Taillebourg capitula en effet dans les derniers jours de mars.
3. François d'Épinay, marquis de Saint-Luc, lieutenant du Roi en Guyenne et gouverneur de Montauban, mort en 1670. Voyez sur la famille Saint-Luc une *historiette* de Tallemant des Réaux, tome IV, p. 244-252.
4. Bourg de Gascogne (Lot-et-Garonne), à deux lieues d'Agen. Il avait été pris le 2 février; voyez l'*Histoire de la guerre de Guyenne*, par Balthazard, p. 314.
5. Et quelque autre petite ville peu importante. (*Ms. H*, réd. 1 et 2.)
6. *De sorte qu'il manda. (*Ms. H*, réd. 1.)
7. Et il donna les ordres. (*Ms. H*, réd. 1 et 2.)
8. Les progrès. (*Ms. H*, réd. 1 et 2.)
9. Sur ces divisions, voyez V. Cousin, *Madame de Longueville pendant la Fronde*, chapitre v
10. Après ces choses, il partit avec. (*Ms. H*, réd. 1.)

troupes en un lieu nommé Staffort[1], quatre lieues au-dessus d'Agen[2]; mais ayant appris, près de Libourne, par un courrier, que le marquis de Saint-Luc marchoit vers Staffort, il crut que sa présence[3] seroit d'un grand secours, et fit toute la diligence possible[4] pour joindre M. le prince de Conti, avant que l'un ou l'autre eût rien entrepris. En effet, étant arrivé à Staffort, il trouva[5] que M. le prince de Conti rassembloit ses quartiers, dans la créance que le marquis de Saint-Luc le devoit combattre; il sut de plus qu'il étoit à Miradoux[6] avec les régiments de Champagne et de Lorraine, et que sa cavalerie étoit logée séparément dans des fermes et dans des villages proches[7]. Il prit à l'instant son parti, et résolut[8] de marcher toute la nuit pour enlever les quartiers de cavalerie[9] du marquis de Saint-Luc; il se fit suivre de celle[10] qui se trouva à Staffort, où il laissa[11] Monsieur son frère, avec ordre de le suivre dès que le reste de

1. Staffort ou Estafort, Astafford, ville du Condomois (Lot-et-Garonne), sur la rive droite du Gers; le marquis de Chouppes y commandait alors un camp de deux mille cinq cents hommes.
2. *A quatre lieues au-dessus d'Agen. (*Ms. H*, réd. 1 *et* 2.)
3. Il crut que sa personne. (*Ms. H*, réd. 1 et 2.)
4. De sorte qu'il fit toute la diligence possible. (*Ms. H*, réd. 1.)
5. En effet, il arriva à Stafford, où il trouva. (*Ms. H*, réd. 1.)
6. Ville de Lomagne, en Gascogne (Gers). Sur le siége de Miradoux, qui, commencé le 27 février, dura quatorze jours, et occupa fort la presse de pamphlets à Paris, voyez l'*Histoire de la guerre de Guyenne*, par Balthazard, p. 321, et les *Mémoires de Chouppes* (édition de M. Moreau), p. 149 et suivantes.
7. Des villages près de là. (*Ms. H*, réd. 1.)
8. Alors prenant son parti, avec sa diligence accoutumée, il résolut. (*Ms. H*, réd. 2.) — De sorte que, prenant son parti avec sa diligence accoutumée, il se résolut en un instant. (*Ms. H*, réd. 1.)
9. Après le mot *cavalerie*, les anciennes éditions retranchent trois lignes et continuent ainsi : « et partit, à l'heure même, etc. »
10. Pour exécuter ce dessein, il prit celle. (*Ms. H*, réd. 2.) — Il prit, pour ce dessein, celle. (*Ms. H*, réd. 1.)
11. Et y laissa. (*Ms. H*, réd. 1.)

ses troupes seroit arrivé. Il partit, à l'heure même, avec le duc de la Rochefoucauld, et, bien que le chemin fût long et fort mauvais[1], il arriva devant le jour à un pont[2] où les ennemis avoient un corps de garde de douze ou quinze maîtres[3]; il les fit pousser d'abord : ceux qui se sauvèrent[4] donnèrent l'alarme à toutes leurs troupes et les firent monter à cheval. Quelques escadrons firent ferme près de Miradoux; mais il les chargea et les rompit sans beaucoup de peine. Il y eut[5] six régiments de défaits. On prit beaucoup d'équipage et de prisonniers, et le reste[6] se retira à Miradoux. Cette petite ville est située sur la hauteur d'une montagne, dont elle n'occupe que la moitié. Elle n'a pour toutes fortifications qu'un méchant fossé et une simple muraille, à laquelle[7] les maisons sont attachées. Dès que le jour fut venu, le marquis de Saint-Luc mit toutes ses troupes en bataille dans l'esplanade qui est devant la porte de la ville; Monsieur le Prince attendit au bas de la montagne celles que M. le prince de Conti lui amenoit : elles arrivèrent bientôt après; mais, comme la montée est assez droite et fort longue, et que les terres y sont grasses en hiver,

1. *Long et mauvais. (*Ms. H, réd.* 1 et 2.)
2. Le pont de Gimbrède (Gers), à une lieue et demie de Miradoux. — Voyez le récit détaillé de ces opérations dans les *Souvenirs du règne de Louis XIV*, tome I, p. 398 et suivantes, et la *Relation* qui se trouve à l'*Appendice* du même volume, p. 472 et suivantes.
3. L'usage d'appeler chaque cavalier un *maître* venait de ce que, dans l'origine des *compagnies de gens d'armes* ou *d'ordonnance*, chaque cavalier se présentait, accompagné d'écuyers et d'archers, comme un seigneur, comme un maître parmi ses vassaux. On voit, par un exemple de Saint-Simon, cité par M. Littré, à l'article Maître, 20°, que les gendarmes et les mousquetaires faisaient une différence entre les mots *maître* et *cavalier*.
4. *Et ceux qui se sauvèrent. (*Ms. H, réd.* 1 et 2.)
5. Sans peine, et y eut. (*Ms. H, réd.* 1 et 2.)
6. Et on prit.... prisonniers. Le reste. (*Ms. H, réd.* 1 et 2.)
7. *Une simple muraille, où. (*Ms. H, réd.* 1 et 2.)

et divisées par des fossés et par des haies, Monsieur le Prince vit bien qu'il ne pouvoit aller en bataille aux ennemis, sans se mettre en désordre et sans se rompre lui-même avant que d'être[1] arrivé à eux. Ainsi il se contenta[2] de faire avancer son infanterie et de chasser avec beaucoup de feu les ennemis de quelques postes qu'ils avoient occupés. Il y eut aussi deux ou trois escadrons qui combattirent, et toute la journée se passa en de continuelles escarmouches[3], sans que le marquis de Saint-Luc quittât la hauteur, et sans que Monsieur le Prince entreprît de l'aller attaquer en un lieu si avantageux, n'ayant point de canon et n'en pouvant avoir que le lendemain. Il donna ses ordres pour en faire venir deux pièces, et cependant, jugeant bien que le bruit de son arrivée étonneroit plus les ennemis que l'avantage qu'il avoit remporté sur eux[4], il donna la liberté à quelques prisonniers, pour en porter la nouvelle au marquis de Saint-Luc. Elle fit l'effet[5] qu'il avoit desiré; car les soldats en prirent l'épouvante, et elle mit une si grande consternation parmi les officiers qu'à peine attendirent-ils la nuit pour cacher leur retraite et se sauver à Lectoure[6]. Monsieur le Prince, qui l'avoit prévu, mit des corps de garde si près des ennemis qu'il fut averti dans le moment qu'ils marchèrent, et on peut dire que

---

1. Devant que d'être. (*Ms. H*, *réd.* 1 *et* 2.)
2. De sorte qu'il se contenta sur l'heure. (*Ms. H*, *réd.* 1.)
3. En continuelles escarmouches. (*Ms. H*, *réd.* 1 *et* 2.)
4. Voici une *réflexion* de Retz à ce propos : « La foiblesse, dit-il (tome III, p. 351, éd. Ch.), ne donne pas pour l'ordinaire la hardiesse; celle de Monsieur le Prince fit plus en cette occasion, car elle lui donna de la vanité; et c'est, je crois, la seule fois de sa vie qu'il en a eu. »
5. Elle fit bientôt l'effet. (*Ms. H*, *réd.* 1.)
6. Chef-lieu du pays de Lomagne, en Gascogne (Gers). Miradoux est à quatre lieues de Lectoure.

son extrême diligence l'empêcha de les défaire entièrement; car, sans attendre que l'infanterie fût engagée dans le chemin, où rien n'auroit pu l'empêcher d'être taillée en pièces, il la chargea sur le bord du fossé de Miradoux, et entrant, l'épée à la main, dans les bataillons de Champagne et Lorraine, il les renversa dans le fossé, demandant quartier et jetant leurs armes. Mais, comme on ne pouvoit aller à cheval à eux, ils eurent la facilité[1] de rentrer dans Miradoux, moins pour défendre la place que pour sauver leur vie. M. le prince de Conti combattoit toujours auprès de Monsieur son frère, qui suivit le marquis de Saint-Luc et le reste des fuyards jusques auprès de Lectoure, et revint investir Miradoux, où Marins[2], maréchal de camp, et Couvonges[3], mestre de camp de Lorraine, étoient entrés avec plusieurs officiers. Monsieur le Prince les fit sommer, croyant que des gens battus qui étoient sans munition[4] de guerre et sans vivres n'entreprendroient pas de défendre une si méchante place. En effet, ils offrirent de la rendre et d'aller joindre le marquis de Saint-Luc; mais Monsieur le Prince, qui ne vouloit pas laisser sauver de si bonne infanterie, et qui comptoit pour rien d'être maître d'un lieu de nulle considération, s'attacha à les vouloir prendre prisonniers de guerre ou à les obliger de ne servir de six mois. Ces conditions leur parurent si rudes, qu'ils aimèrent mieux se défen-

1. Ils eurent facilité. (*Ms. H, réd.* 1 *et* 2.)
2. Et non *Morins*, comme porte l'édition de 1804. Marin Sainte-Colombe, capitaine au régiment de Saint-Simon en 1644, maréchal de bataille à l'armée de Catalogne en 1645, était en 1652 maréchal de camp.
3. D'une famille lorraine, celle de Stainville, d'où sortit, au siècle suivant, le marquis de Choiseul.
4. *Sans munitions. (Ms. H, réd.* 1 *et* 2.) — Il y a de même le pluriel au ms. H, ci-après, p. 337, ligne 5.

dre, et réparer en quelque sorte[1] la honte du jour précédent, que de l'augmenter par une telle capitulation. Ils trouvèrent que les habitants avoient des vivres, et jugeant bien que Monsieur le Prince n'étoit pas en état de faire des lignes[2], ils crurent qu'on pourroit aisément leur faire porter de la poudre, de la mèche et du plomb. En effet, le marquis de Saint-Luc y en fit entrer la nuit suivante, et continua toujours de les rafraîchir des choses nécessaires, tant que le siége dura, quelque soin qu'on pût prendre pour l'empêcher. Cependant Monsieur le Prince renvoya Monsieur son frère à Bourdeaux, et connut bientôt qu'il eût mieux fait de recevoir Miradoux aux conditions qu'on lui avoit offertes, que de s'engager à un siége, manquant, comme il faisoit, de toutes choses, et n'étant pas même assuré d'avoir du canon. Néanmoins, comme on est souvent obligé de continuer de sang-froid ce qu'on a commencé en colère, il voulut soutenir son dessein jusqu'au bout, croyant étonner les ennemis et qu'il en feroit un exemple. Il tira donc d'Agen deux pièces, une de dix-huit livres, et l'autre de douze, avec un petit nombre de boulets de calibre; mais il crut qu'il y en auroit assez pour faire brèche et les emporter d'assaut, avant que[3] le comte d'Harcourt, qui marchoit à lui, pût être arrivé[4]. En effet, on prit des maisons assez près de la porte, où on mit les deux pièces en batterie; elles firent d'abord beaucoup d'effet dans la muraille; mais

---

1. Réparer en cette sorte. (*Ms. H, réd.* 1.)
2. De faire faire des lignes. (*Ms. H, réd.* 1 et 2.)
3. Devant que. (*Ms. H, réd.* 1 et 2.)
4. « Un des caractères les plus surprenants de cette guerre, dit M. de Cosnac (tome I, p. 411), est certainement la mobilité extrême des généraux et de leurs troupes; elle s'explique par la cavalerie, qui, formant la force principale des armées d'alors, se transportait rapidement avec eux. »

les boulets manquèrent aussi bientôt, de sorte qu'on étoit contraint de donner de l'argent à des soldats pour aller chercher dans le fossé les boulets qu'on avoit tirés. Les assiégés[1] se défendoient assez bien pour le peu de munition qu'ils avoient, et ils firent deux sorties avec beaucoup de vigueur. Enfin la brèche commençoit de paroître raisonnable, et la muraille étant tombée, avec des maisons qui y tenoient, avoit fait une fort grande ouverture ; mais tout ce débris servit d'un nouveau retranchement aux assiégés ; car le toit de la maison où se fit la brèche étant tombé dans la cave, ils y mirent le feu, et se retranchèrent de l'autre côté, de sorte que cette cave ardente devint un fossé qui ne se pouvoit passer. Cet obstacle retint Monsieur le Prince : il ne voulut pas[2] hasarder une attaque qui auroit sans doute rebuté ses troupes et augmenté le courage des ennemis ; il résolut de faire battre un autre endroit, où les maisons n'avoient point de caves ; et il y avoit un jour qu'on commençoit d'y tirer[3], lorsqu'il reçut avis que le comte d'Harcourt marchoit à lui et qu'il arriveroit le lendemain à Miradoux. Leurs forces étoient trop inégales[4] pour hasarder un combat : ainsi il résolut de lever le siége et de se retirer[5] à Staffort, où il arriva sans avoir été suivi des ennemis[6].

Cette ville n'est ni plus grande ni meilleure que Miradoux ; mais, comme le comte d'Harcourt étoit au delà de la Garonne, et qu'il ne la pouvoit passer qu'à un lieu

1. *Les ennemis. (*Ms. H, réd.* 1.)
2. *Et il ne voulut pas. (*Ms. H, réd.* 1 et 2.)
3. *A y tirer. (*Ms. H, réd.* 1 et 2.)
4. *Trop différentes. (*Ms. H, réd.* 1.)
5. Ce qui le fit résoudre à lever.... et à se retirer. (*Ms. H, réd.* 1.)
6. De ses ennemis. (*Ms. H, réd.* 1 et 2.) — Il mettait ainsi la Garonne entre d'Harcourt et lui.

nommé Auvillars[1], Monsieur le Prince, ayant l'autre côté du pays libre, sépara ses quartiers, dans la créance que c'étoit assez d'en mettre quelques-uns près d'Auvillars, et de commander qu'on détachât continuellement des partis de ce côté-là, pour être averti de tout ce que les ennemis voudroient entreprendre; mais[2] de nouvelles troupes et de méchants officiers exécutent d'ordinaire ce qui leur est commandé d'une manière bien différente de ce qu'ont accoutumé de faire des gens éprouvés et aguerris; et cet ordre, qui auroit suffi pour mettre un camp en sûreté, fut si mal suivi, que Monsieur le Prince se vit exposé à la honte[3] d'être surpris et défait; car de tous les partis commandés pas un ne suivit son ordre; et au lieu d'apprendre des nouvelles du comte d'Harcourt, ils allèrent piller les villages voisins. Ainsi le comte d'Harcourt passa[4] la rivière, marcha[5] en bataille au milieu des quartiers de Monsieur le Prince, et arriva à un quart de lieue de lui, sans que personne en prît l'alarme, ni lui en vînt donner avis. Enfin des gens poussés lui ayant apporté cette nouvelle avec le trouble ordinaire en semblables occasions[6], il monta à cheval, suivi du duc de la Rochefoucauld, du comte de Marchin[7] et du marquis de Montespan, pour voir le dessein des ennemis; mais il n'eut pas fait cinq cents pas qu'il vit

1. Auvillars ou Auvillar, ville avec titre de vicomté, située sur la rive gauche de la Garonne, dans l'arrondissement de Moissac (Tarn-et-Garonne).
2. *Mais il ne prévit pas que. (*Ms. H*, réd. 1 et 2.)
3. *Et cet ordre, qui, etc., pensa causer la perte de Monsieur le Prince et l'exposer à la honte. (*Ms. H*, réd. 1 et 2.)
4. Et ainsi il passa. (*Ms. H*, réd. 1 et 2.)
5. *Et marcha. (*Ms. H*, réd. 1 et 2.)
6. En semblable occasion. (*Ms. H*, réd. 2.) — Ces mots manquent dans la réd. 1 et dans les anciennes éditions.
7. Suivi du comte de Marchin, du duc de la Rochefoucauld. (*Ms. H*, réd. 1 et 2.)

leurs escadrons qui se détachoient pour aller attaquer ses quartiers, et même des gens s'ébranlèrent pour le pousser. Dans cette extrémité, il n'eut point d'autre parti à prendre que d'envoyer faire monter à cheval ses quartiers les plus éloignés, et de revenir joindre ce qu'il avoit d'infanterie campée sous Staffort, qu'il fit marcher à Boüé[1] pour y passer la Garonne en bateau et se retirer à Agen. Il envoya tous les bagages au port Sainte-Marie[2], et laissa un capitaine à Staffort et soixante mousquetaires, avec une pièce de douze livres, qu'il ne put emmener. Le comte d'Harcourt ne se servit pas mieux de cet avantage qu'il avoit fait de ceux qu'il pouvoit avoir à Tonné-Charente et à Saint-Andras[3]; car, au lieu de suivre Monsieur le Prince et de le charger dans le désordre d'une retraite sans cavalerie, et contraint de passer la Garonne pour se mettre à couvert, il s'arrêta pour investir le quartier le plus proche de Staffort, nommé le Pergam[4], où étoient logés trois ou quatre cents chevaux des gardes de Monsieur le Prince et des généraux. Ainsi il lui donna douze ou treize heures, dont il passa la plus grande partie à Boüé, à faire passer la rivière à ses troupes avec un désordre et des difficultés incroyables, et toujours en état d'être taillé en pièces si on l'eût attaqué.

1. Boué ou Boé, sur la rive droite de la Garonne, au nord de Staffort, au sud d'Agen.
2. Sainte-Marie, à trois lieues d'Agen à l'ouest, en descendant la Garonne, sur la rive droite de ce fleuve.
3. Voyez ci-dessus, p. 328, note 2.
4. Le Pergam, le Pergan (orthographe de Cassini), le Pirgam (*Mémoires de Balthazar*, p. 319) ou le Perguain (*Relation* du temps, citée par M. de Cosnac, tome I, p. 480). C'est le Pergain-Taillac, sur la rive gauche du Gers (Lot-et-Garonne), à l'est de Staffort. — Voyez, sur le rôle que joua la Rochefoucauld en cette affaire, les *Mémoires de Chouppes*, p. 161 et suivantes.

Quelque temps après que Monsieur le Prince fut arrivé à Agen avec toute son infanterie, on vit paroître quelques escadrons de l'autre côté de la rivière, qui s'étoient avancés pour prendre des bagages qui étoient prêts de passer l'eau; mais ils furent repoussés avec vigueur par soixante maîtres du régiment de Montespan, qui donnèrent tout le temps nécessaire à des bateaux chargés de mousquetaires d'arriver et de faire retirer les ennemis. Ce jour même, Monsieur le Prince sut que sa cavalerie étoit arrivée à Sainte-Marie sans avoir combattu ni rien perdu de son équipage, et que ses gardes se défendoient encore dans le Pergam, sans qu'il y eût toutefois apparence de les pouvoir secourir. En effet, ils se rendirent prisonniers de guerre le lendemain, et ce fut tout l'avantage que tira le comte d'Harcourt d'une occasion où sa fortune et la négligence des troupes de Monsieur le Prince lui avoient offert une entière victoire [1].

[1]. Voyez le *Journal de tout ce qui s'est passé entre l'armée du Roi, commandée par le comte d'Harcourt, et celle de Monsieur le Prince, depuis le 22 février 1652, avec les particularités et la marche de leurs armées ès pays de Guyenne, Périgord et Xaintonge*, Paris, Jacques Clément, 1652. — Ici finit le chapitre dans le manuscrit D de la Roche-Guyon; le ms. H (réd. 1 et 2) contient, en manière de transition, une phrase de plus qui, dans la copie C de la Roche-Guyon, se trouve reportée, avec de grandes modifications, au commencement de l'alinéa suivant. Voici cette phrase, qui se lit aussi à la fin de la partie v dans celles des anciennes éditions où cette partie se trouve : « Ces mauvais succès furent bientôt suivis de la sédition d'Agen, et obligèrent Monsieur le Prince à tourner ses principales espérances du côté de Paris, et d'y porter la guerre, comme on le verra dans la suite (*comme je dirai ci-après*, réd. 1 et anc. éd.). »

VI[1].

[Mars à octobre 1652.]

Ces mauvais succès obligèrent Monsieur le Prince de se retirer à Agen, dont les cabales et les divisions lui firent bientôt connoître que cette ville[2] ne demeureroit dans son parti qu'autant qu'elle y seroit retenue par sa présence ou par une forte garnison. Ce fut pour s'en assurer par ce dernier moyen[3] qu'il résolut[4] d'y faire entrer le régiment d'infanterie de Conti, et de le rendre maître d'une porte de la ville[5]. A l'heure même, les bour-

1. Entre les parties v et vi, il n'y a point d'intervalle dans le ms. D de la Roche-Guyon, ni dans le ms. Harlay; seulement on lit en marge, dans le premier, ce titre de la main de l'annotateur : *Suite de la guerre de Guyenne et la dernière de Paris*. Ce morceau se trouve dans toutes les anciennes éditions. Il est intitulé dans celles de la première série (1662-1688), qui n'ont pas la partie v : *Guerre de Guyenne et la dernière de Paris;* dans les textes de la seconde série, il a le même titre que dans le ms. D; dans l'édition de 1804, celui-ci : *Fin de la guerre de Guyenne et la dernière guerre de Paris*. Il est sans titre dans les éditions de 1826 et de 1838.

2. Au lieu de ce début, on lit ici dans les anciennes éditions deux phrases que nous trouverons plus bas (p. 347 et 348), et dont elles modifient ainsi le commencement et la fin : « La guerre se soutenoit dans la Guyenne bien plus par la vigilance et par la réputation du prince de Condé que par le nombre et par la valeur de ses troupes, et le comte d'Harcourt avoit déjà, etc.... et de se retirer à Agen; mais les divisions de cette ville firent connoitre assez à ce prince qu'elle ne demeureroit, etc. » — Le ms. H commence ainsi : « Monsieur le Prince ayant donc été contraint (*ayant été contraint de cette sorte*, réd. 1) de se retirer à Agen, il trouva que les cabales et les divisions de la ville lui faisoient assez connoître qu'elle..., etc. »

3. Ce moyen. (*Ms. H, réd.* 1.) — 4. Se résolut. (*Ms. H, réd.* 1 et 2.)

5. Le ms. H et les anciennes éditions ajoutent ici : « pour ôter au peuple la liberté de refuser la garnison; mais, comme ce dessein ne fut pas secret, il fut bientôt répandu dans la ville. »

geois prirent les armes et firent des barricades. Monsieur le Prince, en étant averti, monta à cheval pour empêcher la sédition par sa présence et pour demeurer maître de la porte de Grave[1], jusques à ce que le régiment de Conti s'en fût emparé; mais l'arrivée des troupes augmenta le désordre, au lieu de l'apaiser. Elles entrèrent et firent halte dans la première rue, et bien que Monsieur le Prince et M. le prince de Conti et tous les officiers généraux voulussent apaiser le peuple[2], ils ne purent empêcher que toutes les rues ne fussent barricadées[3] en un instant. Les bourgeois[4] néanmoins conservèrent toujours du respect pour Monsieur le Prince et pour les officiers généraux; mais la rumeur augmentoit dans tous les lieux où ils n'étoient point. Les choses ne pouvoient plus demeurer en cet état; les troupes, comme je l'ai dit, tenoient la porte de Grave et la moitié de la rue qui y aboutit; le peuple étoit sous les armes; toutes les rues barricadées, et des corps de garde partout; la nuit approchoit, qui auroit augmenté le désordre, et Monsieur le Prince se voyoit réduit à

---

1. On nous écrit d'Agen que cette ville n'a jamais eu de porte nommée officiellement *de Grave*, qu'il s'agit sans doute ici de la porte Saint-Antoine, voisine d'un terrain, abandonné par la Garonne, dont un des noms est la *Promenade du gravier*. Des documents du temps disent que Condé est entré par cette porte, jadis à pont-levis, et remplacée au dix-huitième siècle par un portique.

2. Et tous les officiers généraux de l'armée voulussent apaiser (*empêcher*, réd. 1) le désordre. (Ms. H, réd. 1 et 2.) — Les mots *de l'armée* sont biffés dans le manuscrit D.

3. Ils ne purent empêcher que toutes les rues fussent barricadées. (Ms. H, réd. 2.) — Et toutes les rues furent barricadées. (Ms. H, réd. 1.)

4. Dans le manuscrit D, ces mots: *les bourgeois*, ont été récrits, après un grattage, visible encore, à la place de ceux-ci: *le peuple*, qui forment la version du ms. H (réd. 1 et 2) et des anciennes éditions; *conserva*, à la suite, a été changé en *conservèrent*.

sortir honteusement de la ville, ou à la faire piller ou brûler. L'un ou l'autre de ces partis ruinoit également ses affaires[1] ; car, s'il quittoit Agen, les troupes du Roi y alloient être reçues, et, s'il le brûloit, ce traitement soulevoit contre lui toute la province, dont les plus considérables villes tenoient encore son parti. Ces raisons le portèrent à desirer[2] quelque accommodement qui sauvât son autorité en apparence, et qui lui servît de prétexte de pardonner au peuple. Le duc de la Rochefoucauld parla aux principaux bourgeois, et les disposa d'aller à l'Hôtel de Ville pour députer quelqu'un d'entre eux vers Monsieur le Prince, pour lui demander pardon et le supplier de venir à l'assemblée leur prescrire les moyens de lui conserver Agen dans la soumission et la fidélité qu'ils avoient jurée. Monsieur le Prince y alla et leur dit que son intention avoit toujours été de leur laisser la liberté toute entière, et que les troupes n'étoient entrées que pour soulager les bourgeois dans la ville[3] ; mais, puisqu'ils ne le desiroient pas, il consentoit de les faire sortir, pourvu que la ville fît un régiment d'infanterie à ses dépens, dont il nommeroit les officiers. On accepta facilement ces conditions[4]. On défit es barricades, les troupes sortirent, et la ville fut tranquille et soumise en apparence, comme avant la sédition[5]. Quoique Monsieur le Prince ne pût se fier à une obéissance si suspecte, il fit néanmoins[6] quelque séjour à Agen, pour remettre la ville en son état ordinaire.

1. Ruinoit également le sien. (*Ms. H, réd.* 1 *et* 2.)
2. A desirer de trouver. (*Ms. H, réd.* 1 *et* 2.)
3. **Dans la garde de la ville. (*Ms. H, réd.* 1.)
4. **Toutes ces (*les*, anc. éd.) conditions. (*Ms. H, réd.* 1.)
5. Comme auparavant la sédition. (*Ms. H, réd.* 2.) — ** Comme elle l'avoit été devant (*avant*, anc. éd.) la sédition. (*Ms. H, réd.* 1.)
6. Monsieur le Prince ne pouvant se fier à une obéissance si suspecte, fit pourtant. (*Ms. H, réd.* 1.)

En ce même temps, il reçut des nouvelles[1] que l'armée de Flandres, commandée par le duc de Nemours, et les troupes de M. le duc d'Orléans, commandées par le duc de Beaufort, s'étoient jointes et marchoient vers la rivière de Loire[2]. Il eut la joie de voir au milieu de la France une armée d'Espagne, qu'il avoit si longtemps attendue, et qui pouvoit secourir Mourond, ou venir le joindre en Guyenne; mais cette joie fut mêlée d'inquiétudes : il sut que la division[3] et l'aigreur des ducs de Nemours et de Beaufort étoient venues[4] à une extrémité très-dangereuse; ils ne pouvoient compatir ensemble[5], et leurs forces séparées n'étoient pas suffisantes pour tenir[6] la campagne devant l'armée du Roi, commandée par M. de Turenne et par le maréchal d'Hoquincourt;

---

1. ** Ce fut en ce temps-là qu'il reçut nouvelles. (*Ms. H*, réd. 1.)

2. Une armée, composée des vieilles troupes de Stenay, auxquelles on avait joint des régiments espagnols, avait quitté la Flandre le 20 février, sous les ordres du duc de Nemours et du baron de Clinchamp, un Français de la frontière de Lorraine, qui s'était engagé au service de l'Espagne. La jonction de cette armée avec celle de Beaufort s'était faite à Châteaudun.

3. Au manuscrit H (réd. 1) et dans les anciennes éditions, ces deux dernières phrases s'enchevêtrent l'une dans l'autre : « .... et marchoient vers la rivière de Loire. Cette joie fut néanmoins mêlée d'inquiétude : d'un côté, il voyoit au milieu de la France une armée d'Espagne, qu'il y avoit si longtemps attendue, et qui pouvoit secourir Mourond, ou, etc...; mais en même temps il sut que la division. »

4. ** Étoit venue. (*Ms. H*, réd. 1 et 2.)

5. Sur l'échange de violences qui eut lieu entre eux à Orléans, durant un conseil de guerre où Mademoiselle était présente, voyez les *Mémoires* de cette dernière, tome II, p. 12 et 13, et les *Mémoires de Tavannes*, p. 117 et 118. La querelle, provisoirement accommodée, se ranima plus tard et aboutit, le 30 juillet suivant, au fameux duel dans lequel Nemours fut tué d'un coup de pistolet par son beau-frère; voyez ci-après, p. 419.

6. Capables de tenir. (*Ms. H*, réd. 1.) — Dans le ms. H (réd. 2) et dans les anciennes éditions de 1662-88 : « suffisantes de tenir ».

elle étoit encore fortifiée¹ des troupes que le Cardinal avoit amenées d'Allemagne et du voisinage² de la cour.

Les ordres que Monsieur le Prince avoit donnés au duc de Nemours³ étoient de passer la rivière de Loire pour secourir Mourond, et de marcher aussitôt vers la Guyenne⁴. Le duc de Beaufort en recevoit de tout contraires de M. le duc d'Orléans, qui ne pouvoit consentir⁵ que l'armée s'éloignât de Paris⁶, et qui appréhendoit⁷ que le peuple ou le Parlement ne changeassent de sentiment lorsqu'ils verroient l'armée de M. de Nemours passer en Guyenne, et celle du Roi demeurer dans leur voisinage. Le coadjuteur de Paris, qui avoit alors plus de part que nul autre⁸ à la confiance de M. le duc d'Orléans⁹, et qui vouloit se faire cardinal¹⁰, augmentoit encore ses craintes et ses irrésolutions. Il insistoit à retenir l'armée au deçà de la rivière de Loire, non-seulement pour la rendre inutile à Monsieur le Prince, de qui il étoit ennemi, mais aussi pour faire voir à la cour qu'il étoit le maître absolu de la conduite de Monsieur, et qu'il pouvoit

1. ** D'Hocquincourt, et fortifiée. (*Ms. H, réd. 1 et 2.*)
2. Et encore du voisinage. (*Ms. H, réd. 2.*) — Et par le voisinage. (*Ms. H, réd. 1.*)
3. ** Les ordres du duc de Nemours. (*Ms. H, réd. 1.*)
4. Voyez un passage presque textuellement semblable dans *Mme de Motteville*, tome III, p. 469.
5. Et le duc de Beaufort en recevoit de toutes (*sic*) contraires de M. le duc d'Orléans, qui ne pouvoit consentir. (*Ms. H, réd. 2.*) — ** Et ceux que le duc de Beaufort recevoit de M. le duc d'Orléans, y étoient entièrement opposés. Monsieur ne pouvoit consentir. (*Ms. H, réd. 1.*)
6. ** S'éloignât si fort. (*Ms. H, réd. 1.*)
7. ** Et appréhendoit. (*Ms. H, réd. 1 et 2.*)
8. ** Plus de part que personne. (*Ms. H, réd. 1.*)
9. ** A la confiance de Monsieur. (*Ms. H, réd. 1 et 2.*)
10. Les mots : « et qui vouloit se faire cardinal », sont omis dans le ms. H (réd. 1 et 2) et dans les anciennes éditions ; en revanche, ces textes, avant *augmentoit*, ajoutent : « appuyoit ce conseil et.... »

avancer ou retarder les progrès de l'armée, selon qu'il conviendroit à ses intérêts particuliers¹.

D'autre côté, M. de Chavigny écrivit plusieurs fois à Monsieur le Prince, pour le presser de quitter la Guyenne, et de se rendre à l'armée², où sa présence étoit absolument nécessaire. Il lui représentoit que, si elle venoit à se détruire, toutes ses ressources étoient perdues, et que, si au contraire il faisoit³ des progrès dans le Royaume à la vue du Roi, il rétabliroit, en un moment, non-seulement la Guyenne, mais tout le reste de son parti⁴. Ce n'étoient pas là les seules raisons de M. de Chavigny; il avoit des desseins bien plus relevés⁵ : il prétendoit gouverner Monsieur en lui faisant connoître qu'il gouvernoit Monsieur le Prince, et s'assuroit aussi de se rendre maître de la conduite de Monsieur le Prince en lui faisant voir qu'il l'étoit de celle de Monsieur. Ses projets alloient encore plus loin⁶ : dès le commence-

1. Ses irrésolutions. Cet avis de retenir l'armée au deçà de la rivière de Loire la rendoit non-seulement inutile à Monsieur le Prince, de qui le Coadjuteur étoit ennemi déclaré, mais le rendit lui-même (*il se rendoit lui-même par là*, réd. 1.) plus considérable à la cour, en y faisant (*en faisant*, réd. 1) voir qu'étant maître de la conduite de Monsieur, il pouvoit (*aussi*, réd. 1) avancer ou retarder les progrès de l'armée; et il avançoit par ce moyen (*et par ces moyens il avançoit*, réd. 1) son dessein d'obtenir le chapeau de cardinal. (Ms. H, réd. 1 et 2.)

2. A l'armée de Nemours et de Beaufort.

3. De quitter la Guyenne. Il lui représentoit le besoin que l'armée avoit de sa présence; que, se détruisant, toutes ses ressources étoient perdues, et que, faisant, etc. (Ms. H, réd. 1 et 2.)

4. Voyez à ce sujet V. Cousin, *Madame de Longueville pendant la Fronde*, p. 111-118.

5. A la place de ce commencement d'alinéa et des deux phrases qui terminent le précédent, les anciennes éditions n'ont que ces mots : « Chavigny, de son côté, n'avoit pas de moindres desseins : il prétendoit, etc. »

6. Ne s'arrêtoient pas encore là. (Ms. H, réd. 2.) — **Ne s'arrêtoient pas là. (Ms. H, réd. 1.)

ment de la guerre, il avoit pris des mesures pour être négociateur de la paix des Princes, et s'étoit uni avec le duc de Rohan, croyant qu'il lui pouvoit être[1] également utile auprès de Monsieur et auprès de Monsieur le Prince[2]; il croyoit aussi avoir pris toutes les précautions nécessaires vers le Cardinal, par le moyen de M. de Fabert[3], gouverneur de Sedan; et comme il ne mettoit point de bornes à son ambition et à ses espérances, il ne douta point qu'en faisant la paix particulière, il ne fût choisi pour aller avec le Cardinal conclure la générale[4]. Il crut aussi qu'en se servant de la considération que Monsieur le Prince lui pouvoit donner[5] parmi les Espagnols, il auroit tout le mérite des bons succès, et que le Cardinal, au contraire, seroit chargé de la honte et du blâme des mauvais événements[6], et qu'ainsi il rentreroit dans les affaires, ou avec la gloire d'avoir fait la paix, ou avec l'avantage d'avoir fait connoître que le Cardinal l'auroit rompue. Monsieur le Prince se laissa persuader facilement à ce voyage par les raisons que lui avoit écrites M. de Chavigny; mais le principal motif qui l'y porta fut l'impatience de quitter la Guyenne, dans un temps où le petit nombre et la foiblesse de ses troupes l'obligeoient sans cesse à lâcher le pied devant le comte d'Harcourt. En effet, la guerre[7] se soutenoit alors dans la Guyenne par la seule vigilance et la réputation

1. Devoit être. (*Ms. H, réd.* 1.)
2. † Vers Monsieur et vers Monsieur le Prince. (*Ms. H, réd.* 1 *et* 2.)
3. Abraham de Fabert, marquis d'Esternay, né à Metz en 1599, maréchal en 1658, mort à Sedan, en 1662. Il a écrit une *Relation de la bataille de la Marfée*, insérée dans les *Mémoires de Montrésor*.
4. Faire la générale. (*Ms. H, réd.* 1.)
5. Pouvoit lui donner. (*Ms. H, réd.* 1 et 2.)
6. ** Des méchants événements. (*Ms. H, réd.* 1.)
7. Sur la place que ce passage occupe dans les anciennes éditions, voyez ci-dessus, p. 341, note 2.

de Monsieur le Prince, et le comte d'Harcourt avoit déjà rétabli, par sa conduite et par sa fortune, tout le désavantage[1] que la défaite du marquis de Saint-Luc, à Miradoux, avoit apporté aux armes du Roi. Le siége de Miradoux étoit levé ; les gardes de Monsieur le Prince et trois ou quatre cents chevaux avoient été pris dans leurs quartiers[2] au Pergam ; et Monsieur le Prince lui-même, avec le reste de ses troupes, avoit été contraint de quitter Staffort[3], de repasser la Garonne à Boüé, et de se retirer[4] à Agen, comme j'ai dit. Ce fut en ce lieu-là où il[5] communiqua le dessein du voyage de Paris au duc de la Rochefoucauld et au comte de Marchin. L'un et l'autre lui représentèrent également ce qu'il y avoit sujet d'en craindre et d'en espérer[6] ; pas un ne lui voulut donner de conseil[7], mais tous deux lui demandèrent instamment de l'accompagner[8]. Il choisit le duc de la

1. Dans le ms. H, la réd. 1 était, par erreur : « tout l'avantage ».
2. Dans leur quartier. (Ms. H, réd. 1 et 2.)
3. Les éditions antérieures à 1689 ont ainsi défiguré cet endroit : « dans le quartier où Persan et le prince de Condé.... avoit été contraint de quitter son fort. »
4. Et se retirer. (Ms. H, réd. 1 et 2.)
5. Renouard a corrigé *où il* en *qu'il*. — Ici manquent, dans les textes imprimés antérieurs à 1804, les mots : « Ce fut en ce lieu-là où », ainsi que les deux phrases précédentes, transposées, nous l'avons dit. Après les mots : *devant le comte d'Harcourt* (douze lignes plus haut), ils reprennent ainsi : « Il communiqua, etc. »
6. ** Ce qu'il y avoit à en craindre et à en espérer. (Ms. H, réd. 1 et 2.)
7. ** De conseil là-dessus. (Ms. H, réd. 1.)
8. ** De le suivre. (Ms. H, réd. 1 et 2.) — On voit, dans les *Mémoires de Lenet* (collection Michaud, tome II, 3ᵉ série, partie inédite, p. 540), que Mme de Longueville donna au prince de Condé le conseil périlleux, mais fier et hardi, de faire le voyage. A cette époque, la Rochefoucauld et les autres amis et lieutenants de Monsieur le Prince n'osaient plus avoir d'opinion décidée ; mais la duchesse montrait toujours cette fermeté d'âme et d'esprit qu'elle devait du reste garder jusqu'au bout. Condé prit pour l'accompa-

Rochefoucauld[1], et laissa le comte de Marchin auprès du prince de Conti, se reposant entièrement sur lui du soin de maintenir son parti en Guyenne[2], et de conserver Bourdeaux, parmi les divisions qu'on avoit fomentées dans tous les ordres de la ville, où les affaires étoient en l'état que je vais dire.

Le peuple y étoit divisé en deux cabales[3] : les riches bourgeois en composoient une, dont les sentiments étoient de maintenir l'autorité de leur magistrat[4], et de se rendre si puissants et si nécessaires, que Monsieur le Prince les considérât comme ceux qui pouvoient le plus contribuer à sa conservation ; l'autre cabale étoit formée par les moins riches et les plus séditieux, qui, s'étant assemblés plusieurs fois par hasard en un lieu proche du château de Hâ[5], nommé l'Ormée[6], en retirèrent de-

gner, comme on le verra plus loin, outre la Rochefoucauld et le jeune prince de Marcillac, le comte de Guitaut, le comte de Chavagnac, Bercenet, Gourville, et un valet de chambre nommé Rochefort.

1. ** Il choisit le duc de la Rochefoucauld pour l'accompagner. (*Ms. H, réd.* 1 *et* 2.)
2. Marchin restait préposé par Monsieur le Prince à la guerre ; Lenet était chargé des affaires civiles. Le président Viole était également adjoint comme conseiller au prince de Conti, revêtu de tous les pouvoirs nominaux d'un gouverneur général.
3. Sur tout ce qui va suivre, voyez les chapitres v et vi de *Madame de Longueville pendant la Fronde*, p. 244 à 367.
4. ** De leurs magistrats. (*Ms. H, réd.* 1 *et* 2.)
5. ** Proche le (*du*, anc. éd.) château du Hâ. (*Ms. H, réd.* 1 *et* 2.)
6. « Les factieux, écrit dom Devienne (*Histoire de la ville de Bordeaux*, tome I, p. 447), tinrent leurs assemblées sur une plateforme qui étoit du côté de Sainte-Eulalie (*entre le fort du Hâ et la porte de Sainte-Eulalie*), et qu'on appeloit *l'Ormée*, à cause des ormeaux dont elle étoit plantée. » Les membres de l'Ormée prirent le nom d'*Ormistes*. Ils eurent une juridiction ou chambre de l'*Ormière*, dont les sentences étaient sans appel. L'Ormée avait en outre un journal, le *Courrier Bordelois*. Voyez Bernardau : *Histoire de Bordeaux*, p. 402, et l'*Histoire anecdotique de la Fronde*, par M. Augustin Challamel (1 volume in-8°, 1860), p. 186 et suivantes.

puis le nom¹. Le Parlement, de son côté, n'étoit pas moins partagé que le peuple. Ceux de ce corps qui étoient contre la cour s'étoient aussi divisés en deux factions : l'une s'appeloit la grande Fronde, et l'autre la petite Fronde² ; et, bien que toutes deux s'accordassent à favoriser les intérêts de Monsieur le Prince, chacune cherchoit avec ardeur de s'établir près de lui, à l'exclusion de l'autre³. Au commencement, l'Ormée avoit été unie avec l'une et l'autre Fronde, et s'en étoit plusieurs fois séparée, selon les divers intérêts qui ont accoutumé de faire agir les gens de cette sorte⁴, lorsque M. le prince de Conti et Mme de Longueville, s'étant malheureusement divisés, augmentèrent à un tel point le crédit et l'insolence de cette faction pour se l'attacher⁵, qu'ils avancèrent la perte de leur parti, en désespérant

1. Retinrent depuis ce nom. (*Ms. H*, réd. 1 et 2.) — Dans l'édition de 1662 : « prinrent (*sic*) enfin ce nom. »

2. Le ms. H (réd. 1 et 2) et les anciennes éditions ne répètent pas ici le mot *Fronde*. — A partir de cette phrase, jusqu'à la page 354, ligne 11, le texte des éditions de la première série (1662-1688) offre de très-grandes différences et pour le style et surtout pour l'ordre des idées. Le morceau a été entièrement remanié.

3. « La petite Fronde, dit V. Cousin (*ibid.*, p. 263), voulait bien soutenir les droits d'un prince du sang, couvert de gloire, contre l'injustice d'un favori étranger, comme on disait alors, mais en cela même elle croyait servir le Roi. A mesure que les choses marchèrent, sa loyauté conçut des scrupules : elle vit avec peine une flotte espagnole entrer dans la Gironde et des régiments espagnols prendre possession de Bourg. »

4. La fraction de la grande Fronde d'où sortit l'*Ormée* était composée surtout de gens du bas peuple ou de l'infime bourgeoisie ; de là le dédain aristocratique de l'auteur des *Maximes*.

5. Ce n'étaient pas seulement le prince de Conti et Mme de Longueville qui ménageaient l'Ormée ; Condé lui-même, moins dédaigneux et plus politique que la Rochefoucauld, avait pris le parti de favoriser cette faction puissante et populaire, qui ne laissait pas, malgré ses violences déplorables, d'avoir des adhérents dans les hautes classes de Bordeaux.

le Parlement et la meilleure partie du peuple, et en donnant lieu à plusieurs conjurations et à toutes les autres intelligences de la cour, qui ont enfin soustrait Bordeaux au parti de Monsieur le Prince.

Je ne parlerai qu'en passant des sujets qui ont causé tant de désordres, et dirai seulement [1], sans entrer dans le particulier de beaucoup de choses qui ne se peuvent écrire [2], que M. le prince de Conti, s'étant laissé persuader par ses gens, gagnés par le cardinal Mazarin, de rompre ouvertement [3] avec Mme de Longueville sur des prétextes que la bienséance et l'intérêt du sang lui devoient faire cacher, ils fomentèrent, en haine l'un de l'autre, la fureur de l'Ormée, et sacrifièrent, en tant de rencontres, les plus grands avantages du parti à leurs passions et à leur aigreur particulière, qu'au lieu d'établir leur autorité, et de se rendre par là nécessaires à Monsieur le Prince, comme chacun d'eux en avoit le dessein, ils donnèrent cours aux désordres et aux séditions du peuple, qui furent si près de les envelopper, et qui les réduisirent enfin à la nécessité d'abandonner Monsieur le Prince et de recevoir [4] toutes les conditions que le Cardinal voulut [5] leur imposer.

Le duc de la Rochefoucauld, qui étoit persuadé, par plusieurs expériences, que leur commune grandeur dépendoit de leur union, s'étoit trouvé plus en état que

---

1. Je dirai seulement. (*Ms. H, réd.* 1 *et* 2.)
2. Cette insinuation, sous forme de réticence, marque le moment où la Rochefoucauld, par jalousie et par dépit, changea complétement de sentiments à l'égard de Mme de Longueville. Sur *ces choses qui ne se peuvent écrire* et sur les désordres qui eurent lieu à Bordeaux, voyez, dans l'ouvrage cité de V. Cousin, le vi[e] et dernier chapitre, intitulé : *Fin de la Fronde à Bordeaux*.
3. **Rompre avec éclat. (*Ms. H, réd.* 1 *et* 2.)
4. *Et de subir. (*Ms. H, réd.* 1.)
5. A voulu. (*Ms. H, réd.* 1 *et* 2.)

personne de la maintenir entre eux depuis la guerre de Paris; mais alors Mme de Longueville crut mieux trouver ses avantages en changeant ce plan¹, et il arriva néanmoins que les moyens dont elle se servit pour en venir à bout la brouillèrent avec Messieurs ses frères.

M. le prince de Conti étoit porté à la paix, par l'ennui et par la lassitude qu'il avoit d'une guerre où il ne s'étoit engagé que pour plaire² à Madame sa sœur, et dont il se repentit aussitôt qu'il fut³ mal avec elle⁴. Il allégua⁵ depuis, pour se justifier, que Monsieur son frère, après lui avoir donné un écrit par lequel il lui promettoit de ne point traiter sans lui faire obtenir⁶ le gouvernement de Provence, s'étoit entièrement relâché sur ses intérêts; mais la véritable cause de son détachement⁷ fut cette animosité contre Madame sa sœur, dont je viens de parler, et qui le jetoit dans un emportement de colère et de jalousie contre elle plus excusable⁸ à un amant qu'à un frère⁹. D'autre côté, Monsieur le Prince¹⁰, encore qu'il parlât moins que lui des

---

1. A changer le plan de ces choses. (*Ms. H*, réd. 1.)
2. *Que pour complaire. (*Ms. H*, réd. 1 et 2.)
3. *Du moment qu'il fut. (*Ms. H*, réd. 1 et 2.)
4. Au lieu de cette phrase, on lit dans les anciennes éditions de la première série : « M. le prince de Conti étoit porté à la paix par sa légèreté naturelle, qui lui faisoit principalement haïr cette guerre parce qu'il l'avoit plus ardemment desirée. »
5. **Il a allégué. (*Ms. H*, réd. 1 et 2.)
6. **Sans lui faire avoir. (*Ms. H*, réd. 1 et 2.)
7. Les éditions de la première série, mettant ici un passage que nous avons vu plus haut (p. 351), tournent ainsi cet endroit : « Mais la véritable cause de son détachement vint de ce que ses gens, gagnés par le cardinal Mazarin, le portèrent à rompre avec éclat avec la duchesse de Longueville sur des prétextes que l'alliance et les intérêts du sang lui devoient faire cacher. »
8. **Qui eût été plus supportable. (*Ms. H*, réd. 1 et 2.)
9. Voyez plus haut, la note 5 de la page 109.
10. Il vaut la peine de citer encore ici le texte des plus anciennes

sentiments de Mme de Longueville et de sa conduite [1], n'en étoit pas, dans son cœur, plus avantageusement persuadé; il savoit ce que l'engagement qu'elle avoit eu avec le duc de Nemours avoit pensé produire contre les intérêts du parti [2], et il craignoit [3] qu'elle ne fût capable de prendre de nouvelles liaisons qui pourroient peut-être causer encore de plus grands désordres [4].

Ce qui augmentoit l'embarras [5] où se trouvoit alors Mme de Longueville, c'est qu'elle ne croyoit pas se pouvoir réconcilier [6] avec son mari, par les mauvais offices qu'on lui avoit rendus auprès de lui, et par l'impression qu'il avoit qu'elle n'eût trop de part à cette guerre [7]. Elle avoit aussi tenté inutilement de se raccommoder

---

éditions (1662-1688) : « Elle (*la duchesse de Longueville*) savoit de plus que, si le prince de Condé parloit moins que lui de sa conduite, il n'en étoit pas plus avantageusement persuadé. Il étoit averti du dessein qu'elle auroit eu de ruiner son parti, par des voies fort extraordinaires, pour les intérêts du duc de Nemours, et craignoit que, si une même préoccupation lui prenoit pour un autre, elle ne fût capable de se porter aux mêmes extrémités si celui-là le desiroit. »

1. De sa conduite dans le parti. (*Ms. H, réd. 1 et 2.*)
2. Il savoit son engagement (*la liaison qu'elle avoit faite*, réd. 1) avec le duc de Nemours, et ce qu'il (*ce qu'elle*, réd. 1) avoit pensé produire contre ses propres intérêts. (*Ms. H, réd. 1 et 2.*)
3. *Et il craignoit encore. (*Ms. H, réd. 1 et 2.*)
4. Capable d'en prendre de nouvelles qui pourroient peut-être causer de plus grands embarras. (*Ms. H, réd. 1.*) — Voyez, dans *Madame de Longueville pendant la Fronde*, le chapitre v intitulé : *la Fronde à Bordeaux*. On sait que le duc de Nemours ne resta que fort peu de temps à Bordeaux, obligé qu'il fut d'aller en Flandre prendre le commandement des troupes d'Espagne; mais ce bref séjour lui suffit apparemment pour causer au duc de la Rochefoucauld de vifs déplaisirs.
5. *Pour augmenter celui. (*Ms. H, réd. 1.*)
6. C'est qu'elle se croyoit irréconciliable. (*Ms. H, réd. 2.*) — *Il y avoit de plus qu'elle se croyoit irréconciliable. (*Ms. H, réd. 1.*)
7. *En cette guerre. (*Ms. H, réd. 1 et 2.*)

avec la cour¹ par Mme la princesse Palatine. Ainsi², se voyant également ruinée de tous les côtés, elle avoit été contrainte de chercher, pour dernière ressource, l'appui de l'Ormée, et de s'efforcer de rendre cette faction³ si puissante qu'elle pût s'en servir pour se donner⁴ une nouvelle considération envers Monsieur le Prince ou envers la cour⁵. Au contraire, M. le prince de Conti, pour satisfaire sa vengeance, ne songeoit qu'à ruiner le crédit de Madame sa sœur parmi les plus considérables de cette même faction, pour se les acquérir, en leur permettant⁶ toutes sortes d'excès. Monsieur le Prince, prévoyant⁷ ce qu'une si grande opposition de sentiments alloit produire dans son parti, et jugeant bien⁸ que l'aigreur et la division augmenteroient encore par son éloignement, avoit laissé le comte de Marchin, comme j'ai dit⁹, pour remédier, autant qu'il pourroit, à de si grands désordres, ou en empêcher les suites;

1. **A la cour. (*Ms. H, réd.* 1.)
2. De sorte que. (*Ms. H, réd.* 1.)
3. L'appui de la faction de l'Ormée, et de s'efforcer de la rendre. (*Ms. H, réd.* 1 *et* 2.)
4. Qu'elle pût la rétablir et lui donner. (*Ms. H, réd.* 1 *et* 2.)
5. † Ou vers la cour. (*Ms. H, réd.* 1.) — V. Cousin, dans le chapitre de *la Fronde à Bordeaux* (p. 262), relève vivement ces assertions de la Rochefoucauld : « L'étude sincère des faits, dit-il, réfute aisément cette accusation, et fait voir que, si Mme de Longueville a plus ou moins favorisé l'Ormée, ce qui n'est nullement prouvé, ce n'a pas été par les honteux motifs que lui prête la Rochefoucauld, mais dans l'intérêt bien ou mal entendu de Condé, à sa recommandation, et même par son ordre. »
6. Se les acquérir, leur souffrant et leur permettant. (*Ms. H, réd.* 1.) — Après *excès*, le ms. H (réd. 1 et 2) et les anciennes éditions, postérieures à 1688, ajoutent : « plutôt que de les laisser regagner par une personne contre laquelle il étoit si fort aigri. »
7. *De sorte que Monsieur le Prince, qui prévoyoit. (*Ms. H, réd.* 1.)
8. **Et qui jugeoit encore. (*Ms. H, réd.* 1.)
9. Laissa..., comme nous venons de voir. (*Ms. H, réd.* 1 *et* 2.)

et, après avoir réglé[1], avec lui et avec M. Lesnet[2], ce qui regardoit l'armée de Guyenne, les cabales de Bourdeaux et celles de sa famille, il laissa[3] M. le prince de Conti à Agen, et, en lui donnant le titre[4] du commandement, il le pria de suivre les avis du comte de Marchin et de M. Lesnet. Il témoigna aussi, en apparence, beaucoup de confiance au président Viole; mais, en effet il ne croyoit laisser personne à Bourdeaux qui fût véritablement dans ses intérêts, que les deux que je viens de nommer. Les affaires[5] étant en cet état, il se prépara à partir d'Agen, pour aller joindre l'armée de M. de Nemours. Ce voyage étoit fort long, et plein de tant de difficultés, qu'on ne pouvoit vraisemblablement se promettre de les surmonter. Le comte d'Harcourt étoit près d'Agen; il y avoit dans la ville trop de gens gagnés de la cour pour ne donner pas avis[6] du départ de Monsieur le Prince; ceux même de son parti avoient soupçonné son voyage, et le bruit en avoit couru avant qu'il fût résolu[7]. Le chemin étoit de près de six-vingts lieues, qu'il falloit faire sur les mêmes chevaux[8]. Le comte d'Harcourt pouvoit, non-seulement le faire suivre par des partis, mais encore donner avis à la cour de sa mar-

---

1. **A de si grands désordres, et, en tout événement, empêcher (*pour empêcher*, réd. 1 et anc. éd.) que M. le prince de Conty et Mme de Longueville n'entreprissent rien qui lui pût préjudicier durant son éloignement (*son absence*, réd. 1 et anc. éd.). Après donc (*Donc après*, réd. 1) avoir réglé. (*Ms. H*, réd. 1 et 2.)

2. Dans le ms. H, *l'Esnet*; dans les anc. éd., *Laisné*. — Sur Pierre Lenet, le conseiller-ministre de Condé, voyez ci-dessus, p. 194, note 5.

3. Il manda. (*Ms. H*, réd. 2.) — **Il fit venir. (*Ms. H*, réd. 1.)

4. *Et lui laissant le titre. (*Ms. H*, réd. 1 et 2.)

5. **Les choses. (*Ms. H*, réd. 1.)

6. N'y donner pas avis. (*Ms. H*, réd. 1 et 2.)

7. Devant qu'il fût résolu. (*Ms. H*, réd. 1.)

8. †Sur de mêmes chevaux. (*Ms. H*, réd. 1 et 2.)

che par des courriers[1], et mander aux villes et aux garnisons de s'opposer à son passage. De plus, il ne pouvoit confier cette affaire à beaucoup de gens, et un petit nombre ne suffisoit pas pour sa sûreté[2]; il falloit encore persuader à tout le monde qu'il alloit à Bourdeaux, et empêcher les officiers de le suivre, sous des prétextes qui ne leur fissent rien imaginer de son dessein. Pour cet effet, il fit demeurer[3] M. le prince de Conti à Agen, et, feignant de vouloir aller à Bourdeaux pour deux ou trois jours seulement, il donna ordre à tous les officiers et à tous les volontaires de l'attendre[4] à Agen, auprès de Monsieur son frère.

Monsieur le Prince partit d'Agen, le jour des Rameaux[5], à midi, avec le duc de la Rochefoucauld, le prince de Marcillac[6], le comte de Guitaut, Gourville, et un valet de chambre. Le marquis de Lévy[7] l'attendoit avec des chevaux à Lanquais[8], maison du duc de Bouillon, où étoit[9] Bercenet, capitaine des gardes du duc de la Rochefoucauld, qui fut aussi du voyage; et, comme le mar-

1. ** Donner en poste avis (*avis en poste*, anc. éd.) à la cour de sa marche. (*Ms. H*, réd. 2.)

2. N'étoit pas capable de l'accompagner avec sûreté. (*Ms. H*, réd. 1 et 2.)

3. ** Il laissa. (*Ms. H*, réd. 1 et 2.)

4. ** De demeurer. (*Ms. H*, réd. 1 et 2.)

5. Le 24 mars 1652.

6. Le prince de Marcillac, son fils. (*Ms. H*, réd. 1 et 2.) Les mots: *le prince de Marcillac*, sont écrits en marge dans le manuscrit D. — Il faut ajouter ici *Chavaignac*, qui est du reste nommé à cette place dans le ms. H (réd. 1 et 2), et dans les anc. éd. après *Guitaut*.

7. François-Christophe de Lévis Ventadour, comte de Brion, puis (1648) duc d'Anville (ou plutôt *de Damville*), fils d'Anne de Lévis, duc de Ventadour, et de Marguerite de Montmorency, premier gentilhomme du duc d'Orléans.

8. Bourg du Périgord (Dordogne), à un peu plus de quatre lieues de Bergerac.

9. ** Où étoit aussi. (*Ms. H*, réd. 1.)

quis de Lévy avoit un passe-port du comte d'Harcourt, pour se retirer chez lui en Auvergne, avec son train, Monsieur le Prince et ceux qui l'accompagnoient passèrent, à la suite du marquis de Lévy, pour les mêmes domestiques dont les noms étoient écrits dans son passe-port[1]. Ce qu'il y eut de plus rude dans ce voyage fut l'extraordinaire diligence avec laquelle on marcha jour et nuit, presque toujours sur les mêmes chevaux, et sans demeurer jamais deux heures en même lieu. On logea chez deux ou trois gentilshommes, amis du marquis de Lévy, pour se reposer quelques heures, et pour acheter des chevaux; mais ces hôtes soupçonnoient si peu Monsieur le Prince d'être ce qu'il étoit, que, dans la gaieté du dîner, on parla assez librement de ses proches pour lui faire juger qu'on ne le connoissoit pas[2]. Enfin, après avoir pris son chemin par le vicomté de Turenne et par Charlus en Auvergne[3], il arriva, le samedi au soir, au Bec d'Ailler[4], à deux lieues de la Charité, où il passa la rivière de Loire, sans aucun empêchement[5], bien

1. Monsieur le Prince voyageait sous le nom de *la Motheville*, et le duc de la Rochefoucauld sous celui de *Beaupré*.
2. Cela se passa chez un gentilhomme périgourdin, qui tint, à ce qu'il paraît, des propos fort indiscrets sur la liaison de Mme de Longueville avec la Rochefoucauld. Voyez *Guy Joli*, tome II, p. 1 et 2. — L'incident est présenté en d'autres termes dans le ms. H (réd. 1 et 2) : « Que, dans un de ces repas où l'on dit d'ordinaire ses sentiments avec plus de sincérité qu'ailleurs, il put apprendre des nouvelles de ses proches qu'il avoit peut-être ignorées jusqu'alors. »
3. Forteresse peu éloignée des frontières du Limousin. (*Dictionnaire géographique de Th. Corneille.*)
4. Nous reproduisons l'orthographe du manuscrit D. — « Dans un village, dit Gourville (p. 259), sur le bord de la Loire (un peu plus bas que la rivière d'Allier tombe dans celle-ci), que l'on appelle le Bec d'Allier » (Cher).
5. Bussy Rabutin (voyez la note suivante) réfute avec humeur, dans ses *Mémoires* (tome I, p. 264 et 265), ce passage de la Roche-

qu'il y eût deux compagnies de cavalerie dans la Charité, commandées par Bussi Rabutin[1]. Il dépêcha, de la Cha-

foucauld, où il voit un blâme à son adresse : « Il (la Rochefoucauld) rapporte, dit-il, que le prince de Condé, accompagné de lui, de son fils Marcillac et quatre autres, passa aux portes de la Charité, quoique j'y fusse avec deux compagnies de cavalerie; et, voulant faire valoir la hardiesse de ce passage, il semble qu'il veuille en quelque façon blâmer ma vigilance. Mais il faut savoir premièrement, que le Prince avoit passé la Loire entre Nevers et la Charité, à un bac où il n'y avoit point de gardes; car on ne devinoit pas qu'il y dût passer, et l'on ne garde dans une guerre civile que les ponts des lieux fermés : de sorte que le Prince passant la nuit aux portes de la Charité, il n'y avoit ni hasard pour sa personne, ni, dans la hardiesse de cette entreprise, tout l'honneur que le duc de la Rochefoucauld en prétend tirer; de plus, je n'avois pas un homme de cavalerie dans la Charité, et moi-même j'étois en Puisaye dans le temps que le Prince passa. »

1. Roger de Rabutin, comte de Bussy, dont nous venons de citer les *Mémoires*, était cousin germain de Mme de Sévigné; né en 1618, il mourut en 1693. Après avoir pris parti pour la première Fronde, il servait la cause royale contre la seconde. — Gourville nous a conservé, dans ses *Mémoires* (p. 254 et suivantes), le détail de ce voyage, où le fils de notre auteur, le prince de Marcillac, donna bien de l'embarras, « et à moi, dit-il, beaucoup de peine à cause de sa jeunesse. » Le lundi, comme on arrivait à Cahusac, maison de la Rochefoucauld, Gourville, qui allait en avant, trouva des soldats et ne put que rapporter à la petite troupe des œufs, du fromage et du vin. Le mercredi, on rencontra un paysan, qui reconnut Monsieur le Prince et le nomma; on déconcerta cet homme en se moquant de lui et en lui soutenant qu'il se trompait. Le même jour, le jeune Marcillac eut une défaillance, qui embarrassa beaucoup, et l'on dut faire l'achat de deux chevaux, dont l'un fut reconnu pour avoir été enlevé depuis peu à l'écurie de Verteuil. Le lendemain enfin, l'on s'arrêta dans un château de M. de Lévis, « où, dit Gourville (p. 258 et 259), la plupart de ces Messieurs, pour la première fois depuis le départ, se mirent entre deux draps. M. de la Rochefoucauld ayant eu une première atteinte de goutte, qui le prit assez rudement, je lui fis faire, toute la nuit, un gros bas qui se boutonnoit par les côtés, dont il se trouva fort soulagé pendant le reste du voyage. » Ce fut « le vendredi sur les quatre heures (*de l'après-midi*), » suivant Gourville, et non le samedi, comme le dit la Rochefoucauld,

rité[1], Gourville à Paris[2], pour avertir M. le duc d'Orléans[3] et M. de Chavigny de sa marche. Il passa le jour de Pâques dans Cosne[4], où l'on faisoit garde, et, comme la cour étoit alors[5] à Gien, il dit partout qu'il alloit avec ses compagnons servir son quartier auprès du Roi. Néanmoins, jugeant bien qu'il ne pouvoit suivre longtemps le grand chemin de la cour sans être connu, il résolut[6] de le quitter pour prendre celui de Châtillon sur Loing[7]. Il pensa même avoir sujet de se repentir de ne l'avoir pas fait plus tôt, parce qu'ayant rencontré[8] deux courriers qui venoient[9] de la cour, il y en eut un qui reconnut le comte de Guitaut; et, bien qu'il ne s'arrêtât pas pour lui parler, il parut assez d'émotion sur son visage[10] pour faire juger qu'il soupçonnoit que Monsieur le Prince étoit dans la troupe[11]. Il s'en éclaircit bientôt après; car, ayant rencontré le valet de chambre de Monsieur le

---

que l'on arriva au Bec d'Allier. Le matin de ce jour, le petit Marcillac avait pensé se noyer en traversant un marais.

1. Une des anciennes copies que nous avons collationnées substitue le Bec d'Allier à la Charité et ajoute quelques mots, dans l'intention, ce semble, de justifier Bussy : « .... par Bussy Rabutin, lieutenant de Roi dans cette province, qui seul pouvoit lui en donner, étant parti, deux jours auparavant, pour quelque désordre qui étoit arrivé du côté de Saint-Fargeau. Du Bec d'Allier le prince de Condé dépêcha Gourville. »

2. Gourville, qui avait, comme il dit (p. 260), ordre de brûler la poste, arriva à Paris, à l'hôtel de Chavigny, à cinq heures du matin; il revint le 6 avril auprès de Monsieur le Prince.

3. ** Pour avertir Son Altesse Royale. (*Ms. H, réd.* 1.)
4. Cosne, en Nivernais (Nièvre), sur la rive droite de la Loire.
5. Étoit lors. (*Ms. H, réd.* 1 et 2.)
6. † Il se résolut. (*Ms. H, réd.* 1.)
7. *Sur Loin* dans nos manuscrits. Cette ville et le comté du Gâtinais (Loiret) appartenaient à la maison de Coligny.
8. ** Car ayant rencontré. (*Ms. H, réd.* 1 et 2.)
9. Qui revenoient. (*Ms. H, réd.* 1 et 2.)
10. En son visage. (*Ms. H, réd.* 1 et 2.)
11. ** Que Monsieur le Prince fût là. (*Ms. H, réd.* 1.)

Prince, qui étoit demeuré mille pas derrière, il l'arrêta, et, faisant semblant de le vouloir tuer, il apprit que son soupçon étoit bien fondé. Cet accident fit résoudre Monsieur le Prince, non-seulement de quitter le grand chemin à l'heure même, mais encore de laisser Bercenet dans des masures proche d'un pont, sur le chemin que devoit tenir ce courrier pour retourner à la cour, afin de le tuer, s'il y alloit; mais la fortune de cet homme lui fit prendre[1] un autre chemin pour aller porter, en diligence, à Gien la nouvelle de ce qu'il avoit vu[2].

Le Cardinal dépêcha[3], à l'heure même, Sainte-Maure, avec vingt maîtres[4], pour aller attendre Monsieur le Prince sur le chemin qui conduisoit de Châtillon à l'armée de M. de Nemours[5]. Un autre accident pensa encore faire prendre[6] Monsieur le Prince. Étant arrivé[7] au canal de Briare[8], il rencontra les maréchaux des logis

1. Lui fit bien prendre. (*Ms. H*, réd. 1 *et* 2.)
2. Voyez, au sujet de ce courrier, nommé la Bachellerie, les *Mémoires de Bussy Rabutin*, tome I, p. 263-265.
3. **On dépêcha. (*Ms. H*, réd. 1 *et* 2.)
4. **Avec vingt maîtres choisis. (*Ms. H*, réd. 1.) — Ces quatre mots sont effacés dans la seconde rédaction du ms. H.
5. Selon Mademoiselle (*Mémoires*, tome II, p. 22), Sainte-Maure ne manqua le Prince que d'un quart d'heure. Le ms. H (réd. 1 et 2) et les anciennes éditions, avec quelques variantes, ajoutent ici : « avec ordre de le prendre mort ou vif (*vif ou mort*, anc. éd.). Mais comme il jugeoit (*lui qui jugeoit*, réd. 1) bien que la rencontre que je viens de dire feroit (*que cette rencontre feroit*, réd. 1) indubitablement découvrir son passage, il marcha en diligence vers Châtillon ; et parce qu'il lui falloit (*mais comme il falloit*, réd. 1) faire ce jour-là trente-cinq lieues sur les (*sur de*, réd. 1) mêmes chevaux, la nécessité de repaître le fit retarder quelques heures (*retarder longtemps*, réd. 1) et eût donné à Sainte-Maure le temps dont il avoit besoin (*celui qu'il lui falloit*, réd. 1) pour le joindre, s'il ne l'eût évité heureusement. » Voyez la note 1 de la page 363.
6. **Pensa faire prendre encore. (*Ms. H*, réd. 1.)
7. **Car étant arrivé. (*Ms. H*, réd. 1 *et* 2.)
8. Ce canal, commencé par Sully, avait été achevé en 1642.

de deux ou trois régiments de cavalerie qui venoient au logement en ce lieu-là, et, comme les corps y arrivoient par différents côtés, il étoit encore plus difficile de prendre un chemin assuré. Chavaignac[1], qui connoissoit près de là un gentilhomme nommé la Bruslerie, le voulut aller chercher, avec le comte de Guitaut, pour prendre dans sa maison quelque chose à manger, et le porter à Monsieur le Prince, qui cependant n'avoit pu demeurer au lieu où on l'avoit laissé, à cause de l'arrivée de ces troupes. Il avoit déjà envoyé[2] son valet de chambre à Châtillon[3], pour avertir le concierge de tenir la porte du parc ouverte, et, n'ayant[4] avec lui que le duc de la Rochefoucauld et le prince de Marcillac, ils prirent[5] le chemin de Châtillon. Le prince de Marcillac marchoit

1. Tout ce passage commençant par : « Chavaignac », et finissant, 25 lignes plus loin (p. 363), par « deux autres gentilshommes », manque dans le ms. H (réd. 1). Il est l'objet d'un renvoi à une addition écrite, de la main du correcteur, sur un feuillet attaché à la fin du volume. Nous donnons les variantes qu'offre cette addition, comparée à notre texte.
2. Dans ce récit, la rédaction définitive et la seconde du ms. H sont plus courtes que celle des anciennes éditions, qui rapportent ici un incident de plus : « .... le voulut aller chercher, et mena Guitaut avec lui, pour porter quelque chose à manger au prince de Condé ; mais, comme cette journée-là étoit destinée aux aventures, dans l'instant que Chavaignac sortoit de cette maison pour aller chercher le maître et pour dire à Guitaut d'y entrer, un officier des régiments que j'ai dit y arriva, et tout ce que put faire la maîtresse de la maison, dans la crainte de voir arriver du désordre chez elle, par la rencontre de gens de différent parti, fut d'envoyer sa fille au-devant de Guitaut, pour l'avertir qu'il étoit entré chez elle un officier des troupes du Roi. Comme cela se passoit ainsi Monsieur le Prince, qui attendoit des nouvelles de Chavaignac et de Guitaut, n'avoit pu demeurer au lieu où ils l'avoient laissé, à cause de l'arrivée des troupes. Il avoit envoyé, etc. »
3. Il s'agit ici du château de la duchesse de Châtillon en cette ville.
4. **Et ainsi il n'avoit. (*Ms. H, réd. 2.*)
5. Ils prirent tous trois. (*Ms. H, réd. 2.*)

cent pas devant Monsieur le Prince, et le duc de la Rochefoucauld alloit après lui, à même distance, afin qu'étant averti par l'un des deux, il pût avoir quelque avantage pour se sauver. Ils n'eurent pas fait grand chemin en cet état, qu'ils entendirent des coups de pistolet du côté où étoit allé le valet de chambre vers Châtillon, et, en même temps, ils virent paroître[1] quatre cavaliers, sur leur main gauche, qui marchoient au trot vers eux. Ils ne doutèrent point alors qu'ils ne fussent suivis, et, prenant le parti de les charger, ils tournèrent à eux, dans le dessein de se faire tuer plutôt que d'être pris; mais ils connurent que c'étoient[2] le comte de Gui-

---

1. **En même temps virent paroitre. (*Ms. H, réd.* 2.)
2. Mais ils reconnurent que c'étoit. (*Ms. H, réd.* 2.) — A partir d'ici, jusqu'aux mots : « vinrent au qui-vive avec lui » (21 lignes plus loin, p. 364), les anciennes éditions raccourcissent d'abord, puis rallongent cette partie du récit : « Mais s'en étant approchés, ils reconnurent Chavaignac, qui les cherchoit avec trois[a] gentilshommes ; et tous ensemble arrivèrent à Châtillon sans aucun danger. Le prince de Condé y apprit des nouvelles de l'armée, qu'il vouloit joindre, et sut qu'elle étoit vers Lory, près de la forêt d'Orléans, à huit lieues de Châtillon ; il sut encore qu'il y avoit dix ou douze chevaux légers de la garde du Roi et quelques officiers logés dans la ville de Châtillon ; et cela l'obligea d'en partir en diligence, sur la minuit, avec un guide pour Lory. Ce guide pensa être cause de sa perte ; car, après avoir longtemps marché, il reconnut qu'il n'étoit qu'à une petite lieue de Gien : de sorte que, voulant quitter ce chemin-là pour prendre celui de Lory, Monsieur le Prince passa à trente pas du lieu où Sainte-Maure l'attendoit ; et, soit que celui-ci ne le connût pas, ou qu'il n'osât le charger, rien ne s'opposa à son passage, et il arriva à Lory, où il apprit des nouvelles certaines de son armée, qui n'étoit qu'à deux lieues de lui. Bien qu'il se cachât avec les mêmes précautions qu'il avoit fait ailleurs, il fut reconnu, et le duc de la Rochefoucauld aussi, par plusieurs habitants du lieu, desquels il y en avoit beaucoup qui étoient domestiques du Roi et de Monsieur. Mais cela lui servit, au lieu de lui nuire ; car il y en eut quelques-uns qui montèrent à cheval avec lui et l'accompagnè-

[a] Guitaut n'est pas, comme dans notre texte, nommé à part.

taut et Chavaignac qui les cherchoient, avec deux autres gentilshommes. Monsieur le Prince[1], qui jugea bien que la rencontre de ces courriers que je viens de dire feroit indubitablement découvrir son passage, marcha en diligence à Châtillon; mais, comme il falloit faire ce jour-là trente-cinq lieues sur les mêmes chevaux, la nécessité de repaître le fit retarder quelques heures, et donna à Sainte-Maure le temps dont il avoit besoin pour le joindre : il ne le rencontra pas néanmoins, et il a dit même depuis qu'il avoit vu passer Monsieur le Prince et qu'il avoit évité de l'attaquer.

Ce voyage de Monsieur le Prince fut plein, comme j'ai dit, d'aventures périlleuses, et les moindres l'exposèrent[2] à être pris par les troupes du Roi, ou à être tué. Il arriva néanmoins heureusement à Châtillon[3], où il apprit des nouvelles de l'armée qu'il vouloit joindre et sut qu'elle étoit à huit lieues de là, vers Lory[4], près

---

rent jusqu'à l'armée. Il en rencontra l'avant-garde dans le commencement de la forêt d'Orléans; quelques cavaliers vinrent au qui-vive avec lui, mais, etc. »

1. Le passage qui suit jusqu'à la fin de l'alinéa, se trouve placé plus haut, dans les anciennes éditions, de même que dans le ms. H et, par suite, dans l'édition de 1804. Nous l'avons donné, avec les variantes des deux rédactions du ms. H, dans la note 5 de la page 360.

2. Étoit plein sans doute d'aventures si périlleuses que les moindres l'exposèrent. (Ms. H, réd. 2.) — Dans la réd. 1 la phrase commence ainsi : « Il est constant que Monsieur le Prince fit un voyage plein d'aventures périlleuses, dont les moindres l'exposoient. — Outre les *Mémoires de Gourville*, que nous avons cités, mais qui ne rapportent pas ce qui s'est passé entre le départ de Gourville pour Paris et son retour, on peut voir encore sur cette chevauchée aventureuse de Monsieur le Prince : *Particularités de la route de Monsieur le prince de Condé et le sujet de son retardement, avec le passage des troupes du cardinal Mazarin à Gien*. Paris, 1652, in-4°.

3. Et ainsi il (*de sorte qu'il*, réd. 1) alla presque toujours de dangers en dangers jusques à Châtillon. (Ms. H, réd. 1 et 2.)

4. Lorris en Gâtinais (Loiret), à cinq lieues de Montargis, au sud-ouest.

de la forêt d'Orléans. Ayant marché[1], avec toute la diligence possible, pour la joindre, il rencontra l'avant-garde de son armée[2], dont quelques cavaliers vinrent au qui-vive avec lui[3]. Mais l'ayant reconnu, ce fut une surprise et une joie pour toute l'armée qui ne se peut exprimer. Jamais elle n'avoit eu tant besoin[4] de sa présence[5], et jamais elle ne l'avoit moins attendue. L'aigreur augmentoit tous les jours entre les ducs de Nemours et de Beaufort, et l'on voyoit périr avec certitude la seule ressource du parti, par la division des chefs, lorsque la présence du Roi et celle de son armée les devoit le plus obliger à préférer l'intérêt général[6] à leurs querelles particulières[7]. Il étoit trop important à Monsieur le Prince de les terminer, pour n'y travailler pas avec tout l'empressement imaginable[8], et il lui fut d'autant plus facile d'en venir à bout, que son arrivée, leur ôtant le commandement, leur ôtoit aussi la principale cause de leur jalousie et de leur haine. Monsieur le Prince fit marcher l'armée à Lory[9], où elle se reposa un jour. Il s'en passa encore trois ou quatre, durant lesquels on alla à Montargis, qui se rendit sans résistance. On le quitta de bonne heure, parce qu'il[10] étoit rempli de blé et de vin, dont on se pouvoit servir au besoin[11], et aussi pour don-

1. Où étant arrivé. (*Ms. H*, réd. 1). — A la ligne suivante, *pour la joindre* manque dans la réd. 1.
2. Le 1er avril 1652.
3. Avec Monsieur le Prince. (*Ms. H*, réd. 1 et 2.)
4. **Tant de besoin. (*Ms. H*, réd. 1 et 2.)
5. **De sa présence qu'alors. (*Ms. H*, réd. 1.)
6. **L'intérêt public. (*Ms. H*, réd. 1 et 2.)
7. A leur querelle particulière. (*Ms. H*, réd. 1 et 2.)
8. Tout l'empressement inimaginable. (*Ms. H*, réd. 1 et 2.)
9. **Les choses étant ainsi, l'armée marcha à Lory. (*Ms. H*, réd. 1.)
10. **On quitta de bonne heure ce lieu-là, parce qu'il. (*Ms. H*, réd. 1.)
11. « Il fit marcher son armée à Montargis, qu'il prit, et le laissa

ner[1] un exemple de douceur qui pût produire quelque effet avantageux pour le parti dans les autres villes.

L'armée, partant de Montargis, alla à Château-Renard[2]. Gourville y arriva en même temps de Paris, pour rapporter à Monsieur le Prince les sentiments de ses amis sur sa conduite envers Monsieur et envers le Parlement[3]. Ces avis étoient bien différents[4]; car les uns lui conseilloient de demeurer à l'armée, parce que les résolutions[5] de Monsieur et du Parlement dépendroient toujours des événements de cette guerre, et que, tant qu'il seroit à la tête d'une armée considérable[6], la puissance du parti résideroit en ses mains, au lieu qu'allant à Paris, il ôtoit à ses troupes la réputation que sa présence leur avoit donnée, et il[7] n'en pouvoit laisser le commandement qu'aux mêmes personnes dont la division et la jalousie avoient été sur le point de produire tant de désordres. M. de Chavigny, au contraire, mandoit positivement à Monsieur le Prince que sa présence étoit nécessaire à Paris; que les cabales de la cour et du nouveau cardinal de Retz, auparavant coadjuteur de Paris[8],

rempli de blé et de vin pour s'en servir en un besoin. » (*Mémoires de Mme de Motteville*, tome III, p. 474.)

1. **Et on le fit encore pour donner. (*Ms. H*, réd. 1.)
2. A quatre lieues environ de Montargis, au sud-est, sur l'Ouanne.
3. † Sa conduite vers Monsieur et le († *et vers le*, réd. 1) Parlement. (*Ms. H*, réd. 1 et 2.)
4. **Les avis furent bien différents. (*Ms. H*, réd. 1 et 2.)
5. **Car une partie lui conseilloit.... et lui représentoit (*lui représentant*, 1689) que les résolutions. (*Ms. H*, réd. 1.)
6. **Victorieuse. (*Ms. H*, réd. 1 et 2.) — A la suite, on lit dans les anciennes éditions *la puissance*, non *du parti*, mais *du Roi*.
7. Et qu'il. (*Ms. H*, réd. 2.)
8. Retz avait été promu au cardinalat le 18 février 1652 : voyez ses *Mémoires*, tome III, p. 334 et suivantes, éd. Ch. — Les mots : « auparavant coadjuteur de Paris, » manquent dans le ms. H (réd. 1) et dans les anciennes éditions.

augmentoient tous les jours dans le Parlement, et qu'enfin elles entraîneroient sans doute[1] M. le duc d'Orléans, si Monsieur le Prince lui-même ne venoit le retirer[2] de la dépendance où il étoit, et mettre M. de Rohan et M. de Chavigny en la place du cardinal de Retz. La conclusion des avis des uns et des autres étoit qu'il falloit nécessairement entreprendre[3] quelque chose de considérable sur l'armée du Roi, et qu'un événement heureux décideroit tout.

En ce même temps, Monsieur le Prince apprit[4] que le corps d'armée commandé par le maréchal d'Hocquincourt étoit encore dans des quartiers séparés, assez proches de Château-Renard[5], et que, le lendemain, il se devoit joindre aux troupes de M. de Turenne. Cet avis le fit résoudre à marcher[6], dès le soir même[7], avec toute son armée, droit aux troupes du maréchal d'Hocquincourt, avant qu'il eût le temps[8] de les rassembler et de se retirer vers M. de Turenne. Le succès répondit à son attente : il entra d'abord dans deux quartiers, qui don-

1. **Entraîneroient indubitablement. (*Ms. H, réd.* 1.)
2. ** Si Monsieur le Prince ne venoit lui-même le retirer. (*Ms. H, réd.* 1 et 2.)
3. Faire entreprendre. (*Ms. H, réd.* 1.) — Dans les anciennes éditions : « La fin des uns et des autres étoit, préférablement à toutes choses, d'entreprendre (*quelque chose*, 1689) sur l'armée du Roi, et que tout (*et tout*, 1689) dépendoit d'un heureux événement. » — Voyez, à ce sujet, les *Mémoires de Mme de Motteville*, tome III, p. 474.
4. **Reçut avis. (*Ms. H, réd.* 1.)
5. Turenne était campé vers Briare ; Hocquincourt, un peu plus près de Condé, à Bleneau (Yonne).
6. Ce qui le fit résoudre à marcher. (*Ms. H, réd.* 1.)
7. Dans la nuit du 6 au 7 avril.
8. Avant qu'il eût eu temps. (*Ms. H, réd.* 2.) — Devant qu'il eût eu temps. (*Ms. H, réd.* 1.) — Voyez un passage presque textuellement semblable dans *Mme de Motteville*, tome III, p. 475.

nèrent l'alarme aux autres; mais cela n'empêcha pas qu'on n'en enlevât cinq tout de suite. Les quatre premiers ne firent presque point de résistance[1]. Le maréchal[2] d'Hocquincourt, s'étant mis en bataille, avec huit cents chevaux, sur le bord d'un ruisseau qu'on ne pouvoit passer qu'un à un, sur une digue fort étroite et fort rompue, fit mine de vouloir disputer ce passage, au delà duquel étoit le cinquième quartier qu'on alloit attaquer; mais, lorsque[3] le duc de Nemours et trois ou quatre autres[4] eurent passé le défilé, le maréchal, qui jugea bien que toute l'armée devoit être proche[5], se retira derrière le quartier, et le laissa piller, se contentant de se mettre en bataille, pour essayer de prendre son temps de charger pendant le pillage. Ce quartier ne fit pas plus de résistance que les autres; mais, comme les maisons étoient couvertes de chaume, et qu'on y mit le feu[6], il fut aisé au maréchal d'Hocquincourt de discerner à la clarté le nombre des troupes qui étoient passées, et voyant qu'il n'y avoit pas plus de cent chevaux, il marcha pour les charger avec plus de huit cents. Mon-

---

1. Sur la double affaire de Bleneau, voyez les *Mémoires de Navailles* (édition de M. Moreau, 1861), p. 76 et suivantes, et la *Relation véritable de tout ce qui s'est passé entre l'armée de Messieurs les Princes et les troupes mazarines, commandées par le maréchal d'Hocquincourt, apportée à Son Altesse Royale* (le duc d'Orléans) par M. le comte de Gaucourt, Paris, Nicolas Vivenay, 1652, in-4°.
2. **Mais le maréchal. (*Ms. H, réd.* 1.)
3. **Mais, dès que. (*Ms. H, réd.* 1 et 2.)
4. Trois ou quatre autres seulement. (*Ms. H, réd.* 1.)
5. *Devoit être là. (*Ms. H, réd.* 1 et 2.) — Le prince de Condé avait fait sonner la charge par un grand nombre de tambours, de timbales et de trompettes, pour faire croire à la présence de forces considérables.
6. Gourville dit (p. 263) que ce fut le duc de Nemours qui « fit mettre le feu à une maison, pour servir de signal à ceux qui venoient pour joindre. »

sieur le Prince, voyant fondre sur lui cette cavalerie, fit promptement un escadron de ce qu'il avoit avec lui, et marcha aux ennemis, avec ce nombre si inégal[1]. Il sembloit que la fortune eût[2] fait trouver en ce lieu tout ce qu'il y avoit d'officiers généraux dans son armée, pour lui faire voir ce qu'un mauvais événement étoit capable de lui faire perdre d'un seul coup. Il avoit composé le premier rang, où il s'étoit mis, des ducs de Nemours, de Beaufort et de la Rochefoucauld, du prince de Marcillac, du marquis de Clinchant, qui commandoit les troupes d'Espagne, du comte de Tavannes, lieutenant général, du comte[3] de Guitaut, de Gaucourt[4], et de quelques autres officiers. Les deux escadrons firent leur décharge d'assez près, sans que pas un ne pliât[5]; mais deux autres du maréchal ayant chargé aussitôt après celui de Monsieur le Prince, le duc de Nemours eut un coup de pistolet au travers du corps, et son cheval fut tué. L'escadron de Monsieur le Prince, ne pouvant soutenir deux charges si près à près, se rompit et se retira cent pas en désordre, vers le quartier qui étoit en feu; mais Monsieur le Prince et les officiers généraux qui étoient avec lui, ayant pris la tête de l'escadron, l'arrêtèrent. Les ennemis se contentèrent de l'avoir fait plier

1. **Avec un nombre si inégal. (*Ms. H, réd.* 2.) — Avec un nombre fort inégal. (*Ms. H, réd.* 1.)

2. **Avoit. (*Ms. H, réd.* 1 et 2.)

3. *Du comte* manque dans le ms. H (réd. 1) et dans les anciennes éditions.

4. C'est ce même comte (Joseph) de Gaucourt qui fut un des signataires de la pièce imprimée à la suite des anciennes éditions des *Mémoires de la Rochefoucauld*, sous ce titre : *Articles et conditions dont Son Altesse Royale* (le duc d'Orléans) *et Monsieur le Prince sont convenus pour l'expulsion du cardinal Mazarin, en conséquence des déclarations du Roi et des arrêts des parlements de France intervenus sur icelles.*

5. ** Sans que pas un pliât. (*Ms. H, réd.* 1 et 2.)

sans l'enfoncer, de crainte qu'il ne fût soutenu par l'infanterie dont ils entendoient les tambours : il y eut seulement quelques officiers et cavaliers qui avancèrent, et le prince de Marcillac, qui se trouva douze ou quinze pas derrière l'escadron qui plioit, tourna à un officier, et le tua d'un coup d'épée entre les deux escadrons. Monsieur le Prince, comme j'ai dit, arrêta le sien, et lui fit tourner tête aux ennemis. Cependant un autre escadron de trente maîtres passa le défilé; il se mit aussitôt à sa tête, avec le duc de la Rochefoucauld, et, attaquant le maréchal d'Hocquincourt par le flanc, il le fit charger en tête par le premier escadron, où il avoit laissé le duc de Beaufort. Cela acheva de renverser les ennemis[1]. Une partie se jeta dans Bleneau, et on poussa le reste trois ou quatre lieues vers Auxerre, sans qu'ils essayassent de se rallier. Ils perdirent tout leur bagage, et on prit trois mille chevaux. La déroute[2] eût été plus grande, si l'on n'eût donné avis à Monsieur le Prince que l'armée de M. de Turenne paroissoit[3]. Cette nou-

---

1. Retz (tome III, p. 361, éd. Ch.) nomme la Rochefoucauld dans ce combat du 6 avril comme s'étant signalé. Mme de Motteville (tome III, p. 475) écrit de son côté : « Le duc de la Rochefoucauld et le prince de Marcillac, son fils, y firent des actions qui auroient été dignes de louanges, s'il étoit possible d'en donner à des François qui, au lieu de servir le Roi, travailloient à le perdre. » Mademoiselle nous a conservé dans ses *Mémoires* (tome II, p. 38 et 39) une lettre que Condé lui écrivit le 8 avril, et où il parle aussi avec éloge, en des termes d'une concision toute militaire, de la conduite de la Rochefoucauld. Ce qui est certain, c'est que la cour, qui était à Gien, fut un instant fort alarmée et se tint prête à plier bagage.

2. ** Cette déroute. (*Ms. H, réd.* 1 *et* 2.)

3. Turenne s'était borné d'abord à venir au milieu de la nuit, avec quelque infanterie, pour voir les choses par ses yeux et pour soutenir, s'il en était encore temps, le maréchal d'Hocquincourt, sans trop se mettre en peine d'une attaque qu'il croyait faite par le duc de Nemours; mais en apercevant, aux vestiges de la lutte, avec quelle

velle le fit retourner à son infanterie, qui s'étoit débandée pour piller, et, après avoir rallié ses troupes, il marcha vers M. de Turenne, qui mit son armée en bataille dans de fort grandes plaines[1], et plus près que de la portée du mousquet[2] d'un bois de très-grande étendue, par le milieu duquel l'armée de Monsieur le Prince devoit passer pour aller à lui. Ce passage étoit[3] assez large pour y pouvoir faire marcher deux escadrons de front; mais, comme il étoit fort marécageux, et qu'on y avoit fait plusieurs fossés pour le dessécher, on ne pouvoit arriver à la plaine qu'en défilant. Monsieur le Prince, la voyant occupée par les ennemis, jeta son infanterie à droit[4] et à gauche dans le bois qui la bordoit, pour les en éloigner. Cela fit l'effet qu'il avoit desiré; car M. de Turenne, craignant d'être incommodé par la mousqueterie, quitta son poste pour en aller prendre un qui étoit un peu plus éloigné, et plus élevé que celui de Monsieur le Prince[5]. Ce mouvement[6] fit croire à Monsieur le Prince qu'il se retireroit vers Gien, et qu'on le déferoit aisément dans le désordre de sa

---

hardiesse et quel ensemble l'affaire avait été conduite, il s'écria, dit-on : « Ah ! Monsieur le Prince est arrivé; » et il prit alors sérieusement ses dispositions. Voyez V. Cousin, *Madame de Longueville pendant la Fronde*, p. 122.

1. Entre Bleneau (Yonne) et Ozouer-sur-Trézée (Loiret), à la limite des départements actuels du Loiret et de l'Yonne.
2. D'un mousquet. (*Ms. H*, réd. 1 *et* 2.)
3. **Étoit de soi. (*Ms. H*, réd. 1 *et* 2.)
4. Renouard a changé *à droit* en *à droite*.
5. Le maréchal de Tavannes, qui assistait à ce combat, raconte dans ses *Mémoires* qu'en voyant l'ennemi dans cette position, Condé s'écria : « Si M. de Turenne demeure là, je m'en vais le tailler en pièces; mais il se gardera bien d'y demeurer. » Monsieur le Prince n'avait pas achevé de parler, que Turenne se mit à opérer un mouvement de retraite. Voyez *Madame de Longueville pendant la Fronde*, p. 123.
6. **Mais le mouvement qu'il fit pour. (*Ms. H*, réd. 1.)

retraite, avant qu'il pût y arriver[1]. Pour cet effet, il fit avancer sa cavalerie, et se hâta de faire passer le défilé à six escadrons, pour entrer dans la plaine; mais M. de Turenne, jugeant bien le désavantage que ce lui seroit de combattre en pleine campagne Monsieur le Prince, dont les troupes étoient victorieuses[2] et plus fortes que les siennes[3], prit le parti de retourner, l'épée à la main, sur les six escadrons, pour défaire ce qui seroit passé, et pour arrêter le reste des troupes au delà du défilé. Monsieur le Prince, qui jugea de son intention, fit repasser sa cavalerie, et ainsi le défilé les empêcha[4] de pouvoir aller l'un à l'autre, sans un très-grand désavantage. On se contenta de faire avancer l'artillerie des deux côtés, et de se canonner longtemps[5]; mais le succès ne fut pas égal, car, outre que M. de Turenne en avoit plus que Monsieur le Prince, et qu'elle étoit mieux servie[6], elle avoit encore l'avantage de la hauteur sur les troupes de Monsieur le Prince, ce qui faisoit qu'étant serrées dans le passage qui séparoit le bois, elle ne tiroit presque point de coup inutile[7]. Ainsi Monsieur le Prince[8] y perdit plus de six-vingts cavaliers et plusieurs

1. Devant qu'il pût y arriver. (*Ms. H, réd.* 1.)
2. ** Le désavantage qu'il auroit de combattre Monsieur le Prince dans la plaine, avec des troupes victorieuses. (*Ms. H, réd.* 1 et 2.)
3. Le prince de Condé avait douze mille hommes et une cavalerie considérable; le maréchal de Turenne n'avait avec lui qu'une division de l'armée royale, forte de quatre mille hommes environ; mais il avait, comme nous l'allons voir, plus d'artillerie, et mieux établie et mieux servie.
4. ** Les empêchant. (*Ms. H, réd.* 1 et 2.)
5. Bien (*fort,* anc. éd.) longtemps. (*Ms. H, réd.* 1.)
6. En avoit davantage, et qu'elle étoit mieux servie que celle de Monsieur le Prince. (*Ms. H, réd.* 1 et 2.)
7. Sur ses troupes, lesquelles étant serrées..., il n'y eut presque point de coup inutile. (*Ms. H, réd.* 1 et 2.)
8. Et il. (*Ms. H, réd.* 1.) — Et on. (*Anc. éd.*)

officiers, entre lesquels fut Maré[1], frère du maréchal de Grancey. On passa en cet état le reste du jour[2], et, au coucher du soleil, M. de Turenne se retira vers Gien. Le maréchal d'Hocquincourt, qui l'avoit joint depuis sa défaite, demeura à l'arrière-garde; et étant allé avec quelques officiers pour retirer l'escadron le plus près du défilé, il fut reconnu de Monsieur le Prince, qui lui envoya dire qu'il seroit bien aise de le voir, et qu'il pouvoit avancer sur sa parole. Il le fit, et, s'avançant avec quelques officiers, il trouva Monsieur le Prince avec les ducs de Beaufort et de la Rochefoucauld, et deux ou trois autres. La conversation se passa en civilités et en railleries du côté de Monsieur le Prince[3], et en justification de celui du maréchal d'Hocquincourt sur ce qui lui venoit d'arriver, se plaignant de M. de Turenne, bien qu'on puisse dire[4] avec vérité[5] qu'il fit ce jour-là deux actions belles et hardies, qui furent le salut[6] de son armée et celui de la cour[7]; car, dès qu'il sut que les troupes du maréchal d'Hocquincourt, qui le devoient venir joindre le lendemain, étoient attaquées, il mar-

1. Entre lesquels étoit Maré. (*Ms. H*, *réd.* 1 *et* 2.) — Le comte de Maré reçut une blessure, dont il mourut quelque temps après.
2. ** Le reste de la journée. (*Ms. H*, *réd.* 1 *et* 2.)
3. Il y a un récit de cette entrevue dans une lettre, d'une authenticité douteuse, de Condé à Monsieur, du 10 avril (*Bibliographie des Mazarinades*, tome II, p. 153 et 154). D'Hocquincourt dit à Monsieur le Prince : « J'ai perdu mon honneur et mon bien; il y va du mien de plus de trois millions. » A quoi Condé répondit : « Vous avez un bon maitre que le cardinal Mazarin; il vous récompensera assez, comme les autres qui le servent. » — La *Muze* de Loret, livre III, lettre *décente*, p. 231, constate, en effet, que d'Hocquincourt, dans cette journée, perdit non-seulement ses armes, mais encore sa vaisselle d'argent, ses joyaux et des sommes énormes.
4. ** Bien qu'on pût dire. (*Ms. H*, *réd.* 1 *et* 2.)
5. ** Avec justice. (*Ms. H*, *réd.* 1.)
6. ** Dont le succès fut cause du salut. (*Ms. H*, *réd.* 1 *et* 2.)
7. Rapprochez des *Mémoires de Retz*, tome III, p. 363, éd. Ch.

cha, avec très-peu de gens, dans le lieu où on le trouva en bataille, et y attendit tout le jour le reste de ses troupes, s'exposant par là à être inévitablement défait, si Monsieur le Prince eût été droit à lui, au lieu de suivre deux ou trois lieues, comme il fit, les troupes du maréchal d'Hocquincourt qui fuyoient[1]. Il sauva encore ce même jour les restes de l'armée du Roi avec beaucoup de valeur et de conduite, lorsqu'il retourna sur les six escadrons de Monsieur le Prince qui avoient passé le défilé, et arrêta par cette action une armée qui, sans doute, l'auroit taillé en pièces, si elle avoit pu se mettre en bataille dans la plaine où il étoit[2].

L'armée du Roi s'étant retirée, Monsieur le Prince fit prendre à la sienne le chemin de Châtillon, et alla cette nuit loger dans des quartiers, sur le canal de Briare, près de la Bruslerie; il se rendit le lendemain à Châtillon, avec toutes ses troupes, dont il laissa, deux jours après, le commandement à Clinchant et au comte de Tavannes, et il alla[3] à Paris, avec les ducs de Beaufort et de la Rochefoucauld[4].

1. ** Qu'il avoit défaites la nuit. (*Ms. H, réd.* 1 *et* 2.)
2. ** Dans la même plaine où il étoit. (*Ms. H, réd.* 1.) — Ce fut, on le sait, sur le champ de bataille de Bleneau que Turenne et Condé se trouvèrent, pour la première fois, engagés l'un contre l'autre. Tous deux se montrèrent, en cette occasion, également admirables, et comme capitaines et comme soldats. Outre le récit de la Rochefoucauld, nous avons cinq autres relations contemporaines de cette affaire, par Tavannes, Gourville, Navailles, Ramsay et Turenne lui-même. — Voyez, dans la xive des *Réflexions diverses* (tome I, p. 320-322), le parallèle de Turenne et de Condé par la Rochefoucauld, et comparez avec le portrait des deux mêmes capitaines par Saint-Évremond, *OEuvres mêlées* (édition de M. Charles Giraud), tome II, p. 233.
3. ** Pour aller. (*Ms. H, réd.* 1 *et* 2.) — Condé arriva à Paris le 11 avril.
4. L'armée, ainsi abandonnée à des capitaines de second ordre, ne pouvait plus rien faire de grand ni d'efficace. Condé seul, et

Ce retour à Paris étoit d'une assez grande importance pour être examiné avec plus d'attention qu'il ne le fut; mais le plaisir d'y être reçu avec l'applaudissement que méritoit le succès d'un si périlleux voyage et de cette victoire fit vraisemblablement approuver à Monsieur le Prince le conseil de M. de Chavigny, qui le donnoit moins pour l'intérêt du parti que pour le sien propre. Il vouloit être appuyé de la présence et de l'autorité de Monsieur le Prince pour occuper la place que le cardinal de Retz tenoit auprès de M. le duc d'Orléans, et profiter de la bonne disposition du Parlement, qui avoit donné un arrêt par lequel il mettoit à prix la tête du cardinal Mazarin[1]. Il espéroit encore de se rendre également considérable à ces deux princes, en persuadant à l'un et à l'autre qu'il étoit le véritable moyen de leur union; mais, ce qui le flattoit le plus, c'étoit l'espérance secrète de réussir dans les vues que Fabert lui avoit données, et dont j'ai déjà parlé[2]. Enfin Monsieur le Prince suivit l'avis de Chavigny, et il fut reçu à Paris avec tant de démonstration de joie, qu'il ne crut pas avoir sujet de se repentir de son voyage[3].

encore! était capable d'achever ce qu'il avait commencé. Cette faute militaire de Monsieur le Prince était, du reste, la conséquence nécessaire de la faute politique énorme qu'il commettait en s'éloignant de la Loire sans avoir écrasé Turenne, et en quittant les champs de bataille, où était sa force, pour s'engager dans cet « abime de négociations » dont parle plus loin la Rochefoucauld (p. 378), et dans des intrigues pour lesquelles il n'était point fait.

1. Voyez plus haut la note 3 de la page 324.
2. Voyez p. 347.
3. Tout cet alinéa est différent dans le ms. H (réd. 1 et 2) : « Ce voyage méritoit d'être plus considéré qu'il ne le fut (*ne le fut alors*, réd. 1). L'envie d'aller à Paris et d'y recevoir l'applaudissement général que méritoit le succès d'un si périlleux voyage et de cette victoire fit vraisemblablement approuver à Monsieur le Prince les

MÉMOIRES. [1652]   375

Les affaires[1] demeurèrent quelque temps en ces termes ; mais, comme l'armée manquoit de fourrage vers Châtillon et Montargis, et qu'on n'osoit ni l'éloigner, ni l'approcher de Paris, on la fit marcher à Étampes[2], où l'on crut[3] qu'elle pourroit séjourner[4] un temps considérable avec sûreté et abondance de toutes choses. Le duc de Nemours n'étoit pas encore guéri[5] de sa blessure, lorsqu'on vint donner avis à Monsieur le Prince que quelques troupes du Roi, commandées par le comte de Miossens et le marquis de Saint-Mesgrin, lieutenants généraux, marchoient de Saint-Germain à Saint-Cloud avec du canon, à dessein de chasser cent hommes du régiment de Condé qui s'étoient retranchés sur le pont,

raisons de M. de Chavigny, qui étoient toujours les mêmes, c'est-à-dire pour être appuyé de sa présence et de son autorité, afin d'occuper (*pour occuper*, réd. 1) la place que le cardinal de Retz tenoit auprès de M. le duc d'Orléans, et pour profiter de la bonne disposition du Parlement, qui avoit donné un arrêt qui mettoit à prix la tête du cardinal Mazarin ; outre cela, M. de Chavigny espéroit de se rendre également considérable à ces deux princes, en persuadant à l'un et l'autre qu'il étoit le véritable moyen (*le véritable sujet*, anc. éd.) de leur union. Il se flattoit aussi de l'espérance de réussir dans le projet qu'il avoit fait avec Fabert. Mais, quelque jugement que Monsieur le Prince fit de l'avis qu'il lui avoit donné, il ne laissa pas de le suivre, et il fut reçu (*et de quelque façon que Monsieur le Prince fût persuadé des avis.... donnés,... les suivre, et fut reçu*, réd. 1) à Paris avec tant de démonstrations de joie publique, qu'il ne crut pas avoir sujet de se repentir de son voyage. » Le texte des anciennes éditions, sans être entièrement conforme à celui-ci, s'en rapproche plus que du nôtre.
  1. ** Les choses. (*Ms. H, réd.* 1.)
  2. Poste d'autant plus précieux, au centre de riches plaines à céréales, qu'il y avait, cette année-là (1652), une disette générale, et qu'on avait emmagasiné pour deux années de blé dans la ville d'Étampes.
  3. † Et l'on crut. (*Ms. H, réd.* 1.)
  4. † Y séjourner. (*Ms. H, réd.* 1.)
  5. Ce mot est écrit *gary*, dans le ms. H (réd. 1 et 2).

et qui en avoient rompu une arche. Cette nouvelle fit aussitôt monter à cheval Monsieur le Prince, avec ce qu'il rencontra auprès de lui; mais, le bruit s'en étant répandu par la Ville, tout ce qu'il y avoit de personnes de qualité le vinrent trouver au bois de Boulogne, et furent suivis de huit ou dix mille bourgeois en armes. Les troupes du Roi se contentèrent de tirer quelques coups de canon, et se retirèrent sans avoir tenté [1] de se rendre maîtres du pont; mais Monsieur le Prince, pour profiter [2] de la bonne disposition des bourgeois, leur donna des officiers, et les fit marcher à Saint-Denis [3], où il avoit appris qu'il y avoit une garnison de deux cents Suisses. Ses troupes [4] y arrivèrent à l'entrée de la nuit, et ceux de dedans en ayant pris l'alarme, ils la donnèrent aussi [5] aux assiégeants; car Monsieur le Prince, étant au milieu de trois cents chevaux, composés de tout ce qu'il y avoit de personnes de qualité dans le parti, s'en vit abandonné dès qu'on eut tiré [6] trois mousquetades [7], et il demeura, lui septième [8], le reste s'étant renversé en désordre sur l'infanterie des bourgeois, qui s'ébranla et qui eût sans doute suivi cet exemple [9], si

1. ** Sans avoir essayé. (*Ms. H*, réd. 1.)
2. ** Voulant profiter. (*Ms. H*, réd. 1.)
3. ** Leur ayant donné des officiers, les fit marcher vers Saint-Denis. (*Ms. H*, réd. 1.) — Le samedi 11 mai.
4. Ces troupes. (*Ms. H*, réd. 1 et 2.)
5. On peut dire aussi qu'ils la donnèrent bien chaude. (*Ms. H*, réd. 1 et 2.)
6. Dès qu'on tira. (*Ms. H*, réd. 1 et 2.)
7. Cette panique est une de celles auxquelles a pu songer la Rochefoucauld lorsqu'il écrivit sa *maxime* 215, sur le courage et la poltronnerie, tome I, p. 115 et 116.
8. Voyez les *Mémoires de Mme de Motteville*, tome IV, p. 3 et 4, et ceux *de Mademoiselle*, tome II, p. 62-65.
9. Suivi un tel exemple. (*Ms. H*, réd. 1.) — Dans les anciennes éditions : « suivi l'exemple de la noblesse. »

Monsieur le Prince et ce qui étoit demeuré auprès de lui ne les eussent arrêtés, et ne les eussent fait entrer dans Saint-Denis par de vieilles brèches[1] qui n'étoient point défendues. Alors tout ce qui l'avoit abandonné le vint retrouver, chacun alléguant une raison particulière pour s'excuser[2], bien que la honte leur dût être commune[3]. Les Suisses voulurent défendre quelques barricades dans la ville; mais, étant pressés, ils se retirèrent dans l'Abbaye, où ils se rendirent, deux heures après, prisonniers de guerre. On ne fit aucun désordre aux habitants ni aux couvents[4], et Monsieur le Prince se retira à Paris, laissant Deslandes, capitaine de Condé[5], avec deux cents hommes, dans Saint-Denis[6]. La ville fut reprise[7], dès le soir même[8], par les troupes du Roi; mais Deslandes se retira dans l'église, où il tint trois jours. Quoique cette action ne fût pas considérable[9], elle ne laissa pas de disposer le peuple[10] en faveur de Monsieur le Prince: la plupart des bourgeois se vantoient de

1. ** Par des vieilles brèches. (*Ms. H*, réd. 1 et 2.)
2. * Pour excuser sa fuite. (*Ms. H*, réd. 1.)
3. Mme de Motteville (tome IV, p. 4) s'exprime, à ce sujet, en termes presque textuellement conformes à ceux de la Rochefoucauld, à tel point que son récit semble calqué sur celui de ce dernier; nous avons eu déjà d'autres occasions de remarquer de tels rapports.
4. † Aux convents. (*Ms. H*, réd. 1 et 2.) — Dans les éditions postérieures à 1688 : « aux couvents ».
5. Du régiment de Condé.
6. Voyez la *Relation* qui se trouve citée sous le n° 3101 dans la *Bibliographie des Mazarinades*, tome III, p. 41. — Consultez aussi, sur les allures fanfaronnes des bourgeois de Paris en cette occasion, la *Muze historique* de Loret, lettre *hableuse*, p. 242 et 243.
7. ** Dans Saint-Denis, qui fut repris. (*Ms. H*, réd. 1.)
8. Ou plutôt le surlendemain, 13 mai.
9. ** Ne fut considérable (*considérable de soi*, réd. 1 et anc. éd.) par aucune circonstance. (*Ms. H*, réd. 1 et 2.)
10. ** Les bourgeois. (*Ms. H*, réd. 1 et 2.)

l'avoir suivi à Saint-Denis¹, et ils lui donnoient d'autant plus volontiers des louanges, qu'ils en attendoient de lui, en le prenant pour témoin de leur courage dans un péril imaginaire, et où personne n'avoit été exposé².

Cependant le duc de Rohan et M. de Chavigny voulurent suivre leur premier projet³, et profiter d'une conjoncture si favorable pour faire des propositions d'accommodement. Ils crurent trop facilement que⁴ la cour accompliroit de bonne foi⁵ tout ce⁶ dont Fabert⁷ ne leur avoit peut-être fait des ouvertures que pour les conduire insensiblement à servir aux desseins du Cardinal⁸, et à lui donner moyen d'entraîner⁹ M. le duc d'Orléans et Monsieur le Prince dans cet abîme de négociations¹⁰ dont on n'a jamais vu le fond, et qui a toujours été

1. Ce membre de phrase ne se trouve pas dans le ms. H (réd. 1 et 2), ni dans les anciennes éditions.

2. **Et ils lui donnoient des louanges d'autant plus volontiers, que chacun le prenoit pour témoin de son courage et du péril que personne n'avoit couru (*qu'il croyoit avoir couru,* anc. éd.) dans cette occasion. (*Ms. H, réd.* 1 *et* 2.)

3. **Leur premier dessein. (*Ms. H, réd.* 1 *et* 2.)

4. **Ils croyoient que. (*Ms. H, réd.* 1 *et* 2.)

5. « Ce que je sais de science certaine, dit Retz dans ses *Mémoires* (tome IV, p. 20, éd. Ch.), est que M. le Cardinal faisoit espérer tout ce que l'on prétendoit, et qu'il ne fut jamais un instant dans la pensée d'en tenir quoi que ce soit. » — C'est ici le lieu de rappeler que, dans ses *Lettres à la Reine,* publiées par M. Ravenel, Mazarin désigne souvent le prince de Condé par le terme ironique et transparent de : *les crédules, les embarrassés, les incertains.* Quant à la Rochefoucauld, il le nomme *le Rocher,* ce qui ne pourrait guère s'expliquer que par antiphrase, s'il fallait prendre cette désignation au sens moral.

6. **Toutes les choses. (*Ms. H, réd.* 1.)

7. M. de Faber. (*Ms. H, réd.* 1 *et* 2.)

8. **Que pour les engager avec le Cardinal. (*Ms. H, réd.* 1 *et* 2.)

9. **Qui se vouloit servir d'eux pour entraîner. (*Ms. H, réd.* 1 *et* 2.)

10. De négociation. (*Ms. H, réd.* 1 *et* 2.)

son salut et la perte[1] de ses ennemis[2]. En effet, dès que les premiers jours de l'arrivée de Monsieur le Prince furent passés[3], les intrigues et les cabales se renouvelèrent de tous côtés; et, soit qu'il fût ennuyé de soutenir[4] une guerre si pénible, ou[5] qu'il desirât la paix, il quitta, pour un temps, toute autre pensée, pour chercher les moyens de faire un traité aussi avantageux qu'il se l'étoit proposé[6]. M. de Rohan et M. de Chavigny lui en donnèrent de grandes espérances, pour l'obliger à se reposer sur eux du soin de cette négociation. Ils lui proposèrent de les laisser aller à Saint-Germain, avec Goulas, secrétaire des commandements de M. le duc d'Orléans, et de les charger seuls des intérêts[7] de ces deux princes. On proposa aussi d'y envoyer le duc de

1. Son salut comme la perte. (Ms. H, réd. 1.)
2. Retz parle (tome IV, p. 15, éd. Ch.) de la « démangeaison de négociation comme de la maladie qui régnoit dans le parti des Princes. » Il dit en outre (p. 17) qu'il y eut alors « un tissu » de négociations, « que MM. de Rohan, de Chavigny, Goulas, Gourville et Mme de Châtillon tinrent à différentes reprises sur le métier. » Voyez aussi un passage d'un factum daté du 7 août 1652, la Vérité toute nue (Choix de Mazarinades, tome II, p. 422 et suivantes).
3. Voyez dans les Souvenirs du règne de Louis XIV, de M. le comte de Cosnac (tome II, p. 118-128), des détails circonstanciés, d'après tous les mémoires du temps, sur la façon dont Condé fut accueilli au Parlement, à la chambre des comptes, à la cour des aides et à l'Hôtel de Ville.
4. ** Lassé d'avoir soutenu. (Ms. H, réd. 1 et 2.)
5. Dans le manuscrit D, et, pour ou.
6. ** Ou que le séjour de Paris lui donnât l'envie et l'espérance de la paix, il quitta enfin, pour un temps, toute autre pensée, pour chercher les moyens de la faire aussi avantageuse qu'il l'avoit projetée. (Ms. H, réd. 1 et 2.) — Dans les anciennes éditions : « toutes (les, 1689) autres pensées ».
7. De cette négociation, et à les laisser aller seuls avec Goulas, secrétaire des commandements de M. le duc d'Orléans (de Monsieur, réd. 1), à Saint-Germain, chargés des intérêts de ces deux princes. (Ms. H, réd. 1 et 2.)

la Rochefoucauld, et Monsieur le Prince le souhaitoit pour beaucoup de raisons; mais il s'en excusa, croyant[1], ou que la paix étoit déjà conclue entre Monsieur et la cour, par l'entremise secrète de M. de Chavigny, sans la participation de Monsieur le Prince, ou, si cela n'étoit pas[2], qu'elle ne se concluroit point alors, non-seulement parce que les prétentions de Monsieur le Prince étoient trop grandes, mais encore parce que M. de Rohan et M. de Chavigny vouloient, préférablement à tout, assurer les leurs propres. Ainsi ces Messieurs allèrent avec Goulas à Saint-Germain[3], avec charge expresse, en apparence, de ne point voir le cardinal Mazarin, et de ne rien traiter avec lui. Les demandes de Monsieur consistoient principalement en l'éloignement[4] du Cardinal; mais celles de Monsieur le Prince étoient plus étendues, parce qu'ayant engagé dans son parti la ville et le parlement de Bourdeaux et un grand nombre de personnes de qualité, il avoit fait des traités particuliers avec chacun d'eux, où il s'engageoit de n'en point faire avec la cour, sans les y comprendre en la manière que je dirai ci-après[5]. Peu de gens doutoient du succès du voyage de ces Messieurs, parce qu'il n'y avoit point[6] d'apparence qu'un homme habile comme M. de Chavigny, et qui connoissoit[7] la cour et le cardinal Ma-

---

1. Croyant de deux choses l'une. (*Ms. H, réd. 1 et 2.*)

2. Ou, cela n'étant pas. (*Ms. H, réd. 1 et 2.*)

3. Cette députation se rendit à Saint-Germain le 26 avril; la cour venait d'y arriver; elle était partie de Gien le 18. Voyez la *Muze historique*, lettre *fine*, du 28 avril, p. 237 :

   « Gaston, de nos maux étant las,
   Députa Rohan et Goulas. »

4. ** A l'éloignement. (*Ms. H, réd. 1 et 2.*)

5. Voyez p. 381-385.

6. Et aussi il n'y avoit pas. (*Ms. H, réd. 1.*) — Dans les anciennes éditions : « il n'y avoit pas aussi. »

7. Et connoissant. (*Ms. H, réd. 1.*)

zarin par tant d'expériences, se fût engagé à une négociation d'un tel poids[1], après l'avoir ménagée trois mois, sans être assuré de l'événement. Cette opinion ne dura pas longtemps : on apprit[2], par le retour de ces députés, que non-seulement ils avoient traité avec le cardinal Mazarin, contre les ordres publics qu'ils en avoient, mais même qu'au lieu de demander pour Monsieur le Prince ce qui étoit porté dans leur instruction, ils n'avoient insisté principalement que sur l'établissement d'un conseil nécessaire, presque en la même forme de celui que le feu Roi avoit ordonné en mourant[3] : moyennant quoi ils devoient porter Monsieur le Prince à consentir que le cardinal Mazarin, suivi de M. de Chavigny, allât traiter la paix générale au lieu de Monsieur le Prince[4], et qu'il pût revenir en France après sa conclusion. Comme ces propositions étoient fort éloignées des intérêts et des sentiments de Monsieur le Prince, il les reçut avec aigreur contre M. de Chavigny, et se résolut de ne lui donner plus aucune connoissance de ce qu'il traiteroit secrètement avec la cour[5]. Pour cet effet, Monsieur le Prince chargea Gourville, qui étoit au duc de la Rochefoucauld, d'une instruction dressée en présence de Mme la duchesse de Châtillon, et des ducs de Nemours et de la Rochefoucauld, dont voici la copie :

1. Premièrement, qu'on ne veut plus de négociation,

---

1. ** Du poids de celle-là. (*Ms. H*, *réd.* 1.)
2. ** Et on apprit. (*Ms. H*, *réd.* 1 et 2.)
3. Voyez plus haut, p. 52.
4. On conçoit fort bien que la cour et surtout Mazarin, qui tenait à couronner lui-même l'œuvre diplomatique commencée à Münster, n'admissent pas la prétention de Condé à négocier la paix générale : qui donc ignorait que Monsieur le Prince était lié avec l'Espagne par un traité ?
5. Consultez sur cette première négociation, où les Frondeurs eurent un rôle de dupes, *Mme de Motteville*, tome IV, p. 5 et suivantes.

passé aujourd'hui, et qu'on veut une réponse positive de oui ou de non sur tous les points, n'étant pas possible de se relâcher sur aucun : on veut agir sincèrement, et, comme cela, on ne veut promettre que ce qu'on veut exécuter, et aussi on veut être assuré des choses promises.

2. On souhaite que M. le cardinal Mazarin sorte présentement du Royaume, et qu'il aille à Bouillon.

3. Qu'on donne pouvoir à Monsieur et à Monsieur le Prince de faire la paix générale, et qu'ils y puissent travailler présentement.

4. Qu'à cet effet, on tombe d'accord des conditions justes et raisonnables de la paix, et que Monsieur le Prince puisse envoyer en Espagne pour les ajuster, et arrêter le lieu de la conférence.

5. Qu'on fasse un conseil composé de personnes qui ne seront pas suspectes, et dont on conviendra.

6. Qu'on ôte le surintendant, et qu'on règle semblablement les finances par un bon conseil.

7. Que tous ceux qui ont servi Monsieur ou Messieurs les Princes soient rétablis dans leurs biens et dans leurs charges et gouvernements, pensions et assignations, et qu'ils soient réassignés sur de bons fonds, et Messieurs les Princes aussi [1].

8. Que Monsieur soit satisfait sur les choses qu'il peut desirer pour lui, et pour ses amis et serviteurs.

---

1. « L'*assignation*, en termes de finances, était un mandement ou ordonnance aux trésoriers pour payer une dette sur un fonds déterminé. C'était, avant Colbert surtout, l'occasion de beaucoup d'abus. Les assignations données aux créanciers de l'État portaient quelquefois sur un fonds déjà épuisé ; le créancier qui ne pouvait se faire payer vendait à vil prix son assignation à quelque financier qui avait assez de crédit pour la faire réassigner sur un autre fonds et en obtenir le payement. » (*Dictionnaire des Institutions de la France*, par M. A. Chéruel.)

9. Que les troupes et officiers[1] qui ont suivi Messieurs les Princes seront traitées comme elles l'étoient auparavant, et auront le même rang qu'elles avoient[2].

10. Qu'on accorde à Messieurs de Bourdeaux les choses qu'ils demandoient avant cette guerre, et pour lesquelles ils avoient des députés à la cour.

11. Qu'on accorde quelque décharge des tailles dans la Guyenne, selon qu'on conviendra de bonne foi.

12. Qu'on accorde à M. le prince de Conti la permission de traiter du gouvernement de Provence avec M. d'Angoulême, et de lui donner la Champagne en échange, ou de vendre ce gouvernement-là à qui il voudra, pour en donner l'argent à M. d'Angoulême, et le surplus lui sera baillé par le Roi.

13. Qu'on donne à M. de Nemours le gouvernement d'Auvergne.

14. Qu'on donne à M. le président Viole la permission de traiter d'une charge de président au mortier ou de secrétaire d'État, et parole que ce sera la première, et une somme d'argent dès cette heure, pour lui en faciliter la récompense.

15. Qu'on accorde à M. de la Rochefoucauld le brevet qu'il demande[3], pareil à celui de MM. de Bouillon et de Guemené pour le rang de leurs maisons, et six-vingt mille écus, pour traiter du gouvernement de Xaintonge et d'Angoumois, si on le veut vendre, ou de tel autre qu'il voudra.

16. Qu'on donnera[4] à M. le prince de Tarente un

---

1. ** Et les officiers. (*Ms. H, réd.* 1 *et* 2.)
2. Qu'elles avoient auparavant. (*Ms. H, réd.* 1.) — Dans les anciennes éditions, ce participe et les pronoms sont, comme le veut la grammaire, au masculin : *traités, ils.*
3. Voyez ci-dessus, p. 105 et la note 2.
4. Qu'on donne. (*Ms. H, réd.* 1 *et* 2.)

brevet pour son rang, pareil à celui de M. de Bouillon, duquel on le mettra en possession, et une somme de deniers pour le dédommagement[1] des pertes qu'il a souffertes à la prise et rasement de Taillebourg, suivant le mémoire qu'il en donnera.

17. Qu'on fasse MM. de Marchin et du Doignon maréchaux de France.

18. Qu'on donne des lettres de duc à M. de Montespan.

19. Qu'on rétablisse M. de Rohan dans son gouvernement d'Angers, et qu'on lui donne le Pont-de-Sé[2] et le ressort de Saumur.

20. Qu'on donne à M. de la Force[3] le gouvernement de Bergerac et Sainte-Foy[4], et la survivance à M. de Castelnau, son fils[5].

21. Qu'on assure M. le marquis de Sillery de le faire

1. Pour le dédommager. (*Ms. H*, réd. 1 et 2.)
2. Le Pont-de-Cé ou les Ponts-de-Cé, petite ville d'Anjou (Maine-et-Loire), à un peu plus d'une lieue d'Angers.
3. Le maréchal Jacques-Nompar de Caumont, plusieurs fois nommé, qui mourut à peu près sur ces entrefaites, le 10 mai 1652.
4. Sainte-Foy-la-Grande, petite ville de Guyenne (Gironde), sur la rive gauche de la Dordogne, à une dizaine de lieues est de Libourne.
5. Sur Henri-Nompar de Caumont, marquis de Castelnau, second fils du maréchal Jacques de la Force, voyez ci-dessus la note 4 de la page 329. — Mme de Châtillon, non mentionnée dans cet acte officiel, n'était pourtant pas oubliée : *Mademoiselle* (tome II, p. 85) dit qu'elle devait toucher cent mille écus. Mme de Longueville, il faut le dire à son honneur, ne fit, pour sa part, aucun marché. — Sur ces demandes des Frondeurs, voyez un passage de la pièce déjà citée : *la Vérité toute nue* (*Choix de Mazarinades*, tome II, p. 429 et suivantes) : « Cela se peut-il nommer, y est-il écrit (p. 431), un accommodement de Monsieur le Prince avec le Roi ? Et ne seroit-ce pas plutôt un véritable partage de l'État entre le Roi et Monsieur le Prince, puisqu'il deviendroit par ce moyen duc de Guyenne, comte de Provence,... distributeur des gouvernements,... également puissant sur la terre et sur la mer, etc...? »

chevalier de l'Ordre à la première promotion, dont il lui sera donné un brevet[1].

Moyennant tout ce que dessus, on promet de poser les armes, et consentir de bonne foi à tous les avantages de M. le cardinal Mazarin, à tout ce qu'il pourra faire pour sa justification, et à son retour même dans trois mois, ou dans le temps que Monsieur le Prince, après avoir ajusté les points de la paix générale avec les Espagnols, sera arrivé au lieu de la conférence avec les ministres d'Espagne, et qu'il aura mandé que la paix sera près d'être signée, laquelle néanmoins il ne signera qu'après le retour de M. le cardinal Mazarin; cependant, que l'argent mentionné par le traité sera donné avant son retour.

Le Cardinal écouta les propositions de Gourville, et y parut très-facile[2], soit qu'il eût véritablement l'intention de les accorder[3], ou qu'il voulût[4] découvrir les sentiments du duc de Bouillon sur ce qu'on lui proposoit, particulièrement sur l'article de sa sortie hors du Royaume : il vouloit juger[5] par là si le duc de Bouillon essayeroit de se prévaloir de son absence, ou s'il demeureroit ferme dans ses intérêts; mais le duc de Bouil-

---

1. Les anciennes éditions ajoutent : « avec une somme de cinquante mille écus pour acheter un gouvernement. »

2. « Le Cardinal écouta les propositions de Gourville, et y parut facile. » (*Mémoires de Mme de Motteville*, tome IV, p. 8.)

3. Mademoiselle dit (tome II, p. 85 et 86) que les Frondeurs, tout occupés de leurs négociations, ne songeaient plus « .... à faire des recrues ni des troupes nouvelles, » et que Mazarin « amusoit toujours ces zélés pour leur intérêt plus que pour le parti et pour Monsieur le Prince, quoiqu'il les honorât de ses bonnes grâces, et cependant il faisoit venir des troupes de tous côtés. »

4. Ce passage est fort abrégé dans les anciennes éditions : « ou qu'il voulût que les difficultés vinssent d'ailleurs; mais le duc de Bouillon, qui craignoit que la paix, etc. »

5. Du Royaume, et juger. (*Ms. H, réd.* 1 *et* 2.)

lon pénétra son intention, et, craignant[1] que la paix ne se fît sans qu'il eût pour lui la duché[2] d'Albret, qu'on devoit retirer de Monsieur le Prince pour faire une partie de la récompense de Sedan, il dit au Cardinal[3] que, puisqu'il trouvoit juste de faire des grâces à tous les amis de Monsieur le Prince, qui étoient ses ennemis déclarés, il croyoit qu'il étoit encore plus raisonnable de faire justice à ses amis, qui l'avoient assisté et maintenu contre Monsieur le Prince; qu'il ne trouvoit rien à dire à ce qu'on vouloit faire pour les ducs de Nemours et de la Rochefoucauld, Marchin et les autres; mais qu'il pensoit[4] qu'ayant un intérêt aussi considérable que la duché d'Albret, on ne devoit rien conclure sans obliger Monsieur le Prince à le satisfaire là-dessus. De quelque esprit que partissent les raisons du duc de Bouillon, elles empêchèrent le Cardinal de passer outre, et il renvoya Gourville vers Monsieur le Prince, pour lever cette difficulté; mais, comme dans les grandes affaires les retardements sont d'ordinaire très-considérables[5], ils le furent[6] particulièrement dans celle-ci, qui étoit mêlée[7], non-seulement de tant d'intérêts différents,

1. Qui pénétra son intention, et qui craignoit de plus. (*Ms. H, réd.* 1 *et* 2.)
2. Ici encore Renouard substitue le masculin au féminin, comme font aussi les éditions les plus anciennes (1662-88).
3. ** De Sedan, dit au Cardinal. (*Ms. H, réd.* 1 *et* 2.)
4. Mais qu'il pensoit aussi. (*Ms. H, réd.* 1 *et* 2.)
5. Rapprochez de ce que dit Mme de Motteville (tome IV, p. 9) : « Cette demande (*du duc de Bouillon*) arrêta la négociation chimérique de Gourville, et le Cardinal se contenta de le renvoyer à Monsieur le Prince pour lui exposer cette difficulté, afin d'y trouver du remède. Comme les grands desseins sont souvent traversés par les fantaisies et les intérêts des particuliers, etc.... »
6. ** Ils le devoient être. (*Ms. H, réd.* 1 *et* 2.)
7. ** Qui étoit composée. (*Ms. H, réd.* 1 *et* 2.)

et traversée par tant de cabales[1], mais encore qui étoit conduite[2] par Monsieur le Prince d'une part et par le cardinal Mazarin de l'autre. Bien qu'ils aient des qualités directement opposées, ils ne laissoient pas de convenir alors en la manière de traiter cette affaire; aucun d'eux n'avoit de prétentions limitées : lorsqu'on leur accordoit ce qu'ils demandoient, ils croyoient toujours en pouvoir obtenir davantage, et les moindres changements dans les affaires changeoient tellement leurs prétentions, que, la balance ne pouvant demeurer assez longtemps égale, ils ne trouvèrent jamais le moment de résoudre un traité et de le conclure[3].

D'autres obstacles se joignirent encore à ceux-ci. L'intérêt du cardinal de Retz étoit d'empêcher la paix[4],

1. ** Et retardée par tant de cabales opposées, qui la vouloient rompre. (*Ms. H, réd.* 1 *et* 2.)
2. ** Mais qui, par-dessus cela (*tout cela*, anc. éd.), étoit conduite. (*Ms. H, réd.* 1.)
3. .... Mazarin de l'autre, lesquels, pour avoir tant de qualités directement opposées, ne laissoient pas, dans la conjoncture présente, de convenir en la manière de traiter cette affaire l'un et l'autre sans y avoir de prétention limitée : ce qui fit que, lorsque l'on leur accordoit ce qu'ils demandent, ils croient toujours en pouvoir obtenir davantage, et se persuadoient tellement que tout étoit possible à leur bonne fortune, que la balance ne peut jamais être assez égale ni demeurer assez longtemps en cet état pour leur donner loisir de résoudre un traité et de le conclure. (*Ms. H, réd.* 2.) — .... Mazarin de l'autre, lesquels, pour avoir plusieurs qualités directement opposées, ne laissoient pas de convenir en quelques-unes et particulièrement en celle-là, de traiter les plus grandes affaires sans y avoir de prétention limitée, ce qui fait que, lorsque l'on leur a accordé ce qu'ils demandent, ils croient toujours.... et se persuadent tellement que tout est dû à leur bonne fortune, que la balance ne peut jamais être assez égale entre eux, ni demeurer assez longtemps en cet état-là pour, etc. (*Ms. H, réd.* 1.) — Il y a dans la seconde rédaction quelques temps de verbes que le correcteur a oublié de changer.
4. Voyez les *Mémoires de Retz* (tome IV, p. 17 et suivantes, éd. Ch.), et son pamphlet, un peu postérieur à ces événements, in-

parce qu'étant faite sans sa participation, et M. le duc d'Orléans et Monsieur le Prince étant unis avec la cour, il demeuroit[1] exposé et sans protection. D'ailleurs M. de Chavigny, en suite du mauvais succès de sa négociation, et piqué contre la cour et contre Monsieur le Prince, aimoit mieux que la paix se rompît que de la voir faire par d'autres voies que la sienne. Je ne puis dire si cette conformité d'intérêts, qui se rencontra alors entre M. le cardinal de Retz et M. de Chavigny, les fit agir de concert pour empêcher le traité de Monsieur le Prince, ou si l'un des deux fit agir M. le duc d'Orléans; mais j'ai su depuis, par une personne que je dois croire, que, dans le temps que Gourville étoit à Saint-Germain, Monsieur manda au cardinal Mazarin, par le duc d'Anville[2], qu'il ne conclût rien avec Monsieur le Prince; que Monsieur vouloit avoir, vers la cour, le mérite de la paix, et qu'il étoit prêt d'aller trouver le Roi, et de donner par là un exemple qui seroit suivi du peuple et du parlement de Paris. Cette proposition étoit trop avantageuse au Cardinal pour n'être pas écoutée préférablement à toutes les autres. De moindres espérances l'auroient empêché de conclure la paix, quand même il l'auroit sincèrement desirée, et quand il n'auroit pas eu le dessein de se servir des négociations comme d'un piége, pour surprendre ses ennemis. Les choses[3] furent si brouillées et si éloi-

---

titulé : *le Vraisemblable sur la conduite de Mgr le cardinal de Retz*, 4 juillet 1652 (*Choix de Mazarinades*, tome II, p. 386 et suivantes).

1. *Il demeureroit. (*Ms. H*, réd. 1 et 2.)
2. Voyez ci-dessus la note 7 de la page 356.
3. Il y avoit apparence qu'une proposition comme celle-là seroit écoutée préférablement à toutes les autres (*à toutes autres*, réd. 1), et en effet, soit par cette raison, soit par celles que j'ai dites de la disposition où étoient Monsieur le Prince et M. le cardinal Mazarin, ou soit, comme j'ai toujours cru, que le Cardinal n'ait jamais voulu cette paix, et qu'il s'est seulement servi des négociations comme d'un

gnées en peu de temps, que le duc de la Rochefoucauld ne voulut plus contribuer[1] à des négociations qui ruinoient son parti. Il ordonna[2] à Gourville de tirer une réponse positive du Cardinal, la seconde fois qu'il alla à Saint-Germain[3], sans y plus retourner.

Cependant, outre que l'esprit de Monsieur le Prince n'étoit pas, de soi-même, toujours constamment arrêté[4] à vouloir la paix, il étoit combattu sans cesse par les divers intérêts de ceux qui l'en vouloient détourner: les ennemis du cardinal Mazarin ne se croyoient pas vengés, s'il demeuroit en France; et le cardinal de Retz jugeoit bien que l'accommodement de Monsieur le Prince lui ôtoit toute sa considération, et l'exposoit à ses ennemis, au lieu que la guerre ne pouvoit durer[5] sans perdre ou sans éloigner Monsieur le Prince, et qu'ainsi, demeurant seul auprès de M. le duc d'Orléans, il pourroit se rendre considérable à la cour, pour en tirer ses avantages. D'autre part, les Espagnols offroient à Monsieur le Prince tout ce qui étoit le plus capable de le tenter, et mettoient tout en usage pour faire durer la guerre civile. Ses plus proches parents, ses amis, et ses domestiques mêmes, appuyoient ce sentiment pour leur intérêt particulier[6]. Enfin tout étoit partagé en cabales

piége pour surprendre (*d'un piége où il a cru surprendre*, réd. 1) ses ennemis; enfin les choses, etc.... (*Ms. H, réd.* 1 *et* 2.) — Le texte des anciennes éditions a beaucoup de rapport avec celui-ci. Nous n'y relèverons que cette variante: « soit par celle que j'ai déjà dite de la manière de l'esprit de Monsieur le Prince et du cardinal Mazarin. »

1. ** Ne voulut plus que ses gens eussent part. (*Ms. H, réd.* 1 *et* 2.)
2. Et ordonna. (*Ms. H, réd.* 1 *et* 2.)
3. Gourville ne parle pas, dans ses *Mémoires* (voyez p. 265 et 266), de cette seconde mission.
4. Toujours arrêté. (*Ms. H, réd.* 1.)
5. Et que la guerre, au contraire, ne pouvoit durer. (*Ms. H, réd.* 1.)
6. ** Par leur intérêt particulier. (*Ms. H, réd.* 1 *et* 2.)

pour faire la paix, ou pour continuer la guerre[1], et tout ce qu'il y a de plus raffiné dans la politique[2] étoit exposé aux yeux de Monsieur le Prince, pour l'obliger à prendre l'un de ces deux partis, lorsque Mme de Châtillon[3] lui fit naître le désir de la paix par des moyens plus agréables. Elle crut qu'un si grand bien devoit être l'ouvrage de sa beauté; et, mêlant de l'ambition avec le dessein de faire une nouvelle conquête, elle voulut en même temps triompher du cœur de Monsieur le Prince, et tirer de la cour les avantages de la négociation. Ces raisons ne furent pas les seules qui lui donnèrent ces pensées. Un intérêt de vanité et de vengeance y eut autant de part[4] que le reste. L'émulation que la beauté et la galanterie produisent souvent parmi les dames, avoit causé une aigreur extrême entre Mme de Longueville et Mme de Châtillon. Elles avoient longtemps caché leurs sentiments; mais enfin ils parurent avec éclat de part et d'autre; et Mme de Châtillon ne borna pas seulement sa victoire à obliger M. de Nemours de rompre la liaison[5] qu'il avoit avec Mme de Longueville : elle voulut ôter aussi à Mme de Longueville[6] la connoissance des affaires, et disposer seule de la conduite et des intérêts de Monsieur le Prince. Le duc de Nemours, qui avoit beaucoup d'engagements avec elle, approuva ce dessein. Il crut que, pouvant régler la conduite de Mme de Châ-

---

1. Pour faire continuer la guerre. (*Ms. H, réd.* 1.)
2. ** De plus raffiné et de plus sérieux dans la politique. (*Ms. H, réd.* 1.)
3. Voyez la note 2 de la page 259.
4. ** Il y avoit un intérêt de vanité et de vengeance qui y eut autant de part. (*Ms. H, réd.* 1 et 2.)
5. A rompre la liaison. (*Ms. H, réd.* 1 et 2.) — Dans les anciennes éditions : « de rompre, par des circonstances très-piquantes et très-publiques, tout le commerce qu'il avoit avec Mme de Longueville.»
6. ** Elle voulut encore lui ôter. (*Ms. H, réd.* 1.)

tillon envers Monsieur le Prince[1], elle lui inspireroit les sentiments qu'il voudroit[2], et qu'ainsi il disposeroit de l'esprit de Monsieur le Prince, par le pouvoir qu'il avoit sur celui de Mme de Châtillon. Le duc de la Rochefoucauld, de son côté, avoit alors plus de part que nul autre[3] à la confiance de Monsieur le Prince, et se trouvoit en même temps dans une liaison étroite avec le duc de Nemours et Mme de Châtillon. Il connoissoit l'irrésolution de Monsieur le Prince pour la paix; et, craignant, ce qui arriva depuis[4], que la cabale des Espagnols et celle de Mme de Longueville ne se joignissent ensemble pour éloigner Monsieur le Prince de Paris, où il pouvoit traiter tous les jours sans leur participation, il crut que l'entremise de Mme de Châtillon pouvoit lever tous les obstacles de la paix. Dans cette pensée, il porta Monsieur le Prince à s'engager avec elle, et lui donner la terre de Marlou en propre[5]. Il disposa aussi Mme de Châtillon à ménager Monsieur le Prince et M. de Nemours, en sorte qu'elle les conservât tous deux, et il fit approuver à M. de Nemours cette liaison, qui ne lui devoit pas être suspecte, puisqu'on vouloit lui en rendre[6] compte, et

---

1. † Vers Monsieur le Prince. (*Ms. H, réd. 1 et 2.*)
2. ** Qu'il lui voudroit donner. (*Ms. H, réd. 1.*)
3. ** Plus de part que personne. (*Ms. H, réd. 1 et 2.*)
4. Ce qui est arrivé du depuis. (*Ms. H, réd. 1 et 2.*)
5. Marlou, Marlo ou Merlou, aujourd'hui Mello, est un bourg situé sur le Thérain, près de Clermont en Beauvaisis (Oise). La princesse de Condé, morte en décembre 1650, avait donné par testament à Mme de Châtillon la jouissance viagère de ce domaine. Mademoiselle (tome II, p. 72), parlant du don par lequel Monsieur le Prince renchérit sur la libéralité de sa mère, dit que c'est « ce qui persuadoit à tout le monde qu'il y avoit de l'amour. » Elle ajoute (p. 73) que, si l'on parla beaucoup de ce don, c'est que « cela arrive si peu aux Bourbons, que, quand ils font des libéralités, l'on les applique toujours à mal. »
6. Puisqu'on lui en vouloit rendre. (*Ms. H, réd. 1 et 2.*)

ne s'en servir que pour lui donner la principale part aux affaires.

Ce plan, étant conduit et réglé¹ par le duc de la Rochefoucauld, lui donna² la disposition presque entière de tout ce qui le composoit³, et ainsi ces quatre personnes y trouvant également leurs avantages, les choses eussent eu sans doute à la fin le succès qu'on desiroit⁴, si la fortune ne s'y fût opposée par divers accidents⁵ qu'il fut impossible d'éviter⁶.

Cependant Mme de Châtillon voulut paroître à la cour avec l'éclat que son nouveau crédit lui devoit donner⁷ ; elle y alla avec un pouvoir si général de disposer des intérêts de Monsieur le Prince, qu'on le prit plutôt pour un effet de sa complaisance envers elle⁸, et une envie de flatter sa vanité, que pour une intention véritable de faire un accommodement. Elle revint à Paris avec de grandes espérances⁹ ; mais le Cardinal tira des avantages

1. ** Cette machine étant conduite et réglée. (*Ms. H*, réd. 1 *et* 2.) — Voyez, au sujet de ce plan, V. Cousin, *Madame de Longueville pendant la Fronde*, p. 146 et suivantes. Il est certain que le ressentiment entraîna ici la Rochefoucauld à des manœuvres indignes d'un loyal gentilhomme. Mme de Motteville (tome IV, p. 10) dit que Mme de Châtillon « se servit du duc de la Rochefoucauld et de ses passions; » et elle ajoute que ce dernier lui « a dit que la jalousie et la vengeance le firent agir soigneusement, et qu'il fit tout ce qu'elle voulut. »

2. ** Lui donnoit. (*Ms. H*, réd. 1 *et* 2.)

3. ** La composoit. (*Ms. H*, réd. 1 *et* 2.)

4. ** Elle eût eu sans doute à la fin le succès qu'il s'étoit (*qu'ils s'étoient*, 1662) proposé. (*Ms. H*, réd. 1 *et* 2.)

5. N'y eût été opposée par plusieurs accidents. (*Ms. H*, réd. 1.)

6. Qu'il ne fut pas possible d'éviter. (*Ms. H*, réd. 1 *et* 2.)

7. « Elle alla donc à la cour, dit Mme de Motteville (tome IV, p. 10), et y parut avec l'éclat que lui devoit donner une si grande apparence de crédit sur l'esprit de Monsieur le Prince. »

8. † Vers elle. (*Ms. H*, réd. 1 *et* 2.)

9. Avec de grandes apparences. (*Ms. H*, réd. 1.) — Voyez la *Muze historique*, p. 237, lettre du 28 avril, déjà citée.

solides de cette négociation[1] : il gagnoit du temps, il augmentoit le soupçon des cabales opposées, et il amusoit Monsieur le Prince à Paris, sous l'espérance d'un traité, pendant qu'on lui ôtoit la Guyenne, qu'on prenoit ses places[2], que l'armée du Roi[3], commandée par M. de Turenne et par le maréchal d'Hocquincourt, tenoit la campagne, lorsque la sienne[4] étoit retirée dans Étampes. Elle ne put même y demeurer longtemps sans recevoir une perte considérable; car M. de Turenne ayant avis que Mademoiselle, revenant d'Orléans, et passant par Étampes, avoit voulu voir l'armée en bataille, il[5] fit marcher ses troupes[6], et arriva au faubourg d'Étampes[7], avant que celles de l'armée des Princes fussent rentrées, et en état de défendre le faubourg[8]. Il fut forcé et pillé[9], et M. de Turenne et le maréchal d'Hocquincourt se retirèrent en leur quartier, après avoir tué mille ou douze cents hommes des meilleures troupes

---

1. « Qui ressembloit, dit une note de l'édition de 1688, à celle de la poule avec le renard. »
2. ** Qu'on lui prenoit ses places. (*Ms. H, réd.* 1.)
3. ** Et que l'armée du Roi. (*Ms. H, réd.* 1 et 2.)
4. ** Et que la sienne. (*Ms. H, réd.* 1 et 2.)
5. Cet *il* superflu manque dans le ms. H (réd. 1 et 2) et dans les anciennes éditions de la première série.
6. De Chastres-sous-Montlhéry (aujourd'hui Arpajon), où elles étoient cantonnées, coupant ainsi à l'armée des Princes les communications avec Paris.
7. « Je partis le 2 de mai d'Orléans, dit Mademoiselle (tome II, p. 47 et 48), et j'allai à Étampes.... A un quart de lieue d'Étampes tous les généraux et quantité d'officiers vinrent au-devant de moi.... J'y voulus voir toute l'armée en bataille; mais les officiers en firent quelque difficulté, disant que les ennemis pourroient par ce moyen savoir au vrai le nombre qu'ils étoient : ce qui arrêta fort court ma curiosité, aimant mieux me priver de cette satisfaction que de faire la moindre chose qui pût nuire au parti. »
8. Ce même faubourg. (*Ms. H, réd.* 1.)
9. Aussi fut-il forcé et pillé. (*Ms. H, réd.* 1.)

de Monsieur le Prince, et emmené plusieurs prisonniers[1]. Ce succès augmenta les espérances de la cour, et fit naître le dessein d'assiéger dans Étampes toute l'armée des Princes, qui y étoit enfermée[2] : quelque difficile que parût cette entreprise, elle fut néanmoins résolue, sur l'espérance de trouver des troupes étonnées, des chefs divisés, une place ouverte en plusieurs endroits, fort mal munie, et hors d'état d'être secourue que par M. de Lorraine, avec lequel[3] la cour croyoit avoir traité[4]. Il semble aussi que l'on considéra moins[5] l'événement du siége que la réputation qu'un si grand dessein devoit donner aux armes du Roi[6]. En effet, quoiqu'on continuât avec empressement de négocier, et que Monsieur

1. Sur ce combat, qui eut lieu le 4 mai, voyez les *Mémoires de Navailles* (édition de M. Moreau, 1861), p. 82.
2. Qui étoit enfermée dedans. (Ms. H, réd. 1 et 2.)
3. Avec lequel néanmoins. (Ms. H, réd. 1.)
4. Le duc Charles III (ou IV) de Lorraine, beau-frère de Monsieur, s'était en effet offert et vendu aux deux partis en véritable condottière qu'il était, sans se piquer de plus de fidélité envers l'un qu'envers l'autre. Tandis que la cour traitait avec lui, ce prince, qui n'avait plus d'États, mais qui avait toujours une armée, s'engageait, par un autre arrangement, en date de janvier 1652, à mettre au service de Condé et du duc d'Orléans ses vieux régiments, moitié allemands, moitié lorrains. On verra plus loin par quel biais il sortit d'embarras.
5. Par-dessus tout cela, il semble que l'on considéra encore moins. (Ms. H, réd. 1.)
6. Les troupes du Roi attaquèrent Étampes dès le 26 mai, par la rive gauche de la Juine; mais toute la rive droite demeura libre. Mademoiselle dit (tome II, p. 70) que Turenne assiégea cette place contre son gré, son armée n'étant pas assez forte pour la pouvoir investir dans les formes, et les troupes des Princes qui s'y trouvaient, sous le commandement de Tavannes et de Clinchamp, n'étant composées que de soldats d'élite. — Voyez, au sujet de ce fait d'armes, les *Mémoires de Navailles*, p. 83, et dans la *Bibliographie des Mazarinades* (tome III, p. 364 et 365) la liste des pièces relatives au siége d'Étampes.

MÉMOIRES. [1652] 395

le Prince eût alors[1] un extrême desir de la paix, on ne la pouvoit raisonnablement attendre[2], jusques à ce que le succès d'Étampes en eût réglé les conditions. Les partisans de la cour se servoient[3] de cette conjoncture pour gagner le peuple, et pour faire des cabales dans le Parlement; et bien que M. d'Orléans parût[4] très-uni avec Monsieur le Prince, il avoit tous les jours[5] des conférences particulières avec le cardinal de Retz, qui s'attachoit principalement à détruire toutes les résolutions que Monsieur le Prince lui faisoit prendre.

Le siége d'Étampes continuoit toujours, et, quoique les progrès de l'armée du Roi ne fussent pas considérables, les bruits qui se répandoient[6] dans le Royaume lui étoient avantageux, et Paris attendoit M. de Lorraine[7] comme le salut du parti. Il arriva enfin, en suite de plusieurs remises[8], et après avoir donné beaucoup de soupçon de son accommodement avec le Roi; sa présence dissipa[9] pour un temps cette opinion, et on le reçut

1. † Eut lors. (*Ms. H, réd. 1 et 2.*)
2. **On ne la pouvoit pas toutefois raisonnablement attendre. (*Ms. H, réd. 1.*)
3. Se servoient alors. (*Ms. H, réd. 1.*)
4. **Parût alors. (*Ms. H, réd. 1.*)
5. **Il avoit néanmoins tous les jours. (*Ms. H, réd. 1 et 2.*)
6. † Les bruits néanmoins qui se répandoient. (*Ms. H, réd. 1 et 2.*)
7. **Attendoit le secours de M. de Lorraine. (*Ms. H, réd. 1 et 2.*)
8. **Après tant de remises. (*Ms. H, réd. 1.*) — Il arriva « tout de bon, » comme dit Mademoiselle (tome II, p. 73), le 1er juin ou plutôt le 31 mai 1652, avec une armée de huit mille hommes. Voyez au sujet de ces « remises » dont parle ici la Rochefoucauld, une lettre de l'abbé Foucquet à Mazarin, citée par M. Chéruel dans son édition des *Mémoires de Mademoiselle*, tome II, p. 76. C'est Mme de Chevreuse, alors au mieux avec la cour, qui servit en ces circonstances d'intermédiaire officieux entre le Cardinal et le duc de Lorraine.
9. **Toutefois sa présence dissipa. (*Ms. H, réd. 1.*)

avec une extrême joie[1]. Ses troupes campèrent près de Paris, et on en souffrit les désordres sans s'en plaindre[2]. Il y eut d'abord quelque froideur entre Monsieur le Prince et lui pour le rang; mais, voyant que Monsieur le Prince tenoit ferme, il relâcha de ses prétentions d'autant plus facilement, qu'il n'avoit fait ces difficultés que pour gagner le temps de faire un traité[3] secret avec la cour pour la levée du siége d'Étampes, sans hasarder un combat[4]. Néanmoins, comme on n'est jamais si facile à être surpris[5] que quand on songe trop à tromper les autres[6], M. de Lorraine, qui croyoit trouver ses avantages et toutes ses sûretés[7] dans les négociations continuelles qu'il ménageoit avec la cour, avec beaucoup de mauvaise foi pour elle et pour le parti des Princes, vit tout d'un coup l'armée du Roi marcher à lui[8], et il fut sur-

1. Consultez à ce sujet, à la date du 1er juin 1652, le *Journal de Dubuisson-Aubenay*, manuscrit, déjà cité, de la bibliothèque Mazarine, où se trouvent relatés, au jour le jour, tous les bruits de la cour et de la ville.

2. Et on en souffrit le désordre sans plainte. (*Ms. H*, réd. 1 et 2.) — Le duc de Lorraine passa six jours à Paris, songeant plus à se divertir qu'à secourir Étampes et les Princes : voyez encore les *Mémoires de Mademoiselle*, tome II, p. 74 et suivantes.

3. Gagner du temps pour faire un traité. (*Ms. H*, réd. 1 et 2.)

4. Ce traité d'accommodement fut en effet signé par le garde des sceaux Châteauneuf; la retraite de l'armée royale, puis, comme conséquence, celle du duc de Lorraine y étaient formellement stipulées. — La suite manque dans les anciennes éditions de la première série, jusqu'à : « lui voulut imposer » (seize lignes plus loin). Elles reprennent ainsi : « Il fut conclu par M. de Lorraine sans rien dire ni à Monsieur. »

5. Si aisé à surprendre. (*Ms. H*, réd. 1.)

6. Rapprochez de la *maxime* 117 (tome I, p. 81), où la Rochefoucauld dit : « On n'est jamais si aisément trompé que quand on songe à tromper les autres. »

7. Qui croyoit rencontrer tous ses avantages et toutes ses sûretés. (*Ms. H*, réd. 1 et 2.)

8. A Villeneuve-Saint-Georges, où il s'était arrêté, revenant

pris lorsque M. de Turenne lui manda qu'il le chargeroit, s'il ne décampoit et ne se retiroit en Flandres[1]. Les troupes de M. de Lorraine n'étoient pas inférieures à celles du Roi[2], et un homme qui n'eût eu soin que de sa réputation eût pu raisonnablement hasarder un combat; mais, quelles que fussent les raisons de M. de Lorraine, elles lui firent préférer le parti de se retirer avec honte, et de subir ainsi le joug que M. de Turenne lui voulut imposer[3]. Il ne donna aucun avis de ce qui se passoit à M. le duc d'Orléans ni à Monsieur le Prince, et les premières nouvelles qu'ils en eurent leur apprirent confusément que leurs troupes étoient sorties d'Étampes, que l'armée du Roi s'en étoit éloignée, et que M. de Lorraine s'en retournoit en Flandres[4], prétendant avoir pleinement satisfait aux ordres des Espagnols, et à la parole qu'il avoit donnée à M. le duc d'Orléans de faire lever le siège d'Étampes. Cette nouvelle surprit tout le

d'Étampes. Voyez *Mademoiselle*, tome II, p. 78-81, et Désormeaux, *Histoire du prince de Condé*, tome III, p. 278.

1. Tout d'un coup marcher M. de Turenne à lui avec toute l'armée, et il fut surpris lorsqu'il lui manda qu'il le chargeroit, s'il ne décampoit et ne se retiroit en Flandres. (*Ms. H, réd.* 2.) — *Tout d'un coup marcher M. de Turenne à lui, avec toute l'armée, qui lui manda de décamper de (à, anc. éd.) l'heure même et de (*s'en*, anc. éd.) retourner en Flandres. (*Ms. H, réd.* 1.)

2. Il avait cinq mille hommes à cheval, trois mille fantassins, et une excellente artillerie. « Sa cavalerie étoit fort belle, dit Mademoiselle (tome II, p. 79); mais pour son infanterie, elle ne l'étoit pas trop: il avoit des Irlandois, qui, pour l'ordinaire, ne sont ni de bonnes ni de belles troupes; tout ce qu'ils ont de recommandable sont leurs musettes. »

3. Lui vouloit imposer. (*Ms. H, réd.* 1 *et* 2.) — Voyez les *Mémoires de Retz*, tome IV, p. 29-31, éd. Ch.

4. Turenne leva le siège d'Étampes le 7 juin, après y avoir fait de très-grosses pertes; la retraite du duc Charles eut lieu le 16 juin. Voyez, dans M. Moreau (*Bibliographie*, tome III, p. 366 et 367), la liste des nombreuses *Mazarinades* imprimées à cette occasion.

monde¹, et fit résoudre Monsieur le Prince² d'aller joindre ses troupes, craignant que celles du Roi ne les chargeassent en chemin. Il sortit de Paris avec douze ou quinze chevaux, s'exposant ainsi à être rencontré par les partis des ennemis. Il joignit son armée à Linas³, et l'amena loger vers Villejuive⁴; elle passa ensuite à Saint-Cloud, où elle fit un long séjour, pendant lequel, non-seulement la moisson fut toute perdue⁵, mais presque toutes les maisons de la campagne furent brûlées ou pillées, ce qui commença d'aigrir les Parisiens⁶, et Monsieur le Prince fut près d'en recevoir les funestes marques en la journée de Saint-Antoine⁷, dont nous allons parler.

Cependant Langlade⁸ alloit et venoit de la part du

1. D'après Mademoiselle, ce fut plus que de la surprise. « Tout Paris, dit-elle (tome II, p. 82), étoit dans des déchaînements horribles contre les Lorrains : personne ne s'osoit dire de cette nation, de peur d'être noyé. »

2. ** Et fit prendre résolution à Monsieur le Prince. (*Ms. H*, *réd.* 1 *et* 2.)

3. Près de Montlhéry. — 4. Voyez la note 4 de la page 123.

5. ** La moisson fut perdue. (*Ms. H*, *réd.* 1 *et* 2.)

6. ** Ce qui commença l'aigreur des Parisiens. (*Ms. H*, *réd.* 1 *et* 2.) — Voyez le *Journal contenant ce qui se passa de plus remarquable dans le Royaume pendant cette guerre civile à Paris* (*Bibliographie des Mazarinades*, tome I, p. 82-84). — Les bourgeois de Paris allèrent en corps au Luxembourg se plaindre des vols et des violences de l'armée des Princes; il y eut même des rixes entre bourgeois et soldats. Il est certain que, dès le mois de juin, la fatigue était générale à Paris; tous les pamphlets de cette période de la Fronde en témoignent. Voyez, entre autres, *l'Esprit de paix*, en date du 25 juin 1652, où l'on conseille aux Parisiens d'aller au palais d'Orléans demander le Roi et la paix *sans condition* (*Choix de Mazarinades*, tome II, p. 375 et suivantes).

7. ** Dont Monsieur le Prince fut près de recevoir de funestes marques à la journée de Saint-Antoine. (*Ms. H*, *réd.* 1 *et* 2.)

8. Sur Jacques de Langlade, alors secrétaire du duc de Bouillon, voyez ci-dessus, la note 6 de la page 183.

Cardinal à Monsieur le Prince[1]. On étoit déjà convenu[2] des principales conditions; mais plus le Cardinal insistoit[3] sur les moindres, et plus on devoit croire qu'il[4] ne vouloit pas traiter. Ces irrésolutions donnoient de nouvelles forces à toutes les cabales, et de la vraisemblance à tous les divers bruits qu'on vouloit semer; jamais Paris n'a été plus agité, et jamais l'esprit de Monsieur le Prince n'a été plus partagé pour se résoudre à la paix ou à la guerre. Les Espagnols le vouloient éloigner de Paris, pour empêcher la paix, et les amis de Mme de Longueville contribuoient à ce dessein, pour l'éloigner aussi de Mme de Châtillon. D'ailleurs Mademoiselle avoit tout ensemble le même dessein qu'avoient les Espagnols et celui qu'avoit Mme de Longueville[5] : car, d'un côté, elle vouloit la guerre comme les Espagnols, afin de se venger[6] de la Reine et du Cardinal, qui ne vouloient pas qu'elle épousât le Roi, et, de l'autre, elle desiroit, comme Mme de Longueville, de rompre[7] la liaison de Monsieur le Prince avec Mme de Châtillon, et avoir plus de part qu'elle à sa confiance et à son estime. Pour y parvenir[8]

1. Au lieu de cette phrase, on lit dans le ms. H (réd. 1) : « Cependant Gaucourt avoit des conférences secrètes avec le Cardinal, qui lui témoignoit toujours de desirer la paix avec empressement.
2. Il étoit déjà convenu. (*Ms. H, réd.* 2.) — **Il étoit convenu. (*Ms. H, réd.* 1.)
3. **Plus il insistoit. (*Ms. H, réd.* 1 et 2.)
4. Que le Cardinal. (*Ms. H, réd.* 2.)
5. Avoit tout à la fois le même but des Espagnols et celui de Mme de Longueville. (*Ms. H, réd.* 1.) — On voit par les *Mémoires de Mademoiselle* (tome II, p. 85) qu'elle entretenait, par l'intermédiaire de Clinchamp, des relations suivies avec Fuensaldagne et les Espagnols.
6. **Pour se venger. (*Ms. H, réd.* 1.)
7. Et de l'autre, comme Mme de Longueville, elle vouloit rompre. (*Ms. H, réd.* 1.)
8. Et même pour y parvenir. (*Ms. H, réd.* 1.)

par ce qui étoit le plus sensible¹ à Monsieur le Prince, elle leva des troupes en son nom, et lui promit de fournir de l'argent pour en lever d'autres. Ces promesses, jointes à celles des Espagnols et aux artifices des amis de Mme de Longueville, firent perdre à Monsieur le Prince les pensées qu'il avoit² pour la paix. Ce qui l'en éloigna encore davantage fut³, non-seulement le peu de confiance qu'il crut devoir⁴ prendre en la cour⁵, mais il se persuada que, puisque M. de Lorraine⁶, dépouillé de ses États et avec des qualités beaucoup au-dessous des siennes⁷, s'étoit rendu si considérable par son armée et par son argent, il feroit⁸ aussi des progrès à proportion plus avantageux, et seroit cependant maître de sa conduite⁹. C'est apparemment ce motif¹⁰ qui a entraîné Monsieur le Prince avec les Espagnols, et pour lequel il a bien voulu exposer tout ce que sa naissance et ses

1. **De plus sensible. (*M. H*, *réd.* 1 *et* 2.)
2. **Otèrent de l'esprit de Monsieur le Prince les pensées qu'il avoit eues. (*Ms. H*, *réd.* 1.)
3. **Ce qui, à mon avis, l'en éloigna encore plus (*fut*, anc. éd.), ce fut. (*Ms. H*, *réd.* 1.)
4. **Pouvoir. (*Ms. H*, *réd.* 2.)
5. **Qu'il crut devoir prendre désormais à (*en*, anc. éd.) la cour. (*Ms. H*, *réd.* 1.)
6. Mais ce que je trouve de plus difficile à croire d'une personne de sa qualité et de son mérite, ce fut une envie d'imiter M. de Lorraine en plusieurs choses de sa façon de vie libre et indépendante, et particulièrement en la manière de traiter ses troupes, et il se persuada que si M. de Lorraine. (*Ms. H*, *réd.* 1.) — Voyez ci-dessus, la note 4 de la page 394.
7. **Avec de bien moindres avantages que les siens. (*Ms. H*, *réd.* 1.)
8. **Par son argent, qu'ayant les (*des*, anc. éd.) qualités infiniment au-dessus de lui, il feroit. (*Ms. H*, *réd.* 1.)
9. Et seroit cependant entièrement maître de sa conduite. (*Ms. H*, *réd.* 2.) — **Et mèneroit cependant, pour y parvenir, une vie entièrement conforme à son humeur. (*Ms. H*, *réd.* 1.)
10. C'est ce qu'on a cru être (*aussi être*, réd. 1) le véritable motif. (*Ms. H*, *réd.* 1 *et* 2.)

services lui avoient acquis dans le Royaume. Il cacha[1] ce sentiment autant qu'il lui fut possible, et fit paroître le même desir de la paix, qu'on traitoit toujours inutilement. La cour étoit alors à Saint-Denis, et le maréchal de la Ferté[2] avoit joint l'armée du Roi avec les troupes qu'il avoit amenées de Lorraine[3]. Celles de Monsieur le Prince étoient plus foibles que le moindre de ces deux corps[4] qui lui étoient opposés, et elles avoient tenu jusque-là le poste de Saint-Cloud, afin de se servir du pont pour éviter un combat inégal; mais l'arrivée du maréchal de la Ferté, donnant moyen aux troupes du Roi de se séparer, et d'attaquer Saint-Cloud par les deux côtés[5], en faisant un pont de bateaux vers Saint-Denis, fit résoudre Monsieur le Prince à partir de Saint-Cloud dans le dessein de gagner Charenton, et de se poster dans cette langue de terre où se fait la jonction de la rivière de Marne avec la Seine[6]. Il eût pris sans doute un autre parti s'il eût eu la liberté de choisir, et il lui eût été bien plus sûr[7] et plus facile de laisser la rivière de Seine à sa main gauche, et d'aller, par Meudon et par Vaugirard, se poster sous le faubourg Saint-Germain, où on ne l'eût peut-être pas attaqué, de peur d'engager

1. ** Il cacha néanmoins. (*Ms. H, réd. 1.*)
2. Henri de la Ferté-Senneterre ou Saint-Nectaire, né en 1600, maréchal en 1651, duc et pair en 1665, mort en 1681.
3. Ce qui portait les forces de l'armée royale à douze mille hommes environ; celle des Princes était réduite à moins de six mille.
4. Le moindre des deux corps. (*Ms. H, réd. 1.*)
5. Entre Épinay, d'un côté, et la plaine de Gennevilliers et de Colombes, de l'autre. Voyez, dans les *Mémoires de Tavannes* (p. 153 et suivantes), le conseil de guerre tenu en cette occasion par Condé, et où assista le duc de la Rochefoucauld.
6. Rapprochez encore de *Mme de Motteville*, tome IV, p. 16 et 17. — Les éditions anciennes de la première série ont ici une nouvelle lacune. Elles reprennent à l'alinéa suivant : « Il fit marcher ».
7. Et il eût été bien plus sûr. (*Ms. H, réd. 1 et 2.*)

par là les Parisiens à le défendre; mais M. le duc d'Orléans ne voulut jamais y consentir[1], par la crainte qu'on lui donna de l'événement d'un combat[2] qu'il pouvoit voir des fenêtres de[3] Luxembourg, et parce qu'on lui fit croire aussi[4] que l'artillerie du Roi y feroit de continuelles décharges pour l'en chasser. Ainsi, par l'opinion[5] d'un péril imaginaire, M. le duc d'Orléans exposa la vie[6] et la fortune de Monsieur le Prince à l'un des plus grands dangers qu'il courut jamais[7].

Il fit donc marcher ses troupes, à l'entrée de la nuit[8], le 1er de juillet[9] 1652, pour arriver à Charenton avant que celles du Roi[10] le pussent joindre. Elles passèrent par le Cours de la Reine mère[11] et par le dehors de Paris, depuis la porte de Saint-Honoré jusques à celle de Saint-Antoine[12], pour prendre de là le chemin de Charenton. Il voulut éviter de demander passage dans

1. *N'y voulut jamais consentir. (Ms. H, réd. 1 et 2.)
2. *Qu'on lui donna non-seulement de l'événement d'un combat. (Ms. H, réd. 1.)
3. L'éditeur de 1804 a changé de en du.
4. Croire encore. (Ms. H, réd. 1 et 2.)
5. *De sorte que, par l'opinion. (Ms. H, réd. 1 et 2.)
6. *Exposa ainsi la vie. (Ms. H, réd. 1 et 2.)
7. *Qu'il ait jamais couru (sic). (Ms. H, réd. 1 et 2.)
8. Sur cette marche, faite en deux colonnes, Tavannes commandant la première, Nemours la seconde, et Condé l'arrière-garde, voyez les *Mémoires de Chouppes*, p. 172 et 173.
9. Le premier juillet. (Ms. H, réd. 1 et 2.)
10. Auparavant que celles du Roi. (Ms. H, réd. 2.) — Auparavant que les ennemis. (Ms. H, réd. 1.)
11. *Mère* n'est pas dans le ms. H (réd. 1 et 2), mais il est dans toutes les anciennes éditions. — Voyez ci-dessus la note 4 de la page 263.
12. La porte Saint-Honoré, détruite en 1733, se trouvait à peu près à l'endroit où la rue Saint-Florentin coupe aujourd'hui la rue Saint-Honoré. — La porte Saint-Antoine, abattue en 1671 et remplacée par un arc de triomphe, s'élevait au bout de la rue du même nom, là où est aujourd'hui la place de la Bastille.

la Ville, craignant de ne le pas obtenir, et qu'un refus, dans une telle conjoncture[1], ne fît paroître le mauvais état de ses affaires; il craignoit aussi que, s'il l'obtenoit[2], ses troupes ne se dissipassent dans la Ville, et qu'il ne pût les en faire sortir s'il en étoit besoin[3].

La cour fut aussitôt avertie de la marche de Monsieur le Prince, et M. de Turenne partit à l'heure même avec ce qu'il avoit de troupes, pour le suivre et pour l'arrêter[4], jusques à ce que le maréchal de la Ferté, qui avoit eu ordre de repasser le pont et de marcher[5] avec les siennes, eût le temps de le joindre[6]. On fit cependant aller le Roi à Charonne[7], afin d'y voir, comme de dessus un théâtre, une action[8] qui, selon les apparences, devoit être la perte inévitable de Monsieur le Prince, et la fin de la guerre civile, et qui fut en effet l'une[9] des plus hardies et des plus périlleuses occasions[10] de toute cette guerre[11], et celle où les grandes et extraordinaires qualités de Monsieur le Prince parurent avec le plus d'éclat[12]. La fortune même sembla se réconcilier avec lui

1. ** Dans un temps comme celui-là. (*Ms. H*, réd. 1.)
2. ** Que, l'ayant obtenu. (*Ms. H*, réd. 1 et 2.)
3. † S'il en avoit besoin. (*Ms. H*, réd. 1 et 2.)
4. Pour le suivre et l'arrêter. (*Ms. H*, réd. 2.) — Pour aller après lui pour l'arrêter. (*Ms. H*, réd. 1.)
5. Suivre. (*Ms. H*, réd. 1.)
6. ** Le temps d'arriver. (*Ms. H*, réd. 1.)
7. Ce fut du camp de Charonne que le Roi écrivit, le 2 juillet, au prévôt des marchands et aux échevins de Paris, pour défendre qu'on laissât pénétrer dans l'intérieur de la Ville les troupes des Princes, une lettre qui se trouve dans les *Registres de l'Hôtel de Ville pendant la Fronde*, tome III, p. 39 et 40.
8. ** Afin que de ce lieu (*de ce lieu-là*, anc. éd.), comme de dessus un théâtre, il fût témoin d'une action. (*Ms. H*, réd. 1.)
9. ** Mais qui fut en effet une. (*Ms. H*, réd. 1 et 2.)
10. Périlleuses actions. (*Ms. H*, réd. 1.)
11. Qu'on ait vu (*sic*) dans la guerre. (*Ms. H*, réd. 1 et 2.)
12. Ont le plus avantageusement paru. (*Ms. H*, réd. 1.)

en cette rencontre, pour avoir part[1] à un succès dont l'un et l'autre parti ont donné la gloire à sa valeur et à sa conduite[2]; car il fut attaqué[3] dans le faubourg Saint-Antoine[4], où il eut moyen de se servir des retranchements que les bourgeois y avoient faits quelques jours auparavant, pour se garantir d'être pillés par les troupes de M. de Lorraine, et il n'y avoit que ce seul lieu, dans toute la marche qu'il vouloit faire, qui fût retranché, et où il pût éviter[5] d'être entièrement défait. Quelques escadrons[6] de son arrière-garde furent chargés dans le faubourg Saint-Martin, par des gens que M. de Turenne avoit détachés pour l'amuser, et se retirèrent en désordre dans le retranchement du faubourg Saint-Antoine, où il s'étoit mis en bataille. Il n'eut que le temps qui lui étoit nécessaire pour cela, et pour garnir d'infanterie et de cavalerie tous les postes par lesquels il pouvoit être attaqué. Il fut contraint de mettre le bagage de son armée[7] sur le bord du fossé de Saint-Antoine, parce qu'on avoit refusé de le laisser entrer dans Paris[8]; on avoit même pillé quelques chariots[9], et les partisans de la cour

1. **Et voulut avoir part. (*Ms. H*, réd. 1.)
2. Mme de Motteville (tome IV, p. 19) et Retz (tome IV, p. 42, éd. Ch.) donnent de semblables éloges à la conduite de Condé en cette journée.
3. Attaqué précisément. (*Ms. H*, réd. 1.) — Dans les anciennes éditions : « car il fut attaqué précisément dans le temps auquel il se put servir des retranchements que les bourgeois du faubourg Saint-Antoine avoient faits pour, etc. »
4. Condé arriva sur les sept heures du matin au faubourg Saint-Antoine; c'est en suivant le chemin appelé depuis lors *chemin de la Révolte* qu'il fut atteint par Turenne. On accourut de tous côtés pour voir le combat du haut des remparts.
5. **Où il put s'empêcher. (*Ms. H*, réd. 1.)
6. **Quelques escadrons même. (*Ms. H*, réd. 1.)
7. **De l'armée. (*Ms. H*, réd. 1.)
8. **A Paris. (*Ms. H*, réd. 1 et 2.)
9. On lit en effet ce qui suit, dans une *relation* du temps (*Bi-*

avoient ménagé qu'on y verroit, comme d'un lieu neutre, l'événement de cette affaire. Monsieur le Prince retint¹ auprès de lui ce qui s'y trouva de ses domestiques, ou de personnes de qualité qui n'avoient point de commandement, et qui étoient au nombre de trente ou quarante, et en forma un escadron². M. de Turenne disposa ses attaques avec une extrême diligence³, et avec toute la confiance⁴ que peut avoir un homme qui se croit assuré de la victoire ; mais, lorsque⁵ ces gens détachés furent à trente pas du retranchement, Monsieur le Prince sortit avec l'escadron que j'ai dit, et, se mêlant l'épée à la main, défit entièrement le bataillon qui étoit commandé, prit des officiers prisonniers, emporta les drapeaux, et se retira dans son retranchement. D'un autre côté, le marquis de Saint-Mesgrin⁶ attaqua le poste qui étoit défendu par le comte de Tavannes, lieutenant général, et par Lanques⁷, maréchal de camp. La résistance y fut si grande, que le marquis de Saint-Mesgrin, voyant que toute son infanterie mollissoit, emporté de chaleur

---

bliographie des Mazarinades, tome III, p. 79) : « N'est-il pas étrange que les bourgeois aient fait piller aux crocheteurs le bagage de Messieurs les Princes, pendant qu'ils s'occupoient à faire tirer le canon et essuyer les canonnades ennemies, et qu'ils hasardoient leurs vies pour leur service. »

1. ** Conserva. (*Ms. H, réd.* 1.)
2. Ces mots : « et en forma un escadron », ne sont pas dans le ms. H (réd. 1 et 2), ni dans les anciennes éditions.
3. **Avec toute la diligence. (*Ms. H, réd.* 1.)
4. Et toute la confiance. (*Ms. H, réd.* 1 et 2.)
5. *Mais, comme. (*Ms. H, réd.* 1.)
6. Sur le marquis de Saint-Mesgrin, voyez ci-dessus, la note 4 de la page 143.
7. Cleriadus de Choiseul, dit le marquis de Lanques (*l'Enques* dans le ms. D de la Roche-Guyon ; voyez le *P. Anselme*, tome IV, p. 828), « un fort galant homme et bon officier », dit Mademoiselle (tome II, p. 87) ; il commandait l'avant-garde de l'armée des Princes.

et de colère, avança avec la compagnie des chevaux légers du Roi, dans une rue étroite, fermée d'une barricade[1], où il fut tué avec le marquis de Nantouillet[2], le Fouilloux[3], et quelques autres. Manchiny, neveu du cardinal Mazarin, y fut blessé, et mourut peu de jours après[4]. On continuoit de toutes parts les attaques avec

1. On ne voit pas bien, dans le récit de la Rochefoucauld, quel fut le théâtre du combat. Il y faut suppléer à l'aide des *Mémoires de Tavannes* (p. 155 et suivantes). L'action se livra dans l'espèce de patte d'oie formée par les trois rues principales du faubourg, la rue de Charonne, à gauche, celle du Faubourg-Saint-Antoine, au milieu, celle de Charenton, à droite, et par les petites rues adjacentes. L'armée de Turenne occupait une ligne courbe depuis Charonne jusqu'à la Seine, de sorte qu'en cas de défaite, Condé n'avait d'autre issue que la rivière ou Paris fermé.

2. François du Prat, marquis de Nantouillet, était volontaire. Saint-Mesgrin, dit Mademoiselle (tome II, p. 114), mourut « en très-galant homme comme il étoit; il y avoit longtemps qu'il servoit, et avoit beaucoup acquis. »

3. Plusieurs maisons ont porté ce nom. Il s'agit ici, non des Fouilloux auxquels appartenait l'auteur bien connu du *Traité de la vénerie*, Jacques du Fouilloux, mais de Charles de Meaux, seigneur du Fouilloux en Arvert (Saintonge), capitaine enseigne des gardes du corps d'Anne d'Autriche, et parent des Comminges par sa mère. Ce fut son cousin, oncle à la mode de Bretagne, François de Comminges, le capitaine des gardes, qui le présenta à Mazarin. On prétend qu'il fut tué, dans l'affaire du faubourg Saint-Antoine, par Condé lui-même. *L'Extrait du livre des choses mémorables de l'abbaye de Saint-Denis*, qui se trouve à l'*Appendice* du tome III des *Registres de l'Hôtel de Ville pendant la Fronde*, le mentionne, parmi les victimes du combat, sous le nom de *M. de Fouillon* (p. 418 et 419), et donne (p. 433, 436 et 437) quelques détails sur les derniers moments de « ce jeune homme de vingt-six à vingt-sept ans, fort accompli selon le corps et l'esprit du monde et bien aimé du Roi. » Sa sœur, Bénigne de Meaux du Fouilloux, devint fille d'honneur d'Anne d'Autriche en 1657, et marquise d'Alluye en 1667, par son mariage avec Paul d'Escoubleau, neveu du cardinal de Sourdis (*Mémoires de Mademoiselle*, tome III, p. 114, et *Appendice*, p. 589 et suivantes).

4. « Mancini n'avoit que seize ans : c'étoit un fort joli garçon

une extrême vigueur, et Monsieur le Prince chargea une seconde fois[1], avec même succès qu'à la première[2]. Il se trouvoit partout, et, dans le milieu du feu et du combat, il donnoit les ordres avec cette netteté[3] d'esprit qui est si rare et si nécessaire en ces rencontres[4]. Enfin[5] les troupes du Roi avoient forcé la dernière barricade de la rue qui va de celle du Cours[6] à Charenton, et qui étoit[7] quarante pas au delà d'une fort grande

et de grande espérance; il fit des merveilles à la tête du régiment de la marine dont il étoit mestre de camp; il fut fort regretté. » (*Mademoiselle*, tome II, p. 114). Voyez aussi le *Livre*, cité ci-dessus, *des choses mémorables de l'abbaye de Saint-Denis* (p. 418 et 419, et p. 429 et suivantes). Plusieurs *Mazarinades* furent composées à l'occasion de la mort de Paul Mancini. On trouvera, entre autres, dans Mailly, *Esprit de la Fronde* (tome V, p. 492), l'analyse du pamphlet qui a pour titre : *Les entretiens de Saint-Maigrin et de Mancini aux Champs-Élysiens, et l'arrivée du duc de Nemours au même lieu, avec la description de l'appartement qu'on prépare à Mazarin dans les enfers.*

1. **Une seconde fois les ennemis. (*Ms. H*, réd. 1.)
2. **Que la première. (*Ms. H*, réd. 1 et 2.)
3. **Avec une netteté. (*Ms. H*, réd. 1 et 2.)
4. En ces rencontres-là. (*Ms. H*, réd. 1 et 2.) — Dans ces lieux-là. (*Anc. éd.*)
5. Les anciennes éditions donnent ici, sur la reprise d'une barricade par Condé, quelques détails qui manquent dans la rédaction définitive : « Enfin les troupes du Roi avoient forcé la dernière barricade de la rue du Cours qui va au bois de Vincennes, et elles étoient entrées en bataille jusques à la halle du faubourg Saint-Antoine, lorsque le prince de Condé y accourut, les chargea, et, taillant en pièces tout ce qu'il rencontra, regagna ce poste et en chassa les ennemis. Ils étoient néanmoins maitres d'une seconde barricade qui (*laquelle*, 1662) étoit dans la rue qui va à Charenton, étant quarante pas au delà d'une fort grande place qui est sur cette même rue. Le marquis de Noailles (*sic*, voyez ci-dessus, p. 203, note 2) s'en étoit rendu maître, etc. »
6. Le Cours dont il s'agit est le Cours de la porte Saint-Antoine, qui faisait le pendant, comme promenade, de ce côté de Paris, au Cours de la Reine mère, de l'autre côté.
7. † Laquelle étoit. (*Ms. H*, réd. 1 et 2.)

place qui aboutit à cette même rue. Le marquis de Navailles s'en étoit rendu maître[1], et, pour la mieux garder, il avoit fait percer les maisons proches, et mis des mousquetaires partout. Monsieur le Prince avoit dessein de les déloger avec de l'infanterie, et de faire percer d'autres maisons, pour les chasser par un plus grand feu, comme c'étoit en effet le parti qu'on devoit prendre; mais le duc de Beaufort, qui ne s'étoit pas rencontré auprès de Monsieur le Prince au commencement de l'attaque, et qui sentoit quelque dépit de ce que le duc de Nemours y avoit toujours été, pressa Monsieur le Prince de faire attaquer la barricade par de l'infanterie, et, comme cette infanterie étoit déjà lassée et rebutée, au lieu d'aller aux ennemis, elle se mit en haie[2] le long des maisons sans se vouloir[3] avancer. Dans ce temps[4], un escadron des troupes de Flandres, posté[5] dans une rue qui aboutissoit au coin de cette place[6], du côté des troupes du Roi[7], ne pouvant y demeurer longtemps[8], de peur d'être coupé quand on auroit gagné les maisons voisines[9], revint dans la place. Le duc de Beaufort, croyant

---

1. Navailles avait opéré un mouvement tournant par la Rapée, afin de couper, en passant par des rues intermédiaires, les troupes de Condé de la porte Saint-Antoine, et de s'emparer du carrefour des trois rues, près duquel se trouvait une halle (voyez la note 5 de la page 407), et qui est probablement la « grande place » dont parle ici la Rochefoucauld.

2. ** De faire attaquer cette barricade par de l'infanterie déjà lassée et rebutée, laquelle, au lieu d'aller aux ennemis, se mit en haie. (*Ms. H, réd.* 1.)

3. ** Et ne voulut pas. (*Ms. H, réd.* 1 *et* 2.)
4. ** Dans ce temps-là. (*Ms. H, réd.* 1 *et* 2.)
5. ** Avoit été posté. (*Ms. H, réd.* 1.)
6. Au bout de cette place. (*Ms. H, réd.* 1 *et* 2.)
7. ** Du côté des ennemis, et. (*Ms. H, réd.* 1.)
8. ** Davantage. (*Ms. H, réd.* 1 *et* 2.)
9. ** Les maisons proches de lui. (*Ms. H, réd.* 1.)

que c'étoit les ennemis, proposa aux ducs de Nemours et de la Rochefoucauld, qui arrivoient en ce lieu-là, de les charger[1]. Ainsi, étant suivis[2] de ce qu'il y avoit de gens de qualité et de volontaires, on poussa à eux, et on s'exposa inutilement[3] à tout le feu de la barricade et des maisons de la place[4]; mais voyant en même temps quelque étonnement parmi ceux qui gardoient[5] la barricade, les ducs de Nemours, de Beaufort, de la Rochefoucauld et le prince de Marcillac y poussèrent, et la firent quitter aux troupes du Roi. Ils mirent ensuite pied à terre, et la gardèrent eux seuls, sans que l'infanterie, qui étoit commandée, voulût les soutenir. Monsieur le Prince fit ferme dans la rue, avec ce qui s'étoit rallié auprès de lui de ceux qui les avoient suivis. Cependant les ennemis, qui tenoient toutes les maisons de la rue, voyant la barricade gardée seulement par quatre hommes, l'eussent sans doute reprise, si l'escadron de Monsieur le Prince ne les eût arrêtés[6]; mais n'y ayant point d'infanterie qui les empêchât de tirer par les fenêtres, ils recommencèrent à faire feu de tous côtés, et voyoient en revers depuis les pieds jusques à la tête ceux qui tenoient la barricade. Le duc de Nemours reçut treize coups sur lui ou dans ses armes, et le duc[7] de la Rochefoucauld une mousquetade[8] qui, lui perçant[9] le visage

1. **De les aller charger. (*Ms. H*, réd. 1.)
2. †Et étant suivis. (*Ms. H*, réd. 1 et 2.)
3. **On s'exposa ainsi inutilement. (*Ms. H*, réd. 1.)
4. Le ms. H ajoute après *place*, dans la réd. 2 : « s'étant trouvé, en abordant cet escadron, qu'il étoit de même parti, » et dans la réd. 1 : « car, en abordant ces gens, ils les reconnurent pour être de même parti. »
5. **Ceux qui défendoient. (*Ms. H*, réd. 1.)
6. **Ne les en eût empêchés. (*Ms. H*, réd. 1.)
7. Ou dedans ses armes. Le duc. (*Ms. H*, réd. 1 et 2.)
8. **Y reçut aussi une mousquetade. (*Ms. H*, réd. 1.)
9. **Perça. (*Ms. H*, réd. 1 et 2.)

au-dessous des yeux, lui fit à l'instant perdre la vue[1], ce qui obligea[2] le duc de Beaufort et le prince de Marcillac à se retirer pour emmener les deux blessés[3]. Les ennemis

1. Gourville raconte dans ses *Mémoires* (p. 266) que la Rochefoucauld tourna lui-même son malheur en plaisanterie. « Au sujet de cet accident, dit-il, il fit graver un portrait de Mme de Longueville, avec ces deux vers au bas :

<blockquote>
Faisant la guerre au Roi, j'ai perdu les deux yeux ;
Mais, pour un tel objet, je l'aurois faite aux Dieux. »
</blockquote>

Cet extrait de Gourville se trouve en note, sans indication de source, dans l'édition de 1688. — Les vers sont imités de l'*Alcyonée* de du Ryer (acte III, scène v).

2. **Au-dessous des deux yeux, et qui lui faisant à l'instant perdre la vue, obligea. (*Ms. H*, réd. 1.) — *Au-dessus*, au lieu de *au-dessous*, dans les anciennes éditions.

3. Mademoiselle, qui vit le défilé des blessés en cette journée, raconte ce qui suit (tome II, p. 97) : « Je trouvai dans la rue de la Tixeranderie le plus affreux spectacle qui se puisse regarder : c'étoit M. le duc de la Rochefoucauld, qui avoit un coup de mousquet qui lui prenoit au coin de l'œil d'un côté et lui sortoit par l'autre, entre [l'œil] et le nez, de sorte que les deux yeux étoient offensés ; il sembloit qu'ils lui tombassent, tant il perdoit de sang par là. Tout son visage en étoit plein, et même il souffloit sans cesse, comme s'il eût eu crainte que celui qui entroit dans la bouche ne [l'étouffât]. Son fils le tenoit par une main, et Gourville par l'autre ; car il ne voyoit goutte. Il étoit à cheval, et avoit un pourpoint blanc aussi bien que ceux qui le menoient, qui étoient tout couverts de sang comme le sien. Ils se fondoient en larmes ; car, à le voir en cet état, je n'eusse jamais cru qu'il en eût pu échapper. Je m'arrêtai pour parler à lui ; mais il ne me répondit pas : c'étoit tout ce qu'il pouvoit faire que d'entendre. » — Mademoiselle ajoute plus loin (p. 98) : « Beaucoup de personnes dirent sur la blessure de ces Messieurs que Dieu les avoit punis, et que leurs négociations, étant cause qu'on avoit tout négligé, avoient été celle de ce combat, où ils avoient été étrillés ; et, quoique cette pensée me fût venue aussi bien qu'à d'autres, je ne laissai pas d'avoir beaucoup de pitié de M. de la Rochefoucauld. » Bientôt après Mademoiselle vit Monsieur le Prince lui-même : « Il étoit, dit-elle (p. 99), dans un état pitoyable : il avoit deux doigts de poussière sur le visage, ses cheveux tout mêlés ; son collet et sa chemise étoient tout pleins de sang, quoiqu'il n'eût pas été blessé ; sa cuirasse étoit toute pleine de

avancèrent pour les prendre; mais Monsieur le Prince s'avança aussi pour les dégager, et leur donna le temps de monter à cheval. Ainsi ils laissèrent[1] aux ennemis le poste qu'ils venoient de leur faire quitter, et presque tout ce qui les avoit suivis[2] dans la place fut tué ou blessé. Monsieur le Prince perdit[3] en cette journée les marquis de Flammarins[4] et de la Rochegifart[5], les comtes de Castres et de Bossu[6], des Fourneaux[7], la Martinière[8], la Mothe-Guyonnet, Bercenet, capitaine des gardes du duc de la Rochefoucauld[9], de l'Huillière, qui étoit aussi à lui,

coups, et il tenoit son épée à la main, ayant perdu le fourreau. » Le vainqueur de Rocroi pleurait comme un enfant sur le sort de ses amis tués ou blessés.

1. **De sorte qu'ils laissèrent aussi. (*Ms. H, réd.* 1.)

2. **Tout ce qui avoit (*tous ceux qui avoient*, anc. éd.) été avec eux. (*Ms. H, réd.* 1 et 2.)

3. On perdit. (*Ms. H, réd.* 1.)

4. Voyez ci-dessus, p. 138, note 5. — « Le marquis de Flamarin fut tué, dont j'eus beaucoup de déplaisir.... L'on lui avoit prédit qu'il mourroit la corde au cou, et il l'avoit dit souvent.... comme une chose ridicule.... Comme l'on alla chercher son corps, on le trouva la corde au cou en la même place où quelques années auparavant il avoit tué Canillac en duel. » (*Mademoiselle*, tome II, p. 113.)

5. Henri de la Chapelle, marquis de la Roche-Giffart, mestre de camp d'infanterie; il était protestant : « ce qui est de pis, c'est qu'il étoit de la religion, » dit Mademoiselle, tome II, p. 100. Voyez sur lui le *P. Anselme*, tome IX, p. 453.

6. Le comte de Castres et le comte de Bossu. (*Ms. H, réd.* 1 et 2.) — Le comte de Castres, de la maison de Montfort l'Amaury. — Albert-Maximilien de Hesnin, comte de Bossu, qui avait épousé Honorée de Glimes de Grimberghen, était un Flamand, colonel de cavalerie dans les troupes de Clinchamp.

7. Des Fourneaux, de la famille de *Fumée* (*P. Anselme*, tome VI, p. 425 et 426), alliée par mariage à celle de la Rochefoucauld, branche des seigneurs de Neuilly le Noble (*ibidem*, tome IV, p. 458).

8. De la famille de Chabot, capitaine au régiment de Brezé. Il est parlé de lui dans les *Mémoires de Lenet*, tome I, p. 160 et p. 179.

9. Bercenet ne mourut qu'au bout de soixante-dix jours, des suites de sa blessure. Voyez la *lettre* de la Rochefoucauld à Lenet en date du 4 septembre 1652.

et beaucoup d'autres, dont on ne peut mettre ici les noms[1]. Enfin le nombre des officiers morts ou blessés fut si grand de part et d'autre[2], qu'il sembloit[3] que chaque parti songeât plus à réparer ses pertes qu'à attaquer ses ennemis. Cette espèce de trêve étoit avantageuse[4] aux troupes du Roi, rebutées de tant d'attaques où elles avoient été repoussées[5]. Durant ce temps[6], le maréchal de la Ferté avoit marché en diligence, et il se préparoit à faire[7] un nouvel effort avec son armée fraîche et entière, lorsque les Parisiens, qui jusque-là avoient seulement été spectateurs[8] d'une si grande action, se déclarèrent en faveur de Monsieur le Prince. Ils avoient été si prévenus des artifices de la cour et du cardinal de Retz, et on leur avoit tellement persuadé que la paix particulière de Monsieur le Prince étoit faite sans y comprendre leurs intérêts, qu'ils avoient considéré le commencement de ce combat comme une comédie qui se jouoit de concert avec le cardinal Mazarin. M. le duc d'Orléans même les confirma dans cette pensée, en ne donnant aucun ordre dans la Ville pour secourir Monsieur le Prince. Le cardinal de Retz, qui étoit auprès de

1. Tous les noms. (*Ms. H, réd.* 1 *et* 2.)
2. « Tout ce jour-là se passa à ne voir autre chose que des morts et des blessés, et je m'aperçus à la fin de ce que disent les gens de guerre, que la quantité que l'on en voit y accoutume tellement, que l'on n'a pas tant de pitié pour les derniers que pour les premiers, et surtout pour les gens que l'on ne connoit point. » (*Mademoiselle*, tome II, p. 100 et 101.)
3. †Qu'il sembla. (*M. H, réd.* 1 *et* 2.)
4. **Cette sorte de trêve étoit néanmoins (*plus*, anc. éd.) avantageuse. (*Ms. H, réd.* 1.)
5. **Battues et repoussées. (*Ms. H, réd.* 1.)
6. *Car, durant ce temps. (*Ms. H, réd.* 1.)
7. Se préparoit de faire. (*Ms. H, réd.* 1 *et* 2.)
8. Qui avoient été jusque-là spectateurs. (*Ms. H, réd.* 1 *et* 2.) — Voyez ci-dessus, la note 4 de la page 404.

lui, augmentoit[1] encore l'irrésolution et le trouble de son esprit, en formant des difficultés sur tout ce qu'il proposoit[2]; d'autre part, la porte Saint-Antoine étoit gardée par une colonelle de bourgeois[3], dont les officiers, qui étoient gagnés de la cour, empêchoient presque également de sortir de la Ville et d'y entrer[4]. Enfin tout y étoit mal disposé pour y recevoir Monsieur le Prince et ses troupes, lorsque Mademoiselle, faisant un effort sur l'esprit de Monsieur son père, le tira de la léthargie où le tenoit le cardinal de Retz[5]. Elle alla porter ses ordres à la Maison de Ville pour faire prendre les armes aux bourgeois; en même temps, elle commanda au gouverneur de la Bastille[6] de faire tirer le canon sur les troupes du Roi[7], et, revenant à la porte Saint-Antoine, elle disposa non-seulement tous les bourgeois à recevoir Monsieur le Prince et son armée, mais même à sortir et à escarmoucher, pendant que ses troupes rentreroient. Ce qui acheva encore d'émouvoir le peuple en faveur

---

1. **Le cardinal de Retz étoit auprès de lui, qui augmentoit. (*Ms. H, réd.* 1 et 2.)

2. « Le duc d'Orléans étoit au Luxembourg, dit *Mme de Motteville* (tome IV, p. 21 et 22), obsédé par le cardinal de Retz, qui vouloit se défaire du prince de Condé et le laisser périr. Il disoit qu'il avoit fait son accommodement avec la cour, et que ce combat étoit une comédie. » Voyez aussi *Retz*, tome IV, p. 42 et 43, éd. Ch.

3. On appelait proprement *colonelle*, dans la milice bourgeoise, et dans l'infanterie en général, la compagnie qui était directement commandée par le colonel.

4. D'y rentrer. (*Ms. H, réd.* 1 et 2.)

5. Voyez les *Mémoires de Mademoiselle*, tome II, p. 91 et suivantes.

6. C'était alors Louvière, fils de Broussel.

7. « L'on tira de la Bastille deux ou trois volées de canon, comme je l'avois ordonné lorsque j'en sortis. » (*Mademoiselle*, tome II, p. 111.) On connaît le mot de Mazarin : « Voilà un coup de canon, dit-il, qui a tué son mari, » faisant ainsi allusion à l'espoir que nourrissait Mademoiselle d'épouser le Roi

de Monsieur le Prince fut de voir remporter tant de gens de qualité morts ou blessés. Le duc de la Rochefoucauld voulut profiter de cette conjoncture pour son parti, et, quoique sa blessure lui fît presque sortir les deux yeux hors de la tête, il alla à cheval, du lieu où il avoit été blessé[1], jusqu'à l'hôtel de Lyencourt, au faubourg Saint-Germain[2], exhortant le peuple à secourir Monsieur le Prince, et à mieux connoître à l'avenir l'intention de ceux qui l'avoient accusé d'avoir traité avec la cour. Cela fit, pour un temps, l'effet qu'on desiroit, et jamais Paris n'a été mieux disposé[3] pour Monsieur le Prince qu'il le fut alors. Cependant le bruit du canon de la Bastille produisit deux sentiments[4] bien différents dans l'esprit du cardinal Mazarin; car d'abord il crut que Paris se déclaroit contre Monsieur le Prince, et qu'il alloit triompher de cette ville et de son ennemi; mais, voyant qu'au contraire on tiroit[5] sur les troupes du Roi, il envoya ses ordres aux maréchaux de France pour retirer l'armée et retourner à Saint-Denis[6]. Cette journée peut

---

1. **Où il fut blessé. (*Ms. H*, réd. 1 *et* 2.)
2. L'hôtel de Liancourt, ancien hôtel de Bouillon reconstruit, était situé rue de Seine, sur l'emplacement actuel de la rue des Beaux-Arts. Voyez, à ce sujet, *Tallemant des Réaux*, tome IV, p. 303.
3. **Intentionné. (*Ms. H*, réd. 1.)
4. **Produisit en même temps deux sentiments. (*Ms. H*, réd. 1 *et* 2.)
5. Mais voyant en effet qu'on (*qu'en effet on*, anc. éd.) tiroit. (*Ms. H*, réd. 1.)
6. « J'ai appris d'un homme qui étoit avec le Roi que, comme Sa Majesté entendit tirer le canon de la Bastille, le Cardinal dit : « Bon, ils tirent sur les ennemis! » ....Comme le canon tira encore plusieurs fois, quelqu'un dit : « J'ai peur que ce soit contre « nous. » D'autres dirent : « C'est peut-être Mademoiselle qui est « allée à la Bastille, et l'on a tiré à son arrivée. » Le maréchal de Villeroy dit : « Si c'est Mademoiselle, ce sera elle qui aura fait « tirer sur nous. » Ils furent quelque temps sans en être éclaircis. » (*Mademoiselle*, tome II, p. 114 et 115.)

passer pour l'une¹ des plus glorieuses de la vie de Monsieur le Prince. Jamais sa valeur et sa conduite n'ont eu plus de part à la victoire². L'on peut dire³ que jamais tant de gens de qualité n'ont fait combattre un plus petit nombre de troupes; mais jamais troupes aussi n'ont mieux fait leur devoir⁴. On fit porter les drapeaux des régiments des Gardes, de la marine, et de Turenne, à Notre-Dame, et on laissa aller, sur leur parole, tous les officiers prisonniers⁵.

Cependant, les négociations ne laissoient pas de continuer⁶ : chaque cabale vouloit faire la paix ou empêcher que les autres ne la fissent, et Monsieur le Prince et le Cardinal étoient également résolus de ne la pas faire. M. de Chavigny s'étoit bien remis en apparence avec Monsieur le Prince, et il seroit malaisé de dire dans quels sentiments il avoit été jusques alors, parce que sa légèreté naturelle lui en inspiroit sans cesse d'entièrement opposés⁷. Il conseilloit de pousser les choses à l'extrémité, toutes les fois qu'il espéroit de détruire le Cardinal,

1. **Cette journée fut une. (*Ms. H*, réd. 1.)
2. « Les ennemis ont dit qu'à moins d'être un démon, il ne pouvoit pas humainement faire tout ce qu'il avoit fait. » (*Mademoiselle*, tome II, p. 103.) — « Le fameux combat de Saint-Antoine, sérieusement considéré, dit à son tour V. Cousin (*Madame de Longueville pendant la Fronde*, p. 155), n'est qu'un acte de désespoir, une héroïque et vaine protestation du courage contre la fortune : le succès ne remédiait à rien, et on devait s'attendre à une défaite où Condé pouvait laisser sa gloire et sa vie. »
3. Et on peut dire aussi. (*Ms. H*, réd. 1 et 2.)
4. Ce membre de phrase : « mais jamais troupes, etc.... », n'est pas dans le ms. H (réd. 1 et 2), ni dans les anciennes éditions.
5. Mademoiselle dit (tome II, p. 116) qu'on prit treize drapeaux, la plupart du régiment des Gardes, mais qu'elle envoya prier qu'on n'en fît pas « trophée », parce qu'ils étaient au Roi, « à qui nous devions tous respect. »
6. Néanmoins on continua les négociations. (*Ms. H*, réd. 1.)
7. **Tous les jours de directement opposés. (*Ms. H*, réd. 1.)

et de rentrer dans le ministère; et il vouloit qu'on demandât la paix à genoux, toutes les fois qu'il s'imaginoit qu'on pilleroit ses terres et qu'on raseroit ses maisons. Néanmoins, dans cette rencontre[1], il fut d'avis, comme tous les autres[2], de profiter de la bonne disposition du peuple et de proposer une assemblée à l'Hôtel de Ville pour résoudre que Monsieur seroit reconnu[3] lieutenant général de l'État et couronne de France; qu'on s'uniroit inséparablement pour procurer l'éloignement du Cardinal; qu'on pourvoiroit le duc de Beaufort du gouvernement de Paris, en la place du maréchal de l'Hospital, et qu'on établiroit Broussel en la charge de prévôt des marchands[4], au lieu du Fevre[5]. Mais cette assemblée[6], où l'on croyoit trouver la sûreté du parti, fut une des principales causes de sa ruine[7], par une violence qui pensa faire périr tout ce qui se rencontra à l'Hôtel de Ville, et qui fit perdre à Monsieur le Prince tous les avantages que la journée de Saint-Antoine lui avoit donnés[8]. Je ne puis dire qui fut l'auteur d'un si pernicieux dessein, car tous l'ont également désavoué; mais enfin, lorsque l'assemblée se

1. Dans ce rencontre. (*Ms. H, réd.* 1 *et* 2.)
2. Comme les autres. (*Ms. H, réd.* 1 *et* 2.)
3. **Fût reconnu. (*Ms. H. réd.* 1.)
4. **Qu'on établiroit Broussel prévôt des marchands. (*Ms. H, réd.* 1.)
5. Dans le ms. H (réd. 1 et 2) : *du Fébure;* dans les anciennes éditions : *de Febvre* ou *de le Febvre*. Ce le Fèvre, élu une première fois prévôt des marchands le 16 août 1650, en remplacement de le Féron, avait été réélu le 16 août 1651. Voyez les *Registres de l'Hôtel de Ville pendant la Fronde*, tome III, *Appendice*, p. 457 et 458.
6. Elle fut tenue le 4 juillet.
7. « Cette affaire, dit Mademoiselle (tome II, p. 128), en parlant de la scène que raconte ci-après la Rochefoucauld, fut le coup de massue du parti. »
8. **Lui avoit apportés. (*Ms. H, réd.* 1.)

tenoit, on suscita des gens armés[1] qui vinrent crier, aux portes de la Maison de Ville, qu'il falloit[2] que tout s'y passât, non-seulement selon l'intention de Monsieur et de Monsieur le Prince, mais qu'on livrât, dès l'heure même, tout ce qui étoit attaché au cardinal Mazarin. On crut d'abord que ce bruit n'étoit qu'un effet ordinaire de l'impatience du menu peuple; mais, voyant que la foule et le tumulte augmentoient, que les soldats et même les officiers[3] avoient part à la sédition, qu'on mit le feu aux portes, et que l'on tira[4] aux fenêtres, alors tout ce qui étoit dans l'assemblée se crut perdu[5]. Plusieurs, pour éviter le feu, s'exposèrent à la fureur du peuple. Il y eut beaucoup de gens tués, de toutes conditions et de tous les partis[6], et on crut très-injuste-

1. Des gens en armes. (*Ms. H, réd.* 1 *et* 2.)
2. **Qu'il falloit non-seulement. (*Ms. H, réd.* 1 *et* 2.)
3. **Et les officiers même. (*Ms. H, réd.* 1 *et* 2.)
4. **Et qu'en même temps on mit le feu aux portes et on tira. (*Ms. H, réd.* 1 *et* 2.)
5. Se crut généralement perdu. (*Ms. H, réd.* 1.)
6. Voyez sur cette journée les *Mémoires de Conrart*, p. 113 et suivantes, le récit de *Mademoiselle*, tome II, p. 117 et suivantes, celui de *Guy Joli*, tome II, p. 17-22, le *Journal de Dubuisson-Aubenay*, à la date du 4 juillet 1652, et surtout les *Registres de l'Hôtel de Ville pendant la Fronde*, tome III, p. 51 et suivantes. Le feu fut mis en deux endroits, du côté de l'église Saint-Jean. Ces violences durèrent six heures; le sieur Miron du Tremblay, maître des comptes, qui essayait de calmer l'émeute et d'empêcher le pillage, le Gras, maître des requêtes, Ferrand, conseiller au Parlement, Yon, ancien échevin, et le Boulanger, auditeur des comptes, Fressant, marchand, etc., furent tués sur place, « en sorte que la plupart de notre assemblée, dit le procès-verbal (*Registres de l'Hôtel de Ville*, p. 63), se mit en état de bien mourir en se confessant à Messieurs les curés et autres ecclésiastiques et religieux qui étoient mandés, et qui se dispersèrent en divers endroits de l'Hôtel de Ville pour vaquer à ce bon œuvre. » Enfin la violence fut telle que la multitude se rendit maîtresse de l'Hôtel, fit ouvrir les prisons et sortir les prisonniers. Chose remarquable! aucune des personnes

ment[1] que Monsieur le Prince avoit sacrifié ses amis, afin de n'être pas soupçonné d'avoir fait périr ses ennemis. On n'attribua rien de cette action[2] à M. le duc d'Orléans ; toute la haine en fut rejetée sur Monsieur le Prince, qui ne la méritoit pas. Pour moi, je pense que l'un et l'autre[3] s'étoient servis de M. de Beaufort pour faire peur à ceux de l'assemblée qui n'étoient pas dans leurs intérêts, mais qu'en effet pas un d'eux n'eut dessein de faire mal à personne. Ils apaisèrent prompte-

qui composoient une si grande assemblée n'eut assez de crédit dans Paris « pour émouvoir les gens de bien à leur donner secours et assistance, le partage des esprits excitant le père contre le fils, la femme contre le mari, le voisin contre son voisin, et les serviteurs contre leurs maîtres » (*ibidem*, p. 68). Les compagnies bourgeoises elles-mêmes, mandées pour garder les avenues de la place de Grève, lâchèrent pied ou tirèrent sur l'Hôtel. Les émeutiers en vouloient à l'argent des rentes ; heureusement on rétablit l'ordre, avant qu'ils eussent pu trouver le chemin de la caisse. L'édifice était en danger de périr par le feu ; les pierres de la voûte éclataient déjà ; jusqu'à neuf heures du matin, il fallut travailler à éteindre l'incendie. Toutes les portes étaient consumées, les tonneaux de vin défoncés ou enlevés ; la tapisserie avait été volée ; la figure de Henri le Grand, qui était à cheval au-dessus de la grande porte, détériorée par le feu et par les coups de mousquet, et tous les tableaux étaient troués à coups d'arquebuse : « ce qui, ajoute le procès-verbal (p. 71), devroit tirer des larmes de sang à tous les bons bourgeois et habitants de Paris. » — Tous les contemporains ont jeté un blâme sévère sur la conduite des chefs de la Fronde dans cette fatale journée, qu'Omer Talon (tome III, p. 416) appelle « la plus farouche, la plus brutale et la plus sauvage qui ait été faite depuis la monarchie. » — Voyez encore, dans le tome II du *Choix de Mazarinades* (p. 379-382), le *Récit* d'un témoin oculaire et (p. 383-386) la *Liste générale* des gens tués ou blessés en cette circonstance ; et surtout une lettre de Marigny citée par V. Cousin dans *Madame de Longueville pendant la Fronde, Appendice*, p. 445-448.

1. *Très-injustement* manque dans le ms. H (réd. 1) et dans les anciennes éditions.

2. On ne donna nulle part en cette action. (*Ms. H, réd.* 1.)

3. **Et on rejeta toute la haine sur Monsieur le Prince, bien que je croie (*je crois*, anc. éd.) que l'un et l'autre. (*Ms. H, réd.* 1.)

ment le désordre; mais ils n'effacèrent pas l'impression qu'il avoit faite dans tous les esprits¹. On proposa ensuite de créer un conseil, composé de Monsieur, de Monsieur le Prince, du chancelier de France, des princes, ducs et pairs, maréchaux de France et officiers généraux du parti qui se trouvoient à Paris; deux présidents au mortier devoient aussi y assister de la part du Parlement, et le prévôt des marchands de la part de la Ville, pour juger définitivement de tout ce qui concernoit la guerre et la police.

Ce conseil augmenta le désordre au lieu de le diminuer, à cause des prétentions du rang qu'on y devoit tenir, et il eut, comme avoit eu l'assemblée de l'Hôtel de Ville, des suites funestes; car les ducs de Nemours et de Beaufort, aigris par leurs différends passés² et par l'intérêt de quelques dames, se querellèrent pour la préséance au Conseil; ils se battirent ensuite à coups de pistolets³, et le duc de Nemours fut tué dans ce combat par le duc de Beaufort, son beau-frère⁴. Cette mort donna de la compassion et de la douleur à tous ceux

1. Mme de Motteville (tome IV, p. 27-29) parle ici comme la Rochefoucauld. Retz dit (tome IV, p. 44 et 45, éd. Ch.) que tout ce tapage, occasionné à dessein par Condé, avait pour but de l'enlever, lui, le Coadjuteur.

2. Sur les antécédents de cette querelle de Nemours et de Beaufort, voyez ci-dessus, p. 344, et la note 5.

3. *Pistolet*, au singulier, dans le ms. H (réd. 1 et 2) et dans les anciennes éditions.

4. Ce duel, où Nemours garda jusqu'au bout le rôle de provocateur, eut lieu le 30 juillet, place des Petits-Pères, près le marché aux chevaux, derrière l'hôtel de Vendôme. Les témoins qui s'alignèrent, suivant la coutume du temps, étaient, du côté de Nemours, Villars, la Chaise, Campan et Luserche; du côté de Beaufort, le comte de Bury, de Ris, Brillet et Héricourt. Presque tous les combattants furent blessés, de Ris et Héricourt si grièvement, qu'ils moururent dans les vingt-quatre heures. Nemours fut tué raide de trois balles qui étaient dans le pistolet de Beaufort. — Voyez

qui connoissoient ce prince. Le public même eut sujet
de le regretter; car, outre ses belles et agréables qualités[1], il contribuoit à la paix de tout son pouvoir; et
lui et le duc de la Rochefoucauld, pour apporter plus
de facilité à la conclure, avoient renoncé aux avantages[2]
que Monsieur le Prince leur devoit faire obtenir par son
traité; mais la mort de l'un et la blessure de l'autre
laissèrent aux Espagnols et aux amis de Mme de Longueville toute la liberté qu'ils desiroient pour entraîner
Monsieur le Prince. Ils n'appréhendèrent plus que les
propositions qu'ils lui faisoient d'aller[3] en Flandres fussent contestées. Ils lui promirent tout ce qu'il desiroit[4],
et il sembla que Mme de Châtillon même lui parut
moins aimable, depuis qu'il n'eut plus à combattre un
rival[5] digne de lui[6]. Cependant il ne rejeta pas d'abord

Mme de Motteville, tome IV, p. 29 et 30; *Mademoiselle*, tome II,
p. 133 et 134; et *Omer Talon*, tome III, p. 436 et suivantes.

1. Mademoiselle (tome II, p. 135) parle également des belles et
agréables qualités de Nemours, « mais, ajoute-t-elle, il y auroit eu
à craindre que cette humeur ne lui fût pas demeurée en vieillis-
sant. » Elle dit encore qu'il était « chagrin quand les affaires n'alloient pas à sa fantaisie, et laissoit aisément ses amis sans savoir
pourquoi. » — Mazarin, dans ses *Lettres* à la Reine, désigne d'ordinaire Nemours par le terme : *le Joli*.

2. Avoient renoncé tous deux aux avantages. (*Ms. H, réd.* 1.) —
L'incise : « pour apporter plus de facilité à la conclure », est ren-
voyée, dans cette première rédaction et dans les anciennes éditions, après le mot *traité*, et *à sa conclusion* y tient la place de *à la
conclure*.

3. Les propositions de l'emmener. (*Ms. H, réd.* 1 et 2.)

4. Ils l'éblouirent d'apparence. (*Ms. H, réd.* 1.) — *D'espérances*,
dans les anciennes éditions.

5. De rival. (*Ms. H, réd.* 1 et 2.) — Dans la réd. 1, *à combattre*
est rejeté à la fin de la phrase. — Dans les anciennes éditions :
« parce qu'il ne trouva plus de rival illustre à combattre dans son
cœur. »

6. Mademoiselle raconte (tome II, p. 108) que la première fois
que Condé, après le combat du faubourg Saint-Antoine, rencontra

les propositions de paix ; mais, voulant prendre aussi ses mesures pour faire la guerre, il offrit au duc de la Rochefoucauld le même emploi qu'avoit le duc de Nemours, et, comme il ne le put accepter [1], à cause de sa blessure [2], il le donna ensuite au prince de Tarente.

Paris étoit alors plus divisé que jamais [3]; la cour gagnoit tous les jours quelqu'un dans le Parlement et parmi le peuple; le massacre de l'Hôtel de Ville [4] avoit donné de l'horreur à tout le monde [5]; l'armée des Princes [6] n'osoit tenir la campagne; son séjour à Paris augmentoit l'aigreur contre Monsieur le Prince, et ses affaires étoient réduites en de plus mauvais termes qu'elles n'avoient encore été [7], lorsque les Espagnols, qui vouloient égale-

Mme de Châtillon, il lui fit « les plus terribles yeux du monde.... et la mine la plus méprisante. » Cette colère dura peu.

1. Qu'avoit eu le duc de Nemours, qu'il ne put accepter. (*Ms. H*, réd. 1 et 2.)
2. Voyez, à ce sujet, la *lettre* de la Rochefoucauld à Lenet, en date du 4 août 1652.
3. **Plus divisé qu'il n'avoit encore été. (*Ms. H*, réd. 1.)
4. **Le meurtre de l'Hôtel de Ville. (*Ms. H*, réd. 1.)
5. De l'horreur, et aussi de la défiance, à cause de l'obscurité dont cette sanglante affaire était et resta enveloppée. — La misère d'ailleurs était effroyable à Paris, comme en témoigne la *Requête* présentée au Parlement, le 19 juin 1652, par les marchands, bourgeois et artisans (voyez les *Variétés historiques* de M. Éd. Fournier, tome VIII, p. 323). Ce qu'on avait vu en 1649 n'était rien à côté de ce qu'on voyait en 1652 ; plusieurs milliers de pauvres moururent littéralement de faim. Consultez encore, à ce sujet, *le Franc bourgeois de Paris montrant les véritables causes et marques de la destruction de la ville de Paris, et les devoirs du magistrat et de tous les bons citoyens pour y remédier* (*Bibliographie des Mazarinades*, tome I, p. 410-412); les *Mémoires du P. Berthod*, p. 301-303; et surtout le livre de M. A. Feillet, *Saint Vincent de Paul et la misère au temps de la Fronde*.
6. *Des Princes* manque dans le ms. H (réd. 1) et dans les anciennes éditions.
7. **Ses affaires étoient réduites aux plus mauvais termes (*au plus mauvais terme*, anc. éd.) où elles eussent été. (*Ms. H*, réd. 1.)

ment¹ empêcher la ruine et l'élévation de Monsieur le Prince, afin de perpétuer la guerre, firent marcher encore une seconde fois M. de Lorraine à Paris, avec un corps considérable², pour arrêter l'armée du Roi³; il la tint même investie à Villeneuve-Saint-George, et manda à Paris qu'il la contraindroit de donner bataille, ou de mourir de faim dans son camp⁴. Cette espérance⁵ flatta Monsieur le Prince, et il crut tirer de grands avantages de l'événement de cette action, bien qu'il soit vrai⁶ que M. de Turenne ne manqua jamais de vivres, et qu'il eut toujours la liberté de se retirer à Melun, sans hasarder un combat; et il s'y retira enfin sans rencontrer d'obstacles⁷, pendant que M. de Lorraine étoit venu à Paris, et que Monsieur le Prince étoit malade d'une fièvre continue⁸.

Le corps que commandoit le comte de Palluau joignit ensuite l'armée du Roi⁹, après avoir pris Mourond¹⁰. Il y avoit bloqué, avec assez peu de troupes, le marquis de

---

1. ** Voulant également. (*Ms. H, réd.* 1.)
2. ** Un corps assez considérable. (*Ms. H, réd.* 1 et 2.)
3. Le duc de Lorraine arriva dans les premiers jours de septembre; voyez deux *lettres* de la Rochefoucauld à Lenet en date du 4 septembre 1652; les *Mémoires de Mademoiselle*, tome II, p. 158-162, 163 et suivantes; et ceux du *P. Berthod*, p. 323 et 324.
4. ** Manda à Paris que les ennemis seroient contraints de donner bataille ou de mourir de faim dans leur camp. (*Ms. H, réd.* 1.)
5. Cette nouvelle. (*Ms. H, réd.* 1.)
6. Bien qu'il soit vrai toutefois. (*Ms. H, réd.* 1.)
7. ** Comme il se retira enfin sans y rencontrer d'obstacle. (*Ms. H, réd.* 2.) — *Enfin* manque dans les anciennes éditions. — Il le fit aussi à la fin sans trouver de résistance. (*Ms. H, réd.* 1.)
8. Cette inaction forcée de Condé, pendant tout le mois de septembre, acheva de ruiner les affaires de son parti.
9. ** Ce fut en ce temps-là que les troupes de Palluau joignirent l'armée du Roi. (*Ms. H, réd.* 1.)
10. A la fin d'août, après un siége de près d'un an. (*Mémoires de Bussy Rabutin*, tome I, p. 320 et suivantes.)

Persan, dès le commencement de la guerre; mais[1], lorsque sa garnison fut affoiblie par les maladies[2], on l'attaqua de force, et on le prit avec moins de résistance qu'on n'en devoit attendre de si braves gens, dans une des meilleures places du monde, si on n'y eût manqué de rien. Cette perte[3] dut être d'autant plus sensible à Monsieur le Prince, qu'elle étoit arrivée en partie[4] pour n'y avoir pas apporté les remèdes qui étoient en son pouvoir, puisque, dans le temps que l'armée du Roi étoit vers Compiègne, il lui fut souvent assez facile de secourir[5] Mouround, au lieu que ses troupes, en ruinant[6] les environs de Paris, augmentèrent la haine qu'on lui portoit[7].

Il ne fut pas plus heureux ni mieux servi en Guyenne : la division[8] de M. le prince de Conti et de Mme de Longueville, en faisant accroître les partialités dans Bourdeaux, servit de prétexte à tout ce qui voulut quitter son parti[9]. Plusieurs villes, à l'exemple d'Agen, avoient ouvert les portes aux troupes du Roi, et le peuple de Périgueux avoit poignardé Chanlost[10], son gouverneur, et

1. ** Le marquis de Persan avoit été bloqué dedans, dès le commencement de la guerre, par le comte de Palluau, avec assez peu de troupes; mais. (*Ms. H, réd.* 1.)
2. * Par la faim et par les maladies. (*Ms. H, réd.* 1.)
3. ** Sa perte. (*Ms. H, réd.* 1.)
4. Qu'elle étoit en partie arrivée. (*Ms. H, réd.* 1 et 2.)
5. Il put souvent secourir. (*Ms. H, réd.* 1.)
6. ** Ses troupes, ruinant. (*Ms. H, réd.* 1.)
7. Voyez les *lettres* de notre auteur en date des 8 et 11 septembre 1652.
8. * Où la division. (*Ms. H, réd.* 1.)
9. Voyez, sur les bruits semés alors dans cette ville au détriment de la réputation de la Rochefoucauld, ses *lettres* à Lenet en date des 13 et 23 octobre et du 11 novembre 1652. — Voyez aussi, sur Conti et les affaires de Bordeaux à cette époque, le *Portefeuille manuscrit du prince de Condé*, f°s 327 et suivants.
10. Louis Piédefer, baron de Chanlost, tué le 16 septembre.

chassé la garnison. Villeneuve d'Agénois, où le marquis de Téobon¹ s'étoit jeté, fut la seule qui résolut de se défendre, et elle le fit avec tant de vigueur, que le comte d'Harcourt fut contraint de lever le siége. Il séjourna peu en Guyenne, après cette petite disgrâce ; et, soit qu'il eût de véritables défiances de la cour, ou qu'il crût que se rendant maître de Brisac, de Philisbourg et de l'Alsace, il pourroit y jeter les fondements d'un établissement assuré et indépendant, il partit de son armée comme un homme qui craignoit d'y être arrêté prisonnier, et se rendit à Philisbourg, avec toute la diligence possible ².

1. Rochefort de Saint-Angel, marquis de Théobon, était un gentilhomme protestant. Il périt glorieusement au passage du Rhin, en 1672 : voyez les *Lettres de Madame de Sévigné*, tome III, p. 143.

2. Cet alinéa manque dans les anciennes éditions de la 1re série (1662-88), dont le texte, pour la fin des *Mémoires*, diffère notablement, en plusieurs endroits, du nôtre et de celui des éditions de la 2e série. — D'Harcourt était gouverneur de Philipsbourg ; en joignant à cette place celle de Brisach, qu'on lui avait refusée à la mort d'Erlach, il se constituait un grand établissement sur les frontières de la France et de l'Allemagne. Cette place du Brisgau, aujourd'hui dans le grand-duché de Bade, cédée à la France par le traité de Westphalie, était fort enviée ; Mazarin lui-même avait désiré de l'avoir pour soi, comme lieu de refuge ; ce fut même un des griefs dont la Fronde, en 1649, s'arma contre lui. En 1650, Tilladet, beau-frère de le Tellier, avait été nommé par le Cardinal gouverneur de Brisach ; mais Charlevoix, qui commandait à titre provisoire dans la place, s'était révolté, en mars 1652, contre le nouveau gouverneur. Fait prisonnier et conduit à Philipsbourg, il y trouva des officiers du comte d'Harcourt, par lesquels il fit proposer au commandant de l'armée royale de Guyenne de se rendre maître de Brisach au moyen de la garnison, toute dévouée à Charlevoix. D'Harcourt, qui était alors en train d'assiéger Villeneuve-d'Agen, accepta l'offre, quitta son armée (10 juillet) et, traversant clandestinement toute la France, comme avait fait Condé trois mois auparavant, il se rendit à Brisach, dont la garnison reconnut son autorité. Il ne tarda pas néanmoins à faire sa paix avec la cour, qui lui donna le gouvernement de l'Anjou, où il se retira.

Cependant la maladie de Monsieur le Prince augmentoit, et, bien qu'elle fût très-violente, elle ne fut funeste qu'à M. de Chavigny[1]; car, dans un éclaircissement fort aigre qu'il eut avec Monsieur le Prince, il en sortit avec la fièvre, qu'il prit de lui, et mourut peu de jours après[2]. Son malheur ne finit pas avec sa vie, et la mort, qui doit terminer toutes les haines, sembla avoir réveillé[3] celle de ses ennemis. On lui imputa presque toute sorte de crimes; on l'accusa même d'avoir écouté des propositions que la cour lui avoit fait faire par l'abbé Foucquet[4], sans la participation de Monsieur le Prince[5], et d'avoir promis de le faire relâcher sur des articles dont il ne se pouvoit départir. Il est vrai néanmoins que M. de Chavigny n'avoit vu l'abbé Foucquet que sur

---

1. Elle ne lui fut pas si funeste pour lui[a] qu'à M. de Chavigny. (*Ms. H*, réd. 2.) — **Elle fut toutefois moins funeste pour lui que pour M. de Chavigny. (*Ms. H*, réd. 1.)

2. Et dont il mourut peu de jours après. (*Ms. H*, réd. 1.) — Il mourut le 11 octobre, à l'âge de quarante-quatre ans. « Beaucoup ont dit, écrit Mademoiselle (tome II, p. 188), que c'étoit de saisissement de quoi Monsieur le Prince l'avoit gourmandé. »

3. **Avoir réveillé contre lui. (*Ms. H*, réd. 1.)

4. Il s'agit ici de Basile Foucquet, abbé commendataire de Barbeau (Seine-et-Marne) et frère du fameux surintendant des finances, Nicolas Foucquet.

5. On lui imputa presque toutes sortes de crimes; et Monsieur le Prince, pour se justifier des soupçons que les Espagnols et les Frondeurs conçurent d'un traité secret avec la cour, par l'entremise de l'abbé Foucquet, accusa M. de Chavigny d'avoir écouté des propositions sans sa participation. (*Ms. H*, réd. 2.) — On lui imputa quasi toutes sortes de crimes; mais Monsieur le Prince particulièrement se voulut justifier à ses dépens des soupçons.... de l'abbé Foucquet. Monsieur le Prince accusa donc, etc. (*Ms. H*, réd. 1.) — Le texte des anciennes éditions postérieures à 1688 se rapproche beaucoup de celui de la réd. 1 du ms. H, tant pour cette variante que pour celles que contiennent les deux notes suivantes.

[a] Le correcteur a sans doute oublié d'effacer *pour lui*.

l'ordre de Monsieur le Prince. On fit courir aussi des copies d'une lettre interceptée de l'abbé Foucquet, par laquelle il mandoit à la cour que Goulas[1] porteroit Monsieur à se détacher de Monsieur le Prince, s'il n'acceptoit les conditions de paix qu'on lui offroit; et, comme Goulas dépendoit entièrement de M. de Chavigny, on soupçonna ce dernier d'avoir part à cette négociation et de tromper en même temps Monsieur le Prince vers la cour et vers M. le duc d'Orléans[2].

1. Ne se pouvoit départir. Il le crut ainsi peut-être sur ce qu'on fit courir des copies d'une lettre interceptée de l'abbé Foucquet, par laquelle il mandoit à la cour, dans l'original, que Goulas. (*Ms. H, réd.* 2.) — Ne se pouvoit départir; et, pour le prouver, on fit courir des copies d'une lettre interceptée de l'abbé Foucquet, où il mandoit à la cour, dans le vrai original que j'ai vu, que Goulas. (*Ms. H, réd.* 1.) — Voyez dans les *Mémoires de Mademoiselle* (tome II, p. 173-177) le texte de cette lettre, dont il est parlé, comme contenant « un assez important caquet », dans la *Muze historique* de Loret, à la date du 5 octobre, p. 294; voyez aussi les *lettres* de la Rochefoucauld à Lenet en date des 13 et 16 octobre 1652.

2. .... Qu'on lui offroit. Mais, dans les copies qu'on en vit (*qu'on en donna*, réd. 1), on avoit mis le nom de M. de Chavigny à la place de celui de Goulas; et ainsi on l'accusoit de trahir en même temps Monsieur le Prince, tant à l'égard de la cour qu'à l'égard de M. le duc d'Orléans (*vers la cour et vers M. le duc d'Orléans*, réd. 1), quoiqu' (*en effet*, réd. 1) il soit véritable que Monsieur le Prince traitoit lui-même (*traitoit tous les jours*, réd. 1) avec l'abbé Foucquet, et qu'il en rendoit compte à M. de Chavigny : ce qui fait que je ne puis attribuer la cause de ce procédé qu'à d'autres mécontentements particuliers que Monsieur le Prince avoit de M. de Chavigny, et à l'envie qu'il avoit alors de faire la guerre, qui, étant combattue par ses amis, lui fit changer de conduite avec eux et avec M. de Chavigny, et donner toute sa confiance aux Espagnols, auxquels il lui importoit (*de ce procédé qu'à l'extrême envie que Monsieur le Prince avoit alors de faire la guerre, laquelle étant combattue par ses amis, lui fit changer de conduite avec eux et donner.... aux Espagnols, à qui il importoit*, réd. 1) de cacher ses conférences avec l'abbé Foucquet. (*Ms. H, réd.* 1 et 2.) — Voyez, sur cette négociation, les *Mémoires de Retz*, tome IV, p. 109 et 110, éd. Ch.

Dans le temps[1] que M. de Chavigny mourut à Paris[2], le duc de Bouillon mourut à Pontoise[3]. Ce fut une perte considérable pour les deux partis. Il étoit en état de contribuer à la paix, et il pouvoit plus que personne établir la confiance entre Monsieur le Prince et le cardinal Mazarin, dans le traité que Langlade, secrétaire du cabinet, ménageoit[4]. Cette mort du duc de Bouillon[5] devroit seule[6] guérir les hommes de l'ambition, et les dégoûter de tant de plans qu'ils font pour réussir dans leurs grands desseins[7]. L'ambition[8] du duc de Bouillon étoit soutenue de toutes les qualités[9] qui devoient[10] la rendre heureuse. Il étoit vaillant, et savoit parfaitement tous les ordres de la guerre. Il avoit une éloquence facile, naturelle, insinuante; [son esprit étoit net, fertile

---

1. Dans le même temps. (*Ms. H, réd.* 2.) — Cet alinéa et le suivant manquent dans les anciennes éditions de la première série (1662-88).
2. *A Paris* manque dans le ms. H (réd. 1).
3. *Mourut aussi à Pontoise. (*Ms. H, réd.* 1.) — Les anciennes éditions de la seconde série omettent les deux phrases suivantes, et reprennent par cette apposition : « mort qui devroit guérir, etc. »
4. .... A Pontoise. On peut dire que ce fut pour le malheur de la France, parce qu'apparemment il eût fait la paix; car Monsieur le Prince l'avoit demandé pour garant des conditions du traité que Langlade négocioit; et il n'y avoit que lui qui pût le rassurer contre la défiance qu'il avoit du Cardinal. (*Ms. H, réd.* 2.)
5. *Du duc de Bouillon* manque dans le ms. H (réd. 1). — Le duc de Bouillon mourut le 9 août 1652. Voyez dans le *Nouveau siècle de Louis XIV*, tome I, p. 149, son épitaphe satirique.
6. Devroit elle seule. (*Ms. H, réd.* 1.)
7. *De tant de plans divers qu'ils font pour leur élévation. (*Ms. H, réd.* 1.)
8. *Car l'ambition. (*Ms. H, réd.* 1 et 2.)
9. *De toutes les grandes qualités. (*Ms. H, réd.* 1.) — Deux lignes plus loin, *tous* est omis dans cette même rédaction et dans les anciennes éditions.
10. *Pouvoient. (*Ms. H, réd.* 1 et 2.)

en expédients ¹,] et capable de démêler² les affaires les plus difficiles; son sens étoit droit, son discernement³ admirable, et il écoutoit les conseils qu'on lui donnoit avec douceur, avec attention, et avec un certain égard obligeant dont⁴ il faisoit valoir les raisons des autres, et sembloit en tirer ses résolutions. Cependant⁵ de si grands avantages⁶ lui furent souvent inutiles⁷, par l'opiniâtreté de sa fortune, qui s'opposa presque toujours⁸ à sa prudence, et il mourut dans le temps que son mérite et le besoin que la cour avoit de lui, auroient apparemment⁹ surmonté son malheur.

Les Espagnols se vengeoient, par une longue et rude prison, de l'entreprise¹⁰ que le duc de Guise avoit faite sur le royaume de Naples¹¹, et se montroient depuis

---

1. Les mots que nous mettons entre crochets manquent dans le manuscrit D de la Roche-Guyon; le copiste les a probablement sautés. Ils sont également omis dans les anciennes éditions. Nous les donnons d'après le ms. H.

2. Il avoit l'esprit net, fertile en expédients, et propre à soutenir. (*Ms. H*, réd. 1.)

3. Outre qu'il avoit un sens droit et un discernement. (*Ms. H*, réd. 1.)

4. Avec lequel. (*Ms. H*, réd. 1.)

5. *Mais. (*Ms. H*, réd. 2.)

6. Ces avantages pourtant. (*Ms. H*, réd. 1.)

7. Presque inutiles. (*Ms. H*, réd. 1 et 2.)

8. *Qui s'opposa toujours. (*Ms. H*, réd. 1 et 2.)

9. Et il mourut précisément dans le temps que cette même prudence et le besoin qu'on en eut à la cour avoient apparemment surmonté son malheur. (*Ms. H*, réd. 1.) — Ce membre de phrase manque dans les anciennes éditions.

10. * Les Espagnols vengeoient par une longue et dure (*rude*, anc. éd.) prison l'entreprise. (*Ms. H*, réd. 1.)

11. Sur Henri II duc de Guise, le même dont la Rochefoucauld a raconté plus haut le duel avec le comte de Coligny, voyez les *Mémoires de Mademoiselle*, tome I, p. 169, et ci-dessus la note 1 de la page 91. Il était enfermé, depuis quatre ans, dans les prisons de Ségovie.

longtemps inexorables à toutes les instances qu'on leur faisoit¹ pour sa liberté; ils l'accordèrent facilement néanmoins à Monsieur le Prince², et renoncèrent, en cette occasion³, à l'une de leurs principales maximes, pour le lier encore plus étroitement à leur parti par une déférence qui leur est si peu ordinaire⁴. Le duc de Guise se vit donc en liberté⁵ lorsqu'il l'espéroit le moins, et il sortit de prison engagé par reconnoissance et par sa parole⁶ dans les intérêts⁷ de Monsieur le Prince. Il le vint trouver à Paris, et, croyant peut-être avoir satisfait à ses obligations par quelques compliments et par quelques visites⁸, il s'en alla bientôt après au-devant de la cour, pour offrir au Roi ce qu'il devoit à Monsieur le Prince⁹.

1. *Et ils se montroient inexorables depuis longtemps à tous ceux qui les pressoient. (*Ms. H*, réd. 1.)
2. Ils l'accordèrent néanmoins à la première que leur en fit Monsieur le Prince. (*Ms. H*, réd. 2.) — Ils l'accordèrent pourtant aux premières instances qu'en fit Monsieur le Prince. (*Ms. H*, réd. 1.) — « Monsieur le Prince, dit Mademoiselle (tome II, p. 221), sans avoir aucune habitude avec lui, par pure générosité, le demanda aux Espagnols, au lieu de sommes fort considérables qu'ils lui devoient. » *Le Portefeuille du prince de Condé* contient (f⁰ 110) le texte du plein pouvoir donné, dans cette vue, par Condé au prince de Conty et à Lenet, en mai 1652.
3. *En cette rencontre. (*Ms. H*, réd. 1 et 2.)
4. *Si peu commune. (*Ms. H*, réd. 1.)
5. *Reçut donc la liberté. (*Ms. H*, réd. 1.)
6. Par sa parole et par un bienfait si extraordinaires. (*Ms. H*, réd. 2.)
7. Aux intérêts. (*Ms. H*, réd. 1.)
8. *Et, croyant peut-être s'être acquitté par quelques compliments et (*par*, réd. 1) quelques visites de ce qu'il lui devoit. (*Ms. H*, réd. 1 et 2.)
9. Il s'en alla bientôt après au-devant de la cour, pour offrir au Roi ce qu'une si grande obligation lui faisoit devoir à Monsieur le Prince. (*Ms. H*, réd. 2.) — *Ce que de si grandes obligations lui faisoient, etc. (*Ms. H*, réd. 1.) — Mademoiselle (tome II, p. 221) signale cette ingratitude du duc de Guise envers Condé dans « le chapitre des manquements de *ses* proches envers Monsieur le Prince. »

Cependant¹ Monsieur le Prince commença dès lors à prendre toutes ses mesures pour partir avec M. de Lorraine, et il est vrai que l'état² de ses affaires avoit rendu ce conseil si nécessaire qu'il ne lui restoit plus de parti à prendre que celui-là seul. Il voyoit que la paix³ étoit trop généralement desirée à Paris⁴, pour y pouvoir demeurer en sûreté, avec dessein de l'empêcher, et M. le duc d'Orléans, qui l'avoit toujours souhaitée, et qui⁵ craignoit le mal que la présence de Monsieur le Prince lui pouvoit attirer, contribua d'autant plus volontiers à son éloignement qu'il se voyoit par là en liberté de faire son traité particulier. Mais, encore que les choses fussent en ces termes, la négociation ne laissoit pas de continuer⁶; car, dans le temps que le cardinal Mazarin, afin de faire cesser le prétexte de la guerre civile et faire connoître⁷ que Monsieur le Prince avoit d'autres intérêts que son éloignement, sortit pour la seconde fois du Royaume, il envoya Langlade vers le duc de la Rochefoucauld⁸, soit qu'il eût véritablement des-

---

1. Cet alinéa commence ainsi dans les anciennes éditions de la première série : « Je ne puis attribuer la cause d'un procédé si injuste et si extraordinaire qu'à l'extrême envie que Monsieur le Prince avoit de faire la guerre, laquelle étant combattue par ses amis, lui fit changer de conduite avec eux et donner toute sa confiance aux Espagnols. Il commença, etc. »

2. Et en effet l'état. (*Ms. H*, réd. 1.)

3. **Que celui-là ; car la paix. (*Ms. H*, réd. 1 et 2.)

4. Voyez, dans le *Choix de Mazarinades* (tome II, p. 375-378), la pièce, déjà citée, intitulée : *l'Esprit de paix.*

5. † M. le duc d'Orléans (*M. d'Orléans*, anc. éd.) de son côté, qui l'avoit toujours desirée, et qui. (*Ms. H*, réd. 1 et 2.)

6. Mais encore que les choses fussent en ces termes, cela n'avoit pas arrêté le cours ordinaire de la négociation ; car, etc. (*Ms. H*, réd. 1.)

7. Ou pour faire voir. (*Ms. H*, réd. 1.)

8. Car, dans le temps que le cardinal Mazarin sortit pour la seconde fois du Royaume, afin de faire cesser (*pour faire cesser*, réd. 1), etc., il envoya Langlade, secrétaire du cabinet, vers le duc de la

sein de traiter pour faciliter son retour, ou qu'il prétendît tirer quelque avantage en faisant paroître qu'il desiroit la paix. Les conditions qu'apporta Langlade étoient plus amples que toutes celles que l'on avoit proposées jusques alors [1], et conformes à ce que Monsieur le Prince avoit demandé ; mais elles ne laissèrent pas d'être refusées [2], et sa destinée, qui l'entraînoit en Flandres, ne lui a permis de connoître [3] le précipice que lorsqu'il n'a plus été en son pouvoir de s'en retirer [4]. Il partit enfin [5] avec M. de Lorraine [6], après avoir pris de vaines mesures avec M. le duc d'Orléans, pour empêcher que le Roi ne fût reçu à Paris. Mais le crédit de Son Altesse Royale n'étoit pas capable alors [7] de balancer celui de la cour : il eut ordre lui-même de sortir de Paris, le jour que le Roi y devoit arriver, et il obéit aussitôt, pour n'être pas témoin de la joie publique et du triomphe de ses ennemis [8].

Rochefoucauld. (*Ms. H*, réd. 1 *et* 2.) — Mazarin s'éloigna, pour la seconde fois, le 19 août 1652, et se rendit à Sedan. Voyez, dans les *Mémoires de Tavannes* (p. 174 et suivantes), la mise en scène officielle qui précéda ce départ; consultez aussi le *P. Berthod*, p. 329 et suivantes.

1. ** Enfin Langlade vint avec les (*des*, anc. éd.) conditions beaucoup plus amples que toutes les autres. (*Ms. H*, réd. 1.)
2. ** Mais elles furent également refusées. (*Ms. H*, réd. 1.)
3. De reconnoître. (*Ms. H*, réd. 1 *et* 2.)
4. ** Lorsqu'il n'a plus été en état de s'en retirer. (*Ms. H*, réd. 1.)
5. Il part donc enfin. (*Ms. H*, réd. 2.)
6. Condé et le duc de Lorraine quittèrent Paris le 13 octobre. Voyez, à ce sujet, la *lettre* de la Rochefoucauld à Lenet, portant cette date, les *Mémoires de Mademoiselle*, tome II, p. 190 et suivantes, et la *Muze* de Loret, lettre du 19 octobre, p. 298.
7. N'étoit pas lors capable. (*Ms. H*, réd. 2.) — ** N'étoit pas lors (*alors*, anc. éd.) en état. (*Ms. H*, réd. 1.)
8. * Pour n'être pas témoin du triomphe de ses ennemis, aussi bien que de la joie publique. (*Ms. H*, réd. 1.) — Il « fut se reposer de ses fâcheuses et inutiles sollicitudes en son château de Blois,

où le détrompement des vaines fantaisies de la grandeur et de l'ambition produisit en lui le desir des véritables et solides biens qui durent éternellement. » (*Mme de Motteville*, tome IV, p. 34 et 35.)

Ce fut le 21 octobre au soir qu'eut lieu la rentrée solennelle du Roi et d'Anne d'Autriche; voyez le *Journal du Parlement* (p. 230 et suivantes). Mazarin, qui, nous l'avons vu, s'était éloigné une seconde fois, pour ne pas entraver par sa présence l'œuvre de réconciliation générale, ne revint que six mois après, le 3 février 1653. L'accommodement de Gaston eut lieu en 1656. Le 13 novembre, fut enregistrée en lit de justice par-devant le Roi une déclaration portant que les princes de Condé et de Conty, la duchesse de Longueville, le duc de la Rochefoucauld, le prince de Tarente et leurs adhérents, ayant rejeté avec mépris et obstination les effets de la clémence royale (voyez les *lettres* de notre auteur à Lenet en date des 13, 16 et 23 octobre 1652), avaient définitivement encouru les peines portées contre « les rebelles, criminels de lèse-majesté, perturbateurs du repos public et traîtres à leur patrie. » (*Journal du Parlement*, p. 252-259.) Condé, devenu général des armées espagnoles, ne devait rentrer en France qu'en janvier 1660. Son frère Conty, retiré d'abord à la Grange, près de Pézenas, se réconcilia dès l'année suivante (octobre 1653) avec le Cardinal, dont il épousa une des nièces, Anne-Marie Martinozzi. Mme de Longueville, persévérant avec plus d'opiniâtreté dans sa fière attitude, finit toutefois par retourner (novembre 1654) en Normandie, auprès de son mari, en attendant l'austère expiation de Port-Royal. Quant à Retz, il fut arrêté au Louvre, le 19 décembre 1652, par ordre de Mazarin, et conduit au bois de Vincennes. Beaufort s'établit à Chenonceaux, Mademoiselle à Saint-Fargeau, où elle écrivit ses *Mémoires*. Les Parisiens, pour leur part, embrassèrent la paix avec joie, comme le prouve la seule vue des titres de *Mazarinades* à cette époque, et ce fut une émulation générale à qui profiterait le plus tôt de l'amnistie. Le 24 novembre, Broussel donna sa démission de prévôt des marchands, et les anciennes autorités municipales reprirent possession de l'Hôtel de Ville. La Fronde était finie. — Pour la suite de la vie de la Rochefoucauld, voyez ses *Lettres*, à partir du 16 octobre 1652, et la *Notice biographique*, au tome I.

APOLOGIE

DE

M. LE PRINCE DE MARCILLAC

NOTICE.

C'est à Victor Cousin que nous devons la découverte de ce précieux mémoire. L'*Apologie du prince de Marcillac* a été publiée pour la première fois en 1855, dans la 3ᵉ édition de *la Jeunesse de Madame de Longueville* (*Appendice*, p. 475-490), d'après une copie conservée dans le tome XXII (p. 531-568) du *Recueil de Conrart*[1], sur laquelle nous avons collationné notre texte.

L'authenticité de ce morceau, où la Rochefoucauld, alors prince de Marcillac, énumère, avec une amertume et une enflure de cœur singulières, tous les prétendus griefs qui l'ont jeté dans le parti des Frondeurs, n'a pas besoin d'être démontrée. Il a été composé peu de temps après la déclaration solennelle rendue, en février 1649, par le parlement de Paris contre le cardinal Mazarin. Dans ce mémoire paraît nettement, comme aurait dit Retz, l'*envers* de la Rochefoucauld. « Ici plus de faux semblants de patriotisme et d'intérêt général : les masques sont ôtés ; on n'est plus sur la scène, on est dans la coulisse ; il n'est question que d'intérêts particuliers, et la Rochefoucauld ne fait pas difficulté d'exposer, avec l'élégante effronterie d'un grand seigneur, mal couverte sous les sophismes laborieux d'un bel esprit, les blessures encore saignantes que sa vanité et son ambition ont reçues de la Reine et de Mazarin depuis le commencement de la Ré-

---

1. Bibliothèque de l'Arsenal, *Belles-lettres françaises*, n° 2817. — V. Cousin n'a pas réimprimé ce mémoire dans les éditions suivantes de *la Jeunesse de Madame de Longueville*. Il s'est glissé dans son texte un petit nombre de leçons fautives ; nous indiquons en note les principales.

gence : ses diverses prétentions éludées, les emplois et les honneurs par lui vainement sollicités, surtout ce tabouret pour sa femme brigué si passionnément, et qui, n'ayant pas été obtenu, était bien fait, il faut en convenir, malgré le gouvernement du Poitou rendu à sa famille et remis entre ses mains, pour triompher de sa philosophie et lui faire tirer l'épée contre une reine si peu reconnaissante et un ministre si peu complaisant[1]. »

L'*Apologie* est, en effet, un commentaire piquant et détaillé de certaines parties des *Mémoires;* mais encore et surtout c'est un monument littéraire de grande importance. Venu très-peu de temps après les *Lettres* de Balzac (1624 et 1636) et le *Discours de la Méthode* de Descartes (1637), cet écrit est, avant les *Provinciales* de Pascal (1656 et 1657), un des premiers modèles de la prose française du dix-septième siècle, naturelle, nerveuse, de ferme et libre allure. L'auteur, âgé alors de trente-six ans, n'est pas encore un lettré amoureux de la fine pensée ou du beau style; c'est tout simplement un ambitieux déçu, un gentilhomme offensé, ou se tenant pour tel, qui excelle déjà dans l'art d'aiguiser sa plume en la maîtrisant, et dont le discours, plein d'énergie naturelle et de malice calculée, annonce bien les diverses qualités d'esprit et de langage du futur auteur des *Maximes*.

Le précieux manuscrit A, conservé dans les archives de la famille de la Rochefoucauld-Liancourt, et qui renferme, à la suite de la rédaction primitive d'une partie des *Mémoires* que nous donnons à l'*Appendice* de ce volume (p. 471-481), un texte autographe des *Maximes*, porte, à sa première page, un avertissement, d'une écriture ancienne, commençant par ces mots : « Ce manuscrit contenoit originairement trois ouvrages, dont le premier, écrit de la main du secrétaire de M. le duc de la Rochefoucauld, occupoit une vingtaine de feuillets, qui ont été arrachés, comme on peut le voir ci à côté. » Ce premier ouvrage était l'*Apologie :* on ne peut conserver aucun doute à cet égard en lisant, comme premier titre, au dos de la reliure de parchemin du manuscrit, le mot APOLOGIE. La perte de

---

1. V. Cousin, *la Jeunesse de Madame de Longueville*, 3ᵉ édition, p. 472 et 473.

ce texte, qui eût mérité toute confiance, est regrettable. Il est bien possible que la Rochefoucauld ait voulu lui-même détruire cette défense, qui fait moins d'honneur à l'homme qu'à l'écrivain, et qui rappelait des souvenirs dont il n'avait plus sujet ni envie de se vanter. Nous aimons à croire que la copie de l'Arsenal est exacte et fidèle.

APOLOGIE

DE

M. LE PRINCE DE MARCILLAC.

Je ne présume pas assez de ma vertu pour oser répondre que j'aurois haï le cardinal Mazarin, quand il m'auroit aimé; peut-être qu'il eût fait des choses pour mes intérêts qui m'auroient déguisé tout ce qu'on lui a vu faire contre ceux de l'État, et une mauvaise honte me feroit possible périr dans une mauvaise cause où des obligations signalées m'auroient engagé insensiblement. Je consens donc qu'il die que je serois son ami, si mon malheur avoit voulu qu'il eût été le mien; que j'aurois défendu ses crimes, s'il y avoit eu lieu de croire que je m'en fusse prévalu, et qu'enfin j'aurois pu commettre de grandes injustices, de peur qu'il ne me semblât que j'eusse commis de grandes ingratitudes. Mais que peut-il conclure de tout cet aveu? Falloit-il que je me sacrifiasse pour lui, parce qu'il n'y avoit rien à quoi il n'eût été capable de me sacrifier? Devois-je mon épée à l'affermissement d'une autorité que je n'ai connue, en mon particulier, que par les dommages que j'en ai reçus? Et serai-je un ingrat et un traître pour n'avoir pas pris, contre ma patrie et contre mon Roi, le parti de celui qui causoit ma ruine aussi bien que la leur? Sans mentir, si l'honneur et la conscience veulent qu'on se dévoue au salut de ses oppresseurs et de ses tyrans, c'est avec raison qu'il se plaint de moi, et, par cette même raison, il ne doit avoir guère moins de gardes que cette couronne a de sujets, puisqu'il en faudroit faire le dénombrement pour savoir combien sa conduite a fait de malheureux. Mais, quoiqu'il n'ait jamais été soupçonné de trop de pudeur, je lui en crois assez pour n'entreprendre pas de nous débiter une si étrange doctrine ; et je prévois que pour renverser ce que je dis de lui, il prétendra qu'il lui suffit de ne l'avouer pas. A la vérité, s'il ne faut que nier les maux qu'on a faits pour en être justifié, on ne le convaincra pas même des plus évidents ; car c'est bien peu de lui avoir ouï dire, ou de lui avoir vu faire quelque chose, pour s'oser promettre de l'en faire demeurer d'accord ; et ce n'est qu'à se démentir soi-même, à toute heure, qu'on peut assurer que la hardiesse ne lui manque point. Mais veut-il nous persuader qu'il est innocent ? Qu'il nous remette en l'état que nous étions quand la paix générale fut entre les mains de M. Servien, et que M. le duc de Longueville, qui l'y avoit mise, vit arracher des siennes la gloire d'un service qui n'auroit rien dû à ceux du premier comte de Dunois[1] ; qu'il rende à cette monarchie la réputation que l'injuste opiniâtreté de nos armes lui a fait perdre, chez nos alliés mêmes, depuis ce temps-là ; et qu'il nous rende enfin tant de milliers d'hommes qu'une

---

1. Le prince de Marcillac cherchait alors à gagner au parti des Frondeurs le duc de Longueville. Nous avons dit ailleurs (p. 96, note 5) que ce dernier descendait de Dunois, bâtard d'Orléans ; il prétendit toute sa vie à se faire reconnaître comme prince du sang, et c'est surtout par cette prétention, habilement caressée, qu'on l'entraîna dans la faction, dont, outre le rôle éclatant qu'y jouait sa femme, sa propre indécision de caractère devait le tenir éloigné. — Sur Abel Servien, qui fut à Münster le véritable dépositaire de la pensée diplomatique de Mazarin, voyez la note 2 de la page 155 des *Mémoires*.

guerre continuée de gaieté de cœur a encore immolés avec moins de fruit que de nécessité. Car de lui proposer de rendre ce sang dont il a achevé d'épuiser les veines de l'État, et de croire qu'il fasse¹ repasser les monts et les mers à tous ces millions de quoi l'Italie est la recéleuse, ce seroit espérer ridiculement qu'il voulût commencer à se repentir de ses crimes par celui pour lequel tous les autres ont été commis. Que si tous ces moyens de justification sont également impossibles, et si son avarice ne met pas moins les uns hors de sa puissance que les autres sont hors de celle de la nature, qu'il me pardonne d'avoir eu des yeux pour apercevoir en son ministère ce que tout le monde y apercevoit, et qu'il trouve bon que je rende à ses actions la justice qu'il a fait si injustement dénier aux miennes; car de le garantir de la peine due à ses forfaits, parce qu'il m'a frustré de la récompense due à mes services², je ne sais quel raisonnement ni quelle morale exigeroit cela de moi, quand je le pourrois. Mais pour lui faire la guerre plus généreusement qu'il ne me l'a faite, je ne lui veux rien ôter de tous les avantages qu'il peut prendre légitimement, quoique je pusse les lui disputer avec succès; et s'il croit affoiblir mes dépositions par les sujets que j'ai de lui nuire, je lui en vais³ avouer plus qu'il n'en oseroit avouer lui-même.

Lorsque la Reine se vit en état de penser sérieusement à la Régence, il y avoit dix ans qu'elle me tenoit particulièrement pour son serviteur, et six ou sept qu'on me nommoit tout publiquement son martyr. Ma fortune

---

1. Dans la 1ʳᵉ édition : *qu'il fera*.
2. Rapprochez de cette diatribe emportée contre Mazarin le portrait que la Rochefoucauld a tracé du Cardinal aux pages 63 et 64 de ses *Mémoires*.
3. Dans la 1ʳᵉ édition : *veux*.

et ma liberté[1] n'avoient pas été les seules victimes que j'avois offertes pour son intérêt et pour son repos, et l'horreur des supplices les plus effroyables ne m'avoit[2] pas empêché de lui faire aussi bon marché de ma vie, quand elle avoit bien voulu confier la sienne au courage, à la fermeté et à la prudence d'un homme de vingt-deux ans[3].

Aussi dois-je avouer que rien n'avoit manqué à sa reconnoissance durant tout ce temps-là. Je ne hasardois ni ne perdois quoi que ce soit pour elle, dont ses bontés et ses louanges ne me récompensassent, même avec excès ; il sembloit qu'elle ne s'intéressât qu'en ma faveur au succès des armées où j'allois servir, et elle avoit accoutumé de dire qu'elle ne voyoit plus de gazettes dès qu'elle n'avoit plus à craindre pour moi. Je lui paroissois au-dessus de tout ce qu'il y avoit de charges et de dignités, et on eût dit qu'elle ne souhaitoit une extraordinaire puissance que pour m'élever à d'extraordinaires grandeurs[4]. Cependant, quoique je la servisse, en l'occasion qui se présentoit, plus utilement que je n'avois fait en toutes les autres, et que quelque sorte de réputation me donnât moyen de lui acquérir presque tous les jours quelque corps, quelque place, ou quelque personne d'extrême importance[5], je commençai à m'apercevoir que je me reculois par les

1. Voyez les *Mémoires*, p. 37-39.
2. Il y a dans le texte de l'Arsenal *avoient*, au pluriel.
3. Allusion au dessein formé par la Reine de s'enfuir à Bruxelles, avec Mme de Hautefort, sous la conduite du prince de Marcillac : voyez les *Mémoires*, p. 28 et 29.
4. Anne d'Autriche, on le voit, prenait le duc par son faible, la vanité. Il a écrit lui-même, à la page 77 de ses *Mémoires* : « Je vis bien que la Reine entroit dans l'esprit du Cardinal pour m'amuser. »
5. Entre autres la famille de Condé : voyez p. 57 et 58.

mêmes voies qui devoient m'avancer et qu'elle me donnoit assez peu de part en beaucoup de choses où d'autres n'en devoient possible avoir que par moi. Mais, comme elle ne vouloit pas encore déclarer à ses serviteurs ce qu'on avoit déjà gagné contre eux auprès d'elle, ces changements et ces réserves-là ne manquoient point de belles couleurs : le défaut de confiance passa pour un simple défaut d'application; il falloit l'imputer à un embarras que je voyois bien, plutôt qu'à un dessein formé que je ne verrois de ma vie; je devois croire qu'elle ne s'abstenoit de me dire que ce qu'elle pensoit m'avoir déjà dit, et qu'à force de m'avoir dans l'esprit, elle s'imaginoit que j'avois présidé à tous ses conseils, et distribué à chacun de ceux du parti l'emploi dont il étoit capable. Si un homme, à demi persuadé par le propre mérite de ses actions, fut achevé de l'être par des assurances où il ne voyoit rien qu'on ne pût bien croire de la gratitude et de l'équité d'une grande reine, il n'y a pas grand sujet de s'en étonner ; et je penserois encore à cette heure avoir mérité tous les traitements que j'en ai reçus, si j'en avois pu conserver la crainte après les soins qu'elle avoit pris de me l'ôter. Toutefois ces commencements-là eurent bientôt des suites à devoir faire juger ce qu'on a vu depuis. La mort du feu Roi arriva, et les premiers sentiments de la Reine moururent avec lui. On fit qu'elle affecta de désavouer tout autre intérêt que celui de l'État : l'arrêt du Parlement qui la fit régente[1] la déchargea dans sa pensée de tout ce qu'elle avoit cru devoir jusqu'alors ; elle fut persuadée que ce n'étoit pas à une princesse qui disposoit de tout à payer ce qu'on avoit fait pour une princesse qui ne pouvoit rien ; et, si les restes du crédit de

1. Voyez les *Mémoires*, p. 65.

son ancien ministre l'emportèrent sur le nouveau, en ce qui touchoit le rappel et le rétablissement de quelques-uns de ceux qu'on avoit bannis et privés de leurs charges, ce fut si manifestement sans y avoir fait de réflexion, qu'à peine y avoit-elle acquiescé qu'elle s'en repentit [1].

Il est vrai qu'avec tout cela je fus le dernier à qui elle ôta l'espérance; et quoique, à bien prendre les choses, on pût véritablement dire que je n'étois de rien, elle disoit encore à ceux qui gouvernoient qu'il n'y avoit rien dont je ne pusse être [2]. Mon zèle et ma générosité étoient les modèles qu'elle leur proposoit, et voulant que le Cardinal et moi fissions amitié [3], elle voulut encore que j'en fisse les lois, et qu'il s'y soumît comme à une épreuve infaillible de la pureté de ses intentions. Je me joignis donc à lui, avec dessein de ne le quitter de ma vie, s'il ne se départoit de ses véritables devoirs, ou s'il n'essayoit de me faire départir des miens. Je ne craignis point d'en faire ma déclaration à ceux de qui je croyois être le plus aimé, bien que ce fussent ceux-là mêmes auxquels il étoit le plus odieux. Nous eûmes sur ce sujet des contestations, et fort obstinées et fort inutiles; si je ne pus les faire entrer dans mon sentiment, ils ne me firent point aussi entrer dans le leur [4]. Ce n'est pas que leur aversion n'eût pour fondement l'opinion qu'ils avoient de son impuissance à se porter au bien, et les événements n'ont que trop souvent répondu à leurs

---

1. Notamment en ce qui concerne Mme de Chevreuse : voyez les *Mémoires*, p. 78 et 79.
2. Voyez les *Mémoires*, p. 75-77.
3. *Ibidem*, p. 69-71.
4. Voyez, aux pages 71-73, la conversation que la Rochefoucauld eut à Roye avec Mme de Chevreuse, au moment où celle-ci rentrait en France

conjectures ; mais aimant beaucoup mieux qu'on me reprochât de n'être pas heureux en mes jugements que de n'y pas être équitable, je ne pus me résoudre à le condamner sur des fautes qu'il n'avoit pas encore commises, et je pensai qu'il étoit juste de bien espérer d'un homme qui offroit de se soumettre à toutes les censures et à tous les avis. Je tiens même encore à présent que ceux qui se hâtèrent alors de rompre avec lui furent, sans y penser, les premiers auteurs de cette puissance où ils craignoient tant de le voir, et il eût beaucoup mieux valu qu'ils se fussent faits ses modérateurs et ses conseillers, que de se faire ses ennemis. Car, outre que cette qualité faisoit soupçonner de mauvaise foi tous les témoignages qu'ils rendoient de lui, elle lui donnoit même les moyens de les en convaincre, parce que, n'étant plus en droit d'apprendre de lui les motifs des choses, il leur arrivoit parfois d'en blâmer qui méritoient d'être louées généralement. Or il n'eut pas plutôt cette prise sur eux, qu'il n'appréhenda plus qu'ils en eussent sur lui, et la réfutation de quelques calomnies l'ayant mis en état de faire imputer à malice ou à ignorance les plus légitimes accusations, il ne tint plus qu'à lui de faire indifféremment tout ce qui[1] lui plut. Ayant donc bien prévu le malheureux effet d'une haine si précipitée, je m'empêchai facilement de m'y engager contre ma parole, et si je la gardai inviolablement au Cardinal, ce ne fut pas peut-être sans quelque sorte de fruit; car il eut quelque honte de montrer ses vices à celui qui montroit encore de ne lui en croire point, et il suspendit au moins ses mauvaises inclinations, tant qu'il me fut permis de lui suggérer de bonnes pensées. En effet, soit que ma liberté fût assez discrète pour ne lui fournir

1. *Qui* est bien le texte du manuscrit de l'Arsenal.

nul prétexte de persécution ni de plainte, ou que sa tyrannie ne fût pas encore assez effrontée pour me faire un crime de ma seule circonspection, soit qu'il ne me tînt pas assez détruit dans l'esprit de la Reine, et que, se souvenant de l'ordre qu'il avoit eu d'elle d'avoir en toute manière mon approbation, il ne pût s'imaginer qu'elle l'eût obligé à cette contrainte pour un homme qu'elle eût peu considéré, il feignit de me considérer extrêmement lui-même, et de me vouloir admettre à ses plus importantes délibérations, de sorte que, s'il avoit de tout temps résolu ma perte, il eut au moins le déplaisir de n'oser pas sitôt le faire paroître, et de contribuer en quelque façon à ma gloire, en faisant juger de la grandeur de mes services par celle des récompenses qu'il leur proposoit. Mais n'y ayant plus que moi à lui faire douter de ses forces auprès de la Reine, il ne tarda pas beaucoup à les reconnoître, et comme la prison et le bannissement lui eurent fait raison de tous ceux qui s'étoient ouvertement bandés contre lui, il commença à me trouver assez criminel de ne m'être pas absolument déclaré contre eux, et ne s'offensa pas moins de voir que je faisois encore l'arbitre, qu'il avoit témoigné naguère de m'en savoir gré[1].

La Reine, qui m'avoit fait vivre si sévèrement avec lui, elle qui m'avoit dicté mot à mot ce qu'il y avoit eu de plus dur et de plus austère dans nos conventions, elle-même, dis-je[2], en parloit à l'heure[3] à mes proches, comme d'une conduite que j'avois dû juger qu'elle désapprouveroit. Voulois-je toutefois en venir à l'éclair-

---

1. Il s'agit ici du complot des *Importants*, à la tête duquel était le duc de Beaufort. Voyez dans les *Mémoires*, p. 68 et suivantes, le rôle joué par la Rochefoucauld en cette circonstance.
2. *Dis-je* est omis dans la 1ʳᵉ édition.
3. *A l'heure*, à cette heure-là, alors

cissement, elle tournoit en finesse ou en raillerie tout ce qu'on m'avoit dit, et, après qu'elle m'avoit forcé d'en rire avec elle, elle en tiroit de nouveaux sujets de se plaindre et de prendre pour témoins et pour juges contre moi-même les mêmes personnes par qui elle me faisoit donner ces avis. Il est aisé de croire qu'on n'en étoit pas venu là pour y demeurer, et qu'on ne travailloit pas tant à me rendre coupable pour me rendre heureux. Aussi ne s'amusa-t-on plus à borner à la charge de mestre de camp des Gardes toutes les prétentions qu'on m'avoit données sur celle de grand écuyer, sur celle de général des galères, et sur le gouvernement du Havre-de-Grâce [1] : on me réduisit tout d'un coup aux simples espérances des choses communes qui pourroient vaquer, encore à condition que je fusse agréable quand elles vaqueroient; et, comme l'injustice n'est que trop féconde, celle-ci en eut bientôt produit si grand nombre d'autres, que je pensai n'en être pas quitte pour l'exclusion de tout ce qu'il m'avoit été permis d'espérer, et qu'il s'en fallut peu qu'on ne me fît ôter jusques à la liberté par la même reine pour qui je l'avois autrefois perdue [2]. Il ne se passoit jour où je n'eusse besoin d'une apologie : j'avois reparti pour quelqu'un qui n'étoit pas en grâce, ou m'étois trop peu échauffé pour l'accusateur; j'avois ri de quelque conte qui n'étoit pas assez du cercle ni du cabinet; j'avois fait raison de quelque faute odieuse; j'avois passé dans quelque rue où il y avoit des logis suspects. Enfin il m'arriva d'aller à Beaumont [3], où

1. Voyez les *Mémoires*, p. 75-77.
2. Allusion à l'emprisonnement de quelques jours qu'il subit à la Bastille : voyez les *Mémoires*, p. 37-39.
3. Sur cette assemblée des *Importants*, qui eut lieu à Beaumont, dans une maison de M. de Harlay, et dont le duc de la Rochefou-

on vouloit que toute la cabale de Mme de Chevreuse eût un rendez-vous, et où la ruine du Cardinal ne pouvoit pas manquer d'être résolue. Alors, ne doutant plus d'avoir trop de quoi faire mon procès, ils me reçurent la première fois à une défense régulière, afin de tirer de ma bouche ma condamnation; mais le malheur voulut pour eux que, n'ayant découvert que mon innocence, ils n'eurent à condamner que leurs propres soupçons, et leur confusion les troubla de sorte qu'ils s'engagèrent à dire que j'allois être mieux à la cour que je n'aurois jamais été. Leurs libéralités ni leur confiance ne m'en témoignèrent pourtant rien. On pensa que c'étoit assez de me représenter que, pour lors, la Reine n'avoit quoi que ce soit à donner, ni à dire; car, de récompenser pour moi des offices de la couronne [1], et de m'en communiquer les secrets [2], on me croyoit trop raisonnable pour le desirer, et pour m'aller souvenir qu'il y avoit huit ans qu'on avoit commencé à me juger digne de l'un et de l'autre.

J'avoue que ma patience fut plusieurs fois tentée de se rebuter, et que je me fusse, dès l'heure, soulagé l'esprit, si l'état de ma famille m'eût permis de suivre mon inclination; mais l'intérêt de ma maison ayant étouffé toute ma colère, je me résolus encore à voir le succès des belles promesses dont j'étois flatté; et pour faire que les faveurs trouvassent en moi les dispositions nécessaires à les recevoir, je m'abstins, autant que l'hon-

cauld, père de notre auteur, fut le premier à donner avis au cardinal Mazarin, voyez les *Mémoires de Montrésor*, p. 352 et 353.

1. *Récompenser*, dans ce tour, signifie « donner l'équivalent de. » Pour nommer le prince de Marcillac à un office de la couronne, il eût fallu qu'il dédommageât ou qu'on dédommageât celui dont on lui aurait donné la place. C'est surtout en parlant de bénéfices que *récompenser* s'employait dans ce sens. Voyez ci-après, p. 460.

2. Les secrets de la couronne, du gouvernement.

neur et la bienséance le pouvoient souffrir, de toutes les sociétés et de tous les commerces qui pouvoient déplaire[1]. La précipitation ni la vanité de mes espérances n'attirèrent point les refus; elles furent modestes et respectueuses, et je ne m'offensai pas même qu'on ne m'offrît point ce qui venoit à vaquer par la mort de ceux à qui des enfants ou des frères pouvoient succéder; mais je ne pus pas voir si tranquillement ce qui se fit des charges de M. de Tournon, qui étoit mon parent[2], et qui n'avoit laissé ni enfants ni frères; et il me fut insupportable que le Cardinal me fît moins de justice que mes concurrents, et qu'il m'enviât ce que M. de Roquelaure[3] lui étoit venu déclarer qu'il me cédoit comme à l'homme du monde qui avoit le plus mérité de la Reine. Je vis bien que j'aurois difficilement les dépouilles des étrangers, puisque celles des miens m'étoient refusées quand ceux qui les avoient prétendues en même temps que moi me les adjugeoient, et qu'on n'étoit pas prêt à m'acheter des charges, puisqu'on aimoit mieux faire un trafic infâme de celles qui vaquoient en ma propre famille que d'en récompenser quelques-uns des services que j'avois rendus. Mais mon ressentiment ne fut pas moins secret qu'il fut légitime; ma retenue alla plus loin que mon espérance, et je ne voulus pas que mon père me pût

1. Voyez les *Mémoires*, p. 92 et 93.
2. Just-Louis de Tournon, tué au siége de Philipsbourg en 1644. Son grand-père avait épousé une fille de François III de la Rochefoucauld, le bisaïeul de notre auteur: voyez le *P. Anselme*, tome IV, p. 428, et tome XI, p. 173. Il avait laissé vacante une charge de maréchal de camp.
3. Gaston-Jean-Baptiste marquis de Roquelaure, né en 1617, maître de la garde-robe du Roi, lieutenant général en 1646, duc à brevet en 1652, gouverneur de Guyenne en 1679, mort en mars 1683. Il reçut une blessure au passage du Rhin. Voyez sur lui les *Historiettes de Tallemant des Réaux*, tome V, p. 352-368.

reprocher d'avoir ruiné une affaire à laquelle il étoit engagé d'honneur.

Quoique tout le monde sût bien que la violence qui lui avoit ôté le gouvernement de Poitou[1] pouvoit lui faire prétendre de le retirer, aucun mouvement d'équité ni d'affection ne poussoit le Cardinal à lui en inspirer la moindre pensée. Mais, quand M. de la Tremoille[2] fit de si grandes offres à M. de Parabère[3] que la cour eut peur que feu Monsieur le Prince n'entrât pour quelque chose en ce marché-là, alors le zèle de la justice commença à dévorer ce fidèle ami : il excita mon père au recouvrement de sa charge ; il maintint que ce seroit contre les bonnes mœurs de permettre à celui qui l'avoit acquise odieusement d'en tirer à notre préjudice un si grand profit ; et parce que nous n'avions en cela que le même droit que M. de Bassompierre avoit eu contre M. de la Chastre[4], et que nous n'étions pas disposés à le faire valoir de la même sorte, si on ne nous en donnoit

---

1. Le duc François V de la Rochefoucauld s'était démis, en 1632, du gouvernement de Poitou, dont il était pourvu depuis 1628. Voyez l'*Histoire du Poitou*, par Thibaudeau (Niort, 1839), tome III, p. 276; et *Poitou et Vendée, études historiques et artistiques*, par B. Fillon et O. de Rochebrune (Fontenay, 1861), tome I, p. 68.

2. Sur la Trémouille, prince de Tarente et de Talmont, duc de Thouars, voyez la note 1 de la page 294 des *Mémoires*, et, dans l'*Histoire du Poitou*, par Thibaudeau, tome II, p. 113 et suivantes, le chapitre intitulé : *Thouars, les seigneurs d'Amboise et de la Trémoille, princes de Tarente*, et les pièces justificatives, même tome, p. 443-446.

3. Alexandre de Baudéan, comte de Pardaillan-Parabère, mort en 1702. « Le duc de la Rochefoucauld s'étant démis de la charge de gouverneur de Poitou, le comte de Parabère en fut pourvu. Il arriva à Poitiers le 6 juin 1633. » (*Histoire du Poitou*, tome III, p. 276.) Voyez, sur la famille de Baudéan, le *P. Anselme*, tome IX, p. 178, et Filleau de la Touche, *Dictionnaire historique et généalogique des familles de l'ancien Poitou*, 1840-1854, tome I, p. 226.

4. Sur Bassompierre et la Châtre, voyez les *Mémoires*, p. 18, note 8, et p. 87, note 3.

les mêmes moyens, il offrit de faire rendre la chose pour le prix qu'on l'avoit baillée, et d'en faire sortir encore une bonne partie des coffres du Roi; mais à peine la déclaration de M. de la Rochefoucauld eut-elle rompu le traité d'un autre, qu'on oublia les conditions qui l'avoient fait entendre à se déclarer : on reçut M. de Parabère à faire les siennes, comme pour une terre qui eût été de[1] sa maison depuis cinq cents ans. On eut aussi peu d'égard à la somme qu'à la manière des payements qu'il nous avoit contraints d'accepter; il fut dispensé de toutes les lois que lui-même avoit faites. On lui permit d'abord de demander tout en argent comptant, et, au lieu de tout ce qu'on avoit promis à mon père, on lui proposa pour cent mille livres d'assignations[2], sur quoi on n'eût pas trouvé cent pistoles, et le refusa-t-on de la survivance qu'il demandoit pour moi. Cependant il voyoit aussi peu de jour à se dédire honnêtement de son entreprise qu'à en venir à bout sans y être aidé; mais pour éprouver si le temps feroit naître quelque facilité à l'un ou à l'autre, il fallut tirer en longueur cette négociation, et cette affaire étoit en ces termes-là quand la crainte de la ruiner me fit dissimuler la dernière offense que j'avois reçue. Cette discrétion fit bien que les choses n'empirèrent pas, mais elles n'en allèrent pas mieux[3] : le Cardinal biaisa, selon sa cou-

---

1. Dans la 1re édition, *dans*, pour *de*.
2. Voyez ci-dessus la note de la page 382.
3. « La vérité, dit V. Cousin (*la Jeunesse de Madame de Longueville*, 3e édition, p. 482, note 1), est qu'on ne pouvait dépouiller M. de Parabère; que M. de la Rochefoucauld eut la préférence sur M. de la Trémouille pour traiter avec Parabère du gouvernement du Poitou, et que ce gouvernement fut donné non pas au père, mais au fils, à Marcillac lui-même. C'était une grande faveur. La Rochefoucauld dut sans doute récompenser Parabère, comme on disait alors; le contraire eût été par trop extraordinaire. Fallait-il

tume; et, soit qu'il témoignât un jour de l'affection ou de l'indifférence pour ce traité, il ne manquoit jamais, dès le lendemain, de témoigner tout le contraire. Je reconnus à cela qu'il en vouloit faire notre amusement, et que, par l'interposition de ce fantôme, nous ôtant la vue de ce qui se présentoit de plus véritable et de plus réel, il faisoit que toutes ces choses-là s'éclipsoient pour nous. Il est vrai que le gouvernement de Xaintonge et d'Angoumois lui servit encore de leurre pour nous abuser, et que, nous obligeant de rien, il le fit offrir à mon père, comme s'il eût cru que M. de Brassac[1] étoit mort, quoiqu'il sût très-bien qu'il étoit déjà hors de danger. Mais le soin qu'il prit à cacher sa fourbe la fit éclater; et, de peur qu'on ne s'aperçût qu'il nous eût payés d'une gratification frauduleuse, il nous entretint de l'espérance de cette charge, jusques à ce que celui qui la possédoit se sentit prêt à la quitter avec la vie. Ce fut lors que la sincérité de ce grand ministre parut en son jour, en ce qu'il permit, contre sa parole, à ce pauvre mourant de vendre une chose où, par manière de dire, il n'avoit plus rien, et qu'encore que sa mort précédât l'accomplissement de la vente, tout ce qu'elle changea en la condition de l'acquéreur fut qu'il ne lui coûta qu'un remerciement de ce qui lui devoit coûter deux cent mille livres. Enfin M. de Montausier[2] eut en effet ce qu'on

donc que la Reine lui donnât l'argent que demandait Parabère ? C'est là ce qu'à mots couverts demande la Rochefoucauld. »

1. Jean Galard de Béarn, comte de Brassac, gouverneur de Saintonge et d'Angoumois, chevalier des ordres. Il fut successivement ambassadeur à Rome, ministre d'État, et surintendant de la maison de la Reine. Né en 1579, il mourut le 14 mars 1645. Voyez sur lui et sur sa femme, qui fut dame d'honneur d'Anne d'Autriche après Mme de Senecé, *Tallemant des Réaux*, tome IV, p. 386-389.

2. Voyez la note 3 de la page 76 des *Mémoires*.

peut dire[1] que M. de la Rochefoucauld avoit eu en songe quatre mois durant, et il fallut encore revenir au traité de Poitou. Mais, par une nouveauté assez surprenante, on fut étonné que le Cardinal fît continuer sous mon nom ce qui s'étoit commencé sous celui de mon père; et, comme s'il se fût de soi-même repenti du tort qu'il m'avoit fait, et qu'il eût toutefois eu honte de s'en confesser, il se mit à me blâmer officieusement de ne m'aider pas assez auprès de la Reine ni auprès de lui; et m'offrant toutes les entrées qui pouvoient marquer la dernière familiarité, il sembla qu'il vouloit encore me faire aspirer à tous les effets de la dernière bienveillance; mais cette nouvelle bonté n'eut que de l'écorce et de l'apparence, non plus que les autres, et ne servit qu'à me faire acheter trois cent mille livres un gouvernement que mon père avoit été contraint de bailler pour deux cent cinquante[2], quand il n'y avoit point de quartier retranché[3]. Car jusques à la charge de maréchal de camp, que les ennemis de la Reine m'avoient fait offrir il y a six ans, qu'elle-même avoit accordée depuis la Régence à deux de mes amis que j'avois recommandés, et qu'elle ne m'avoit jamais refu-

[1]. Les mots *qu'on peut dire* ont été omis dans la 1re édition; de même, six lignes plus loin, *eu* après *toutefois*.

[2]. Voyez les *Mémoires*, p. 96 et note 7. — Ce fut en 1646 que la charge de gouverneur de Poitou passa aux mains du prince de Marcillac. Celui-ci arriva à Poitiers, au mois d'avril de l'année suivante, avec son père. Voyez le récit de son entrée, dans l'*Histoire du Poitou*, tome III, p. 308.

[3]. Il s'agit des quartiers de rente. A l'époque où ce morceau fut écrit, on retenoit déjà, depuis plusieurs années, aux rentiers un quartier et demi. Cette question des rentes fut, on le sait, un des objets principaux des délibérations de la fameuse chambre de Saint-Louis, qui, rédigeant ses propositions, stipula, par l'article 9, les mesures à prendre, en attendant que l'état des affaires permît de payer les quatre quartiers des rentes.

sée pour moi-même qu'à force de la trouver au-dessous de moi, elle me la refusoit alors pour des considérations bien différentes, et on m'en fit autant de difficultés qu'on auroit pu faire si j'avois demandé à être maire du Palais. Le Cardinal s'obligea pourtant de m'envoyer le brevet dès que je serois à l'armée, pour peu que Monsieur le Prince, qui devoit en être généralissime, témoignât de le vouloir ou de l'approuver; et ce fut à cela que je commençai à connoître d'où m'étoit venu ce rayon de faveur si hors de propos; car, bien que cet officieux ne s'enquît de l'état où j'étois avec ce prince que pour la crainte qu'on peut s'imaginer qu'il avoit que je n'y fusse pas assez bien, j'aperçus, au travers de cette méchante finesse, qu'on lui avoit fait mon crédit plus grand qu'il n'étoit de ce côté-là, et que c'étoit sans doute la cause de toutes ces tendresses que j'avois trouvées si à contre-temps. Ce me fut une espèce de satisfaction de voir que ces Messieurs-là, ayant quelquefois de mauvais avis[1], pouvoient prendre quelquefois de mauvaises mesures aussi bien que nous, et je dédaignai également de le fortifier dans cette créance et de l'en désabuser. Mais son erreur ne lui faisant rien hasarder contre son intérêt, il se tint ferme dans l'expédient qu'il avoit trouvé, afin de ne rien faire pour moi qu'avec certitude que je pusse faire pour lui. Il crut que, si j'étois fort bien avec Monsieur le Prince, je ne manquerois pas de l'y servir, pour mériter l'emploi que je demandois; il crut que le même Monsieur le Prince lui sauroit quelque gré de me l'avoir accordé pour l'amour de lui, et il crut peut-être encore qu'il feroit valoir cela auprès de la Reine, en lui faisant voir que j'étois capable de plus d'un attachement.

1. Dans la 1re édition, *amis*, et, à la ligne précédente, *ces Messieurs*, sans *là*.

Mais, d'autant que je témoignai de ne vouloir rien avoir que par elle, et que j'en écrivis de Courtray et de Mardick, comme j'en avois parlé à Amiens, tout le mal qu'il me put faire fut de retarder l'expédition que j'avois desirée, jusques à ce que mes blessures m'empêchèrent de m'en prévaloir [1].

Voilà quelque partie des obligations dont je suis redevable à ce généreux et à ce bienfaisant; voilà quelque partie des chaînes qui devoient m'attacher à ses passions et à sa fortune. Mais je n'ai encore rien dit d'une grâce par laquelle il pensoit avoir achevé de me gagner le cœur, et il ne seroit pas raisonnable de la dissimuler. Si toutes les choses que j'ai rapportées jusqu'ici ont fait voir en ce premier ministre une opposition invincible à mon accroissement, elles n'y ont rien fait voir qui ne soit naturel à ceux qui ne viennent point avec une vertu toute surnaturelle à l'administration des États. Je n'avois point dû espérer d'un homme ordinaire qu'il souffrît que je m'élevasse jusqu'à l'empêcher de s'élever lui-même excessivement, et n'ayant jamais rien mérité de lui qu'une sorte d'estime qui n'étoit pas propre à m'en faire aimer, la Reine lui devoit vouloir plus de mal qu'à moi de celui qu'il me procuroit, puisqu'en l'obligeant de montrer un oubli apparent de tous mes services, il lui débauchoit insensiblement ses vrais serviteurs. Ce n'est pas que je ne puisse dire encore qu'il étendoit trop ce que la jalousie peut faire excuser en un ambitieux; car il eût pu laisser faire des choses à mon avantage qui n'eussent jamais été en obstacle au sien, et ce n'étoit qu'à force d'avoir le cœur bas qu'il n'y avoit rien de si petit qui ne lui fît ombre. Ce n'est pas que je ne pusse même lui reprocher ma mauvaise fortune, ainsi

---

1. Les coups de mousquet reçus au siége de Mardick : voyez les *Mémoires*, p. 98.

qu'un effet de sa mauvaise foi, puisque j'aurois eu de quoi me croire assez heureux, s'il m'avoit tenu quelque partie des choses qu'il m'avoit promises ; néanmoins passons-lui pour justes toutes les injustices et toutes les infidélités que la crainte a pu lui faire commettre tandis qu'il n'a pas été assez assuré de son pouvoir ; mais d'avoir fait survivre sa haine et sa perfidie au frêle et malheureux crédit qui sembloit les avoir attirées sur moi, et d'avoir affecté, depuis ma destruction, de me rendre les espérances qu'il m'avoit ôtées, pour avoir seulement nouvelle matière de me désobliger et de me trahir, c'est véritablement ce que j'aurois de la peine à lui pardonner, et que je ne puis m'empêcher de faire connoître.

Entre toutes les choses que la Reine avoit eu envie de faire pour moi, la première qui s'étoit présentée à elle avoit été de rendre à ma maison les prérogatives qu'on avoit données ou rendues à trois ou quatre autres, depuis vingt-cinq ou trente ans [1] ; et, parce que ses recommandations y pouvoient aussi peu que ses ordres, elle se satisfaisoit à renouveler, en toutes rencontres, les preuves que nous avions eues de cette intention. N'osant pas faire donner chez elle un siége à ma femme, elle n'en prenoit point elle-même, quand elle l'alloit voir ; elle demeuroit debout des heures entières à l'entretenir ; elle lui protestoit de ne la laisser pas un moment en cette posture, si elle se voyoit jamais en état de l'en retirer, et elle la chassoit, avec des bontés qui ne se peuvent dire, dès qu'elle jugeoit que la foule de celles qui devoient être assises [2] l'alloit obliger à s'asseoir. Je confesse qu'un plus prévoyant ou plus intéressé que je ne suis se fût prévalu sans doute de tant de favorables

1. Sur cette question des prérogatives et du tabouret, voyez les *Mémoires*, p. 104-106.
2. Dans la 1re édition : *arrivées*.

dispositions, et que, sommant la Reine de sa parole dès qu'elle fut en pouvoir de l'exécuter, il ne lui auroit pas donné le loisir d'apprendre de son nouveau ministre de quoi elle devoit payer les plus anciens et les plus fidèles de ses serviteurs; mais, outre que j'aurois eu honte de lui parler pour moi en un temps où je croyois ne devoir ni parler ni vivre que pour elle, je pensois que sa reconnoissance ne l'entretiendroit que trop de mes intérêts, et que les siens m'étant mille fois plus considérables, je n'aurois qu'à me préserver de ces grâces excessives qui rendent encore plus odieux ceux qui les font que ceux qui les reçoivent. Véritablement je m'aperçus bientôt qu'il ne me faudroit pas de grands antidotes contre ce venin : ma faveur excita plutôt la pitié que l'envie. Dans la profusion la plus générale que l'on ait jamais vue, on me refusa jusqu'à un tabouret qui n'eût rien coûté, si ce n'est que rien ne coûte tant que de faire justice à un homme à qui on veut donner sujet de faillir, pour avoir sujet de le maltraiter. Je dis faire justice, parce que c'étoit à la fin ce que je demandois, et que, pour décharger la Reine des plaintes des autres prétendants aussi bien que de sa parole, je m'offris de prouver dans le conseil que ce qu'on m'accorderoit ne feroit conséquence pour qui que ce fût. Ce n'est pas que je ne susse bien que je n'étois point le seul fils de duc; ce n'est pas aussi que je voulusse dire qu'il n'y eût que moi de qui les pères eussent toujours reçu cet honneur de nos rois d'en être avoués pour parents[1], car je ne sais point me faire valoir aux dépens d'autrui; mais, en justifiant ce dernier avantage par des titres qui ne peuvent pas être soupçonnés de faux en un temps où tant d'autres en sont convaincus, j'en-

---

1. Voyez au tome 1, la *Notice biographique*.

tendois maintenir que j'étois le seul de qui la maison eût joint ce même avantage à celui de la duché, et qui ne jouît pas de tous les priviléges que je demandois. Je demeure bien d'accord que pour me sacrifier on me couronna, et que témoignant d'en croire encore plus que je ne m'offrois d'en vérifier, on m'assura qu'on me satisferoit dès cette heure-là même, si tout le monde vouloit être aussi raisonnable que moi ; mais qu'ayant affaire à des gens qui ne se payent de rien que de ce qu'ils demandent, il falloit laisser venir un temps où on pût les obliger à entendre raison, et qu'en tout cas je serois le premier pour qui[1] on feroit ce que j'avois desiré. Mais cette assurance-là fut encore éludée ; on supposa grossièrement une possession en faveur de ceux à qui on voulut donner effectivement ce qu'on s'étoit contenté de me promettre ; mes plaintes ne servirent qu'à me faire écouter de méchantes excuses, et, le passé me faisant juger de l'avenir, je crus qu'on ne manqueroit jamais de prétextes pour m'outrager, jusques à ce que le Cardinal ne s'en laissa point à lui-même dans les promesses qu'il me fit la dernière fois que je quittai la cour pour aller en Poitou[2]. Il s'engagea si distinctement à me faire précéder tous les prétendants au tabouret que la seule malice dont il me restoit à le soupçonner étoit qu'il fût bien résolu qu'on n'en donneroit plus de son ministère, et tout ce que j'avois vu de lui n'avoit pu encore me faire concevoir qu'il affectât de prendre des précautions, de peur qu'on ne doutât qu'il ne fût le plus infidèle de tous les méchants. Je m'en allai donc dans mon gouvernement avec la croyance de n'avoir rien à craindre que d'attendre peut-être inutilement la satisfaction qu'on me promettoit, et

1. Dans la 1re édition : *à qui.*
2. Voyez les *Mémoires*, p. 105.

encore ne demeurai-je guère que je n'y trouvasse de nouvelles occasions de la mériter.

Dans les calamités communes à tout cet État, les provinces les plus abondantes ou les plus soumises ont toujours été les plus opprimées; et, comme si on leur avoit dû imputer à crime leur obéissance et la bénédiction que Dieu leur donnoit, on a incessamment puni de nouvelles souffrances la facilité qu'elles ont témoignée d'avoir à souffrir. Les pays qui sont sous ma charge étant tous remplis des funestes preuves de cette vérité, et leur désolation ne faisant que trop voir jusques où avoit pu aller la fidélité de leur zèle, les peuples se rebutèrent d'une patience qui ne faisoit qu'attirer la persécution, et, sur l'avis qu'ils eurent que le Parlement avoit réprimé quantité d'excès, ils passèrent eux-mêmes à celui de se faire les juges en leur propre cause, et d'étendre les suppressions portées par les déclarations du Roi sur toutes les choses dont ils eussent voulu être déchargés [1]. Ils se vengèrent sur quelques bureaux et sur quelques commis des injures qu'ils prétendoient en avoir reçues, et se voulant même imaginer que les plus anciens droits devoient être éteints en haine des nouveaux, ils se préparoient à payer aussi peu les uns que les autres. Je ne désavoue point que leur misère ne me fît regarder avec pitié leur rébellion, et que je n'eusse bien désiré que le soulagement qu'on leur accordoit eût été plus proportionné à leur maladie; mais le devoir l'emporta sur la compassion, et ne doutant point que Messieurs du Parlement n'eussent fait tout ce que le temps permettoit de faire, j'apportai la juste chaleur qui étoit nécessaire pour dissiper l'orage qui s'étoit formé. Je fis quelque sorte de justice de ceux qui avoient voulu se la faire à

---

1. Allusion à la déclaration royale du 22 octobre 1648, vérifiée en Parlement le 24.

eux-mêmes, et, avec plus de réputation que de violence, je rétablis, en moins de huit jours, l'autorité du Prince, sans qu'il en coûtât la vie ni l'honneur à aucun de ses sujets[1].

L'avis que j'en donnai à la cour y fut reçu apparemment d'assez bonne grâce; on se loua de ma conduite et de mon crédit, et on fit semblant de croire que les circonstances des choses rendoient ce service assez signalé[2]; mais, si on le croyoit véritablement, je puis véritablement dire qu'il ne m'en parut rien; car ayant demandé de récompenser le gouvernement de Niort[3], qui vaquoit par la mort de M. de Neuillan[4], on le donna à Mademoiselle sa sœur[5], sans daigner seulement me faire réponse; et, lorsque la mort de M. de Chémeraut[6] fit vaquer les capitaineries de Civray et de Lusignan[7], un homme que j'avois à la cour les ayant demandées en mon nom,

---

1. Voyez les *Mémoires*, p. 105.

2. Voyez, dans la note 3 de la page 105, la lettre de Mazarin à la Rochefoucauld.

3. D'en payer le prix, d'en être pourvu en en payant le prix: voyez ci-dessus, p. 448, note 1. — Outre le gouverneur *général de la province*, le haut et le bas Poitou avaient chacun un lieutenant général; et les villes et châteaux de Poitiers, Loudun, Châtellerault, Niort, Fontenay-le-Comte et Melle, des gouverneurs particuliers. En 1621, le gouvernement de la ville de Fontenay avait été donné par Louis XIII au père de notre auteur.

4. Charles de Beaudéan, seigneur de Neuillant, tué à la bataille de Lens. C'était le petit-fils du comte de Parabère, dont il est question plus haut, p. 450, note 3. Voyez le *P. Anselme*, tome IX, p. 178.

5. Suzanne de Baudéan, une des filles d'honneur d'Anne d'Autriche, mariée en 1651, à Philippe de Montault de Benac, duc de Navailles, capitaine des chevau-légers de Mazarin, puis maréchal. L'un et l'autre furent disgraciés en juin 1664; elle mourut en 1700.

6. Le frère de Mlle de Chemerault, dont il a été question dans les *Mémoires* (p. 21, et notes 3 et 4); il fut tué à Nordlingen. Voyez *Tallemant des Réaux*, tome IV, p. 449, note xiv.

7. En Poitou. — Voyez dans Maichin, *Histoire de Saintonge*, Poi-

faute de savoir que je n'eusse pas voulu, pour mourir, les ôter à ses proches, quand elles m'auroient pu accommoder, on me traita en cette occasion comme on avoit fait en la précédente : de sorte que, dans les choses que j'aurois refusées aussi bien que dans celles que je desirois, je reçus des marques certaines de la bonne volonté qu'on avoit pour moi. Encore ne crut-on pas que ce fût assez de payer mes derniers services de méconnoissance : on y voulut ajouter quelque sorte d'affront, et, dans le temps que mon affection et mon autorité paroissoient à l'envi dans toute l'étendue de ma charge, je découvris qu'on employoit jusqu'à des personnes quasi inconnues pour y avoir l'œil et pour en mander à la cour ce qui leur en sembloit.

L'âge, l'expérience et la dignité de mon père ne le garantirent pas d'un pareil mépris; et, quoique six ans de disgrâce et de bannissement n'eussent pas empêché le cardinal de Richelieu, qui en étoit cause, de le choisir, en six cent trente-six[1], pour aller commander en Poitou, Xaintonge et Angoumois, et de donner ordre à MM. de Brassac et de Parabère de le venir trouver et de recevoir les siens; quoique cet emploi lui eût assez bien succédé pour offrir au feu Roi de lui mener en Picardie douze cents gentilshommes et six mille hommes de pied, et quoique ce prince et son premier ministre eussent dit séparément qu'il n'y avoit que lui en France capable de cela : toutes ces choses-là[2], dis-je, n'obligè-

---

tou, *Aunis et Angoumois* (1671, 1 volume in-folio), le chapitre intitulé : *de la province de Poitou en général*, et, dans ce chapitre, la page 189 : *des villes de Civray, Saint-Maixant*, etc., et la page 190 : *de la ville de Lezignan*. Voyez aussi l'*Histoire du Poitou*, tome II, p. 188 et suivantes, et p. 382 et suivantes.

1. Tel est le texte du manuscrit de l'Arsenal; par abréviation de mil six cent trente-six.

2. Dans la 1re édition : *toutes ces choses*, sans *là*.

rent pas le cardinal Mazarin à le traiter mieux qu'il ne me traitoit, et il eut le déplaisir de se voir dédaigner de celui qu'il croyoit son parfait ami, après que le plus cruel de ses ennemis, postposant[1] la haine à l'estime, lui avoit confié un si grand intérêt, et lui avoit donné une si notable occasion de gloire.

Avec tout cela, il ne me pouvoit encore entrer dans l'esprit que le Cardinal osât me manquer pour le tabouret, et quand on m'écrivit qu'on parloit de l'accorder à Mme la comtesse de Fleix[2], j'en écrivis au Cardinal, comme ne doutant pas qu'il ne me tînt parole. Je ne laissai pas néanmoins de le faire souvenir de l'avantage que j'avois sur tous les prétendants, aussi bien que des assurances qu'il m'avoit données de le faire valoir, et je ne voulus point que le défaut de sa mémoire servît de prétexte ni de couverture à celui de sa foi; mais cette circonspection se trouva fort inutile. L'impudence ne fut pas moindre en ce grand ministre que l'iniquité : il m'empêcha d'avoir, même après un autre, ce qu'il m'avoit promis que personne n'auroit qu'après moi, et, bien que toutes mes affaires fussent à Paris, il ne me fut pas même permis d'y aller qu'à la charge que je ne parlerois point de celle-là[3]. Je n'avois pas toutefois achevé ma première journée que je ne me vis que trop bien dispensé de cette condition; car j'appris que ce dernier tabouret avoit été suivi de six ou sept autres[4], et qu'ainsi je ne devois plus espérer de justice, puisque, par la qualité et par le nombre des sujets qu'on m'avoit donnés de la demander, on s'étoit déjà ôté la puissance de me la faire. Aussi ne prétendis-je plus d'autre sa-

---

1. *Postposant*, subordonnant.
2. Voyez ci-dessus, p. 98, note 1, et p. 29, note 6.
3. Voyez les *Mémoires*, p. 108.
4. Voyez *ibidem*, p. 106.

tisfaction que celle de me faire voir encore à un homme à qui mon abord devoit reprocher tant de perfidies, et je n'espérai point qu'il me fît de réparation d'une offense qui ne pouvoit plus être réparée de sorte qu'il ne m'en demeurât beaucoup de ressentiment. Je me trompai moins en cela que je n'avois fait en la confusion dont je m'imaginois que mon visage couvriroit le sien à notre entrevue; car il ne me parut jamais moins embarrassé, et il me reçut comme si j'avois eu tous les remerciements du monde à lui faire, et que, par un excès de générosité ou de modestie, il ne m'en eût pas voulu donner le loisir. Ce fut un débordement de caresses et de civilités : une cajolerie n'attendoit pas l'autre, et tout préparé que j'étois à n'en recevoir que des déplaisirs, je doutai s'il ne me vouloit point disposer par là à me contenter de ce qui lui restoit à faire pour moi, et à croire que pour être en effet le dernier obligé, je ne laissois pas d'avoir été le premier dans l'intention. Mais, voyant que pas un de ses discours n'aboutissoit là, je connus bien qu'il ne tendoit qu'à faire passer en de vaines démonstrations de tendresse un entretien qu'il éviteroit, après cela, des semaines entières sans qu'il y parût, et qu'il croyoit que, cette occasion étant une fois passée, je penserois moi-même n'avoir plus de grâce à me plaindre de ce qu'une longue dissimulation sembloit déjà avoir approuvé. Cela me fit résoudre à le faire déclarer en quelque façon et à quelque prix que ce fût, et m'imaginant bien que sa confusion me divertiroit mieux que sa colère, j'aimai mieux le réduire par mes paroles à demeurer d'accord qu'il ne lui en restoit point, que de lui donner un prétexte de me tourner brusquement le dos et faire croire[1] qu'il n'auroit manqué à me répondre

---

[1] Dans la 1re édition : *me faire croire*.

que pour n'avoir pas voulu m'offenser. Mais que ne peut l'effronterie, quand elle est venue jusqu'à l'excès? Il osa me débiter d'abord la grâce que l'on avoit faite à tant de personnes pour une chose à laquelle je n'avois aucun intérêt, et qui choquoit aussi peu sa promesse que ma prétention, puisque c'étoit pour ma maison que je demandois ce que les services de Mme de Senecey avoient obtenu pour la seule personne de Madame sa fille, et ce qu'il avoit fallu accorder nécessairement à ceux qui avoient des lettres de duché. J'aurois pu répondre à cela qu'il devoit s'accorder avec ses gazettes, en ce qui regardoit Mme la comtesse de Fleix, et que, pour ce qui regardoit les autres, nous avions eu tout loisir d'apprendre dans notre famille que le tabouret n'est dû de plein droit qu'après que les lettres de duché et pairie ont été vérifiées dans le Parlement ; mais, attendu que cette faveur avoit été faite à des personnes que j'en estimois[1] extrêmement dignes et pour qui je l'aurois desirée[2] comme pour moi-même, je me contentai de lui soutenir qu'elles ne choquoient pas si peu sa promesse ni ma prétention qu'il faisoit semblant de se l'imaginer; car, sans compter que, dans la parole qu'il m'avoit donnée, il avoit formellement dérogé aux explications dont il se servoit, ces mêmes explications-là se trouveroient encore à son désavantage, et ç'auroit toujours été une méchante raison pour ne m'accorder pas ce qu'on avoit bien voulu accorder aux autres, que de s'être engagé à me servir en quelque chose de plus que ce que les autres avoient obtenu. L'évidence et la force de ce raisonnement le mirent en désordre, et ne pou-

---

1. Dans la 1re édition : *j'en jugeois*.
2. *Desiré*, sans accord, dans le manuscrit; à la ligne suivante, il y a bien : « elles ne choquoient », au pluriel.

vant déguiser ni confesser une vérité si claire et si contraire à son intention, il essaya de me faire prendre le change, et, sans répondre à ce que j'avois dit pour l'établissement de mon droit, il voulut me persuader de ne m'en servir pas. Mais je n'eus pas besoin des lumières que l'intérêt fait trouver même aux plus stupides, pour découvrir le foible de cet artifice et des moyens qu'il tenoit[1] pour y réussir; car il ne me proposa rien de plus délicat que de mépriser ce que je n'avois pas obtenu, et ce qu'il fit d'abord pour m'y disposer fut d'exagérer, avec son éloquence italienne, la gloire de ma naissance, et de me soutenir qu'elle me mettoit fort au-dessus de ces choses-là; enfin on auroit dit, à l'ouïr parler, que c'étoit un grand avantage à ma femme de n'oser aller ou d'être obligée de se tenir debout en un lieu où trente autres femmes se trouvoient assises, et que tout le monde sauroit qu'il n'y a point de souverains dans la chrétienté qui ne soient sortis d'une fille de ma maison, dès qu'on verroit les filles de ma maison derrière des demoiselles, parmi lesquelles il y en a qui ne le sont même que médiocrement. De cette belle persuasion il passa à une autre de la même force, et pour me prouver que je ne devois point m'arrêter à l'heure à ce tabouret, il s'avisa d'une raison digne du principal génie de l'État, et qui sérieusement étoit merveilleuse par l'effronterie qu'il falloit avoir pour oser entreprendre de m'en payer; car il me dit, et comme un secret et comme un reproche, que ce que je desirois ne pouvoit me manquer avec le temps, par la dignité qui étoit dans notre famille, et m'en parla de si bon air que je fus sur le point de lui demander s'il venoit de faire mon père duc

---

1. Nous suivons le manuscrit; faut-il lire *tentoit?* La première édition porte aussi *tenoit*.

et pair de France, ou s'il avoit fort aidé à rendre les services qui lui avoient fait mériter de l'être, dix ans devant que la France eût ouï seulement le nom de Mazarin[1]. Mais si je ne suivis en cela mon premier mouvement, je ne laissai pas de le lui faire connoître, en sorte qu'il fut obligé de répondre plus précisément, et de me conseiller de parler à la Reine. Or j'entends assez ce langage-là pour ne m'y laisser pas tromper, et pour ne changer pas un homme qui demeuroit d'accord de m'avoir promis, à une reine qui étoit pour moi en possession d'oublier ses promesses[2]. Aussi m'assura-t-il qu'il lui parleroit, et qu'il me rendroit réponse dans fort peu de jours. Cependant celle qu'il me fit faire fut qu'il n'en avoit point encore parlé, parce qu'il avoit jugé à propos que j'en parlasse moi-même, mais en sa présence, m'assurant qu'il m'en donneroit bientôt le moyen[3], et celui de connoître de quelle façon il me vouloit servir. Il s'acquitta fort bien de la dernière partie de sa promesse, par le peu de soin qu'il prit de s'acquitter de l'autre, et tout ce qu'il me procura auprès de la Reine fut le commandement d'aller en Poitou, aussitôt que la cour eut quitté Paris pour aller à Saint-Germain[4]; car, lui ayant représenté que rien ne pressoit dans mon gouvernement et que j'avois beaucoup d'affaires à la cour, elle me répondit d'abord que je savois bien qu'il n'y avoit point d'argent; et, sur ce que

1. Voyez, dans le *P. Anselme*, tome IV, p. 414-417, la teneur des lettres d'érection du comté de la Rochefoucauld en duché-pairie (1622). C'est en 1632 que Mazarin fut vice-légat à Avignon.
2. *Changer un homme qui.... à une reine qui, etc.*, c'est-à-dire « adressant ailleurs ma demande, passer d'un homme qui.... à une reine qui, etc. »
3. Dans la 1re édition : « qu'il m'en donneroit bien tout le moyen. »
4. Voyez les *Mémoires*, p. 104.

je repartis qu'on pouvoit au moins me donner des assignations, et me contenter sur des choses d'une autre nature, elle me répliqua, d'un ton décisif, que ce n'étoit pas le temps de parler d'affaires. Ainsi je reconnus véritablement de quelle façon le Cardinal me vouloit servir, ou, pour mieux dire, je tirai de sa mauvaise volonté et de sa mauvaise foi toutes les convictions que j'avois jugées nécessaires pour le contraindre d'approuver lui-même le ressentiment que je devois avoir de l'une et de l'autre. Cependant il se trouve qu'il parle de moi comme s'il m'avoit tiré de dessus l'échafaud pour me mettre dessus le trône, et que je ne me fusse souvenu de la grandeur et de la gloire où sa protection m'auroit élevé, que pour l'accabler des misères et des infamies dont cette même protection m'auroit garanti.

Si ce procédé-là est d'un homme d'honneur, ou d'un homme qui s'est trop bien trouvé de ne l'être pas pour en vouloir jamais faire profession, j'en laisse le jugement à celui qui aura pris la peine de voir ce discours. Je n'y ai rien oublié volontairement de toutes les offenses qui ont dû m'animer contre lui. S'il veut pourtant me faire souvenir de quelqu'une que j'aie omise, je lui promets de l'avouer de bonne foi, et je ne lui nierai pas même que je n'aie bien cru que celui qui aimoit mieux découvrir sa propre vergogne que de manquer à me rendre ses mauvais offices, ne me les a pas épargnés quand il a eu lieu de m'en faire sans que j'eusse lieu de les lui imputer. Mais quel avantage peut-il prendre des injures que j'ai reçues de lui? Quelle jurisprudence lui apprend qu'un crime se mette à couvert par un autre crime, et qu'un homme dût être absous d'un assassinat, s'il ne l'avoit commis que devant des témoins à chacun desquels il pourroit prouver d'avoir fait d'autres violences? Je sais bien que si l'outrage reçu a été suivi d'un ressentiment que les lois défendent, elles ne veulent pas que la justice écoute le témoignage de celui qui a pris d'autres voies que les siennes pour se venger. Mais tant s'en faut que ma vengeance tombe dans cette espèce-là, que je me suis armé pour la justice, avant que la justice songeât particulièrement à s'armer pour moi; que, de quelque juste douleur que je fusse touché, c'est la douleur publique qui a tiré de ma bouche les premières plaintes, et qu'enfin il a fallu que le Cardinal ait été déclaré ennemi de l'État, avant que je me sois déclaré le sien [1].

[1]. Cette déclaration du Parlement contre le cardinal Mazarin fut rendue en février 1649.

APPENDICE

APPENDICE AUX MÉMOIRES.

I. — Pages 49-79.

PREMIÈRE RÉDACTION DU COMMENCEMENT DE LA SECTION II DES MÉMOIRES[1].

La persécution que j'avois soufferte durant l'autorité du cardinal de Richelieu étant finie avec sa vie, je crus devoir retourner à la cour, où *la mauvaise santé du Roi et le peu de disposition où il étoit de confier ses enfants* et son État à *la Reine me* faisoient *espérer de trouver bientôt des occasions considérables de la servir*, et de lui donner, dans l'état présent des choses, les mêmes marques de fidélité qu'elle avoit reçues de moi dans toutes les rencontres où ses intérêts et ceux de

---

1. Voyez, au sujet de cette première rédaction, la *Notice des Mémoires*, en tête de ce volume, et la note 1 de la page 49. — M. le duc de la Rochefoucauld-Liancourt nous a permis de collationner notre texte sur le manuscrit A, mentionné ci-dessus, p. 436. Une note, d'une écriture ancienne, écrite à la première page de ce manuscrit, parle ainsi de ce morceau : « Le second ouvrage (*il y en avait primitivement trois dans le volume*), contenant 21 pages et écrit de la même main (*celle du secrétaire de l'auteur*), est le petit morceau intitulé dans les *Mémoires* imprimés : *Mémoires de la régence d'Anne d'Autriche*, etc. La seule observation qu'il y ait à faire sur ce morceau, c'est que depuis l'auteur l'a totalement refondu, comme on peut le voir dans les *Mémoires* non imprimés, volume D. » Le volume D (de la Roche-Guyon) est, on le sait, celui dont notre édition des *Mémoires* donne le texte. — Cette première version, qui est le début des *Mémoires* dans les éditions de 1662-1804, a été placée par Petitot (1826) et Michaud (1838) à la suite de nos parties I et II, et ils y ont rattaché, sans solution de continuité, le morceau de Vineuil qui forme notre 3ᵉ appendice. — Nous mettrons en note les principales variantes des éditions antérieures à la nôtre. Nous avons fait imprimer en italique ce que notre auteur, dans sa rédaction définitive, a textuellement gardé de ce premier jet, et nous renvoyons aux pages de notre texte où se trouvent ces fragments qu'il a conservés.

Mme de Chevreuse avoient été contraires à ceux du cardinal de Richelieu. J'arrivai à la cour, que je trouvai aussi soumise à ses volontés après sa mort qu'elle l'avoit été durant sa vie. *Ses parents et ses créatures y avoient les mêmes avantages qu'il leur avoit procurés, et*, par un effet de sa fortune, dont on trouvera peu d'exemples, *le Roi, qui le haïssoit* même et qui souhaitoit sa perte, fut contraint non-seulement de dissimuler ses sentiments, mais même d'autoriser la disposition que le cardinal de Richelieu faisoit *par son testament des principales charges et des plus importantes places de son royaume*. Il choisit[1] le cardinal Mazarin pour lui succéder au gouvernement des affaires, et ainsi fut assuré de régner bien plus absolument après sa mort que le Roi son maître n'avoit pu faire depuis trente-trois ans qu'il étoit parvenu à la couronne. Néanmoins, comme la santé du Roi étoit déplorée[2], il y avoit apparence que les choses changeroient bientôt de face, et que la Reine ou Monsieur, venant à la Régence, se vengeroient, sur les restes du cardinal de Richelieu, des outrages qu'ils avoient reçus de lui[3].

Le cardinal Mazarin, M. de Chavigny et M. des Noyers[4], qui avoient alors le plus de part aux affaires, voulurent prévenir ce mal-là, et se servir du pouvoir qu'ils avoient sur l'esprit du Roi pour l'obliger à déclarer la Reine régente, pour se réconcilier avec elle par ce service-là, qui paroissoit d'autant plus considérable à la Reine qu'elle croyoit le Roi très-éloigné de cette pensée, par le peu d'inclination qu'il avoit toujours eu pour elle et par la liaison qu'il croyoit qu'elle avoit encore avec les Espagnols par le moyen de Mme de Chevreuse, qui s'étoit réfugiée en Espagne, et qui étoit alors à Bruxelles. M. des Noyers fut le premier qui donna espérance à la Reine de pouvoir porter le Roi, par son confesseur[5], à l'établir régente, croyant par là faire une liaison étroite avec elle, à l'exclusion de M. de Chavigny, qu'elle avoit considéré davantage du vivant du cardinal de Richelieu. Mais M. des Noyers se trouva, peu de temps après, bien éloigné de ses desseins, car le confesseur eut ordre de se retirer, et lui-même fut chassé ensuite. *Il me parut que ce changement-là n'avoit rien diminué des espérances*[6] *de la Reine*,

---

1. Il choisit encore. (1662-1754.)
2. *Desespérée.* (1804-38.) — Plus haut, notre auteur a employé *déploré*, dans le même sens, en parlant de Richelieu : voyez p. 47 et note 5.
3. Voyez les *Mémoires*, p. 49 et 50.
4. Dans l'édition de 1689 et plusieurs des suivantes : *de Noyers*, qui est la vraie orthographe de ce nom : voyez p. 30, note 2.
5. Qui étoit alors le P. Sirmond, jésuite. (*Note de l'édition de* 1688.) — Voyez ci-dessus, p. 51 et note 1.
6. De l'espérance. (1662-1754.)

et qu'elle attendoit du cardinal Mazarin et de M. de Chavigny le même service que M. des Noyers avoit eu dessein de lui rendre. Ils lui donnoient tous les jours l'un et l'autre toutes les assurances qu'elle pouvoit desirer de leur fidélité, et elle en attendoit des preuves, lorsque la maladie du Roi, augmentant à un point qu'il ne lui restoit aucune espérance de guérison, leur donna lieu de lui proposer de régler toutes choses, durant que sa santé lui pouvoit permettre de choisir lui-même une forme de gouvernement qui pût exclure des affaires toutes les personnes qui lui étoient suspectes.

Cette proposition, quoiqu'elle fût apparemment contre les intérêts de la Reine, lui sembla néanmoins trop favorable pour elle. Il ne pouvoit consentir à la déclarer régente, et ne se pouvoit résoudre aussi à *partager l'autorité entre elle et Monsieur*. Les intelligences dont *il l'avoit soupçonnée*, et *le pardon qu'il venoit d'accorder à Monsieur pour le traité d'Espagne*[1] le tenoient dans une irrésolution qu'il n'eût *peut-être pas surmontée, si les conditions de la déclaration que le cardinal Mazarin et M. de Chavigny lui proposèrent ne lui eussent fourni l'expédient qu'il souhaitoit pour* diminuer *la puissance de la Reine* et pour *la rendre* en quelque façon *dépendante* du *conseil* qu'il vouloit établir.

Cependant la Reine et Monsieur, qui avoient eu trop *de marques de l'aversion du Roi*, et qui le soupçonnoient presque également de les vouloir exclure du maniement des affaires, *cherchoient toutes sortes de voies* pour y parvenir. J'ai su de *M. de Chavigny qu'étant allé trouver le Roi, de la part de la Reine, pour lui demander pardon de tout ce qu'elle avoit jamais fait, et même de ce qu'elle*[2] *lui avoit déplu dans sa conduite, le suppliant particulièrement de ne point croire qu'elle* eût eu aucune part à *l'affaire de Chalais, ni qu'elle eût trempé dans le dessein d'épouser Monsieur après que Chalais auroit* fait mourir le Roi, *il répondit sur cela à M. de Chavigny sans s'émouvoir* : « *En l'état où je suis, je dois lui pardonner; mais je ne* la *dois pas croire.* » Chacun croyoit d'abord avoir droit de prétendre *la Régence à l'exclusion l'un de l'autre*, et si *Monsieur ne demeura pas longtemps dans cette pensée*, pour le moins crut-il *devoir être déclaré corégent avec elle*[3].

Les espérances de la cour et de tout le Royaume étoient trop

---

1. Conclu par le sieur de Fontrailles, au nom de Monsieur, avec le Comte-Duc[a], premier ministre d'Espagne, le 13 de mars 1642. (*Note de l'édition de 1688.*) — Voyez ci-dessus, p. 45, et note 1.
2. De ce qui. (1662-1754.)
3. Voyez les *Mémoires*, p. 51-56.

[a] Le comte d'Olivarès, duc de San-Lucar.

différentes, et tout l'État, qui avoit également [1] souffert durant la faveur du cardinal de Richelieu, attendoit un changement avec trop d'impatience, pour ne recevoir pas avec joie une nouveauté dont chaque particulier espéroit de profiter. *Les intérêts différents des principaux du Royaume et des plus considérables du Parlement les obligèrent bientôt à prendre parti entre la Reine et Monsieur; et si les brigues qu'on faisoit* pour eux *n'éclatoient pas davantage, c'est que la santé du Roi, qui sembloit quelquefois se rétablir, leur faisoit craindre qu'il ne fût averti de leurs pratiques, et qu'il ne fît passer pour un crime* les précautions qu'ils prenoient d'établir leur autorité après sa mort.

Ce fut dans cette conjoncture-là que je crus qu'il importoit *à la Reine d'être assurée du duc d'Enghien.* Elle approuva la proposition que je lui fis de se l'acquérir, et m'étant rencontré dans une liaison [2] très-particulière d'amitié avec *Coligny, en qui le duc d'Enghien avoit toute confiance, je leur représentai* à l'un et à l'autre *les avantages que la Reine* et le duc d'Enghien *rencontreroient à être unis, et qu'outre l'intérêt* particulier qu'ils avoient *de s'opposer à l'autorité de Monsieur, celui de l'État les y obligeoit encore.* Cette proposition-là étoit assez avantageuse au duc d'Enghien pour la recevoir agréablement. Il m'ordonna donc de contribuer à *la faire réussir, et comme le commerce que j'aurois eu avec lui eût pu* être [3] *suspect au Roi ou à Monsieur,* principalement *dans un temps où l'on venoit de lui donner le commandement de l'armée,* et qu'en toutes façons il importoit extrêmement de le tenir secret, *il desira que ce fût à Coligny seul que je rendisse les réponses de la Reine, et que nous fussions les seuls témoins de leur intelligence. Il n'y eut aucune condition par écrit; et Coligny et moi fûmes dépositaires de la parole que la Reine donnoit au duc d'Enghien de le préférer à Monsieur,* non-seulement *par des marques de son estime et de sa confiance, mais aussi dans tous les emplois d'où elle pourroit exclure Monsieur par des biais dont ils conviendroient ensemble et qui ne pourroient point porter Monsieur à une rupture ouverte avec la Reine. Le duc d'Enghien promettoit, de son côté, d'être inséparablement attaché aux intérêts de la Reine, et de ne prétendre que par elle toutes les grâces qu'il desireroit de la cour. Le duc d'Enghien partit peu de temps après pour aller commander l'armée en Flandres, et donner commencement aux grandes choses qu'il a si glorieusement exécutées* [4].

Le Roi, de qui la maladie augmentoit tous les jours, voulant don-

---

1. Presque également. (1662-1838.)
2. Dans une union. (1662-1804.)
3. Eût peut-être été. (1662-1838.)
4. P. 56-58.

ner, *dans la fin de sa vie, quelques marques de clémence*, soit par dévotion, *ou pour témoigner que le cardinal de Richelieu avoit eu plus de part que lui* à toutes les *violences qui s'étoient faites depuis* la disgrâce *de la Reine sa mère, consentit de faire revenir à la cour* les plus considérables de ceux qui avoient été persécutés; et il s'y disposa d'autant plus volontiers, que les ministres, prévoyant beaucoup de désordres, essayoient d'obliger des personnes de condition, pour s'assurer contre tout ce qui pouvoit arriver dans une révolution comme celle qui les menaçoit.

Presque tout ce qui avoit été banni revint; et, comme il y en avoit beaucoup d'attachés à la Reine par des services qu'ils lui avoient rendus, ou par la liaison que la disgrâce fait d'ordinaire entre les personnes persécutées, il y en eut peu qui n'eussent pas assez bonne opinion de leurs services pour n'en attendre pas une récompense proportionnée à leur ambition; et beaucoup crurent que la Reine, leur ayant promis toutes choses, conserveroit, dans sa souveraine autorité, les mêmes sentiments qu'elle avoit eus[1] dans sa disgrâce.

Le duc de Beaufort étoit celui qui avoit conçu les *plus grandes espérances. Il avoit été, depuis très-longtemps, particulièrement attaché à la Reine*, et elle lui avoit donné une preuve si publique de sa confiance, en le choisissant pour garder Monsieur le Dauphin et M. d'Anjou[2] un jour qu'on croyoit que le Roi alloit mourir, que ce ne fut pas sans fondement qu'on commença à considérer son crédit et à trouver beaucoup d'apparence à *l'opinion qu'il* essayoit d'en *donner*[3].

L'évêque de Beauvais même, *qui étoit le seul des serviteurs de la Reine que le cardinal de Richelieu avoit trop peu considéré*[4] *pour l'ôter d'auprès d'elle, et qui par son assiduité avoit trouvé occasion d'y détruire presque tous ceux qu'elle avoit considérés*, crut ne se devoir point opposer *à la faveur du duc de Beaufort*, et souhaita de faire une liaison avec lui pour *ruiner de concert le cardinal Mazarin*, qui commençoit de s'établir[5]. Ils crurent en venir facilement à bout, nonseulement par l'opinion qu'ils avoient de leur crédit, et par l'expérience que l'évêque de Beauvais avoit faite de la facilité avec laquelle il avoit ruiné des personnes qui devoient être plus considérables à la Reine par leurs services que le cardinal Mazarin, mais encore parce qu'étant créature du cardinal de Richelieu, ils croyoient que

---

1. *Eu*, sans accord, dans le manuscrit.
2. M. le duc d'Anjou. (1688-1754.)
3. Voyez ci-dessus, p. 60 et note 1.
4. Avoit trop méprisé. (1688-1754.) — 5. P. 58-61.

cette raison-là¹ seule lui devoit donner l'exclusion, et que la Reine *avoit condamné trop publiquement la conduite du cardinal de Richelieu pour conserver dans les affaires* une personne *qui y étoit* mise *de sa main²*, et qui étoit auteur de la déclaration que le Roi venoit de faire, dont la Reine paroissoit aigrie au dernier point.

Cette confiance-là fit négliger au duc de Beaufort et à l'évêque de Beauvais beaucoup de précautions durant les derniers jours de *la vie du Roi, qui leur eussent été* bien nécessaires *après sa mort ; et la Reine étoit encore assez irrésolue* en ce temps-là *pour recevoir les impressions qu'on eût* voulu *lui donner. Elle me cachoit moins l'état de son esprit qu'aux autres, parce que, n'ayant point eu d'*autres *intérêts que les siens, elle* ne me soupçonnoit point d'appuyer d'autre parti que celui qu'elle choisiroit. C'étoit elle qui avoit voulu *que je fusse ami du duc de Beaufort*³ dans une querelle qu'il eut contre le maréchal de la Meilleraye, et qui m'avoit ordonné de voir le cardinal Mazarin, afin d'éviter un sujet de plainte au Roi, qui étoit persuadé qu'elle empêchoit ses serviteurs de voir ceux en qui il avoit confiance : de sorte que, ne lui étant point suspect, je pouvois connoître plus facilement que personne l'impression que les raisons de l'un et de l'autre parti faisoient dans son esprit.

Elle commençoit à craindre l'humeur impétueuse *et altière du duc de Beaufort*⁴, qui, *ne se* contentant *pas d'appuyer les prétentions du duc de Vendôme*, son père, sur *le gouvernement de Bretagne, appuyoit encore* celles *de tous ceux qui* avoient souffert durant l'autorité du cardinal de Richelieu, non-seulement pour attirer presque toutes les personnes de condition par leur intérêt particulier et dans une cause qui leur paroissoit juste, mais encore pour avoir un prétexte de choquer par là le cardinal Mazarin, et, en remplissant les principales charges de l'État, faire des créatures et donner des marques si éclatantes de sa faveur, qu'on en pût attribuer la cause à tout ce qui eût été le plus capable de satisfaire son ambition et même sa vanité. D'un autre côté, la Reine considéroit qu'après avoir *confié ses enfants* au duc de Beaufort, ce seroit une légèreté que tout le monde condamneroit que de la voir passer en si peu de temps d'une extrémité à l'autre, sans aucun sujet apparent.

La fidélité du cardinal Mazarin et celle de M. de Chavigny ne lui étoient point assez connue pour être assurée qu'ils n'eussent point de part à la déclaration ; et ainsi, trouvant des doutes de tous côtés, il lui étoit malaisé de prendre une résolution sans s'en re-

---

1. Que cette liaison-là. (1662-1754.) — L'édition de 1717, généralement conforme à celles de la 1ʳᵉ série (1662-1688), est la seule, avant 1804, qui donne *raison*.

2. P. 62. — 3. *Ibidem*. — 4. P. 64.

pentir. La mort du Roi l'y obligea néanmoins, et on connut bientôt que les soins du cardinal Mazarin avoient eu le succès qu'il desiroit; car, dans le temps qu'on croyoit que la Reine le considéreroit comme l'auteur de la déclaration, toute l'aigreur en tomba[1] sur M. de Chavigny, et, soit que le cardinal Mazarin fût innocent, ou qu'il se fût justifié aux dépens de son ami, qui apparemment n'étoit pas plus coupable que lui, enfin il demeura dans le conseil. Or, *comme je ne prétends pas écrire* toutes les particularités de *ce qui s'est passé* en ce temps-là, et que ce que je fais présentement est plutôt pour ne pas oublier quelques circonstances que j'ai vues, dont quelqu'un de mes amis a eu curiosité, que pour les faire voir, *je me contenterai de rapporter seulement ce qui me regarde, ou au moins les choses dont j'ai été témoin*[2].

Peu de temps après la mort du Roi, il me fut bien aisé de connoître l'augmentation du crédit du cardinal Mazarin et la diminution de celui du duc de Beaufort. L'un et l'autre paroissoient dans la confiance que la Reine témoignoit d'avoir[3] pour le Cardinal, puisqu'étant directement opposé au duc de Beaufort, la puissance de l'un étoit certainement la ruine de l'autre. *La cour étoit néanmoins fort partagée, et on attendoit le retour de Mme de Chevreuse*[4], comme la décision de toutes choses. On ne la considéroit pas comme une personne qui voulût se contenter d'appuyer un des deux partis, mais qui détruiroit certainement celui qui dépendroit le moins d'elle. J'avois moins de sujet que les autres de juger si avantageusement de son autorité. La Reine, qui m'avoit toujours témoigné l'amitié qu'elle avoit pour elle, m'en avoit parlé, depuis quelque temps, avec assez de froideur, et l'incertitude où je la vis si elle la feroit revenir à la cour me tira de celle où j'étois que les mauvais offices de l'évêque de Beauvais n'eussent pas fait autant d'impression contre elle que contre tout le reste de ce qu'il avoit essayé de détruire.

La Reine m'avoit déjà ordonné de voir le cardinal Mazarin, et, bien qu'elle eût approuvé la déclaration que je lui fis, que je ne pouvois être *son ami et son serviteur* que tant que je le verrois attaché au service de la Reine, et qu'il feroit, dans les grandes et dans les petites choses, ce qu'*on devoit attendre d'un homme de bien et digne de l'emploi*[5] qu'il avoit, je sus toutefois qu'elle eût souhaité que je lui eusse parlé avec moins de réserve et qu'elle eût désiré que je lui eusse promis toutes choses aussi facilement que plusieurs

1. Toute l'aigreur tomba. (1662-1754.)
2. P. 66. — 3. Témoignoit avoir. (1662-1838.)
4. P. 67. — 5. P. 70.

autres personnes qui[1] s'y étoient engagés d'autant plus aisément qu'ils[2] étoient résolus de n'en tenir aucune qu'autant que leurs intérêts les y obligeroient. Elle me parut néanmoins satisfaite de ma visite et ne me témoigna pas desirer rien de moi de plus que ce que j'avois fait[3].

On eut avis, en ce temps-là, que Mme de Chevreuse revenoit en France, et la Reine me parut plus irrésolue que jamais sur son retour à la cour, non pas, comme je crois, qu'elle en fût retenue par aucune difficulté qu'il y eût à lui accorder cette grâce, mais seulement afin que le cardinal Mazarin s'entremît pour la lui faire obtenir, et que Mme de Chevreuse lui fût obligée de ce qu'il avoit porté la Reine à surmonter les raisons qui la retenoient, qui étoit une clause particulière de la déclaration, et une aversion étrange que le Roi avoit témoignée contre elle en mourant[4]. Je demandai permission à la Reine d'aller au-devant de Mme de Chevreuse, et elle me l'accorda d'autant plus volontiers, qu'elle crut que je disposerois son esprit à souhaiter l'amitié du cardinal Mazarin, puisque je voyois bien que c'étoit une des choses que la Reine desiroit le plus. Montaigu[5] avoit été envoyé vers elle pour lui faire des propositions qui étoient davantage dans les intérêts du cardinal Mazarin, et c'étoit en suite de quelques autres qu'on lui avoit fait faire en Flandres, par le même homme, deux ou trois mois devant la mort du Roi.

Je rencontrai Mme de Chevreuse à Roye[6], et Montaigu, qui y étoit arrivé quelque temps devant moi, avoit eu tout celui qu'il avoit desiré pour faire réussir ses projets. Elle me témoigna d'abord qu'il lui étoit suspect, soit que véritablement elle manquât de confiance pour lui, ou qu'elle crût que je ne serois pas bien aise de partager la sienne avec une personne que je ne connoissois point par moi,

---

1. Que plusieurs autres qui. (1688-1754, excepté 1717.)
2. Il y a ainsi *engagés* et *ils*, après *personnes*, dans notre manuscrit.
3. Rapprochez des pages 69 et 70.
4. Le procurateur Nani dit que cette dame portoit partout le feu de la guerre contre la France, et allumoit celui de l'amour dans le cœur de tous les princes chez qui elle alloit négocier[a]. (*Note de l'édition de* 1688.)
5. Gentilhomme anglois, abbé de Saint-Martin de Pontoise, fort aimé de la Reine mère, qui le vouloit faire cardinal, pour l'introduire dans le ministère après la mort du cardinal Mazarin. (*Note de l'édition de* 1688.) — Voyez ci-dessus, p. 71 et note 2.
6. Au lieu de *Roye*, il y a *Brie* ou *Brye*, dans les textes de 1662-1689, 1717 et 1804; *Brie-Comte-Robert*, dans 1723 et 54, *Bray-Comte-Robert*, dans 1690 et 1700.

[a] *Historia della Republica Veneta, di Battista Nani, cavaliere e procuratore di San-Marco (in Venetia,* MDCLXII, 2 vol. in-4°), *libro* VI, p. 386.

APPENDICE AUX MÉMOIRES.

et que je n'avois pas grand sujet d'estimer sur le rapport des autres. Elle desira donc que je ne parlasse point devant lui[1]; mais, comme il lui importoit d'être informée de l'état de la cour et de l'esprit de la Reine, et que je vis bien qu'elle se méprendroit indubitablement à l'un et à l'autre, si elle en jugeoit par ses propres connoissances et par les sentiments que la Reine avoit eus[2] d'autres fois pour elle, je crus être obligé de lui présenter les choses comme elles me paroissoient, et de l'assurer que, les pensées de la Reine étant fort différentes de ce qu'elle les avoit vues, il étoit nécessaire de prendre d'autres précautions que celles dont elle s'étoit servie; que la Reine étoit certainement résolue[3] de retenir auprès d'elle le cardinal Mazarin; qu'il étoit malaisé de juger d'autre sorte que par les événements si c'étoit là un bon ou un méchant[4] conseil, parce qu'étant créature du cardinal de Richelieu et uni avec ses parents, il étoit à craindre qu'il n'autorisât ses maximes; mais aussi que, n'ayant *point eu de part à ses violences*, et étant *presque le seul qui eût connoissance des affaires étrangères*[5], je doutois que, dans le besoin où étoient l'État et la Reine d'un homme capable de les ménager, on pût facilement obtenir d'elle d'en exclure le cardinal Mazarin, outre que je ne voyois personne *dont la capacité* ou la fidélité *fussent assez connues* pour souhaiter de l'établir dans un emploi aussi difficile et aussi important que celui-là; que ma pensée étoit donc de ne point témoigner *à la Reine qu'elle revînt* auprès d'elle avec *dessein de la gouverner*, puisqu'apparemment ses ennemis s'étoient servis de ce prétexte-là pour lui nuire; qu'il falloit, par ses soins et par sa complaisance, se remettre au même point où elle avoit été; et qu'ainsi, étant unie avec Mme de Sénecé, Mme de Hautefort, et le reste de ceux en qui la Reine se fioit, qui m'avoient tous donné parole d'être entièrement dans ses intérêts, elle seroit *en état de protéger ou de détruire le cardinal Mazarin, selon que sa conservation ou sa ruine seroient utiles au public*[6].

Mme de Chevreuse me témoigna d'approuver mes pensées, et me promit affirmativement de les suivre. Elle arriva auprès de la Reine *dans cette résolution*-là, *et quoiqu'elle en fût reçue avec beaucoup de marques d'amitié, je n'eus pas grande peine à remarquer la différence qu'il y avoit de la joie qu'elle avoit de la voir à celle qu'elle avoit eue*

---

1. Voyez, p. 71 et 72, combien ce passage est plus resserré dans la version définitive.
2. Ici encore *eu*, sans accord, dans le manuscrit; et de même *servi* quatre lignes plus bas.
3. Étoit entièrement résolue. (1662-1754.)
4. Ou méchant (*Ibidem.*) — Ou un mauvais. (1804, 26, 38.)
5. P. 72. — 6. *Ibidem.*

d'autres fois *de m'en parler*¹, et je connus², par de certains défauts qu'elle remarqua en sa personne, que les mauvais offices qu'on lui avoit rendus avoient fait une assez grande impression. Mme de Chevreuse les méprisa tous *néanmoins*, et *crut que sa présence détruiroit en un moment* tout *ce que ses ennemis avoient fait contre elle* durant son absence³. Elle fut fortifiée dans cette opinion-là par le duc de Beaufort, et *ils crurent* l'un et l'autre *qu'étant unis*⁴, ils pourroient facilement détruire *le cardinal Mazarin* devant qu'il eût eu le temps de s'établir. Cette pensée-là fit recevoir à Mme de Chevreuse *toutes les avances* du cardinal Mazarin *comme des marques de sa foiblesse*, et *elle crut que c'étoit assez y répondre que de ne se déclarer pas ouvertement* de vouloir sa ruine, mais seulement de la procurer en établissant M. de Châteauneuf dans les affaires⁵.

Elle crut aussi être obligée d'appuyer mes intérêts, et, voyant la Reine dans le dessein de me donner quelque établissement considérable, elle insista fort pour me faire avoir le gouvernement du Havre de Grâce, qui est⁶ entre les mains du duc de Richelieu, afin qu'en me procurant du bien, elle pût commencer la persécution et la ruine de cette maison-là. Cependant le cardinal Mazarin, voyant bien que *la Reine n'étoit plus en état d'entreprendre une affaire de cette importance*-là *sans* sa participation⁷, crut qu'il suffisoit, pour l'empêcher, de dire qu'il approuveroit toujours avec beaucoup de soumission toutes les volontés de la Reine, mais qu'il croyoit que personne ne le pouvoit blâmer de ne pas détruire la fortune de son bienfaiteur; qu'il croyoit être obligé, non-seulement par la reconnoissance qu'il lui devoit, mais aussi par l'intérêt du service de la Reine, de lui représenter les raisons qu'elle avoit de maintenir la maison de Richelieu; qu'il souhaiteroit toujours qu'elle les approuvât, mais qu'il ne croiroit point avoir sujet de se plaindre, quand on ne suivroit pas son avis.

Il ne se déclara pas si ouvertement *sur le retour de M. de Châteauneuf*, soit qu'il le crût si *ruiné dans l'esprit de la Reine* qu'il s'imagina lui pouvoir donner cette marque de sa modération sans aucun péril, et qu'elle étoit assez éloignée de le remettre dans les affaires pour son propre sentiment, sans qu'il essayât de faire quel-

---

1. P. 73. — 2. Je reconnus. (1662-1754.)
3. P. 73. — 4. Dans le manuscrit, *étants unis*.
5. P. 73.
6. Il y a bien *est* dans notre manuscrit, et la leçon s'explique. Quand notre auteur écrivait ce morceau, le duc de Richelieu devait être encore gouverneur du Havre. Il n'est mort qu'en 1715.
7. P. 75.

que effort pour cela; mais enfin il se contenta *de laisser agir Monsieur le Chancelier*, qui, étant *obligé, pour sa propre conservation*[1], *d'exclure M. de Châteauneuf,* qui *ne pouvoit revenir à la cour sans lui ôter les sceaux, avoit pris toutes les précautions* imaginables *auprès de la Reine* par le moyen *d'une de ses sœurs,* qui étoit *religieuse à Pontoise, et de ce même Montaigu, dont j'ai déjà parlé*[2].

Cependant *tous ces retardements* aigrissoient au dernier point Mme de Chevreuse : non-seulement elle les *considéroit comme des artifices du cardinal Mazarin, qui accoutumoit* par là[3] *insensiblement la Reine à ne lui accorder pas d'abord* les *choses qu'elle en desiroit, et qui diminuoit* dans l'esprit du monde *l'opinion qu'elle y vouloit donner de son crédit; elle témoignoit souvent sa mauvaise satisfaction à la Reine, et dans ses plaintes elle y mêloit toujours quelque chose de piquant contre le cardinal Mazarin. Elle ne pouvoit souffrir d'être obligée* de lui parler de *ce qu'elle desiroit de la Reine*, et elle faisoit paroître *qu'elle aimoit mieux n'en recevoir point de grâces que d'en devoir* une partie à l'entremise du Cardinal. *Lui, au contraire,* qui voyoit bien que *cette conduite de Mme de Chevreuse* persuadoit mieux *à la Reine qu'elle* avoit dessein[4] de *la gouverner*[5] que tout ce qu'il avoit employé jusque-là pour lui faire croire, prit des voies bien différentes pour la ruiner.

1. Par sa propre conservation. (1662-1754.)
2. P. 78 et 79.
3. Accoutumoient peu à peu. (1688-1754.) — Dans les textes de 1804, 26, 38, la tournure est ainsi modifiée : « Elle les considéroit comme des artifices du cardinal Mazarin, qui non-seulement accoutumoient par là la Reine à..., mais qui diminuoient.... »
4. Qu'elle avoit envie. (1662-1754.)
5. P. 79.

II. — Pages 130-236.

RÉCAPITULATION

DE CE QUE DESSUS,

AVEC LA PRISON DES PRINCES[1].

I

La raison qui a obligé Monsieur le Prince à quitter le commandement de l'armée après la bataille de Lens[2], a été non-seulement la crainte de hasarder sa réputation après tant de grands événements, mais encore le desir de jouir du fruit de ses victoires, et d'être dans les affaires en un temps où la foiblesse du gouvernement faisoit croire à ses proches et à ses amis qu'il seroit maître[3] de la cour.

1. Sur ce morceau, que nous donnons d'après le texte de 1662, et qui paraît être, pour les huit premiers paragraphes, une suite de notes explicatives concernant divers points touchés par l'auteur dans ses *Mémoires*, et, pour le IXe paragraphe (à partir de la page 487, ligne 4), une rédaction primitive, et généralement moins circonstanciée, qui correspond aux pages 166-236 de notre édition, voyez ce qui a été dit dans la note 1 de la page 130, et dans la *Notice* placée en tête de ce volume. Comme pour l'*appendice* précédent, nous avons imprimé en lettres italiques les parties du texte primitif qui ont été conservées dans la rédaction définitive, celle du manuscrit D de la Roche-Guyon. De fréquents renvois aux *Mémoires* facilitent la comparaison, très-intéressante à faire, entre l'une et l'autre rédaction. — Les éditions de 1689-1754, qui, comme nous l'avons dit (p. 130, note 1), contiennent en entier notre partie III, donnent, à la fin des *Mémoires*, sous ce titre : *Supplément aux relations des guerres de Paris et de Guienne*, les paragraphes numérotés par lesquels commence cet *appendice* II, jusqu'à la fin de la quatrième phrase du n° IX (« que nous avons vus arriver depuis »), lequel, dans ces éditions, est le n° VIII, parce qu'elles omettent le VIIIe des éditions antérieures. Elles suppriment de même, dans deux des numéros précédents, comme nous le ferons remarquer dans les notes, les passages qui donnent à ces paragraphes chiffrés le caractère d'observations explicatives ou critiques.
2. Voyez ci-dessus, p. 101, et ci-après, *appendice* III, p. 520 et 526.
3. Qu'il seroit le maître. (1688-1754.)

II

Le second article n'est pas en son lieu, et on doit auparavant répondre au troisième, qui concerne l'assemblée qui se fit *à Noisy, près de Saint-Germain* [1]. La réponse est que, *sous prétexte* d'y aller voir Mme de Longueville, les Frondeurs [2] engagèrent le prince de Conti et le duc de Longueville à entrer dans les intérêts du Parlement, où l'on vouloit même que Monsieur le Prince eût promis d'entrer [3], comme le Coadjuteur l'a toujours dit ; depuis il lui a même reproché dans le Parlement : ce qui produisit le démêlé que le duc de la Rochefoucauld et le Coadjuteur eurent au Palais [4], qui pensa [5] être cause de sa perte, comme l'on verra en son lieu. Or, quoique Monsieur le Prince désavoue de lui avoir jamais donné cette parole, l'apparence est très-grande qu'il avoit bien voulu se faire chef des Frondeurs, sur l'espérance qu'il avoit de les pouvoir mettre dans les intérêts de la cour, auxquels il étoit autant attaché que jamais, quelque mine qu'il fit. Mais, comme il s'aperçut qu'ils ne lui donneroient point d'autorité sur eux qu'autant qu'il lui en faudroit pour détruire la puissance qu'il vouloit maintenir, il feignit d'oublier lui-même d'avoir jamais eu de correspondance avec eux.

III

Le partement [6] de Saint-Germain du prince de Conti, des ducs de Longueville et de la Rochefoucauld et du marquis de Noirmoutier fut un effet des mesures prises à Noisy. Mais Monsieur le Prince, qui étoit tout à fait dans le parti de la cour, y fit aller son frère. Le duc de Longueville s'y rendit aussi, tant par son irrésolution naturelle que par l'espérance que les choses s'accommoderoient. Mais, comme le duc de la Rochefoucauld et le marquis de

---

1. Voyez ci-dessus, p. 107 et note 2, et p. 141.
2. Les éditions de la seconde série (1689-1754) omettent les premières lignes du n° II, et le commencent ainsi : « Sous prétexte de rendre visite à Mme de Longueville, qui étoit à Noisy, les Frondeurs, etc. »
3. Voyez p. 141. — 4. Voyez p. 284 et suivantes.
5. Comme le Coadjuteur l'a toujours dit depuis, et le lui a même reproché dans le Parlement : ce qui produisit le démêlé que ce prélat eut au Palais avec le duc de la Rochefoucauld, et pensa. (1688-1754.) — La fin de la phrase : « comme l'on verra en son lieu », manque dans les éditions anciennes à partir de 1689.
6. Le départ. (1688-1754.)

Noirmoutier furent intéressés par leur liaison avec les Frondeurs à lui faire tenir sa parole, ils le contraignirent enfin à suivre le prince de Conti à Paris[1]. Il est vrai qu'ils n'y arrivèrent pas dans le temps qu'ils avoient promis, et ce retardement avoit obligé le Parlement à recevoir les offres du duc d'Elbeuf et de lui donner[2] la charge de général, lequel fit[3] d'abord sa cabale si puissante dans le Parlement et parmi le peuple, qu'il fut en son pouvoir de faire arrêter le prince de Conti et tous ceux qui l'avoient accompagné, les accusant d'être d'intelligence avec la cour et d'être venus de concert avec Monsieur le Prince, qui les avoit abandonnés[4]. Cela passa si avant que l'on mit des corps de garde devant l'hôtel de Longueville, et qu'enfin le prince de Conti et la duchesse de Longueville furent contraints d'aller loger à l'Hôtel de Ville. Mais ce qui avoit attiré sur eux le soupçon, c'est que l'engagement qu'ils avoient fait[5] dans le parti du Parlement n'avoit été confié qu'à très-peu de particuliers de cette compagnie, qui n'osèrent même s'en déclarer que quand la présence de M. le prince de Conti et de ceux qui l'avoient accompagné leur laissa la liberté de publier ce secret[6].

IV

Les vivres qu'on laissa entrer à Paris ne furent point l'effet d'aucunes intelligences de Monsieur le Prince avec ses proches qui y étoient enfermés, car ils n'ont jamais été si brouillés ensemble qu'en ce temps-là; mais ce fut par l'extrême désir que la cour avoit de pacifier promptement les choses avant l'arrivée de l'Archiduc et de son armée, et le soulèvement entier de toutes les provinces; et l'entrée des vivres étoit une condition sans laquelle on ne vouloit point commencer la conférence[7].

1. Voyez ci-dessus, p. 114 et 115.
2. Il est vrai que, n'y étant pas arrivés..., ce retardement avoit obligé le Parlement à..., et à lui donner. (1688-1754.)
3. Et ce duc fit. (*Ibidem.*)
4. Qui avoit abandonné le Parlement. (*Ibidem.*)
5. Qu'ils avoient pris. (*Ibidem.*)
6. Voyez p. 116.
7. Consultez, à ce sujet, les *Mémoires de Montglat*, tome II, p. 164. — Cet article IV ne correspond à aucun passage des *Mémoires de la Rochefoucauld*; cette condition de l'entrée des vivres n'est mentionnée que dans le morceau de Vineuil : voyez notre *appendice* III, p. 537.

V

C'est ici où l'on doit éclaircir le second article[1], parce que ç'a été après la guerre de Paris que le prince de Condé et le cardinal Mazarin se sont brouillés. Le principal *sujet de leur mésintelligence* est venu de ce que *le Cardinal* rejeta *la haine des peuples* sur le prince de Condé[2], et le fit *passer pour auteur* de toutes les violences qu'ils avoient souffertes[3] : de sorte que Monsieur le Prince, qui crut *ne pouvoir mieux détruire* cette impression que par le moyen des Frondeurs, *dont les peuples épousoient les affections et les sentiments*, se *résolut de se réconcilier avec eux* en faisant un éclat contre le Cardinal et en leur faisant voir qu'il n'étoit pas dans une telle dépendance de la cour qu'ils avoient cru. Ce n'est pas qu'il fît cela pour se déclarer leur chef, mais pour être plus *redoutable* à la cour, pour se remettre dans l'esprit des peuples, et pour en *faire sa condition plus avantageuse*[4] ; et d'autant *qu'il avoit senti le mal que* la *division de sa famille lui avoit causé, il souhaita* ardemment *de se réconcilier avec* le prince de Conti, *avec la duchesse de Longueville* et avec le duc de la Rochefoucauld, qui avoit lors toute la confiance du prince de Conti et de la duchesse de Longueville. Ce fut donc pour toutes ces raisons qu'il prit *le prétexte de s'éclater*[5] sur le refus qu'on fit *au duc de Longueville du gouvernement du Pont-de-l'Arche*, et, *comme il ne vouloit pas demeurer longtemps mal à la cour, il crut bientôt en avoir assez fait, et se raccommoda dans huit jours avec le Cardinal*. Cela lui fit perdre *de nouveau les Frondeurs* et les peuples, et ne lui donna aucun avantage que la réunion de sa famille[6].

VI

Monsieur le Prince appuya les intérêts de Bourdeaux[7] pour obliger, à bon marché, un grand parlement et une puissante ville, et afin que cela le rendît plus considérable à la cour et le mît plus en état d'en tirer des avantages.

---

1. Voyez plus haut, p. 483, le commencement du n° II.
2. Les éditions de la seconde série abrègent ainsi le commencement du n° v : « Le principal sujet de la brouillerie qui arriva entre Monsieur le Prince et le Cardinal vint de ce que celui-ci rejeta la haine des peuples sur l'autre. »
3. Voyez ci-dessus, p. 135. — 4. Rapprochez des pages 136 et 137.
5. Le (*ou ce*) prétexte d'éclater. (1688-1754.)
6. Voyez ci-dessus, p. 140 et 141.
7. Voyez p. 174, et ci-après, n° IX, p. 488.

VII

La liaison du prince de Conti avec l'abbé de la Rivière se fit sans la participation de Monsieur le Prince, c'est-à-dire que Monsieur le Prince n'y eut autre part que de consentir que l'abbé de la Rivière fît obtenir, dans la paix de Paris, à M. le prince de Conti son rétablissement dans ses gouvernements, celui de M. de Longueville dans le sien, dont il avoit été refusé absolument par la cour, et de plus le gouvernement de Damvilliers, moyennant que M. le prince de Conti renonceroit au chapeau en faveur de l'abbé de la Rivière. Ce fut le duc de la Rochefoucauld qui traita cette affaire-là, parce que le prince de Conti ne vouloit pas être d'Église, et parce qu'il jugea que tant que l'abbé de la Rivière espéreroit d'être cardinal, il feroit toujours prendre à Monsieur toutes les mesures que M. le prince de Condé desireroit[1]. Cela réussit ainsi jusques à la prison des Princes, que l'abbé de la Rivière fut chassé du consentement de ces Messieurs[2].

VIII

Le cinquième article explique le second et celui-ci : c'est pourquoi il seroit inutile d'en parler davantage[3].

IX

L'affaire de Joly n'a jamais été bien éclairée[4] pour en pouvoir parler affirmativement ; mais ce que j'en crois, c'est que ce fut la Boulaye qui suscita la sédition du matin par la participation du duc de Beaufort, et qu'il essaya le soir d'en susciter une seconde pour faire peur à la cour et se mettre par là à couvert de la première[5]. Aussi le Cardinal, qui cherchoit depuis longtemps les moyens de mettre le prince de Condé en guerre ouverte avec les Frondeurs, se servit de cette conjoncture pour les diviser irréconciliablement. Il fit croire au prince de Condé qu'on en vouloit à sa personne. La démonstration qu'il en fit au Parlement donna en-

---

1. Voyez p. 137-139, et p. 164 et 165.
2. Tel est le texte de 1688 ; *des Messieurs* est celui de 1662.
3. Rien ne nous apprend à quoi se rapportait cet article VIII ; il est, comme nous l'avons dit, omis par les éditions de la seconde série.
4. *Éclaircie*, dans les éditions de 1688-1754.
5. Voyez ci-dessus, p. 152-154.

fin lieu aux Frondeurs de se réconcilier avec la cour et de faire les projets[1] de la prison des Princes, qui s'exécuta[2] bientôt après, et qui produisit tous les maux que nous avons vus arriver depuis.

Les princes de Condé et de Conti, et le duc de Longueville furent pris le 18 janvier[3]. Plusieurs personnes ont dit leur en avoir donné avis; mais le prince de Condé m'a dit qu'on ne lui en avoit jamais parlé. Ce que je sais, c'est que le duc de la Rochefoucauld, voyant les différents *procédés de* M. *d'Orléans* sur le procès de l'assassinat, *dit au prince de Conti le jour qu'il fut arrêté*, ou *que l'abbé de la Rivière étoit gagné de la cour*, ou *qu'il étoit perdu auprès de son maître, et qu'ainsi il n'y avoit pas un moment de sûreté* à la cour *pour Monsieur le Prince et pour lui*. *Le même* duc de la Rochefoucauld *dit à la Moussaye*, le même jour d'auparavant, *que le capitaine de son quartier lui étoit venu dire qu'on l'avoit envoyé quérir de la part du Roi, et qu'étant dans la galerie du* Palais-Royal, M. *le Tellier lui avoit demandé si le peuple n'approuveroit pas que le Roi fît quelque action éclatante pour* remettre *son autorité*, à quoi l'autre *répondit que pourvu qu'on n'arrêtât point* M. le duc de *Beaufort, qu'il n'y avoit rien à quoi on ne consentît*. Sur cela, le *capitaine* vint *trouver* le duc de la Rochefoucauld *et lui dit qu'on vouloit perdre Monsieur le Prince, et que de la façon qu'il voyoit* prendre *les mesures, ce devoit être dans très-peu de temps*. La *Moussaye* promit *de le dire*; mais *Monsieur le Prince dit qu'il ne lui en a jamais parlé*[4]. Tout le monde sut ce qui se passa dans cette action, et comme le carrosse qui conduisoit les Princes s'étant rompu entre Paris et le bois de Vincennes, ils demeurèrent quatre ou cinq heures par le chemin, leur escorte n'étant que de seize hommes. On voulut *arréter*, en même temps, le duc de la Rochefoucauld *et la* Moussaye, et *on envoya* M. *de la Vrillière* porter *un ordre* à la duchesse *de* Longueville *d'aller trouver la Reine au Palais-Royal*, où on avoit dessein de la retenir. Mais le duc de la Rochefoucauld la fit résoudre *de partir à l'heure même et d'aller*, avec toute la *diligence* possible, *en Normandie pour engager le parlement de Rouen* et la Normandie *de prendre le parti des Princes, et pour s'assurer* des amis *et des places du duc de Longueville et du Havre de Grâce*. Le duc de la Rochefoucauld *l'accompagna en ce voyage; mais* cette princesse, *après avoir essayé inutilement de gagner le Parlement, se retira à Dieppe, qui ne lui servit de retraite que jusques à la venue de la cour, qui la pressa de telle sorte qu'elle fut contrainte de s'embarquer et de passer en Hollande pour* aller à *Stenay*. Le maréchal de Turenne *s'y étoit retiré* dès la prison des Princes. Le

---

1. Le projet. (1688-1754.) — 2. Qu'il exécuta. (1689.)
3. Voyez p. 169-171. — 4. Voyez p. 167 et 168.

duc de la Rochefoucauld *partit de Dieppe* cinq ou six jours devant la duchesse *de Longueville, et s'en alla dans son gouvernement de Poitou, pour y disposer les choses à la guerre, et pour essayer, avec les ducs de Bouillon, de Saint-Simon et de la Force, de renouveler les mécontentements du parlement et de la ville de Bourdeaux*[1], *et de les obliger à prendre les intérêts de Monsieur le Prince*, puisque *les manifestes de la cour ne lui imputoient* pas *de plus grands crimes que d'avoir protégé hautement les intérêts* de Bourdeaux[2]. Pour ce qui est des raisons qui ont obligé le Cardinal à arrêter Monsieur le Prince, je suis persuadé qu'il n'y en a point eu de bonnes, et que toutes les règles de la politique étoient contre ce dessein-là, comme les événements l'ont fait voir, outre que jusque-là Monsieur le Prince n'avoit pas même été soupçonné de la moindre pensée contre l'État. Je crois donc que non-seulement le Cardinal a voulu être par là le maître de la cour, mais encore qu'il n'a pu souffrir la manière aigre et méprisante avec laquelle le prince de Condé le traitoit en public, afin de regagner dans le monde ce que leur réconciliation lui avoit ôté. Il faisoit la même chose dans les conseils particuliers pour le détruire dans l'esprit de la Reine et y prendre le poste qu'il y occupoit. Enfin, l'aigreur augmentant entre Monsieur le Prince et lui, il se hâta de le perdre pour ne lui pas donner le temps de se réconcilier avec les Frondeurs[3]. Il conduisit si adroitement cette affaire, que le prince[4] de Condé crut non-seulement que les préparatifs que l'on faisoit pour l'arrêter regardoient les Frondeurs, mais même, dans cette vue-là, il donna lui-même les ordres pour se faire conduire plus sûrement en prison[5]. La chose fut exécutée d'un consentement si général des peuples, que la duchesse de Longueville étant retirée, sans être connue, dans une maison particulière, pour attendre les choses nécessaires pour partir, *vit allumer les feux de joie et* paroître *les autres marques de la réjouissance publique pour la détention de ses frères et de son mari*[6].

L'autorité de la cour *sembloit plus affermie que jamais par la prison des Princes et par la réconciliation des Frondeurs. La Normandie avoit reçu le Roi avec une soumission entière, et les places du duc de Longueville s'étoient rendues sans résistance. Le duc de Richelieu fut chassé du Havre. La Bourgogne fit comme la Normandie. Bellegarde, le château de Dijon et Saint-Jean de Laune imitèrent les places de M. de Lon-*

---

1. L'édition de 1662 écrit tantôt *Bourdeaux* et tantôt *Bordeaux*.
2. Voyez p. 172-174. — 3. Voyez p. 161.
4. Nous suivons le texte de 1688 ; l'édition de 1662 a ce tour impossible : « Il conduisit adroitement cette affaire, laquelle le prince, etc. »
5. Voyez p. 169. — 6. Voyez p. 172.

gueville. M. de *Vendôme fut pourvu du gouvernement de Bourgogne;* M. *le comte d'Harcourt de celui de Normandie; le maréchal de l'Hôpital de* celui *de Champagne et de Brie;* M. *le comte de Saint-Aignan de celui de Berri. Montrond ne fut pas donné parce qu'il n'y avoit point de garnison.* Celles *de Clermont et de Damvilliers se révoltèrent,* et *Marsin, qui commandoit l'armée de Catalogne, fut arrêté prisonnier* et perdit *Tortose, dont il étoit gouverneur. Il n'y eut que Stenay* seul *qui demeura dans le parti des Princes. Presque tous leurs amis, voyant tant de malheurs, se contentèrent de les plaindre sans se mettre en devoir de les* faire cesser[1].

La princesse de Condé et le duc d'Enghien étoient, par ordre du Roi, à Chantilly ; la duchesse de Longueville et le maréchal de Turenne s'étoient retirés à Stenay; le duc de Bouillon à Turenne; le duc de la Rochefoucauld à Verteuil, en Angoumois; le duc de Saint-Simon à Blaye, et le duc de la Force à la Force. Ces Messieurs-là *témoignèrent d'abord un zèle égal pour Monsieur le Prince;* mais, *lorsque les ducs de Bouillon et de la Rochefoucauld furent près de commencer la guerre, le duc de Saint-Simon* manqua tout net à sa parole, et le duc de la Force, qui avoit de moindres engagements dans le parti, prit des prétextes pour ne se pas déclarer. Le duc de la Rochefoucauld, qui n'avoit point de places dans son gouvernement ni de troupes, fut néanmoins le premier qui prit les armes. Saumur, qui *avoit été donné à* Comminges *après la mort du maréchal de Brezé,* étoit une place très-importante au parti. Celui qui y *commandoit sous le maréchal de Brezé différa* quelque temps de la *remettre entre les mains de Comminges,* et manda cependant *au duc de la Rochefoucauld* qu'il *prendroit son parti s'il y vouloit mener des troupes*[2]. Lui cependant, qui n'en avoit point de réglées et qui ne pouvoit avoir d'autres forces que son crédit et ses amis, prit prétexte d'une cérémonie de l'enterrement de son père pour assembler, tant de la noblesse que des gens de ses terres, plus de deux mille chevaux et cinq ou six cents hommes de pied. Il marcha, avec ces troupes-là, pour secourir Saumur, qui étoit déjà investi par celles du Roi ; mais, *bien qu'il y arriva* devant le *temps que le gouverneur avoit promis de tenir, il trouva* néanmoins *la capitulation faite, de sorte qu'il fut obligé de* se retirer chez lui ; mais il fut contraint de partir *bientôt après, parce que le maréchal de la Meilleraye* marcha vers *lui, avec toutes ses troupes,* ce qui le fit *retirer à Turenne, après avoir jeté dans Montrond cinq cents hommes de pied et cent chevaux. En arrivant à Turenne, le duc de Bouillon et lui eurent nouvelles que Madame la Princesse* avoit *suivi* le *conseil* qu'ils lui avoient donné de partir *secrètement de Montrond* avec le petit duc d'Enghien,

1. Voyez p. 175-177. — 2. Voyez p. 178-181.

et qu'elle *s'en venoit à Turenne*, pour être menée de là par eux à Bourdeaux, où ils avoient beaucoup d'amis disposés à les recevoir. Le *duc de Bouillon assembla ses amis, et le duc de la Rochefoucauld manda* les siens, qui arrivèrent à Turenne, *au nombre de trois cents gentilshommes, conduits par le marquis de Sillery*[1]. Tout cela marcha en Auvergne au-devant de Madame la Princesse et du petit duc, qu'on conduisit à Turenne ; ils y demeurèrent *huit jours, pendant lesquels* ils prirent *Brive-la-Gaillarde* et *la compagnie des gendarmes du prince Thomas, qui étoit de cent maîtres. Ce séjour à Turenne*, qui étoit nécessaire pour disposer les esprits de Bourdeaux et pour y pouvoir aller en sûreté, *donna loisir au général de la Valette, qui commandoit l'armée du Roi, de se trouver sur le chemin de Madame la Princesse pour lui empêcher le passage; mais, étant demeurée à une maison du duc de Bouillon, nommée Rochefort*, le duc de la Rochefoucauld et lui *marchèrent au général* de l'armée, avec toutes les troupes qu'ils avoient levées dans leurs terres et six cents gentilshommes de leurs amis. Ils *joignirent* le général de la Valette, *à Monclard en Périgord*, qui lâcha *le pied sans combattre, et se retira à Bergerac, après avoir perdu tous ses bagages. Madame la Princesse reprit après cela le chemin de Bourdeaux* et arriva sans avoir rencontré aucun ennemi[2]. La princesse de Condé et le duc d'Enghien furent reçus à Bourdeaux avec toutes les marques de réjouissances publiques ; et, bien que *le Parlement et les jurats* ne la vissent point *en corps, il n'y eut presque point de* particuliers *qui ne leur* donnassent *des assurances de service*. Mais, avec tout cela, la cabale de la cour et celle de M. d'Épernon *empêchèrent que les ducs de Bouillon et de la Rochefoucauld ne fussent reçus dans la ville dès les premiers jours. Ils en passèrent deux ou trois dans le faubourg des Chartreux, où tout le peuple alla en foule les voir et leur offrir de les faire entrer par force. Ils n'acceptèrent pas ce parti-là, et se contentèrent*, comme j'ai dit, *d'entrer* ensemble dans la ville deux jours après Madame la Princesse. *Il n'y avoit lors dans la province* des troupes du Roi assemblées que celles que commandoit le *général de la Valette*, lesquelles étoient *près de Libourne. Celles des ducs de Bouillon et de la Rochefoucauld consistoient en* cinq ou *six cents gentilshommes, de leurs amis*, qu'ils avoient pu tirer de leurs terres. Ainsi, n'étant point *troupes réglées, il étoit impossible de les retenir*, de sorte que chacun étoit sur le point de se retirer. On jugea *qu'il falloit essayer auparavant de rencontrer le général de la Valette, et, pour cet effet, on marcha*, avec toutes les troupes, *vers Libourne*, où il étoit ; mais, en ayant eu avis, il se retira et évita le combat une seconde fois, jugeant bien que la noblesse étoit sur le point de s'en retourner, et ainsi, *en*

---

1. Voyez p. 181-184. — 2. Voyez p. 186 et 187.

ne combattant point, il se rendoit certainement le maître de la campagne[1].

En ce temps-là, *le maréchal de la Meilleraye eut ordre de marcher vers Bourdeaux avec son armée, et le Roi* partit aussi pour y aller. *Ces nouvelles firent hâter* les ducs de Bouillon et de la Rochefoucauld *de faire leurs levée*s et de faire la revue générale des bourgeois de la ville pour se préparer à un siège[2]. *On fit* même préparer *quelques dehors* à Bourdeaux, mais, *comme l'argent d'Espagne ne venoit point, on ne put mettre aucun ouvrage en défense; car, dans toute cette guerre, on n'a touché des Espagnols que deux cent vingt mille livres, le reste ayant été pris sur le convoi, ou sur le crédit de Madame la Princesse, ou des ducs de Bouillon et de la Rochefoucauld, ou de M. Laisné. Néanmoins,* en très-peu de temps on leva *près de trois mille hommes de pied et sept ou huit cents chevaux. On prit Castelnau, qui est à quatre lieues de Bourdeaux, et on se seroit étendu davantage sans les nouvelles que l'on eut de l'approche du maréchal de la Meilleraye du côté d'Entre les deux mers, et de celle du duc d'Épernon, qui vint joindre* celle du *général de la Valette. Sur ces avis,* les ducs de Bouillon et de la Rochefoucauld dépêchèrent *le marquis de Sillery en Espagne, pour faire savoir l'état* des choses et pour faire venir promptement *le secours qu'on en avoit promis*[3]. *Cependant on laissa une garnison dans Castelnau, et on se retira, avec le reste des troupes, à Blanquefort, qui est à deux lieues de Bourdeaux.* Ce fut en ce lieu-là où le duc d'Épernon *vint attaquer* les quartiers. *Les ducs de Bouillon et de la Rochefoucauld étoient retournés à Bourdeaux, et Chambon, maréchal de camp, commandoit les troupes. Elles étoient de beaucoup plus foibles que celles du duc d'Épernon. Néanmoins, bien qu'il ne pût défendre l'entrée de son quartier, les marais et les canaux qui en environnoient une partie lui donnèrent moyen de se retirer sans être rompu, et de sauver les troupes et tout le bagage. Sur le point de ce combat, les ducs de Bouillon et de la Rochefoucauld partirent de Bourdeaux avec un grand nombre de bourgeois, et, ayant joint leurs troupes, retournèrent vers le duc d'Épernon, dans le dessein de le combattre,* si les mêmes canaux ne les avoient empêchés de *venir aux mains.* Tout se passa en escarmouches, où le duc d'Épernon *perdit beaucoup* d'officiers et *de soldats; du côté de Bourdeaux,* il y eut peu de gens *tués.* Guitaut, chambellan de Monsieur le Prince, y fut blessé, et depuis cela *les troupes du maréchal de la Meilleraye et celles du duc d'Épernon serrèrent Bourdeaux de plus près.* Le Roi arriva *à Libourne* : il fit attaquer le château de *Vaire*, sur la Dordogne. *Le gouverneur s'étant rendu*

---

1. Voyez p. 188-190.
2. Voyez p. 190. — 3. Voyez p. 194 et 195.

à discrétion, fut *pendu* pour intimider les Bourdelois; mais cela *fit un effet tout contraire, car cette nouvelle étant venue dans un temps où les esprits étoient étonnés et chancelants*, les ducs de Bouillon et de la Rochefoucauld firent *pendre* aussi le commandant de *l'île Saint-George, qui s'étoit* aussi *rendu à eux à discrétion. Cette action étonna la cour*, rassura les Bourdelois, et disposa de telle sorte les choses dans la ville, qu'on s'y résolut d'*attendre le siége et se défendre courageusement, se fiant en leurs propres forces et aux promesses des Espagnols, qui les assuroient d'un prompt et puissant secours. Dans ce dessein, on se hâta de faire un fort à la Bastide, de quatre petits bastions*. La Bastide est *vis-à-vis de Bourdeaux, de l'autre côté de la rivière. On travailla avec soin aux autres fortifications de la ville;* mais, comme beaucoup de bourgeois avoient des maisons dans le faubourg de Saint-Surin, ils ne voulurent pas permettre qu'on les brûlât ni même qu'on en rasât aucune, de sorte que ce qu'on put faire fut d'en couper les avenues et de percer les maisons. Cela ne fut fait *que pour contenter le peuple*, et non pas pour espérer de *défendre un lieu de si grande garde avec des bourgeois* et si *peu de troupes qui restoient, lesquelles ne montoient pas à sept ou huit cents hommes de pied et trois cents chevaux. Néanmoins, comme on dépendoit du peuple et du Parlement, il fallut les satisfaire contre les règles de la guerre et entreprendre de défendre le faubourg de Saint-Surin :* il est *ouvert* de tous les côtés; *la porte de la ville qui en est* la *plus proche est celle de Dijos*. Elle fut trouvée si *mauvaise, parce qu'elle n'est défendue de rien et qu'on y arrive de plainpied, qu'on jugea à propos de la couvrir d'une demi-lune; mais, comme on manquoit de tout*, on se servit *d'une petite hauteur de fumier qui étoit devant la porte, laquelle étant escarpée en forme de* demi-lune, *sans parapet ni sans fossé, se trouva néanmoins la plus grande défense de la ville.*

Le Roi étant demeuré à Bourg, le cardinal Mazarin *vint à l'armée; elle étoit de huit mille hommes de pied et de près de trois mille chevaux. On résolut d'attaquer le faubourg de Saint-Surin*, d'autant plus facilement que, *n'y ayant que les avenues de gardées, on pouvoit sans péril gagner les maisons, entrer par là dans le faubourg, et couper même* ce qui défendroit *les barricades et l'église, sans qu'on pût se retirer dans la ville. On croyoit de plus que, la demi-lune ne pouvant être défendue, on se logeroit à la porte de Dijos dès le premier jour. Pour cet effet*, le maréchal de la Meilleraye *fit attaquer* les barricades et les maisons *en même temps, et* Palluau *avoit ordre* aussi *d'entrer par le palais Galien, et de couper entre le faubourg et la ville, droit à la demi-lune.* Mais le maréchal de la Meilleraye ayant fait donner devant que Palluau fût arrivé, il *trouva plus de résistance qu'il n'avoit cru. L'escarmouche avoit commencé dès que les troupes du Roi s'étoient* approchées. On avoit *mis force mousquetaires dans* des *haies et dans les vignes qui couvroient le faubourg. Ils arrêtèrent d'abord les troupes du Roi avec grande perte. Choupes, maréchal de camp, y fut blessé, et plusieurs officiers tués. Le duc de Bouillon étoit dans le cimetière de l'église de Saint-Surin avec ce qu'il avoit pu faire sortir de bourgeois pour rafraîchir les postes, et le duc de la Rochefoucauld étoit à la barricade où se faisoit la principale attaque.* Elle fut emportée : *Beauvais*, Chafferat[1] *et le chevalier de Todias y furent pris ; le feu fut très-grand de part et d'autre, il y eut cent ou six-vingts hommes de tués du côté des ducs, et sept ou huit cents du côté du Roi. Le faubourg néanmoins fut emporté ; mais on ne passa pas outre, et on se résolut d'ouvrir la tranchée pour prendre la demi-lune*, et de *faire une autre attaque par les allées de l'Archevêché. J'ai déjà dit qu'il n'y avoit point de fossé à la demi-lune, de sorte que, pouvant être emportée facilement, les bourgeois ne voulurent point entrer en garde et se contentèrent de tirer de derrière leurs murailles. Les assiégeants l'attaquèrent trois fois avec leurs meilleures troupes. Ils entrèrent même dedans ; mais ils en furent repoussés par le duc de la Rochefoucauld, qui y mena les gardes* du prince de Condé *et les siennes, dans le temps que ceux qui défendoient la demi-lune avoient plié. Il y avoit trois ou quatre officiers de Navailles qui y furent prisonniers, et le reste chassé ou tué. Les assiégés firent trois grandes sorties, à chacune desquelles ils nettoyèrent la tranchée et brûlèrent le logement. Après treize jours de tranchée ouverte, le siège n'étoit pas plus avancé que le premier jour. Mais, comme ceux de Bourdeaux avoient trop peu d'infanterie pour relever la garde des portes attaquées, et que ce qui n'avoit point été tué ou blessé étoit presque hors de combat par la fatigue de treize jours de garde, les ducs de Bouillon et de la Rochefoucauld les firent rafraîchir par la cavalerie, qui mit pied à terre, et ils y demeurèrent eux-mêmes les quatre ou cinq derniers jours, sans en partir, afin d'y retenir plus de gens par leur exemple*[2].

Cependant les députés de Monsieur et du parlement de Paris arrivèrent à Bourg, pour faire des propositions de paix. Le Coudray-Montpensier entra à Bourdeaux avec deux conseillers de Paris, Lemeusnier et Bitaut. *La cour desiroit la paix, craignant l'événement du siége* de Bourdeaux, *dont la résistance étoit d'autant plus opiniâtre qu'il espéroit le secours d'Espagne et celui du maréchal de la Force, qui étoit sur le point de se déclarer ; mais le Parlement souhaitoit la paix. Les cabales de la cour et du duc d'Épernon agirent puissamment pour y disposer le reste de la ville. L'infanterie étoit ruinée,*

---

1. Voyez la note 4 de la page 202.
2. Voyez p. 196-204.

et le *secours* que j'ai dit avoit *manqué trop souvent pour s'y pouvoir encore raisonnablement* assurer : tout cela ensemble fit *résoudre le Parlement à envoyer des députés à Bourg. Il convia Madame la Princesse et les ducs de Bouillon et de la Rochefoucauld d'y en envoyer aussi, mais comme ils n'avoient* tous deux *d'autres intérêts que la liberté des Princes et qu'ils ne pouvoient desirer la paix sans cette condition*-là, *ils se contentèrent de ne s'opposer point* à une chose qu'aussi bien ils *ne pouvoient empêcher. Ils refusèrent d'y envoyer* personne *et prièrent seulement les députés de ménager leur sûreté et la liberté de Madame la Princesse*, du duc *d'Enghien et de tout ce qui avoit été dans* son *parti, avec le rétablissement* de chacun. *Les députés allèrent à Bourg, y conclurent la paix sans en communiquer les articles à Madame la Princesse*, ni aux ducs de Bouillon et de la Rochefoucauld. On permit à Madame la Princesse et au duc d'Enghien d'aller à Montrond, *où le Roi entretiendroit une très-petite garnison pour la sûreté* de Madame la Princesse, *qui seroit choisie de sa main*. Le duc de Bouillon se retira à Turenne, *et le duc de la Rochefoucauld*, qui étoit, comme j'ai dit, gouverneur de Poitou, se retira aussi *chez lui, sans faire les fonctions de sa charge, et sans avoir aucun dédommagement pour sa maison de Verteuil que le Roi avoit fait raser*[1]. Madame la Princesse, le duc d'Enghien et les ducs de Bouillon et de la Rochefoucauld partirent ensemble de Bourdeaux, pour aller à Coutras. *Le maréchal de la Meilleraye, qui alloit à Bourdeaux*, rencontra sur l'eau Madame la Princesse *et lui proposa de voir le Roi et la Reine, lui faisant espérer que le Roi accorderoit peut-être aux pleurs ou aux larmes d'une femme ce qu'il avoit cru devoir refuser lorsqu'on le lui avoit demandé les armes à la main*. Enfin, nonobstant la répugnance que Madame la Princesse avoit d'aller à la cour, *les ducs de Bouillon et de la Rochefoucauld lui conseillèrent de suivre l'avis du maréchal de la Meilleraye, afin qu'on ne pût au moins lui reprocher d'avoir oublié aucune* chose pour *la liberté de son mari*. L'arrivée de Madame la Princesse à la cour fit plusieurs effets : un *changement si soudain fit croire à Mademoiselle qu'on traitoit beaucoup de choses sans la participation de Monsieur*. Les ducs de Bouillon et de la Rochefoucauld *eurent de grandes conférences séparément avec le cardinal* Mazarin, *dans le dessein de le faire résoudre à donner la liberté aux Princes ou de le rendre suspect à* Monsieur. Ils lui représentoient que les Princes lui en seroient d'autant plus obligés qu'ils savoient bien qu'il n'étoit pas en état d'y être contraint par la guerre ; qu'il lui étoit assez glorieux que toute l'Europe vît qu'il avoit ruiné et rétabli Monsieur le Prince quand il avoit voulu ; *que le procédé des*

---

1. Voyez p. 204-207.

APPENDICE AUX MÉMOIRES.

Frondeurs lui devoit faire connoître qu'ils se vouloient rendre maîtres des Princes, afin de les perdre et le perdre lui-même ensuite avec plus de facilité, ou pour leur donner la liberté et les engager par là à travailler ensemble à la ruine de la Reine et à la sienne ; *que la guerre étoit finie en Guyenne, mais que le desir de la* recommencer *dans tout le Royaume ne finiroit jamais qu'avec la prison des Princes*, et qu'il en devoit d'autant plus croire ceux qui lui parloient, qu'ils ne craignoient pas de le dire à lui-même pendant qu'il les avoit entre ses mains et qu'ils n'avoient autre sûreté que sa parole; que les cabales se renouveloient, de toutes parts, dans le parlement de Paris et dans tous les autres parlements du Royaume, pour procurer la liberté aux Princes et pour les ôter de ses mains ; et qu'enfin tout ce que lesdits ducs pourroient faire étoit de procurer par toutes voies la liberté des Princes, mais de souhaiter que préférablement à tous autres ils lui en eussent l'obligation. Ce discours fit l'effet qu'on desiroit : il ébranla le Cardinal et donna jalousie aux Frondeurs et à M. d'Orléans ; cela leur ôta *l'espérance d'avoir les Princes entre leurs mains*, et les fit résoudre à se réunir avec eux et à *chercher* de nouveau les *moyens de* perdre *le Cardinal*[1].

Les Frondeurs, depuis la prison des Princes, ont essayé de tirer sous main tous les avantages possibles de leur réconciliation avec le cardinal Mazarin, de son consentement; mais *ils affectoient toujours de faire croire qu'ils n'avoient point changé de dessein de le perdre, afin de conserver leur crédit dans le peuple : de sorte que ce qu'ils* ont fait pour cela *dans le commencement, de concert avec le cardinal* Mazarin, *leur a depuis servi contre lui* quand ils ont *tout de bon* souhaité *de le ruiner*[2]. J'ai déjà dit que la conversation des ducs de Bouillon et de la Rochefoucauld avec le Cardinal leur avoit été fort suspecte : Mademoiselle en prit l'alarme et la donna à M. d'Orléans ; ensuite les Frondeurs firent les derniers efforts pour être maîtres des Princes, et, voyant qu'on les refusoit, ils entrèrent en négociation avec Messieurs les Princes et avec ceux qui traitoient pour eux : ils engagèrent M. d'Orléans à procurer leur liberté. Le président *Viole*, *Arnauld*, *Montreuil*, secrétaire du prince de Conti, et plusieurs autres entamèrent des négociations avec M. d'Orléans, *le Coadjuteur*, *Mme de Chevreuse* et les Frondeurs, et avec M. *de Beaufort et Mme de Montbazon; d'autres traitèrent avec le Cardinal.* Dans ce temps-là, *la princesse Palatine avoit plus de part que personne à la confiance des Princes et à celle de la duchesse de Longueville. Elle avoit commencé toutes les négociations*

---

1. Voyez p. 207-210; et particulièrement la note 1 de la page 210.
2. Voyez p. 214 et 215.

des Princes tant avec les Frondeurs qu'avec le Cardinal, comme aussi avec Mme de Chevreuse (dont la fille devoit épouser le prince de Conti) et avec Mme de Montbazon et le duc de Beaufort. Elle *étoit dépositaire* de leurs *traités,* quelque *opposés* qu'ils pussent être. *Se voyant* donc *chargée* de tant *de choses contraires* à la fois, et craignant *de devenir suspecte aux uns* ou *aux autres*, elle manda au duc de la Rochefoucauld qu'il *étoit nécessaire qu'il* vînt *à Paris sans être connu*, et qu'elle lui diroit l'état des choses, pour prendre ensemble la résolution de conclure avec l'un ou l'autre parti[1]. *Le duc de la Rochefoucauld avoit été* jusque-là *ennemi déclaré du Coadjuteur, de Mme de Chevreuse, du duc de Beaufort, et de Mme de Montbazon*, de sorte que, *voyant les négociations également avancées de tous les côtés*, et jugeant que, si on concluoit avec les Frondeurs, *les Princes ne pouvoient sortir sans une révolution* de tout l'état présent des affaires, il se rendit à Paris, et ayant fait voir à la Palatine que le Cardinal ayant[2] la clef de la prison du Prince, il le *pouvoit mettre en liberté en un moment*, il l'*empécha de faire ratifier à Monsieur le Prince le traité des Frondeurs*, pour donner temps au Cardinal de considérer la peine où il alloit être. *Le duc de la Rochefoucauld* le vit trois ou quatre fois *en secret*. Ils le desirèrent tous deux ainsi, pour ce que le Cardinal vouloit que personne du monde n'eût connoissance de cette négociation, de peur que Monsieur et les Frondeurs ne se hâtassent d'éclater contre lui, et le duc de la Rochefoucauld la tenoit d'autant plus secrète que les Frondeurs demandoient comme une condition de leur traité que le duc de la Rochefoucauld le signât, ce qu'il ne vouloit ni ne devoit faire tant qu'il auroit lieu d'espérer que le traité avec le Cardinal pouvoit être sincère de sa part et de celle des Princes; il reçut même un plein pouvoir de la duchesse de Longueville pour réconcilier toute la maison avec le Cardinal, pourvu qu'il mît les Princes en liberté. Cependant les Frondeurs, qui avoient su que le duc de la Rochefoucauld négocioit particulièrement, le pressèrent pour lui faire signer leur traité avec Monsieur le Prince, de sorte que, se voyant dans la nécessité de conclure promptement ou avec l'un ou avec l'autre parti, il se résolut de voir encore une fois le Cardinal, et, après lui avoir représenté les mêmes choses qu'il lui avoit dit (sic) à Bourg et le péril où il alloit être par la déclaration de M. d'Orléans, du Parlement et des Frondeurs, et par l'abandonnement presque général de ses créatures, il lui déclara que les choses étoient en tels termes, que s'il ne lui

---

1. Voyez p. 218 et 219.
2. Dans le texte de 1662, *avoit la clef;* dans celui de 1688, *ayant*.

APPENDICE AUX MÉMOIRES.

donnoit ce jour-là une parole précise de la liberté des Princes, il ne pourroit plus traiter avec lui ni s'empêcher de conclure avec les Frondeurs, qui commençoient à prendre l'alarme du retard qu'il apportoit à signer le traité et qui ne vouloient pas achever sans cela. Le Cardinal voyoit beaucoup d'apparence à ce qu'on lui disoit; néanmoins le duc de la Rochefoucauld ne lui parla que généralement des cabales qui s'élevoient contre lui, sans entrer dans le détail d'aucunes, et il le fit ainsi pour ne manquer pas au secret qu'on lui avoit confié et pour ne rien dire qui pût nuire au parti qui s'alloit former pour la liberté des Princes si le Cardinal la refusoit : de sorte que le Cardinal, ne voyant rien de particularisé, crut que le duc de la Rochefoucauld lui grossissoit les objets afin de le faire conclure, et il crut que, ne lui nommant pas même de ses propres ennemis, il n'avoit rien d'assuré à lui dire[1]. Cependant l'aigreur éclata de toutes parts. Monsieur *se déclara ouvertement* à vouloir *la liberté des Princes;* de leur côté, ils voulurent qu'on conclût le traité des Frondeurs, et obligèrent le duc de la Rochefoucauld à se réconcilier et à se joindre avec eux : la *déclaration* de Monsieur sur la liberté des Princes fit ranger le Parlement et le peuple de Paris de son côté. *Les bourgeois prirent les armes, on fit la garde aux portes, et le Roi et la Reine n'eurent pas la liberté de sortir de Paris. On ne se contentoit* plus de demander *la liberté des Princes, on vouloit la vie du Cardinal. M. de Châteauneuf,* garde des sceaux, s'étoit joint aux intérêts des Princes et espéroit que leur liberté et l'éloignement du Cardinal le rendroient maître des affaires. *Le maréchal de Villeroy et presque toute la maison du Roi appuyoient le garde des sceaux. Une partie des ministres et beaucoup des plus particuliers amis du Cardinal faisoient aussi la même chose*[2]; la duchesse de Chevreuse y contribuoit de tout son pouvoir, et elle en avoit beaucoup dans toutes les cabales. M. de Châteauneuf a toujours été lié à ses intérêts, depuis et devant sa prison, et ç'a été conjointement qu'ils ont pris toutes *leurs mesures, tantôt avec le Cardinal* et tantôt *avec ses ennemis;* elle avoit une grande liaison avec le *Coadjuteur*, mais *la beauté de* Mlle de Chevreuse, *sa fille, y avoit encore plus de pouvoir.* Mademoiselle, et le Coadjuteur, assisté de Mme de Chevreuse et du garde des sceaux, étoient maîtres de *l'esprit de M. d'Orléans*[3]; ils avoient, outre cela, de puissantes cabales dans le peuple et dans le Parlement, qu'ils faisoient agir selon leur besoin. La duchesse *de Chevreuse et M. de Châteauneuf* n'étoient point encore *suspects au Cardinal;* il ignoroit *la proposition du mariage de*

---

1. Voyez p. 222-226, et la note 1 de la page 226.
2. Voyez p. 227 et 228. — 3. Voyez p. 221.

la fille de la duchesse et du *prince de Conti* ; il se souvenoit qu'elle *avoit plus contribué* que personne *à la prison des Princes*, *en disposant* Monsieur *à y consentir* et l'obligeant de n'en rien dire à l'abbé de la Rivière et de l'éloigner ensuite : en sorte que[1] la duchesse de Chevreuse, qui ne souhaitoit rien tant que le mariage du prince de Conti et de sa fille, et l'établissement du garde des sceaux, crut venir à bout de l'un et de l'autre en éloignant le Cardinal. *Elle se ménagea si bien* sur cela, *qu'en effet elle eut beaucoup de part à la résolution qu'il prit de se retirer*[2]. Sa retraite n'adoucit point les esprits des Parisiens ni du Parlement. On craignit qu'il ne fût allé au Havre pour en *enlever les Princes*, et que la Reine n'eût dessein en même temps d'emmener le Roi hors de Paris, de sorte que non-seulement *les gardes des portes et des rues* près *du Palais-Royal* furent redoublées, mais *il y* avoit toute la nuit *des partis de cavalerie* par la ville pour empêcher le Roi et la Reine de sortir[3]. *Le Parlement, de son côté, faisoit tous les jours de nouvelles instances pour la liberté des Princes*, et *les réponses* de la cour étant *ambiguës*, elles aigrissoient les esprits au lieu de les apaiser. On avoit cru éblouir le monde en envoyant le maréchal de Gramont trouver *les Princes*, et *lui-même l'avoit été des belles apparences de ce voyage;* mais, *comme il ne devoit rien produire pour leur liberté*, on vit *bientôt que ce n'étoit que pour gagner temps*. *Enfin la Reine voyant* augmenter le mal de tous côtés, *et ne sachant* point *certainement si le Cardinal prendroit le parti de délivrer les Princes ou de les emmener avec lui*, de plus craignant que les esprits, aigris de tant de remises, ne se portassent enfin à d'étranges extrémités, elle se résolut de promettre au Parlement la liberté des Princes sans plus de remise, et fit partir le duc de la Rochefoucauld, le sieur de la Vrillière, secrétaire d'État, et Comminges, capitaine de ses gardes, avec un ordre exprès au sieur de Bar de remettre les Princes en liberté aussitôt qu'il l'auroit reçu[4]. *Le Cardinal* en eut avis par la Reine, étant *près d'arriver au Havre*, et bien qu'il fût en son pouvoir de laisser exécuter cet ordre-là ou d'arrêter prisonnier le duc de la Rochefoucauld et ceux qui l'accompagnoient, il prit le parti *de voir lui-même* les Princes. Voici ce que j'ai su de cette entrevue : c'est que d'abord le Cardinal voulut *justifier sa conduite* vers eux, en leur disant les sujets qu'il avoit eus de les faire arrêter, ensuite *il* leur *demanda* leur *amitié*, et leur *dit* néanmoins *avec fierté* qu'ils étoient libres *de la lui accorder ou de la refuser;* et, quoi qu'ils fissent sur

---

1. Dans l'édition de 1662, dont nous suivons le texte, il y a : « qu'en sorte que ».
2. Voyez p. 229 et 230. — 3. Voyez p. 231 et 232.
4. Voyez p. 232 et 233.

cela, ils pouvoient, dès ce moment, sortir du Havre et aller où il leur *plairoit. Apparemment* ils lui promirent ce qu'il voulut. Il dîna avec eux, et aussitôt après les Princes et le maréchal de Gramont partirent du Havre, et allèrent *coucher, à trois lieues* de là, *dans une maison nommée Grosmesnil, sur le chemin* du Havre à *Rouen, où le* sieur *de la Rochefoucauld* et le sieur *de la Vrillière, Comminges et le président Viole arrivèrent,* un moment après, avec les ordres de la cour dont je viens de parler[1].

1. Voyez la fin de notre partie III, p. 234-236.

III

MÉMOIRES DE VINEUIL.

Voyez, au sujet de ce morceau, les observations contenues dans la *Notice*, en tête de ce volume. Les éditions antérieures à la nôtre le donnent toutes comme faisant partie des *Mémoires de la Rochefoucauld*. Elles le placent à la suite du fragment primitif des *Mémoires sur la Régence* (n° 1 de cet *Appendice*). Celles de Petitot (1826) et de Michaud (1838) l'y joignent sans séparation ni titre à part; les autres (1662-1804) l'intitulent *Guerre de Paris*. Nous en reproduisons ici le texte tel que nous le trouvons dans un manuscrit, sans cote, conservé à la Roche-Guyon, dans lequel le titre est : *Mémoires de M. de Vineuil*. Nous n'indiquons en note, parmi les variantes des éditions, que celles qui nous paraissent avoir quelque intérêt soit pour le fond, soit pour la langue. — Louis Ardier, sieur de Vineuil, était, dit Bussy Rabutin dans son *Histoire amoureuse des Gaules* (édition de M. L. Lalanne, 1857, tome II, *Appendice*, p. 387), « frère du président Ardier[1], d'une assez bonne famille de Paris, agréable de visage, assez bien fait de sa personne; il étoit savant, en honnête homme, il avoit l'esprit plaisant et satirique, quoiqu'il craignît tout, et cela lui avoit attiré souvent de méchantes affaires. » V. Cousin, dans *Madame de Sablé* (édition de 1854, p. 73), le qualifie de « bel esprit un peu subalterne, à moitié homme du monde, à moitié homme de lettres. » Il servit, avec beaucoup d'activité, la cause de Condé, et se trouva mêlé à un certain nombre d'aventures bruyantes, telles que la querelle de Jarzé et de Beaufort, au jardin Renard (voyez ci-dessus, p. 143 et note 5). Ce fut lui qui eut charge de proposer à Mme de Chevreuse le mariage de sa fille avec le prince de Conty, et qui, en janvier 1650, avertit Monsieur le Prince des mesures qu'on prenait pour l'arrêter. L'arrestation une fois accomplie, il devint un des fauteurs les plus ardents de l'agitation excitée en faveur des Princes : « Je viens de recevoir avis de très-bon lieu, écrit Mazarin à le Tellier, à la date du 12 février 1650, que Vineuil ne se contente pas de faire toutes les cabales qu'il peut dans Paris, en faveur du parti des princes prisonniers; mais qu'il tient continuellement des discours contre l'honneur de la Reine et tendant à sédition, et à passer même à des attentats, pour faire entreprendre à d'autres, plus hardis que lui, ce qu'il n'oseroit faire. J'en ai donné part à la Reine, qui me charge de vous prier d'en parler à Son Altesse Royale (*Gaston duc d'Orléans*), pour y faire prendre résolution, soit en arrêtant ledit Vineuil, soit en l'éloignant en quelque lieu où il ne puisse faire de mal. » (*Mémoires de Mathieu Molé*, *Appendice* du tome IV, p. 367.) En effet, quelques jours après, Vineuil reçoit l'ordre de se retirer dans ses terres à Beauregard. Il est arrêté à Loches[2] à la fin de 1651 (*Mémoires du comte de Brienne*, le

---

1. Paul Ardier de Beauregard, président en la chambre des comptes, auteur d'une *Histoire des guerres de la Valteline et de Gênes*, de 1624 à 1651.
2. Mme de Motteville (tome III, p. 460) dit « à Poitiers ».

vieux, tome II, p. 191), chargé de lettres de la part du prince de Condé; puis on le relâche aussitôt. En 1653, il se fait encore prendre, venant de Flandre avec des messages semblables. En 1655, à la suite d'une galanterie avec la princesse de Wittenberg, fille du maréchal de Châtillon, il est exilé à Tours, par les intrigues de son rival l'abbé Foucquet. On le retrouve plus tard, en 1675 (*Lettres de Madame de Sévigné*, tome IV, p. 136, 167 et note 7, 170 et 171), à Saumur, « bien vieilli, bien toussant et bien crachant, et dévot, mais toujours de l'esprit. » Mme de Sévigné dit ailleurs (*Lettre* du 20 novembre 1676, tome V, p. 149) que Vineuil se proposait d'écrire la vie de Turenne; rien n'en a paru; toute son œuvre littéraire se borne au fragment de *Mémoires* que l'on va lire, et aux portraits de Mmes Cornuel et d'Olonne, qui lui sont attribués dans la *Galerie de portraits* de Mademoiselle : voyez V. Cousin, *Madame de Sablé*, 1854, p. 208.

Il est quasi[1] impossible d'écrire une relation bien juste des mouvements passés, parce que ceux qui les ont causés, ayant agi par de mauvais principes, ont pris soin d'en dérober la connoissance, de peur que la postérité ne leur imputât d'avoir dévoué à leurs intérêts la félicité de leur patrie. Outre cette raison, il est assez malaisé à celui qui écrit les affaires[2] de son temps, qu'il conserve ses passions si pures qu'il ne s'abandonne ou à la haine ou à la flatterie, qui sont les écueils ordinaires où la vérité fait naufrage. Quant à moi, je me propose de faire un récit sincère et[3] désintéressé de ce qui s'est passé, pour laisser la liberté entière, à ceux qui le liront, du blâme et de la louange.

La France avoit déclaré la guerre, en l'année 1635, à la maison d'Autriche[4], et la fortune avoit favorisé une si haute entreprise par tant d'heureux succès, qu'elle étoit victorieuse par tous les endroits où elle portoit ses armes. Nous avions pénétré dans le cœur de la Flandre, ayant assujetti toute la rivière du Lys[5]; l'on avoit porté en Allemagne la victoire jusqu'au Danube, par la fameuse bataille de Norlingue; le Milanois étoit le théâtre de la guerre d'Italie; et, du côté d'Espagne, nos conquêtes n'auroient pas été bornées par le

1. Presque. (1662-1838.)
2. Qui écrit des. (*Ibidem.*)
3. Les deux mots : *sincère et*, sont omis dans toutes les éditions antérieures.
4. Voyez ci-dessus, les *Mémoires de la Rochefoucauld*, p. 22.
5. Le Lys, ou plus ordinairement, même autrefois[a], la Lys, rivière, qui se divise aujourd'hui en Lys française et Lys belge; elle prend sa source en France (Pas-de-Calais), coule au nord jusqu'à Térouanne, puis à l'est, traverse la Flandre occidentale et la Flandre orientale, et se jette dans l'Escaut, à Gand.

[a] Voyez le *Dictionnaire géographique* de Th. Corneille, aux noms des villes situées sur ce cours d'eau.

Roussillon et la Catalogne, sans Lérida, qui en étoit le terme fatal. Ces prospérités, qui avoient commencé du temps du feu Roi, avoient encore continué, avec plus d'éclat, pendant les cinq premières années de la Régence, qui s'étoient rendues fameuses par de célèbres victoires, non sans admiration que dans un temps de minorité, d'ordinaire exposé aux guerres domestiques, l'on eût remporté des avantages si considérables sur les étrangers. Mais, comme c'est l'étoile de notre nation de se lasser de son propre bonheur, et de se combattre elle-même quand elle ne trouve pas de résistance au dehors; ou bien que Dieu ait prescrit aux empires de certaines limites[1] de puissance et de durée, qui sont hors de la jurisdiction des hommes, nous avons perdu dans une campagne, par nos divisions, la plupart des conquêtes que nous avions faites pendant le cours heureux de plusieurs années. Mais, avant que d'entrer dans la narration de ces troubles, il est à propos de dire comment[2] les choses se gouvernoient dans le cabinet.

Le conseil du Roi[3], pendant la régence de la Reine, étoit composé de M. le duc d'Orléans, de Monsieur le Prince, et du cardinal Mazarin. Les autres ministres, comme le Chancelier, M. de Longueville, le surintendant Chavigny[4], et Servien, y avoient peu de considération. Les principales affaires se régloient du concert[5] des Princes et du Cardinal, qui en avoit l'entière direction, par la confiance que la Reine prenoit en lui. Les princes du sang étoient fort unis à la Reine, et cette union produisoit le bonheur public, d'autant que par là toutes les espérances des nouveautés étant ôtées, auxquelles notre nation a une pente naturelle, chacun aspiroit par des services légitimes à quelque accroissement en sa fortune. Le cardinal Mazarin entretenoit cette bonne intelligence, avantageuse à sa conservation; et, lorsque l'un des Princes vouloit s'élever, il le modéroit par l'opposition de l'autre; et, balançant ainsi leur puissance, la sienne étoit sans comparaison la plus respectée. D'ailleurs il avoit procuré au duc d'Orléans le gouvernement du Languedoc, et s'étoit si fort rendu dépendant[6] l'abbé de la Rivière[7], son principal ministre, qu'il envisageoit toutes les voies hors des bonnes grâces du Cardinal, pour son élévation au cardinalat[8], comme des précipices.

1. De certains limites. (1688-1754.)
2. Comme. (1662-1838.) — 3. Voyez ci-dessus, p. 52.
4. Claude Bouthilier, père de Léon : voyez p. 31, note 3.
5. Du conseil. (1662-1838.)
6. S'étoit rendu si dépendant. (1688-1754.)
7. Voyez ci-dessus, p. 80, note 3.
8. Ces mots : « pour son élévation au cardinalat », manquent dans les éditions de 1688-1754.

APPENDICE AUX MÉMOIRES.

Pour M. le duc d'Enghien, il satisfaisoit à son ambition par le gouvernement de Champagne et de Stenay, et par le commandement des armées qu'il lui procuroit : joint que le Cardinal étant étranger, sans parents, sans établissement, d'une nature assez douce, il étoit moins appréhendé ; et les Princes, inappliqués[1] aux affaires, s'en déchargeoient sans envie sur lui.

Or, comme il prévoyoit que la liaison des Princes et de leur autorité affoibliroit celle de la Reine, il jetoit adroitement dans leurs esprits des soupçons de jalousie et de défiance l'un de l'autre, lesquels il dissipoit à propos, de crainte qu'ils ne vinssent à une rupture : ainsi, étant l'auteur de leurs différends, il lui étoit aisé d'être l'arbitre de leur réconciliation, et même de s'en attirer le mérite. Pour les autres grands du Royaume, comme ils étoient sans pouvoir, leur bonne ou mauvaise volonté n'étoit pas regardée. Telle étoit l'assiette de la cour, lorsque des événements, rompant cette union si nécessaire à l'État, lui causèrent des maux très-funestes.

Avant que de les dire, je remarquerai la mort du prince de Condé[2], arrivée à la veille de ces mouvements, d'autant plus considérable que l'opinion publique est que, s'il eût vécu, il les auroit prévenus par sa prudence et son autorité, qui donnoit de la retenue aux ministres, et à laquelle le Parlement auroit déféré. L'union de ces puissances étoit un gage si solide de la tranquillité du Royaume, qu'elle donnoit trop de confiance aux ministres, et ne retenoit point Émery[3], surintendant des finances, de faire de grandes levées de deniers. Or, comme cette conduite, quoique colorée de la guerre étrangère et de la défense de l'État, avoit été introduite durant le ministère du cardinal de Richelieu, et qu'elle n'en étoit qu'une suite, il ne sera pas inutile d'en parler.

Ce ministre[4], dont la politique absolue avoit violé les anciennes lois du Royaume pour établir l'autorité immodérée de son maître, dont il étoit le dispensateur[5], avoit considéré tous les règlements de cet État comme des concessions forcées et des bornes imposées à la puissance des rois, plutôt que des[6] fondements solides pour bien

---

1. Moins appliqués. (1662 B-1838.) — L'édition originale, que nous désignons par 1662 A, porte, « moins inappliqués ».
2. Voyez ci-dessus, p. 101 et note 2.
3. Michel Particelli, sieur d'Émery, né vers 1596, contrôleur des finances, de 1643 à 1648, mort en 1650.
4. Rapprochez ce qui suit du portrait de Richelieu par la Rochefoucauld, p. 47 et 48.
5. Dont il étoit dispensateur. (1662-1754.)
6. Plutôt que comme des. (1689-1754.)

régner ; et, comme son administration très-longue[1] avoit été autorisée par de grands succès pendant la vie du feu Roi, il renversa toutes les formes de la justice et des finances, et avoit introduit[2] pour le souverain tribunal de la vie et des biens des hommes la volonté royale. Ce gouvernement si violent subsista jusqu'à sa mort, et le Roi, ne l'ayant[3] survécu que de peu de mois[4], laissa à la Reine, avec la Régence, l'établissement de ces ordres de finances qui sembloient nécessaires pour subvenir aux dépenses de la guerre. Sa Majesté, dans les premiers jours de sa régence, pressée de faire ses libéralités, épuisa l'épargne de ses plus clairs deniers[5] ; et par là Émery fut obligé de mettre en pratique tous les expédients que son esprit lui fournissoit, sans être retenu ni par la justice, ni par la pitié, ni par le désespoir où il pourroit jeter le monde[6]. Pour cet effet, après avoir consommé[7] la substance des peuples par des subsides nouveaux, il porte ses soins dans les villes, taxe les aisés et les malaisés[8], fait de nouvelles créations d'offices, prend les gages des anciens officiers, saisit les rentes publiques, exige des emprunts, prépare encore de nouveaux édits, et, dans cette inquisition[9] rigoureuse sur les biens de toute nature, il pousse dans une révolte[10] les compagnies, les communautés et les corps de ville ; enfin, toutes ces ressources[11] étant épuisées, il veut prendre les gages des chambres des comptes, cours des aides et grand conseil, qui en firent leurs plaintes au Parlement, qui donna ce célèbre arrêt d'union[12].

Cet arrêt fut un signal pour tous les mécontents, les rentiers, les trésoriers de France, les secrétaires du Roi, les élus, les officiers des tailles et des gabelles. Enfin les peuples de toutes conditions se rallièrent, exposent leurs griefs au Parlement, en demandent[13] la répa-

1. Trop longue. (1804, 26, 38.)
2. Et introduisit. (*Ibidem.*)
3. Ne lui ayant. (*Ibidem.*)
4. Que de peu de mois après. (1662-1664, 1717, 1804, 26, 38.)
5. Des plus clairs deniers. (1662-1838.)
6. Où il portoit le monde. (1804, 26, 38.)
7. Consumé. (1688-1754.)
8. Les aisés et malaisés. (1662-1664, 1717, 1804, 26, 38.)
9. Par cette inquisition. (1717, 1804, 26, 38.)
10. Dans une révolte secrète. (1662-1838.)
11. Toutes ressources. (*Ibidem.*)
12. Rendu le 13 mai 1648. — « (L'arrêt d'union) de tous les parlements ensemble, par où il (*le parlement de Paris*) montra que son intérêt particulier lui avoit fait prendre une résolution qu'il n'avoit pas prise tant que l'oppression n'étoit tombée que sur le peuple. » (*Note de l'édition de* 1688.
13. Il y a dans les temps une discordance qui est ainsi corrigée dans les di-

APPENDICE AUX MÉMOIRES. 505

ration. Les noms de partisan[1] et d'Émery tombèrent dans l'exécration publique; chacun déclame contre l'exaction violente des traitants, la puissance démesurée des intendants, la cruauté des fusiliers[2], ces contraintes rigoureuses contre le peuple[3], par la vente de leurs biens, l'emprisonnement de leurs personnes, la solidité réelle des tailles[4]; bref, cette oppression dernière et visible[5] à la vie, à la liberté et aux biens de tous les sujets du Roi. Le Parlement, paroissant touché des misères publiques, reçoit les supplications des malheureux, offre de leur faire justice, et, par la part qu'il témoigne prendre aux souffrances des peuples, acquit leur bienveillance à un point[6] qu'ils sont respectés comme leurs dieux vengeurs et libérateurs[7].

Je ne prétends pas faire un récit des assemblées des chambres, des matières qu'on y a traitées, des avis et résultats, et des remontrances de la Compagnie, portées par le premier président Molé[8] à Leurs Majestés : assez de *Mémoires* en sont remplis[9] : il me suffit de dire qu'il y avoit trois sortes de partis dans le Parlement. Le premier étoit des Frondeurs, nom donné par raillerie à ceux qui étoient contre les sentiments de la cour. Ces gens-là, étant touchés de desir[10] d'arrêter le cours des calamités présentes, avoient le même objet, quoique par un différent motif, que ceux qui étoient

---

verses éditions : « exposants (sic)..., en demandant » (1662-64, 1717); « exposant.... et en demandant » (1804, 26, 38); « et exposant..., en demandent » (1688-1754).

1. Des partisans. (1662, 1754, 1804, 26, 38.)
2. Fusiliers. (1662-1717.)
3. Contre le pauvre peuple. (1662-1664, 1717, 1804, 26, 38.) — Faites au pauvre peuple. (1688-1754.)
4. En jurisprudence, on disait autrefois *solidité* pour *solidarité*, et *réel* marque rapport aux *immeubles*. « Solidité réelle des tailles » signifie que les biens-fonds d'une paroisse répondaient solidairement des impôts.
5. Dans les éditions antérieures, *nuisible*, leçon préférable, vu l'*à* qui suit, à celle de notre manuscrit. — Quatre lignes plus loin, les éditions de 1688-1754, 1804, 26, 38, remplacent, avec raison également, *acquit* par *acquiert*.
6. En un point. (1662-1664, 1717, 1804, 26, 38.) — A tel point. (1688-1754.)
7. Qu'il est respecté comme leur dieu vengeur et libérateur. (1688-1754.) — Dans une des copies de la Bibliothèque nationale (*fonds français*, 13725, in-4°, non paginé), le récit s'interrompt ici, pour faire place à la *Requête des trois états du gouvernement de l'Ile de France à Nos Seigneurs de Parlement*. Ce morceau, qui se retrouve dans le *Choix de Mazarinades* de M. Moreau (tome I, p. 28-34), remplit 14 pages du manuscrit. Le texte reprend ensuite à ces mots : « Je ne prétends pas faire, etc.... »
8. Sur Molé, voyez la note 7 de la page 250, et ci-après, p. 508, note 1.
9. Voyez, entre autres, ceux de Retz et d'Omer Talon.
10. Du desir. (1662-1838.)

intéressés par leur fortune ou par leur haine particulière contre le principal ministre. Le second[1] parti étoit des Mazarins, qui étoient persuadés que l'on devoit une obéissance aveugle à la cour, les uns par la conscience[2], pour entretenir le repos de l'État, les autres par des liaisons qu'ils avoient avec les ministres ou par intérêt avec les gens d'affaires; et le dernier étoit de ceux qui blâmoient l'emportement des premiers, n'approuvoient pas aussi la retenue des seconds, et qui se tenoient dans un parti mitoyen, pour agir, dans les occasions, ou selon leurs intérêts, ou selon leur devoir. C'étoit là la disposition du Parlement, dont la plupart, qui, au commencement, n'avoient point d'amour pour les nouveautés, parce que l'expérience des affaires du monde leur manquoit, maintenant[3] étoient bien aises d'être commis pour régler des abus qui s'étoient glissés dans l'administration de l'État, et de se voir médiateurs entre la cour et les peuples[4]. On leur insinuoit que cet emploi donneroit de la considération et de l'éclat à leurs personnes; que la charité les obligeoit de secourir les malheureux dans leurs pressantes nécessités, et que le devoir de leurs charges, qui sont instituées[5] pour modérer l'extrême puissance des rois et s'opposer à son déréglement[6], les y convioit; qu'ils doivent[7] savoir que, depuis quelques années, les ministres de France sont persuadés que c'est régner précairement quand leur empire ne s'étend que dessus les choses[8] permises; que les lois sont étouffées par la crainte, et la justice par la force; que, pour notre infortune, nos derniers rois leur ont si fort abandonné la conduite de l'État, qu'ils l'ont rendu[9] la proie de leurs passions; que le temps est venu[10] qu'il faut remettre les anciens ordres, et cette relation harmonique qui doit être[11] entre un commandement légitime et une obéissance raisonnable; que, pour cet effet, les peuples réclamoient leur justice, comme le seul asile pour prévenir leur dernière oppression; qu'une si sainte mission, étant approuvée du Ciel, et suivie des acclama-

---

1. Le deuxième. (1662-1838.)
2. Par conscience. (*Ibidem*.)
3. Le mot *maintenant*, qui rend la phrase plus claire, n'est pas dans les éditions antérieures.
4. Et le peuple. (1662-1838.)
5. Les éditions de 1688-1754 ajoutent ici : « comme celles des éphores ».
6. A leurs déréglements. (1688-1754, excepté 1664 B.)
7. Qu'ils devoient. (1662-1838.)
8. Sur les choses. (*Ibidem*.)
9. Se sont rendus. (1662-1838.) — 10. Est revenu. (1662-1638, 1717.)
11. Exister. (1804, 26, 38.) — Les éditions de 1689-1754 suppriment *entre*, qui suit.

tions publiques, les mettroit à couvert de toute crainte ; mais, quand il y auroit du péril, que c'est le propre d'une rare vertu de se signaler plutôt dans la tempête que dans le calme, et que la mort, qui est égale à [1] tous les hommes, n'est distinguée que par l'oubli ou par la gloire [2].

Ces discours empoisonnés firent d'autant plus d'impression sur leurs esprits, que les hommes ont une inclination naturelle à croire ce qui flatte leur grandeur : si bien [3] qu'ils se laissèrent charmer par ces douces voix [4] de dieux tutélaires de la patrie et de restaurateurs de la liberté publique. Celui qui leur inspiroit ce venin avec plus d'artifice étoit Longueil, conseiller de [5] la grand chambre, lequel, avec de l'esprit et de l'ambition [6] de rendre sa fortune meilleure dans les divisions publiques, avoit, en des assemblées secrètes, préparé, depuis quelques années, plusieurs de ses confrères [7] à combattre la domination des favoris, sous couleur du bien du Royaume : de sorte que, dans la naissance de ces mouvements et dans leurs progrès, il étoit consulté comme l'oracle de la Fronde, tant qu'il a été constant dans son parti [8].

Cependant le Parlement, paroissant appliqué à la réformation de l'État, s'assembloit tous les jours. Il avoit déjà supprimé des édits et des droits nouveaux ; il avoit révoqué les intendants des provinces et rétabli les trésoriers de France et les élus en la fonction de leur charge [9] ; il prétendoit encore faire rendre compte de l'emploi des deniers levés depuis la Régence, et insensiblement il attaquoit l'administration du Cardinal. D'ailleurs la cour n'oublioit aucun moyen

---

1. Égale pour. (1804, 26, 38.)
2. Cette pensée est traduite littéralement de ce passage des *Histoires* de Tacite (livre I, chap. XXI), que le commentateur de 1688 en rapproche : *Mortem, omnibus ex natura æqualem, oblivione apud posteros vel gloria distingui.*
3. *Si bien* est omis dans l'édition de 1754.
4. L'expression *voix*, au sens de *noms*, est un latinisme, et c'est par *noms* qu'à partir de 1688 les anciens éditeurs la remplacent.
5. En. (1662-1838.) — De même plus loin, p. 508, ligne 22.
6. Lequel, poussé d'un esprit d'ambition. (1662-1838.) — Sur Longueil, voyez ci-dessus, p. 114, note 2.
7. S'étoit, en des assemblées secrètes, depuis quelques années, préparé avec plusieurs de ses confrères. (1662-1754.)
8. « Car il l'abandonna dès que le cardinal Mazarin lui eut promis cinquante mille écus pour lui, et la surintendance des finances pour le président de Maisons, son frère. Tant est vraie la maxime de Tacite (*Histoires*, livre II, chap. XXXI) que, dans les guerres civiles, l'argent est plus puissant que les armes : *Pecuniam inter civiles discordias ferro validiorem.* » (*Note de l'édition de* 1688.)
9. De leurs charges. (1662-1838.)

qui servit à faire cesser ces assemblées ; M. le duc d'Orléans, le Premier Président[1] et le président de Mesmes[2] en représentoient la conséquence préjudiciable à la paix générale ; que[3] les ennemis s'en figuroient un triomphe qui les rétabliroit de leurs pertes passées ; et néanmoins le Roi avoit autorisé tous les arrêts que la Compagnie avoit donnés ; mais ces voies de douceur étoient mal interprétées et passoient pour des marques de foiblesse et de crainte, qui rendoient les ennemis du Cardinal plus fiers et plus actifs à le pousser.

En ce temps-là[4], Monsieur le Prince commandoit l'armée du Roi en Flandre ; il avoit pris Ypres[5] ; mais, durant le siége, les Espagnols avoient surpris Courtray[6], et remporté d'autres petits avantages : or, comme son génie est puissant et heureux à la guerre, il trouva l'armée d'Espagne, le vingt-unième[7] d'août, dans les plaines d'Arras et de Lens, la combattit, et obtint une victoire célèbre[8]. Le duc de Châtillon[9], qui s'y étoit glorieusement signalé, vint de sa part en porter la nouvelle[10] à la cour. Le conseil du Roi regarda ce grand succès comme un coup du Ciel, dont il se falloit prévaloir pour arrêter le cours des désordres que le temps et la patience augmentoient, et résolut de s'assurer de ceux du Parlement qui étoient les plus animés, principalement de Broussel[11], conseiller de la grand chambre, personnage d'une ancienne probité, de médiocre suffisance, et qui avoit vieilli dans la haine des favoris. Ce bon homme, inspiré par ses propres sentiments et par les persuasions de Longueil et d'autres qui avoient pris créance dans son esprit, ouvroit les avis les plus vigoureux[12], qui étoient suivis de la cabale des Frondeurs : de sorte que son nom faisoit bruit dans les assemblées des chambres, et il s'étoit rendu chef de ce parti dans

1. « Mathieu Molé, qui fut fait garde des sceaux en 1651, homme de bien et qui ne devoit sa fortune qu'à sa vertu et à sa capacité. » (*Note de l'édition de 1688.*)

2. Sur de Mesmes, voyez ci-dessus, p. 246, note 5. — Une note de 1688 le caractérise ainsi : « Homme de cour et tout Mazarin. »

3. Disant que. (1689-1754.)

4. En 1648. (1723 et 1754.)

5. Ypres (*Hypre* dans notre manuscrit), ville de Flandre (Belgique) ; cédée à la France au traité de Nimègue (1678), elle fit retour aux Pays-Bas autrichiens lors de la paix d'Utrecht (1713).

6. Avoient repris Courtray. (1804, 26, 38.) — Sur Courtray, voyez p. 97, note 2.

7. Le vingt-unième jour. (1662-1804.) — Le vingtième jour. (1826, 1838.)

8. Voyez ci-dessus, p. 101, note 3. — 9. Voyez p. 123, note 1.

10. Les nouvelles. (1662-1838.)

11. Sur Broussel, voyez la note 3 de la page 102.

12. Rigoureux. (1662-1838.)

APPENDICE AUX MÉMOIRES. 509

le Parlement, d'autant plus accrédité que son âge et sa pauvreté le mettoient hors des atteintes de l'envie. Or, comme le peuple, qui ne bougeoit du Palais, étoit informé qu'il s'intéressoit puissamment pour son soulagement, [il] le prit en affection, et lui donna ce beau titre de son père. L'arrêter étoit un coup hardi, et pouvoit[1] être très-salutaire s'il eût réussi; mais aussi il pouvoit avoir des suites dangereuses, comme nous verrons; pourtant il fut heureusement exécuté par Comminges[2], le matin que l'on chanta le *Te Deum* à Notre-Dame, de la victoire de Lens, durant que les compagnies des Gardes étoient en haie dans les rues; et [il] fut conduit en sûreté hors de la ville[3], avec Blasmesnil[4], pour être transféré à. . . . [5].
Deux heures après que le bruit de l'enlèvement de Broussel se fut répandu, les bourgeois[6] du quartier Notre-Dame, des rues Saint-Denis et Saint-Martin, Saint-Honoré et des autres endroits de la ville[7], fermèrent leurs boutiques et prirent tumultuairement les armes, chacun ressentant avec douleur ce qui étoit arrivé en la personne de Broussel, qu'ils réclamoient comme leur martyr. D'un autre côté, les grands, les ministres, et toutes les personnes les plus qualifiées, se rendirent au Palais-Royal, où l'on dissimuloit l'excès du désordre; et ceux qui avoient eu grande peur en y allant avoient la complaisance de dire à la Reine que ce n'étoit que quelque canaille[8], que l'on mettroit aisément à la raison[9].
Le coadjuteur de Paris, qui jusqu'alors n'avoit point paru sur le théâtre du monde[10], et s'étoit renfermé dans l'étendue de sa profession, fut offrir son service à la Reine, à qui il ne déguisa rien de

1. L'arrêter, c'étoit un coup bien hardi et pouvoit. (1662-64, 1717.) — Et qui pouvoit. (1688-1754.)
2. Voyez ci-dessus, p. 170 et note 3.
3. Hors la ville. (1662-1838.)
4. René Potier de Blancmesnil, « neveu de l'évêque de Beauvais, » dit en note l'édition de 1688. Voyez p. 102, note 2, et p. 61, note 2.
5. Transféré à Sedan. (1804, 26, 38.) — *Sedan* n'est pas dans le manuscrit de la Roche-Guyon ni dans les éditions antérieures à 1804.
6. Dans notre manuscrit, *le bourgeois*, bien qu'à la suite les verbes soient au pluriel.
7. Du quartier Notre-Dame et des rues Saint-Denis, Saint-Martin et Saint-Honoré et des autres endroits. (1804, 26, 38.) — Les mots *de la ville* manquent dans ces textes. — Les anciennes éditions omettent, après *bourgeois*, plusieurs lignes; leur texte est : « les bourgeois les plus qualifiés se rendirent ».
8. Quelques canailles. (1662-1688, 1717, 1804, 26, 38.)
9. « C'est ainsi qu'en parloit le président de Mesmes au Cardinal, qui crut aisément ce qu'il desiroit. » (*Note de l'édition de* 1688.)
10. « Qui jusqu'alors n'avoit point encore paru dans les affaires », dit la Rochefoucauld, p. 103 et 104.

ce qui se passoit¹ : ses offres et ses avis furent également mal reçus ; il ne laissa pas apparemment d'employer la dignité de son caractère et ses persuasions pour calmer ces orages, et puis revint rendre compte de la sédition au Palais-Royal, où n'ayant pas reçu la satisfaction qu'il prétendoit, il conçut du dépit contre le Cardinal, qui fut la cause ou le prétexte qu'il prit, sur le refus qu'on lui avoit fait de traiter du gouvernement de Paris, de s'intéresser² si avant dans le parti opposé à la cour.

Cependant la Reine, naturellement incapable de peur, commanda aux maréchaux de la Meilleraye et de l'Hôpital³ de monter à cheval avec leurs amis, d'aller par les rues et de contenir le peuple par quelque exemple de justice. Ils trouvèrent le mal tel, qu'ils ne purent exécuter cet ordre : si bien que l'on étoit réduit à espérer que le tumulte s'apaiseroit par la nuit, comme il arriva ; mais un accident alluma le lendemain matin le feu qui s'alloit éteindre. Le Chancelier, s'en allant au Palais porter une déclaration du Roi, qui défendoit les assemblées des chambres, fut aperçu par quelque reste de populace mutine⁴ : sa personne, odieuse au public, et sa mission animèrent force gens à courir après son carrosse, qui le firent fuir à l'hôtel de Luynes⁵, où ils le cherchèrent pour immoler, ce disoient-ils, « cette âme vénale, ce protecteur des maltôtes, » à tant de peuples ruinés par les édits qu'il avoit scellés⁶.

1. « Lui conseillant de céder pour un temps à la furie du peuple. » (*Note de l'édition de* 1688.)

2. Qu'il prit pour, avec le refus, etc..., s'intéresser. (1662-1664, 1717, 1804, 26, 38.) — Qu'il prit, outre le refus, etc..., pour s'intéresser. (1688-1754.) — Sur la prétention de Retz au gouvernement de Paris, voyez ses *Mémoires*, tome II, p. 91-93.

3. Sur ces personnages, voyez ci-dessus p. 37, note 2, et p. 176, note 4.

4. Mutinée. (1662-1838.)

5. Voyez p. 103, note 1.

6. Rapprochez du récit beaucoup plus rapide de la Rochefoucauld, p. 105. — On lit ici en note dans l'édition de 1688 : « Le danger que le chancelier Séguier échappa ce jour-là, en se sauvant chez le duc de Luynes, grand janséniste, lui qui étoit moliniste, donna lieu aux vers suivants :

> Dans ce dernier soulèvement,
> Chose bien digne de notre âge,
> Saint Augustin a vu Pélage
> Dans un étrange abaissement.

> La pauvre *Grâce suffisante*,
> Toute pâle et toute tremblante,
> Chez l'*Efficace* eut son recours :
> Elle y fit amende honorable,
> Pour expier l'erreur, dont elle étoit coupable,
> D'avoir cru qu'on se pût sauver sans son secours. »

APPENDICE AUX MÉMOIRES. 511

L'avis de l'état auquel il étoit parvint au Palais-Royal, d'où le maréchal de la Meilleraye partit avec quelques compagnies des Gardes, qui firent une décharge sur ces séditieux, qui délivra le Chancelier; mais ce fut un signal par toute la ville[1] de prendre les armes; car, à même temps, le peuple ferma les boutiques, tendit les chaînes par les rues et fit des barricades jusque fort près du Palais-Royal. Pendant cette émeute, le Parlement délibéroit sur la détention de leurs confrères avec d'autant plus de courage qu'il voyoit le peuple soulevé en sa faveur : il est[2] sans doute que, si le Chancelier fût arrivé au Palais avec sa commission, on l'auroit retenu pour représaille[3]. Il y fut arrêté, d'un commun consentement, que le Parlement iroit en corps, à l'heure même, supplier Leurs Majestés de mettre en liberté leurs confrères. Par les rues, ils trouvèrent le peuple sous les armes : les uns les menaçoient s'ils ne ramenoient Broussel; les autres les conjuroient de ne rien craindre, et qu'ils périroient pour leur conservation, et tous ensemble protestoient de ne point mettre les armes bas qu'ils n'eussent vu le *Père de la patrie*.

Le Parlement, après avoir été introduit dans le grand cabinet du Palais-Royal, où étoient Leurs Majestés, accompagnées de M. le duc d'Orléans, du prince de Conti, du cardinal Mazarin, des grands du Royaume et des ministres d'État, le Premier Président[4] représenta la douleur de la Compagnie dans la détention[5] de leurs confrères, et exposa leurs très-humbles supplications pour leur liberté, qui étoient appuyées des vœux de cent mille hommes armés[6] qui demandoient M. de Broussel. La Reine répondit qu'elle s'étonnoit qu'on fît tant de bruit pour un simple conseiller, et que le Parlement, à la détention de feu Monsieur le Prince[7], n'avoit rien dit. Le Premier Président et le président de Mesmes répliquèrent que, dans le point où les choses étoient venues, il n'y avoit plus lieu de délibérer, et que c'étoit une nécessité absolue de fléchir sous la

---

1. Pour toute la ville. (1804, 26, 38.)
2. Les mots *il est* ne sont pas dans les éditions de 1662-1664, 1717, 1804, 26, 38. Celles de 1688-1754 tournent ainsi : « Et si, sur ces entrefaites, le Chancelier fût, etc., sans doute on l'auroit retenu. »
3. Pour rendre la pareille, pour se venger des arrestations faites par la cour. On s'attendrait plutôt à *comme otage*.
4. La phrase reprend ainsi par un second sujet dans toutes les éditions.
5. De la détention. (1662-1838.)
6. Voyez la note 3 de la page 103.
7. Henri II de Bourbon, père du grand Condé. Arrêté au Louvre le 1ᵉʳ septembre 1616, il était resté en prison jusqu'au 20 octobre 1619. Voyez ci-dessus, la note 3 de la page 52.

volonté des peuples, qui n'écoutoient plus la voix du magistrat, et qui avoient perdu le respect et l'obéissance, enfin qui étoient les maitres. La Reine dit qu'elle ne se relâcheroit point, et qu'ayant en main le sacré dépôt de l'autorité du Roi son fils, elle ne consentiroit jamais qu'on le violât en cédant aux passions d'une multitude; que le Parlement remontrât aux mutins leur devoir; que ceux qui avoient excité la sédition s'employassent à l'apaiser; et qu'un jour le Roi sauroit faire la différence des gens de bien d'avec les ennemis de sa couronne. Ces Messieurs firent encore des instances, mais en vain, Sa Majesté demeurant toujours dans une négative absolue : si bien qu'ils s'en retournèrent[1] au Palais pour opiner sur ce refus, lorsqu'à la première barricade[2], le peuple leur demande s'ils ont obtenu la liberté de M. de Broussel; et, voyant dans leur visage[3] qu'ils ne l'avoient pas eue[4], les renvoie avec furie au Palais-Royal, menaçant que, si dans deux heures on ne la leur accorde, que[5] deux cent mille hommes iront en armes en supplier la Reine, et qu'ils extermineront les ministres auteurs de sa détention[6]. Ces Messieurs retournent, représentent[7] ce qu'ils ont vu et ouï, ajoutent[8] que, puisqu'on ne peut vaincre leur désobéissance, ni par la raison, ni par la force, qu'il faut recevoir la loi, si on ne veut mettre la couronne en péril. Là-dessus l'on tint conseil, où M. le duc d'Orléans et le cardinal Mazarin furent d'avis, contre les sentiments de la Reine, d'accorder la liberté des prisonniers, ce qui fut incontinent déclaré au Parlement. On le fit aussi savoir au peuple, lequel, nonobstant toutes les assurances qu'on lui en donna, le soupçon qu'il avoit que l'on ne l'exécuteroit pas de bonne foi l'obligea encore à demeurer[9] sous les armes, attendant l'arrivée de Broussel, qui n'eut pas sitôt paru, qu'il fut salué de toute la mousqueterie, et accompagné des acclamations

1. S'en retournoient. (1662-1754.)
2. Lorsqu'ils furent arrivés à la première barricade. (1662-1838.)
3. A leur visage. (1804, 26, 38.) — 4. Obtenue. (1662-1838.)
5. Ce second *que* est dans le manuscrit, les anciennes éditions, le groupe de 1662 excepté, l'omettent. Il en est de même du second *que* de la phrase suivante.
6. De la sédition. (1662-1838.) — L'édition de 1688 ajoute en note : « Menaçant de mettre le feu au Palais-Royal et de poignarder le Cardinal et ses adhérents. »
7. Retournèrent (*retournent*, 1804, 26, 38) représenter. (1662-1838.)
8. A quoi ils ajoutent. (1688-1754.)
9. Ce tour irrégulier est ainsi corrigé dans les éditions postérieures à 1688 : « lequel, nonobstant toutes, etc., soupçonnant que cela ne s'exécuteroit (que l'on ne l'exécuteroit, 1804-38)..., demeura encore (persista encore à demeurer, 1804-38). »

publiques jusqu'au Palais, où lui et Blasmenil reçurent les compliments de la Compagnie; et de là il fut conduit par le peuple jusques à son logis, avec des démonstrations de joie si grande, qu'il sembloit qu'en la liberté de Broussel chacun eût remporté ce jour-là une célèbre victoire.

Voilà la fameuse journée des Barricades, qui a été moins causée par l'affection que le public avoit pour Broussel, que par une haine démesurée dont il étoit prévenu depuis quelques années contre le ministère, telle qu'il n'attendoit qu'une occasion pour la manifester. Il est malaisé de décider si le conseil de rendre ces prisonniers a été salutaire; car, d'une part, qui considérera l'irrévérence des peuples, pour ne pas dire leurs emportements, tels[1] qu'il y avoit à craindre un attentat contre la majesté royale, il semblera que la prudence ne pouvoit conseiller un autre parti que celui de la douceur, puisque la force manquoit pour les réduire; d'autre part, c'étoit une plaie mortelle à l'autorité du Prince, et un triomphe que l'on préparoit aux peuples sur la dignité souveraine, que d'acquiescer à leur fureur. Là-dessus quelques-uns disoient qu'il auroit mieux valu mener le Roi à Saint-Germain, y attendre toute sorte d'événements, que de prostituer la dignité royale aux caprices d'une multitude; mais M. le duc d'Orléans et le Cardinal, naturellement amis des conseils tempérés, ne pensoient qu'à se délivrer du péril présent. Quoi qu'il en soit, il est constant que, depuis ce jour-là, le Parlement prit de nouvelles forces contre la cour; et force gens de qualité, ou par intérêt, ou par le desir des choses nouvelles, s'engagèrent sérieusement pour la perte du premier ministre.

Or, comme il a été, pendant tous les mouvements, l'objet de l'invective publique, et que les plumes et les langues se sont déchaînées dans la dernière licence, il est à propos de rapporter les accusations les mieux fondées, et aussi ses légitimes défenses. L'on disoit contre le cardinal Mazarin qu'il étoit inouï et honteux à la France qu'un étranger, encore sujet originaire d'Espagne[2], en fût le principal ministre, même avec un pouvoir si absolu qu'il y étoit l'arbitre de la paix et de la guerre; que, de son pur mouvement, il distribuoit les honneurs, les offices et les bénéfices, enfin toutes les grâces, non pas au mérite, au service, ni à la condition, mais à l'attachement que l'on avoit à sa personne, qui étoit le véritable titre pour les obtenir; que par son ambition[3] il avoit porté les

1. Leur emportement, tel. (1662-1838.)
2. Mazarin était né dans le royaume des Deux-Siciles, qui relevait alors de la couronne d'Espagne. Voyez p. 50, note 1.
3. Pour son ambition. (1662-1838.)

armes de la France dans la Toscane[1] avec une extrême dépense et sans avantage, et qu'il n'avoit pas assisté le duc de Guise dans la révolte de Naples[2]; que, par ses propres intérêts[3], il n'avoit pas voulu accepter le traité de paix fait à Munster, et qu'il l'avoit éludé par le ministère de Servien, sa créature; que, par sa jalousie, il vouloit perdre le maréchal de Gassion lors de sa mort[4], et même Monsieur le Prince en Catalogne[5], parce que sa naissance et sa réputation lui donnoient de l'ombrage; qu'il avoit épuisé la France d'argent, par des édits, pour l'envoyer en Italie; qu'il s'étoit attribué la même puissance sur mer que sur terre après la mort du duc de Brezé[6]; qu'il ne savoit que les affaires étrangères, encore avoit-il perdu la confiance et la bonne foi de l'opinion[7] parmi nos alliés, que le cardinal de Richelieu avoit établie pendant son ministère; et pour celles du dedans, qu'il n'en avoit aucune lumière, dont étoit une preuve certaine la confusion où elles étoient tombées[8], puisque, d'un État tranquille, il l'avoit rendu divisé et plein de révolte; qu'il vouloit gouverner le Royaume par des maximes étrangères, nullement propres à notre nation, et la cour par des adresses si fort reconnues[9], qu'elles lui tournoient[10] à mépris; bref, qu'il n'étoit pas capable d'un si grand fardeau, et qu'il avoit perdu son crédit dans l'esprit des peuples.

A ces accusations l'on répondoit que ce n'est pas d'aujourd'hui que les étrangers ont eu part[11] au gouvernement de l'État, témoins les cardinaux de Lorraine et de Birague, le duc de Nevers, le maréchal de Retz[12]; que le cardinal Mazarin a été nommé au cardinalat

---

1. Voyez ci-après, p. 515, note 6. — « On disoit qu'il avoit fait assiéger Orbitello, Piombino et Portolongone, non pas pour faire respecter la France en Italie, mais pour s'y faire redouter lui-même, et pour y acquérir des principautés à ses parents; car il avoit voulu acheter Piombino du prince Ludovisio. » (*Note de l'édition de* 1688.)

2. Voyez ci-dessus, p. 91, note 1.

3. Pour ses propres intérêts. (1688-1754.)

4. Voyez à ce sujet les *Mémoires de Mme de Motteville*, tome I, p. 387 et 388, et p. 391 et 392.

5. « Au siège de Lérida, en 1647. » (*Note de l'édition de* 1688.)

6. Rapprochez des *Mémoires de la Rochefoucauld*, ci-dessus, p. 100, et note 1. — L'édition de 1688 met en note : « Fils du maréchal. »

7. L'opinion de la bonne foi. (1662-1838.)

8. Et que la confusion où elles étoient tombées en étoit une preuve certaine. (1688-1754.)

9. Connues. (1688-1754.) — 10. Tourneroient. (1662-1754.)

11. Ont part. (1662-1838.)

12. Charles de Lorraine, dit le *Cardinal de Lorraine*, frère de François duc de Guise, né en 1524, mort en 1574. Archevêque de Reims en 1538, puis

par la France après des services considérables qu'il a rendus[1]; que le cardinal de Richelieu, qui connoissoit son intelligence, l'avoit destiné pour son successeur à son ministère[2], prévoyant les avantages que l'État en tireroit; que le feu Roi, qui étoit juste estimateur du mérite des hommes[3], après la mort du Cardinal, l'avoit fait chef du Conseil; que la Reine, venant à la Régence, par la seule nécessité des affaires et conformément aux dernières volontés du feu Roi, l'y avoit laissé; que ce choix avoit été approuvé par tous les gens sages du Royaume, et même des princes alliés de la couronne; qu'ayant répondu par ses services à l'attente que Sa Majesté en avoit conçue, elle ne le pouvoit abandonner sans manquer à l'État, et de reconnoissance[4] envers un si utile serviteur; de plus, que toutes les grâces se départent du consentement des princes, et que, bien loin de favoriser ceux qui étoient attachés aux intérêts de la cour, la plainte commune étoit que, dans la distribution, il considéroit préférablement les serviteurs de M. le duc d'Orléans et de Monsieur le Prince; que toutes les affaires se proposent au Conseil, et que les résolutions s'y prennent; que l'accusation de s'être opposé à la conclusion de la paix est chimérique, puisque, outre l'intérêt général, le sien particulier l'obligeoit à couronner un ministère glorieux de tant de grands événements par un traité qui l'auroit éternisé dans les affections du public; mais qu'en effet les Espagnols l'avoient toujours traversé, dont il prenoit à témoin le duc de Longueville et même Messieurs les Princes; que l'expédition d'Orbitello[5] et de Portolongone[6] étoit la plus avantageuse que la France pût faire, et qui auroit plutôt porté les ennemis à une prompte paix, parce que ces places tenoient en sujétion les États du roi d'Espagne qui

---

cardinal (1547), il eut sous François II l'administration des finances. — René de Birague, né en 1509 à Milan, mort en 1583; garde des sceaux en 1570, chancelier de France après la mort de l'Hôpital (1573), cardinal en 1578. — Louis de Gonzague, duc de Nevers, né en 1539, fils de Frédéric II, duc de Mantoue; surintendant des finances en 1594. — Albert de Gondi, duc de Retz, né à Florence en 1522, mort en 1602, maréchal en 1573, général des galères en 1579: voyez *Tallemant des Réaux*, tome V, p. 189 et suivantes. — A cette énumération les éditions de 1688-1754 ajoutent: « et le maréchal d'Ancre. »

1. Après avoir rendu des services considérables. (1688-1754.)
2. Au ministère. (*Ibidem.*)
3. Juste estimateur des hommes. (1662-1754.)
4. Sans faire tort à l'État et sans manquer de reconnoissance. (1688-1754.)
5. D'Orbitel. (1662-1754.)
6. Villes fortes de Toscane; la seconde située sur la côte orientale de l'île d'Elbe, fut prise par la Meilleraye en octobre 1646; le siége de la première, antérieur de quelques mois, avait échoué.

sont en Italie; que l'indépendance que le duc de Guise affectoit à Naples ne l'avoit pas sollicité à le secourir puissamment; que le maréchal de Gassion vouloit s'établir un empire particulier en Flandre, et relever fort peu de la cour, et que Monsieur le Prince ne s'est jamais plaint qu'il ne l'ait assisté en Catalogne et en toutes ses campagnes autant qu'il a pu; qu'il avoit été contraint de chercher des secours par des édits pour fournir aux dépenses de la guerre, pourtant que[1] l'on avoit diminué les tailles, et que le temps n'avoit que trop vérifié que ce transport d'argent en Italie étoit une invention fabuleuse pour le discréditer[2]; au reste, qu'il avoit[3] manié avec assez de bonheur tous les intérêts des princes de l'Europe depuis vingt ans, et que si la bonne intelligence entre la France et les Provinces-Unies avoit cessé, c'avoit été[4] par la corruption de quelques particuliers qui avoient été subornés par l'argent d'Espagne; et quant à l'administration[5] de l'État, il avoit suivi les maximes du cardinal de Richelieu, hors qu'il en avoit banni la cruauté des supplices; que s'il a été obligé de promettre plus qu'il n'a donné[6], c'est que le nombre de ceux qui servent en France est grand, et que celui des prétendants l'est encore davantage; que l'État n'a jamais eu plus de prospérité que pendant son ministère, et que si, dans les grandes expéditions, la gloire de l'exécution est due aux généraux, celle du projet lui appartient; que la France auroit conservé sa tranquillité si chacun y eût conspiré selon son devoir, si les peuples ne se fussent détachés de l'obéissance par la suggestion des gens malintentionnés, ou plutôt si le Parlement, qui devoit être le modèle de l'obéissance, ne leur eût frayé[7] et ouvert le chemin de la révolte; que le poste où il est aujourd'hui a toujours été exposé aux atteintes de la haine et de l'envie dans tous les États, et que ce n'est pas une chose extraordinaire si l'on attaque tantôt son ambition, tantôt son insuffisance; qu'au moins il est heureux que la calomnie, dans ses traits les plus envenimés, n'ait pas jeté le moindre soupçon sur sa fidélité[8].

Pendant le temps de ces émotions[9], trois choses arrivèrent qui eurent des suites assez fâcheuses. La première fut l'évasion du duc

1. Que pourtant. (1662-1838.)
2. Décréditer. (*Ibidem.*) — L'édition de 1664 B a l'étrange leçon *décréditaire*.
3. On ajoutoit qu'il avoit. (1688-1754.)
4. C'étoit. (1662-1838.)
5. D'Espagne; que dans l'administration. (1688-1754.)
6. Plus qu'il n'a pas donné. (1662.)
7. Ne se fussent pas détachés..., ne leur eût pas frayé. (1688-1754.)
8. Rapprochez du portrait de Mazarin par la Rochefoucauld, p. 63 et 64.
9. De cette émotion. (1662-1838.)

APPENDICE AUX MÉMOIRES.

de Beaufort du donjon de Vincennes, où il étoit prisonnier[1] depuis le commencement de la Régence, pour des raisons qui sont hors de ce sujet ; mais, comme il a tenu une place considérable dans ces guerres par les affections du peuple de Paris, il n'est pas hors de propos[2] de la remarquer ; la seconde fut que, sur un démêlé qui arriva aux Feuillants entre les gardes du corps et les archers du grand prévôt[3], le marquis de Gesvres[4] en usa d'une façon qui déplut au Cardinal, qui lui fit donner l'ordre[5] de se retirer, et à Charost et à Chandenier[6] celui de prendre le bâton, qui s'en excusèrent[7] ; sur ce refus l'on donna[8] leurs charges à Jarzé[9] et à Noailles[10], et par là on obligea les proches et les amis des disgraciés de se porter contre le Cardinal, dans un temps où personne ne le ménageoit[11] ni en effet ni par les discours[12] ; la troisième fut l'emprisonnement de Chavigny, qui mérite un récit particulier.

Ce ministre, si considérable pendant le règne du feu Roi, s'étoit lié avec le cardinal Mazarin, pour leurs intérêts[13] communs, qui est la véritable liaison de la cour et la règle la plus certaine de l'ami-

---

1. Pour s'être jeté dans le parti de Mme de Chevreuse, qui vouloit introduire M. de Châteauneuf dans le ministère, au lieu du Cardinal. (*Note de l'édition de* 1688.) — Voyez ci-dessus, p. 59 et note 8, et p. 120 et note 5.
2. Pas mal à propos. (1662-1754.)
3. Voyez les détails de cette affaire dans les *Mémoires de Mme de Motteville*, tome II, p. 134 et suivantes.
4. René Potier, marquis de Gesvres, capitaine des gardes du corps du Roi, duc et pair en 1648, mort en 1670.
5. En ayant usé..., il eut ordre. (1688-1754.)
6. Dans le manuscrit *Charaut*. Louis de Béthune, comte, puis duc (1672) de Charost, mort en 1681. — François de Rochechouart, marquis de Chandenier, qui avait été élevé auprès du cardinal de la Rochefoucauld, son grand-oncle ; il mourut en 1696. — On sait que les gardes du corps comprenaient quatre compagnies, qui servaient par quartiers ; les quatre capitaines étaient le marquis de Gesvres, qui avait le bâton de commandement, en survivance de son père le comte de Tresmes, Charost, Chandenier et Villequier.
7. Voyez, sur les raisons de ce refus, les *Mémoires de Mme de Motteville*, tome II, p. 137-142.
8. Et que Charost et Chandenier ayant refusé de prendre le bâton, on donna. (1688-1754.)
9. Sur Jarzé, voyez ci-dessus, p. 142, note 3.
10. A Gersé et à Novailles. (1662-1664, 1804.) — Il s'agit ici d'Anne de Noailles, comte, puis premier duc de ce nom, mort en 1678, père du maréchal Anne-Jules.
11. Ne se ménageoit. (1662-1754.)
12. Ni en effet ni par discours. (1662-1664, 1717, 1804, 26, 38.) — Ni en effets ni en discours. (1688-1754.)
13. Par leurs intérêts. (1662-1754.)

tié. Après la mort du cardinal de Richelieu, Sa Majesté partagea les affaires¹ à eux deux et à de Noyers², qu'ils ruinèrent incontinent, et demeurèrent dans une étroite union jusques à la Régence. La Reine, qui avoit été persécutée par le feu cardinal de Richelieu, prit en aversion Chavigny, et voulut sa perte ; le cardinal Mazarin, ou par une heureuse rencontre d'étoiles, ou par son adresse, ou plutôt par l'entremise du milord Montaigu³ et de Beringhen⁴, fut non-seulement conservé auprès de Sa Majesté⁵, mais elle lui donna l'entière direction des affaires : or, quoique Chavigny en attendît une grande protection dans sa chute, il ne s'employa qu'à l'adoucir et à le défendre de tomber dans le précipice, parce que la faveur, aussi bien que l'amour, ne se partage point, et ne souffre aucun compétiteur. En effet on dépouilla son père de la surintendance, et lui de la charge de secrétaire d'État ; seulement on lui laissa⁶ ce vain titre de ministre avec l'entrée dans le conseil d'en haut⁷, sans aucun emploi ni considération. Voilà ce que le Cardinal donna à l'ancienne amitié, et aux étroites obligations auxquelles on fait assez souvent banqueroute dans le monde. Chavigny, piqué de ce traitement, qu'il dissimula pendant cinq ans avec beaucoup de prudence, conçut le dessein⁸ de profiter de ces conjonctures⁹ présentes, et pour se venger, et pour s'élever sur les ruines du Cardinal. Pour cela, jugeant que Monsieur le Prince, après la bataille de Lens, donneroit la loi à la cour¹⁰, il s'ouvrit au duc de Châtillon¹¹, au retour¹² de l'armée, sur l'état présent des affaires, qu'il trouva¹³ disposé à l'écouter, par haine¹⁴ contre le Cardinal, qui le faisoit languir dans l'attente du

1. Ses affaires. (1662-1838.)
2. Sur de Noyers, voyez la note 2 de la page 30.
3. Sur Montaigu, voyez p. 71, note 2.
4. Henry de Beringhen, né en 1603, d'abord favori de Louis XIII, maréchal de camp après la mort de Richelieu, puis premier écuyer de la petite écurie ; il mourut en 1692. Voyez sur lui *Tallemant des Réaux*, tome III, p. 380.
5. Auprès d'elle. (1688-1754.)
6. Lui laissant seulement. (*Ibidem*.)
7. Le *conseil d'en haut*, exclusivement politique, était distinct du conseil d'État, dont il jugeait même les appels. Il ne se composait que d'un petit nombre de ministres et de princes.
8. Conçut dessein. (1662-1664, 1717, 1804, 26, 38.)
9. Des conjonctures. (1688-1838.)
10. Les textes de 1804, 26, 38 ajoutent : « Et seroit suivi de tout le monde. »
11. Voyez les *Mémoires de Retz*, tome II, p. 3 et 4.
12. A son retour. (1804, 26, 38.) — 13. Et il le trouva. (1688-1754.)
14. Par la haine. (1662-1754.)

bâton de maréchal; mais, comme la prudence se relâche d'ordinaire dans l'excès de nos desirs, il fit la même confidence à Perraut[1], en qui ne trouvant pas la correspondance qu'il desiroit, il s'en repentit, et éprouva que celui à qui vous dites votre secret devient maître de votre liberté. En effet, Perraut, redoutant avec raison le génie de Chavigny, s'il approchoit Monsieur le Prince, ne déguisa rien de leur conversation au Cardinal, qui le fit arrêter par Drouet dans le château de Vincennes, dont il étoit gouverneur[2]. Cet emprisonnement donna matière au public, qui n'en savoit pas les causes secrètes[3], de blâmer l'ingratitude du Cardinal, et ses ennemis dans le Parlement représentèrent cette action avec des couleurs très-noires.

En ce temps-là, on ôta les finances à Émery, qui fut[4] un remède innocent[5], parce que le mal avoit fait trop de progrès pour s'arrêter[6] en sa personne, et le prétexte de la réformation de l'État étoit changé en[7] un dessein formé[8] de perdre le Cardinal; car, comme l'autorité des princes et des ministres ne se maintient que par la crainte ou l'admiration, sa foiblesse lui suscitoit des ennemis, à vue d'œil, qu'il n'avoit jamais offensés. En effet, le Broussel[9], Charton et Viole[10], dans l'assemblée des chambres, le désignèrent; mais Blasmenil et le président de Novion[11] le nommèrent, et il y fut arrêté une députation solennelle vers M. le duc d'Orléans, Monsieur le Prince, et M. le prince de Conti, pour les supplier de se joindre à la Compagnie, et d'apporter des remèdes effectifs aux maux qui menaçoient l'État.

1. Secrétaire de Henri prince de Condé, et depuis président de la chambre des comptes de Paris. (*Note de l'édition de 1688.*) — Sur cette conduite de Chavigny, voyez, au tome II des *Mémoires de Retz*, la note 2 de la page 79, à la fin de laquelle M. Feillet, par suite de l'erreur, accréditée jusqu'ici, a mentionné comme étant de la Rochefoucauld le passage de Vincuil auquel se rapporte le présent renvoi.
2. Drouet ou de Droit, comme écrit Mme de Motteville, qui raconte l'affaire en détail dans ses *Mémoires* (tome II, p. 191-193); il était capitaine aux Gardes.
3. Qui n'en savoit pas le secret. (1662-1754.)
4. Ce qui fut. (1804, 26, 38.)
5. Qui ne fut qu'un remède palliatif. (1689-1754.)
6. Pour l'arrêter. (1662-1838.) — 7. A. (1662-1664, 1717, 1804, 26, 38.)
8. Ferme. (1662-1754.) — 9. En effet, Broussel. (1662-1838.)
10. Charton, président aux Requêtes, mort en 1684. — Sur Viole, voyez ci-dessus, p. 218, et note 1.
11. Nicolas Potier, seigneur de Novion, président au parlement de Paris, né en 1618, mort en 1693. — Voyez le récit de cet incident dans les *Mémoires de Retz*, tome II, p. 71-74.

La cour étoit à Ruel[1] lors de cette déclaration[2] contre le Cardinal, qui en fut touché vivement, voyant qu'il étoit pressé de se jeter entre les bras de Monsieur le Prince, et d'assurer sa fortune ébranlée par son appui. Le Prince, n'ayant pu jouir du fruit de la victoire de Lens[3], à cause du désordre de Paris, avoit été réduit à borner ses conquêtes à la prise de Furnes, où le bonheur le préserva d'une mousquetade qu'il reçut dans les tranchées, faisant qu'elle le toucha en un endroit des reins où il avoit son buffle plié en deux qui amortit le coup de la balle. Incontinent après la prise, il eut ordre de le venir trouver[4]. En ce temps-là, il étoit regardé de tout le peuple avec admiration ; car, outre que ce nouveau laurier qu'il avoit acquis par sa pure valeur lui donnoit un grand rayon de gloire, il n'avoit nulle part aux troubles présents, et les deux partis le considéroient comme le défenseur[5], ou du moins comme l'arbitre de leurs différends. Il sembloit même que la fortune l'invitoit à concevoir des desseins les plus ambitieux, parce que l'abaissement de la cour et l'admiration publique concouroient également à son élévation ; mais, comme il se bornoit à son devoir naturel[6], il s'appliquoit peu à ménager la bienveillance générale. Il avoit admis à sa confiance deux personnes de qualité et de mérite, qui avoient des sentiments opposés, savoir le duc de Châtillon et le maréchal de Gramont[7]. Le premier, qui avoit d'étroites liaisons de maison et de sa personne avec Monsieur le Prince, lui inspiroit de se déclarer pour le Parlement, ou du moins de se faire[8] le modérateur[9] des différends avec toute la neutralité possible ; l'autre, attaché par toute sorte d'intérêts à la cour, employoit avec agrément ses persuasions pour lui faire prendre son parti. Il fit, en ce rencontre, violence sur son naturel[10], éloigné de ces voies tempérées, et écrivit, avec M. le duc d'Orléans, au Parlement, pour l'exhorter d'envoyer ses députés à Saint-Germain, afin de terminer ces divisions dans une conférence. Tant de relations apprennent ce qui s'y est passé[11], que ce

---

1. Sur Ruel, voyez ci-dessus, p. 39, note 6.
2. Lorsque cette déclaration se fit. (1688-1754.) — Il s'agit de la déclaration enregistrée le 24 octobre au Parlement. Voyez *Retz*, tome II, p. 89.
3. Du fruit de la victoire de la bataille de Lens. (1662-1838.)
4. De revenir à la cour. (1688-1754.) — De venir à la cour. (1804, 26, 38.)
5. Comme leur défenseur. (1688-1754.)
6. Comme il se bornoit à son devoir naturellement. (1662-1838.)
7. Sur Gramont, voyez ci-dessus, p. 76 et note 8.
8. De faire. (1662-1754.)
9. Le médiateur. (1804, 26, 38.)
10. Violence à son naturel. (1688-1754.)
11. Voyez, entre autres, les *Mémoires de Retz*, tome II, p. 86 et suivantes.

seroit une redite superflue : il faut seulement remarquer que ces députés ne voulurent pas consentir que le Cardinal y assistât, et qu'à la première entrevue Monsieur le Prince témoigna de la chaleur contre Viole, qui avoit mis en avant la liberté de Chavigny, parce qu'il étoit d'avis que l'on vuidât les matières contentieuses, et que l'on convînt des règlements nécessaires dont l'on formeroit la déclaration du Roi, en vertu de laquelle Chavigny recouvreroit sa liberté, comme il arriva par cette déclaration authentique du 28 octobre [1].

Après cette déclaration, qui donna quelque trêve aux divisions publiques, il arriva une brouillerie de cour qui troubla durant quelques jours l'union qui étoit dans le Conseil. Elle se passa ainsi. Dès le commencement de la Régence, l'abbé de la Rivière, possédant absolument la faveur de M. le duc d'Orléans, avoit aspiré au cardinalat; et le cardinal Mazarin, pour le rendre plus attaché à ses intérêts, lui en avoit donné des espérances, dont il éludoit l'exécution, ne jugeant pas qu'il lui convînt de souffrir dans le conseil du Roi une personne de même dignité que lui; mais, de temps en temps, il lui procuroit des bénéfices pour entretenir sa bonne volonté. Néanmoins, à la naissance de ces troubles, il ne put se défendre des vives insistances[2] de la Rivière, pour lui donner la nomination de la France au chapeau, parce qu'il avoit besoin de l'entière[3] protection de M. le duc d'Orléans; mais il crut, ou que, du côté de Rome, il y trouveroit des obstacles, qu'il fomenteroit sous main, ou même que le temps feroit naître des occasions à la cour qui en traverseroient l'effet. L'abbé envoie son agent à Sa Sainteté, qui lui donne assurance de sa promotion à la première qui se fera; et, dans cette attente, il porte son maître à préserver du naufrage cette fortune si fort agitée du Cardinal. Comme il se croyoit au comble de ses desirs, le prince de Conti, qui ne s'étoit point encore déclaré pour le chapeau de cardinal, du moins que par une promotion extraordinaire, plus honorable à sa naissance, demande, à la persuasion de la cour, la nomination du Roi pour la première promotion; on ne la lui peut refuser, et la concurrence de la Rivière est trop foible pour disputer cette préférence : si bien que, ne pouvant s'en prendre au prince de Conti, il s'en prend[4] au

---

1. Ou plutôt du 24. Voyez ci-dessus, p. 520, note 2.
2. Instances. (1662-1838.)
3. D'une entière. (*Ibidem*.)
4. Le prince de Conti, qui n'avoit point encore déclaré sa prétention au cardinalat, ou que la cour y destinoit par une promotion extraordinaire, plus honorable à sa naissance, supplie le Roi de le nommer pour la pre-

Cardinal, déteste son ingratitude, et oblige M. le duc d'Orléans à ne plus parler à lui. Or, comme il ne pensoit[1] qu'aux moyens de rompre la nomination du prince de Conti, il tente celui de Monsieur le Prince, et lui fait proposer par Vineuil[2] qu'en cas qu'il ôte à Monsieur son frère l'envie du chapeau, que Son Altesse Royale lui procurera tel gouvernement qu'il voudra. Il répond à Vineuil qu'il a assez de biens et d'établissements[3] pour se les conserver[4] par ses services et par sa fidélité ; que, s'il en avoit davantage, il deviendroit justement suspect au Roi, qui n'auroit point d'autre objet que de le détruire lorsqu'il seroit grand ; et que sa fortune est dans un état qu'il n'a besoin que de la modération dans ses desirs. Ces paroles si vertueuses m'ont semblé dignes d'être rapportées, pour faire voir combien l'homme est différent de lui-même, et que son assiette est sujette au changement.

Durant cette division, le Roi revint[5] de Saint-Germain à Paris[6], où M. le duc d'Orléans donnoit des marques continuelles de son aigreur contre le Cardinal[7] : il alloit fort peu au Palais-Royal, on ne prenoit aucune résolution au Conseil, tous les mécontents se ralloient à lui, il écoutoit les frondeurs du Parlement ; enfin, il falloit que ces brouilleries se terminassent par un dernier éclat ou par un accommodement. Le maréchal d'Estrées[8] et Seneterre[9], personnes de créance auprès des uns et des autres, se mêloient de l'accord[10]. Ils représentoient au duc d'Orléans que cette mésintelligence ne peut plus durer entre la Reine et lui sans perdre l'État, que la cause en est odieuse pour Son Altesse Royale, que Monsieur

---

mière[a]. On ne lui peut refuser cette grâce, et, comme la Rivière est trop foible pour disputer la préférence à ce prince, il s'en prend. (1689-1754.)

1. Ne pense. (1662-1838.)
2. L'auteur même de ce fragment de mémoires.
3. De bien et d'établissement. (1662-1838.)
4. Pour se conserver. (*Ibidem.*)
5. Vint. (*Ibidem.*)
6. Le 31 octobre. Voyez les registres de l'*Hôtel de Ville pendant la Fronde*, tome I, p. 59-61.
7. De son aigreur au Cardinal. (1662-1754.)
8. François-Annibal, duc d'Estrées, né en 1573, maréchal depuis 1626, mort en 1670, à l'âge de quatre-vingt-dix-huit ans, selon les uns, et de cent deux selon les autres.
9. Voyez ci-dessus, p. 401, note 2.
10. Personnes de créance, se mêloient auprès des uns et des autres de l'accord. (1662-1838.)

[a] L'édition de 1688 met ici en note : « Ce moyen d'éluder la promesse faite à la Rivière fut trouvé par le maréchal de Gramont. »

le Prince en tirera un notable avantage, parce qu'il sera porté, par l'honneur de sa maison et par sa propre grandeur, à prendre hautement la protection du Cardinal[1], et la Reine à recourir à lui comme à son seul asile; qu'il réduira les choses, par l'impétuosité de sa nature, aux dernières extrémités, et que déjà l'on parle qu'il vient forcer avec le régiment des Gardes le palais d'Orléans, pour mettre à la raison cette troupe de mutins qui environnent sa personne. Ils remontroient à la Rivière, s'il prétend pour son intérêt jeter la division dans la maison royale, et causer une guerre civile; s'il est raisonnable qu'il se scandalise qu'on donne la préférence à un prince du sang; qu'il deviendra l'objet de sa haine[2] et de la vengeance de Monsieur le Prince et de toute sa maison; que le fardeau qu'il impose à son maître est trop pesant, qu'il s'en lassera bientôt, ou que s'il tombe dans la rupture, que d'autres empiéteront sa faveur; quant au cardinalat, que le prince de Conti s'en déporteroit, ou que la cour demanderoit deux chapeaux pour la première promotion.

Ces deux émissaires[3] de la cour trouvèrent dans l'esprit de M. le duc d'Orléans et de la Rivière une grande disposition pour bien concevoir leurs raisons; car le temps avoit fort travaillé pour l'accommodement, et ce ministre étoit déjà persuadé par sa propre crainte que les choses devoient retourner au même point de concorde qu'elles étoient auparavant, ainsi qu'il arriva ensuite de cet accord. Il sembloit qu'une déclaration concertée entre le conseil du Roi et les députés des cours souveraines assuroit le repos de l'État, et devoit éteindre les moindres étincelles du feu qui l'avoit menacé; mais l'ambition de ceux qui haïssoient le gouvernement présent, et qui desiroient des nouveautés, avoit jeté de trop profondes racines dans les esprits pour en demeurer dans les termes de la douceur: ainsi l'on n'omettoit aucun soin ni aucune pratique pour inciter le Parlement et les peuples à sa perte; on leur représentoit que cette grande journée des Barricades, cette victoire des sujets sur leur souverain, cette diminution de l'autorité royale, les invectives publiques contre le Cardinal ne s'effaceroient jamais de sa mémoire; que sa foiblesse lui en faisoit à présent dissimuler avec prudence les ressentiments, mais qu'ils éclateroient avec d'autant plus de violence; qu'il est inouï qu'on ait attaqué un ministre si puissant sans le ruiner de fond en comble; qu'il attendoit des

---

1. La protection de la cour. (1662-1838.) — L'une des éditions de 1662 porte : *la protection*, sans complément; et l'édition de 1717 : *sa protection*.
2. De la haine. (1662-1838.)
3. Les deux commissaires. (1662-1754.)

occasions favorables, une division dans le Parlement, une mutation
dans les peuples, la majorité du Roi, bref le bénéfice[1] du temps, qui
ne peut manquer à celui qui dispose absolument de la puissance
royale; partant il falloit se prévaloir des conjonctures présentes
pour se défaire d'un adversaire aussi dangereux; que M. le duc
d'Orléans étoit modéré et trop éclairé des affaires[2] du monde pour
s'opposer à un concours universel; que Monsieur le Prince fera
réflexion que le véritable asile des princes du sang, de sa réputation contre la jalousie des favoris, doit être dans la bienveillance[3]
publique : si bien que tout au plus, pour complaire à la Reine, ils
paroitront le défendre, mais avec foiblesse et retenue; qu'enfin il
faut considérer que la déclaration, qui n'a été extorquée que par
l'impuissance de la cour, et qui n'aura lieu qu'autant qu'elle durera[4], n'est pas une amnistie[5] sincère dans le cœur de la Reine et
du Cardinal, mais une nécessité attendant le moment de se venger[6].

Ceux qui répandoient ces discours dans le Parlement, et les plus
déclarés contre la cour, étoient, après Broussel et Longueil, le président de Novion et Blasmenil, ennemis du Cardinal, à cause de la
disgrâce de l'évêque de Beauvais[7], leur oncle, et pour le refus
qu'on avoit fait de la coadjutorerie de cet évêché à leur cousin; et
Viole, offensé du manquement à la parole qu'il avoit eue d'être
chancelier de la Reine[8]; mais le personnage, en ce temps-là, qui,
par l'entremise[9] de ses amis dans le Parlement et de ses émissaires
dans le peuple, travailloit avec plus de fruit pour former un parti
de leur union, étoit le coadjuteur de Paris. Cet homme, ayant
joint à plusieurs belles qualités naturelles et acquises des défauts
que la corruption des esprits fait passer pour vertus[10], étoit entaché[11]

1. Le bienfait. (1689-1754.)
2. Éclairé dans les affaires. (1662-1838.)
3. Doit être la bienveillance. (*Ibidem*.)
4. Que cette impuissance durera. (1804, 26, 38.)
5. Une amitié. (1662-1688, 1717, 1804-1838.)
6. De sorte que, si, pour complaire à la Reine, il paroît vouloir défendre
le Cardinal, il ne le fera qu'avec beaucoup de réserve et de ménagement;
qu'enfin il faut considérer que, la déclaration d'octobre ayant été extorquée de
la cour, la Reine n'observera cet accord que jusqu'à ce qu'elle trouve le
moyen de se venger. (1689-1754.)
7. Augustin Pottier. Voyez ci-dessus, p. 61, note 2.
8. La Reine, les princes du sang et les seigneurs avaient autrefois leurs
chanceliers particuliers, aussi bien que les ordres militaires et l'Université.
9. Par entremise. (1804, 26, 38.)
10. De défaut.... pour vertu. (1662-1838.)
11. Étoit taché. (1688-1754.) — Dans l'édition de 1689, *caché*, ce qui est
sans doute une faute d'impression.

APPENDICE AUX MÉMOIRES.

d'une ambition extrême, et d'un desir déréglé d'accroitre sa fortune et sa réputation par toute sorte de voies¹ : si bien que la fermeté de son courage et son puissant génie trouvèrent un triste et malheureux objet, qui fut le trouble de l'État et la confusion de la ville capitale dont il étoit archevêque. Or, comme il jugeoit que ce parti sans un chef ne pourroit pas subsister, il jeta les yeux sur Monsieur le Prince, qu'il tenta par de si fortes raisons, que l'on a dit qu'il en fut persuadé ou qu'il fit semblant de l'être; même qu'il avoit donné sa parole à Broussel et à Longueil de se mettre à leur tête, soit que cette parole ne fût pas véritable, et que le duc de Châtillon, qui négocioit de sa part avec les Frondeurs, l'eût avancée sans ordre par sa propre inclination, ou plutôt que Monsieur le Prince la donna exprès pour les empêcher de s'adresser à M. le duc d'Orléans durant son mécontentement² : tant y a qu'il détrompa ceux qui le soupçonnoient de favoriser ces nouveautés.

Le Coadjuteur, se voyant hors d'espérance d'avoir un chef de cette considération, tourna ses pensées sur³ le prince de Conti, dont la seule naissance a de grandes suites dans le Royaume. Ce prince, qui étoit mal satisfait de n'avoir pas place au Conseil, l'étoit⁴ encore davantage du peu de cas que Monsieur le Prince faisoit de lui; mais, comme il étoit possédé entièrement par la duchesse de Longueville, sa sœur, qui étoit piquée de l'indifférence que Monsieur le Prince avoit pour elle, il s'abandonnoit sans réserve à tous ses sentiments⁵. Cette princesse, qui aura grande part à la suite de ces affaires, avoit tous les avantages de l'esprit et de la beauté en un si⁶ haut point, et avec tant d'agrément, qu'il sembloit que la nature avoit pris plaisir de former en sa personne un ouvrage parfait et achevé; mais ces belles qualités étoient moins brillantes à cause d'une tache qui ne s'est jamais vue en une princesse de ce mérite, qui est que, bien loin de donner la loi à ceux qui avoient une particulière adoration pour elle, elle se transformoit si fort dans leurs sentiments, qu'elle ne reconnoissoit plus les siens propres⁷.

1. Rapprochez du portrait de Retz par la Rochefoucauld, p. 110 et 111.
2. Ce passage de Vineuil, depuis : « Il jeta les yeux sur Monsieur le Prince », a été encore (voyez p. 519, note 1) cité faussement par M. Feillet, dans l'édition de *Retz* (tome II, fin de la note 2 de la page 100), comme étant de la Rochefoucauld.
3. Ses espérances vers. (1662-1838.)
4. Ce prince étoit mal satisfait..., et l'étoit. (*Ibidem.*)
5. Rapprochez du portrait de Conty par la Rochefoucauld, p. 109.
6. En si haut point. (1662-1838.)
7. Voilà ce portrait de Mme de Longueville, si souvent cité jusqu'ici comme étant de la Rochefoucauld. Rapprochez-le des termes employés par ce

En ce temps-là, le prince de Marcillac[1] avoit part dans son esprit, et, comme il joignoit l'ambition[2] à son amour, il lui inspira le desir des affaires, encore qu'elle y eût une aversion naturelle, et s'aida de la passion qu'elle avoit de se venger de Monsieur le Prince en lui opposant le prince de Conti. Le Coadjuteur fut heureux dans son projet par la disposition où il trouva le frère et la sœur, qui se lièrent avec les Frondeurs par un traité, dans lequel entra le duc de Longueville, poussé par des espérances de faire réussir au Parlement ses prétentions mal fondées de prince du sang[3]. La cour, voyant que les menées de ses ennemis prévaloient à un point que l'on demandoit ouvertement la perte du Cardinal, mit toute son espérance en M. le duc d'Orléans et en[4] Monsieur le Prince, et crut que leur union à Leurs Majestés les mettroit à la raison. Or, comme le mal avoit pénétré si avant qu'il falloit la force pour le déraciner, elle jugea que la nature tempérée de M. le duc d'Orléans y seroit moins propre que celle de Monsieur le Prince, incapable de toute modération, joint à cela que sa réputation dans la guerre, l'éclat de ses victoires, le secours de ses troupes, donneroient de la terreur dans les esprits[5] : de sorte que l'on s'appliqua particulièrement à l'acquérir à une cause si juste. La Reine y employa des persuasions puissantes : à savoir des larmes et des paroles assez tendres, en lui disant qu'elle le tenoit pour son troisième fils. Le Cardinal lui promit qu'il seroit toute sa vie dépendant de ses volontés; le Roi même, en l'embrassant, lui recommanda le salut de son État et de sa personne, si bien que la cour le considéroit comme le principal défenseur de sa fortune; mais ceux qui le déterminèrent absolument[6] furent le maréchal de Gramont et le Tellier[7] par de semblables persuasions : ils lui représentèrent que, de degré en degré[8], le Parlement envahissoit toute l'autorité; que, sans borner son ambition par la déclaration du 28 octobre[9], non-seulement il vouloit connoître des affaires de la guerre, mais encore se donner le pouvoir d'ôter les ministres, afin

dernier, la première fois qu'il parle de la duchesse dans ses *Mémoires*, p. 81 et 82.

1. Le futur duc de la Rochefoucauld, l'auteur des *Mémoires* qui précèdent.
2. Son ambition. (1662-1754.)
3. Voyez ci-dessus, p. 440, note 1.
4. A.... et à. (1662-1838.)
5. Les mots : *dans les esprits*, sont omis dans les éditions de 1688-1754.
6. L'adverbe *absolument* n'est pas dans les éditions antérieures.
7. Sur le Tellier, voyez la note 2 de la page 54.
8. De degré à degré. (1662-1754.)
9. Voyez ci-dessus, p. 521, note 1.

qu'à même temps¹ il s'attribuât celui d'en établir de nouveaux à son choix, et qu'encore que les mutations fréquentes soient pernicieuses aux États, voire même qu'il soit plus avantageux quelquefois d'en souffrir un mauvais que de le changer, qu'il y a péril² que, si on souffre une usurpation jusqu'à présent inouïe, il n'attaque les personnes privilégiées, et qu'il n'y ait rien d'assez sacré qui ne soit violé par cette licence ; que la condition des conseillers seroit belle s'ils imposoient des lois aux rois, et celle des princes du sang misérable, s'ils les recevoient ; que cette nouvelle pratique choque la monarchie, qui est absolue³ et indépendante, est contraire⁴ aux institutions⁵ de la France, et même à l'institution du Parlement ; que, s'il y a des abus dans le Royaume, ils doivent être réformés dans les assemblées⁶ des états généraux, et non par les arrêts d'une compagnie dont les suffrages sont plutôt comptés que pesés ; que toutes les fois que le Parlement avoit été au delà de son devoir, il avoit reçu des corrections sévères, tantôt du feu Roi, tantôt de Henri IVᵉ et de Charles IXᵉ, et des autres rois leurs prédécesseurs, pour des sujets moins dangereux que celui-ci ; que les grands empires ne se maintiennent point par de lâches conseils ; qu'il faut faire épreuve de son courage et de ses forces, et que la justice des souverains consiste dans leur pouvoir ; que lui, Monsieur le Prince, est intéressé, en la personne du Cardinal, de s'opposer à une entreprise qui tend à la destruction de la maison royale ; et que si M. le duc d'Orléans et Son Altesse ne veulent tenir ferme à ce pas, que la Reine⁷ sera contrainte d'aller, avec ses enfants, implorer le secours des princes alliés de la couronne.

Outre que Monsieur le Prince croyoit que les innovations faites par le Parlement à la déclaration blessoient l'établissement de la paix, ces discours⁸, qui représentoient l'image des choses⁹, vraisem-

1. Qu'en même temps. (1804, 26, 38.)
2. Nous avons déjà rencontré de ces pléonasmes de *que*. Celui-ci empêche de distinguer la proposition incidente et obscurcit le sens, qui est : « et que, encore qu'il soit, etc., il y a péril, etc. »
3. Qui, de sa nature, est absolue. (1688-1754.)
4. Répugne. (1688-1754.) — Dans les éditions de 1662-1664, 1717, 1804 : « et (*pour* est) » ; dans celles de 1826, 1838 : « et est contraire ».
5. Aux constitutions. (1662-1838.)
6. Par les assemblées. (*Ibidem.*)
7. A ce pas, la Reine. (1688-1838.)
8. Dans les textes de 1662-1664, 1717, 1804-1838, le commencement de cette phrase est joint à la précédente ; le point est après le mot *paix*, et le paragraphe recommence aux mots : « Ces discours. »
9. L'image de la chose. (1662-1838.)

blablement[1] firent tant d'impression sur son esprit, qu'il ferma les oreilles à toute la neutralité[2], sans se soucier de perdre la bienveillance publique. Il est certain que les grands génies, comme celui de Monsieur le Prince, produisent de grandes vertus, mais qu'ils paroissent aussi avec de grands défauts[3], et que, par une immodération invincible, il a ruiné tous les avantages que la nature et la fortune avoient joints[4] à l'envi en sa personne, qui étoient tels qu'il auroit[5] surpassé la gloire des plus grands hommes des siècles passés, si la piété, la justice et la solidité eussent répondu à cette valeur suprême, à cette fermeté incroyable dans les adversités, et à ces belles lumières d'esprit qui se faisoient remarquer en lui. Monsieur le Prince se seroit fait adorer de tout le monde, s'il se fût ménagé dans le dessein de traiter ses affaires[6] par la douceur[7] : au lieu qu'il a été contraint par sa conduite précipitée de recourir à des moyens qui l'ont porté à des extrémités étranges. Il accompagna M. le duc d'Orléans au Parlement, et, poussé de sa mauvaise destinée, aussitôt que Viole eut invoqué le Saint-Esprit pour illuminer Messieurs les Princes sur la conduite du Cardinal, Monsieur le Prince se lève, et lui impose silence[8]; cela excite assez[9] inconsidérément le murmure des plus jeunes conseillers; il s'enflamme par ce bruit, et les menace de la main et de la parole[10]. Dans ce moment, il perd les affections de la Compagnie, et, lorsque cette action se fut répandue dans le monde, l'estime que l'on avoit conçue de lui par ses victoires se changea en crainte, et son amitié dans une haine, pour ne pas dire exécration, contre sa personne, dont il n'est revenu que par des infortunes[11] signalées.

Or, comme il étoit intéressé par sa propre querelle dans celle de la cour, il écoute toutes les propositions pour réduire le Parlement. On lui fait voir que le plus sûr moyen et le plus prompt est d'as-

1. Assez vraisemblablement. (1804, 26, 38.)
2. A toute neutralité. (1662-1838.)
3. Rapprochez de la *maxime* 190 de la Rochefoucauld (tome I, p. 106) : « Il n'appartient qu'aux grands hommes d'avoir de grands défauts. »
4. Les avantages que la fortune avoit joints. (1662-1754.)
5. Qu'ils auroient. (1662-1688, 1717, 1804, 26, 38.)
6. Ces affaires. (1662, 1664-1754.) — Les affaires. (1663, 1804, 26, 38.)
7. Avec douceur. (1662-1838.)
8. « Sur ce qu'il invectivoit contre le Cardinal. » (*Note de l'édition de* 1688.)
9. Le mot *assez* n'est pas dans les textes antérieurs.
10. L'éditeur de 1688 se permet ici ce bizarre jeu de mots : « En cette rencontre, le Saint-Esprit ne répandit les lumières ni sur Viole, ni sur Monsieur le Prince, quoique l'un et l'autre eussent une langue de feu. »
11. Fortunes. (1662-1838.)

siéger Paris, que saisissant toutes ses avenues dans trois marches[1], on met la corde au col à la multitude, qui s'élèvera contre le Parlement et le rendra auteur de tous ses maux; enfin que les Parisiens sont sans chef, sans troupes, et accoutumés aux délices. Il goûte ces raisons, qui lui semblent bonnes, parce qu'il est animé par sa colère, à qui rien n'est impossible : de sorte qu'il se rend chef de l'entreprise d'assiéger Paris[2] sous les ordres de M. le duc d'Orléans, qui résiste d'abord à ce dessein; mais les instances de la Reine, les persuasions de l'abbé de la Rivière, et la résolution[3] de Monsieur le Prince, l'emportèrent sur les sentiments[4] et les avis contraires de Mme la duchesse d'Orléans. Cette résolution étant prise, Monsieur le Prince et le maréchal de la Meilleraye proposèrent, pour venir à bout plus promptement des Parisiens, de se saisir de l'île Saint-Louis, de la porte Saint-Antoine, de l'Arsenal et de la Bastille, et de mettre Leurs Majestés dans l'Arsenal[5]; mais, soit que cette proposition ne fût pas assez appuyée, ou que l'on craignît d'exposer la personne du Roi, l'on aima mieux abandonner Paris pour l'assiéger. En effet, après que Sa Majesté eut solennisé la veille des Rois chez le maréchal de Gramont, elle se retira au Palais-Cardinal, d'où elle partit le lendemain à trois heures du matin avec la Reine, le cardinal Mazarin, et toute la maison royale, hors Mme de Longueville, pour se rendre à Saint-Germain, où tous les grands et tous les ministres arrivèrent le même jour; et aussitôt, dans le conseil qui fut tenu, le blocus de Paris fut publié et répandu dans toute la cour.

Cette sortie, ou, pour mieux dire, cette[6] évasion, donna de la joie aux factieux, et ne fut pas approuvée des gens sages, qui l'estimoient indécente à la dignité souveraine, dont les princes doivent être jaloux, puisque la splendeur du nom royal reluit principalement dans la vénération des peuples. Celui de Paris ne fut pas si consterné qu'on pensoit : au contraire, comme s'il eût pris vigueur de l'état où l'on vouloit le mettre, il témoigna être préparé à toutes les suites qui le menaçoient; et la crainte ne le retint point de déclamer contre le Cardinal, Monsieur le Prince, la Reine, et tous ceux qu'il croyoit avoir conseillé cette sortie, qu'il nommoit l'enlèvement du Roi. Le Parlement parut moins ferme dans cet accident, parce qu'il en prévoyoit mieux les conséquences, et, dès la première as-

---

1. Et non : *trois marchés*, comme portent les éditions antérieures.
2. Chef de l'entreprise, et résout d'assiéger Paris. (1804, 26, 38.)
3. La résolution déterminée. (1662-1838.)
4. Ses sentiments. (1662, 1664-1838.) — 5. Dans la Bastille. (1662-1754.)
6. *Cette* n'est pas répété dans les textes de 1662-1664, 1804, 26, 38.

semblée, députa les gens du Roi à Saint-Germain porter leurs soumissions et des offres très-avantageuses, qui furent renvoyés sans être ouïs : tant une vaine espérance s'étoit emparée de toute la cour, qu'à la première alarme de siége les Parisiens obéiroient aveuglément. Ils en furent incontinent détrompés; car, dès le lendemain, qui étoit le 8e janvier, que les gens du Roi eurent fait leur rapport, et que l'on ne put plus douter du dessein de la cour, le Parlement déclara le Cardinal ennemi de l'État[1] ; l'on délivra des commissions pour des levées de gens de guerre ; les compagnies se taxèrent volontairement; l'on pourvut à l'abondance des vivres, et le peuple se porta avec beaucoup d'ardeur à sa défense[2] : tant il est vrai que la crainte produit assez souvent l'audace, et qu'il n'y a rien de plus puissant pour mettre les armes à la main que le désespoir[3].

Cependant Monsieur le Prince, avec six ou sept mille hommes, qui étoient les débris de l'armée de la campagne dernière, bloqua Paris, se saisissant de Lagny, Corbeil, Saint-Cloud, Saint-Denis et Charenton : chose incroyable à la postérité, qui l'admirera, à même temps[4], d'avoir, par sa conduite et par sa vigilance, assiégé la plus grande et la plus peuplée ville de l'Europe, où tant de princes et de seigneurs s'étoient renfermés avec une armée plus forte que la sienne. Or, comme la cour ne manque point de mécontents[5], le duc d'Elbeuf[6], ses trois fils[7], le duc de Brissac[8] et le marquis de la Boulaye[9] s'offrirent les premiers au Parlement, qui ne faisoit qu'installer[10] le duc d'Elbeuf dans la charge de général de ses armées[11], lorsqu'il apprit que le prince de Conti et le duc de Longueville, accompagnés du prince de Marcillac et de Noirmoustier[12], étoient partis

1. L'arrêt dit : « Attendu que le cardinal Mazarin est notoirement l'auteur de tous les désordres de l'État, la cour l'a déclaré et déclare perturbateur du repos public, ennemi du Roi et de son État, lui enjoint de se retirer de la cour dans ce jour, et dans la huitaine hors du Royaume : et, ledit temps passé, enjoint à tous les sujets du Roi de lui courre sus. » (*Note de l'édition de* 1688.)
2. A la défense. (1804, 26, 38.)
3. Voyez un passage de Retz cité plus haut, p. 113, note 4.
4. En même temps. (1804, 26, 38.)
5. De mal contents. (1662-1838.) — 6. Voyez ci-dessus, p. 58, note 6.
7. Savoir : Charles de Lorraine, l'aîné, prince d'Harcourt, puis duc d'Elbeuf, après la mort de son père; François-Louis, comte de Rieux, puis d'Harcourt; François-Marie, comte, puis duc, puis prince de Lillebonne.
8. Voyez ci-dessus, p. 288, note 6.
9. Voyez p. 153, note 4. — 10. Que d'installer. (1662-1717, 1804, 26, 38.)
11. De ses armes. (*Ibidem*, moins 1717.)
12. Sur Noirmoustier, voyez ci-dessus, p. 110, note 8.

secrètement la nuit de Saint-Germain[1], et avoient mis pied à terre à l'hôtel de Longueville[2], lesquels venoient, selon l'engagement qu'ils y avoient pris avec le Coadjuteur, se déclarer pour le parti de Paris. Cette nouvelle arrivée donna lieu à quelque contestation pour le commandement, qui fut terminée par la nomination que l'on fit du Prince[3] pour généralissime, et du duc d'Elbeuf pour général, auquel furent associés le duc de Bouillon[4] et le maréchal de la Mothe[5] avec un pouvoir égal, M. de Longueville ne voulant[6] prendre aucun emploi, hors d'assister de ses conseils, ce prince[7] s'estimant au-dessus des derniers, et ne pouvant être égal au premier. Le prince de Conti eut bien de la peine à justifier la sincérité de ses intentions, parce que le public, qui ignoroit sa mésintelligence avec Monsieur le Prince, qui étoit le véritable chef de l'entreprise contre Paris, ne s'en pouvoit assurer. Même Prevost[8], conseiller de la grand chambre, se donna la liberté de révoquer en doute, en sa présence, sa fidélité, comme si cette confédération mutuelle, qu'ils prenoient contre leur devoir, lui eût inspiré la hardiesse de manquer[9] de respect à un prince du sang. Encore fallut-il que Mme de Longueville vînt demeurer dans l'Hôtel de Ville, pour servir de gage de la foi de son frère et de son mari auprès des peuples, qui se défient naturellement des grands, parce que d'ordinaire ils sont les victimes de leurs intérêts[10].

Ce départ du prince de Conti et de M. de Longueville, de Saint-Germain, y causa bien de l'étonnement par leur propre considération[11], mais plus encore par le doute qu'il y mit que Monsieur le Prince ne fût de la partie[12], dont la Reine et le Cardinal prirent

1. Voyez ci-dessus, p. 115.
2. Sur l'hôtel de Longueville, voyez, au tome II des *Mémoires de Retz*, la note 1 de la page 153.
3. Du prince de Conti. (1662-1838.)
4. Sur le duc de Bouillon, voyez p. 118, note 2.
5. Voyez p. 120, note 1.
6. Avec un pouvoir égal. M. de Longueville ne voulut. (1804, 26, 38.)
7. De ses conseils, le prince de Conty. (1662-1838.) Les deux derniers mots : « de Conty », qui faisaient en effet contre-sens, ont été biffés dans le manuscrit de la Roche-Guyon.
8. Maître Charles Prévôt. (1688-1754.)
9. Les mots : « de révoquer en doute, en sa présence, sa fidélité, » ne sont pas dans les éditions antérieures. Elles tournent ainsi la phrase : « se donna (se donnant, 1838) la liberté, comme si cette confédération.... lui eût inspiré de la hardiesse, de manquer, etc.... »
10. De leur intérêt. (1662-1754.) — De leurs injures. (1804, 26, 38.)
11. Par leur propre poids. (1662-1838.)
12. Voyez ci-dessus, p. 117, note 2.

des frayeurs extraordinaires qui furent aussitôt dissipées par son retour de Charenton, fulminant contre eux, et animé[1] avec plus d'ardeur en cette querelle pour se venger de ses proches, qu'il croyoit devoir dépendre absolument de ses volontés. L'on dit que, dans cet entre-temps[2], le Cardinal résolut de quitter la France, ne croyant pas se pouvoir conserver au milieu de toutes ces tempêtes, destitué de son appui ; mais que Monsieur le Prince le rassura, et donna sa parole à la Reine de périr, ou qu'il le ramèneroit à Paris triomphant de tous ses ennemis. Cependant le parti de cette ville se grossissoit[3] par la déclaration d'un prince du sang, dont la qualité a de grandes suites dans le Royaume, et d'un autre prince quasi absolu dans son gouvernement de Normandie[4]. Le maréchal de la Mothe s'étoit rendu aussi considérable dans les armées ; mais le duc de Bouillon l'étoit sans comparaison davantage[5] par l'intelligence qu'il avoit des affaires du monde, et par l'étroite liaison avec son frère le maréchal de Turenne, lequel commandant en ce temps-là l'armée d'Allemagne, l'on pouvoit présumer qu'il sacrifieroit son devoir au rétablissement de sa maison, et à quelque mauvaise satisfaction qu'il avoit du Cardinal[6]. En effet, Monsieur le Prince, qui tenoit ces deux frères pour ses amis, écrivit au duc de Bouillon qu'il appréhendoit que la retraite du prince de Conti et de M. de Longueville ne passât dans son esprit pour avoir été concertée avec lui, mais qu'il avoit voulu l'en désabuser, et le conjuroit de revenir à Saint-Germain, où il lui procureroit toute satisfaction sur ses intérêts. M. de Bouillon fit lire cette lettre en Parlement. Les ministres étant informés de la mauvaise volonté de M. de Turenne, le Roi et Monsieur le Prince, qui avoit grande créance parmi les troupes allemandes, écrivirent aux colonels de ne le plus reconnoître, et de l'abandonner, ainsi qu'il succéda, qui fut[7] le salut de la cour.

En ce même temps, le duc de Beaufort arriva à Paris. Il avoit erré dans les provinces de Loire[8], depuis son évasion de Vincennes, et trouvant[9] cette occasion favorable pour se rétablir dans le monde, il étoit venu offrir son service au Parlement, qui le purgea de l'accusation d'avoir conspiré contre la vie du cardinal Mazarin, le reçut pair de France et le fit un de ses généraux. Or, quoique

---

1. De Charenton. Il fulmina..., et fut animé. (1662-1838.)
2. Dans ce temps. (*Ibidem*.)
3. Ne grossissoit pas peu. (*Ibidem*.)
4. Le duc de Longueville.
5. Quasi davantage. (1662-1838.)
6. Voyez ci-dessus, p. 119 et note 4.
7. Ainsi qu'il arriva, ce qui fut. (1804, 26, 38.)
8. De là la Loire. (1662-1838.) — 9. Et trouvoit. (*Ibidem*.)

son génie ne soit pas des plus relevés, sa présence, son langage et ses manières populaires[1], avec une conduite assez adroite[2], lui acquirent l'amour du peuple de Paris, d'autant[3] qu'il le croyoit irréconciliable avec le Cardinal par l'offense de sa prison, dont il ne déchut[4] que lorsqu'il fut contraint par la révolution de ses affaires[5] de se raccommoder[6] avec lui.

Cependant les troupes du Roi occupoient tous les postes des environs de Paris, et quoique le Parlement en eût un plus grand nombre, ses généraux ne faisoient aucun effort pour ouvrir un passage, si bien que les vivres ne venoient qu'avec difficulté, hors du côté de la Brie, parce que Monsieur le Prince n'avoit pu mettre garnison à Brie-Comte-Robert, pour ne point diviser ses forces, et même avoit abandonné Charenton, dont le prince de Conti s'étoit emparé, qu'il avoit[7] fait fortifier, et y avoit mis trois mille hommes sous la charge de Clanleu[8]. Cela fit résoudre Monsieur le Prince d'attaquer ce poste qui assuroit les convois[9] des Parisiens, et aussi pour donner de la terreur à ses armes; et y étant donc allé le huitième de février avec M. le duc d'Orléans et tous les princes et seigneurs de la cour, il en commit l'attaque au duc de Châtillon, et lui se posta[10], avec la cavalerie, sur une éminence, pour empêcher le secours de Paris. Le duc exécuta ses ordres avec toute la valeur possible; mais, à la dernière barricade, il reçut un coup de mousquet au travers du corps, dont il mourut le lendemain en la fleur de son âge, regretté des deux partis pour ses belles qualités, et à la veille des dignités que ses services lui auroient acquises[11]. Cette prise décrédita fort dans Paris[12] les généraux et les troupes du Parlement, et passa pour miraculeuse en la personne de Monsieur le Prince, d'avoir emporté une place en pré-

1. Sa manière populaire. (1662-1754.)
2. Rapprochez du portrait de Beaufort par la Rochefoucauld, p. 60.
3. D'autant plutôt. (1662-64, 1804, 26, 38.) — D'autant plus. (1688-1754.)
4. Dont il ne changea. (1662-1664, 1717.) — Et ce duc ne changea de sentiment. (1688-1754.)
5. Des affaires. (1662-1838.)
6. De s'accommoder avec lui. (1662-1664, 1717, 1804, 26, 38.) — De s'accommoder avec ce ministre. (1688-1754.)
7. Qui l'avoit. (1662-1838.)
8. Voyez ci-dessus, p. 122 et 123.
9. Le convoi. (1662-1838.) — 10 Et se porta. (*Ibidem.*)
11. Lui avoient acquis. (1662-1664, 1717.) — Lui avoient acquises. (1804, 26, 38.) — A la veille d'obtenir les dignités que ses services avoient méritées. (1688-1754.) — Dans notre manuscrit, *acquis* sans accord. — Sur la mort du duc de Châtillon, voyez ci-dessus, p. 123 et note 1.
12. *Dans Paris* n'est pas dans les éditions antérieures.

sence¹ d'une armée et aux portes de Paris, dont il étoit sorti cent mille hommes² pour en être les témoins. Ce combat et ceux du bois de Vincennes, de Lagny et de Brie, tous désavantageux au parti de Paris, dans l'un desquels fut tué le jeune duc de Rohan, se montrant digne successeur de la vertu de son père³, inspirèrent quelque pensée de paix, à laquelle pourtant il étoit malaisé de parvenir pour tant de diversité d'intérêt⁴ qui y répugnoit dans le Parlement. Le nombre des malintentionnés pour la paix, quoique inférieur à l'autre, brilloit davantage, parce qu'il déguisoit sa haine et son ambition du nom du bien et de la sûreté publique, que l'on ne pouvoit, disoit-il⁵, trouver dans un accord avec le Cardinal. Les plus sages n'osoient faire paroître leurs bonnes intentions, parce qu'outre le péril⁶ qu'il y avoit, elles auroient été éludées, et il falloit attendre que les esprits fussent lassés, et le parti plus affoibli d'effets et d'espérances, pour se déclarer. Pour le peuple⁷, les plus riches ne vouloient pas s'exposer à la multitude, laquelle, ne souffrant pas beaucoup de nécessité, et étant animée par quelques gens de condition, étoit assez aise de cette image de la guerre, et crioit contre ceux qui vouloient la paix. Tous les généraux, à la réserve de M. de Beaufort, qui se laissoit aller à la haine du Cardinal et à l'amour des peuples⁸, dont il prétendoit se prévaloir dans les suites des temps⁹, méditoient leur accommodement particulier, et chacun avoit ses liaisons secrètes à la cour, pour rendre¹⁰ ses conditions meilleures.

M. d'Elbeuf avoit son commerce, dès le commencement, avec l'abbé de la Rivière ; M. de Bouillon avec Monsieur le Prince; et le maréchal de la Mothe étoit attaché¹¹ avec M. de Longueville, lequel s'étoit retiré¹² en Normandie, où il se fortifioit d'amis¹³, de

1. En la présence. (1662-1838.)
2. Dix mille hommes en armes. (*Ibidem.*) — Voyez le récit de la Rochefoucauld, p. 123.
3. Dans l'un desquels le jeune duc de Rohan, se montrant..., perdit la vie. (1662-1838.) — Il s'agit ici de Tancrède de Rohan, né en 1630, tué à Vincennes, le 1ᵉʳ février 1649, dans une sortie que firent les Parisiens, dont il avait embrassé chaudement le parti. Voyez ce qui est dit de lui dans les *Mémoires de Mme de Motteville*, tome II, p. 323 et 324.
4. Pour la diversité d'intérêt (*ou* d'intérêts). (1662-1838.)
5. Disoit-on. (*Ibidem.*)
6. Le danger. (*Ibidem.*) — Le manuscrit de la Roche-Guyon porte ici *le plaisir*, ce qui ne peut être qu'une erreur du copiste.
7. Parmi le peuple. (1804, 26, 38.)
8. Du peuple. (1662-1838.) — 9. Dans les suites du temps. (*Ibidem.*)
10. Pour avoir. (*Ibidem.*) — 11. Étoit uni. (1688-1754.)
12. Lequel étoit retiré. (1662-1838.) — 13. D'armes. (*Ibidem.*)

troupes et d'argent, pour faire son traité plus avantageux par l'entremise de Monsieur le Prince. Pour le prince de Conti, comme il n'étoit inspiré d'autres mouvements[1] que de ceux de sa sœur[2], qui étoit cruellement outragée par des propos injurieux que Monsieur le Prince tenoit de sa conduite, il falloit que le temps adoucît ses aigreurs, et que la nécessité des affaires conviât cette maison à se réconcilier, comme il arriva bientôt. Il n'y avoit que le Coadjuteur, qui avoit été le principal mobile de cette guerre, dans laquelle il n'avoit que trop profané son caractère parmi la sédition et les armes, qui bannissoit de son esprit toutes les pensées[3] de paix, et en traversoit les pourparlers[4], parce qu'il n'y trouvoit point[5] lieu de satisfaire à son ambition. D'autre part, la cour, enflée de ses bons succès, et, par les belles actions militaires de Monsieur le Prince, en présumant encore de plus grands, vouloit imposer des conditions trop rigoureuses au parti contraire, si bien qu'il falloit que la nécessité apparente fût une loi souveraine qui déterminât[6] les deux partis à un traité de paix, outre que la guerre civile étant funeste[7] à tout le monde, chacun revenoit[8] de ses erreurs et animosités, et aussi que c'est l'air de notre nation de rentrer dans son devoir avec la même légèreté qu'elle en sort, et de passer en un moment de la rébellion à l'obéissance. Voici donc le sujet pressant[9] qui parut.

Le Roi envoya, le 12e février, un héraut vêtu de sa cotte d'armes, et avec son bâton semé de fleurs de lis, accompagné de deux trompettes. Il arriva à la porte de Saint-Honoré, et dit qu'il avoit trois paquets de lettres à rendre au prince de Conti, au Parlement et à la Ville. Le Parlement, en étant averti, délibéra de ne le point recevoir ni entendre, mais d'envoyer[10] les gens du Roi[11] vers la Reine, pour lui dire que ce refus étoit purement une marque d'obéissance et de respect, puisque les hérauts ne sont envoyés qu'à des princes souverains ou à des ennemis ; le prince de Conti,

---

1. D'autre mouvement. (1662-1838.)
2. Que de sa sœur. (1662-1754.) — Voyez ci-dessus, p. 109 et note 5.
3. Toutes pensées. (1662-1754.) — Toute pensée. (1804, 26, 38.)
4. Le pourparler. (1662-1754.)
5. Ne trouvoit point. (1662-1838.)
6. Si bien que la nécessité apparente fut une loi souveraine qui détermina. (*Ibidem.*)
7. Contraire. (*Ibidem.*)
8. Dans notre manuscrit, *revenant;* et, un peu après, *animosité* au singulier.
9. Le sujet présent. (1662-1838.)
10. Mais envoyer. (1662-1723, 1804, 26, 38.)
11. « MM. Talon, Méliand et Bignon. » (*Note de l'édition de 1688.*)

le Parlement, ni la Ville n'étant ni l'un ni l'autre, il supplioit[1] Sa Majesté de lui faire savoir sa volonté[2] de sa propre bouche. Les gens du Roi furent fort bien reçus de la Reine, qui leur dit qu'elle étoit satisfaite de leurs excuses et soumissions, et que lorsque le Parlement se mettroit en son devoir, qu'il[3] éprouveroit les effets de sa bienveillance, et que les personnes et les fortunes de tous les particuliers, sans en excepter un seul, y trouveroient leurs sûretés. M. le duc d'Orléans et Monsieur le Prince leur donnèrent ces mêmes assurances. Ce ravisement[4] si prompt de la cour étoit causé par plusieurs raisons essentielles; car, outre la constance des Parisiens, la difficulté de faire des levées d'hommes et d'argent, la débauche[5] de la Guyenne, de la Provence et de la Normandie, de plusieurs villes qui suivoient le Parlement, comme Poitiers, Tours, Angers et le Mans, il y avoit encore un plus pressant motif qu'il faut savoir.

Le prince de Conti, voyant que l'armée d'Allemagne s'étoit tournée, au passage du Rhin pour venir en France, contre M. de Turenne, et que son parti ne pourroit subsister sans un puissant secours étranger[6], avoit envoyé le marquis de Noirmoustier et Laigues vers l'Archiduc, le convier de se joindre avec ses forces[7] au parti de Paris, pour contraindre les ministres de faire la paix générale. Les Espagnols n'avoient garde de manquer à une occasion si favorable pour fomenter nos divisions et en tirer avantage, ou par un traité, ou dans le progrès de la guerre. Pour cet effet, l'Archiduc députa un homme au Parlement[8], qui y fut ouï après avoir donné sa lettre de créance[9], non sans quelque tache de ce corps, s'il n'étoit excusable sur la nécessité de sa défense. Il y exposa, dans son audience, la jonction du roi catholique à cette compagnie pour la paix générale, qui seroit le seul objet de l'entrée de ses forces en France, et non pas pour profiter de la foiblesse des frontières, et qu'il trouvoit[10] plus de sûreté pour la traiter[11] avec le Parlement qu'avec le Cardinal qui l'avoit rompue, et qui s'étoit déclaré en-

1. Ils supplioient. (1662-1838.) — 2. Ses volontés. (*Ibidem*.)
3. Le *que* n'est pas redoublé dans les textes antérieurs.
4. Ce radoucissement. (1662-1838.)
5. Dans le sens de *défection*.
6. Le mot *étranger* est en interligne dans le manuscrit de la Roche-Guyon.
7. De joindre ses forces. (1662-1838.)
8. Voyez ci-dessus, p. 121 et note 5.
9. « Datée de Bruxelles, 10 février 1649, et signée *Léopold-Guillaume*. L'envoyé eut audience le 19 du même mois. » (*Note de l'édition de* 1688.)
10. Ajoutant que Sa Majesté catholique trouvoit. (1688-1754.)
11. De la traiter. (1662-1664, 1804, 26, 38.)

APPENDICE AUX MÉMOIRES. 537

nemi de l'État. En effet, Vautorte[1], envoyé par la cour vers les ministres d'Espagne en Flandre, pour insinuer quelques propositions de paix, n'avoit pas été favorablement écouté, et ils penchoient[2] du côté du Parlement pour relever ce parti qui alloit à son déclin, bien que[3] ces offres de l'Archiduc au parti de Paris, lesquelles il exécutoit par son entrée effective en France, accompagné de deux agents du prince de Conti avec quinze[4] mille hommes, donnant une juste appréhension à la cour, l'avoit fait tout d'un coup résoudre d'accommoder l'affaire de Paris. D'autre part, les dispositions pour la paix n'étoient pas moins puissantes dans le parti contraire ; la nécessité des vivres augmentoit dans Paris ; les taxes étoient consommées ; la difficulté très-grande d'avoir de l'argent[5] ; leurs troupes dépérissoient, ou par l'avarice des officiers, ou par le peu de subsistance ; peu[6] de satisfaction de leurs généraux ; leurs armes décréditées : enfin le dégoût avoit saisi la plupart des esprits, ou par les incommodités[7], ou parce que c'est le naturel des peuples de se lasser promptement de la guerre qu'ils ont entreprise[8] avec le plus de chaleur[9]. Le Premier Président et le président de Mesmes, qui avoient toujours agi de concert secrètement avec les ministres pendant tous ces mouvements, se servoient avec adresse de ces dispositions pour mettre en avant un traité de paix ; et, comme ils furent députés avec d'autres pour porter à la Reine la lettre de l'Archiduc et la créance de son envoyé, et justifier la Compagnie de l'avoir entendu, mais aussi qu'elle n'avoit pas voulu délibérer sur la réponse sans savoir ses volontés, ils avoient eu[10] une conférence, à part des autres députés, avec M. le duc d'Orléans et Monsieur le Prince, dans laquelle agitant la paix ensemble, et eux insistant[11] sur l'ouverture des passages, les Princes leur avoient promis que l'on en déboucheroit un aussitôt que le Parlement donneroit un plein pouvoir à ses députés pour traiter la paix. Or, quoique cette conférence secrète fit murmurer le Parlement et les

1. François Gruget, sieur de Vautorte, agent diplomatique de Mazarin, avocat général au grand conseil, puis conseiller d'État. Cette négociation de Vautorte est du mois de février 1649.
2. Et penchoit. (1804, 26, 38.)
3. Si bien que. (1662-1838.) — 4. Quinze ou seize. (*Ibidem.*)
5. La difficulté d'avoir de l'argent étoit très-grande. (1804, 26, 38.)
6. Ou par le peu. (1662-1838.) — 7. L'incommodité. (*Ibidem.*)
8. Des choses qu'ils ont entreprises. (1804, 26, 38.)
9. Avec chaleur. (1662-1754.) — Avec plus de chaleur. (1804, 26, 38.)
10. Pour porter à la Reine la lettre de l'Archiduc et justifier l'audience donnée à son envoyé, ils avoient eu. (1689-1754.)
11. Dans laquelle agissant pour la paix, ensemble, eux insistant. (1662-1688, 1717, 1804, 26, 38.)

peuples qui étoient aux portes de la grand chambre, le Premier Président, qui n'a jamais manqué de fermeté dans toutes ces occasions[1], de zèle[2] pour le bien public, ayant dit qu'elle n'avoit été que pour retirer[3] la réponse de la Reine, qui étoit injurieuse à la Compagnie, à cause de la réception de l'envoyé d'Espagne, porta les esprits à donner un plein pouvoir, sans restriction de l'arrêt du 8e janvier contre le Cardinal et les ministres étrangers : les chargeant des intérêts des généraux et des parlements de Normandie et de Provence, qui s'étoient liés avec le parlement de Paris, auquel[4] se joignirent les autres députés des compagnies des comptes[5], des aides et de l'Hôtel de Ville.

Pendant que cette célèbre députation s'acheminoit à[6] Saint-Germain[7], Leurs Majestés et les deux princes avoient envoyé des personnes de qualité à la reine d'Angleterre, se condouloir de la mort funeste du Roi son mari[8], et Flammarens, qui en étoit[9], avoit visité, de la part de l'abbé de la Rivière, le prince de Marcillac, blessé d'un coup de mousquet, qu'il avoit reçu dans un combat en Brie[10] contre le comte de Grancey. En cette visite, il avoit fait des ouvertures secrètes, avantageuses au prince de Conti[11], son entrée au Conseil, et une place forte en Champagne, pourvu qu'il se portât à l'accommodement, et se désistât de sa nomination au cardinalat en faveur de cet abbé. Cette proposition, faite du su de Monsieur le Prince, qui vouloit réunir sa maison avec lui, fut approuvée du prince de Marcillac, et aussitôt de Mme de Longueville[12] et du prince de Conti. En ce même temps, M. de Longueville fut persuadé par Monsieur le Prince de retarder son secours pour Paris, et de traiter avec la cour sous sa promesse[13], dont il fut garant, du Pont-de-l'Arche[14] et d'une grande charge. M. de Bouillon eut aussi quelque assurance de Monsieur le Prince pour lui et pour M. de

1. Dans les occasions. (1662-1838.) — 2. Ni de zèle. (*Ibidem.*)
3. Pour tirer. (1662-1688, 1717.) — Pour tirer en particulier. (1689-1754.)
4. Auxquels. (1662-1664, 1804, 26, 38.)
5. L'édition de 1689 a *couts* (sic) au lieu de *comptes*.
6. Vers. (1662-1838.)
7. Le 4 mars 1649.
8. Faire leurs condoléances à la reine d'Angleterre (*Henriette-Marie*) de la mort funeste du roi son mari (*Charles I*). (1688-1754.)
9. Qui en étoit un. (1662-1838.) — Voyez p. 138, note 5.
10. Voyez ci-dessus, p. 124-127. Les textes antérieurs portent : « dans le combat à (*ou de*) Brie (*ou* Bray) -Comte-Robert ».
11. Au prince de Conti, lui offrant. (1804, 26, 38.)
12. De M. de Longueville. (1662-1838.)
13. Sous la promesse. (*Ibidem.*)
14. Du gouvernement du Pont-de-l'Arche. (1804, 26, 38.)

Turenne; mais, soit qu'il ne s'y fioit pas[1] beaucoup, ou qu'il conçût d'autres espérances, il apporta tous les obstacles qu'il put à la conclusion de la paix : ainsi la fidélité est rare dans les guerres civiles pour les mutuelles liaisons et correspondances qui se trouvent[2] entre les gens de différents partis, et il y a toujours des traités particuliers qui précèdent le traité général. Par[3] ces accords secrets, des chefs si considérables, ne conservant que de la bienséance pour leur parti, nécessitoient les plus zélés d'acquiescer à la paix, ou de témoigner une impuissance honteuse.

Cependant les conférences à Ruel se pensèrent rompre sur la nomination que la Reine fit du Cardinal pour député[4], conjointement avec les deux princes : ceux du Parlement ne le pouvoient[5] admettre, puisqu'il avoit été condamné; on prit l'expédient de négocier par deux députés de chaque parti, qui furent le Chancelier et le Tellier pour la cour, et le président le Coigneux et Viole pour le Parlement. Enfin, après plusieurs débats et contestations, l'on demeura d'accord de la paix, dans laquelle, quoique le Cardinal fût conservé, il ne laissoit pas de se plaindre aux Princes qu'il avoit été *subhasté*[6], par un terme de l'ancienne Rome, et qu'il lui falloit restituer les meubles et habits[7] vendus par arrêt du Parlement. Cette plainte leur sembla[8] peu importante, à l'égard de la nécessité[9] où les mettoit l'approche de l'armée d'Espagne. Les principaux articles étoient qu'on renvoyeroit le député de l'Archiduc sans réponse, une amnistie pour tout le parti, toutes les déclarations et arrêts révoqués et annulés depuis le 6e janvier, et les semestres des parlements de Normandie et Provence supprimés à certaines conditions[10]. Ceux qui étoient ennemis de cette paix pri-

1. Ne se (*ou* s'y) fiât pas. (1662-1838.)
2. Dans notre manuscrit : « et correspondance qui se trouve ».
3. Les éditions antérieures à 1804 joignent cette phrase à la précédente. Voici le texte de 1688-1754 : « parce que les accords secrets des chefs, qui ne conservoient que de la bienséance pour leur parti, nécessitoient, etc. »
4. Dans notre manuscrit : « pour députer ».
5. Ne le pouvant. (1662-1838.)
6. Vendu à l'encan, *subhastatus*.
7. Ses meubles et habits et ses livres. (1804, 26, 38.)
8. Cette nécessité leur parut. (1662-1838.)
9. Du danger. (1688-1838.)
10. Un des abus financiers de l'ancien régime, c'étaient les *semestres*. Un magistrat semestre était celui qui n'était en fonction que six mois sur douze. C'était, grâce à la vénalité des offices, un moyen pour le pouvoir de se procurer des ressources extraordinaires, en doublant le nombre des titulaires. La cour des comptes, celle des monnaies, le grand conseil, le parlement de Metz, étaient semestres. L'abus de cet expédient était un des grands griefs mis en

rent le prétexte de quelques articles pour la décrier, principalement le Coadjuteur, irrité de voir qu'ayant excité la guerre, elle étoit terminée sans lui, et que, de tous les avantages que son ambition lui avoit figurés, il ne lui restoit que la honte d'avoir travaillé à renverser l'État.

Il s'étoit étroitement associé de M. de Beaufort, du crédit duquel il se servoit dans toutes les occurrences; et en celle-ci il n'oublia rien pour rendre le traité odieux envers les peuples, le Parlement et les généraux : il leur représentoit que, cette guerre n'ayant été faite que pour éloigner le Cardinal, il étoit conservé par cette paix, même que l'arrêt du 8e janvier[1] contre lui et les ministres étrangers avoit été révoqué. Où est donc le fruit de tant de peines et de souffrances[2], et si le Parlement ne tombera pas dans le mépris des hommes[3] par une telle lâcheté ? Que même les généraux ont été abandonnés dans leurs intérêts[4], au préjudice de l'union. Mais ce qui aigrissoit le plus[5] les esprits avec quelque sorte de raison, étoit que le Cardinal avoit signé le traité ; la plupart disoient qu'ayant signé, il y avoit nullité, puisque la conférence étoit contre lui, et qu'il y avoit lieu de s'étonner que les députés eussent souffert un homme condamné conférer[6] et signer avec eux. Lui et ses émissaires avoient provoqué par semblables discours le Parlement et les peuples, qui menaçoient les députés des dernières extrémités. Aussi, lorsque le Premier Président voulut faire la lecture du procès-verbal et des articles dans l'assemblée des chambres, il en[7] fut empêché par de grandes clameurs et murmures des conseillers et par les plaintes des généraux ; mais, soit que, balançant les incommodités de la guerre civile avec la dureté des articles, la plus saine partie du Parlement jugea la paix nécessaire, ou que l'on s'aperçut que c'étoit l'ambition du Coadjuteur et de quelques particuliers qui leur inspiroit cette aliénation, la Compagnie passa[8] à renvoyer les mêmes députés à Saint-Germain, pour réformer trois articles, sans parler du Cardinal, et pour traiter des intérêts des généraux, qui seroient insérés dans la même déclaration.

avant par les Frondeurs. Le semestre avait été établi par Mazarin en Provence, et antérieurement, par Richelieu, en Normandie.

1. Voyez ci-dessus, p. 530 et note 1.
2. Et souffrances. (1662-1838.) — 3. Du peuple. (*Ibidem.*)
4. Ont été sacrifiés à leurs intérêts. (1689-1754.)
5. Aigrissoit plus. (1662-1664, 1717.)
6. A conférer. (1662-1688, 1717, 1804, 26, 38.) — Qu'un homme condamné conférât. (1689-1754.)
7. *En* n'est pas dans les textes antérieurs.
8. Pensa. (1662-1838.) Leçon évidemment fautive.

APPENDICE AUX MÉMOIRES.

Cet avis assez doux fut ouvert par Broussel, et, pour cela, suivi des Frondeurs et des Mazarins, non sans quelque soupçon, peut-être injuste, que la promesse secrète qui lui avoit été faite du gouvernement de la Bastille [1] avoit à ce coup ralenti ce bon homme : tant il y a peu de gens qui se garantissent des charmes de l'intérêt. Comme le Coadjuteur vit que le Parlement, dans la réformation des articles, n'avoit point insisté contre le Cardinal, il fit trouver bon au prince de Conti d'envoyer quelqu'un, de sa part et des autres généraux, à la conférence de Saint-Germain, qui se tenoit principalement dans l'intérêt des généraux, pour proposer qu'ils renonçoient à toutes leurs prétentions, pourvu que le Cardinal s'éloignât du ministère, et, en même temps [2], de supplier le Parlement d'ordonner à ses députés d'insister conjointement avec eux. Le Prince fit l'envoi du comte [3] de Maure [4] à Saint-Germain, et demanda l'union à la Compagnie [5] pour cette fin [6], qui lui accorda [7] ; mais, comme l'on n'en avoit fait aucune mention dans le premier traité [8], que même le duc de Brissac, Barrière [9] et Crecy [10], députés des généraux, avoient fait d'autres propositions pour leurs intérêts, que déjà l'on avoit goûté les douceurs de la paix par le trafic rétabli et la cessation de tous actes d'hostilité, la Reine et les Princes répondirent aux pressantes instances du Maure [11] qu'ils ne consentiroient jamais à l'éloignement du Cardinal, et que, pour les prétentions des généraux, elles étoient de grâce ou de justice : que celles de justice leur seroient conservées, que, pour celles de grâce, Sa Majesté les donneroit au mérite, et dépendoient [12] de sa pure volonté. Ainsi toutes leurs prétentions, la plupart mal fondées, s'évanouirent, et il n'y eut que le prince de Conti qui eut Damvilliers [13], M. de Longueville le Pont-de-l'Arche, et Broussel la Bastille, ce qui ne fut exécuté que quelque temps après, et quelques arrérages de pensions

1. Les éditions de 1688-1754 ajoutent : « pour un de ses enfants. »
2. A même temps. (1662-1838.)
3. Envoya le comte. (*Ibidem*.)
4. Dans notre manuscrit : « de More ». — Voyez ci-dessus, p. 329 et note 2.
5. De la Compagnie. (1662-1838.) — 6. A cette fin. (*Ibidem*.)
7. Qui la lui accorda. (1662-1754.) — Elle lui fut accordée. (1804, 26, 38.)
8. Dans le traité premier. (1662-1664, 1717, 1804, 26, 38.)
9. Henri de Taillefer, sieur de Barrière. Voyez sur lui les *Mémoires de Retz*, tome II, p. 209, note 2.
10. Conseiller au Parlement, puis, plus tard, maître des requêtes. Dans la plupart des éditions antérieures à 1804 : *Crécy*.
11. Du comte de Maure. (1662-1838.)
12. Et les feroit dépendre. (1804, 26, 38.)
13. Voyez ci-dessus, p. 137, note 6.

distribués à propos. Quant au Parlement, il fut satisfait sur la réformation des trois articles que ses députés avoient demandée, et Sa Majesté le dispensa de venir à Saint-Germain, où elle devoit tenir son lit de justice, et de la cessation de l'assemblée des chambres révoquant les prêts [1]. Ainsi, les principaux intéressés étant contents, les députés revinrent à Paris, où, les chambres assemblées, la déclaration du Roi pour la paix fut vérifiée, et ordonné [2] que Leurs Majestés seroient remerciées de la paix qu'il leur avoit plu donner à leurs sujets [3].

Telle fut la fin de cette guerre, dans laquelle aucun des deux partis n'ayant surmonté l'autre, pas un n'obtint ce qu'il s'étoit proposé; car le Parlement et le Cardinal demeurèrent dans leur même splendeur, et l'état présent des choses ne changea point. Pourtant [4] la paix, dans laquelle prirent fin toutes les horreurs de la guerre civile pour quelque temps, fut reçue avec une allégresse universelle, à la réserve de ceux dont la condition languit dans la tranquillité publique, qui ne se relèvent que par les factions, et qui établissent leur sûreté et leur bonheur dans le naufrage des autres.

Mais le feu de la guerre civile n'étoit pas si éteint par cette paix du Parlement, qu'il ne se ralluma [5] quelque temps après, pour se répandre, avec plus de violence, dans les principales provinces du Royaume; et certes il étoit difficile que la Reine eût une reconnoissance proportionnée aux grands services que Monsieur le Prince lui avoit rendus, et aussi que Monsieur le Prince se contînt dans la modestie qu'il devoit avoir [6], après avoir si utilement servi; car, les dettes de cette nature, ne se pouvant payer, produisent d'ordinaire de la haine dans l'esprit du Souverain, et en même temps inspirent des pensées de domination aux sujets qui ne le peuvent souffrir [7]. Or, comme le Cardinal avoit principalement senti le fruit des assistances de Monsieur le Prince, il étoit aussi le plus exposé à ses plaintes, à ses demandes, à ses menaces et à sa mauvaise humeur.

1. Des trois articles pour lesquels ses députés avoient été envoyés. Sa Majesté..., de justice, et on retrancha ce qui étoit relatif à la cessation de l'assemblée des chambres et aux emprunts à faire par le Roi. (1804, 26, 38.)
2. Et il fut ordonné. (*Ibidem*.)
3. Les députés revinrent à Paris le 30 mars; ils firent leur relation au Parlement le 31, et le 1er avril la déclaration de la paix fut vérifiée par les chambres. Voyez *Retz*, tome II, p. 476-478.
4. Partant. (1662-1664, 1717, 1804, 26, 38.)
5. Le manuscrit porte bien ainsi *ralluma*, à l'indicatif.
6. *Avoir* n'est pas dans les textes antérieurs.
7. Qui ne se peuvent souffrir. (1662-1754.)

Quelque temps devant les troubles, le Cardinal voulant établir le siége de sa fortune en France, pour s'y appuyer de grandes alliances, avoit jeté les yeux sur le duc de Mercœur, qu'il destinoit pour épouser une de ses nièces[1]. Il lui avoit fait permettre qu'il vînt à la cour, que le duc de Vendôme retournât[2] en l'une de ses maisons[3], et il avoit cessé sa persécution contre le duc de Beaufort. Cela fit juger aux plus clairvoyants que le Cardinal, qui prévoyoit combien la protection de Monsieur le Prince lui seroit onéreuse avec le temps, tentoit toutes les voies possibles pour s'en passer; mais qu'il espéroit, ayant apaisé les mécontents de la Régence, et aussi par les nouveaux appuis qu'il prendroit, se délivrer de sa dépendance. Ce projet fut interrompu par la guerre, et repris quelque temps après la paix, lorsque la cour étoit à Compiègne, où le duc de Vendôme, qui y étoit, n'oublioit aucun soin[4] pour le faire réussir. La Reine en parla à Monsieur le Prince, qui n'osa contredire cette proposition, soit qu'il n'en prévît pas ou méprisât les conséquences, ou plutôt qu'il craignît l'éclat qui arriveroit par ce refus[5]; mais Mme de Longueville[6], qui s'étoit rétablie dans l'esprit de son frère avec plus de pouvoir qu'auparavant, poussée par des raisons qui regardoient ses plaisirs, préférablement à l'avantage de Monsieur le Prince, lui fit pénétrer l'intention du Cardinal, exagérant son ingratitude de s'allier avec la maison de Vendôme, ennemie de la sienne. En effet, Monsieur le Prince fut si fort touché de ces discours que, par une mauvaise politique, il ne garda plus aucune mesure envers le Cardinal, et n'épargna ni raillerie ni invective contre sa personne et ce prétendu mariage. Le Cardinal, à qui ce procédé n'étoit pas inconnu, se plaignoit hautement de l'opposition que Monsieur le Prince faisoit au mariage de sa nièce avec le duc de Mercœur, puisqu'il[7] ne s'étoit pas opposé à celui de Mlle d'Angoulême avec M. de Joyeuse[8], affectant par cette comparaison une égalité

1. Sur ce projet de mariage entre le duc de Mercœur et Laure de Mancini, voyez ci-dessus, p. 149 et 150.
2. Il lui avoit fait permettre de venir à la cour et au duc de Vendôme de retourner. (1688-1754.)
3. Dans l'une de ses terres. (1804, 26, 38.)
4. Lorsque la cour étant à Compiègne, où le duc de Vendôme étoit, le Cardinal n'omit aucun soin. (1662-1838.)
5. Ou qu'il en méprisât la conséquence, ou plutôt qu'il craignît l'éclat qui résulteroit de ce refus. (1804, 26, 38.)
6. Les textes de 1662-1804 portent encore ici, comme plus haut (p. 538), *M. de Longueville*, et les participes qui suivent sont au masculin.
7. *Il*, c'est-à-dire Mazarin.
8. « C'est que le Cardinal avoit voulu faire épouser Mlle d'Angoulême au jeune Mancini, son neveu, qui ne pouvoit pas faire comparaison de naissance

qui étoit alors à contre-temps, de sorte que leurs cœurs étant ulcérés, les soupçons, les défiances, les rapports, dont les courtisans ne sont guère avares dans les brouilleries du cabinet, les envenimoient[1] davantage, et leur faisoient naître des sentiments de se venger fort différents; car Monsieur le Prince se satisfaisoit par des mépris qui sont très-souvent impuissants; le Cardinal avec un silence profond faisoit ses préparatifs[2], et jetoit les fondements de sa perte. Tous les deux pourtant conservoient toujours les mêmes apparences avec bien peu[3] de froideur; mais cette aliénation avoit encore pris son origine par une communication étroite et assidue qu'ils avoient eue ensemble pendant la guerre, où, comme c'est assez l'ordinaire qu'on diminue[4] d'estime dans la familiarité, qui nous fait voir tous entiers et sans réserve, principalement dans l'excès[5] de la bonne ou de la mauvaise fortune, le Prince en avoit beaucoup perdu pour le Cardinal[6], et n'étant plus retenu par la crainte de la puissance ébranlée, il se réjouissoit de ses défauts avec M. le duc d'Orléans et les confidents du Cardinal.

Ceux-ci, avec peu de fidélité pour tous les deux, après avoir fait leur cour à Monsieur le Prince, rendoient compte au Cardinal de ses railleries sanglantes dont le souvenir donne de mortels aiguillons à la vengeance, et ne s'efface jamais de la mémoire. D'autre part, le Cardinal avoit découvert qu'il ne pouvoit faire un fondement solide sur l'amitié de Monsieur le Prince, qui étoit plutôt gouverné par ses caprices que par la raison et par ses intérêts, et que cette humeur méprisante, au lieu de s'arrêter, augmenteroit avec le temps: si bien que, ne pouvant se l'acquérir, il méditoit de le perdre. Ajoutez à cela que, la concorde et la puissance étant incompatibles en un même lieu, le Cardinal ne pouvoit souffrir à la cour un supérieur, ni Monsieur le Prince une personne qui lui fût égale. Mais ce qui acheva de ruiner entièrement leur liaison fut que le

avec M. de Joyeuse. » (*Note de l'édition de* 1688.) — Avant la guerre de Paris, il y avait eu une « négociation secrète, dit Mme de Motteville (tome III, p. 151), entre le cardinal Mazarin et le duc de Longueville, par où le ministre avoit fait espérer à ce prince le Havre-de-Grâce, moyennant qu'il fit en sorte avec le prince de Condé, son beau-frère, que Mlle d'Alais, fille du duc d'Angoulême, sa cousine germaine, épousât son neveu Mancini (*voyez ci-dessus, p.* 223, *note* 1); mais que le prince de Condé, ne voulant point manquer de parole au duc de Joyeuse (*Louis*), à qui il avoit promis Mlle d'Alais, rompit ce traité.... »

1. Les animoient. (1662-1838.) — 2. Les préparatifs. (*Ibidem*.)
3. Avec un peu. (1688-1838.)
4. Parce qu'on diminue. (1804, 26, 38.)
5. Dans les exercices. (1662-1754.)
6. Le Prince avoit beaucoup perdu du (*de* 1662 B, 1663, 1664) respect qu'il avoit pour le Cardinal. (1662-1838.)

Cardinal étant assez justement persuadé qu'il ne pouvoit engager Monsieur le Prince à persévérer dans ses intérêts que par des apparences de nouveaux établissements, ou il lui en proposoit, ou il lui en faisoit proposer par ses créatures, dont il l'entretenoit quelque temps, et les éludoit dans la suite. Le Prince, assez éclairé de ses propres lumières, et peut-être de ceux mêmes qui se mêloient de ces commerces[1], s'aperçut du peu de sincérité du Cardinal, dont il ne douta plus après une telle rencontre[2].

Le Cardinal ayant exhorté Monsieur le Prince d'acquérir le Montbéliard[3], et envoyé d'Herval[4], en apparence pour en faire le traité, avec ordre de ne rien conclure, d'Herval en avertit Monsieur le Prince, qui ne le put dissimuler; et, suivant le proverbe espagnol : *Despues que te erré, nunca bien te quise*[5], il n'est pas étrange si le Cardinal, dans le soupçon qu'il avoit que Monsieur le Prince se vengeroit de ce manquement, le voulut prévenir, même aux dépens des obligations essentielles qu'il lui avoit[6], puisqu'en matière de politique tous les moyens qui vont à conserver l'autorité, pourvu qu'ils soient sûrs, sont réputés honnêtes et légitimes. De ce discours il est aisé de voir que le Cardinal vouloit profiter de tous les événements, pour jeter Monsieur le Prince dans le précipice; cela se passa ainsi : la paix ne fut pas publiée, que l'on jugea qu'il étoit convenable[7] au bien de l'État, tant pour les provinces que pour les dehors, que le Roi retournât en sa ville capitale; mais les ministres ne pouvoient prendre la résolution de se renfermer si tôt parmi une populace irritée qu'ils venoient d'assiéger, et, comme la campagne approchoit, c'étoit un prétexte pour s'en aller sur la frontière, se préparer à quelque entreprise considérable; que ce-

1. De ce commerce. (1804, 26, 38.) — De ses affaires. (1688-1754.)
2. *Une telle rencontre*, c'est-à-dire celle qu'on va raconter.
3. Le comté de Montbéliard (Doubs) appartenait alors à la maison de Wurtemberg. Voyez, sur cette proposition du Cardinal à Condé, les *Mémoires de Retz*, tome II, p. 530.
4. D'Hervart (1688-1838); d'Herval (*Madame de Motteville*, tome IV, p. 398); Herballe (*Retz*, tome II, p. 530 et note 6). — Barthélemy Hervart, né à Augsbourg, banquier de Mazarin, intendant des finances, puis contrôleur général (1657); il mourut à Tours en 1676.
5. « C'est-à-dire : « depuis que je t'ai trompé, je ne t'ai jamais voulu de « bien. » (*Note de l'édition de* 1688.)
6. « Car c'étoit une de ses maximes qu'un ministre d'État ne doit pas être esclave de ses paroles ni de sa reconnoissance. » (*Note de* 1688.) — L'édition de 1689 ajoute : « et qu'il faut distinguer les intentions d'avec les promesses. »
7. Les éditions de 1662-1688, 1717, 1804, 26, 38 donnent un sens tout différent, et certainement faux : « La paix n'étant (comme la paix n'étoit, 1689-1754) pas publiée, l'on jugea qu'il n'étoit pas convenable, etc.... »

pendant le temps calmeroit les esprits, et que le souvenir des choses passées s'y perdroit. En effet, Leurs Majestés, avec M. le duc d'Orléans, et le Conseil, allèrent à Compiègne; mais Monsieur le Prince, pensant qu'il étoit de sa réputation de se faire voir à un peuple qui lui avoit donné tant d'imprécations, vint à Paris, et se montra par les rues, seul dans son carrosse. Il y attira plutôt le respect et la crainte que le ressentiment, tant la valeur a d'attraits envers ceux même qu'elle blesse. La plupart du Parlement et les principaux du parti le visitèrent durant cinq ou six jours, après lesquels il revint à la cour, où la joie que le Cardinal avoit, qu'il lui eût ouvert le chemin de Paris, étoit tempérée par la jalousie de ses moindres actions. A son arrivée, le Cardinal voulant s'éloigner[1] un compétiteur aussi dangereux, lui proposa le commandement de l'armée de Flandres, qu'il ne voulut pas accepter par le goût qu'il avoit pris à régenter le cabinet : même il avoit dessein, s'en allant en son gouvernement de Bourgogne, de pacifier les mouvements de Guyenne et de Provence, qui étoient en armes par la mauvaise intelligence de leurs gouverneurs et des parlements[2]. Mais le Cardinal et la Rivière éludèrent son entremise, à l'autorité de laquelle les intéressés avoient remis leurs différends, de crainte de donner encore ce surcroit à sa puissance. Pendant son séjour à Compiègne, il rallia auprès de lui le prince de Conti, les ducs de Nemours[3] et de Candale[4], M. le maréchal de Turenne, qu'il avoit raccommodé, et toutes les personnes de condition, et dans ses sociétés des plaisirs[5] il ne dissimula plus le mépris qu'il faisoit du Cardinal et de M. de Vendôme et l'aversion qu'il avoit pour le mariage du duc de Mercœur. Il passoit plus avant, traitant de raillerie[6] l'autorité royale, dont il venoit d'être le plus ferme appui; mais plutôt[7] par la haine du Ministre que par un dessein formé d'élever la sienne sur ses ruines.

Cette conduite donna des pensées au Cardinal, dès ce temps-là, contre sa liberté, s'il eût osé l'exécuter[8]; mais, outre[9] plusieurs raisons qui le retenoient, celle de sa bonne intelligence avec M. le duc d'Orléans étoit un obstacle à ce dessein, car Monsieur le Prince avoit agi avec son Altesse Royale, dans les affaires passées,

1. Voulant éloigner. (1804, 26, 38.)
2. Voyez *Madame de Motteville*, tome III, p. 20 et 21.
3. Voyez ci-dessus, p. 98 et note 4.
4. Voyez ci-dessus, p. 143 et note 2.
5. De plaisir. (1662-1838.)
6. De railleries. (*Ibidem.*)
7. Ce qu'il faisoit plutôt. (1804, 26, 38.)
8. Les exécuter. (1662-1838.)
9. Entre. (*Ibidem.*)

d'une manière qui avoit effacé l'envie que lui pouvoit donner sa haute réputation, par des déférences et des respects extraordinaires[1], en lui laissant les marques extérieures du commandement : joint que l'abbé de la Rivière, à qui il avoit promis que le prince de Conti ne traverseroit point sa nomination, étoit un garant certain de l'esprit de son maître. Monsieur le Prince partit, avec cette mésintelligence[2], de Compiègne pour aller à son gouvernement. Le Cardinal lui fut dire adieu, fort accompagné, comme s'il eût douté de confier sa vie à celui qui avoit hasardé la sienne pour la lui conserver[3]. Ainsi les liaisons et les amitiés de la cour sont fragiles, et le moindre accident les expose à de grands changements. En partant, il pria le commandeur de Souvré[4], le Tellier, et d'autres confidents du Cardinal, et il chargea Marcebille[5], son domestique, de lui dire qu'il ne pouvoit être de ses amis s'il pensoit à ce mariage. Le Cardinal, piqué de se voir contraint de manifester au monde une dépendance si soumise, et que la volonté de Monsieur le Prince lui[6] fût une règle à laquelle il dût conformer tous ses intérêts, s'en défendoit avec assez de véhémence, et alléguant qu'ayant donné part de cette alliance, approuvée de la Reine et de Son Altesse Royale[7], à Rome et à tous les princes d'Italie, il ne pouvoit s'en désister sans se couvrir de confusion : de sorte que, balançant entre l'honneur du monde et la crainte de Monsieur le Prince, il ne pouvoit se résoudre à rompre ni à conclure ce mariage ; mais, suivant le génie de la nation[8], qui domine beaucoup en lui, il attendoit le bénéfice du temps.

Cependant il falloit mettre en campagne, pour effacer l'infamie de nos guerres civiles et relever la réputation de nos affaires. L'on mit sur pied une puissante armée, composée des troupes d'Allemagne, où la paix venoit d'être faite[9], dont le comte d'Harcourt[10]

---

1. Des respects particuliers. (1662-1838.) — Rapprochez d'un passage des *Mémoires de la Rochefoucauld*, ci-dessus, p. 134.
2. Avec cette intelligence. (1662-1838.)
3. Pour sa conservation. (*Ibidem.*)
4. Jacques de Souvré, commandeur de l'ordre de Malte, fils de Gilles de Souvré (qui avait été gouverneur de Louis XIII), et frère de Mme de Sablé (voyez p. 85, note 1); né en 1600, il fut grand prieur de France en 1667, et mourut en 1670.
5. Marbille. (1662-1838.)
6. *Lui* n'est pas dans les éditions antérieures, non plus que *et*, un peu avant.
7. C'est-à-dire du duc d'Orléans.
8. De sa nation. (1804, 26, 38.)
9. Par le traité de Westphalie. Voyez ci-dessus, p. 96 et note 6.
10. Voyez ci-dessus, p. 176 et note 3.

fut général, qui eut ordre [1] d'assiéger Cambrai [2]. Ce succès, outre l'intérêt public, étoit avantageux au Cardinal, qui prétendoit se rétablir dans son ancien lustre par une conquête glorieuse, qui le chatouilloit d'autant plus que Monsieur le Prince n'y avoit nulle part, tant au projet qu'à l'exécution [3] ; même, pour s'en faire l'honneur entier, il alla d'Amiens, où étoit le Roi, au siége [4], plutôt par ostentation que pour quelque bon effet [5], se contentant de distribuer des présents de peu de valeur, qui ne servirent qu'à le décréditer dans l'armée et lui attirer la raillerie publique ; mais, comme la fortune le regardoit de mauvais œil cette année-là, Cambrai [6] fut secouru, et cette entreprise tourna à sa confusion [7].

Cet événement réveilla le parti de Paris et lui donna de nouvelles forces, quoiqu'il fût toujours porté de la même animosité contre le Cardinal [8] ; car, comme il ne s'étoit pas appliqué à gagner le Coadjuteur, le duc de Beaufort, Longueil, et les plus accrédités y [9] maintenoient, nonobstant la paix, la haine du peuple et du Parlement aussi vive contre lui que durant la guerre, pour se rendre nécessaires au retour du Roi à Paris [10] ; même le prince de Conti, par le conseil du prince de Marcillac, encore qu'il eût l'exécution de ce qu'on avoit stipulé en sa faveur par la paix [11], ne laissoit pas de se tenir à la tête de ce parti et se montrer ennemi du Cardinal pour se rendre plus considérable [12]. D'ailleurs, comme il étoit entièrement uni à toutes les volontés de Monsieur le Prince, qui lui

1. Venoit d'être faite ; le comte d'Harcourt en fut général, et il eut ordre. (1804, 26, 38.)
2. *Cambrai*, dans le manuscrit de la Roche-Guyon, est au-dessus de *Courtray*, biffé.
3. N'avoit nulle part ni au projet ni à l'exécution. (1662-1838.)
4. La cour était partie de Compiègne pour Amiens, le 7 juin 1649. Voyez *Madame de Motteville*, tome II, p. 433.
5. Que par quelque bon effet. (1662-1754.) — Que par quelque autre bon effet. (1804, 26, 38.)
6. *Cambrai*, sur *Courtray*, biffé, comme plus haut, dans le manuscrit de la Roche-Guyon.
7. Voyez *Madame de Motteville*, tome II, p. 445-447.
8. L'obscurité de cette phrase tient évidemment à une forte ellipse. Il faut entendre que cet événement « donna de nouvelles forces au parti de Paris, » qui, bien qu'affaibli en apparence, n'avait pas cessé d'être « porté de la même animosité contre le Cardinal. »
9. Dans notre manuscrit *y* est sur *ils*, biffé ; *ils* est le texte des éditions anciennes ; celles de 1804, 26, 38 ont : « ceux-ci ».
10. Les éditions de 1662-1838 ajoutent : « et faire leur condition meilleure. »
11. Pour la paix. (1662-1838.)
12. Pour se rendre considérable. (1662-1754.)

APPENDICE AUX MÉMOIRES.

avoit procuré, par sa considération, Damvilliers et l'entrée au Conseil, il étoit de leur commun intérêt qu'il se conservât du crédit[1] à Paris pendant tous ces orages de la cour : de sorte qu'en ce temps-là l'autorité royale étoit aussi peu respectée qu'avant la guerre, parce que son maintien est la crainte ou l'admiration que l'on avoit perdues, et le public n'avoit pas moins d'ardeur contre le premier ministre, attendu qu'il avoit reconnu sa foiblesse, causée de sa[2] désunion d'avec Monsieur le Prince. Pourtant il[3] ne manquoit point de gens qui lui suggéroient de fausses flatteries, que le parti de Paris étoit abattu dans Paris même et que le sien y prévaloit ; il fit faire une tentative par Jarzé[4], qui en reçut une insulte de M. de Beaufort, au jardin de Renard[5], à laquelle[6] le duc de Candale, Bouteville[7] et d'autres personnes de qualité étoient intéressées. Elle fut suivie de plusieurs appels qui se passèrent[8] au désavantage de M. de Beaufort[9]. Néanmoins ce rencontre réunit toute la Fronde avec un soulèvement quasi universel contre le Cardinal et ses partisans. Et lors le Cardinal, détrompé de toutes ses erreurs[10] qu'on lui persuadoit, et prévoyant qu'il ne pourroit[11] prolonger[12] le retour du Roi à Paris, quelque aversion qu'il

---

1. En crédit. (1688-1838.)
2. La. (1662-1688, 1717, 1804, 26, 38.)
3. Pourtant, comme il. (*Ibidem*.) — *Comme*, dans le manuscrit de la Roche-Guyon, est biffé. Cette phrase et la suivante sont ainsi modifiées dans les éditions de 1689-1754 : « Mais, comme ce ministre ne manquoit point de flatteurs qui lui faisoient entendre que le parti.... y prévaloit, une bravade qu'il fit faire par Jarzay à M. de Beaufort, et qui fut suivie d'une autre que ce prince fit à Jarzay dans le jardin de Renard, émut si fort toute la Fronde, qu'il en arriva un soulèvement presque universel contre le Cardinal et les Mazarins. »
4. Voyez ci-dessus, p. 142, note 3.
5. Voyez p. 86, note 4.
6. Qui en reçut de M. de Beaufort, au jardin de Renard, une insulte à laquelle. (1804, 26, 38.) — On lit dans le manuscrit de la Roche-Guyon *un insulte.... auquel*, et plus loin : *il fut suivi*.
7. Voyez ci-dessus, p. 143, note 3. — *Bouteville*, dans notre manuscrit sur *Bouteiller*, biffé.
8. Qui ne passèrent pas outre, etc. (1662-1688, 1717, 1804, 26, 38.)
9. Sur cette affaire, voyez, ci-dessus, les *Mémoires de la Rochefoucauld*, p. 142-144.
10. De toutes les erreurs. (1662-1838.)
11. Que, vu la nécessité des affaires, il ne pouvoit. (1688-1754.) — Ces éditions omettent plus loin ce membre de phrase : « dont il étoit pressé.... des affaires. »
12. Qu'il ne pouvoit différer encore longtemps. (1804, 26, 38.)

eût¹, dont il étoit pressé par les deux² princes et par la nécessité des affaires, tourna toutes ses pensées à pratiquer ceux qui pourroient contribuer à sa sûreté à l'égard du prince de Conti et de Mme de Longueville³. Il s'engagea avec le prince de Marcillac de lui procurer les honneurs du Louvre⁴, dont jouissent les principales maisons du Royaume; il n'oublia aucune promesse envers la duchesse de Montbazon⁵, qui avoit une autorité entière et absolue sur le duc de Beaufort; il promit, dès ce temps-là, la surintendance au président de Maisons, frère de Longueil, et, quant au Coadjuteur, comme il étoit en liaison avec la duchesse de Chevreuse, qui, dans la confusion des temps, étoit revenue de son exil de Flandres à Paris avec le marquis de Noirmoutiers et de Laigues, le Cardinal étoit entré en quelque conférence avec elle sur son sujet : si bien que les supports de ce parti, refroidis par ces pourparlers, étoient encore assez aises de couvrir la foiblesse de leur crédit, qui auroit paru, s'ils eussent tenté de s'opposer au concours du plus grand nombre, qui demandoit la présence du Roi à Paris.

Mais le Cardinal, encore qu'il eût besoin de l'appui de Monsieur le Prince pour son rétablissement, soit qu'il crût qu'il s'en pourroit passer, par le moyen de ses nouvelles pratiques, soit qu'effectivement il ne pouvoit plus respirer⁶ sous le joug de ses obligations, qui lui sembloit trop pesant, avoit entretenu avec lui, pendant son éloignement, un commerce seulement de bienséance, et le traitoit⁷ comme un ami suspect. En effet, Monsieur le Prince sentoit avec peine les prospérités de la cour, pour lesquelles il s'étoit aveuglément passionné auparavant. Il avoit eu inquiétude du siége de Cambrai et fut bien aise d'apprendre qu'il fût levé. Les troubles de Guyenne et de Provence, avec les difficultés du retour du Roi à Paris, lui plaisoient assez, d'autant qu'il avoit pénétré l'intérieur du Cardinal, qui ne pensoit qu'à surmonter tous ces embarras présents pour recouvrer une autorité absolue et indépendante. Toutefois il ne fomentoit point ses mécontentements, ni en secret ni en public, comme s'il eût voulu laisser dormir son ressentiment pour le faire éclater avec plus de violence. Au contraire, à son retour de Bourgogne à Paris, sans avoir encore vu la cour, il sollicita puissamment ses amis

1. Qu'il en eût. (1662-1838.)
2. *Deux* n'est pas dans les textes antérieurs.
3. Et de M. de Longueville. (1662-1838.)
4. Voyez, à ce sujet, les *Mémoires de la Rochefoucauld*, p. 147 et 148, et l'*Apologie*, p. 456-458.
5. Voyez ci-dessus, p. 82, note 2.
6. Il ne pouvoit (*ou* pût) plus durer. (1662-1754.)
7. En le traitant. (1662-1838.)

pour recevoir le Roi avec le Cardinal, et témoigna la même chaleur pour ses intérêts [1] : peut-être qu'il se piquoit d'achever un ouvrage aussi glorieux que celui de le rétablir, ou qu'il se flattoit vainement qu'un si grand service seroit toujours présent aux yeux de la Reine.

Il [2] attendit que la cour fût de retour à Compiègne, où il reçut plus de démonstrations d'amitié et de confiance que lorsqu'il en partit, soit pour le faire relâcher sur le mariage qui étoit le point fatal de leur division, ou plutôt afin qu'il se portât avec son ardeur accoutumée pour le retour du Roi à Paris, qui étoit regardé de toutes les provinces comme le siége de l'empire. En effet, lorsque Sa Majesté y fit son entrée, avec la Reine et toute la maison royale en un même carrosse, le Cardinal étoit à une portière avec Monsieur le Prince qui le rassuroit, par sa présence, de la crainte qu'il pouvoit justement concevoir d'être parmi une foule incroyable de peuple qui avoit tant d'horreur pour sa personne. Mais la joie seule de revoir le Roi occupoit tous les esprits, qui en bannissoit tous les malheurs et les inimitiés passées [3]. Leurs Majestés, arrivées au Palais-Royal, reçurent les soumissions du duc de Beaufort et du Coadjuteur, et Monsieur le Prince acheva une si belle journée en disant à la Reine qu'il s'estimoit très-heureux d'avoir accompli [4] la parole qu'il lui avoit donnée de ramener Monsieur le Cardinal à Paris, à quoi Sa Majesté répondit : « Monsieur [5], le service que vous avez rendu à l'État est si grand, que le Roi et moi serions des ingrats s'il nous arrivoit de l'oublier jamais. » Un serviteur de Monsieur le Prince, qui avoit ouï ce discours, dit qu'il trembloit pour lui de la grandeur de ce service, et qu'il craignoit que ce compliment ne passât un jour pour un reproche. Monsieur le Prince repartit : « Je n'en doute point ; mais j'ai fait ce que j'avois promis. »

1. Que pour ses propres intérêts. (1688-1838.)
2. Ce dernier paragraphe n'est pas dans les éditions de 1804, 26, 38; il se trouve dans toutes les éditions antérieures, et dans les anciennes copies que nous avons vues.
3. Et en bannissoit le souvenir de tous les malheurs et de toutes les inimitiés passées. (1688-1754.)
4. D'accomplir. (1662-1754.)
5. Il y a ici dans le manuscrit de la Roche-Guyon : « Monsieur tout au long », par une distraction évidente du copiste, qui aura écrit trop littéralement sous la dictée. Les mots *tout au long* se retrouvent également, ainsi placés, dans plusieurs des copies de la Bibliothèque nationale. Dans la copie 5822 (ancien *fonds Lancelot*, 58), folio 55, ils ont été biffés. Dans la copie 99 (folios 373 verso et 374) et dans la copie 23317 (non paginée) il y a : *Sa Majesté répondit tout au long.*

IV. — Page 11 de l'*Avertissement*.

LES DEUX MANUSCRITS COPPINGER.

On trouvera la description de ces deux manuscrits dans la *Notice bibliographique*. Leur provenance les rend précieux. Une note du marquis de Surgères nous apprend que l'un a été donné à Arnauld d'Andilly par la Rochefoucauld lui-même ; l'autre a fait partie de la bibliothèque de Louis le Bouthillier de Pont-Chavigny. Renouard est devenu possesseur du premier ; c'est celui dont il s'est servi pour son édition de 1804 ; il ne contient pas nos sections I et II. Le second est un des trois seuls connus jusqu'ici qui les contiennent ; il a été communiqué à Petitot pour l'édition qui a paru, en 1826, dans la grande *Collection des Mémoires;* il appartenait alors à M. Bourdillon, de Genève[1].

Ce dernier manuscrit se divise en deux parties, dont la première est la rédaction définitive du commencement (p. 1-129 de notre édition), l'autre tout le reste de l'ouvrage, c'est-à-dire nos sections III à VI, écrites à la suite les unes des autres sans division ni titres de chapitres et comme formant un récit continu. La seconde partie de cette copie est d'une autre main que la première ; en comparant cette seconde partie avec notre texte, nous avons reconnu qu'elle a grande ressemblance avec la première rédaction du manuscrit Harlay, et ne reproduit pas bon nombre de retouches, assurément postérieures, du manuscrit D.

Le premier des deux manuscrits, celui qui a servi pour l'édition de 1804, nous offre, en général, non pas la première, mais la seconde rédaction du manuscrit Harlay. Ce qui fait son principal intérêt, c'est qu'il porte d'assez nombreuses corrections, près de quatre-vingts, auxquelles leur origine supposée donne un grand prix. Nous avons cru devoir les reproduire ici. On verra, en remontant aux notes auxquelles nous renvoyons quand il y a lieu, que ces corrections sont loin de se rapporter toutes à la rédaction définitive, que plusieurs modifient des leçons que l'auteur n'a pas conservées dans sa dernière révision.

1. Voyez ci-dessus, p. XXVII et XXVIII, et p. XXXII et XXXIII.

APPENDICE AUX MÉMOIRES.

RELEVÉ DES CORRECTIONS DU MANUSCRIT DE 1804,

qui nous paraissent être, sinon, comme à Renouard, avec une entière certitude, du moins avec assez de vraisemblance, de la main de la Rochefoucauld.

Pages, lignes et notes de notre édition.	Pages et lignes du manuscrit.	
P. 134, l. 11;	p. 3, l. 1 :	la même conduite, *corrigé en* : les mêmes mesures.
P. 134, l. 17;	p. 3, l. 7 :	On l'attribue, *corrigé en* : On attribue cette conduite.
P. 135, l. 2;	p. 3, l. 10 :	crut, *corrigé en* : se persuada.
P. 135, l. 6;	p. 3, l. 13 :	estima, *corrigé en* : crut.
P. 137, l. 15;	p. 5, l. 9 :	très-méchante politique, *corrigé en* : fauce (*sic*) politique.
P. 144, l. 4;	p. 8, l. 24 :	dans une conjoncture où Monsieur le Prince prit, *corrigé en* : dans cette conjoncture Monsieur le Prince y prit.
P. 150, l. 11;	p. 12, l. 9 :	*ajouté* : il balança néanmoins quelque temps à se déclarer.
P. 150, l. 15;	p. 12, l. 12 :	de se déclarer contre les sentiments, *corrigé en* : de s'opposer ouvertement aux sentiments.
P. 159, l. 6;	p. 19, l. 4 :	grand, *effacé entre* son *et* dessein.
P. 177, l. 1;	p. 29, l. 12 :	*Après* : Clermont, *ajouté* : et.
P. 178, l. dern.;	p. 30, l. 20 :	il falloit le mettre en assurance, *corrigé en* : il falloit l'en mettre à couvert.
P. 180, l. 2;	p. 31, l. 17 :	estima, *corrigé en* : crut.
P. 186, l. dern.;	p. 36, l. 8 :	Ce séjour dans Turenne fait par nécessité, *corrigé en* : Ce séjour que l'on fit à Turenne par nécessité.
P. 187, l. 8;	p. 36, l. 16 :	*après ces mots* : une maison du duc de Bouillon nommée, *le copiste avait laissé un blanc et écrit seulement la fin du mot* : fort; *le correcteur a effacé* fort, *et écrit dans le blanc le mot entier* : Rochefort.
P. 188, l. 2;	p. 37, l. 2 :	Tous ceux-là, *corrigé en* : Ils.
P. 188, l. 11;	p. 37, l. 12 :	les efforts faits, *corrigé en* : les efforts qu'on avoit faits.

Pages, lignes et notes de notre édition.	Pages et lignes du manuscrit.	
P. 198, l. 14;	p. 43, l. dern. :	étoient comme étonnés, *corrigé en* : étoient, comme je l'ai dit, étonnés.
P. 204, l. 14;	p. 48, l. 24 :	*après :* Roi, *ajouté :* ils.
P. 209, l. 3;	p. 51, l. 23 :	de leur rendre, *corrigé en :* de le rendre.
P. 214, l. 7;	p. 54, l. 13 :	de retourner à Stenay, *corrigé en :* de s'empêcher de retourner à Stenay.
P. 214, l. 12;	p. 54, l. 18 :	la confier, *corrigé en :* la donner.
P. 215, l. 9;	p. 55, l. 12 :	la manière si fière, *corrigé en :* la hauteur.
P. 215, l. 10;	p. 55, l. 14 :	Dans la créance qu'il eut, *corrigé en :* Il se persuada aisément.
P. 215, l. 12;	p. 55, l. 16 :	au-dessus des cabales, il négligea, *corrigé en :* au-dessus des cabales : de sorte qu'il négligea.
P. 215, l. 14;	p. 55, l. 17 :	il ne songea, *corrigé en :* et ne songea.
P. 215, l. 17;	p. 55, l. 20 :	le fit partir, *corrigé en :* il le fit partir.
P. 216, note 6;	p. 56, l. 24 :	de lui en faire prendre aucune, *corrigé en :* de lui faire prendre aucun dessein.
P. 219, l. 6;	p. 58, l. 1 :	et de traités, quelque opposés qu'ils fussent, *corrigé en :* et de tant de traités opposés.
P. 228, l. 14;	p. 63, l. 3 :	n'a jamais dans aucune autre rencontre, *corrigé en :* dans aucune autre rencontre n'a jamais.
P. 232, l. 3;	p. 64, l. 18 :	sur quoi, *corrigé en :* mais.
P. 233, l. 8;	p. 65, l. 16 :	et, *effacé entre* différer *et* [1] le Duc.
P. 245, l. 8;	p. 74, l. 14 :	feroit, *corrigé en :* fesant.
P. 248, l. 3;	p. 76, l. 3 :	et croyoit, *corrigé en :* Il croyoit.
P. 248, l. 4;	p. 76, l. 4 :	et occuper, *corrigé en :* et d'occuper.
P. 248, l. 5;	p. 76, l. 6 :	Sa Majesté, *corrigé en :* Elle.
P. 249, l. 4;	p. 76, l. 20 :	contre sa sœur, *corrigé en :* contre Madame sa sœur.
P. 260, l. 14;	p. 84, l. 18 :	tant des plus illustres, *corrigé en :* tant d'illustres.

1. La conjonction *et*, effacée au manuscrit Coppinger, est maintenue dans celui de la Roche-Guyon et, par suite, dans notre texte.

APPENDICE AUX MÉMOIRES.

Pages, lignes et notes de notre édition.	Pages et lignes du manuscrit.	
P. 265, l. 6;	p. 87, l. 9 :	faire *biffé entre* l'y *et* résoudre.
P. 265, note 3;	p. 87, l. 9 :	la fortune, qui mêle souvent ses jeux dans les aventures des Princes, voulut qu'après, *corrigé en* : le hasard fit ce que M. le Prince n'avoit pu faire, et[1] après.
P. 268, l. dern.;	p. 89, l. 9 :	que, *effacé entre* cause *et* le Maréchal.
P. 269, l. dern.;	p. 89, l. 16 :	sur des gages dont sa propre expérience lui avoit si souvent fait connoître la valeur, *corrigé en* : sur la foi de ce ministre.
P. 272, note 1;	p. 91, l. 11 :	Jamais la cour n'avoit tant qu'alors été partagée de diverses intrigues, *corrigé en* : Jamais la cour n'avoit été partagée de tant de diverses intrigues.
P. 272, l. 15;	p. 91, l. 22 :	on attendoit à la cour ses ordres, *corrigé en* : on attendoit ses ordres à la cour.
P. 286, note 1;	p. 102, l. 17 :	le duc de la Rochefoucauld considéroit, *corrigé en* : le duc de la Rochefoucauld, considérant.
P. 308, l. 11;	p. 118, l. 7 :	un gentilhomme, *corrigé en* : un homme de sa condition.
P. 322, note 7;	p. 130, l. 13 :	grands, *effacé entre* ses *et* devoirs.
P. 335, l. 6;	p. 139, l. 2 :	de la Champagne et Lorraine, *corrigé en* : de Champagne et de Lorraine[2].
P. 344, l. 1;	p. 146, l. 22 :	nouvelles, *corrigé en* : des nouvelles.
P. 344, l. 5;	p. 146, l. 26 :	Mais cette joie fut mêlée d'inquiétude. Il voyoit d'un côté au milieu, *corrigé en* : Il eut la joie de voir au milieu.
P. 344, l. 8;	p. 147, l. 3 :	Mais d'autre part il sut, *corrigé en* : Mais cette joie fut mêlée d'inquiétude[3] : il sut.

1. La conjonction *et* n'est pas dans le manuscrit de la Roche-Guyon.
2. Dans notre texte : « les bataillons de Champagne et Lorraine ».
3. *D'inquiétudes*, au pluriel, dans notre texte.

APPENDICE AUX MEMOIRES.

Pages, lignes et notes de notre édition.	Pages et lignes du manuscrit.	
P. 345, l. 8;	p. 147, l. 16 :	s'éloignât si fort de Paris, *corrigé en* : s'éloignât de Paris.
P. 348, l. 2;	p. 149, l. 19 :	tout l'avantage, *corrigé en* : tout le désavantage.
P. 348, l. 10;	p. 149, l. 26 :	*après* : Agen, *ajouté* : comme j'ai dit.
P. 352, l. 3;	p. 152, l. 11 :	il arriva que, *corrigé en* : il arriva néanmoins que.
P. 353, l. 3;	p. 153, l. 2 :	il savoit que sa liaison avec, *corrigé en* : il savoit son engagement avec[1].
P. 353, l. 3;	p. 153, l. 3 :	ce qu'elle avoit, *corrigé en* : ce qu'il avoit.
P. 353, l. 6;	p. 153, l. 5 :	encore, *effacé entre* craignoit *et* qu'elle.
P. 353, l. 6;	p. 153, l. 5 :	d'en prendre de nouvelles, *corrigé en* : de prendre de nouvelles liaisons.
P. 353, l. 7;	p. 153, l. 6 :	causer des embarras encore plus grands, *corrigé en* : causer encore de plus grands désordres.
P. 353, l. 8;	p. 153, l. 8 :	Pour augmenter celui où, *corrigé en* : Ce qui augmentoit l'embarras où.
P. 353, l. 9;	p. 153, l. 9 :	elle se croyoit, *corrigé en* : c'est qu'elle se croyoit.
P. 359, l. 14;	p. 157, l. 7 :	M. le Prince fut là, *corrigé en* : M. le Prince étoit dans la troupe.
P. 360, l. 6;	p. 157, l. 14 :	du pont, *corrigé en* : d'un pont.
P. 361, l. 8;	p. 158, l. 14 :	qui n'avoit cependant, *corrigé en* : qui cependant n'avoit.
P. 363, l. 7;	p. 158, l. 2 :	longtemps, *corrigé en* : quelques heures.
P. 363, l. 8;	p. 158, l. 2 :	celui, *corrigé en* : le temps[2].
P. 366, l. 7;	p. 161, l. 14 :	faire, *effacé entre* nécessairement *et* entreprendre.

1. Pour cette correction et les six suivantes, voyez ci-dessus les notes 2-6 de la page 353 des *Mémoires*.

2. Voyez dans la note 5 de la page 360 la leçon à laquelle se rapporte cette correction.

APPENDICE AUX MÉMOIRES.

Pages, lignes et notes de notre édition.	Pages et lignes du manuscrit.	
P. 370, l. 18;	p. 164, l. dern.:	Ce mouvement qu'il fit croire, *corrigé en :* Ce mouvement fit croire.
P. 371, l. 14;	p. 165, l. 16 :	bien, *effacé entre* canonner *et* longtemps.
P. 372, note 9;	p. 166, l. 12 :	le salut, *corrigé en :* le succès.
P. 387, note 3;	p. 176, l. 24 :	plusieurs qualités, *corrigé en :* tant de qualités.
P. 405, l. 1;	p. 189, l. 11 :	verra, *corrigé en :* verroit.
P. 405, l. 11;	p. 189, l. 21 :	et, *ajouté entre* dit *et* se mêlant.
P. 415, l. 2;	p. 195, l. 3 :	ne parurent avec plus d'éclat, *corrigé en :* n'ont eu plus de part à la victoire.
P. 417, l. dern.;	p. 196, l. 26 :	très-injustement, *ajouté entre* on crut *et* que.
P. 422, l. 16;	p. 199, l. 15 :	Les troupes du comte joignirent, *corrigé en :* Le corps que commandoit le comte joignit.
P. 422, l. 17;	p. 199, l. 16 :	Elles avoient bloqué le marquis, *corrigé en :* Il y avoit bloqué avec assez peu de troupes le marquis.
P. 423, l. 1;	p. 199, l. 18 :	avec assez peu de troupes, *effacé entre* guerre *et* mais.

ADDITIONS ET CORRECTIONS

AU TOME II.

Page 98, note 2, ligne 3, « petite-fille », *lisez :* « petite fille », sans trait d'union.

Page 170, note 1, sur le *vieux Palais* de Rouen, *au lieu de cette phrase :* « Il reste à peine aujourd'hui quelques vestiges de cet ouvrage vers les boulevards extérieurs de l'est », *lisez :* « Ce château fort se trouvait à l'extrémité orientale de l'ancienne enceinte de la ville. » Voyez l'ouvrage de M. Chéruel : *Histoire de Rouen sous la domination anglaise*, Rouen, 1840, in-8°, p. 67-69.

Page 186, suite de la note 3 de la page 185, après « Guillaume de Peichpeyrou-Comminges, dit le *Petit Guitaut* », *au lieu de* « et neveu du capitaine des gardes », *lisez :* « et neveu, à la mode de Bretagne, du capitaine des gardes. » Voyez, au reste, la note 3 de la page 170.

Page 269, note *a*, se rapportant à la note 3. Cette note *a* était imprimée avant que nous eussions eu connaissance du manuscrit qui a servi à Renouard pour son édition de 1804. Voyez la *Notice* des *Mémoires*, p. xxvii et note 2, et l'*Appendice*, p. 552-557.

Page 347, note 3, « Abraham de Fabert », *lisez :* « Abraham Fabert ».

Page 411, note 7 : « Des Fourneaux, de la famille de Fumée, etc.... » Nous ne devons donner à cette désignation qu'un caractère conjectural; d'autres familles ont porté le titre de seigneurie des Fourneaux, celles de Saint-Pol et de Grout, en Bretagne, celle de Méaulne, en Anjou, celle du Merle. Nous n'avons pu découvrir au juste à quelle famille appartenait le des Fourneaux dont parle notre auteur.

Page 419, ajoutez en tête de la note 4 : « Après les mots *le duc de Nemours fut tué par le duc de Beaufort, son beau-frère*, on trouve dans une des copies de la Bibliothèque nationale (*fonds français*, n° 13725, in-4°) une interpolation de 6 pages, sous ce titre : « Combat d'entre MM. les ducs de Beaufort et de Nemours, arrivé le mardi 30 juillet 1652, » après laquelle le texte des *Mémoires* reprend à : « Cette mort donna de la compassion, etc. » Nous avons signalé déjà, dans un autre endroit de ce même manuscrit, une interpolation analogue; voyez ci-dessus, *Mémoires de Vineuil*, appendice III, p. 505, note 7.

TABLE ALPHABÉTIQUE

DES MÉMOIRES ET DE L'APOLOGIE

TABLE ALPHABÉTIQUE

DES MÉMOIRES ET DE L'APOLOGIE.

N. B. A partir de la page 471, les chiffres de la table se rapportent aux *Appendices*.

A

AGEN, ville, 318, 332, 336, 339, 340, 341, 342, 343, 348, 355, 356, 423.
AGÉNOIS (l'), 424.
AIGUILLON (Marie-Madeleine de Vignerot, veuve du marquis du Roure, seigneur de Combalet, duchesse d'), 25, 29, 76, 162.
ALBRET (la duché d'), 294, 386.
ALBRET (la maison d'), 147.
ALINCOURT (Charles de Neufville d'), 15; voyez VILLEROY.
ALLEMAGNE, 119, 345, 501, 532, 536, 547.
ALSACE (l'), 424.
AMIENS, ville, 9, 10, 25, 26, 455, 548.
ANCRE (le maréchal d'), 515 (note 12 de la page 514).
ANGERS, ville, 180, 325, 326, 384, 536.
ANGERVILLE, voyez AUGERVILLE-LA-RIVIÈRE.
ANGLETERRE, 7, 8, 10, 11, 12, 13, 14, 46, 51, 538; voyez CHARLES I, HENRIETTE-MARIE.
ANGOULÊME, ville, 308, 310, 325.

ANGOULÊME (la duchesse d'), 244 (n. 2).
ANGOULÊME (Louis-Emmanuel de Valois, comte d'Alais, puis duc d'), fils de la précédente, 244, 383.
ANGOULÊME (Mlle d'), fille du précédent, 543.
ANGOUMOIS (l'), 177, 296, 383, 452, 461, 489.
ANJOU (l'), 179.
ANJOU (Philippe, second fils de Louis XIII, duc d'), puis duc d'Orléans, 59, 113 (n. 1), 238, 471, 475, 476, 527.
ANNE D'AUTRICHE, reine de France, 3, 4, 5, 6, 7, 8, 9, 10, 11, 12, 13, 14, 17, 19, 20, 21, 24, 27, 28, 29, 30, 31, 32, 33, 35, 36, 40, 41, 42, 44, 45, 47, 49, 50, 51, 52, 53, 54, 55, 56, 57, 58, 59, 61, 62, 63, 64, 65, 66, 67, 68, 69, 70, 71, 72, 73, 75, 76, 77, 78, 79, 80, 81, 84, 85, 86, 88, 89, 90, 93, 94, 99, 101, 102, 103, 104, 107, 109, 111, 113, 134, 136, 149, 152, 155,

TABLE ALPHABÉTIQUE

156, 170, 172, 208, 210, 228, 231, 232, 233, 234, 237, 238, 239, 240, 241, 242, 243, 244, 245, 248, 249, 252, 257, 258, 260, 261, 262, 264, 267, 270, 272, 275, 277, 281, 291, 292, 293, 297, 298, 304, 305, 323, 399, 441, 442, 443, 444, 446, 447, 448, 449, 453, 454, 455, 456, 457, 466, 467, 471, 472, 473, 474, 475, 476, 477, 478, 479, 480, 481, 487, 488, 494, 495, 497, 498, 502, 503, 504, 505, 509, 510, 511, 512, 515, 518, 522, 523, 524, 526, 527, 529, 531, 532, 535, 536, 538, 539, 541, 542, 543, 546, 547, 551.

Anville ou plutôt de Damville (duc d'), 388 ; voyez Lévy.

Archiduc (l'), voyez Léopold-Guillaume.

Arnauld de Corbeville (Isaac), mestre de camp des carabiniers, 218, 495.

Arpajon ou Arpajou (Louis marquis de Severac, duc d'), 296, 302.

Arras, ville, 508.

Arsenal (l'), 529.

Assemblée de la noblesse (l'), 245 et 246, 247.

Augerville-la-Rivière, 298, 299.

Aunis (l'), 296.

Autriche (la maison d'), 3, 24, 48, 501.

Auvergne (l'), 184, 295, 357, 383, 490.

Auvergne (le régiment d'), 14.

Auvillar, ou Auvillars (le vicomté d'), 338.

Auxerre, ville, 369.

Avène (la bataille d'), 22.

B

Balthazard de Simeren (Jean),

colonel au service de France, 328.

Bar (le sieur de), 233, 498.

Bardouville (de), 26.

Barillon (Jean-Jacques de), président au parlement de Paris, 88.

Barricades (la journée des), 103 (n. 3), 241, 513, 523.

Barrière (Henri de Taillefer, sieur de), 541.

Bassompierre (le maréchal de), 18, 38, 58, 450.

Bastide (la), près de Bordeaux, 199, 492.

Bastille (la). 18, 37, 39, 413, 414 (n. 5), 529, 541.

Batteville ou Vateville (Charles baron de), 309, 319.

Béarn (le), 33.

Beaudéan (Suzanne de), ensuite duchesse de Navailles, 460.

Beaufort (François duc de), second fils du duc de Vendôme, 58, 59, 60, 61, 62, 64, 67, 69, 73, 79, 80, 82, 83, 84, 86, 87, 88, 90, 120, 121, 124, 136, 142, 143, 144, 153, 157, 158, 160, 168, 218, 220, 222, 238, 326, 344, 345, 364, 368, 369, 372, 373, 408, 409, 410, 416, 418, 419, 475, 476, 477, 480, 486, 487, 495, 496, 516-517, 532 et 533, 534, 540, 543, 548, 549, 550, 551.

Beaumont-sur-Oise, 447 et 448.

Beauvais (l'évêque de), voyez Potier.

Beauvais, voyez Beauvais-Chantérac.

Beauvais-Chantérac (François de la Cropte, seigneur de), 185, 202, 493.

Bec d'Ailler ou d'Allier, nom de lieu, 357, 359 (n. 1).

Beins, colonel allemand, 180, 181.

Bellegarde, ville, 175, 183, 294, 305, 320, 488.

DES MÉMOIRES ET DE L'APOLOGIE. 563

Bellegarde (Roger de Saint-Lary, duc de), 9, 19, 58, 77.
Bercenet, capitaine des gardes du duc de la Rochefoucauld, 356, 360, 411.
Bergerac, nom de lieu, 187, 329, 330, 384, 490.
Bergerie (la), nom de lieu, 315, 316, 320, 326.
Beringhen (Henry de), 518.
Berry (le), 176, 295, 301, 489.
Besse, commandant de la garnison suisse des tours de la Rochelle, 314.
Béthune (Hippolyte comte de), 46, 69.
Beuvron (François II d'Harcourt, marquis de), lieutenant général pour le Roi, en haute Normandie, 170.
Beuvron (François III d'Harcourt, marquis de), fils du précédent, 170.
Birague (le cardinal René de), 514.
Bitaut (François), conseiller au parlement de Paris, 204, 205, 206, 493.
Blancmesnil (René Potier de), président au parlement de Paris, 102, 111, 241, 509, 513, 519, 524.
Blanquefort, nom de lieu, 196, 491.
Blasmesnil, voyez Blancmesnil.
Blaye (la citadelle de), 177, 178, 179, 220, 244, 257, 304, 489.
Bleneau, nom de lieu, 369.
Blois, ville, 20, 326.
Boé, voyez Boué.
Bordeaux ou Bourdeaux, ville, 174, 179, 183, 187, 188, 189, 190, 191, 194, 195, 196, 197, 198, 199, 200, 201, 203, 204, 206, 207, 211, 224, 294, 296, 301, 302, 309, 310, 312, 318, 327, 328, 329, 331, 336, 349, 351, 355, 356, 380, 383, 423,
485, 488, 490, 491, 492, 493, 494.
Bordeaux (*le parlement de*), 174, 179, 188, 190, 191, 192, 193, 198, 199, 200, 204, 205, 207, 211, 296, 301, 303, 309, 319, 350, 351, 380, 383, 485, 488, 490, 492, 546.
Bordelois (les), 199, 492.
Borie (la), nom de lieu, 185 (note 1).
Bossu (Albert-Maximilien de Hesnin, comte de), 411.
Bouchet (le), nom d'homme, 265.
Boué ou Boé, nom de lieu, 339, 348.
Bouillon, ville, 382.
Bouillon (Frédéric-Maurice de la Tour d'Auvergne, duc de), 44, 118, 119, 121, 174, 177, 178, 179, 183, 184, 185, 187, 189, 190, 191 et 192, 193, 194, 196, 198, 202, 203, 204, 205, 206 (note 4), 207, 208 et 209, 210, 211, 245, 257, 259, 260, 268, 279, 293, 294, 297, 303, 304, 305, 317, 318, 356, 383, 384, 385 et 386, 427 et 428, 488, 489, 490, 491, 492, 493, 494, 495, 531, 532, 534, 538, 539.
Bouillon (Léonore-Catherine-Féronie de Berg, duchesse de), femme du précédent, 212, 304.
Boulaye (Maximilien Échallart, marquis de la), 153 et 154, 486, 530.
Boulogne (le bois de), 376.
Bouquinquan, voyez Buckingham.
Bourbonnois (le), 295, 301.
Bourdeaux, voyez Bordeaux.
Bourg sur la Gironde, ville, 201, 204, 205, 206, 208, 224, 319, 492, 493, 494, 496.
Bourges, ville, 295, 299, 301, 308.

TABLE ALPHABÉTIQUE

Bourgogne (la), 175, 176, 256, 488, 546, 550.
Bouteville, François-Henri de Montmorency, maréchal de Luxembourg, 143, 549.
Bouthilier (Claude), secrétaire d'État des affaires étrangères, puis surintendant des finances, 66, 518.
Bouthilier (Léon), comte de Chavigny, voyez Chavigny.
Brassac (Jean Galard de Béarn, comte de), 452, 461.
Bretagne (la), 64, 74, 476.
Brezé, ville, 179.
Brezé (Urbain de Maillé, marquis de), maréchal de France, 22, 23, 180, 489.
Brezé (Jean-Armand de Maillé, marquis de), duc de Fronsac, fils du précédent, 100, 514.
Briare (le canal de), 360, 373.
Bridieu (le marquis de), écuyer du duc de Guise, 91.
Brie (la), 124, 176, 489, 533, 538.
Brie-Comte-Robert, ville, 478 (n. 6), 533, 534.
Brienne (Henri-Auguste de Loménie, comte de), secrétaire d'État, 65.
Briolle ou Briord (le comte de), 185.
Brisach, ville, 424.
Brissac (Louis de Cossé, duc de), 288, 530, 541.
Brive-la-Gaillarde, ville, 186, 490.
Brouage, ville, 296, 315.
Broussel (Pierre), conseiller au parlement de Paris, 102, 111, 114, 116, 241, 416, 508, 509, 511, 512, 513, 519, 524, 525, 541.
Broussel (un des enfants de), voyez Louvière.
Bruslerie (le sieur de la), 361, 373.
Bruxelles, ville, 28, 51, 472.

Buckingham (le duc de), 8, 9, 10, 11, 12, 13, 14.
Bussy (Roger de Rabutin, comte de), 358.

C

Cambrai, ville, 548, 550.
Campion (Alexandre), 25 (n. 5).
Candale (Louis-Charles-Gaston de Nogaret et de Foix, marquis de la Valette et duc de), 143, 546, 549.
Canolles, commandant de l'île Saint-George, près de Bordeaux, 198, 199.
Capelle (la), ville, 24.
Caracène (le marquis de), général espagnol, 97.
Carignan (Thomas-François de Savoie, prince de), 23, 186, 490.
Carlisle (la comtesse de), 12, 13.
Casal, ville, 14.
Castelnau, ville, 195, 196, 491.
Castelnau (Henri Nompar de Caumont, marquis de), puis duc de la Force, second fils du maréchal de la Force, 329, 384.
Castres (le comte de), 411.
Catalogne (la), 120, 177, 296, 320, 321, 489, 502, 514, 516.
Catelet (le), ville, 24.
Caudecoste, bourg de Gascogne, 331.
Caumartin (Louis-François le Fèvre de), conseiller d'État, 254.
Cazal, voyez Casal.
Cessac (le marquis de), 185.
Chaillot, village près de Paris, 169.
Chalais (Henri de Talleyrand, comte de), 6, 7, 56, 473.
Chambon (le), maréchal de camp, 196, 491.

DES MÉMOIRES ET DE L'APOLOGIE. 565

Champagne (la), 176, 177, 214, 278, 305, 332, 335, 383, 489, 503, 538.
Champlatreux (Jean-Édouard Molé, seigneur de), fils du premier président, 286, 287.
Chandenier (François de Rochechouart, marquis de), 517.
Chanlost (Louis Piédefer, baron de), 423.
Chantérac, voyez Beauvais-Chantérac.
Chantilly (le château et le domaine de), 30, 32, 81, 178, 297, 489.
Chapelle-Biron (le sieur de Carbonnières, baron de la), 203.
Charente (la), rivière, 310, 311, 312, 315, 317.
Charenton, bourg près de Paris, 122, 401, 402, 407, 530, 532, 533.
Charité (la), ville, 357, 358, 359.
Charles Ier, roi d'Angleterre, 7, 8, 11, 538.
Charles IX, roi de France, 527.
Charleville, ville, 137.
Charlus (la forteresse de), 357.
Charonne, bourg près de Paris, 403.
Charost (Louis de Béthune, comte, puis duc de), 517.
Charton (Louis), président au parlement de Paris, 519.
Chartreux (le faubourg des), à Bordeaux, 189, 490.
Chateauneuf (Charles de l'Aubespine, marquis de), 19, 58 et 59, 73, 74, 78, 136, 218, 220, 221, 227, 228, 229, 242, 248, 249, 250, 251, 252, 272, 277, 292, 293, 297, 298 et 299, 304, 307, 308, 309, 323, 324, 480, 481, 497, 498.
Chateau-Portien, ville, 214, 215.
Chateau-Renard, ville, 365, 366.
Chateau-Trompette (le), à Bordeaux, 207.

Chatillon-sur-Loing, ville, 359, 360, 361, 362, 363, 373, 375.
Chatillon (Gaspard de Coligny, dit le maréchal de), 22, 23.
Chatillon (Gaspard de Coligny, marquis d'Andelot, puis duc de), second fils du précédent, 123, 508, 518, 520, 525, 533.
Chatillon (Isabelle-Angélique de Montmorency-Bouteville, duchesse de), veuve du précédent, 259, 381, 390, 391, 392, 399, 420.
Chatre (Edme de la), comte de Nançay, colonel général des Suisses, 87, 450.
Chavaignac (Gaspard comte de), 184, 356 (n. 6), 361, 363.
Chavigny (Léon Bouthilier, comte de), secrétaire d'État, 31, 37, 50, 51, 52, 53, 54, 55, 56, 65, 251 et 252, 256, 257, 262, 346, 347, 359, 365, 366, 374, 378, 379, 380, 381, 388, 415, 416, 425, 426, 427, 472, 473, 476, 477, 502, 517, 518, 519, 521.
Chemerault (M. de), 460.
Chemerault (Mlle de), sœur du précédent, 21, 43, 44.
Cheval de bronze (le), la statue de Henri IV sur le Pont-Neuf, 155, 156.
Chevreuse (Claude de Lorraine, duc de), 5, 11, 35.
Chevreuse (Marie de Rohan, duchesse de), femme du précédent, 4, 5, 6, 7, 8, 11, 12, 27, 29, 31, 32, 33, 34, 35, 36, 37, 40, 46, 51, 55, 67, 68, 71, 72, 73, 74, 75, 78, 79, 82, 86, 87, 88, 89, 90, 93, 136, 163, 164, 165, 218, 220, 221, 222, 227, 229, 242, 244, 245, 249, 252, 253, 254, 255, 256, 258, 267, 448, 472, 477, 478, 479, 480, 481, 495, 496, 497, 498, 550.
Chevreuse (Mlle de), fille des

précédents, 220, 221, 229, 242, 244, 248, 249, 253, 254, 255, 276, 283, 496, 497, 498.
CHEVREUSE (l'hôtel de), 307.
CHOUPPES (Aimard marquis de), 202, 316, 493.
CINQ-MARS (Henri Coëffier de Ruzé, marquis de), grand écuyer de France, 42, 43, 44, 45, 46.
CIVRAY (la capitainerie de), 460.
CLANLEU (le baron de), 123, 533.
CLERMONT, en Argonne, ville, 177, 295, 489.
CLINCHANT (le marquis de), 368, 373.
Coadjuteur (le) de Paris, voyez RETZ (le cardinal de).
COIGNAC, ville, 310, 311, 312.
COIGNEUX (le), président au parlement de Paris, 539.
COLIGNY (Maurice comte de), 57, 83, 84, 90, 91, 92, 474.
COLIGNY (Jean comte de), 185.
COLOGNE, ville, 309.
COMBALET (Mme de), voyez AIGUILLON (la duchesse d').
COMMINGES (François Guitaut, comte de), capitaine aux gardes, 170, 233, 235.
COMMINGES (Gaston de), lieutenant aux gardes, neveu du précédent, 171, 180, 181, 489.
COMMINGES (Guillaume de Pechpeyrou-), dit *le Petit Guitaut*, aide de camp du grand Condé, 185, 196, 356, 359, 361, 362, 368, 489, 498, 499, 509.
COMPIÈGNE (le château de), 132, 423, 543, 546, 547, 551.
CONDÉ (Henri II de Bourbon, prince de), 52, 65, 80, 84, 100, 101, 511.
CONDÉ (Charlotte-Marguerite de Montmorency, princesse de), femme du précédent, 78, 81, 84, 85, 86, 164, 178, 179, 180, 182.
CONDÉ (Louis II de Bourbon, prince de), fils des précédents, 57, 59, 80, 81, 84, 85, 90, 94, 96 et 97, 98, 100, 101, 107, 111, 112, 113, 114, 116, 117, 122, 123, 131, 132, 133, 134, 135, 136, 137, 138, 140, 141, 142, 144, 145, 146, 147, 148, 149, 150, 151, 154, 155, 156 et 157, 158, 159, 160, 161, 162, 163, 164, 165, 166, 167, 168, 169, 170, 172, 174, 178, 179, 180, 181, 183, 186, 203, 208, 209, 211, 212, 213, 218, 220, 222, 223, 224, 225, 234, 235, 236, 237, 238, 239, 240, 241, 242, 243, 244, 245, 246, 247, 249, 251, 252, 253, 254, 255, 256, 257, 258, 259, 260, 261, 262, 263, 264, 265, 266, 267, 268, 269, 270, 271, 272, 273, 274, 275, 278, 279, 280, 281, 282, 283, 284, 285, 286, 288, 289, 290, 291, 292, 293, 294, 295 et 296, 297, 298, 300, 301, 302, 304, 305, 306, 307, 309, 310, 311, 312, 313, 314, 315, 316, 317, 318, 319, 320, 321, 322, 323, 325, 326, 327, 328, 329, 330, 331, 332, 333, 334, 335, 336, 337, 338, 339, 340, 341, 342, 343, 344, 345, 346, 347, 348, 349, 350, 351, 352, 353, 354, 355, 356, 357, 358, 359, 360, 361, 362, 363, 364, 365, 366, 367 et 368, 369, 370, 371, 372, 373, 374, 375, 376, 377, 378, 379, 380, 381, 382, 385, 386, 387, 388, 389, 390, 391, 392, 393, 394, 395, 396, 397, 398, 399, 400, 401, 402, 403, 404, 405, 407, 408, 409, 411, 412, 413, 414, 415, 416, 417, 418, 419, 420, 421, 422, 423, 424, 425, 426, 427, 429, 430, 431, 450, 454, 474, 482, 483, 484, 485, 486, 487, 488, 489, 491, 493, 494, 496, 502, 503, 508, 514, 515, 516, 518, 519, 520,

521, 522, 523, 524, 525, 526, 527, 528, 529, 530, 531, 532, 533, 534, 535, 536, 537, 538, 539, 541, 542, 543, 544, 545, 546, 547, 548, 549, 550, 551. Voyez aussi l'article *Princes* (*les*).

CONDÉ (Claire-Clémence de Maillé-Brezé, princesse de), femme du précédent, 113, 178, 179, 183, 184, 185, 187, 188, 189, 190, 191, 194, 199, 205, 206, 207, 208, 271, 273, 277, 278, 300, 301, 331, 489, 490, 491, 494.

CONDÉ (la maison de), 57, 78, 84, 158, 165, 223, 523, 543.

CONDÉ (l'hôtel de), 85, 265.

CONTI (Louise-Marguerite de Lorraine, princesse de), veuve de François prince de Conti, 18.

CONTI (Armand de Bourbon, prince de), 107, 109, 111, 112, 113, 114, 115, 116, 117, 118, 121, 137, 138, 139, 140, 141, 142, 145, 150, 166, 167, 168, 170, 172, 220, 224, 229, 234, 235, 236, 238, 242, 243, 244, 248, 249, 250, 253, 254, 255, 256, 257, 258, 266, 271, 293, 295, 297, 300, 308, 329, 331, 332, 333, 335, 336, 342, 349, 350, 351, 352, 354, 355, 356, 383, 423, 483, 484, 485, 486, 487, 488, 495, 496, 498, 511, 519, 521, 522, 523, 525, 526, 530, 531, 532, 533, 535, 536, 537, 538, 541, 546, 547, 548, 549, 550. Voyez aussi l'article *Princes* (*les*).

CORBEIL, ville, 530.

CORBEVILLE (Isaac-Arnauld de), voyez ARNAULD.

CORBIE, ville, 24, 27.

COSNE, ville, 359.

COUDRAY-MONTPENSIER (Henri d'Escoubleau, marquis du), 39, 204, 205, 493.

Cour (la), 5, 9, 14, 15, 17, 20, 24, 27, 30, 31, 42, 49, 54, 58, 59, 66, 67, 72, 73, 78, 88, 92, 95, 101, 110, 111, 113, 116, 132, 133, 136, 139, 140, 144, 151, 153, 154, 158, 161, 162, 168, 173, 174, 175, 178, 182, 183, 187, 191, 199, 205, 212, 214, 224, 228, 238, 246, 247, 251, 259, 260, 267, 269, 270, 271, 272, 274, 275, 276, 277, 278, 280, 291, 293, 294, 302, 303, 304, 305, 306, 308, 309, 315, 317, 321, 323, 324, 325, 345, 350, 351, 354, 355, 359, 360, 365, 372, 378, 380, 381, 383, 388, 389, 390, 392, 394, 395, 396, 400, 401, 403, 404, 412, 413, 414, 421, 424, 425, 426, 428, 429, 431, 448, 450, 458, 460, 461, 466, 471, 472, 473, 475, 478, 479, 481, 482, 483, 484, 485, 486, 487, 488, 490, 492, 493, 494, 498, 499, 503, 506, 508, 510, 513, 514, 516, 517, 518, 520, 521, 523, 524, 526, 528, 529, 530, 532, 533, 534, 535, 536, 537, 538, 539, 543, 544, 546, 547, 549, 550, 551.

Cours de la porte Saint-Antoine (*le*), 407.

Cours la Reine (*le*), 263, 264, 402.

COURTRAY, ville, 97, 455, 508.

COUTRAS, ville, 207, 494.

COUTURES (Parain des), syndic des rentiers, 169.

COUVONGES (Antoine de Stainville, comte de), mestre de camp, 335.

CRAFT (le comte Guillaume), 32.

CRAMAIL (Adrien de Montluc, comte de), 38, 58.

CRAVATES ou CROATES (les), 41.

CRÉCY, voyez GRÉCY.

CROISSY (Fouquet de), conseiller au parlement de Paris, 299, 300.

D

Damville, voyez Lévy et Anville (d').
Damvilliers, ville, 137, 138, 177, 295, 486, 489, 541, 549.
Danube (le), fleuve, 501.
Daugnion (le), voyez Dognon.
Dauphin (le), voyez Louis XIV.
Deliponty, voyez Ponti (Jean delli).
Deslandes, capitaine au régiment de Condé, 377.
Dieppe, ville, 173, 487, 488.
Digeaux (la porte de), à Bordeaux, 200, 201, 492.
Dijon (le château de), 176, 488.
Dijos, voyez Digeaux.
Dognon ou Doignon (Louis-Foucault de Saint-Germain Beaupré, comte du), 296, 302, 313, 314, 315, 327, 330, 384.
Dordogne (la), rivière, 491.
Drouet, capitaine aux gardes, 519.
Dumonz, commandant de Saumur, 180 (n. 3), 181, 182.
Dunkerque, ville, 97, 98.
Dunois (le comte de), bâtard d'Orléans, 440.
Duras (Jacques-Henri de Durfort, comte, puis duc de), maréchal de France, 125, 156.

E

Effiat (Antoine Coëffier de Ruzé, marquis d'), maréchal de France, 43.
Église (l'), 289.
Elbeuf (Charles II de Lorraine, duc d'), 58, 117, 121, 484, 530, 531, 534.
Émery (Michel Particelly, sieur d'), surintendant des finances, 503, 504, 505, 519.
Enghien (le duc d'), voyez Condé (Louis II de Bourbon, prince de).
Enghien (Henri-Jules de Bourbon, duc d'), fils de Louis II, prince de Condé, 178, 179, 183, 184, 185, 188, 189, 190, 199, 206, 207, 273, 277, 278, 301, 489, 490, 494.
Entre-deux-Mers (l'), le pays de Libourne à Bordeaux, 190, 195.
Épernon (Bernard de Nogaret, duc de la Valette, puis d'), 187, 195, 196, 197, 205, 256, 301, 490, 491, 493.
Eschaux (Bertrand d'), archevêque de Tours, 33, 35.
Esnet (l'), voyez Lenet.
Espagne, 22, 23, 28, 33, 34, 36, 44, 45, 46, 47, 52, 128, 191, 193, 194, 195, 198, 205, 213, 309, 344, 368, 382, 385, 472, 473, 491, 493, 501, 508, 513, 516, 537, 538, 539. Voyez Philippe IV.
Espagnols (les), 24, 27, 51, 128, 194, 199, 212, 213, 214, 215, 216, 217, 259, 260, 261, 295, 296, 305, 306, 319, 327, 329, 347, 385, 389, 397, 399, 400, 420, 421, 428, 429, 472, 491, 492, 515, 536.
Essonne, ville, 297.
Estissac (Benjamin de la Rochefoucauld, marquis d'), 313, 314.
Estrades (Godefroi comte d'), maréchal de France, 91.
Estrées (François-Annibal duc d'), maréchal de France, 522.
Étampes, ville, 375, 393, 394, 395, 396, 397.
États généraux (les), 246.
Europe (l'), 494, 516, 530.

F

Fabert (Abraham), marquis

d'Esternay, maréchal de France, 347, 374, 378.
FARGIS (Charles d'Angennes, comte du), 39.
FERTÉ-MILON (la), ville, 214.
FERTÉ-SENNETERRE ou SAINT-NECTAIRE (Henri de la), maréchal de France, 401, 403, 412, 522.
FEUILLANTS (les), 517.
FÈVRE (le), prévôt des marchands, 416, 419.
FIESQUE (le chevalier de), 98.
FLAMMARINS (Antoine-Agésilan de Grossoles, marquis de), 138, 411, 538.
FLANDRE (la), FLANDRES (les), 22, 57, 58, 68, 101, 128, 214, 260, 295, 318, 325, 330, 344, 397, 408, 420, 474, 478, 501, 508, 516, 537, 546, 550.
FLEIX (Gaston de Foix, comte de), 98.
FLEIX (la comtesse de), femme du précédent, 462, 464.
FLEURY, près de Meudon, 266.
FOIX (la maison de), 147, 148.
FONTRAILLES (Louis d'Astarac, vicomte de), 319, 320.
FORCE (la), nom de lieu, 489.
FORCE (Jacques-Nompar de Caumont, duc de la), maréchal de France, 174, 177, 178, 205, 296, 302, 329, 384, 488, 493.
FORCE (Armand de Caumont, marquis de la), fils aîné du précédent, 294, 296, 302, 303.
FOUCQUET (Basile), abbé commendataire de Barbeau, 425, 426.
FOUILLOUX (Charles de Meaux, seigneur du), 406.
FOURNEAUX (le sieur des), 411.
FRANCE, 3, 8, 9, 11, 23, 47, 67, 72, 77, 80, 95, 212, 305, 318, 325, 344, 381, 389, 416, 466, 478, 501, 504, 506, 507, 513, 514, 515, 516, 521, 527, 532, 536, 537, 543.

FRANÇOIS (les), 313.
FUENSALDAGNE (le comte de), gouverneur des Pays-Bas, 216, 260, 261, 296.
FURNES, ville, 520.

G

GALIEN (le palais), à Bordeaux, 201, 492.
GARONNE (la), fleuve, 197, 200, 309, 337, 338, 339, 348.
GASCOGNE (la), 296.
GASSION (Jean comte de), maréchal de France, 77, 514, 516.
GAUCOURT (Joseph comte de), 368.
GÈVRES (René Potier, marquis de), 517.
GIEN, ville, 359, 360, 370, 371.
GONZAGUE (Marie-Louise de), reine de Pologne, 43, 44.
GOULAS, secrétaire des commandements du duc d'Orléans, 379, 380, 426.
GOURVILLE (Jean-Hérault de), 114, 115, 126, 178, 180, 182, 304, 306, 307, 356, 359, 365, 381, 385, 386, 388, 389.
GRAMONT (Antoine comte de Guiche, puis duc et maréchal de), 76, 157, 158, 232, 234, 235, 236, 262, 270, 271, 498, 499, 520, 526, 529.
GRANCEY (Jacques-Rouxel de Médavy, comte de), 124, 125, 126, 372, 538.
GRAVE (la porte de), à Agen, 342 (n. 1).
GRÉCY, conseiller au parlement de Paris, 541.
GROSMESNIL, nom de lieu, 235, 499.
GUÉMÉNÉ (Louis de Rohan, prince de), 383.
GUISE (Henri I de Lorraine,

570   TABLE ALPHABÉTIQUE

3e duc de), dit le Balafré, 240 et 241.
Guise (Charles de Lorraine, 4e duc de), 18.
Guise (Henri II de Lorraine, 5e duc de), 90 et 91, 92, 428, 429, 514, 516.
Guitaut, voyez Comminges (François Guitaut, comte de).
Guitaut (le Petit), voyez Comminges (Guillaume de Pechpeyrou-).
Guyenne (la), 174, 178, 209, 212, 215, 220, 224, 243, 244, 256, 278, 296, 308, 309, 327, 329, 330, 331, 344, 345, 346, 347, 349, 355, 383, 393, 423, 424, 495, 536, 546, 550.
Guymené, voyez Guemené.

H

Ha (le château de), 349.
Harcourt (Henri de Lorraine, comte d'), frère cadet de Charles II duc d'Elbeuf, 176, 311, 312, 313, 314, 315, 316, 317, 326, 327, 328, 336, 337, 338, 339, 340, 347, 348, 355, 357, 424, 489, 547, 548.
Harcourt (Charles de Lorraine, prince d'), fils aîné de Charles II duc d'Elbeuf, 530.
Harcourt (François-Louis comte de Rieux, puis d'), second fils de Charles II duc d'Elbeuf, 530.
Hautefort (Marie de), 20, 21, 24, 28, 29, 32, 40, 43, 78, 479.
Hautefort (Jacques marquis d ̔).frère de la précédente, 78 (n. 1).
Hautefort (Gilles de), marquis de Montignac, frère du précédent, 78 (n. 1).
Havre (le), 28, 75, 76, 162, 172, 175, 204, 214, 215, 222, 231, 232, 233, 234, 235, 447, 480, 487, 488, 498, 499.
Henri III, roi de France, 241.
Henri IV, roi de France, 527.
Henriette-Marie, sœur de Louis XIII, reine d'Angleterre, 7, 8, 11, 538.
Hervart (Barthélemy), 545.
Hesdin, ville, 41.
Hocquincourt (Charles de Mouchy, marquis d'), maréchal de France, 323, 324, 344, 366, 367, 369, 372, 373, 593.
Hohenlohe (le comte d'), 126 (n. 6).
Hollac, voyez Hohenlohe.
Holland (Henri Rich, comte de), 7, 8, 9.
Hollande (la), 22, 119, 173, 487.
Hôpital (François du Hallier, maréchal de l'), 176, 416, 489, 510.
Hôtel de ville (l') de Paris, 99, 116, 124, 152, 413, 416, 417, 419, 421, 484, 531, 538.
Huillière (de l'), 411.

I

Importants (les), 68, 69, 73, 79, 80, 86, 87, 88 et 89, 111.
Innocent X, pape, 521.
Italie (l'), 14, 64, 441, 501, 514, 516, 547.

J

Jars (le commandeur de), 38, 39, 59.
Jarzay (René du Plessis de la Roche-Pichemer, marquis de), 142, 143, 181, 182, 517, 549.
Jarzé, voyez Jarzay.
Jeanne (la Mère), 79.
Jerzé, voyez Jarzay.
Joli (Guy), conseiller au Châte-

let, 151, 152, 153, 154, 169, 486.
Jonzac (Léon de Sainte-Maure, comte de), 310, 311.
Joyeuse (Louis duc de), 543.

L

Labomie, pour la Borie (?), nom de lieu, 185.
Lagny, nom de lieu, 534.
Laigue ou Laigues (Geoffroy marquis de), 111, 128, 136, 163, 253, 254, 536, 550.
Langeron, bailli de Nevers, 44 (n. 2).
Langlade (Jacques de), 183, 184, 398, 427, 430, 431.
Languedoc (le), 502.
Lannoy (la comtesse de), dame d'honneur d'Anne d'Autriche, 10.
Lanquais, nom de lieu, 356.
Lanques (Cleriadus de Choiseul, dit le marquis de), 405.
Lartige (le sieur de), voyez Lemeusnier.
Launay-Gringuenières (le sieur), 321 et note 3.
Lectoure, ville, 334, 335.
Lemeusnier (Clément), sieur de Lartige, 204, 205, 493.
Lens, ville, 101, 482, 508, 509, 518, 520.
Lenet (Pierre), procureur général au parlement de Dijon, 194, 300, 318, 355, 491.
Léopold-Guillaume, archiduc d'Autriche, frère de l'empereur d'Allemagne Ferdinand III, 121, 128, 484, 536, 537, 539.
Lérida, ville d'Espagne, 502.
Lesné, Lesnet, voyez Lenet.
Lévis, voyez Lévy.
Lévy (le marquis de), 356, 357; voyez Anville (le duc d').
Liancourt (l'hôtel de), 414.

Libourne, ville, 189, 190, 197, 329, 331, 332, 490, 491.
Lillebonne (François-Marie comte, puis duc, puis prince de), 3ᵉ fils du duc d'Elbeuf, 530.
Linas, nom de lieu, 398.
Loire, fleuve, 180, 326, 344, 345, 357, 532.
Longueil (l'abbé Pierre), conseiller au parlement de Paris, 114, 116, 507, 508, 524, 525, 548, 550.
Longueil (René), voyez Maisons (de).
Longueville (Henri II d'Orléans, duc de), 96, 107, 109 et 110, 111, 113, 114, 115, 116, 118, 121, 137, 138, 139, 140, 141, 145, 149, 158, 166, 169, 170, 172, 175, 176, 234, 235, 236, 238, 242, 258, 268, 270, 273, 293, 297, 353, 440, 483, 485, 486, 487, 488, 502, 515, 526, 530, 531, 532, 534-535, 538 et note 12, 541. Voyez aussi l'article Princes (les).
Longueville (Anne-Geneviève de Bourbon, duchesse de), femme du précédent, 81 et 82, 83, 84, 85, 90, 94, 95, 96, 107-108, 109, 112, 113, 114, 116, 117, 137, 138, 139, 140, 141, 142, 145, 149, 150, 158, 160, 161, 162, 164, 167, 172, 173, 177, 219, 223, 243, 248, 249, 250, 252, 253, 255, 257, 258, 260, 265, 268, 270, 271, 272, 273, 274, 276, 277, 278, 295, 297, 300, 308, 320, 331, 350, 351, 352, 353, 354, 390, 391, 399, 400, 420, 423, 483, 484, 485, 487, 488, 489, 496, 525, 526, 529, 531, 535, 538, 543, 550.

TABLE ALPHABÉTIQUE

LONGUEVILLE (Mlle de), voyez NEMOURS (duchesse de).
LONGUEVILLE (l'hôtel de), 484, 531.
LORGES (Guy-Aldonce de Durfort, duc de), maréchal de France, 125.
LORMONT, nom de lieu, 188, 207.
LORRAINE (la), 332, 335.
LORRAINE (Charles cardinal de), 514.
LORRAINE (Charles III ou IV duc de), 5, 212, 394, 395, 396, 397, 400, 401, 404, 422, 430, 431.
LORRAINE (Charlotte-Marie de), voyez CHEVREUSE (Mlle de).
LORRIS, en Gâtinais, 363, 364.
LORY, voyez LORRIS.
LOUIS XIII, roi de France, 2, 3, 6, 7, 9, 10, 11, 13, 14, 15, 16, 17, 21, 22, 23, 24, 25, 26, 27, 28, 29, 30, 31, 36, 40, 42, 43, 47, 49, 50, 51, 52, 53, 54, 55, 56, 57, 58, 60, 62, 65, 66, 67, 68, 79, 81, 381, 443, 461, 471, 472, 473, 474, 475, 476, 477, 478, 503, 504, 515, 517, 518, 527.
Louis dauphin, voyez LOUIS XIV.
LOUIS XIV, roi de France, 59, 64, 65, 82, 101, 102, 103, 104, 112, 113, 119, 122, 123, 130, 132, 133, 134, 149, 152, 156, 159, 168, 169, 171, 173, 175, 180, 183, 187, 189, 190, 191, 197, 198, 200, 201, 202, 204, 206, 207, 208, 211, 212, 213, 221, 228, 229, 231, 232, 234, 238, 239, 247, 259, 263, 264, 270, 271, 281, 291, 293, 302, 308, 311, 312, 313, 314, 315, 319, 321, 322, 324, 325, 326, 327, 343, 344, 345, 346, 348, 359, 363, 364, 366, 373, 375, 376, 377, 383, 388, 393, 394, 395, 396, 397, 398, 399, 401, 402, 403, 406, 407, 408, 409, 412, 413, 414, 422, 423, 429, 431, 439, 451, 459, 471, 475, 487, 488, 498, 490, 491, 492, 493, 494, 497, 498, 502, 505, 508, 510, 512, 513, 521, 522, 523, 524, 526, 527, 529, 530, 532, 533, 535, 536, 538, 542, 545, 546, 548, 549, 550, 551.
LOUVAIN, ville des Pays-Bas, 23.
LOUVIÈRE, fils de Broussel, gouverneur de la Bastille, 413, 541.
LOUVRE (le palais du), 241, 263, 550.
LUSIGNAN (la capitainerie de), 460.
LUXEMBOURG (le), province des Pays-Bas, 324.
LUXEMBOURG (la maison de), 147, 148.
LUXEMBOURG (le palais du), 16, 168, 251, 402.
LUYNES (Louis-Charles d'Albert, duc de), 121.
LUYNES (l'hôtel de), 103, 510.
LYENCOURT, voyez LIANCOURT.
LYON, ville, 14, 15.
LYONNE (Hugues de), secrétaire d'État, 243, 244, 257, 262, 270, 271, 304.
LYS (la), rivière, 501.

M

Madame, voyez HENRIETTE-MARIE.
Mademoiselle, voyez MONTPENSIER (Anne-Marie-Louise d'Orléans, duchesse de).
MAISONS (René Longueil, marquis de), président au parlement de Paris, 550.
MANCHINY, voyez MANCINI.

DES MÉMOIRES ET DE L'APOLOGIE. 573

Mancini (Olympe), nièce du cardinal Mazarin, 223.
Mancini (Laure), voyez Mercoeur (duchesse de).
Mancini (Paul), neveu du cardinal Mazarin, frère des précédentes, 406.
Mans (le), ville, 536.
Mantes, ville, 326.
Marcebille (nom d'homme), 547.
Marchin (Jean-Gaspard-Ferdinand comte de), 177, 296, 320, 321, 322, 338, 348, 349, 354, 355, 384, 386, 489.
Marcillac (le prince de), voyez Rochefoucauld (François VI duc de la).
Marcillac (le prince de), fils de François VI duc de la Rochefoucauld, 356, 361, 362. 368, 369, 409, 410.
Marcoussis (le château de), 204, 214.
Mardick, ville, 97, 98, 455.
Maré (le comte de), 372.
Marie de Médicis, reine de France, mère de Louis XIII, 2, 3, 14, 15, 16, 17, 18, 20, 8, 475.
Marillac (Michel de), garde des sceaux, 19.
Marillac (Louis de), maréchal de France, frère du précédent, 18.
Marin-Sainte-Colombe, nom d'homme, 335.
Marlou, ou Merlou, Merlo, Mello (le domaine de), 391.
Marne (la), rivière, 123, 401.
Marsin, voyez Marchin.
Martinière (la), nom d'homme, 411.
Martinozzi (Anne-Marie), nièce du cardinal Mazarin, 223.
Matha (Charles de Bourdeille, comte de), 127.
Maure (Louis de Rochechouart, comte de), 329, 541.

Mazarin (le cardinal), 1, 50 51, 52, 53, 54, 55, 61, 62, 63, 64, 65, 67, 68, 69, 70, 71, 72, 73, 75, 76, 77, 78, 79, 80, 82, 83, 86, 87, 88, 89, 90, 93, 94, 99, 100, 101, 102, 103, 104, 105, 106, 107, 109, 111, 112, 114, 116, 117, 121, 122, 131, 132, 133, 134, 135, 136, 137, 140, 141, 142, 144, 145, 146, 147, 148, 149, 150, 151, 152, 153, 154, 155, 156, 157, 158, 159, 160, 161, 162, 163, 165, 166, 169, 198, 201, 204, 206, 209, 210, 211, 214, 215, 216, 217, 219, 220, 221, 222, 223, 224, 225, 226, 228, 229, 230, 233, 234, 235, 236, 237, 239, 241, 243, 244, 245, 247, 248, 249, 252, 258, 260, 261, 262, 267 et 268, 269, 270, 272, 274, 277, 283, 291, 292, 298, 304, 308, 309, 318, 319, 323, 324, 345, 347, 351, 360, 374, 378, 380 et 381, 382, 385, 386, 387, 388 et 389, 392, 393, 399, 406, 412, 414, 415, 416, 417, 427, 430, 431, 439, 440, 441, 444, 445, 446, 448, 449, 450, 451, 452, 453, 454, 455, 456, 457, 458, 462, 463, 464, 465, 466, 467, 468, 472, 473, 475, 476, 477, 478, 479, 480, 481, 485, 486, 488, 492, 494, 495, 496, 497, 498, 499, 502, 503, 506, 507, 508, 510, 511, 512, 513, 514, 515, 517, 518, 519, 520, 521, 522, 523, 524, 526, 527, 528, 529, 530, 531, 532, 533, 534, 536, 538, 539, 540, 541, 542, 543, 544, 545, 546, 547, 548, 549, 550, 551.
Mazarins (les), 506, 541.
Meille (Henri de Foix, comte de), 185.
Meilleraye (Charles de la Porte, marquis, puis duc de la), maréchal de France, 37,

39, 41, 62, 64, 103, 183, 184, 190, 195, 197, 201, 207, 208, 211, 476, 489, 491, 492, 494, 510, 511, 529.
MERCOEUR (Louis duc de), fils aîné du duc de Vendôme, 58, 88, 149, 543, 546.
MERCOEUR (Laure-Victoire Mancini, duchesse de), femme du précédent, 149, 223, 543.
MERLOU ou MARLOU, MERLO, MELLO, voyez MARLOU.
MESMES (Henry de), président au parlement de Paris, 508, 511, 537.
MEUDON, près de Paris, 266, 401.
MEUSNIER (le), voyez LEMEUSNIER (Clément), 493.
MILANOIS (le), 501.
MIOSSENS (Gaston-Phœbus comte de), puis maréchal d'Albret, 66, 95, 96, 171, 375.
MIRABEL (le marquis de), 27 et 28.
MIRADOUX, ville, 32, 333, 335, 336, 337, 348.
MOLÉ (Mathieu), premier président du parlement de Paris, 250, 251, 277, 282, 283, 284, 287, 292, 293, 297, 298 et 299, 505, 508, 511, 537, 538, 540.
MOLÉ (Jean-Édouard), fils du précédent, voyez CHAMPLATREUX.
MONCLARD, nom de lieu, 187, 490.
MONS (de), voyez DUMONZ.
Monsieur, voyez ORLÉANS (Gaston duc d').
Monsieur le Prince, voyez CONDÉ (Louis II prince de).
MONT-OLYMPE, ville, 137.
MONTAIGU (lord Ralph), 71, 72, 79, 478 et 479, 481, 518.
MONTARGIS, ville, 364, 365, 375.
MONTAUSIER (Charles de Sainte-Maure, marquis, puis duc de), 360, 363, 452.

MONTBAZON (Hercule de Rohan, duc de), 220.
MONTBAZON (Marie d'Avaugour de Bretagne, duchesse de), femme du précédent, 82, 83, 84, 85, 86, 90, 219, 220, 222, 495, 496, 550.
MONTBAZON (François de), fils des précédents, 220.
MONTBÉLIARD (le comté de), 545.
MONTESPAN (Henri-Louis de Pardaillan de Gondrin, marquis de), 296, 338, 340, 384.
MONTIGNAC, voyez HAUTEFORT (Gilles de).
MONTMORENCY (Henri II duc de), connétable de France, 9, 15, 19, 78, 81.
MONTPENSIER (Marie de Bourbon, duchesse de), puis duchesse d'Orléans, 6.
MONTPENSIER (Anne-Marie-Louise d'Orléans, duchesse de), fille de Gaston duc d'Orléans, 208, 393, 399, 400, 413, 494, 495, 467.
MONTRÉSOR (Claude de Bourdeille, comte de), 26, 45, 46, 69, 92, 93, 262, 271.
MONTREUIL (Mathieu), secrétaire du prince de Conty, 218, 495.
MONTROND-SUR-CHER, 176, 183, 207, 272, 273, 276, 277, 295, 297, 300, 301, 308, 344, 345, 422, 423, 489, 494.
MOTHE-GUYONNET (la), 411.
MOTHE-HOUDANCOURT (Philippe comte de la), maréchal de France, 120, 121, 268 et 269, 531, 532, 534.
MOURON, voyez MONTROND-SUR-CHER.
MOUSSAYE (Amaury Goyon, marquis de la), 168, 172, 321, 487.
MOUZON, ville, 213.
MUNSTER, ville d'Allemagne, 96, 514.

DES MÉMOIRES ET DE L'APOLOGIE. 575

N

NANTES, ville, 5.
NANTOUILLET (François du Prat, marquis de), 406.
NAPLES (le royaume de), 428.
NAPLES, ville, 514, 516.
NAVAILLES (Philippe de Montaut de Bénac, duc de), 203, 408, 493.
NAVAILLES (Suzanne de Baudéan, duchesse de), femme du précédent, 460.
NEMOURS (Charles-Amédée de Savoie, duc de), 98, 213, 259, 274, 275, 276, 295, 297, 300, 308, 312, 317, 318, 325, 326, 344, 345, 353, 367, 368, 375, 381, 383, 386, 390, 391, 392, 408, 409, 419, 420, 421, 546.
NEMOURS (Marie d'Orléans, duchesse de), 172.
NERLIEU ou NOIRLIEU (Charles de Beauvau, baron de), 123, 124.
NESMOND (François-Théodore de), président au parlement de Paris, 253.
NEUILLANT (Charles de Beaudéan, seigneur de), 460.
NEVERS (Louis de Gonzague, duc de), 514.
NIORT (le gouvernement de), 460.
NOAILLES (Anne duc de), 517.
NOIRMOUSTIER (Louis de la Trémouille, marquis, puis duc de), 110, 115, 121, 124, 125, 127, 128, 136, 158, 253, 254, 483-484, 530 et 531, 536, 550.
NOISY, près de Saint-Germain, 107, 116, 141, 158, 283, 483.
NORLINGUE (la bataille de), 501.
NORMANDIE (la), 110, 121, 172, 175, 176, 258, 272, 487, 488, 532, 534, 536.

Normandie (le parlement de), 538, 539.
NORT, maréchal de camp, 312.
NOTRE-DAME (l'église de), à Paris, 102, 289, 415, 509.
NOTRE-DAME (le quartier), 509.
NOVION (Nicolas Potier, seigneur de), président au parlement de Paris, 519, 524.
NOYERS (François Sublet, seigneur de), secrétaire d'État, 30, 50, 51, 52, 53, 54, 472, 473, 518.

O

OLERON (l'île d'), 296.
ORANGE (Frédéric-Henri de Nassau, prince d'), 22, 23.
ORBITEL ou ORBITELLO, ville d'Italie, 515.
ORLÉANS, ville, 326, 393.
ORLÉANS (la forêt d'), 364.
ORLÉANS (Gaston duc d'), frère de Louis XIII, 5, 6, 19, 20, 25, 26, 44, 45, 50, 51, 52, 56, 57, 58, 65, 80, 92, 93, 97, 98, 101, 112, 113, 131, 132, 134, 138, 139, 151, 155, 159, 162, 163 et 164, 165, 166, 167, 168, 204, 208, 209, 210, 211, 218, 221, 225, 227, 229, 231, 233, 237, 238, 239, 240, 242, 245, 246, 247, 251, 252, 267, 282, 288, 291, 292, 297, 298, 299, 304, 306, 319, 320, 323, 325, 326, 344, 345, 346, 347, 359, 365, 366, 374, 378, 379, 380, 382, 388, 389, 395, 397, 402, 412, 413, 416, 417, 418, 419, 426, 430, 431, 472, 473, 474, 486, 487, 493, 494, 495, 496, 497, 498, 502, 508, 511, 512, 513, 515, 519, 520, 521, 522, 523, 524, 525, 526, 527, 528, 529, 533, 536, 537, 538, 539, 541, 544, 546, 547.
ORLÉANS (Marie de Bourbon,

TABLE ALPHABÉTIQUE

duchesse d'), première femme du précédent; voyez MONTPENSIER (Marie de Bourbon, duchesse de).

ORLÉANS (Marguerite de Lorraine, duchesse d'), seconde femme de Gaston duc d'Orléans, 529.

ORLÉANS (Philippe I duc d'), voyez ANJOU (Philippe d').

ORMÉE (l'), plate-forme plantée d'ormes, à Bordeaux, 349 et 350.

Ormée (l'), cabale frondeuse à Bordeaux, 350, 351, 354.

ORNANO (Jean-Baptiste d'), maréchal de France, 18.

OSORIO (dom Joseph), envoyé de Philippe IV, roi d'Espagne, 190, 191, 192, 193.

OUCHES (des), capitaine des gardes suisses de Gaston d'Orléans, 231 et 232.

P

Palais (le), le palais de justice, à Paris, 152, 153, 154, 160, 161, 251, 280, 282, 284, 288, 289, 483, 510, 512, 513.

Palais (l'île du), à Paris, 155.

Palais (le), le palais de justice, à Bordeaux, 191, 192, 193.

Palais (le vieux), à Rouen, 169 et 170.

Palais-Cardinal (le), à Paris, 529; voyez *Palais-Royal (le)*.

Palais-Royal (le), 103, 134, 155, 156, 167, 170, 171, 172, 222, 224, 231, 232, 234, 238, 241, 487, 498, 509, 510, 511, 512, 522, 551.

PALATINE (Anne de Gonzague de Clèves, princesse), 219, 220, 221, 222, 241, 243, 257, 354, 495 et 496.

PALLUAU (Philippe de Clérembault, comte de), maréchal de France, 201, 308, 422, 492.

Pape (le), voyez INNOCENT X.

PARIS, ville, 15, 24, 36, 45, 47, 49, 65, 98, 99, 103, 104, 107, 108, 110, 112, 113, 114, 115, 117, 119, 120, 122, 124, 127, 128, 130, 132, 133, 135, 152, 153, 172, 181, 213, 217, 219, 220, 222, 228, 229, 230, 231, 234, 237, 238, 240, 241, 262, 265, 266, 267, 270, 273, 275, 277, 293, 304, 307, 326, 345, 348, 359, 365, 374, 375, 376, 377, 391, 392, 393, 395, 396, 398, 399, 402, 403, 404, 412, 413, 414, 416, 419, 421, 422, 423, 427, 429, 430, 431, 462, 466, 484, 487, 493, 496, 497, 509, 510, 511, 517, 520, 522, 524, 525, 529, 530, 531, 532, 533, 534, 535, 536, 537, 538, 542, 545, 546, 548, 549, 550, 551.

Paris (le parlement de), 56, 101, 102, 103, 110, 111, 113, 116, 117, 118, 120, 122, 128, 130, 151, 152, 153, 158, 159, 160, 221, 227, 231, 232, 233, 237, 239, 242, 245, 246, 276, 277, 280, 281, 282, 283, 284, 288, 291, 294, 296, 319, 323, 325, 345, 365, 366, 374, 388, 395, 419, 421, 443, 459, 464, 474, 483, 484, 486, 493, 494, 495, 498, 503, 504, 505, 506, 507, 508, 509, 511, 512, 513, 516, 519, 520, 522, 523, 524, 526-527, 528, 529, 530, 532, 533, 534, 535, 536, 537, 538, 539, 540, 541, 542, 546, 548.

Paris (la guerre de), 149, 245, 352, 485.

Paris (la paix de), 137, 486.

PARISIENS (les), 231, 398, 402, 412, 498, 529, 530, 533, 536.

Parlements (les), 210.

Parlements de Bordeaux, de Normandie ou de Rouen, de Paris,

DES MÉMOIRES ET DE L'APOLOGIE. 577

de Provence, voyez *Bordeaux*, *Normandie*, etc.
Pergam (le), nom de lieu, 339, 340, 348.
Périgord (le), 187, 490.
Périgueux, ville, 423.
Perpignan, ville, 42.
Perraut, président à la cour des comptes, 298, 519.
Persan (Vaudeter, marquis de), 308, 422 et 423.
Philippe IV, roi d'Espagne, 22, 40, 190, 261, 300, 515, 536.
Philipsbourg, ville, 424.
Picardie (la), 24, 117, 461.
Piccolomini (Octave), 97.
Piémont (le), 54.
Pierre-Encise, prison d'État, à Lyon, 15.
Pignerol (le château de), 88.
Plessis-Bellière (Jacques de Rougé, marquis du), 173.
Plessis-Praslin (César de Choiseul, comte du), maréchal de France, 215, 216.
Poitiers, ville, 308, 309, 323, 324, 536.
Poitou (le), 96, 104, 105, 173-174, 207, 296, 450, 453, 458, 461, 466, 488, 494.
Pologne (la), 43.
Pons (Mme de), Anne Poussart, veuve de François-Alexandre d'Albret, sire de Pons, 161, 162, 164.
Pont-de-l'Arche (le), ville, 140, 485, 538, 541.
Pont-de-Cé ou de-Sé (le), ville, 384.
Pont-Neuf (le), à Paris, 169.
Ponti (Jean delli), général espagnol, 214, 216.
Pontoise, ville, 79, 238, 427, 481.
Ponts ou Pons, ville, 330.
Portolongone, ville d'Italie, 515.
Potier (Augustin), évêque de Beauvais, 61, 62, 64, 88, 475, 476, 477, 524.

Prevost (Charles), 531 (n. 8).
Prévôt des marchands (le), voyez Fèvre (le).
Prévôt (le grand), 517.
Princes (les), désignation collective du prince de Condé, du prince de Conty et du duc de Longueville, 166 et 167, 171, 172, 173, 175, 177, 204, 206, 209, 210, 211, 214, 215, 219, 220, 221, 222, 224, 225, 226, 227, 228, 229, 231, 232, 233, 234, 239, 241, 246, 295, 302, 347, 382, 383, 393, 394, 396, 421, 482, 486, 487, 488, 489, 494, 495, 496, 497, 498, 499, 502, 503, 515, 528, 537.
Prioleau ou Priolo (Benjamin), 169.
Provence (la), 220, 243, 244, 352, 383, 536, 546, 550.
Provence (le parlement de), 538, 539, 546.
Provinces-Unies (les), 516.

R

Rambouillet (Catherine de Vivonne, marquise de), 84.
Rambouillet (Mlle de), fille de la précédente, marquise, puis duchesse de Montausier, 76.
Ré (l'île de), 13, 296.
Renard (le jardin de), à Paris, 86, 142, 549.
Rethel, ville, 214, 215, 216, 217.
Retz (Albert de Gondi, duc de), général des galères, maréchal de France, 514.
Retz (Pierre de Gondi, duc de), 141, 288.
Retz (François-Paul de Gondi, cardinal de), coadjuteur, puis archevêque de Paris, frère du précédent, 103 et 104, 107, 110, 111, 114, 116, 136, 141, 151, 158, 160, 218, 220, 221, 222, 223, 227, 238, 242, 249,

250 et 251, 254, 258, 261, 262, 267, 275 et 276, 280, 281, 282, 283, 284, 285, 286, 287, 288, 289, 290, 291, 306, 307, 319, 320, 345, 346, 365, 366, 374, 387, 388, 395, 412, 413, 483, 495, 496, 497, 509 et 510, 524 et 525, 526, 531, 535, 540, 541, 548, 550, 551.

Rhin (le), fleuve, 536.
Rhodes (Mme de), 253.
Richelieu, ville, 305, 306.
Richelieu (le cardinal de), 3, 6, 7, 9, 10, 11, 12, 13, 14, 15, 16, 17, 19, 20, 21, 22, 24, 25, 26, 27, 29, 30, 31, 35, 36, 37, 38, 39, 40, 41, 42, 43, 45, 46, 47, 48, 49, 50, 58, 59, 61, 62, 63, 72, 73, 75, 94, 444, 461, 471, 472, 474, 475, 476, 479, 503 et 504, 513 et 514, 515, 516, 517, 518.
Richelieu (Armand-Jean de Vignerot du Plessis, duc de), petit-neveu du précédent, 75, 161, 162, 175, 296, 302, 480, 488.
Richelieu (la maison de), 75, 480.
Richon, gouverneur du château de Vaire, 198, 491 et 492.
Rivière (Louis Barbier, abbé de la), 80, 92, 93, 132, 138, 139, 140, 151, 160, 164, 167, 168, 486, 487, 498, 502, 521 et 522, 529, 534, 538, 546, 547.
Rivière (Gratien chevalier de), 185.
Rochefort, maison du duc de Bouillon, 187, 490.
Rochefoucauld (François V duc de la), père de l'auteur des *Mémoires*, 19, 27, 29, 31, 37, 62, 92, 93, 96, 138, 177, 180, 181, 449 et 450, 451, 452, 453, 457, 460, 461, 462, 465 et 466, 489.
Rochefoucauld (la duchesse de la), femme du précédent, mère de l'auteur des *Mémoires*, 212.
Rochefoucauld (François VI, prince de Marcillac, puis duc de la), l'auteur des *Mémoires*, 1, 2, 14, 20, 21, 22, 23, 24, 26, 27, 28, 29, 30, 31, 32, 33, 34, 35, 36, 37, 38, 39, 40, 41, 42, 44, 45, 46, 49, 57, 58, 60, 62, 63, 64, 66, 67, 68, 69, 70, 71, 72, 73, 75, 76, 77, 78, 81, 83, 84, 85, 88, 89, 90, 92, 94, 95, 96, 98, 100, 101, 104, 105, 106, 107, 108, 109, 111, 112, 113, 114, 115, 117, 121, 124, 125, 126, 127, 128, 138, 140, 148, 158, 167, 168, 172, 173, 177, 178, 179, 180, 181, 182 et 183, 184 et 185, 187, 189, 190, 191 et 192, 193, 194, 196, 198, 202, 203, 204, 205, 206, 207, 208 et 209, 210, 211, 219, 220, 222, 223, 224, 225, 226, 233, 234, 235, 236, 243, 244, 248, 249, 252, 253, 255, 257, 259, 260, 265, 266, 267, 270, 272, 275, 276, 278, 279, 280, 284, 285, 286, 287, 288, 289, 290, 293, 294, 295, 296, 297, 301, 303, 304, 310, 317, 318, 320, 321, 329, 331, 333, 338, 343, 348, 349, 351, 356, 361, 362, 368, 369, 372, 373, 379-380, 381, 383, 386, 389, 391, 392, 409, 410, 411, 414, 420, 421, 430, 439, 440, 441, 442, 443, 444, 445, 446, 447, 448, 449 et 450, 451, 452, 453, 454, 455, 456, 457, 458, 459, 460, 461, 462, 463, 464, 465 et 466, 467, 468, 483, 484, 486, 487, 488, 489, 490, 491, 492, 493, 494, 495, 496, 497, 498, 499, 526, 530, 531, 538, 548, 550.
Rochefoucauld (Andrée de Vivonne, duchesse de la), femme du précédent, 29, 105, 212, 456 et 457, 465.

DES MÉMOIRES ET DE L'APOLOGIE. 579

Rochefoucauld (les enfants du duc François VI de la), 212.
Rochefoucauld (Charles-Hilaire de la), chevalier de Malte, frère de l'auteur des *Mémoires*, 126, 308.
Rochefoucauld (la maison de la), 104, 147, 148, 448, 458.
Rochegiffart (Henri de la Chapelle, marquis de la), 411.
Roche-Guyon (Henri du Plessis, comte de la), 98.
Rochelle (la), ville, 13, 14, 48, 296, 313, 314.
Rocroy (la bataille de), 81.
Rohan (Henri I duc de), 534.
Rohan (Henri de Chabot, duc de), 165, 325, 326, 347, 366, 378, 379, 380, 381, 384.
Rohan (Tancrède de), 534.
Rohan (la maison de), 104, 147, 148.
Rome, ville, 138, 164, 249, 521, 539, 547.
Romette, nom de lieu, 327.
Roquelaure (Gaston-Jean-Baptiste marquis de), 449.
Rouen, ville, 170, 235, 270, 499.
Rouen (le parlement de), 110, 172, 173, 487. — Voyez *Normandie (le parlement de)*.
Rouergue (le), 296.
Roussière (la), gentilhomme de la chambre du prince de Conty, 196.
Roussillon (le), 46, 502.
Royale (la place), à Paris, 91.
Royaumont (l'abbaye de), 31.
Roye, ville, 71, 478.
Rozan (Frédéric-Maurice de Durfort, comte de), 125, 127.
Ruel ou Rueil, près de Paris, 39, 520, 539.

S

Sablé (la marquise de), 84 et 85.
Saint-Aignan (François de Beauvillier, comte, puis duc de), 176, 489.
Saint-Amand-Montrond, 308.
Saint-Andras, Saint-André-de-Cubzac, 328, 339.
Saint-Antoine (le faubourg), à Paris, 404.
Saint-Antoine (la porte), à Paris, 402, 413, 529.
Saint-Antoine (le fossé de), 404.
Saint-Antoine (la journée de), 398, 416.
Saint-Cloud, 375, 398, 401, 530.
Saint-Denis, ville, près de Paris, 376, 377, 378, 401, 414, 530.
Saint-Denis (l'abbaye de), 377.
Saint-Denis (la rue), à Paris, 509.
Saint-George (l'île), dans la Garonne, 197, 198, 492.
Saint-Germain (le faubourg), à Paris, 265, 401, 414.
Saint-Germain-en-Laye, ville, 112, 113, 114, 115, 136, 141, 230, 375, 379, 380, 388, 389, 466, 483, 513, 520, 522, 529, 530, 531, 532, 538, 540, 541, 542.
Saint-Honoré (la rue), à Paris, 509.
Saint-Honoré (la porte), à Paris, 402, 535.
Saint-Ibar, Saint-Ibal ou Saint-Tibal (Henri d'Escars, seigneur de), 25, 26, 69.
Saint-Jean-de-Laune, ville, 176, 488.
Saint-Louis (l'île), à Paris, 529.
Saint-Luc (François d'Épinay, marquis de), 331, 332, 333, 334, 335, 336, 348.
Saint-Martin (la rue), à Paris, 509.
Saint-Martin (le faubourg), à Paris, 404.
Saint-Maur, près de Paris, 267, 270, 271, 272, 277, 282.
Saint-Mesghin (Jacques Estuer

de la Vauguyon, marquis de), 143, 375, 405 et 406.
SAINT-MICHEL (le faubourg), à Paris, 266.
SAINT-NECTAIRE, voyez FERTÉ-SENNETERRE (le maréchal de la).
SAINT-NICOLAS (le combat de), 41.
SAINT-SIMON (Claude duc de), 174, 177, 178, 179, 183, 187, 488, 489.
SAINT-SURIN (le faubourg de), à Bordeaux, 200, 201, 202, 492, 493.
SAINT-SURIN (l'église de), à Bordeaux, 202, 493.
SAINT-VENANT, ville, 41.
SAINTE-FOY, ville, 384.
SAINTE-MARIE (le port), ville, 339, 340.
SAINTE-MAURE, voyez MONTAUSIER.
SAINTES, ville, voyez XAINTES.
SAINTONGE (la), voyez XAINTONGE.
SAUJON (Anne-Marie de Campet de), dame d'atour de la duchesse d'Orléans, 164 et 165.
SAUMUR, ville, 179, 180, 181, 182, 384, 489.
SEDAN, ville, 294, 347, 386, 509 (n. 5).
SEGUIER (Pierre), chancelier de France, 28, 29, 31, 32, 52, 78, 79, 103, 419, 481, 502, 510, 511, 539.
SEINE (la), fleuve, 123, 326, 401.
SENECEY, SENECÉ ou SENEÇAY (Marie-Catherine de la Rochefoucauld, marquise de), 29 et 30, 464, 479.
SENECEY (Mlle de), voyez FLEIX (la comtesse de).
SENNETERRE, voyez FERTÉ-SENNETERRE (le maréchal de la).
SERVIEN (Abel), marquis de Sablé, ministre et diplomate, 155, 156, 243, 244, 257, 258, 270, 277, 304, 440, 502, 514.

SILLERY (Louis-Roger Brûlart, marquis de Puisieux et de), beau-frère de l'auteur, 127, 184, 195, 260, 296, 384 et 385, 490, 491.
SIRMOND (le P. Jacques), jésuite, confesseur de Louis XIII, 51, 53, 54, 472.
SOISSONS (Louis II de Bourbon, comte de), 25, 26.
SOUVRÉ (Jacques de), commandeur de l'ordre de Malte, 547.
STAFFORT, ESTAFORT, ou ASTAFFORD, ville, 332, 337, 339, 348.
STENAY, ville, 173, 177, 207, 212, 214, 278, 294, 295, 305, 321, 487, 488, 489, 503.
SUISSES (les), 87, 313, 314, 376, 377.

T

TAILLEBOURG, ville, 302, 310, 327, 330 et 331, 384.
TALMONT-SUR-GIRONDE, ville, 309, 327.
TARENTE (Henri-Charles de la Trémouille, prince de), 294, 302, 303, 310, 327, 330, 383, 384, 421, 450.
TAVANNES (Jacques de Saulx, comte de), 278, 368, 373, 405.
TELLIER (Michel le), ministre, puis chancelier de France, 54, 120, 168, 269, 270, 277, 321, 487, 526, 539, 547.
TÉOBON ou THÉOBON (Rochefort de Saint-Angel, marquis de), 424.
THIONVILLE, ville, 81, 85.
THOMAS (le prince), voyez CARIGNAN (le prince Thomas de).
THOU (François-Auguste de), 45.
TILLADET (Gabriel de Cassagnet, seigneur de), 47.
TIRLEMONT, ville, 23.
TODIAS (le chevalier), premier jurat de Bordeaux, 202, 493.

DES MÉMOIRES ET DE L'APOLOGIE. 581

Tonnay- ou Tonné-Charente, 313, 315, 316, 317, 326, 339.
Tortose, ville, 177, 321, 489.
Toscane (la), 514.
Tournon (Just-Louis de), 449.
Tours, ville, 19, 27, 31, 32, 35, 36, 87, 180, 325, 536.
Trémouille, Trémoille ou Trimouille (le duc de la), voyez Tarente (le prince de).
Trémouille (la maison de la), 105.
Tréville (Armand-Jean comte de), 47.
Trie, nom de lieu, 161, 293.
Tuileries (les), à Paris, 142.
Turenne, ville, 177, 179, 183, 185, 186, 189, 207, 215, 489, 490, 494.
Turenne (le vicomté de), 357.
Turenne (Henri de la Tour d'Auvergne, vicomte de), maréchal de France, 118, 119, 173, 177, 178, 207, 212, 213, 214, 215, 216, 217, 245, 260, 268, 278, 279, 294, 295, 303, 305, 317, 318, 344, 366, 369, 370, 371, 372, 373, 393, 397, 403, 404, 405, 415, 422, 487, 489, 532, 536, 538 et 539, 546.

V

Vaire ou Vère (le château de), 198, 491.
Valery (le château de), 100.
Valette (Louis de Nogaret, cardinal de la), 17.
Valette (Jean-Louis chevalier de la), lieutenant général, 187, 189, 190, 195, 197, 490, 491.
Varicarville, gentilhomme du duc de Longueville, 25, 26.
Vateville, voyez Batteville.
Vaugirard, près de Paris, 401.
Vautier, premier médecin de Marie de Médicis, 39, 59.

Vautorte (François Gruget, sieur de), 537.
Vendôme (César duc de), 18, 58, 64, 74, 88, 149, 176, 476, 489, 543, 546.
Vendôme (Alexandre de), grand prieur de France, 18.
Vendôme (la maison de), 149, 543.
Vère (le château de), voyez Vaire.
Versailles, ville, 17.
Verteuil (le château de), en Angoumois, 34, 35, 36, 40, 42, 177 (n. 7), 180, 207, 489, 494.
Vie (Thibaut de la), avocat général au parlement de Bordeaux, 187 et 188.
Vieuville (Charles marquis, puis duc de la), surintendant des finances, 292, 293, 297, 298 et 299, 382.
Vignier, président au parlement de Metz, 36.
Villandry (le marquis de), 66.
Villejuip, Villejuive, près de Paris, 123, 398.
Villeneuve d'Agénois, ville, 424.
Villeneuve-Saint-George, nom de lieu, 422.
Villeroy (Charles de Neufville d'Alincourt, marquis de), 15.
Villeroy (Nicolas de Neufville, marquis, puis duc de), fils du précédent, 228, 272, 497.
Vincennes, près de Paris, 42, 87, 120, 169, 214, 487, 517, 519, 532, 534.
Vineuil (Louis Ardier, sieur de), 265, 300 et 301, 522.
Viole (le président Pierre), 218, 235, 236, 250, 255, 256, 355, 383, 495, 499, 519, 521, 524, 528, 539.
Vitry, près de Paris, 124.
Vitry (Nicolas de l'Hôpital, marquis, puis duc de), maréchal de France, 38, 124.
Vrillière (Louis Phélypeaux, seigneur de la), secrétaire

d'État, 172, 233, 234, 235, 236, 487, 498.

XAINTONGE (la), 296, 310, 327, 330, 383, 452, 461.

X

XAINTES, ville, 310, 327, 330, 331.

Y

YPRES, ville de Flandre, 508.

FIN DE LA TABLE ALPHABÉTIQUE DES MÉMOIRES ET DE L'APOLOGIE.

TABLE DES MATIÈRES

CONTENUES DANS LE SECOND VOLUME.

Avertissement sur le tome II 1

MÉMOIRES.

Notice VII

Mémoires.

I. (1624-1642.) 1
II. (1643-1649.) 49
III. (Mars 1649 à février 1651.) 130
IV. (Février-août 1651.) 237
V. (Août 1651 à mars 1652.) 291
VI. (Mars à octobre 1652.) 341

APOLOGIE DE M. LE PRINCE DE MARCILLAC.

Notice 435

Apologie de M. le prince de Marcillac 439

APPENDICE.

I. Première rédaction du commencement de la section II des mémoires 471

TABLE DES MATIÈRES.

II. RÉCAPITULATION DE CE QUE DESSUS, AVEC LA PRISON DES PRINCES.	482
III. MÉMOIRES DE VINEUIL.	500
IV. LES DEUX MANUSCRITS COPFINGER.	552
ADDITIONS ET CORRECTIONS AU TOME II.	558

TABLE ALPHABÉTIQUE............................. 559

FIN DE LA TABLE DES MATIÈRES.

12834. — Imprimerie Labure, rue de Fleurus, 9, à Paris.

www.ingramcontent.com/pod-product-compliance
Lightning Source LLC
Chambersburg PA
CBHW050324240426
43673CB00042B/1527